AF572816

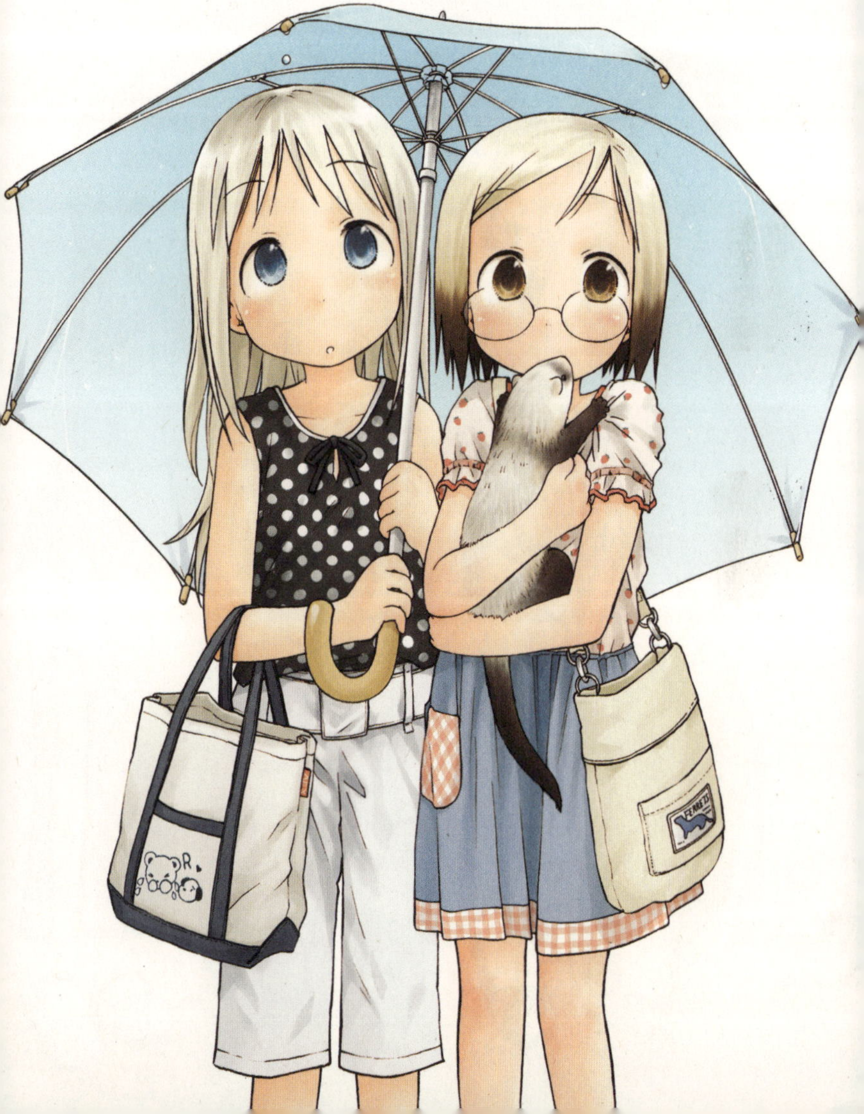

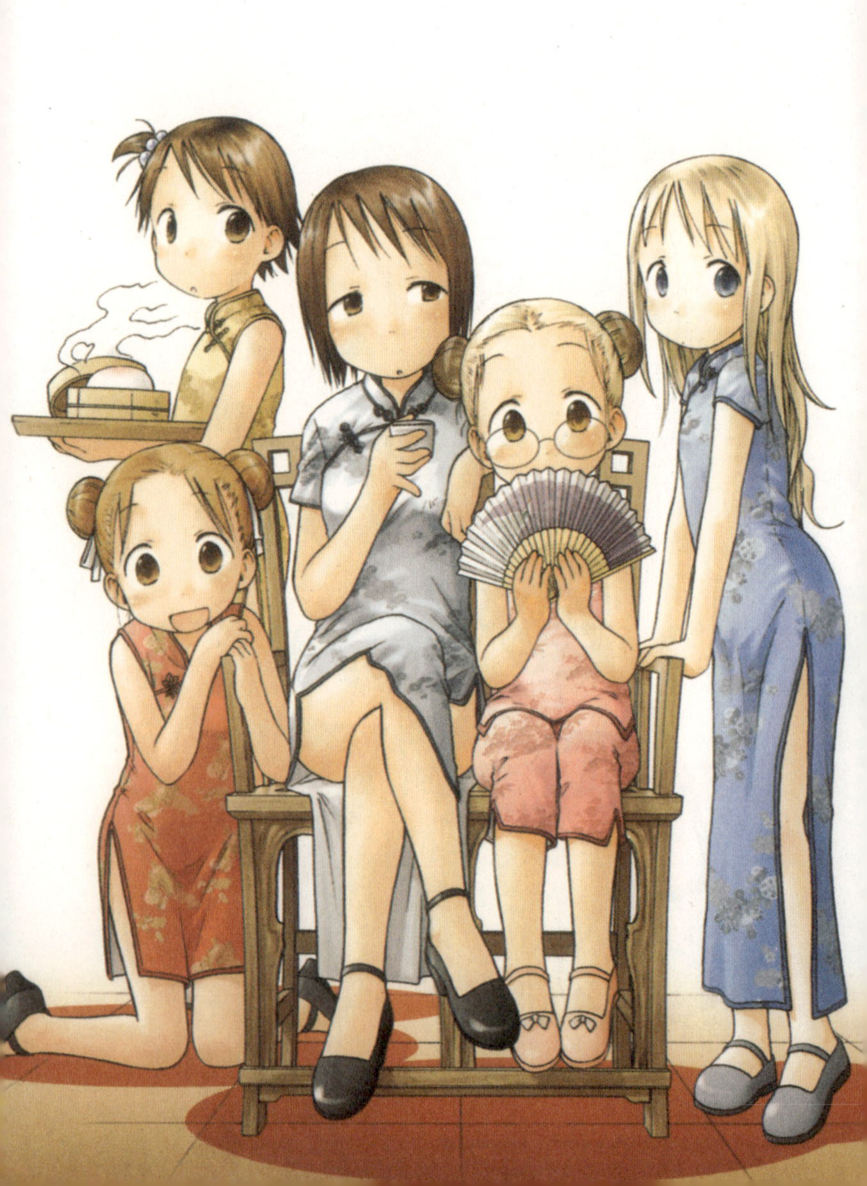

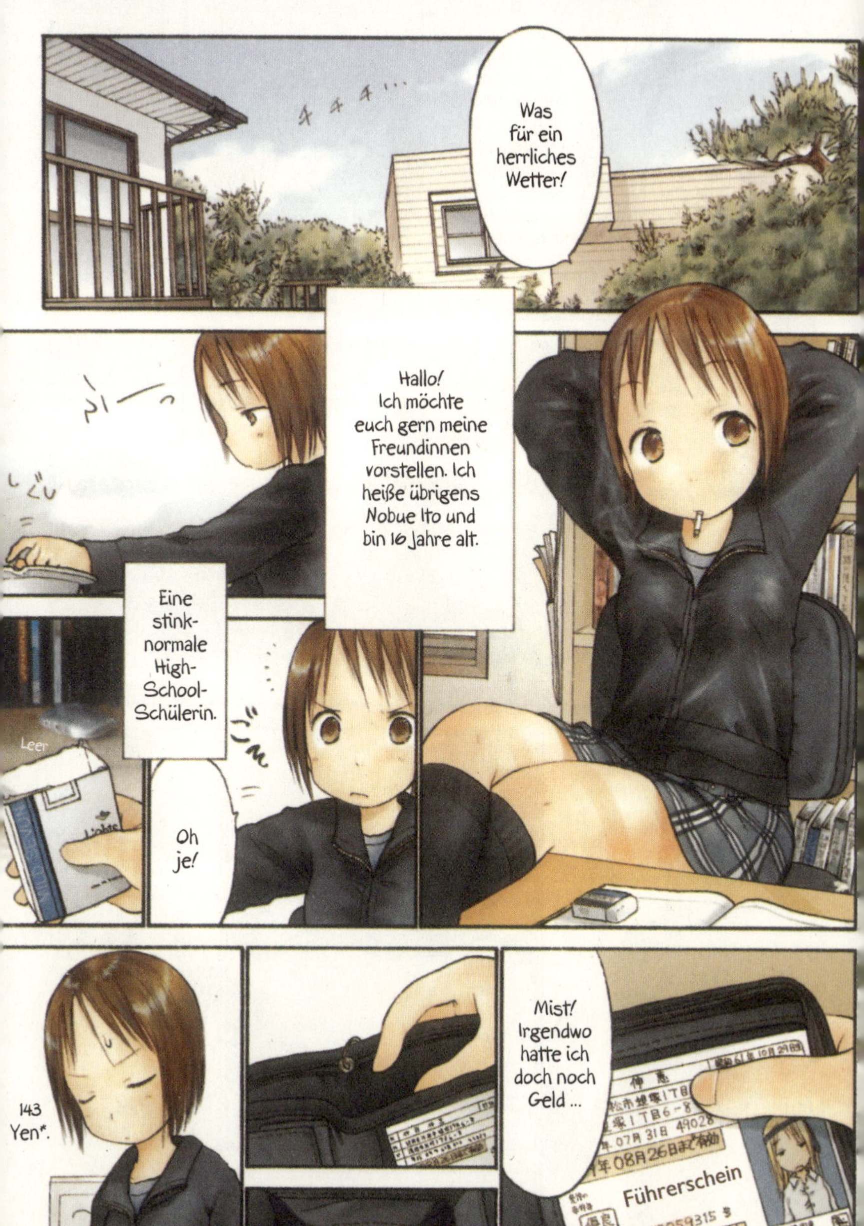
Was für ein herrliches Wetter!
Hallo! Ich möchte euch gern meine Freundinnen vorstellen. Ich heiße übrigens Nobue Ito und bin 16 Jahre alt.
Eine stinknormale High-School-Schülerin.
Oh je!
Leer
Mist! Irgendwo hatte ich doch noch Geld ...
Führerschein
143 Yen*.

*ca. 1 Euro

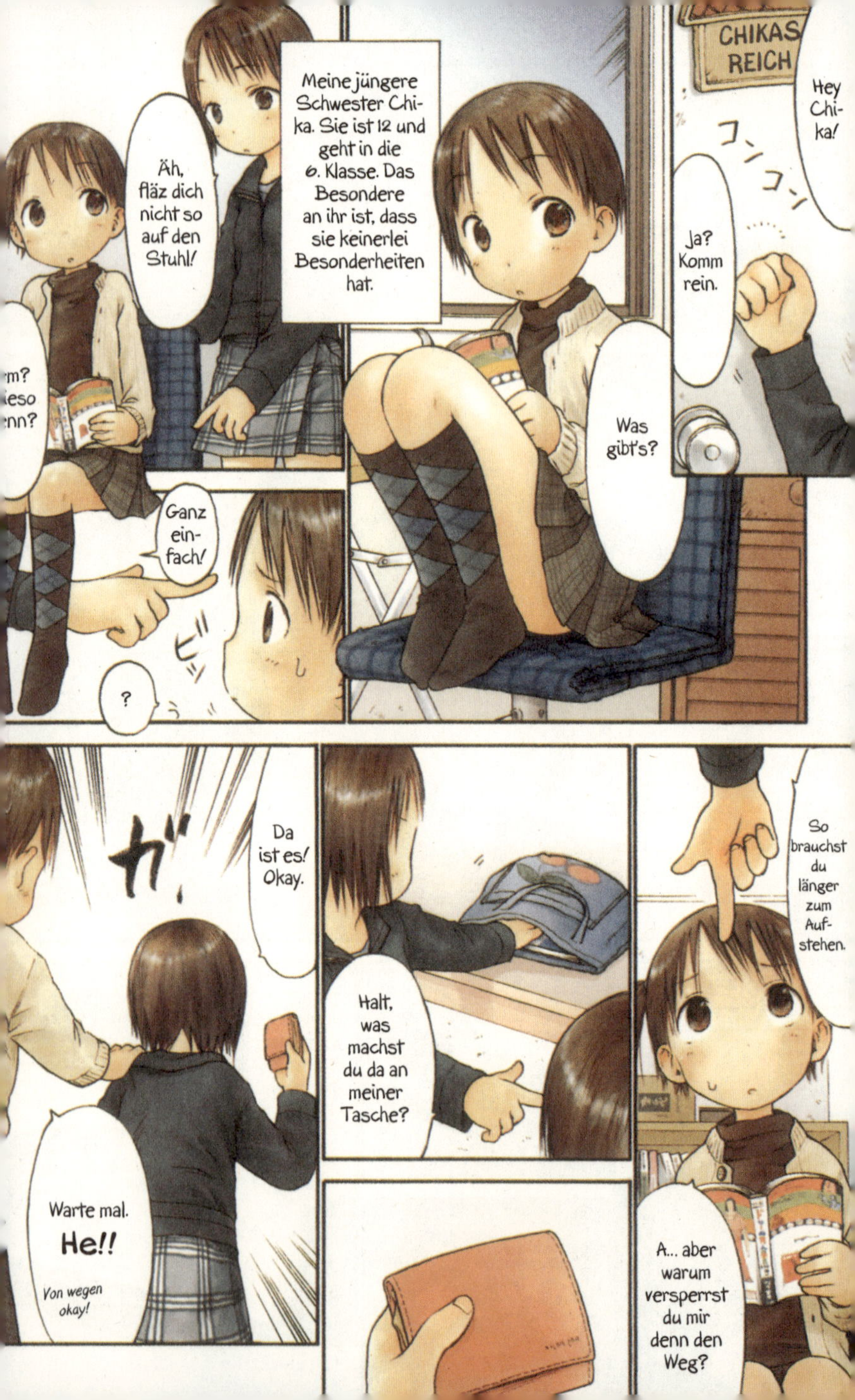

CHIKAS REICH

Hey Chi-ka!

Ja? Komm rein.

Was gibt's?

Meine jüngere Schwester Chi-ka. Sie ist 12 und geht in die 6. Klasse. Das Besondere an ihr ist, dass sie keinerlei Besonderheiten hat.

Äh, fläz dich nicht so auf den Stuhl!

Ganz ein-fach!

?

So brauchst du länger zum Auf-stehen.

Halt, was machst du da an meiner Tasche?

Da ist es! Okay.

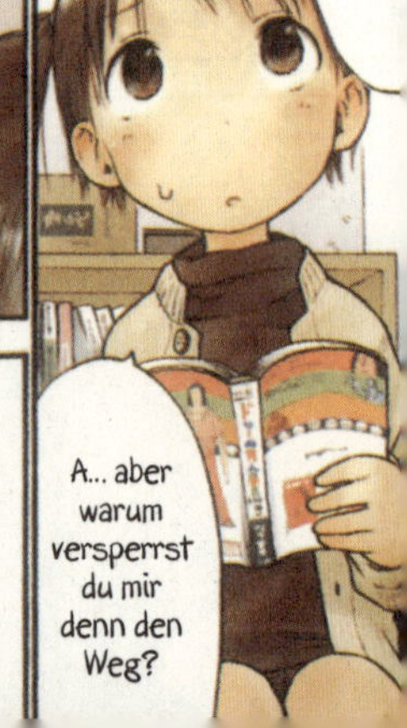

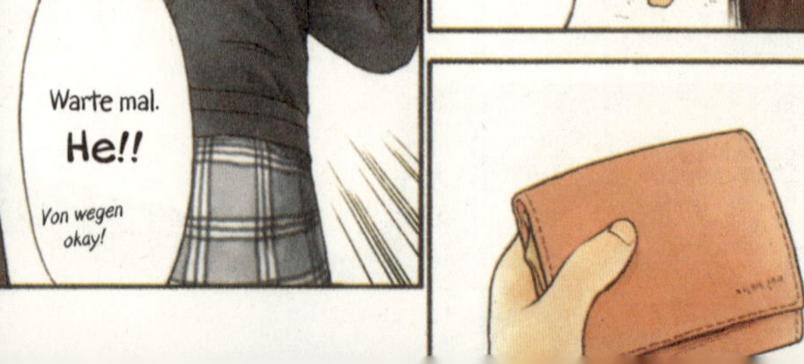

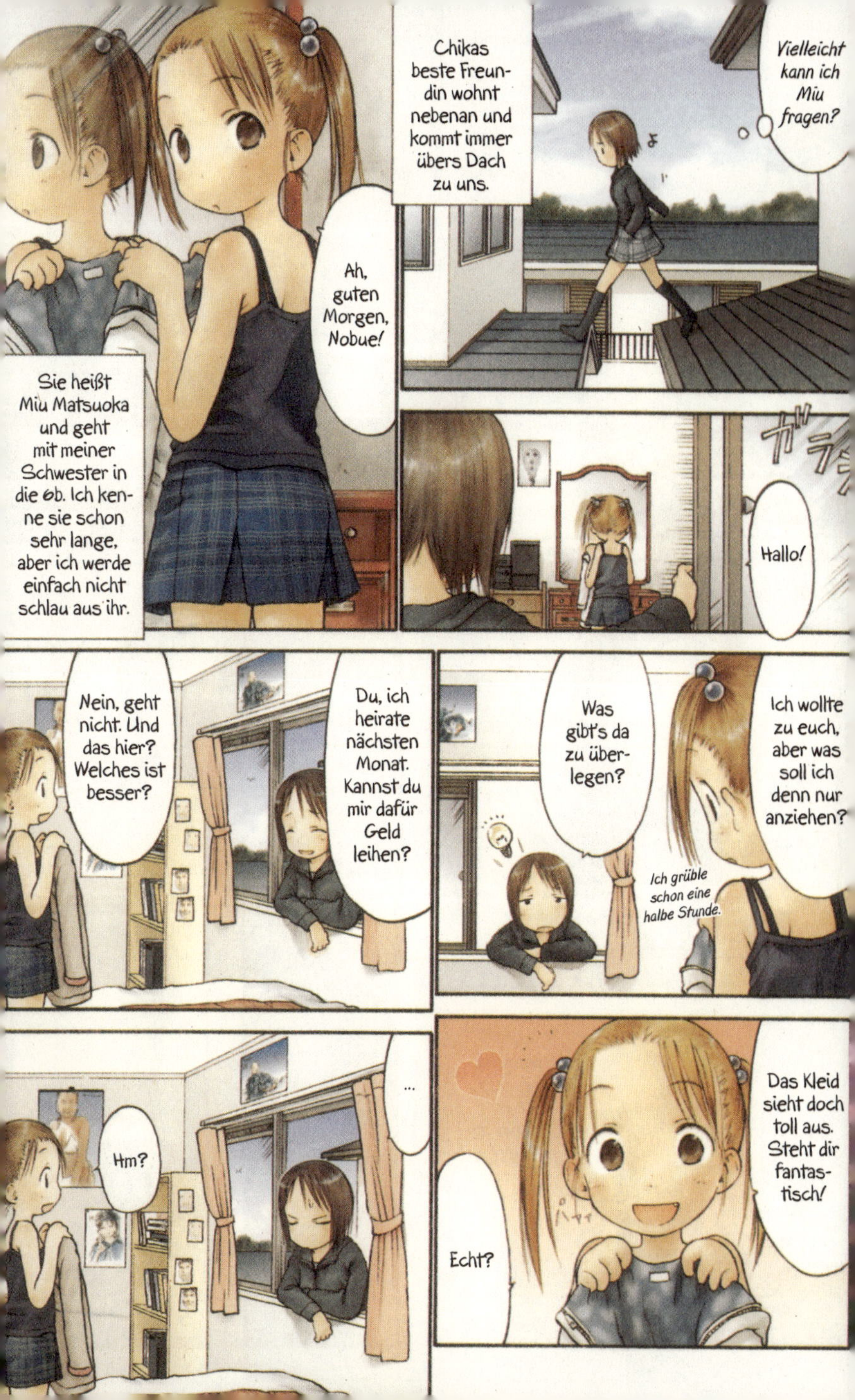

Chikas beste Freundin wohnt nebenan und kommt immer übers Dach zu uns.

Vielleicht kann ich Miu fragen?

Hallo!

Ah, guten Morgen, Nobue!

Sie heißt Miu Matsuoka und geht mit meiner Schwester in die 6b. Ich kenne sie schon sehr lange, aber ich werde einfach nicht schlau aus ihr.

Ich wollte zu euch, aber was soll ich denn nur anziehen?

Was gibt's da zu überlegen?

Ich grüble schon eine halbe Stunde.

Du, ich heirate nächsten Monat. Kannst du mir dafür Geld leihen?

Nein, geht nicht. Und das hier? Welches ist besser?

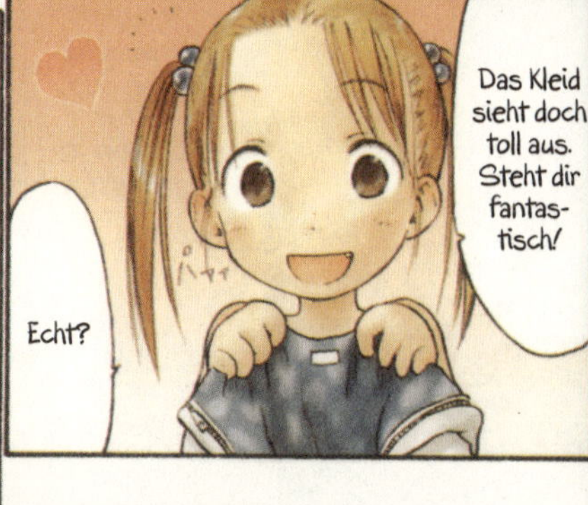

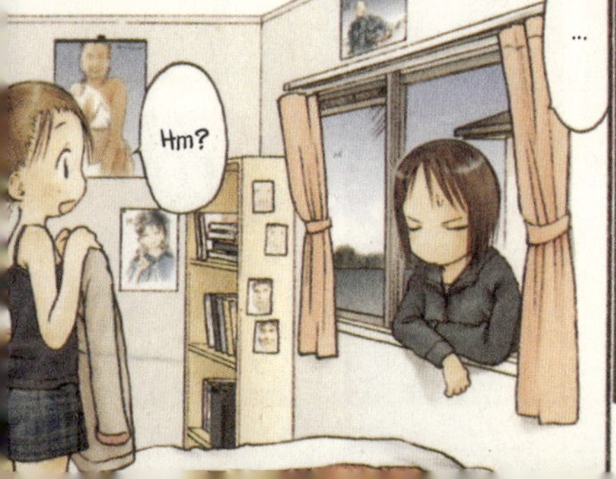

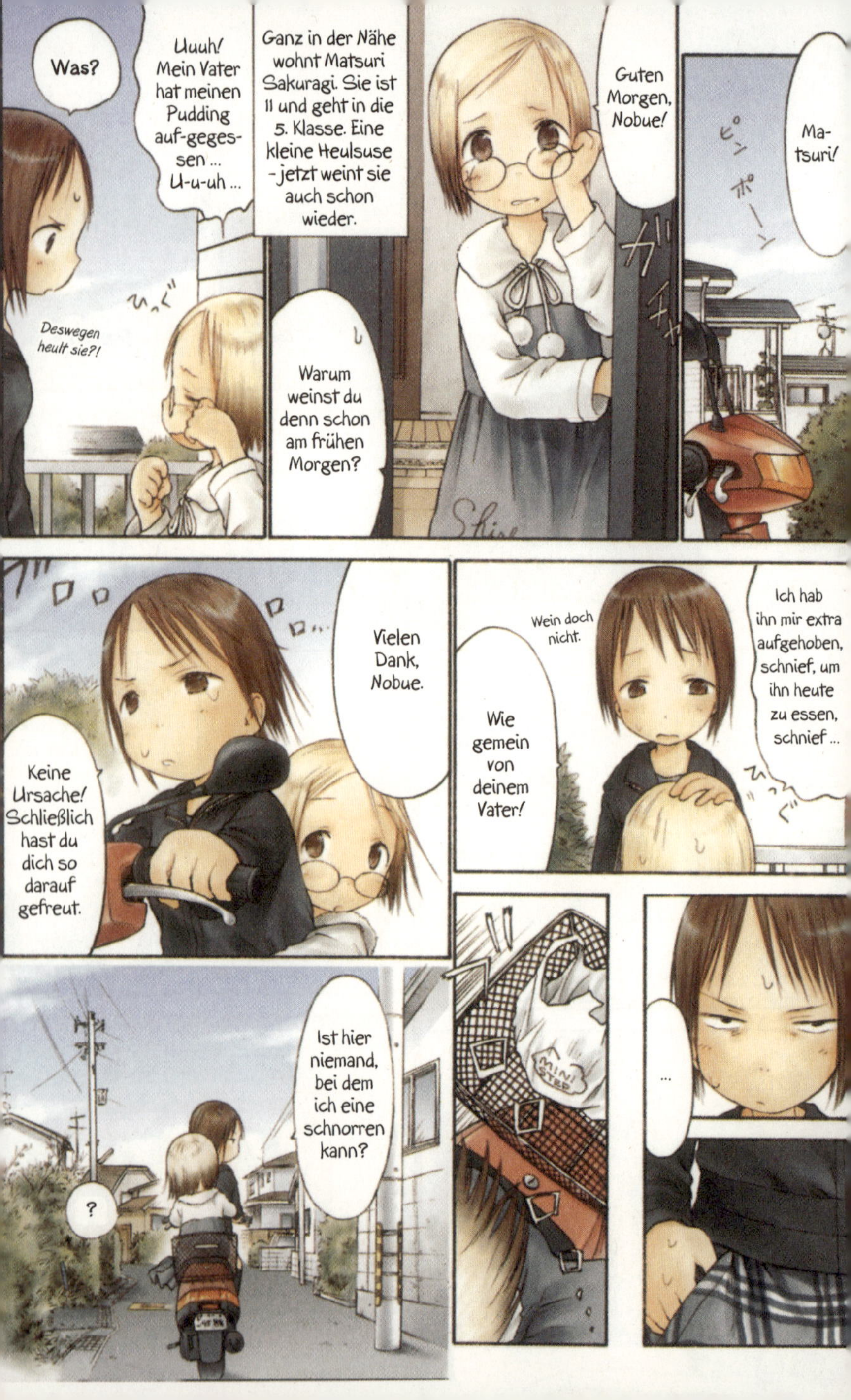

Ma-tsuri!

Guten Morgen, Nobue!

Ganz in der Nähe wohnt Matsuri Sakuragi. Sie ist 11 und geht in die 5. Klasse. Eine kleine Heulsuse – jetzt weint sie auch schon wieder.

Warum weinst du denn schon am frühen Morgen?

Uuuh! Mein Vater hat meinen Pudding auf-geges-sen ... U-u-uh ...

Was?

Deswegen heult sie?!

Ich hab ihn mir extra aufgehoben, schnief, um ihn heute zu essen, schnief ...

Wein doch nicht.

Wie gemein von deinem Vater!

Vielen Dank, Nobue.

Keine Ursache! Schließlich hast du dich so darauf gefreut.

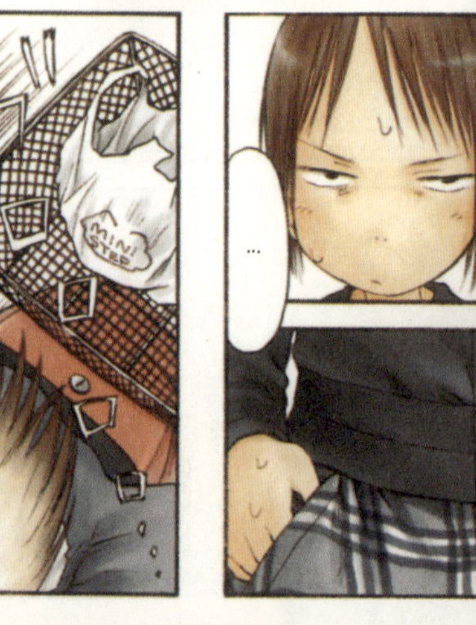

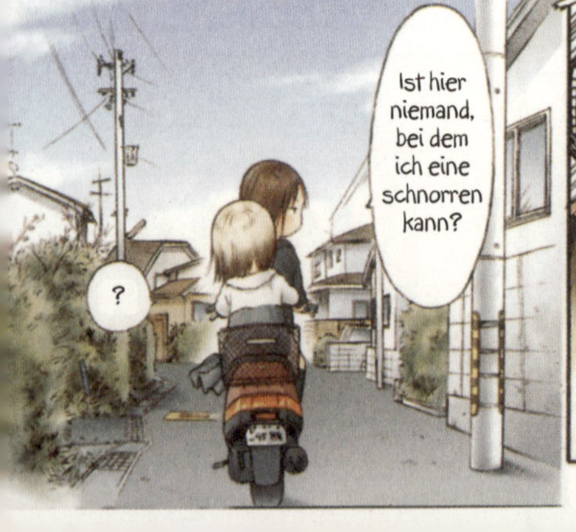

Erdbeeren & Marshmallows

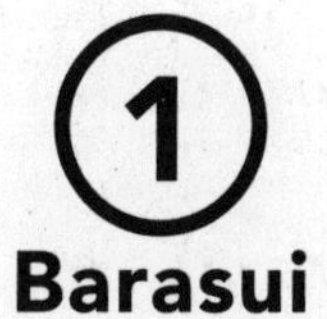

Barasui

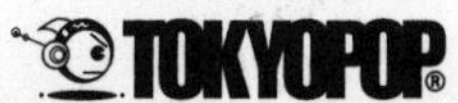

Erdbeeren & Marshmallows

Inhalt

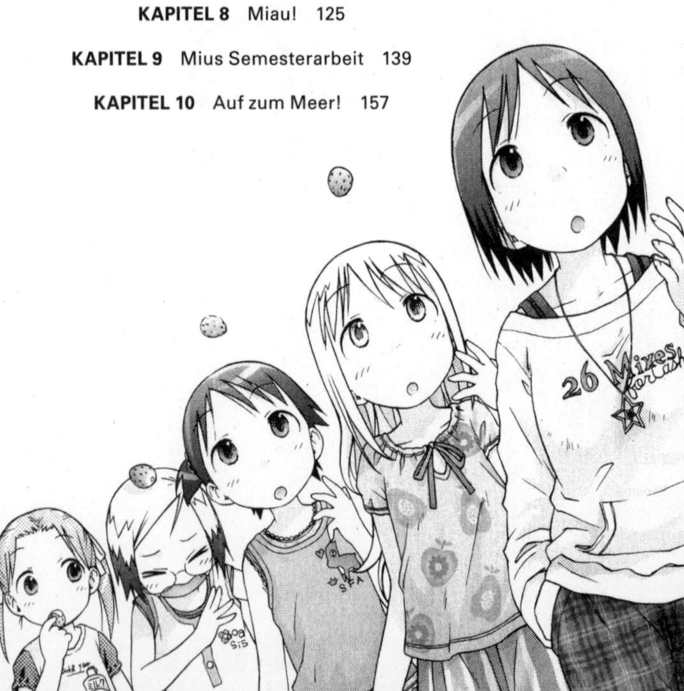

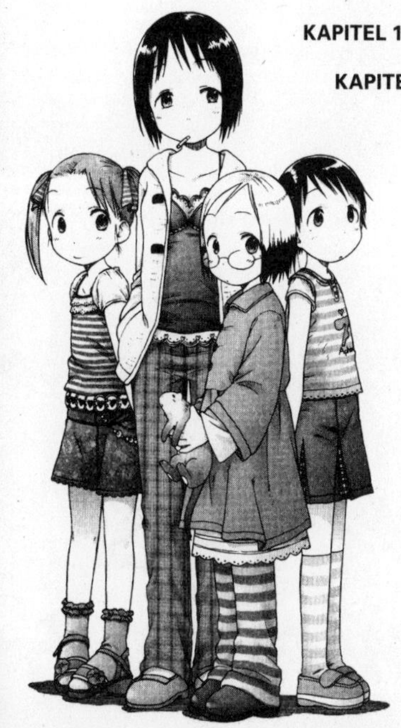

Erdbeeren &
Marshmallows

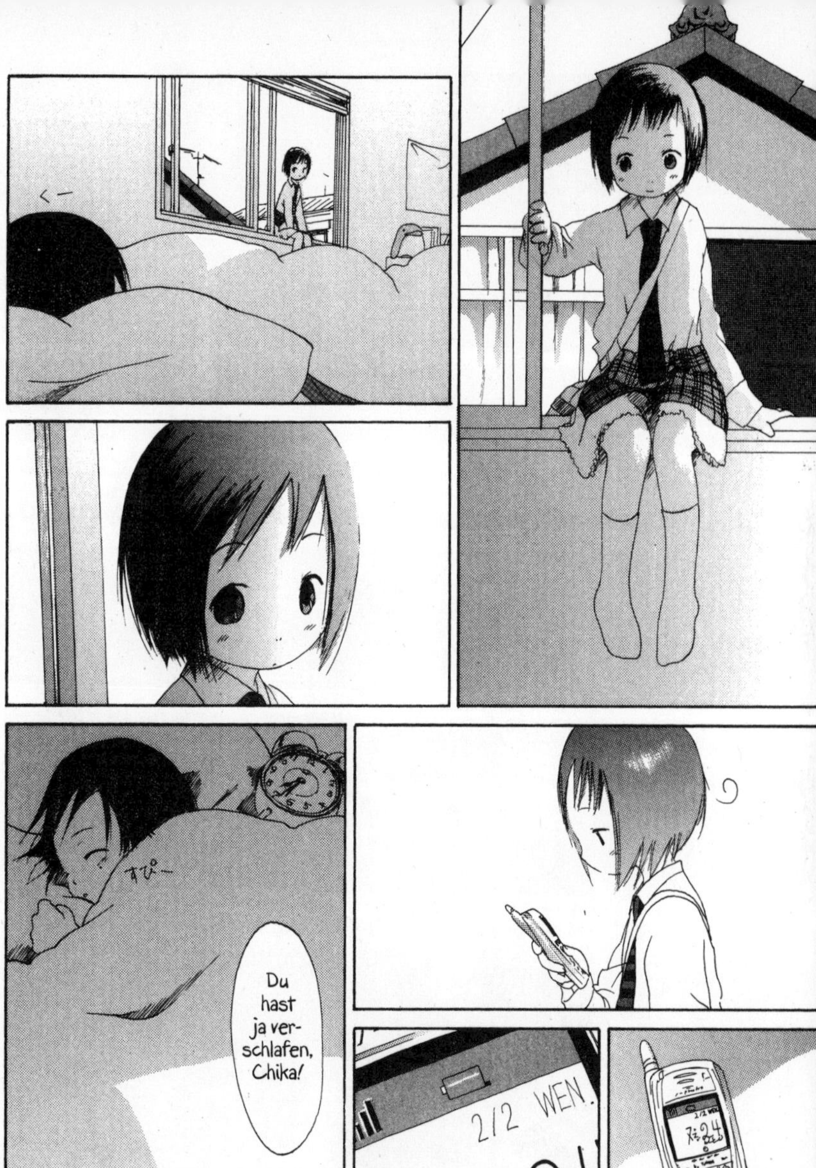
くー
2/2 WEN.
すぴー
Du hast ja verschlafen, Chika!

KAPITEL 1
Ein Ausflug bringt Kummer

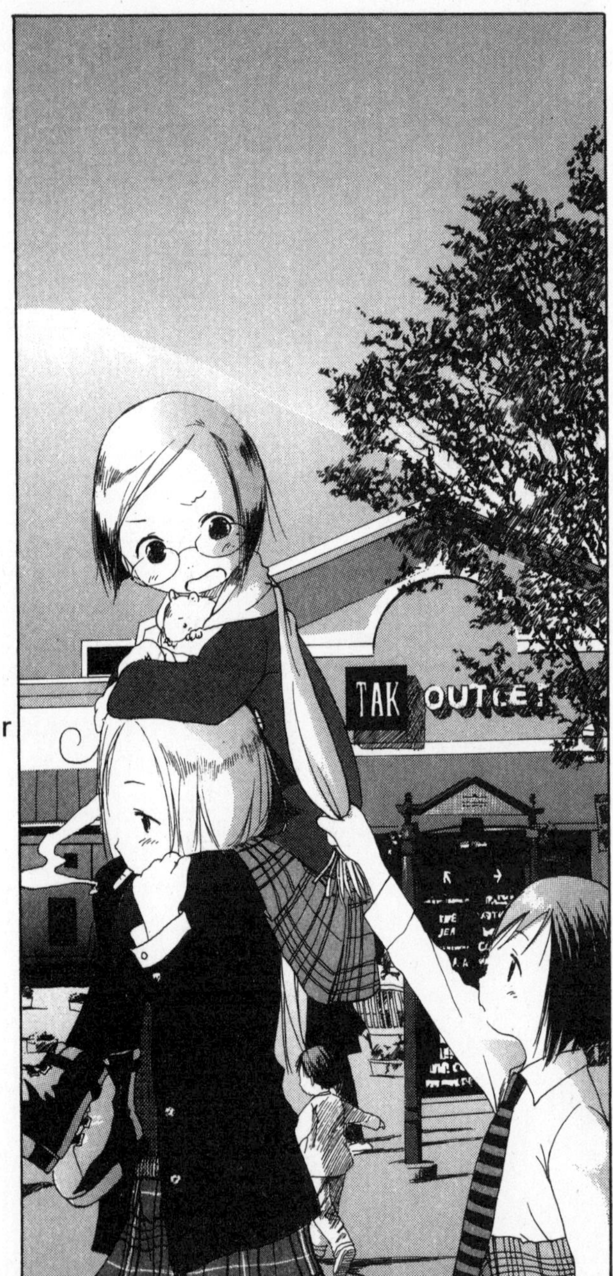

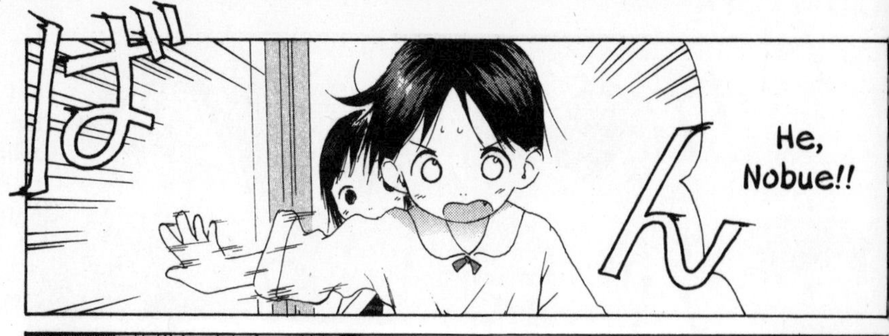
ばん
He, Nobue!!

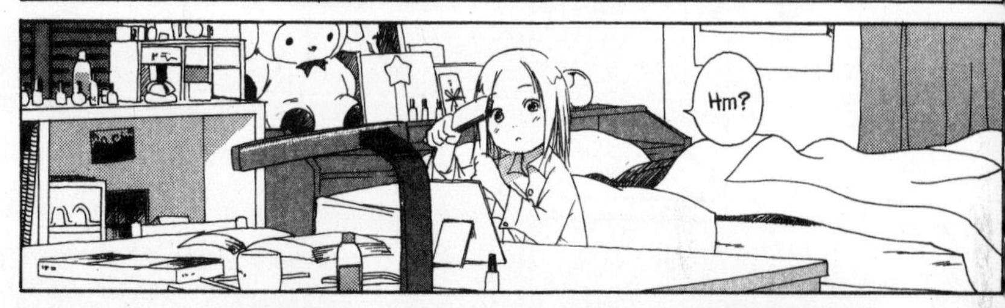
Hm?

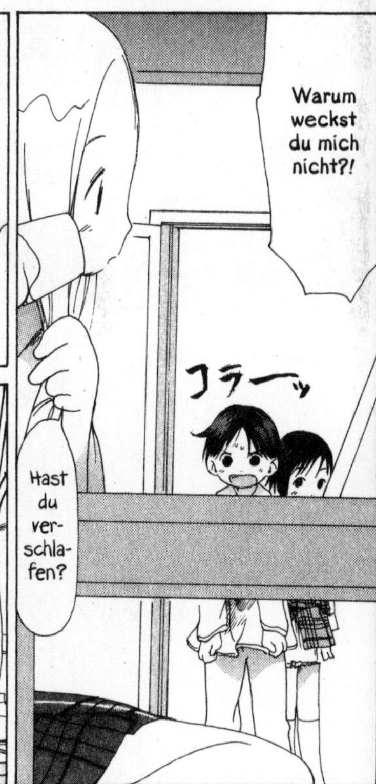
Warum weckst du mich nicht?!
コラーッ
Hast du verschlafen?

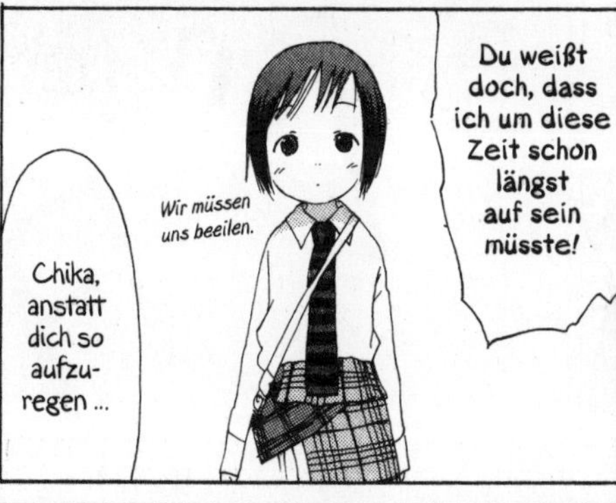
Du weißt doch, dass ich um diese Zeit schon längst auf sein müsste!
Wir müssen uns beeilen.
Chika, anstatt dich so aufzuregen ...

Du blöde Kuh!
... kämm dir lieber die Haare.

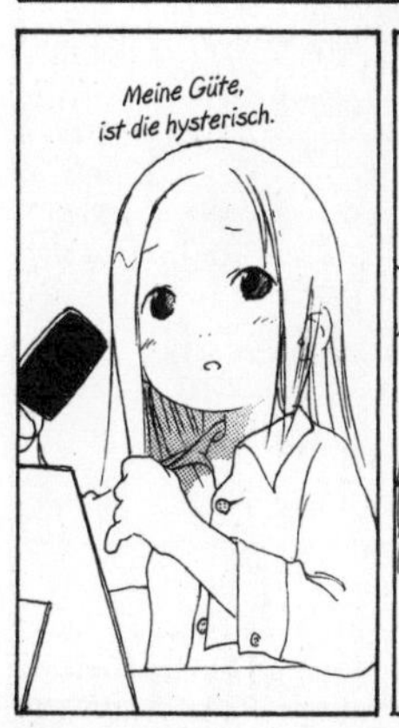
Meine Güte, ist die hysterisch.

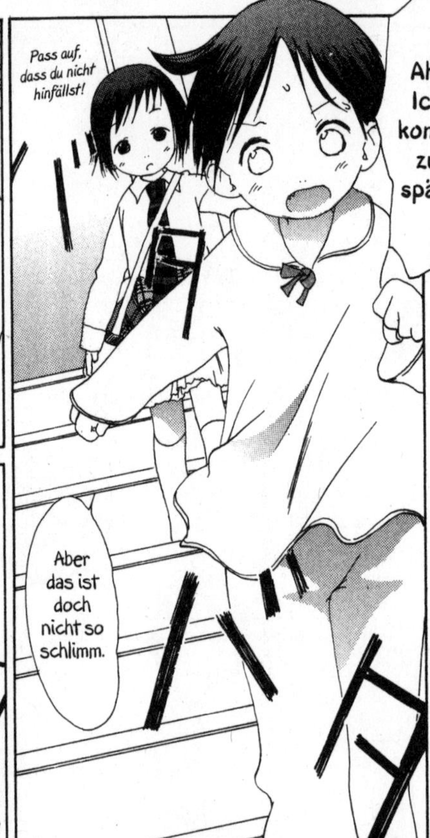
Ah! Ich komm zu spät!
Pass auf, dass du nicht hinfällst!
Aber das ist doch nicht so schlimm.

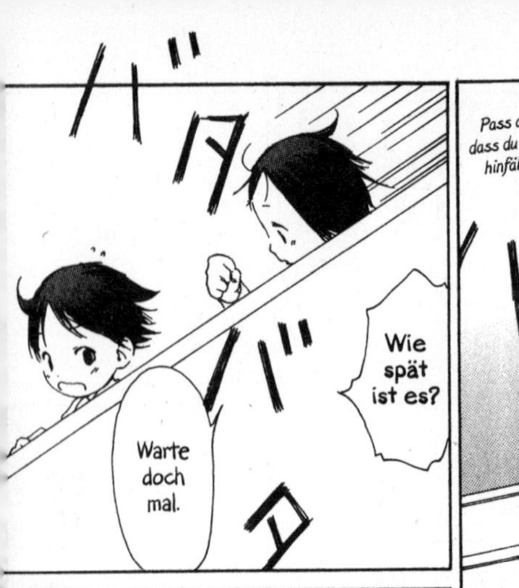
Wie spät ist es?
Warte doch mal.

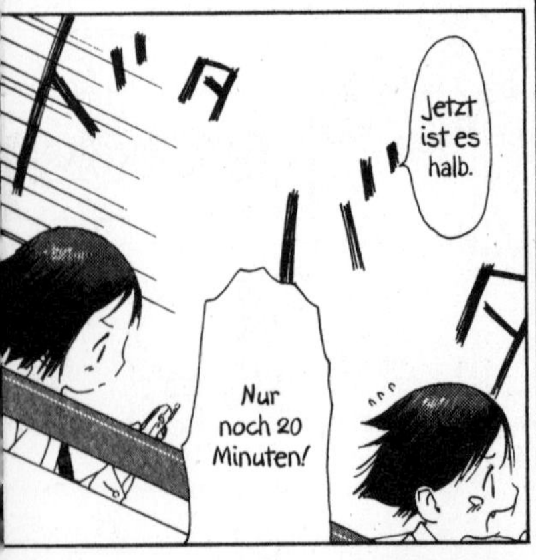
Jetzt ist es halb.
Nur noch 20 Minuten!

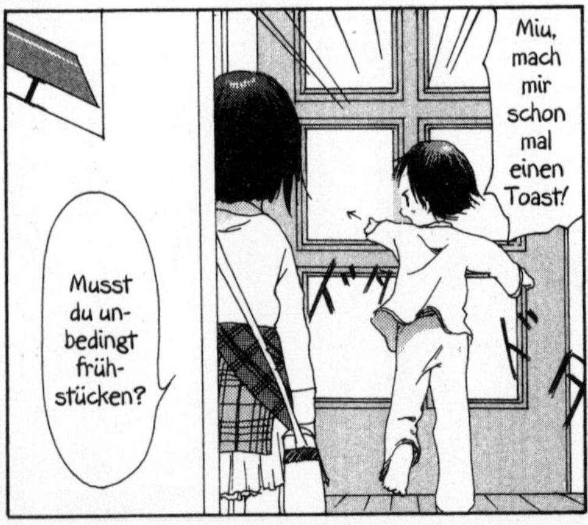
Miu, mach mir schon mal einen Toast!
Musst du unbedingt frühstücken?

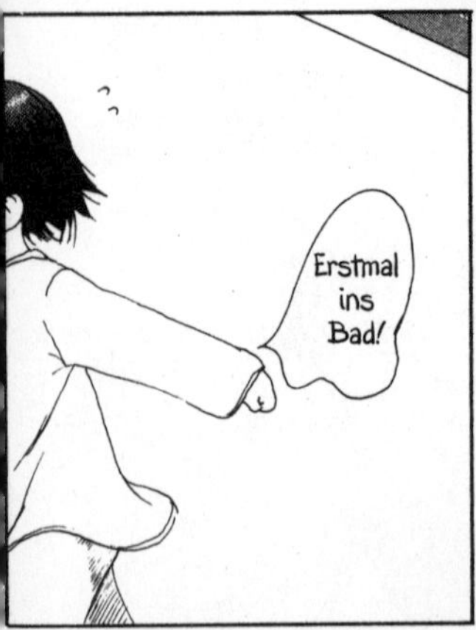
Erstmal ins Bad!

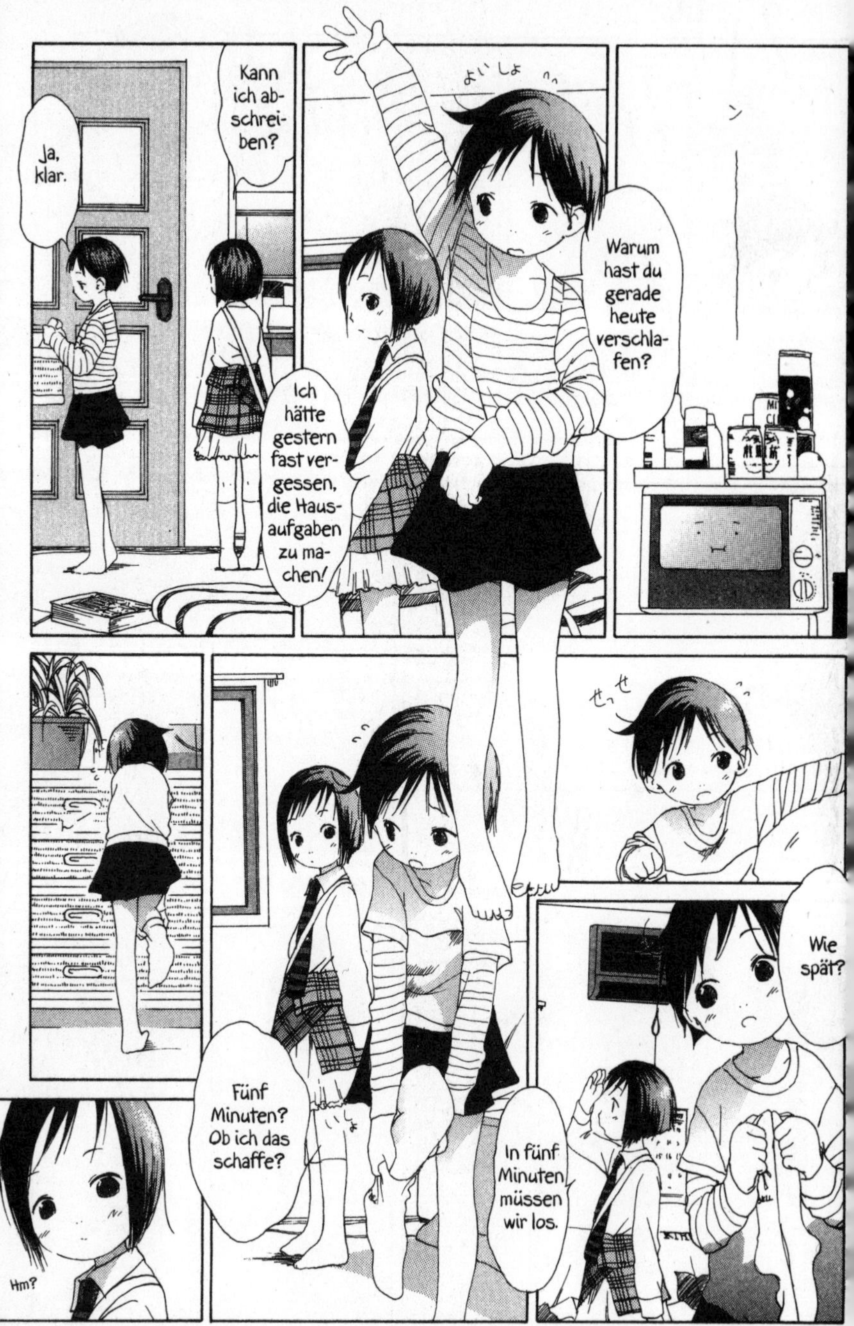
ン
よいしょ
Warum hast du gerade heute verschlafen?
Ich hätte gestern fast vergessen, die Hausaufgaben zu machen!
Kann ich abschreiben?
Ja, klar.
せっせ
Wie spät?
In fünf Minuten müssen wir los.
Fünf Minuten? Ob ich das schaffe?
Hm?

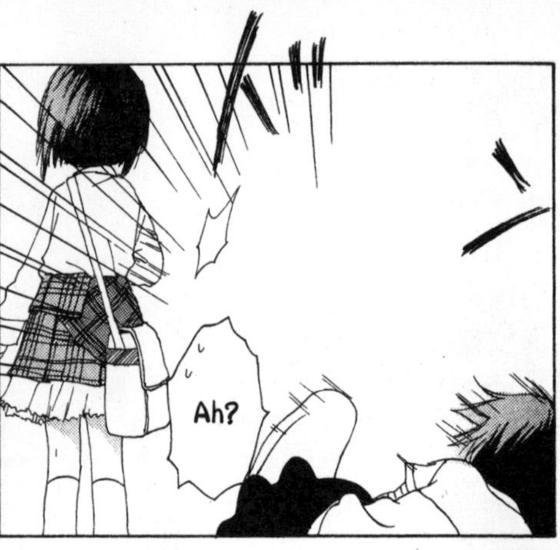
Ah?

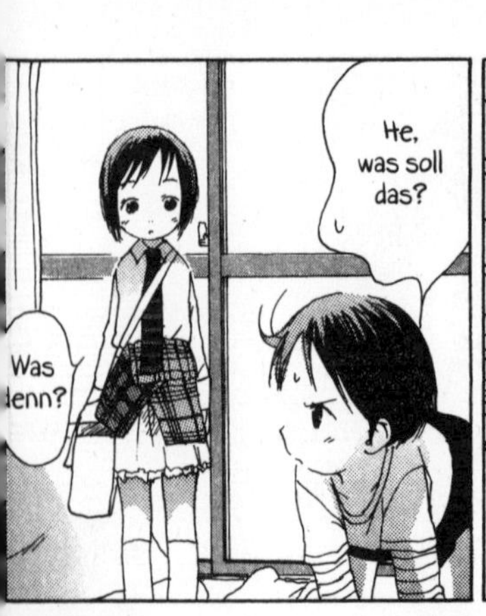
He, was soll das?
Was denn?

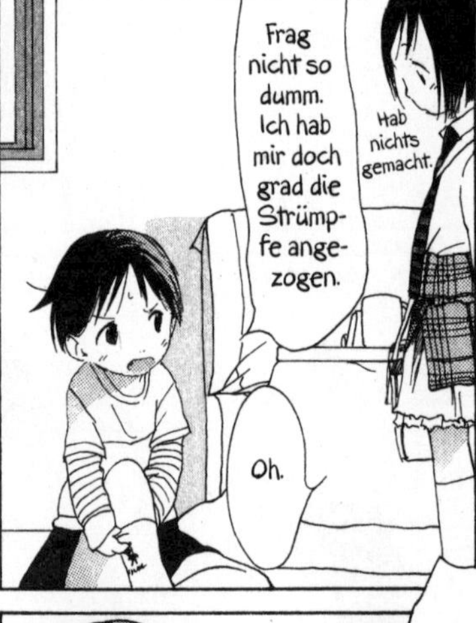
Frag nicht so dumm. Ich hab mir doch grad die Strümpfe angezogen.
Hab nichts gemacht.
Oh.

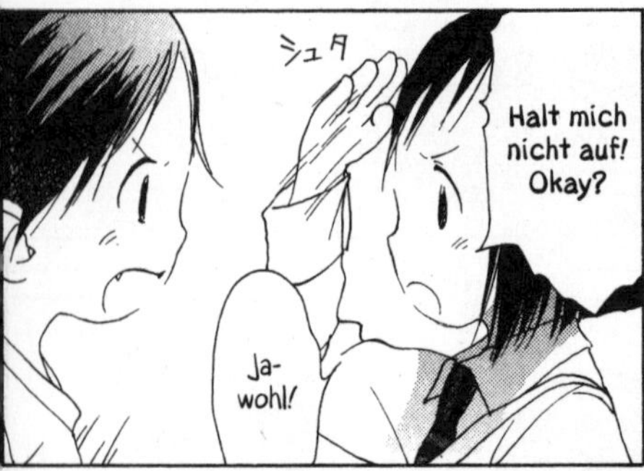
シュタ
Halt mich nicht auf! Okay?
Jawohl!

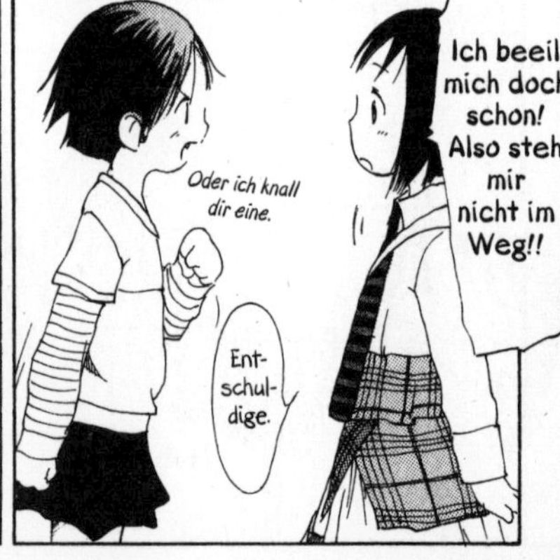
Ich beeil mich doch schon! Also steh mir nicht im Weg!!
Oder ich knall dir eine.
Entschuldige.

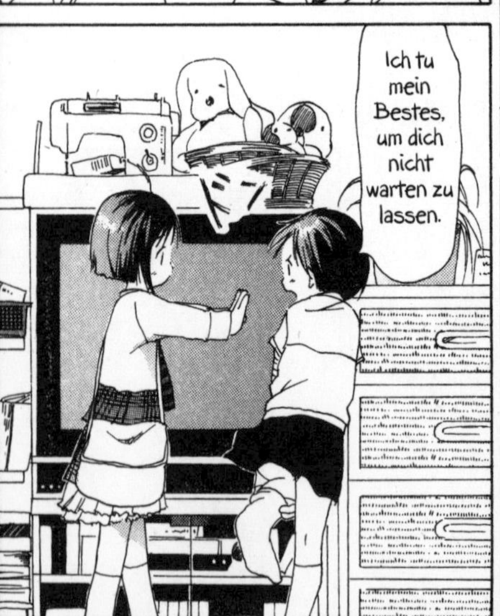
Ich tu mein Bestes, um dich nicht warten zu lassen.

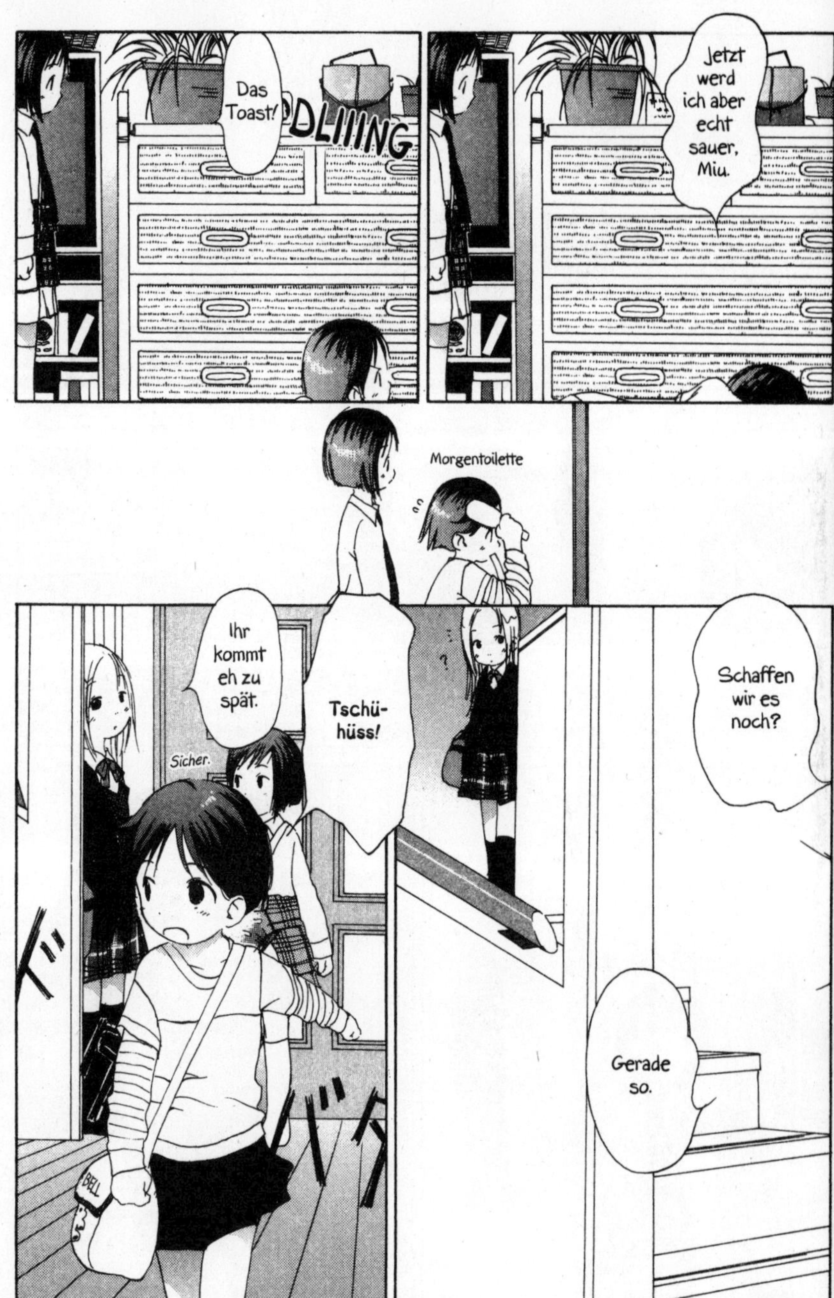
Jetzt werd ich aber echt sauer, Miu.
Das Toast!
DLIIING
Morgentoilette
Schaffen wir es noch?
Gerade so.
Tschühüss!
Ihr kommt eh zu spät.
Sicher.

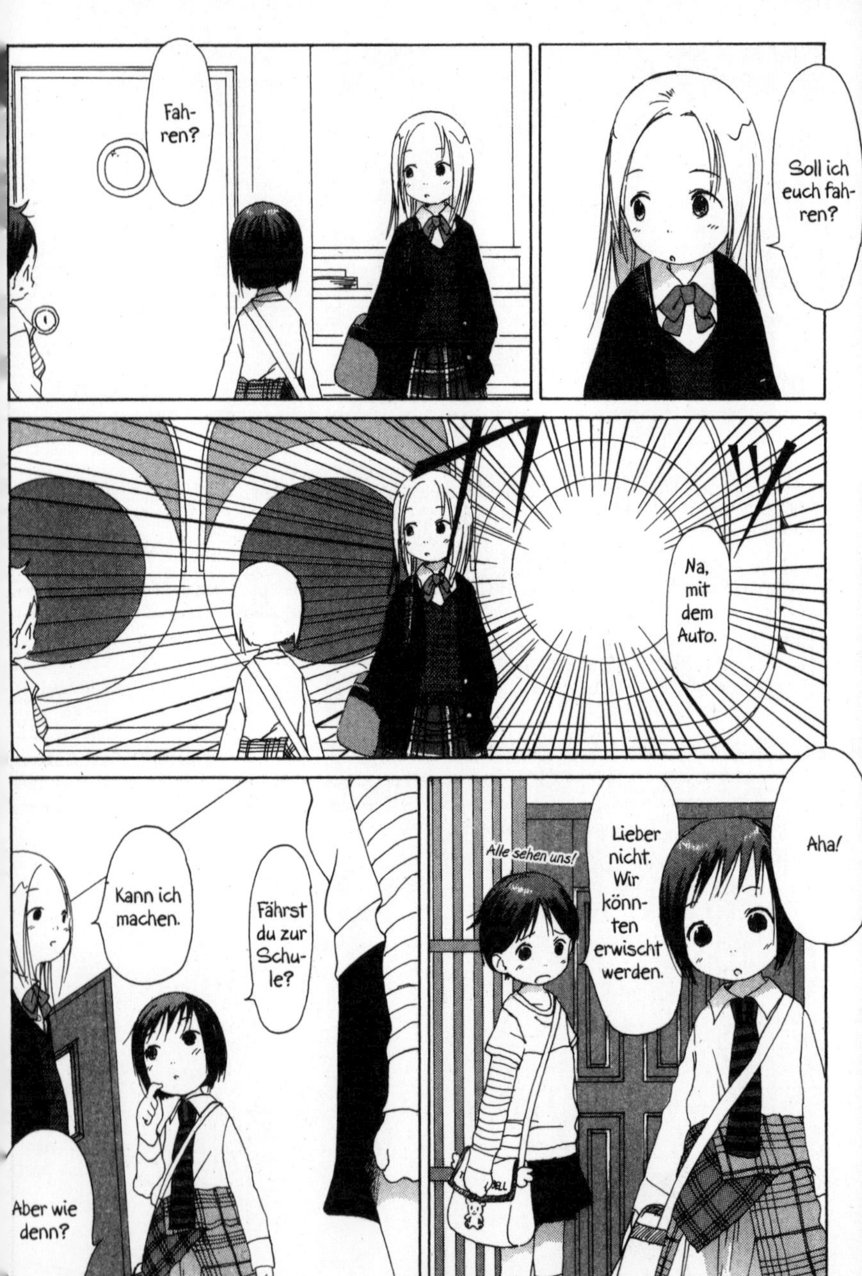
Soll ich euch fahren?
Fahren?
Na, mit dem Auto.
Fährst du zur Schule?
Kann ich machen.
Aber wie denn?
Aha!
Lieber nicht. Wir könnten erwischt werden.
Alle sehen uns!

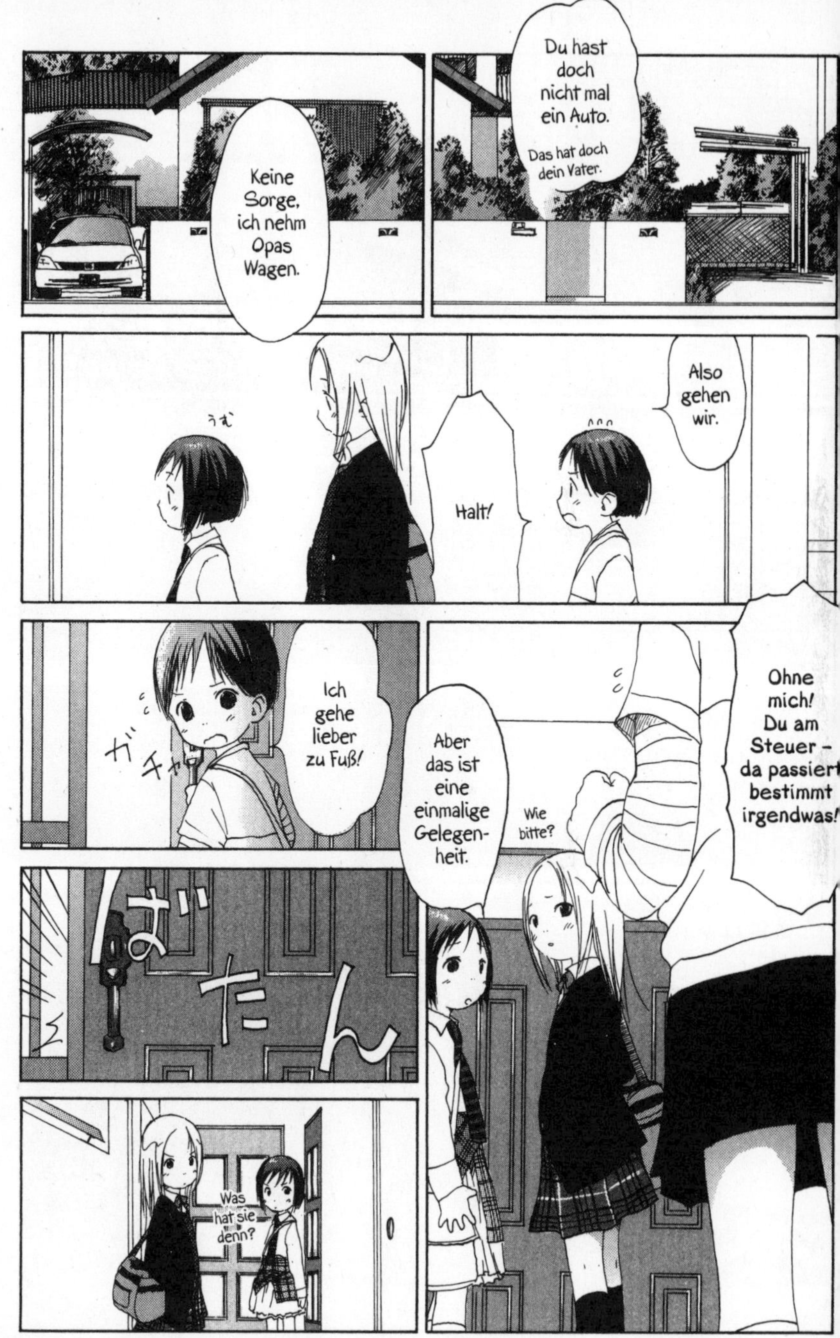

Du hast doch nicht mal ein Auto.
Das hat doch dein Vater.
Keine Sorge, ich nehm Opas Wagen.
Also gehen wir.
Halt!
うむ
Ohne mich! Du am Steuer – da passiert bestimmt irgendwas!
Wie bitte?
Aber das ist eine einmalige Gelegenheit.
Ich gehe lieber zu Fuß!
ガチャ
ばたん
Was hat sie denn?

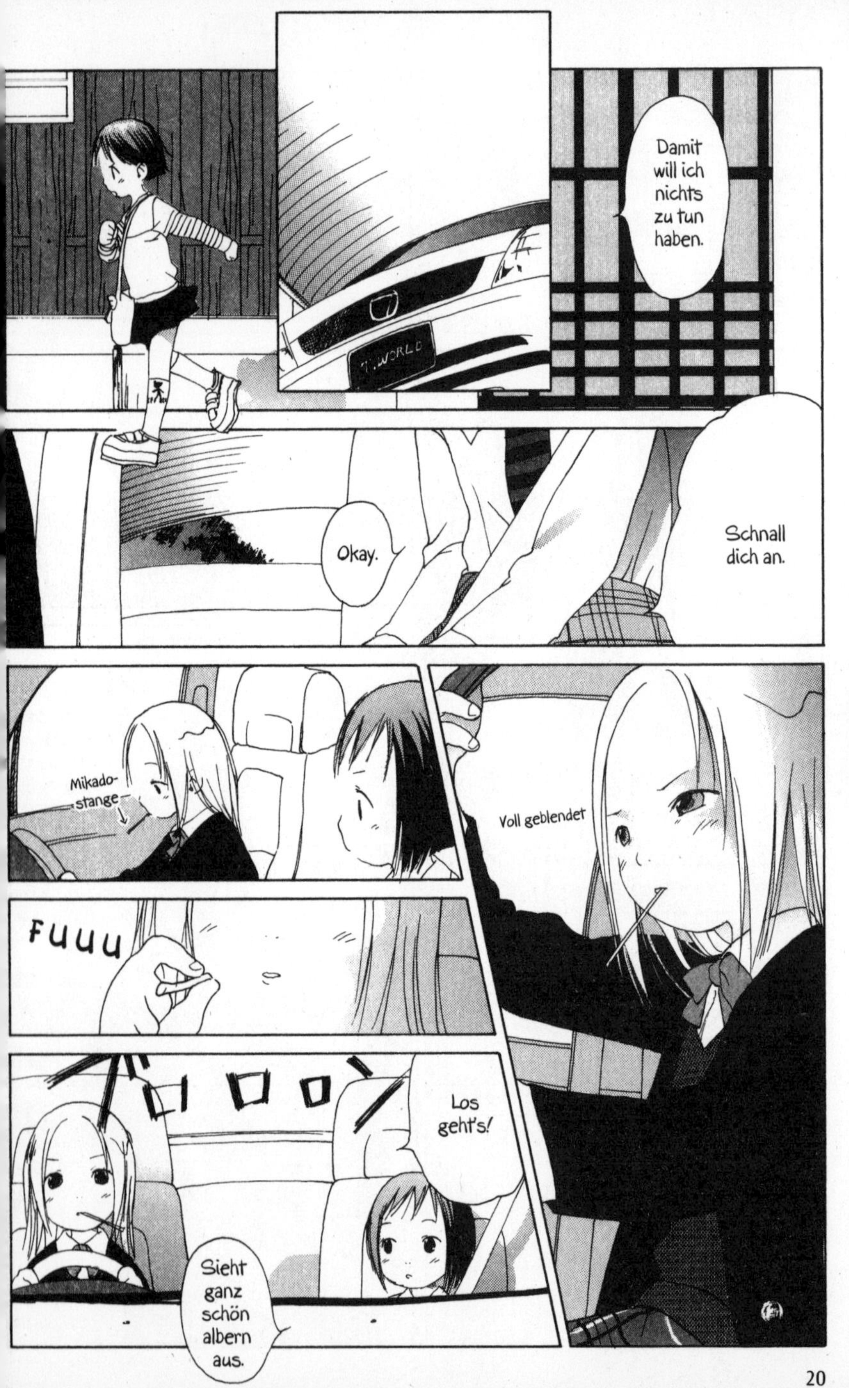
Damit will ich nichts zu tun haben.
Schnall dich an.
Okay.
Voll geblendet
Mikado-stange
FUUU
Los geht's!
Sieht ganz schön albern aus.

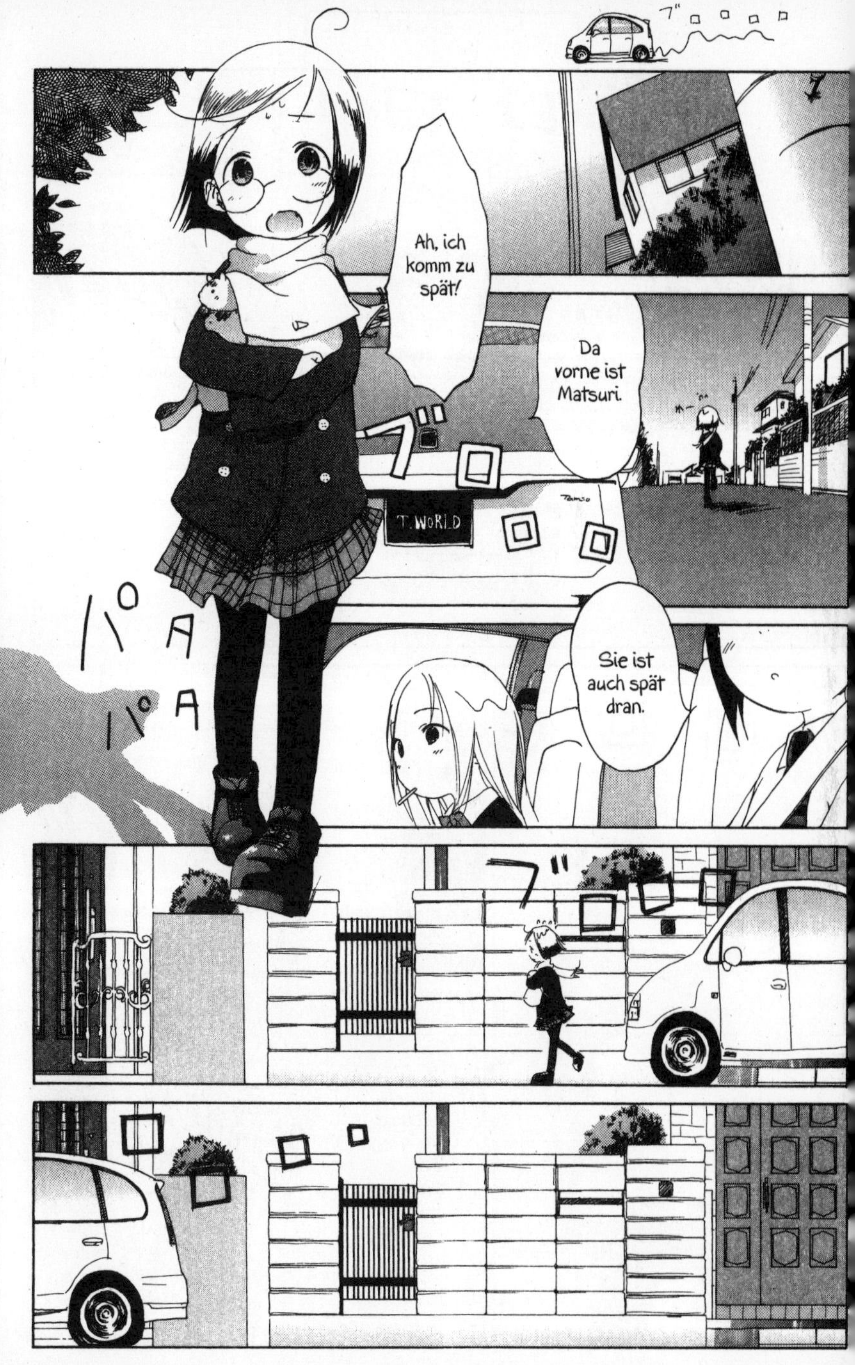
Da vorne ist Matsuri.
Ah, ich komm zu spät!
T. WORLD
Sie ist auch spät dran.

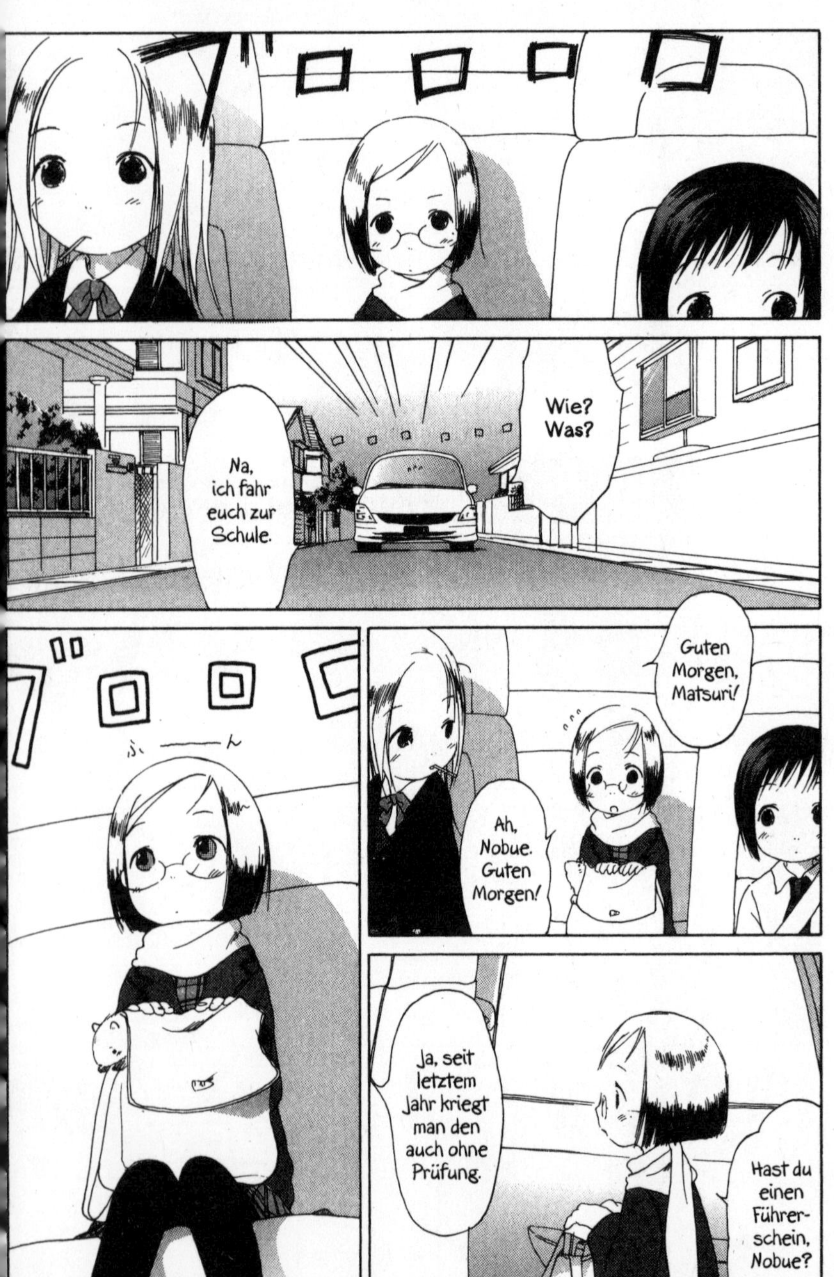

ブロロロロ
Wie? Was?
Na, ich fahr euch zur Schule.
Guten Morgen, Matsuri!
Ah, Nobue. Guten Morgen!
Hast du einen Führerschein, Nobue?
Ja, seit letztem Jahr kriegt man den auch ohne Prüfung.
ブロロロ
ふ——ん

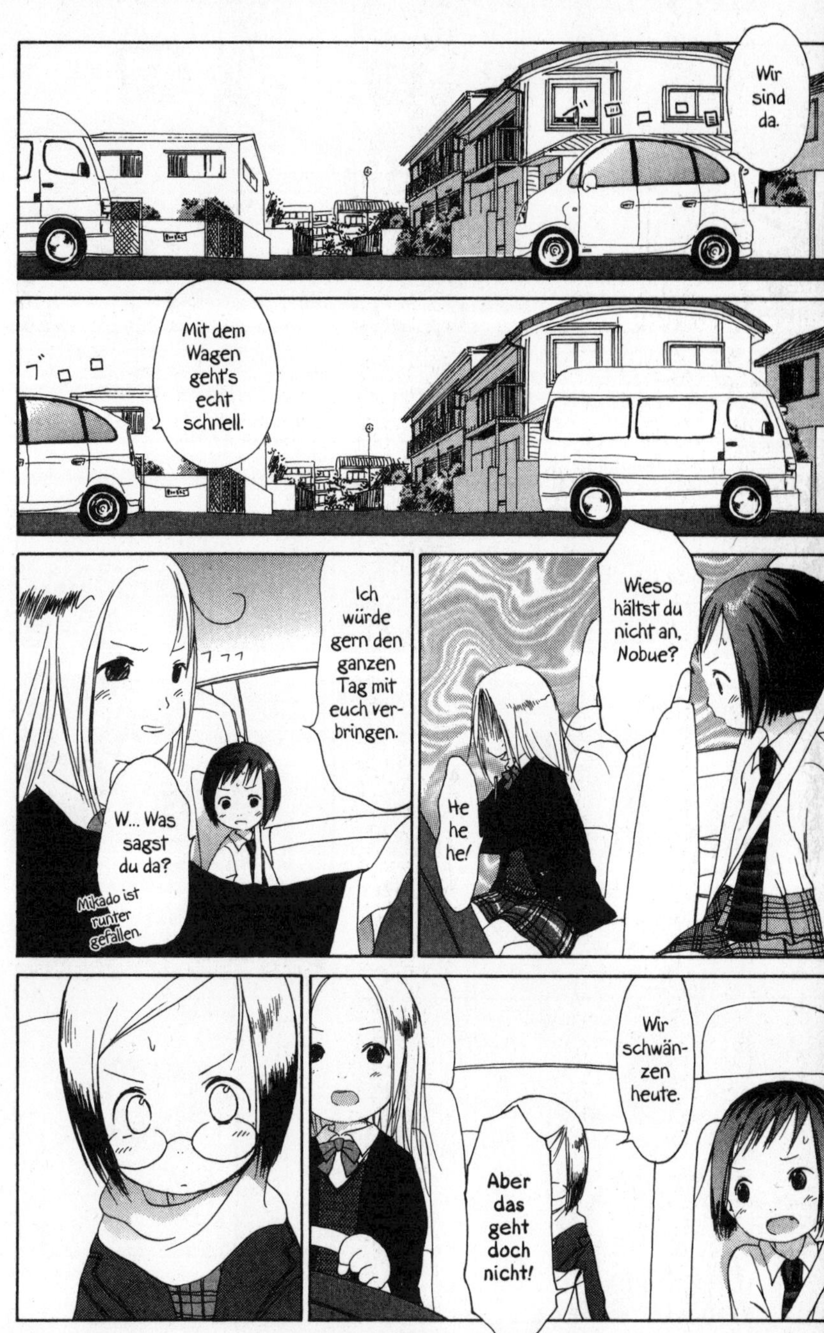
Wir sind da.
Mit dem Wagen geht's echt schnell.
ブロロ
Wieso hältst du nicht an, Nobue?
He he he!
Ich würde gern den ganzen Tag mit euch verbringen.
W... Was sagst du da?
Mikado ist runter gefallen.
Wir schwänzen heute.
Aber das geht doch nicht!

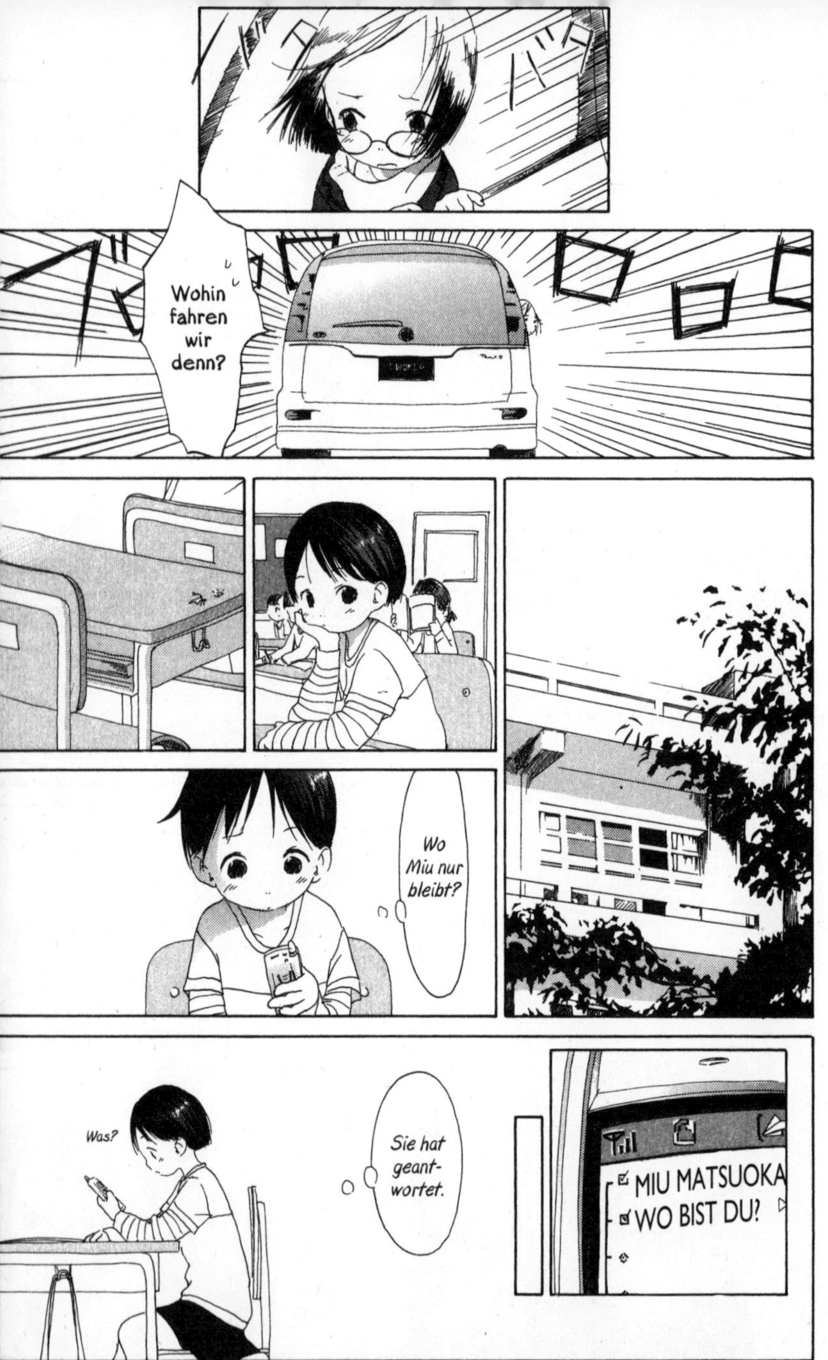

Wohin fahren wir denn?
Wo Miu nur bleibt?
Sie hat geantwortet.
Was?
MIU MATSUOKA
WO BIST DU?

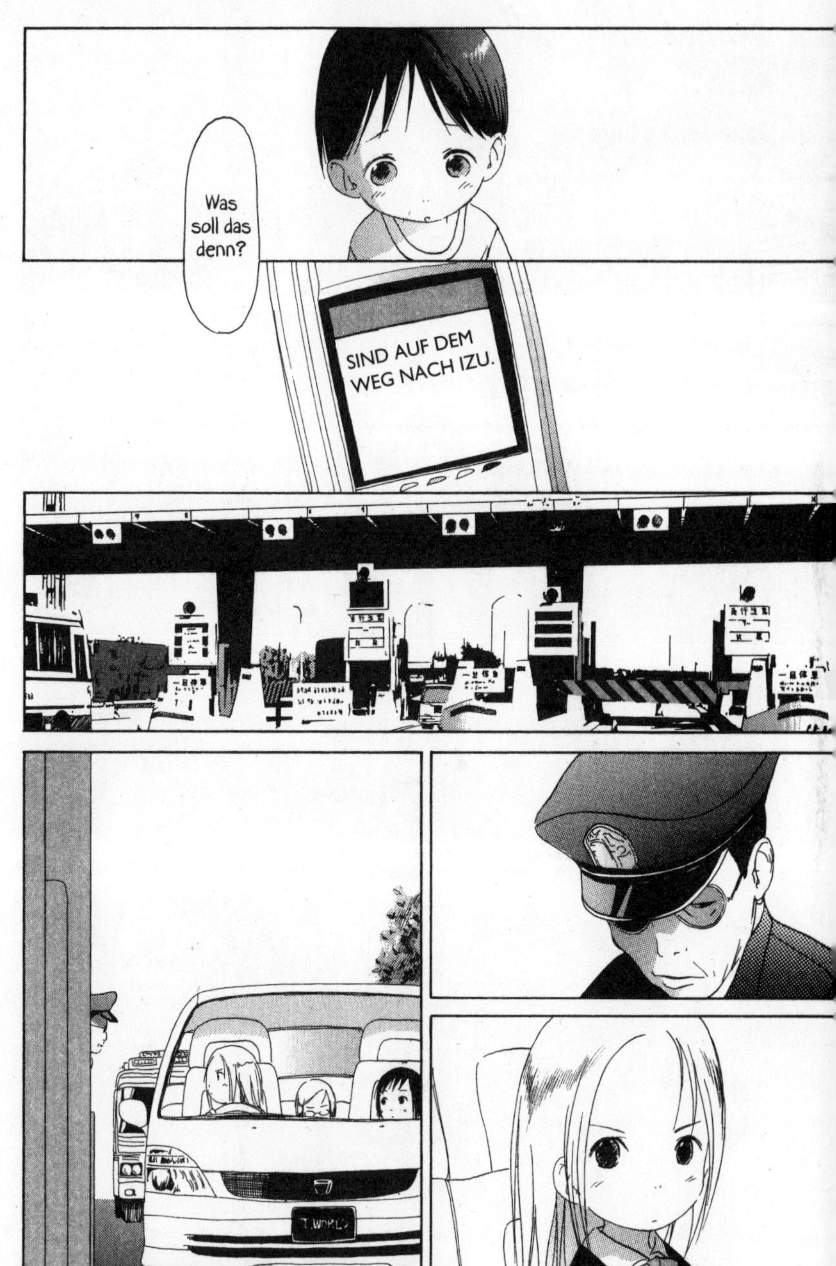
Was soll das denn?
SIND AUF DEM WEG NACH IZU.

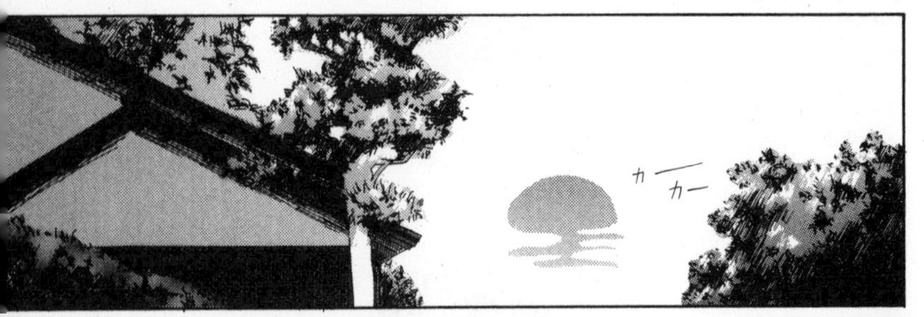
カー
カー

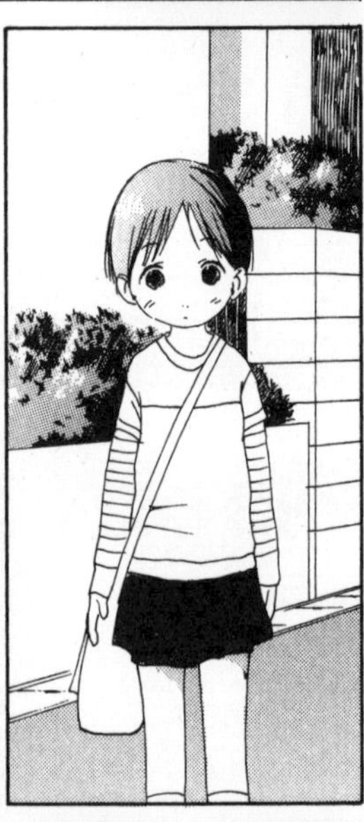

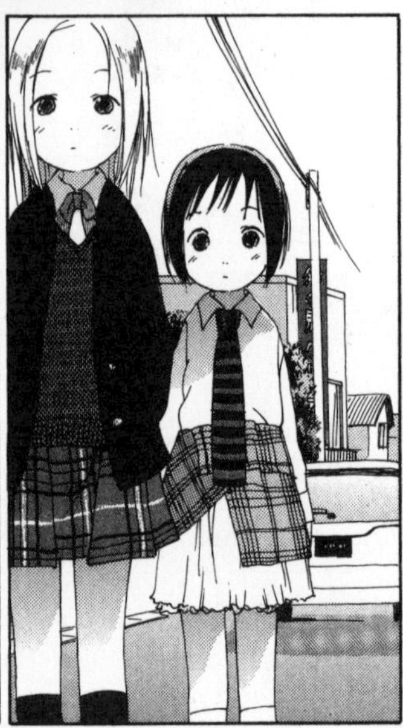

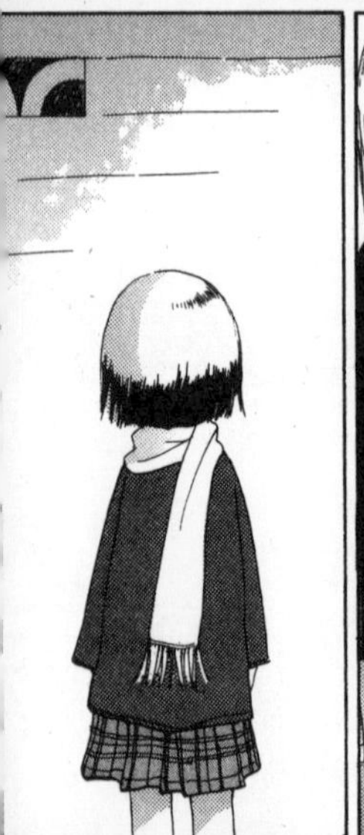

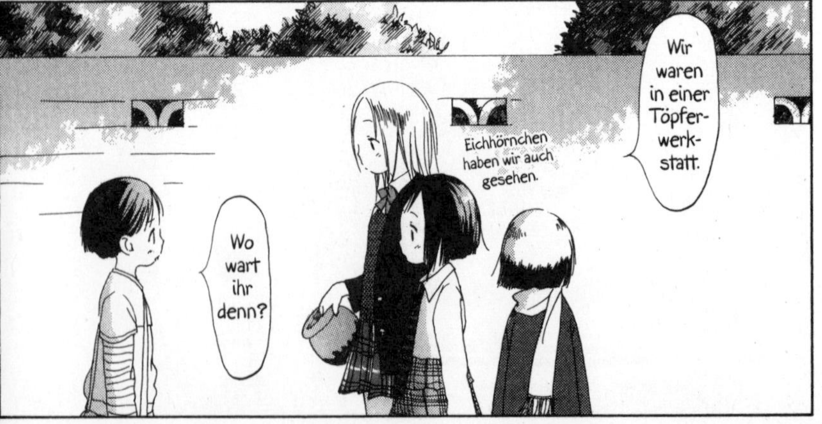
Wir waren in einer Töpfer-werk-statt.
Eichhörnchen haben wir auch gesehen.
Wo wart ihr denn?

PAGE 27

name	*season*
☑NOBUE	☑SPRING
☐CHIKA	☐SUMMER
☐MIU	☐AUTUMN
☐MATSURI	☐WINTER

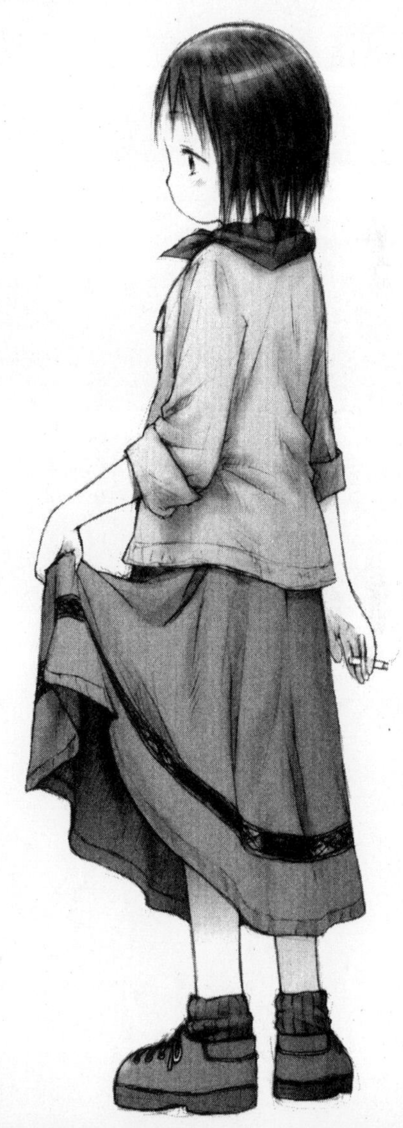

PAGE 28

name	*season*
☐NOBUE	☐SPRING
☐CHIKA	☐SUMMER
☐MIU	☐AUTUMN
☐MATSURI	☐WINTER

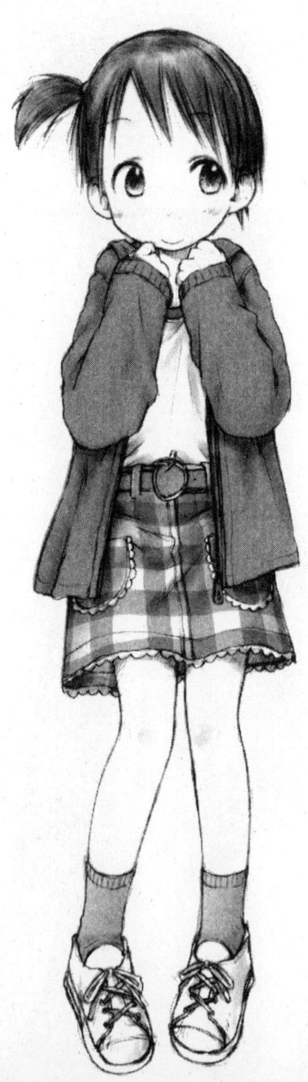

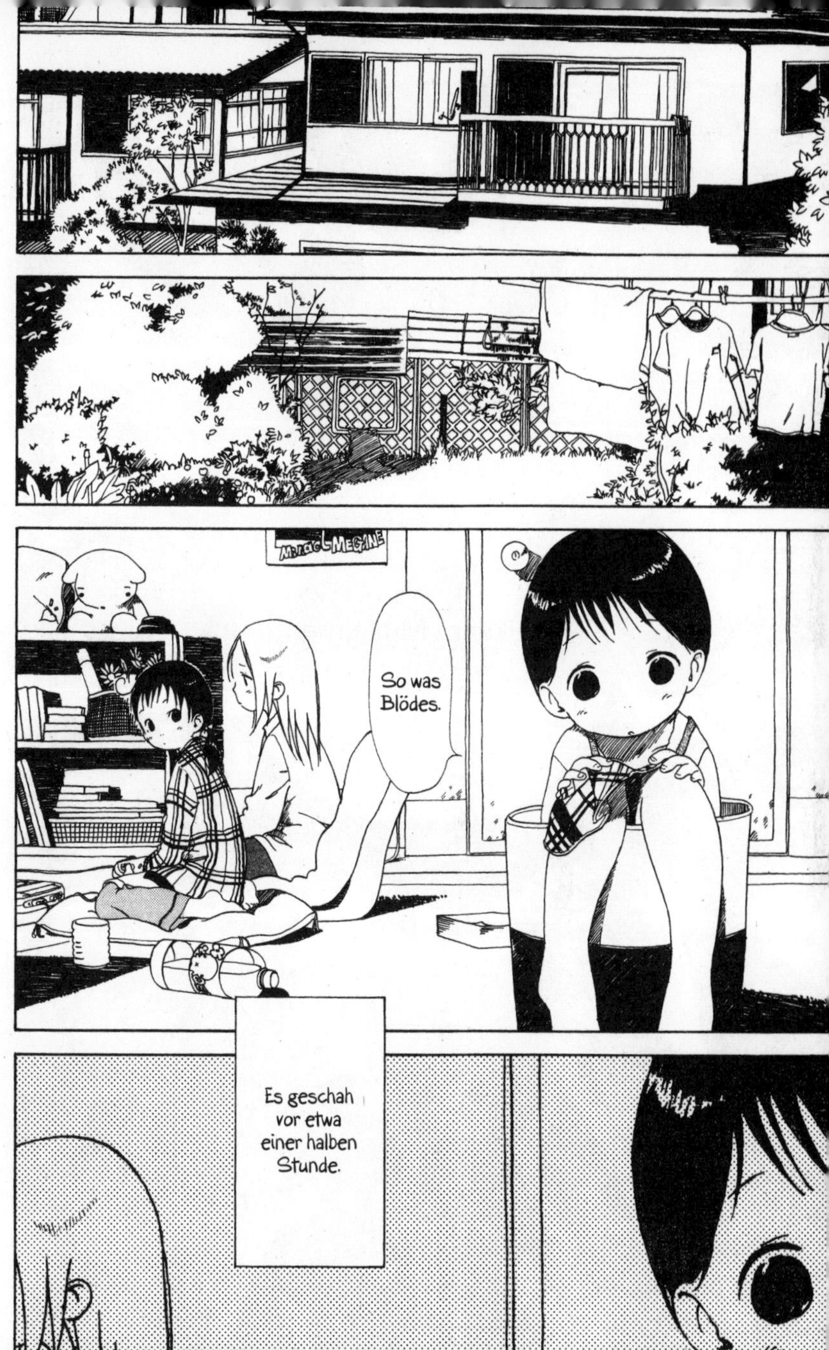

So was Blödes.
Es geschah vor etwa einer halben Stunde.

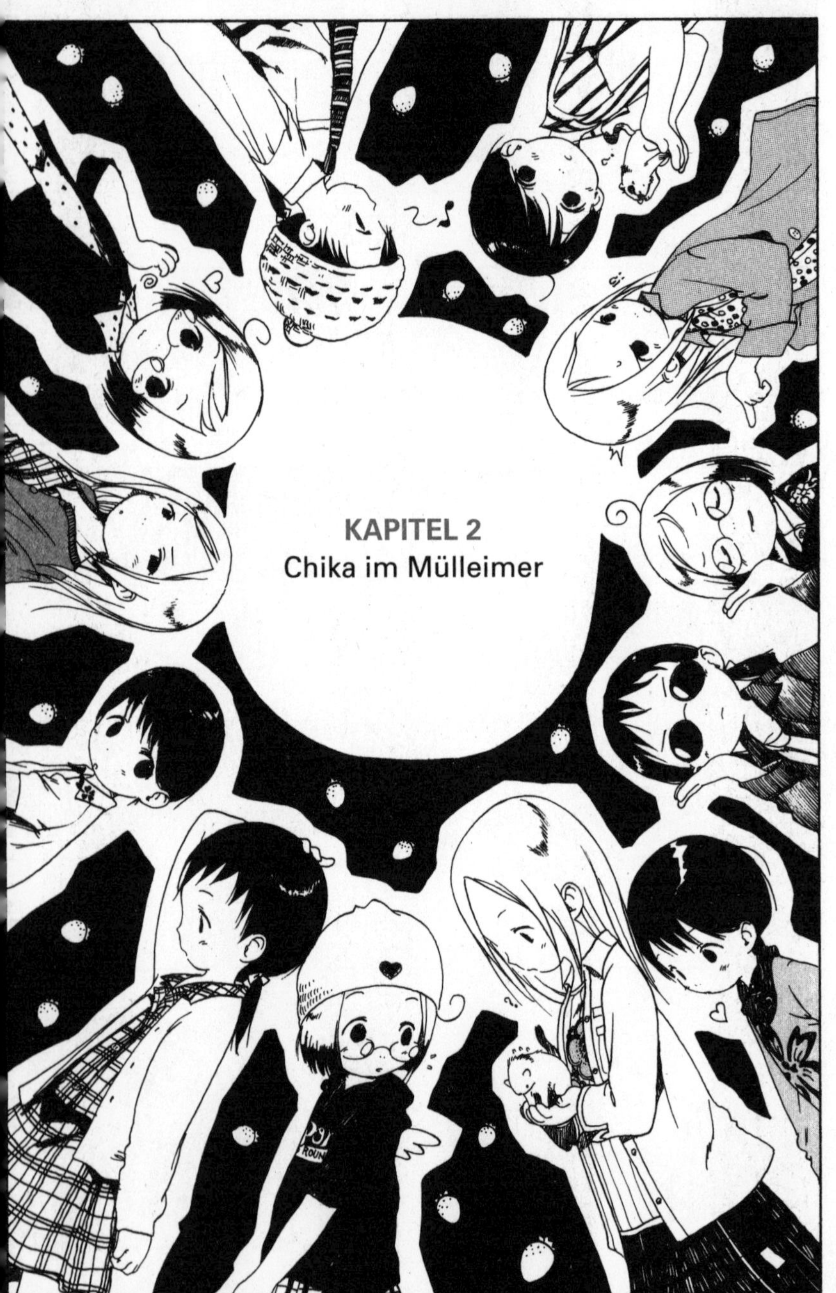
KAPITEL 2
Chika im Mülleimer

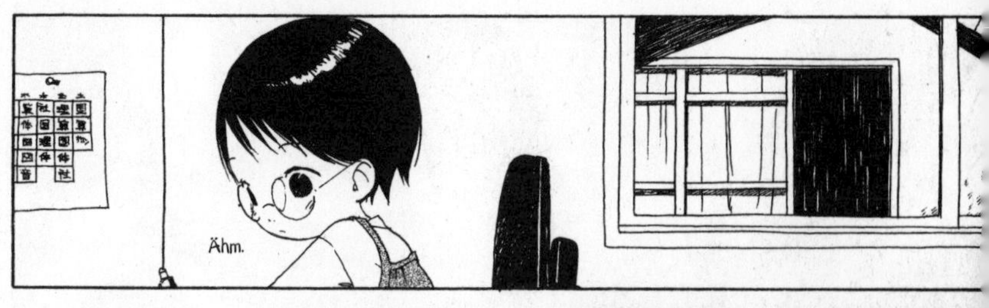
Ähm.

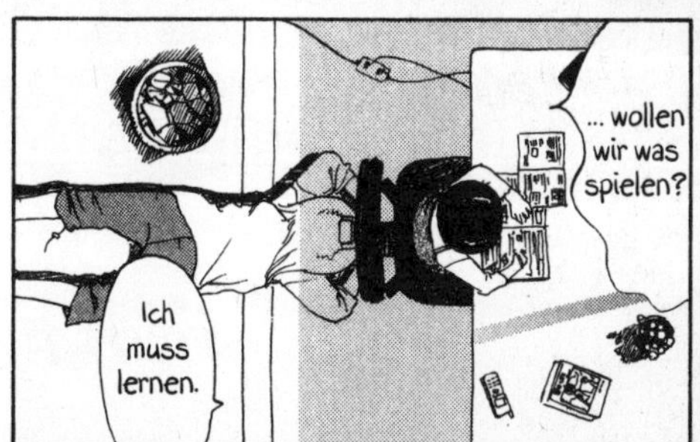
... wollen wir was spielen?
Ich muss lernen.

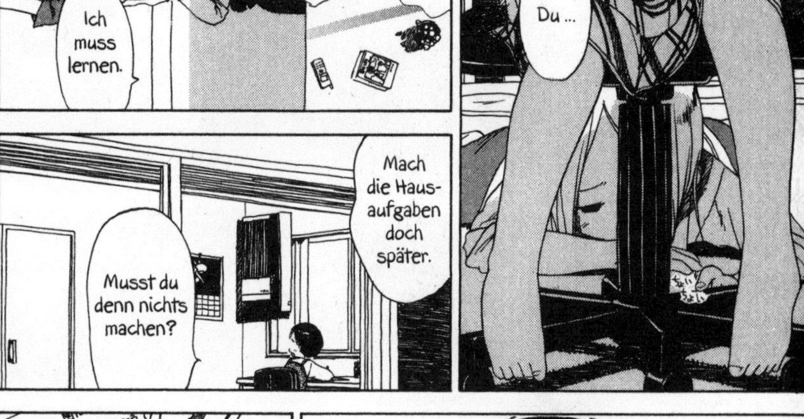
Du ...
Mach die Hausaufgaben doch später.
Musst du denn nichts machen?

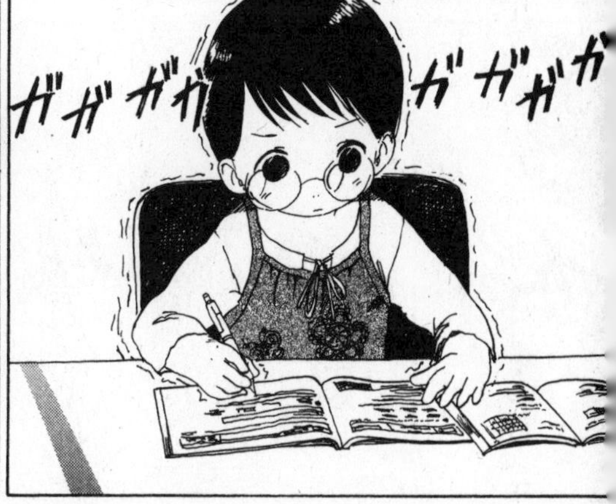
ガガガガ
ガガガガ

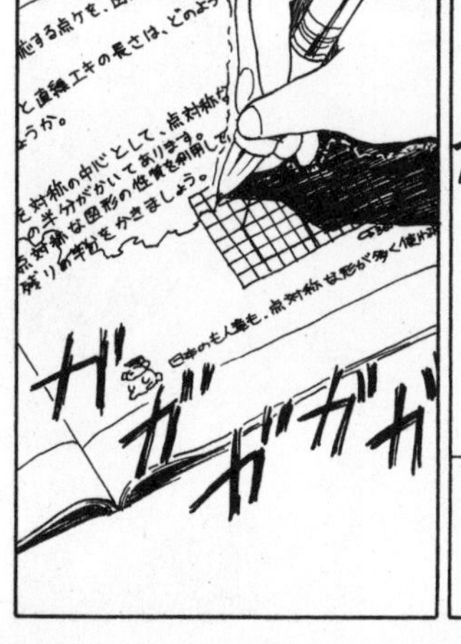
ガガガガガ

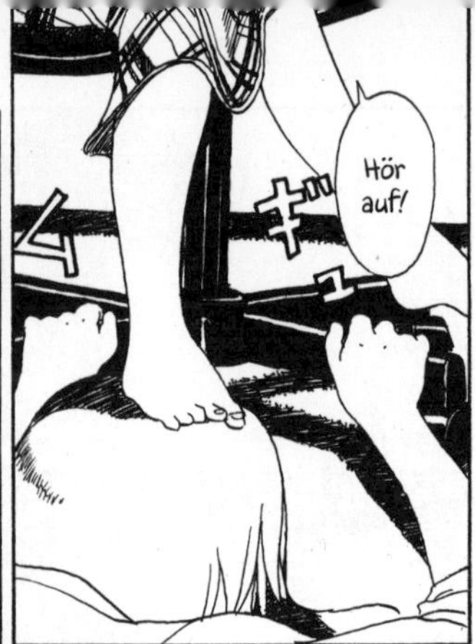
Hör auf!
ギュ

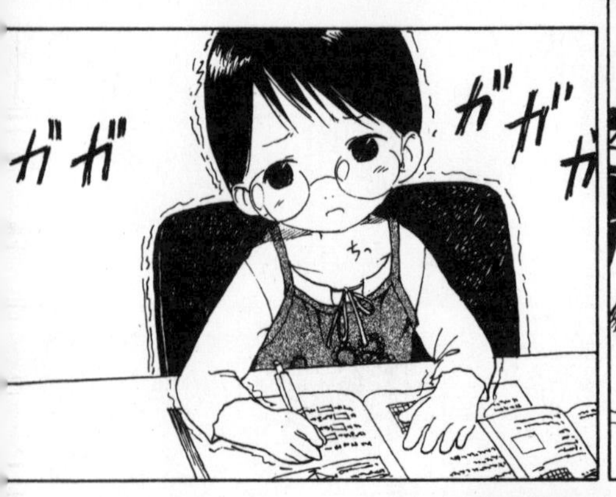
ガガ
ちっ
ガガガ

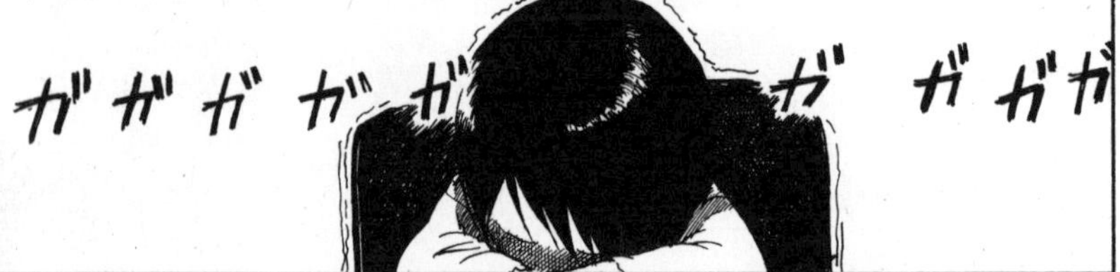
ガガガガガ
ガ
ガガガ

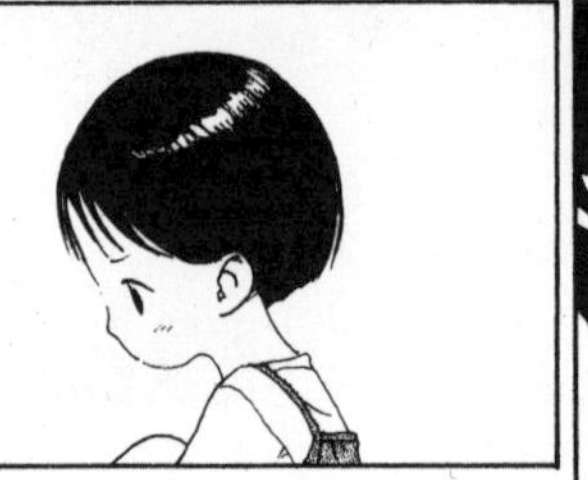

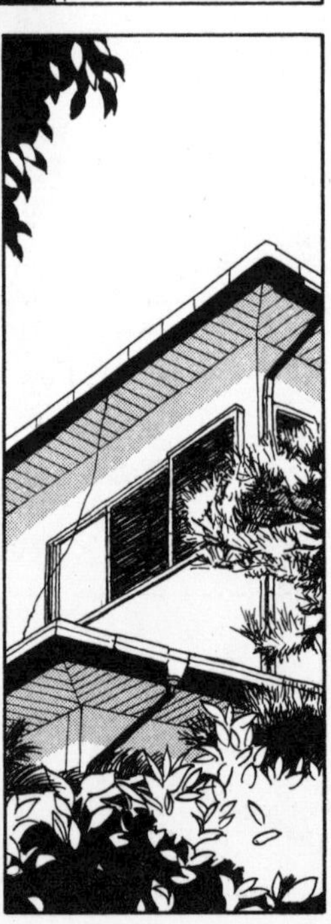

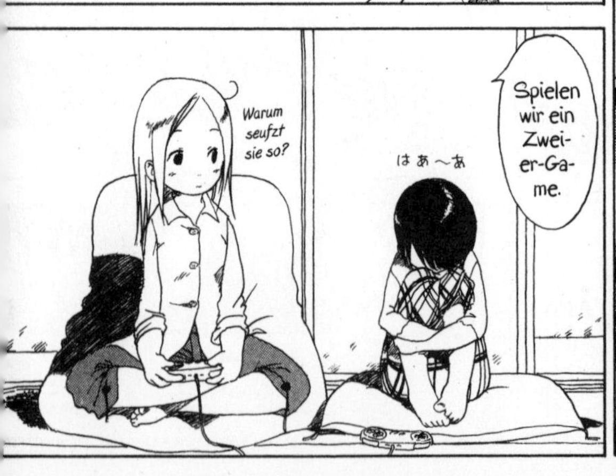
Spielen wir ein Zwei-er-Game.
はぁ～あ
Warum seufzt sie so?

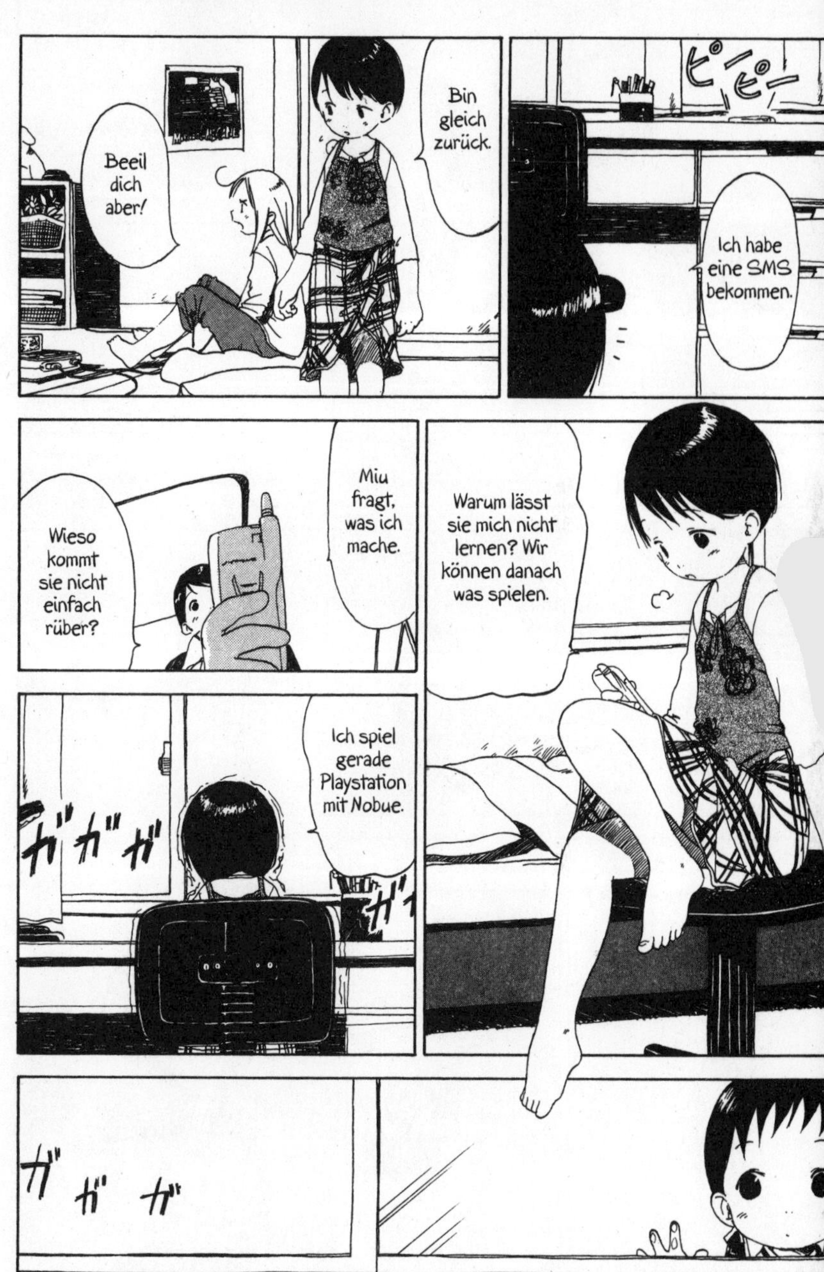
ピーピー
Ich habe eine SMS bekommen.
Bin gleich zurück.
Beeil dich aber!
Warum lässt sie mich nicht lernen? Wir können danach was spielen.
Miu fragt, was ich mache.
Wieso kommt sie nicht einfach rüber?
Ich spiel gerade Playstation mit Nobue.
ガガガ
ガガガ

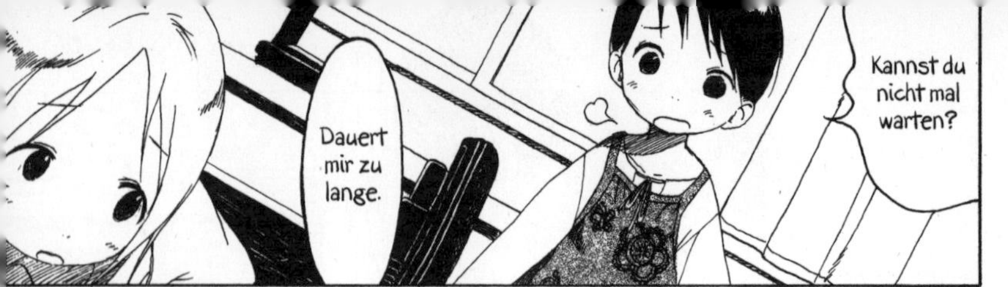
Kannst du nicht mal warten?
Dauert mir zu lange.

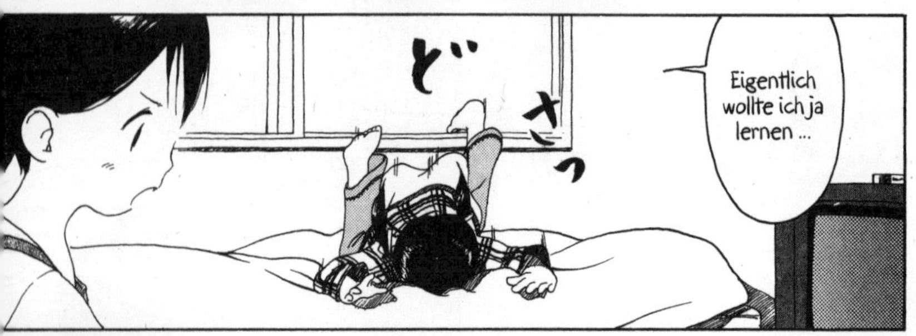
Eigentlich wollte ich ja lernen ...
どさっ

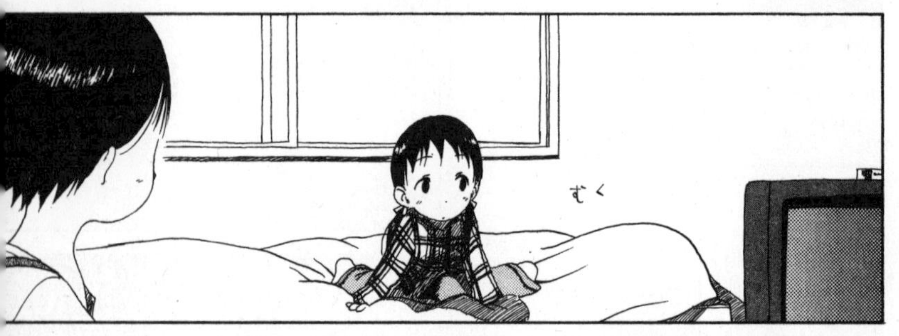
むく

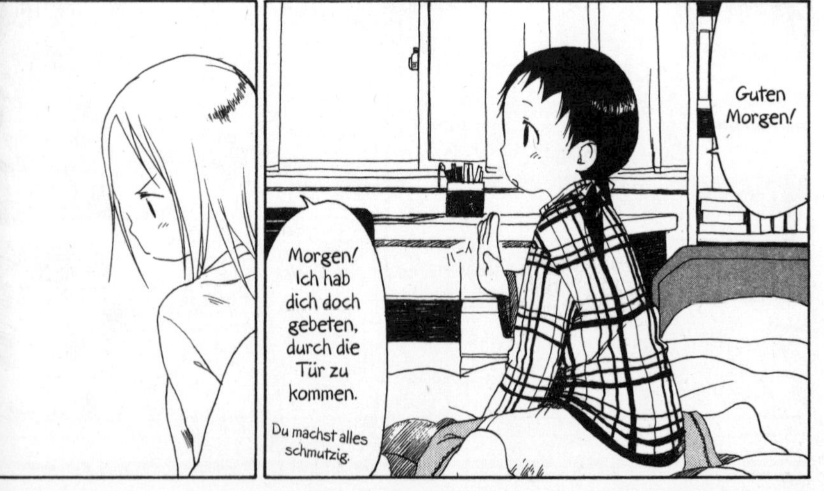
Guten Morgen!
Morgen! Ich hab dich doch gebeten, durch die Tür zu kommen.
Du machst alles schmutzig.

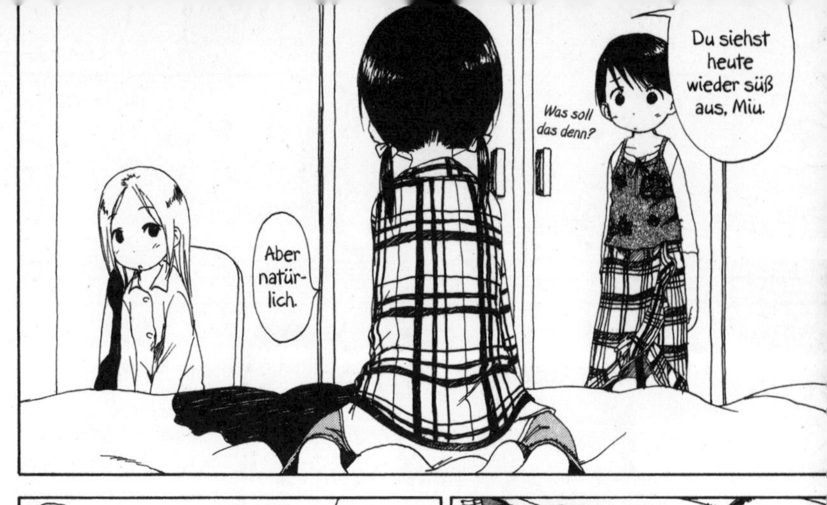
Du siehst heute wieder süß aus, Miu.
Was soll das denn?
Aber natürlich.

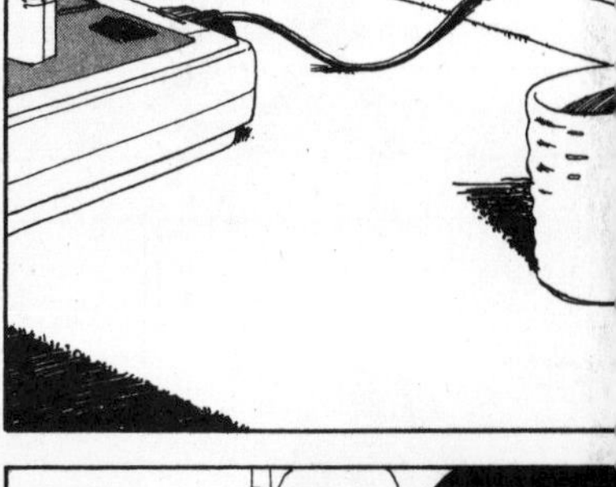

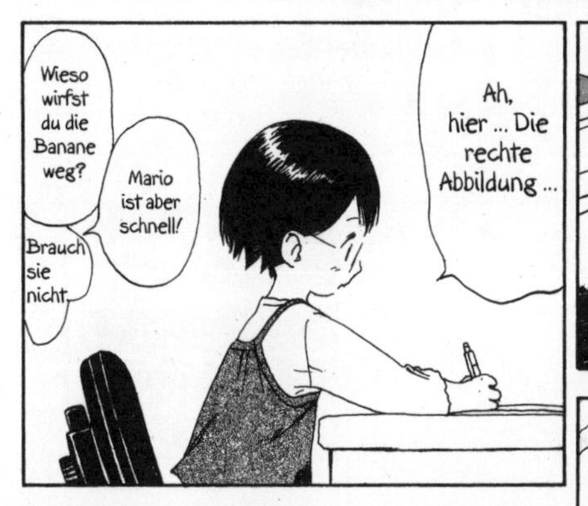
Ah, hier ... Die rechte Abbildung ...
Wieso wirfst du die Banane weg?
Mario ist aber schnell!
Brauch sie nicht.

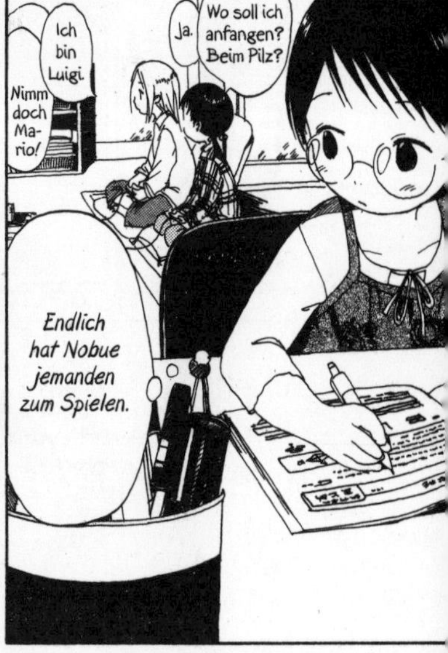
Wo soll ich anfangen? Beim Pilz?
Ja.
Ich bin Luigi.
Nimm doch Mario!
Endlich hat Nobue jemanden zum Spielen.

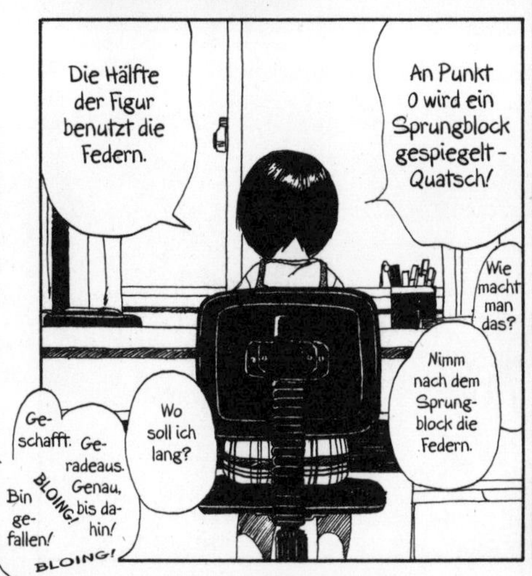
An Punkt 0 wird ein Sprungblock gespiegelt - Quatsch!
Die Hälfte der Figur benutzt die Federn.
Wie macht man das?
Nimm nach dem Sprungblock die Federn.
Wo soll ich lang?
Geschafft.
Geradeaus.
Genau, bis dahin!
BLOING!
Bin gefallen!
BLOING!

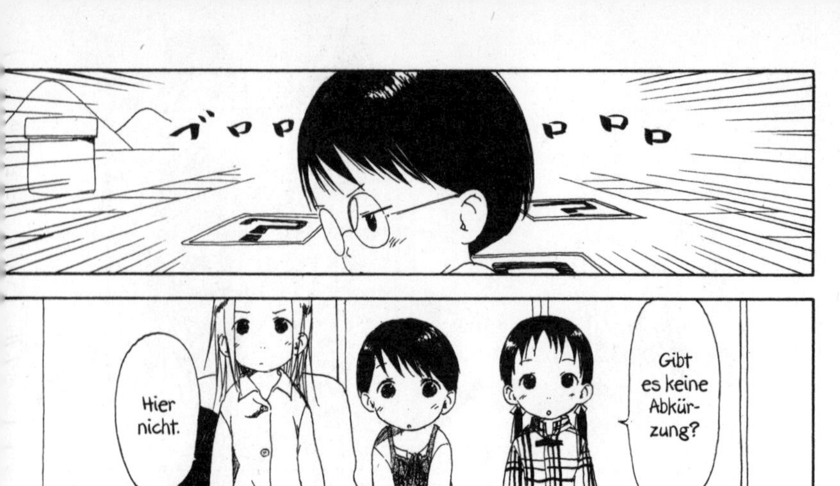
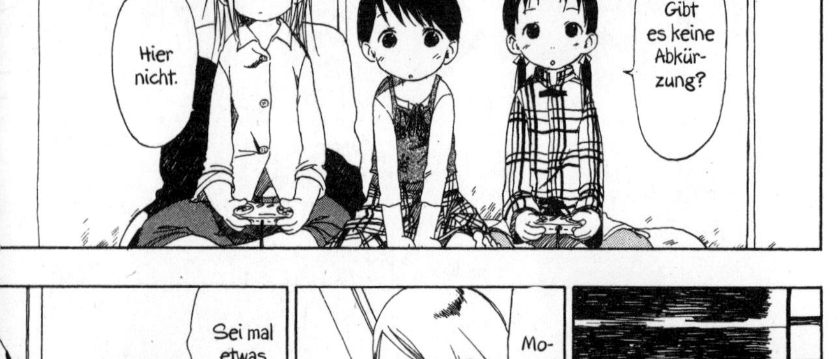
Gibt es keine Abkürzung?
Hier nicht.
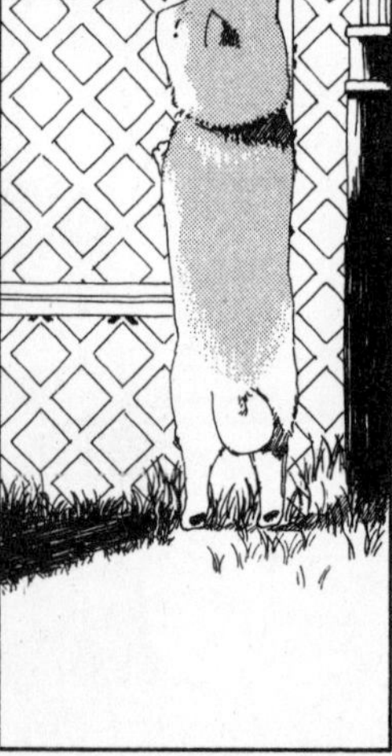
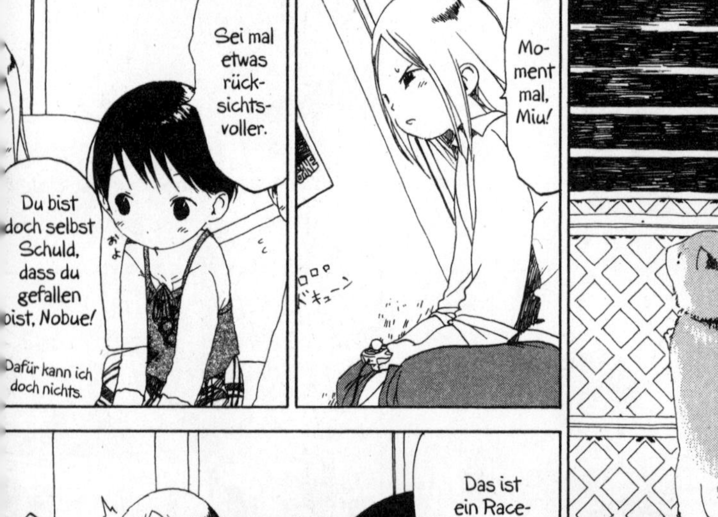
Moment mal, Miu!
Sei mal etwas rücksichtsvoller.
Du bist doch selbst Schuld, dass du gefallen bist, Nobue!
Dafür kann ich doch nichts.
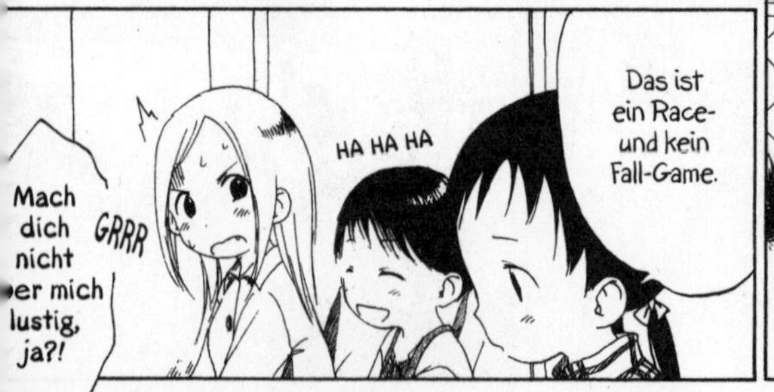
Das ist ein Race- und kein Fall-Game.
HA HA HA
GRRR
Mach dich nicht er mich lustig, ja?!

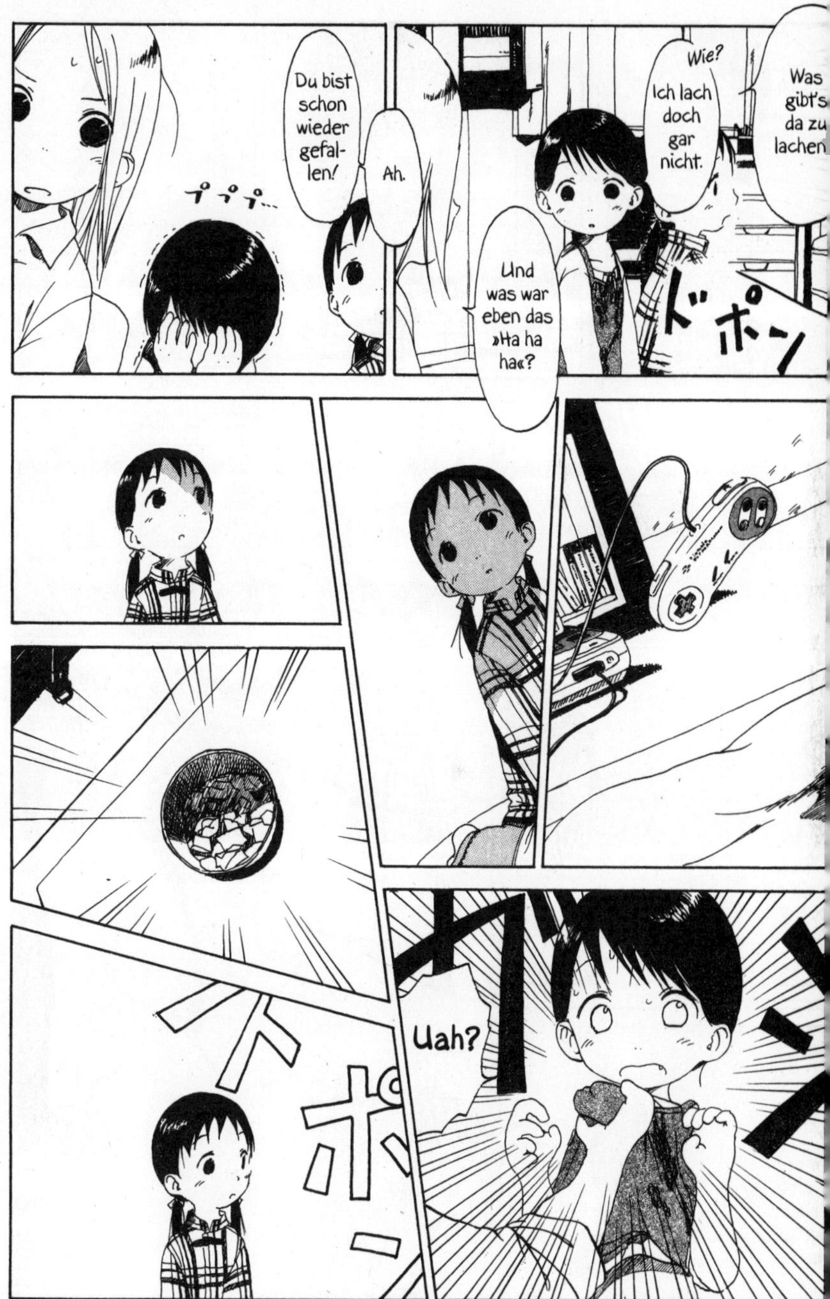
Was gibt's da zu lachen
Wie? Ich lach doch gar nicht.
ドポン
Und was war eben das »Ha ha ha«?
Ah.
Du bist schon wieder gefallen!
プププ...
ト
ポン
Uah?
トポー

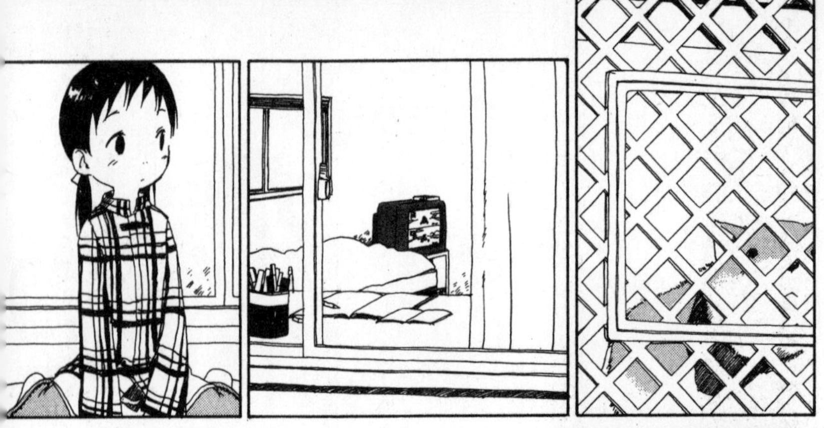

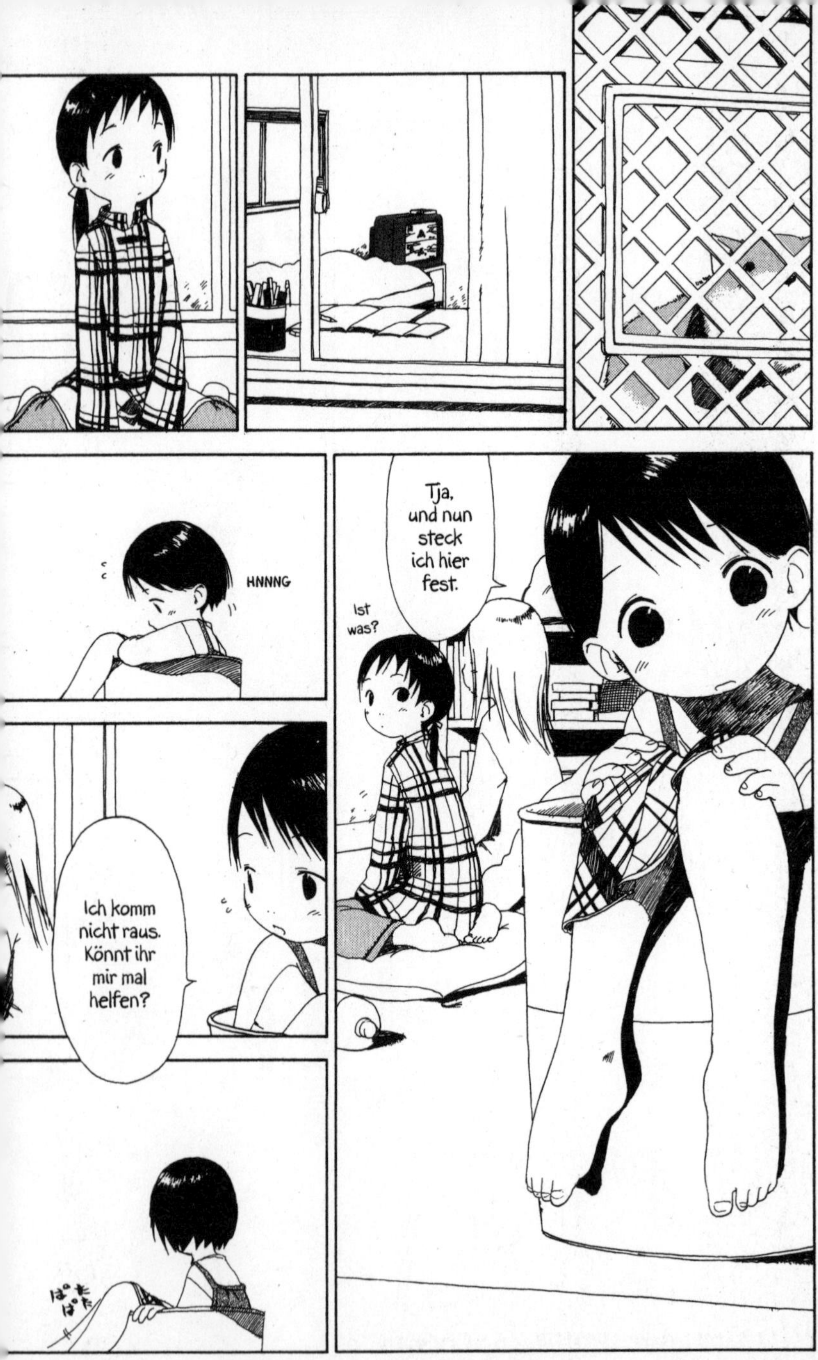

Tja, und nun steck ich hier fest.

Ist was?

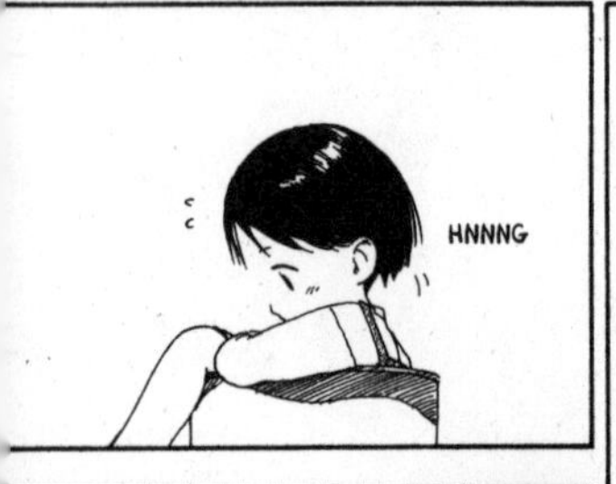

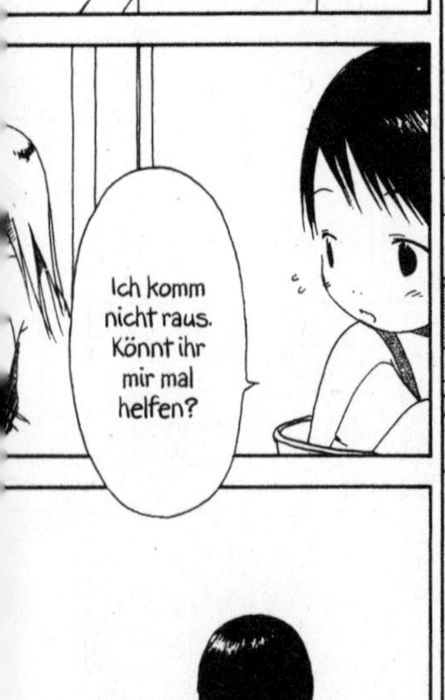

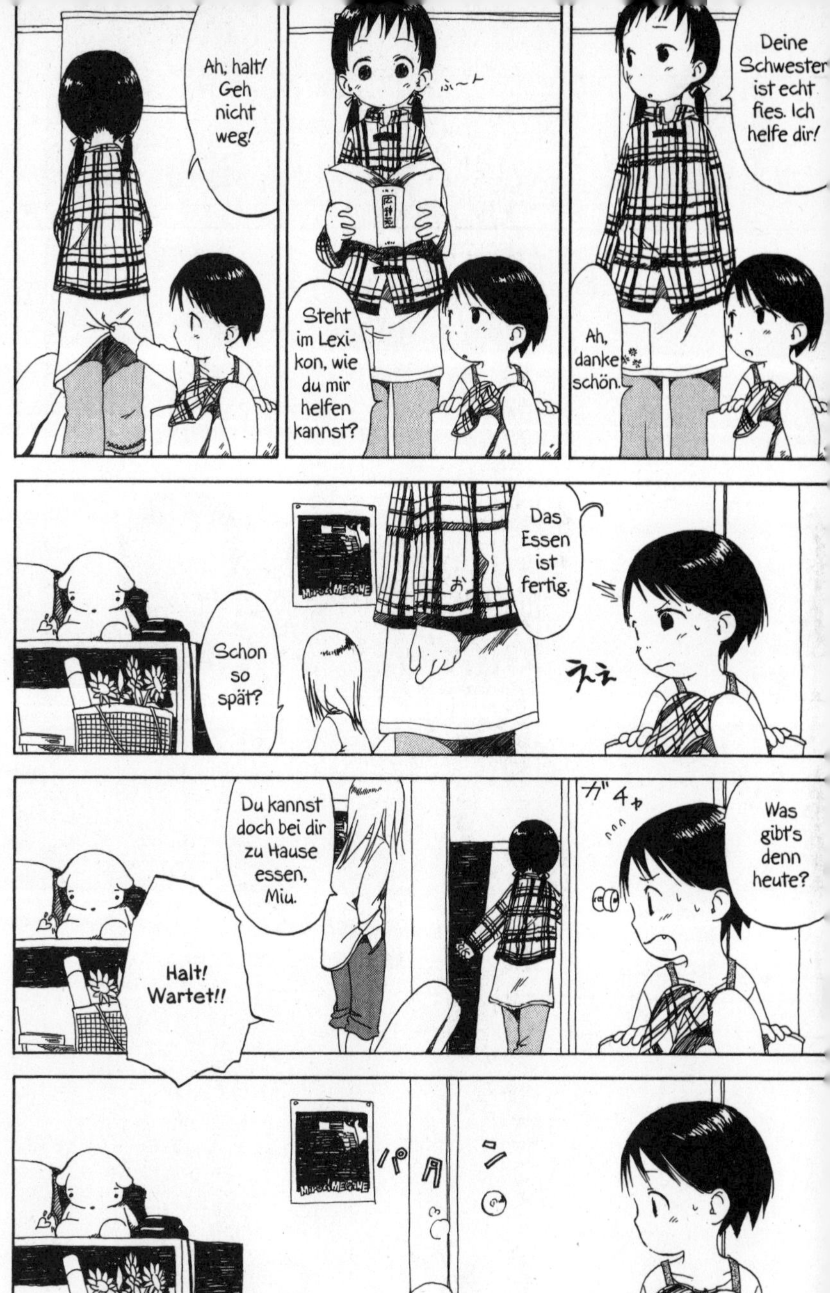
Deine Schwester ist echt fies. Ich helfe dir!
Ah, danke schön.
ふ～ん
Steht im Lexikon, wie du mir helfen kannst?
Ah, halt! Geh nicht weg!
Das Essen ist fertig.
ええ
Schon so spät?
ガチャ
Was gibt's denn heute?
Du kannst doch bei dir zu Hause essen, Miu.
Halt! Wartet!!
パタン

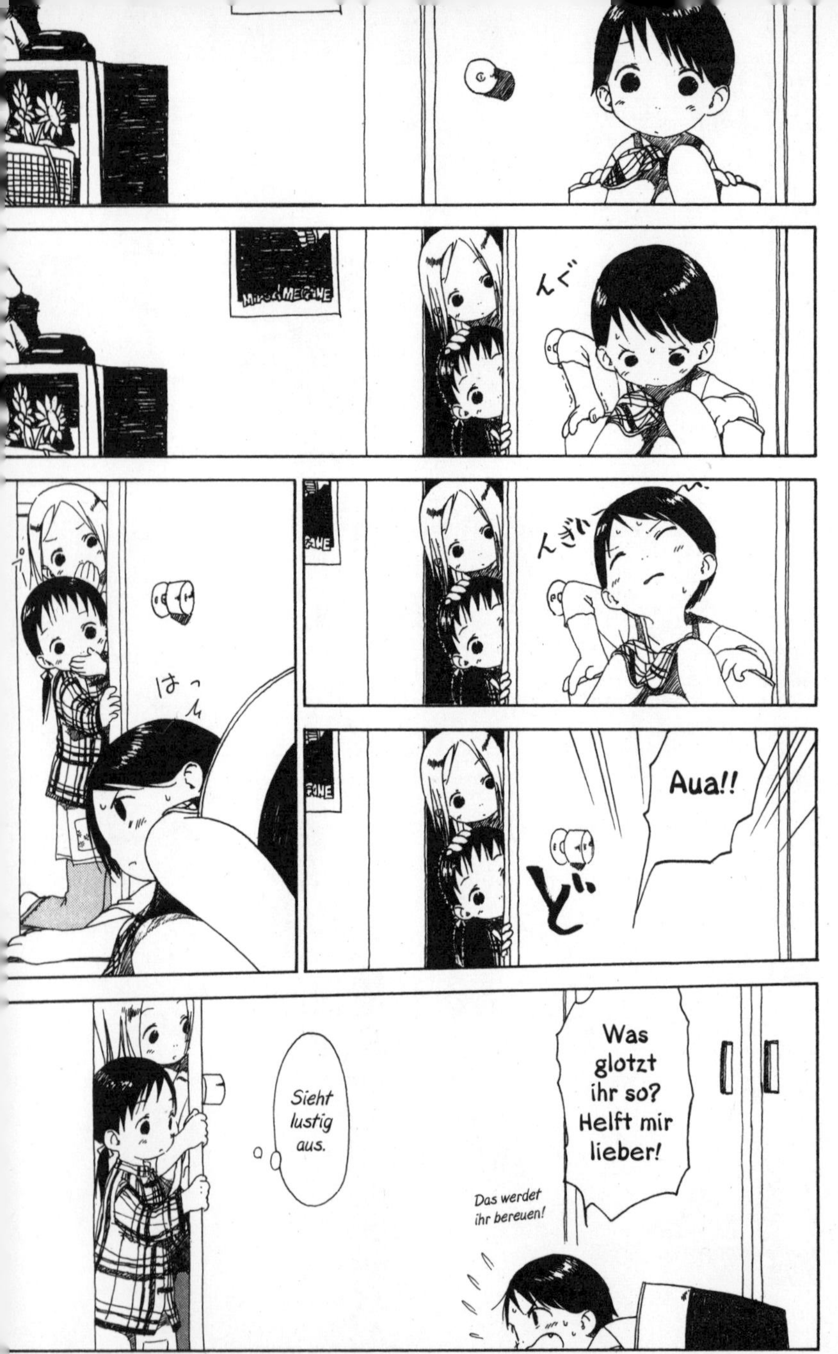

んぐ
んぎぃ
はっ
Aua!!
ど
Was glotzt ihr so? Helft mir lieber!
Das werdet ihr bereuen!
Sieht lustig aus.

PAGE 41

name	*season*
☐NOBUE	♡SPRING
☐CHIKA	☐SUMMER
♡MIU	☐AUTUMN
☐MATSURI	☐WINTER

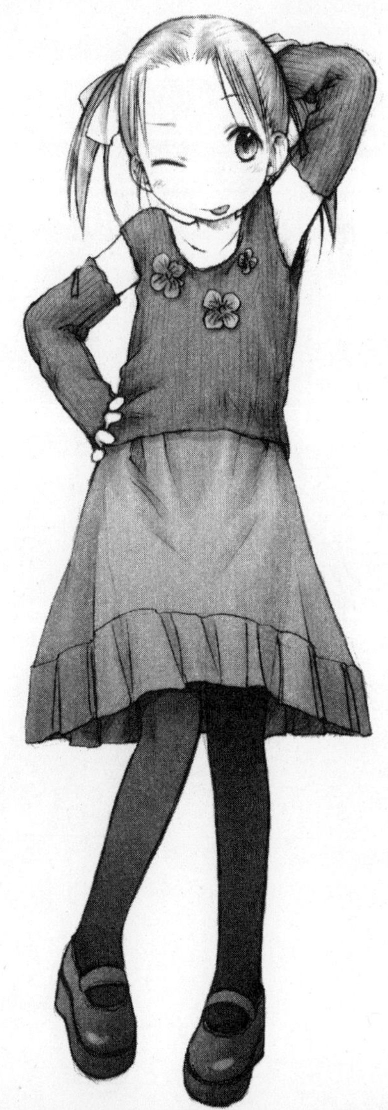

name	season
☐NOBUE	■SPRING
☐CHIKA	☐SUMMER
☐MIU	☐AUTUMN
■MATSURI	☐WINTER

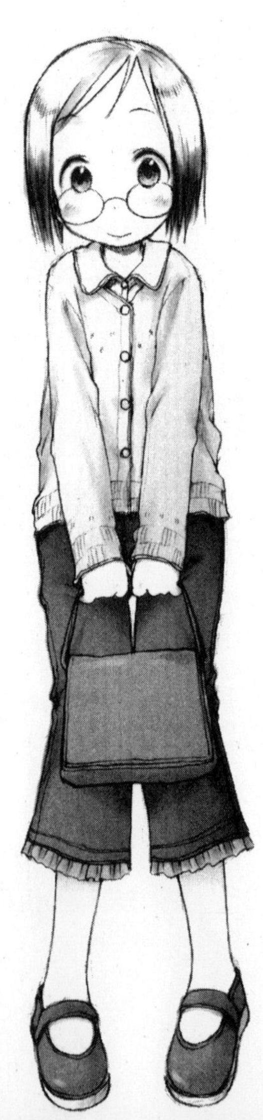

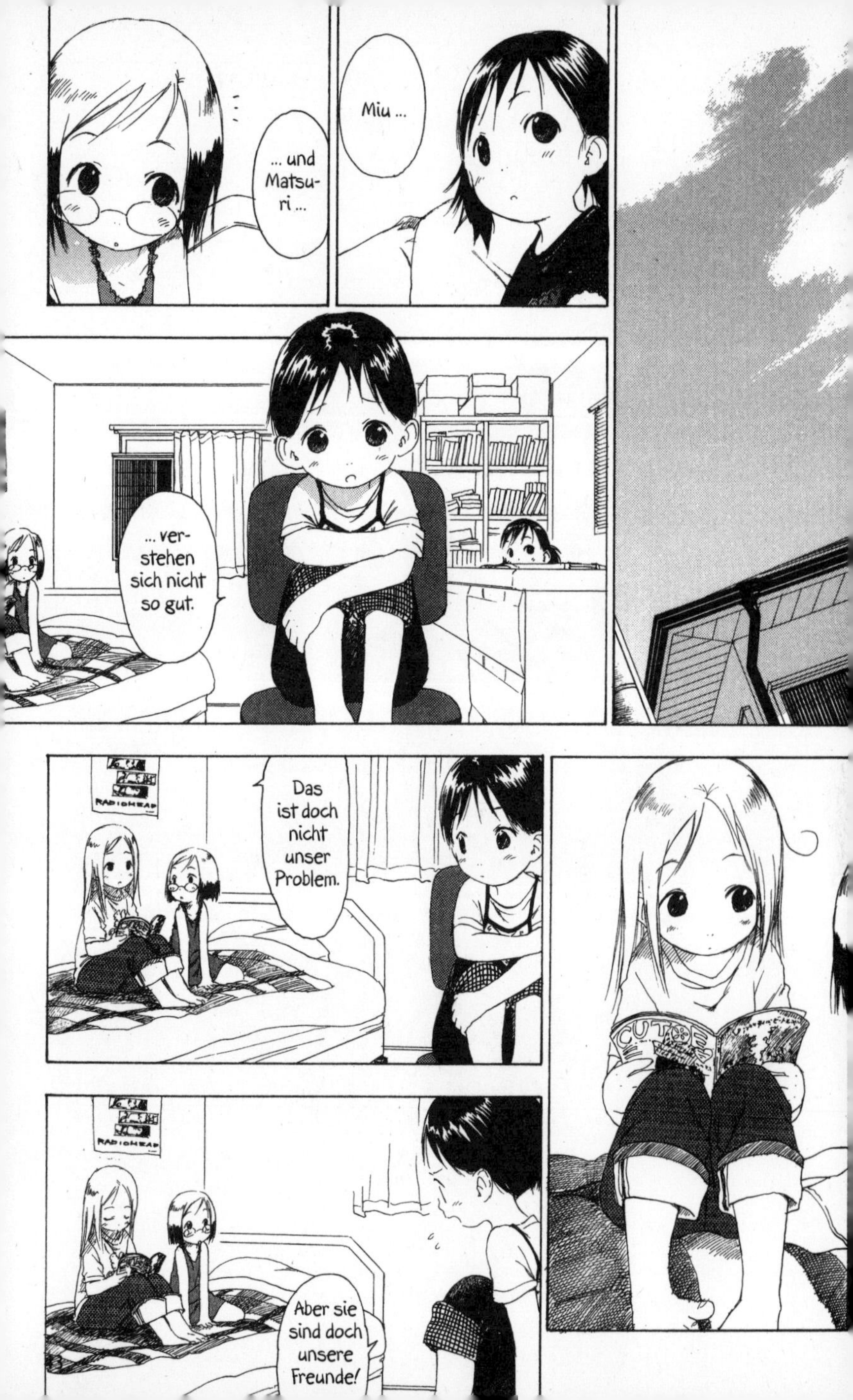

Miu ...

... und Matsuri ...

... verstehen sich nicht so gut.

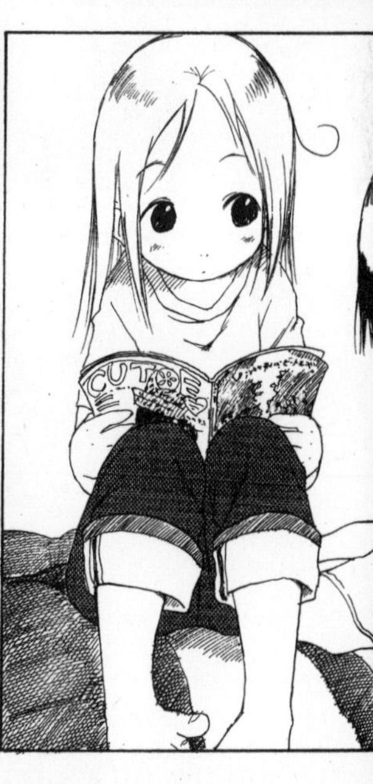

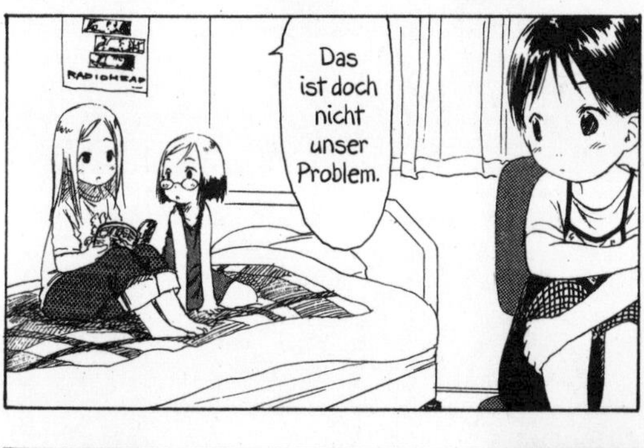

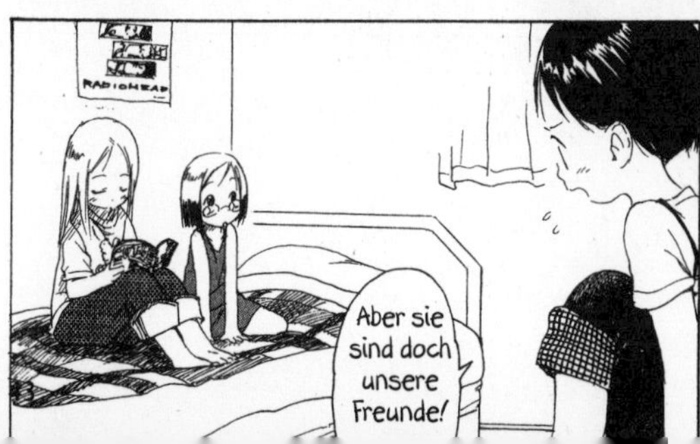

KAPITEL 3
Übernachten bei Freunden

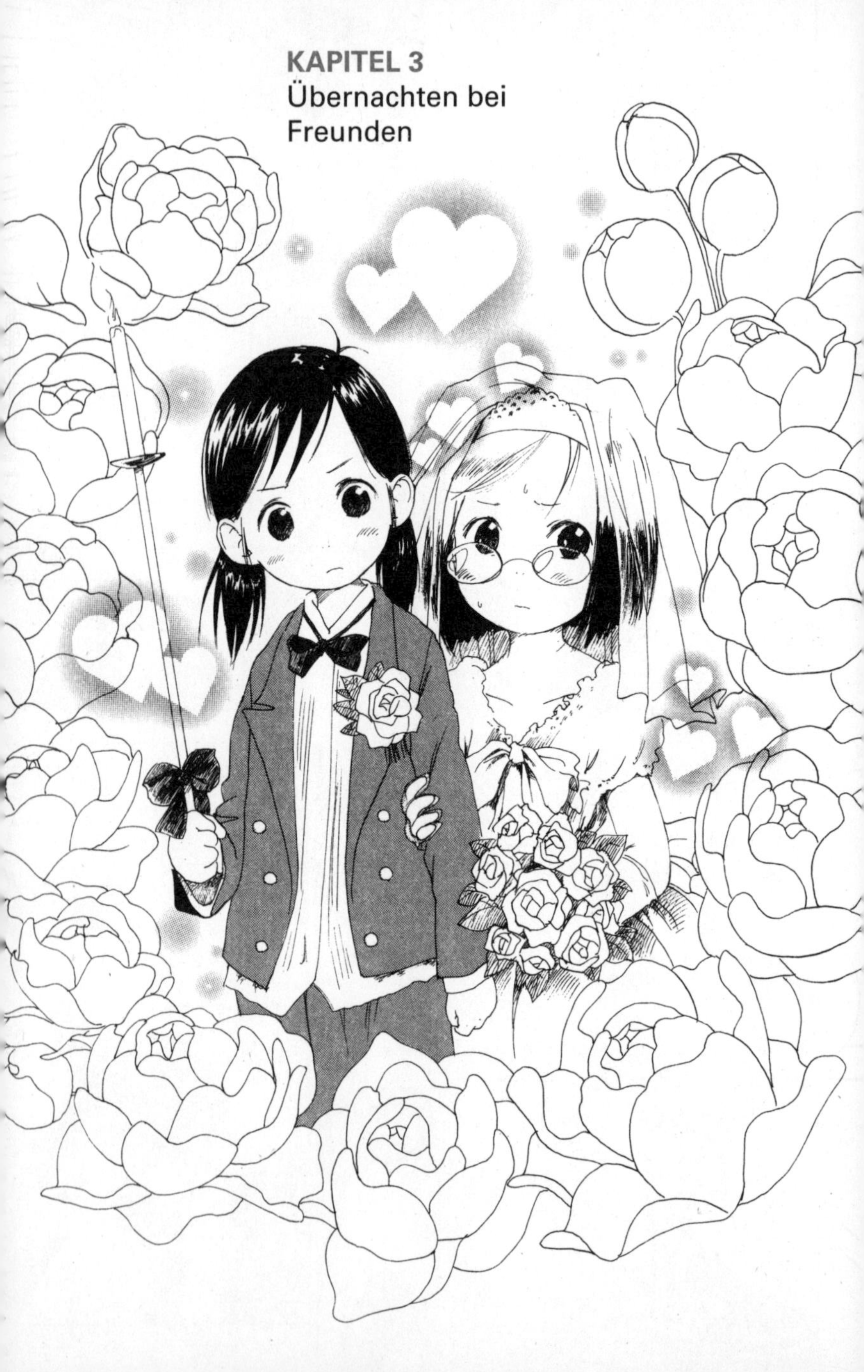

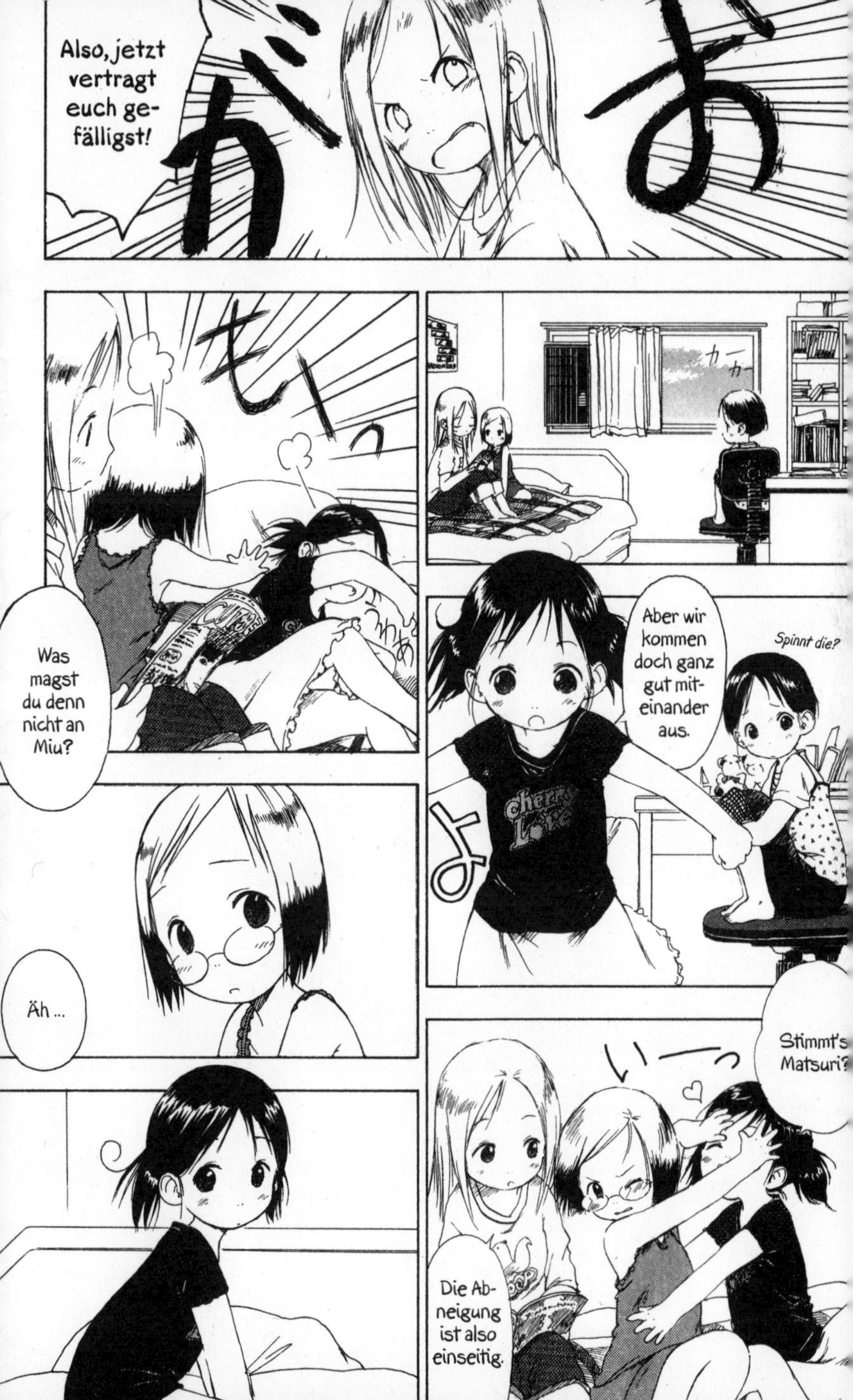
Also, jetzt vertragt euch gefälligst!
がお
カーカー
もーっ
Was magst du denn nicht an Miu?
Aber wir kommen doch ganz gut miteinander aus.
よ
Spinnt die?
Äh ...
Stimmt's Matsuri?
いーっ
Die Abneigung ist also einseitig.

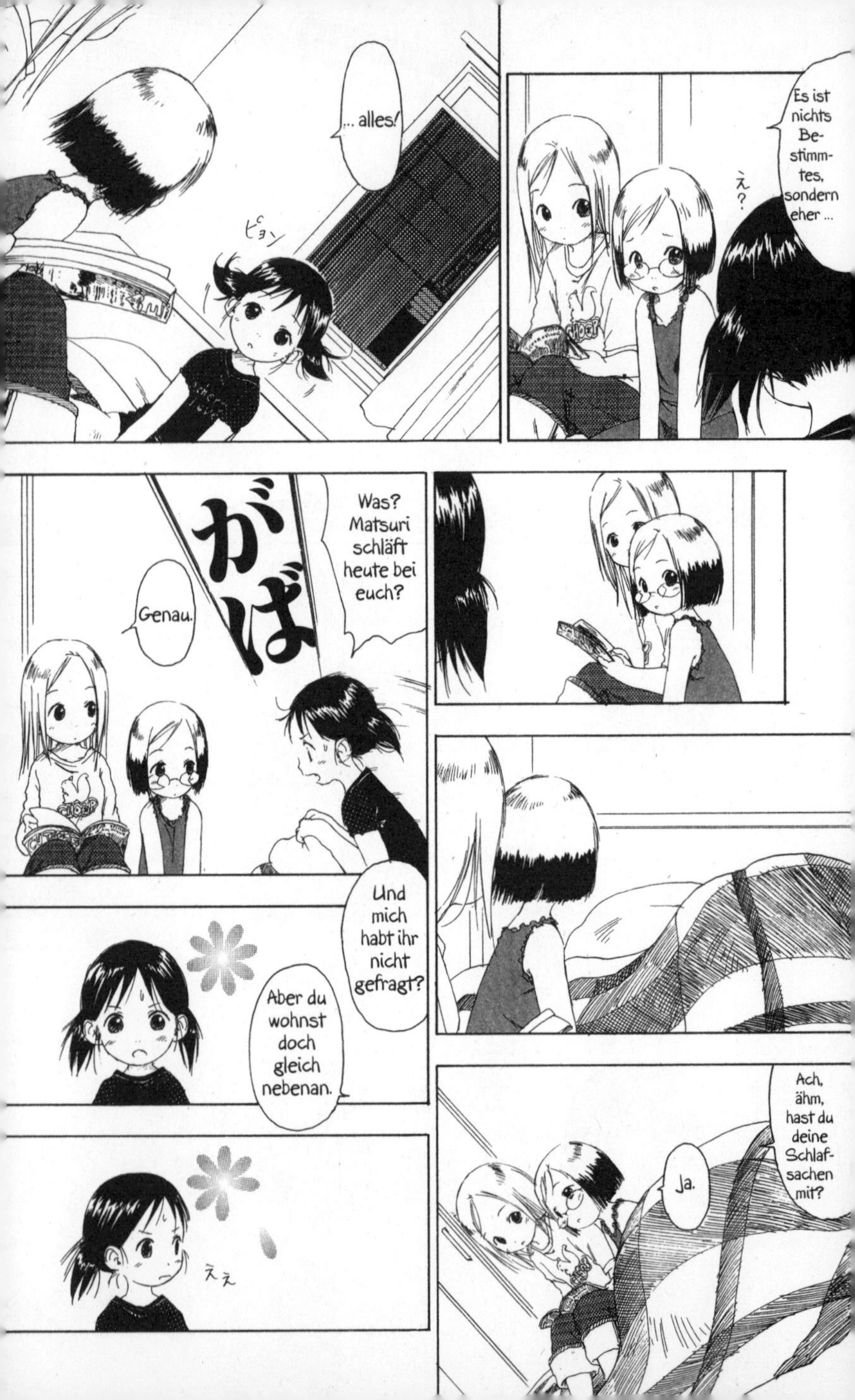

Es ist nichts Bestimmtes, sondern eher ...

え？

... alles!

ピョン

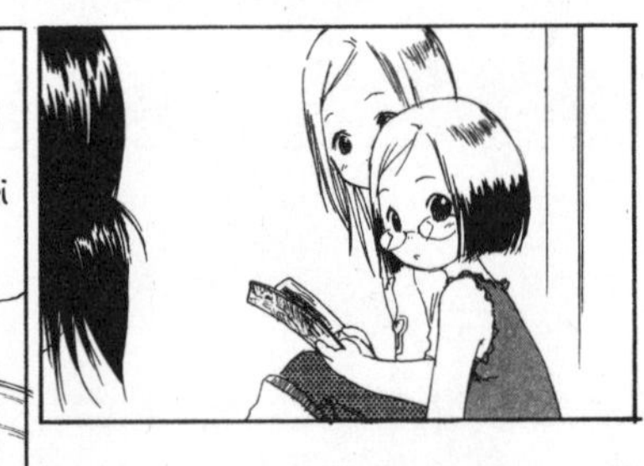

Was? Matsuri schläft heute bei euch?

がば

Genau.

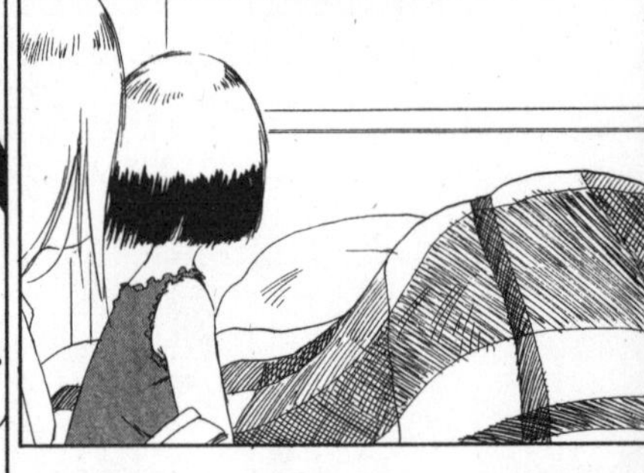

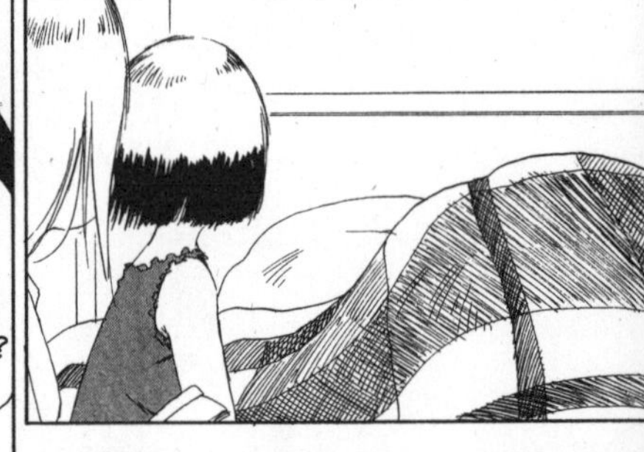

Und mich habt ihr nicht gefragt?

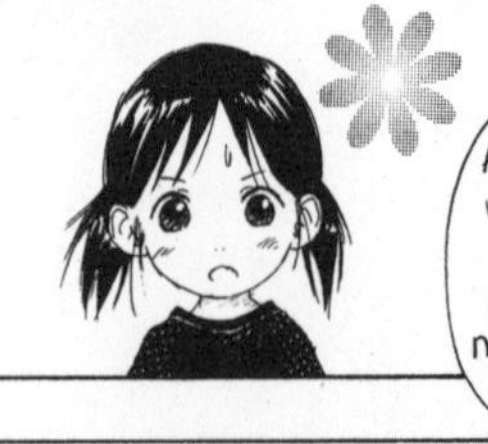

Aber du wohnst doch gleich nebenan.

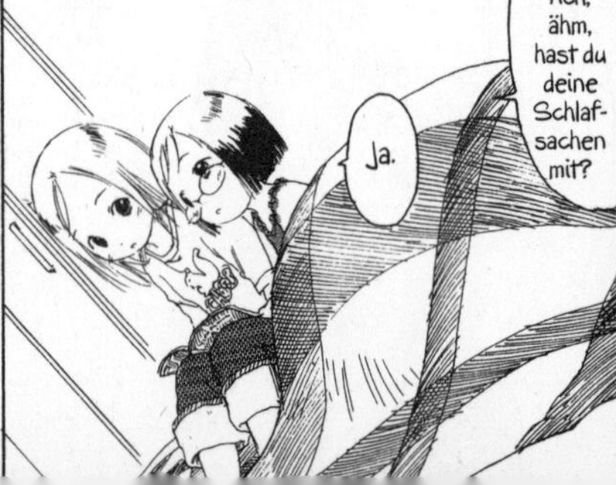

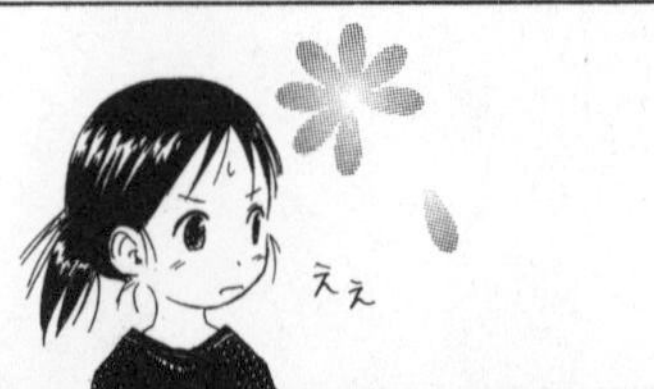

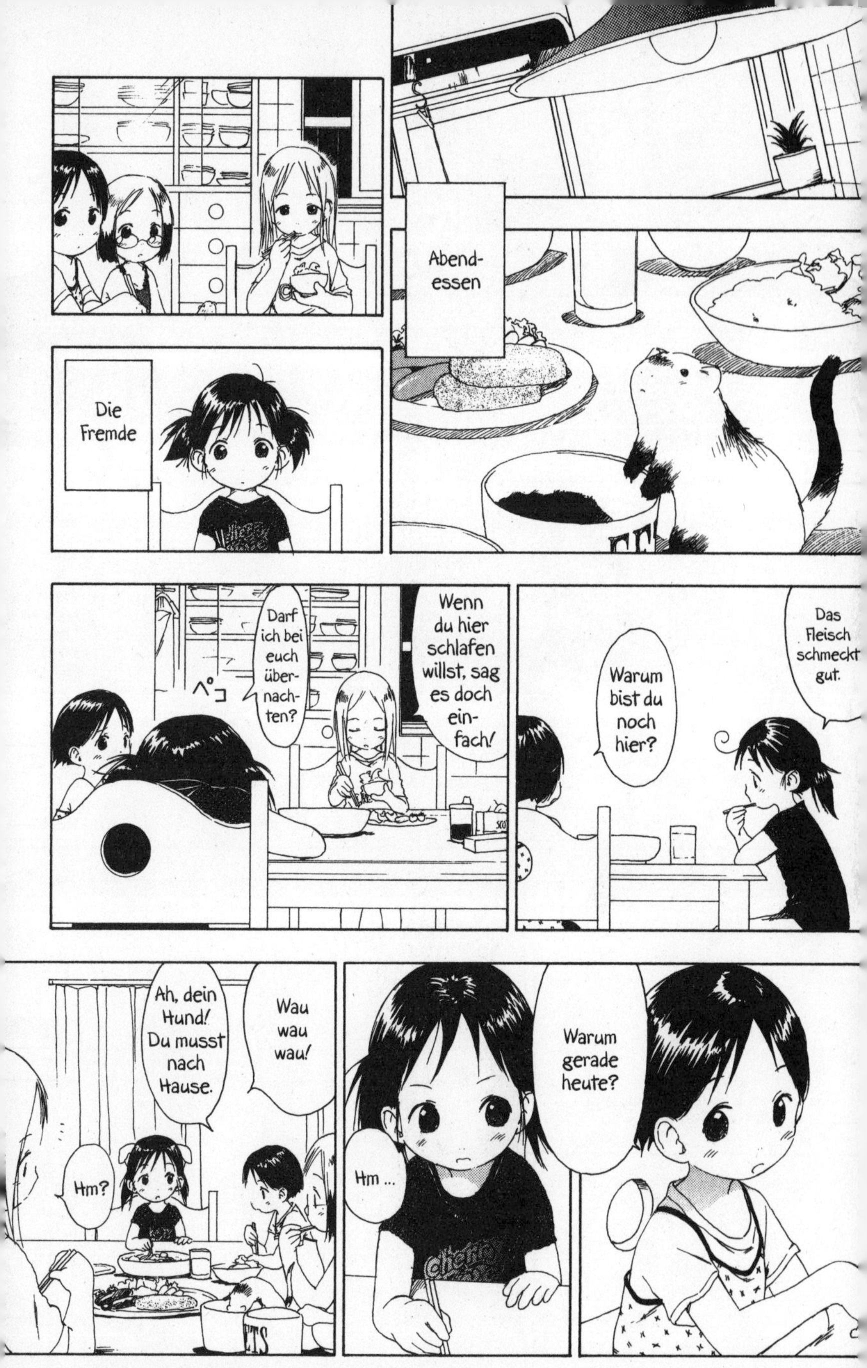

Abendessen

Die Fremde

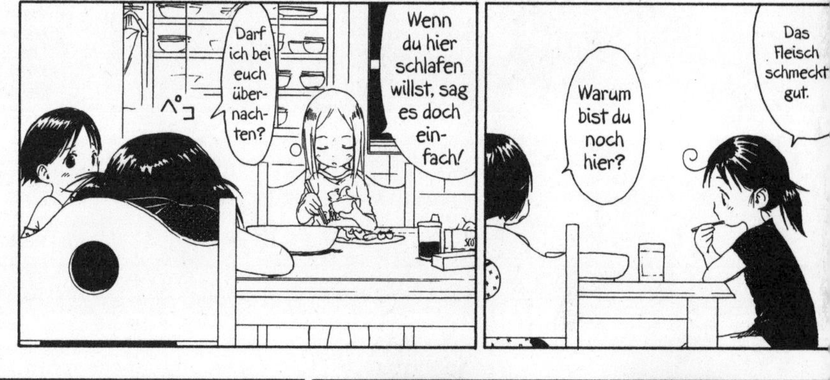

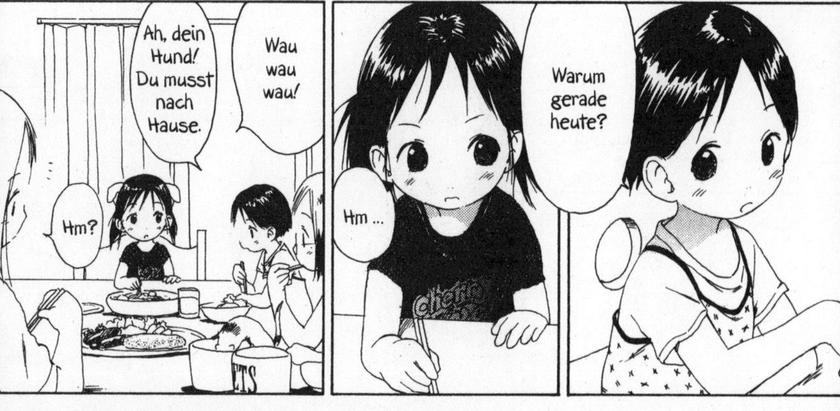

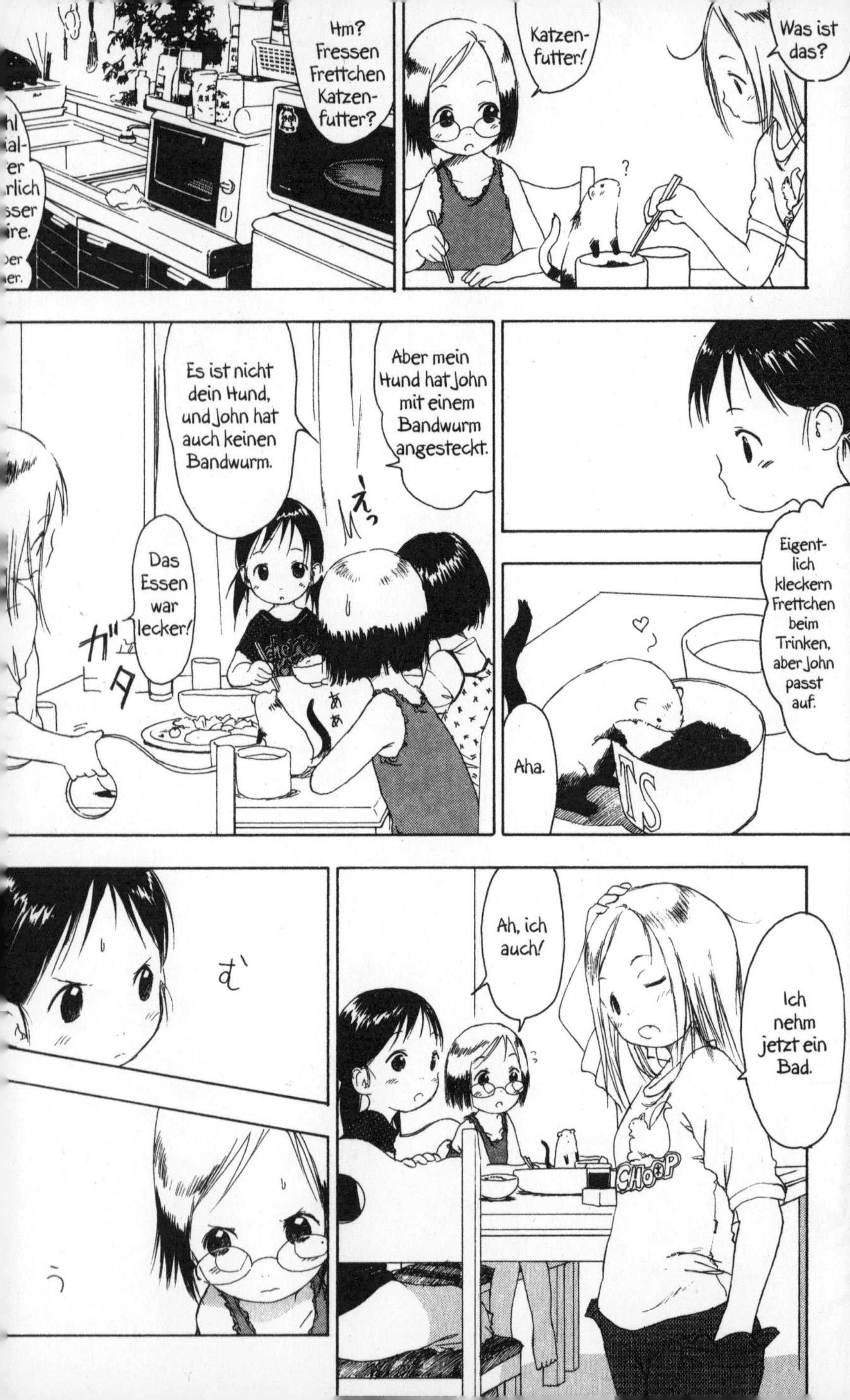
Was ist das?
Katzen-futter!
Hm? Fressen Frettchen Katzen-futter?
Eigent-lich kleckern Frettchen beim Trinken, aber John passt auf.
Aha.
Aber mein Hund hat John mit einem Bandwurm angesteckt.
えっ
Es ist nicht dein Hund, und John hat auch keinen Bandwurm.
ああ
Das Essen war lecker!
ガタ
Ich nehm jetzt ein Bad.
Ah, ich auch!
む
う

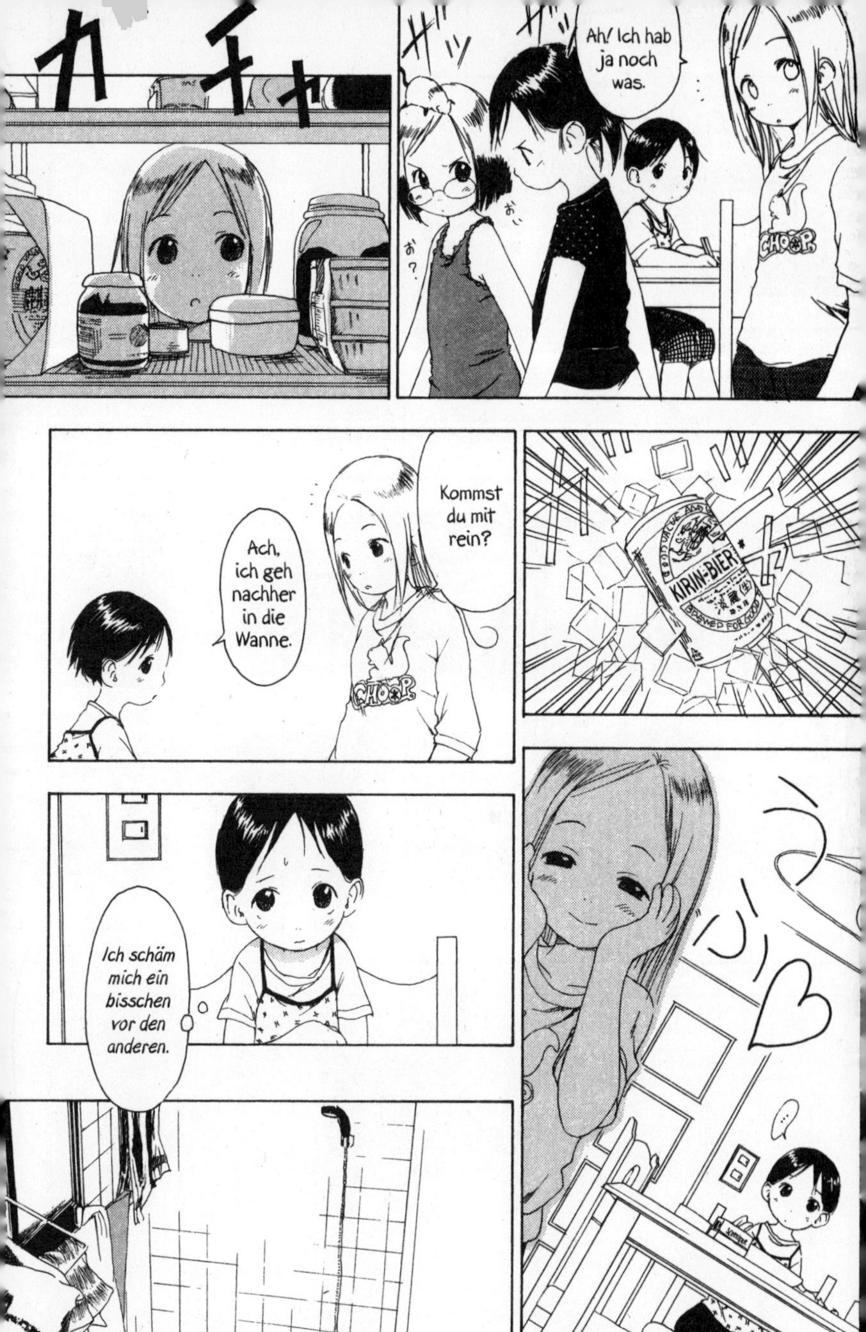

* Die japanische Kirin-Brauerei ist eines der größten Brauunternehmen der Welt und exportiert seine Produkte weltweit.

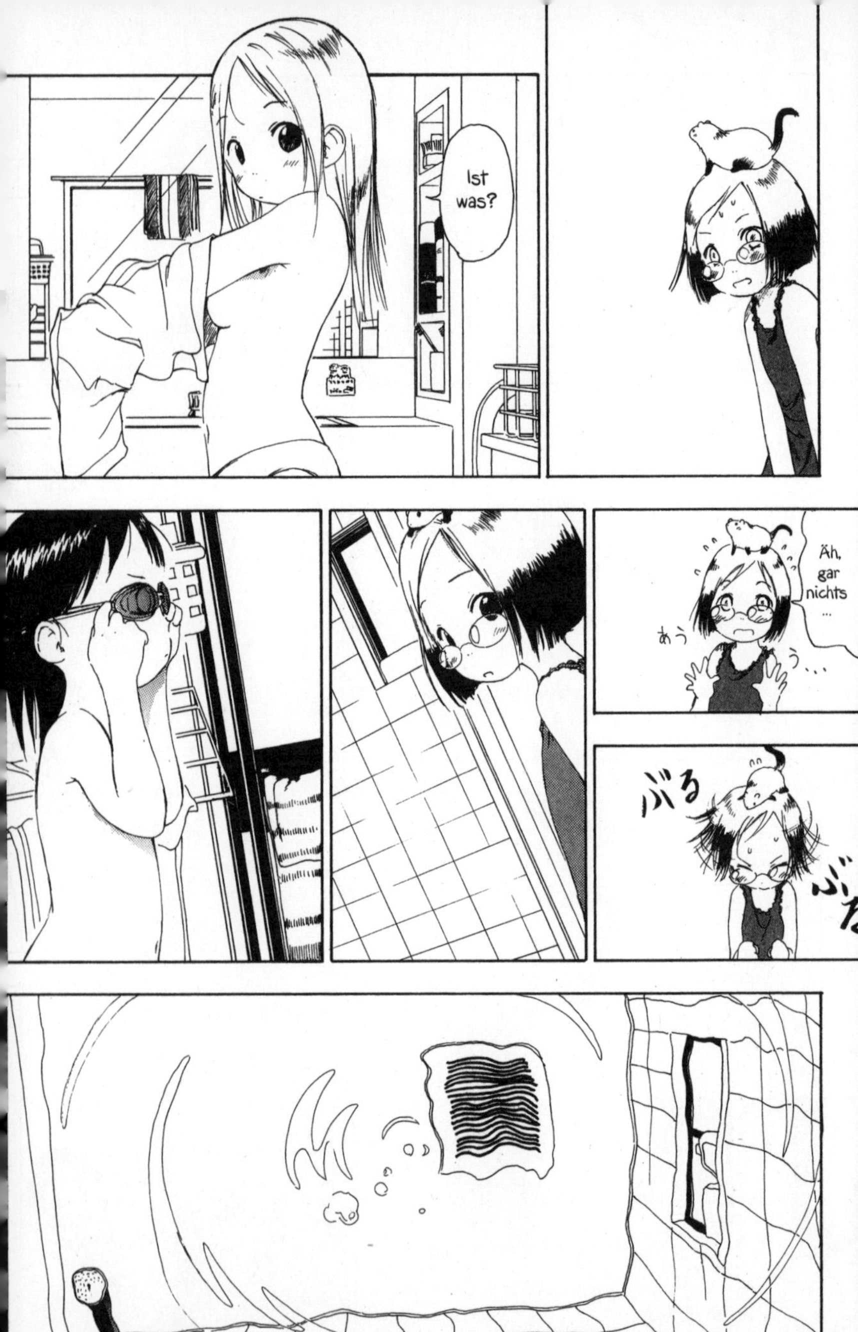
Ist was?
Äh, gar nichts ...
あう
う...
ぶる
ぶる

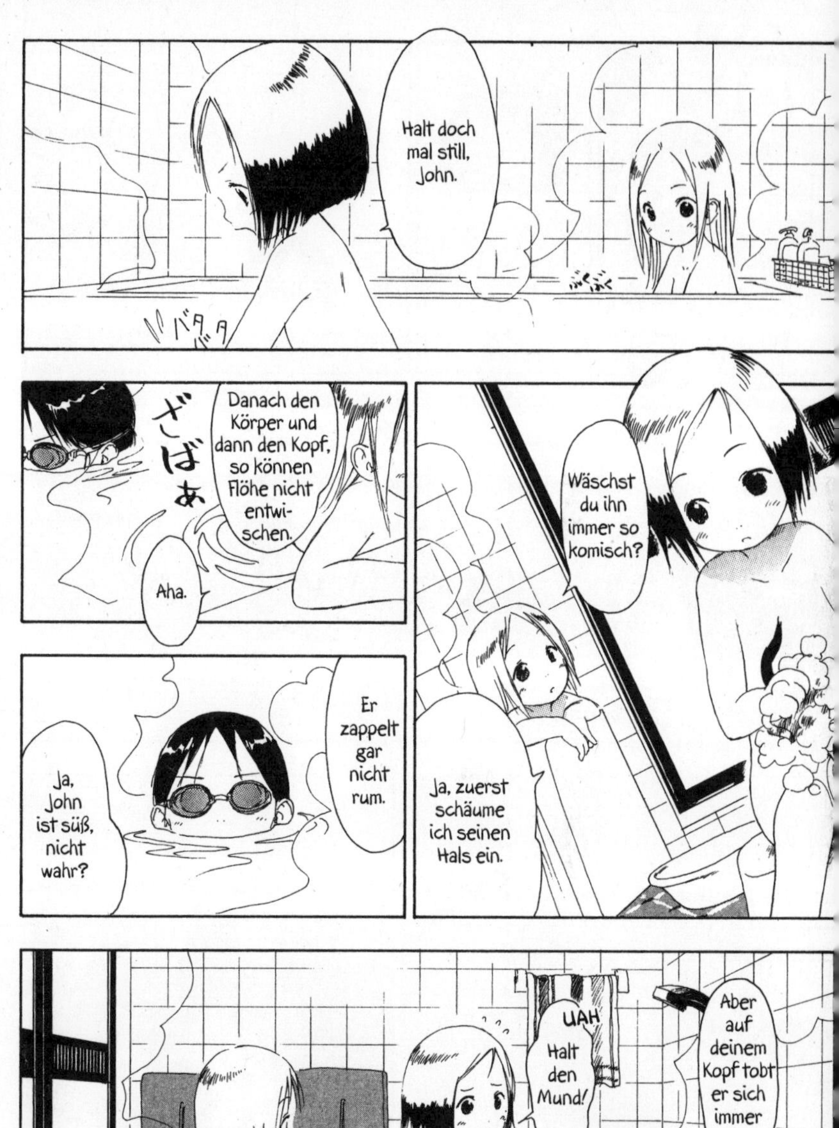
Halt doch mal still, John.
バタバタ
Wäschst du ihn immer so komisch?
Ja, zuerst schäume ich seinen Hals ein.
Danach den Körper und dann den Kopf, so können Flöhe nicht entwi-schen.
ざばぁ
Aha.
Er zappelt gar nicht rum.
Ja, John ist süß, nicht wahr?
Aber auf deinem Kopf tobt er sich immer aus.
UAH
Halt den Mund!

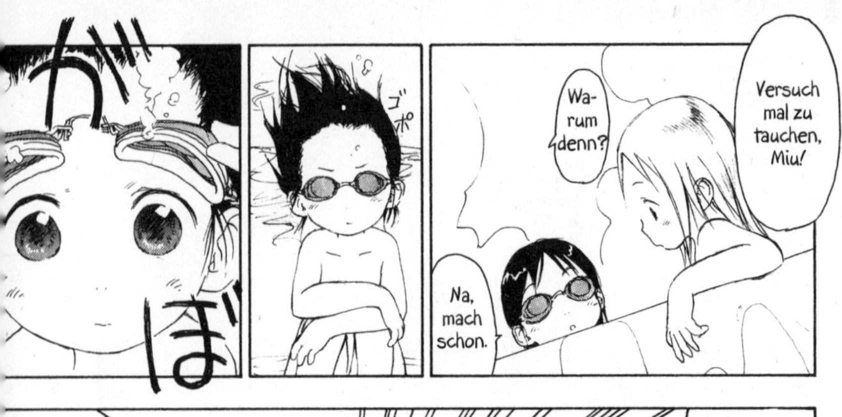
Versuch mal zu tauchen, Miu!
Wa-rum denn?
Na, mach schon.
ゴポ
がぼ

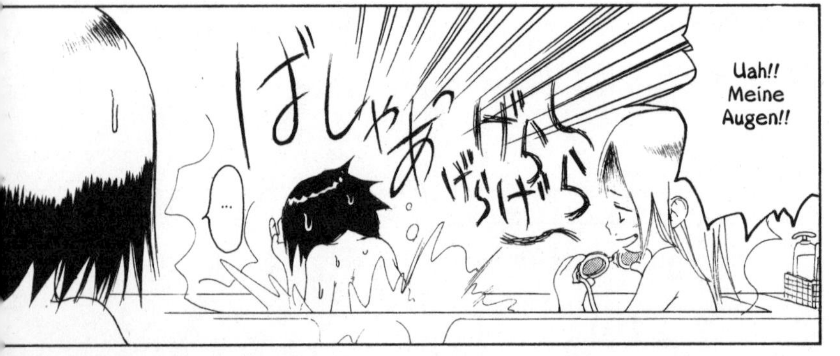
Uah!! Meine Augen!!
ばしゃあっ
げらげらげら
...

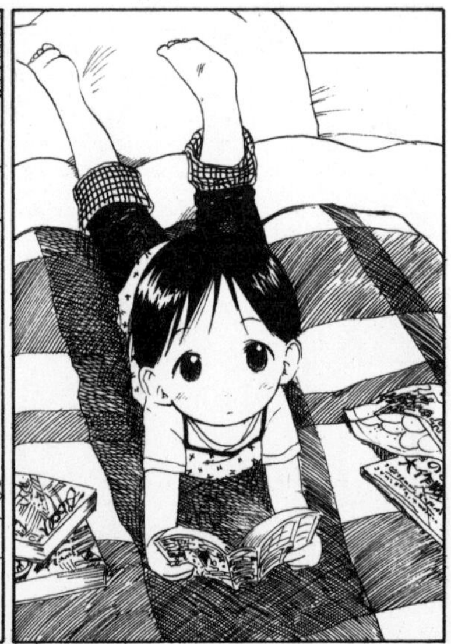

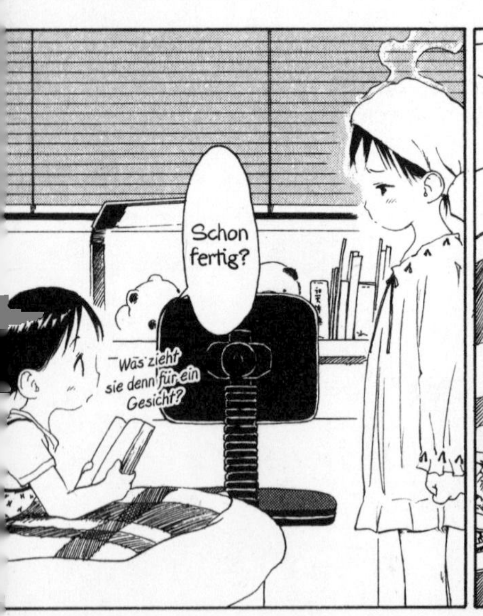
Schon fertig?
Was zieht sie denn für ein Gesicht?

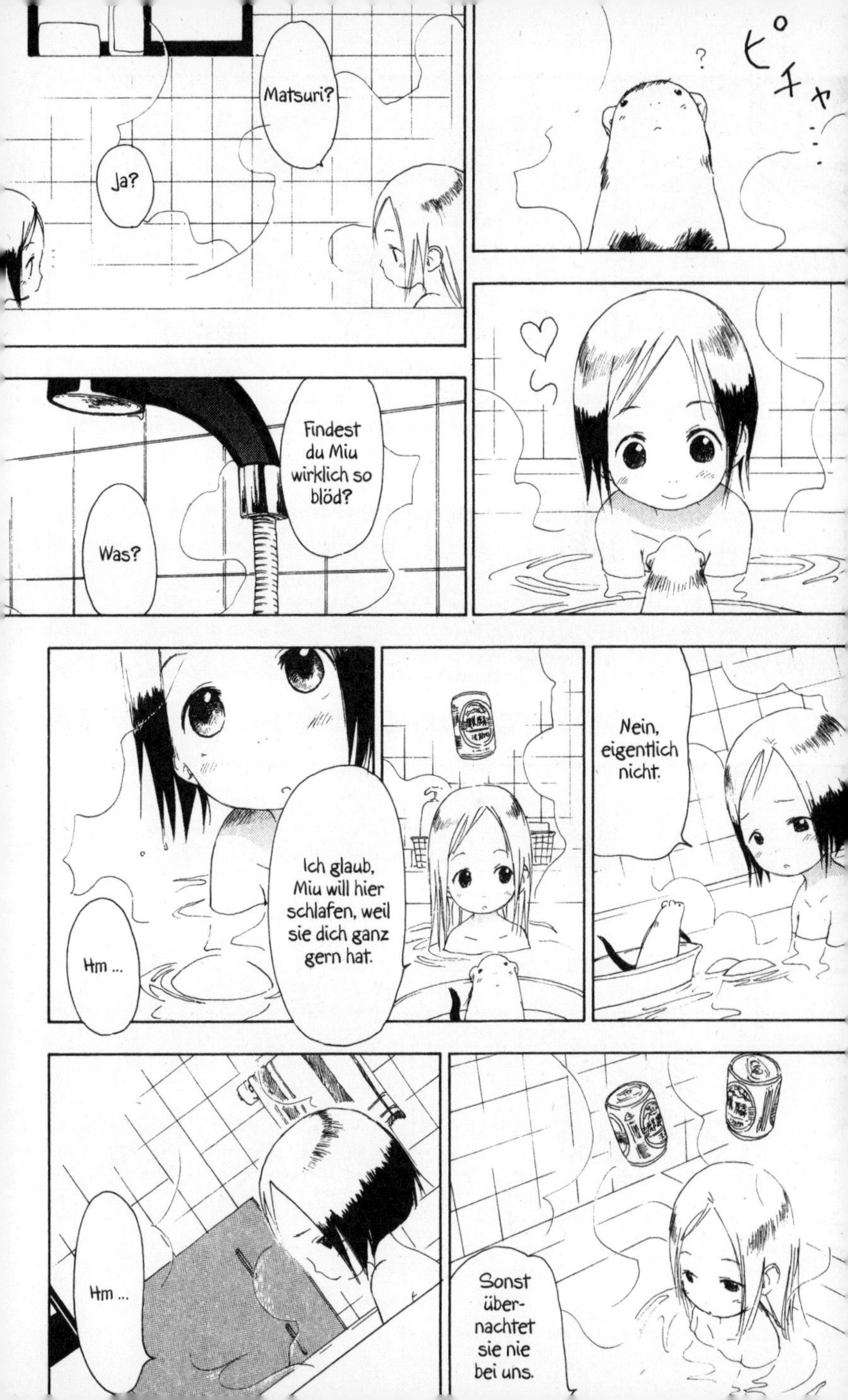
ピチャ
Matsuri?
Ja?
Findest du Miu wirklich so blöd?
Was?
Nein, eigentlich nicht.
Ich glaub, Miu will hier schlafen, weil sie dich ganz gern hat.
Hm ...
Sonst über-nachtet sie nie bei uns.
Hm ...

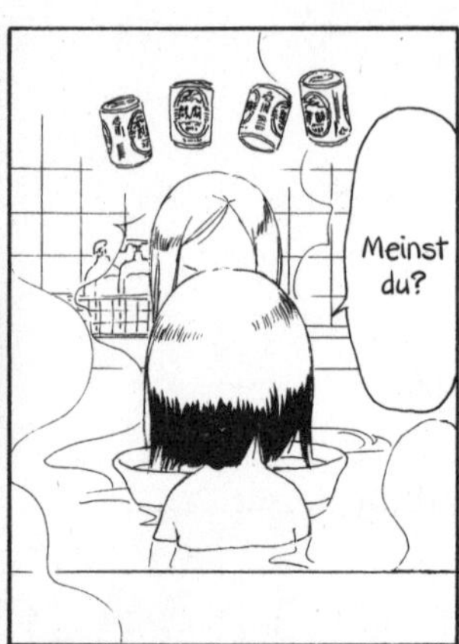
Meinst du?

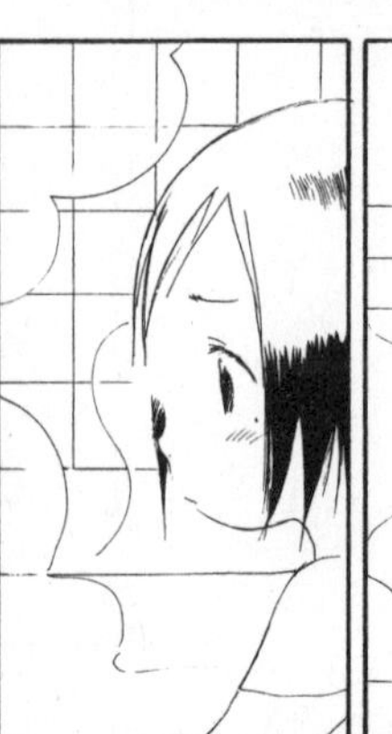

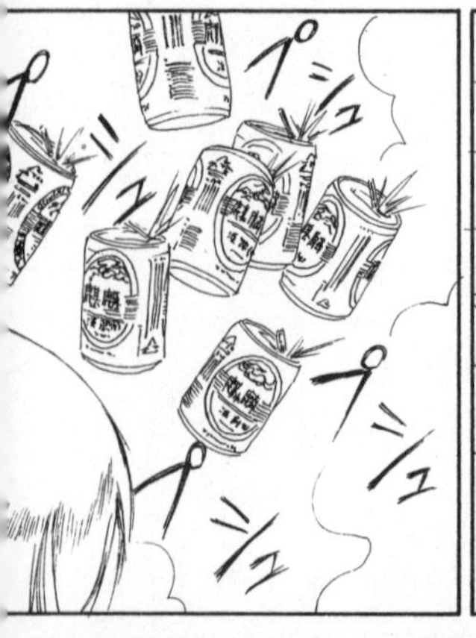
プシュ
シュ
プシュ
シュ

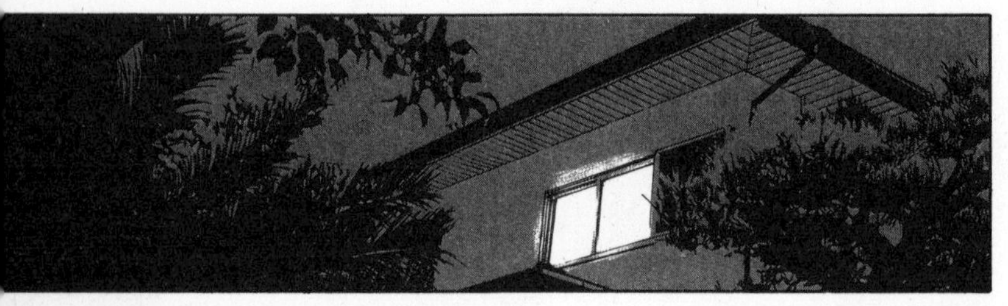

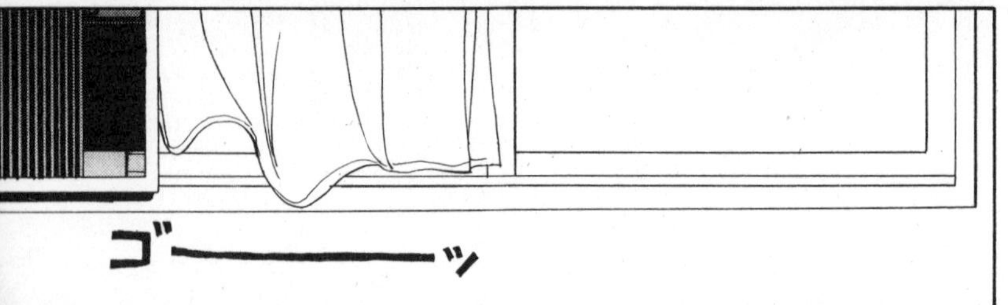
ゴーーーッ

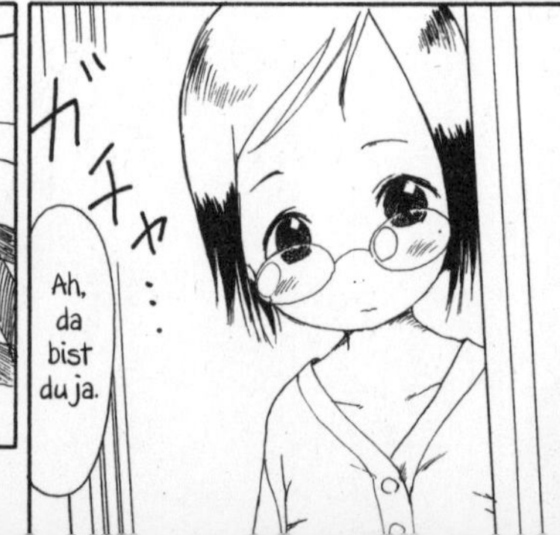
ガチャ…
Ah, da bist du ja.

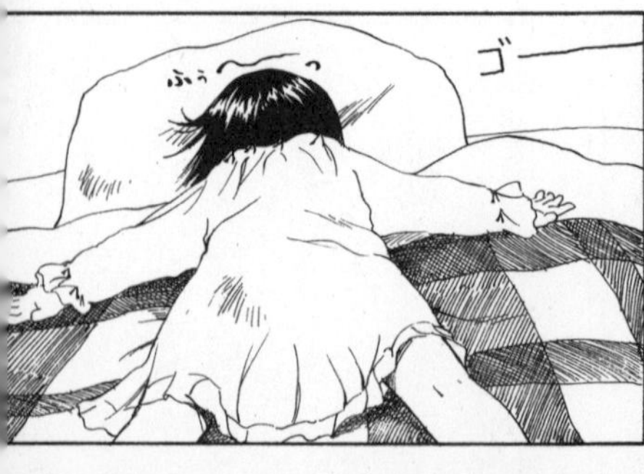
ゴー
ふぅ〜っ

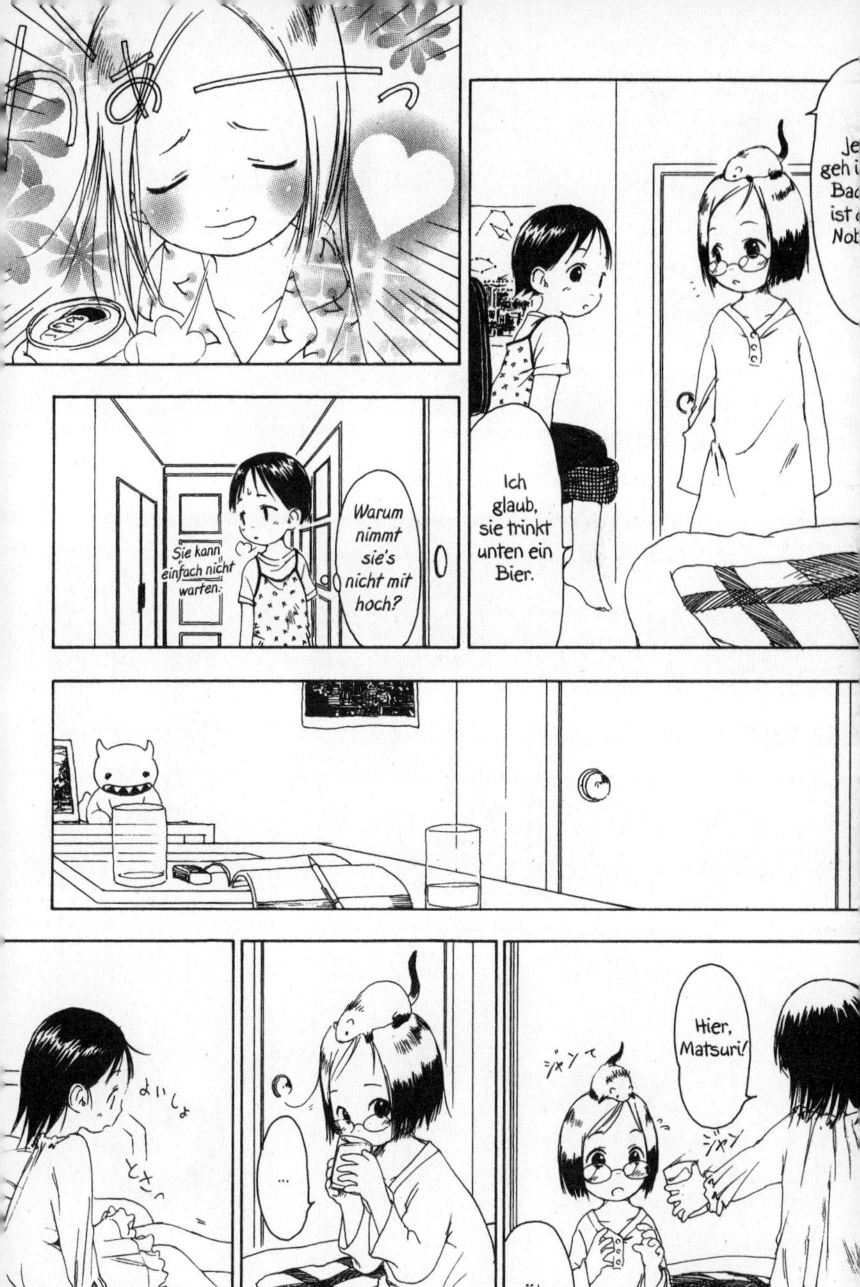

Je
geh i
Bad
ist
Nob
Ich glaub, sie trinkt unten ein Bier.
Warum nimmt sie's nicht mit hoch?
Sie kann einfach nicht warten.
Hier, Matsuri!
Äh, danke!
...
よいしょ
とさっ

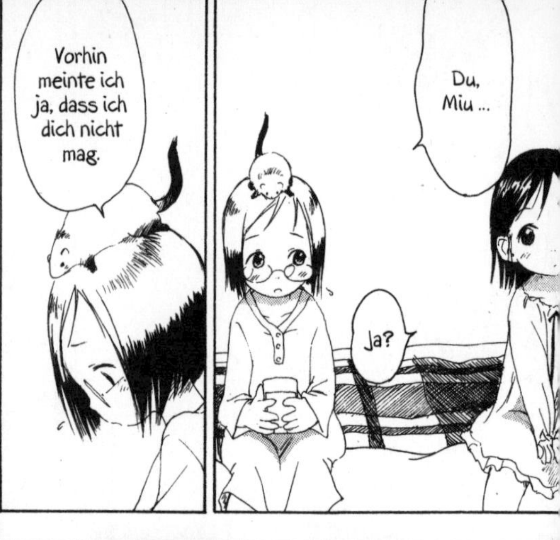
Du, Miu ...
Ja?
Vorhin meinte ich ja, dass ich dich nicht mag.

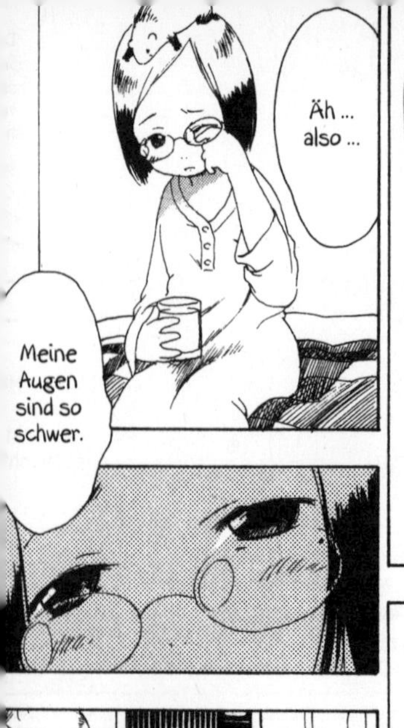
Äh ... also ...
Meine Augen sind so schwer.

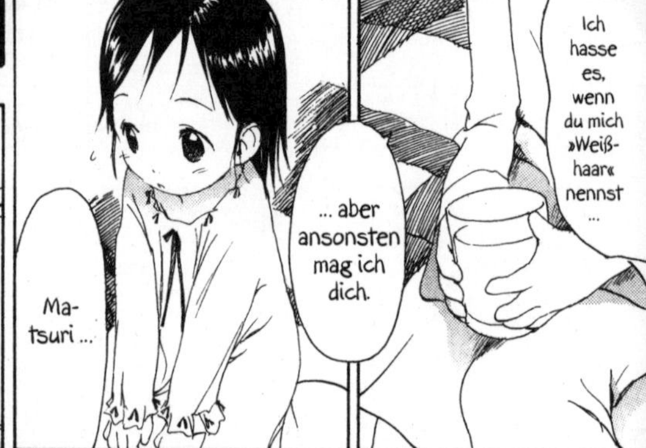
Ich hasse es, wenn du mich »Weiß-haar« nennst ...
... aber ansonsten mag ich dich.
Ma-tsuri ...

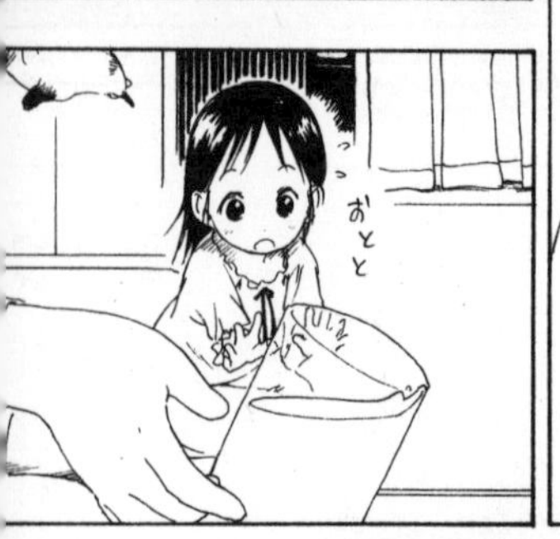
おとと

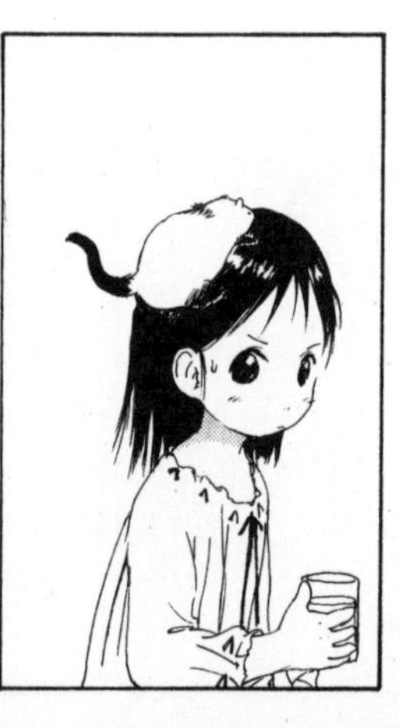

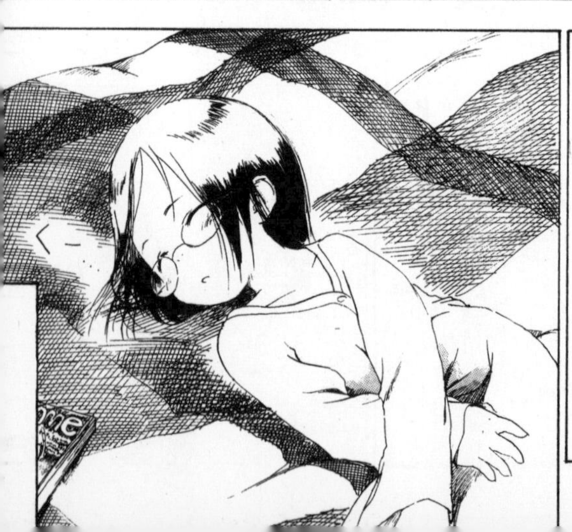

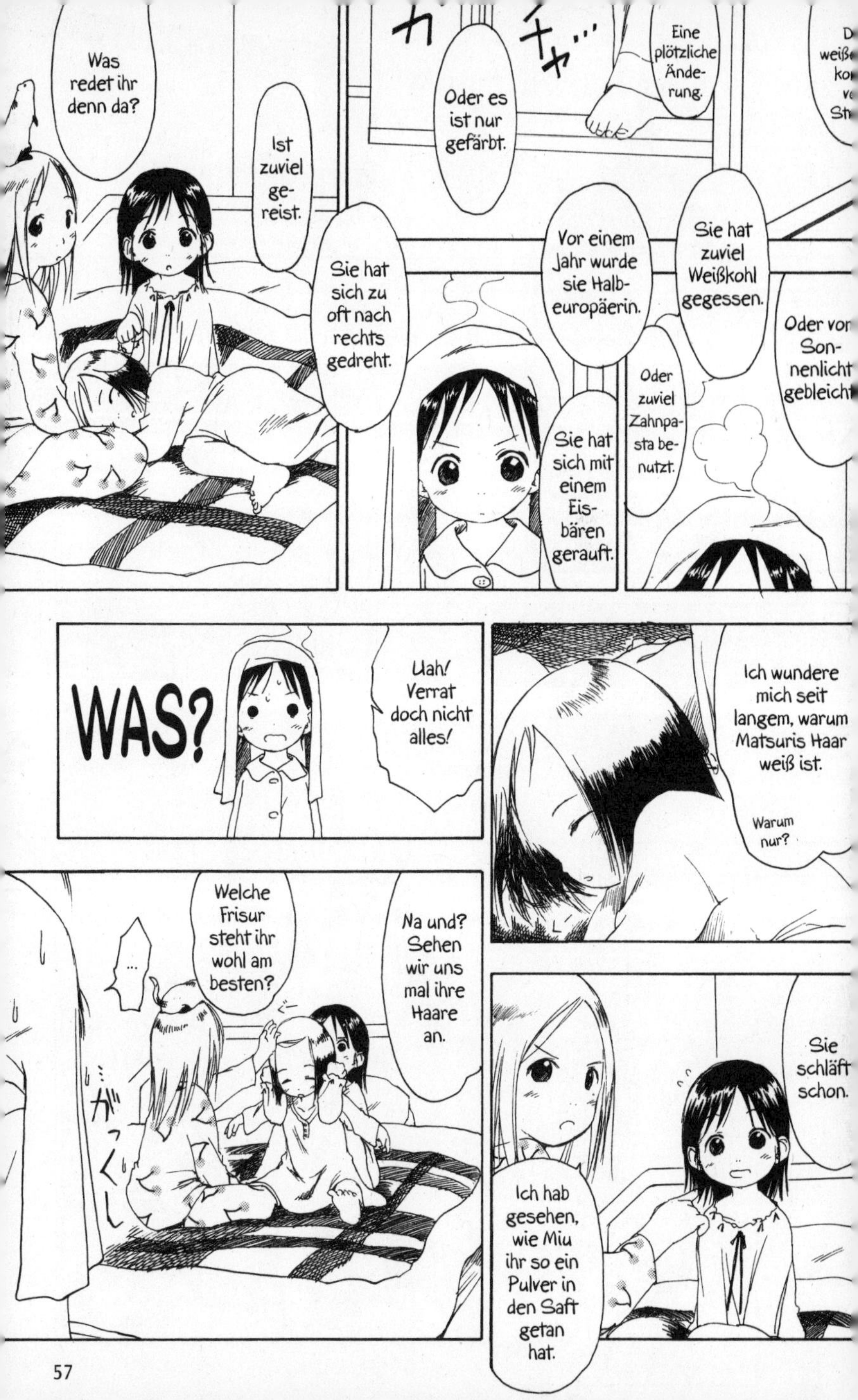

Eine plötzliche Ände-rung.
カチャ…
Oder es ist nur gefärbt.
Ist zuviel ge-reist.
Was redet ihr denn da?
Sie hat zuviel Weißkohl gegessen.
Oder von Son-nenlicht gebleicht
Oder zuviel Zahnpa-sta be-nutzt.
Vor einem Jahr wurde sie Halb-europäerin.
Sie hat sich mit einem Eis-bären gerauft.
Sie hat sich zu oft nach rechts gedreht.
Ich wundere mich seit langem, warum Matsuris Haar weiß ist.
Warum nur?
Uah! Verrat doch nicht alles!
WAS?
Sie schläft schon.
Ich hab gesehen, wie Miu ihr so ein Pulver in den Saft getan hat.
Na und? Sehen wir uns mal ihre Haare an.
Welche Frisur steht ihr wohl am besten?
…
がっくし

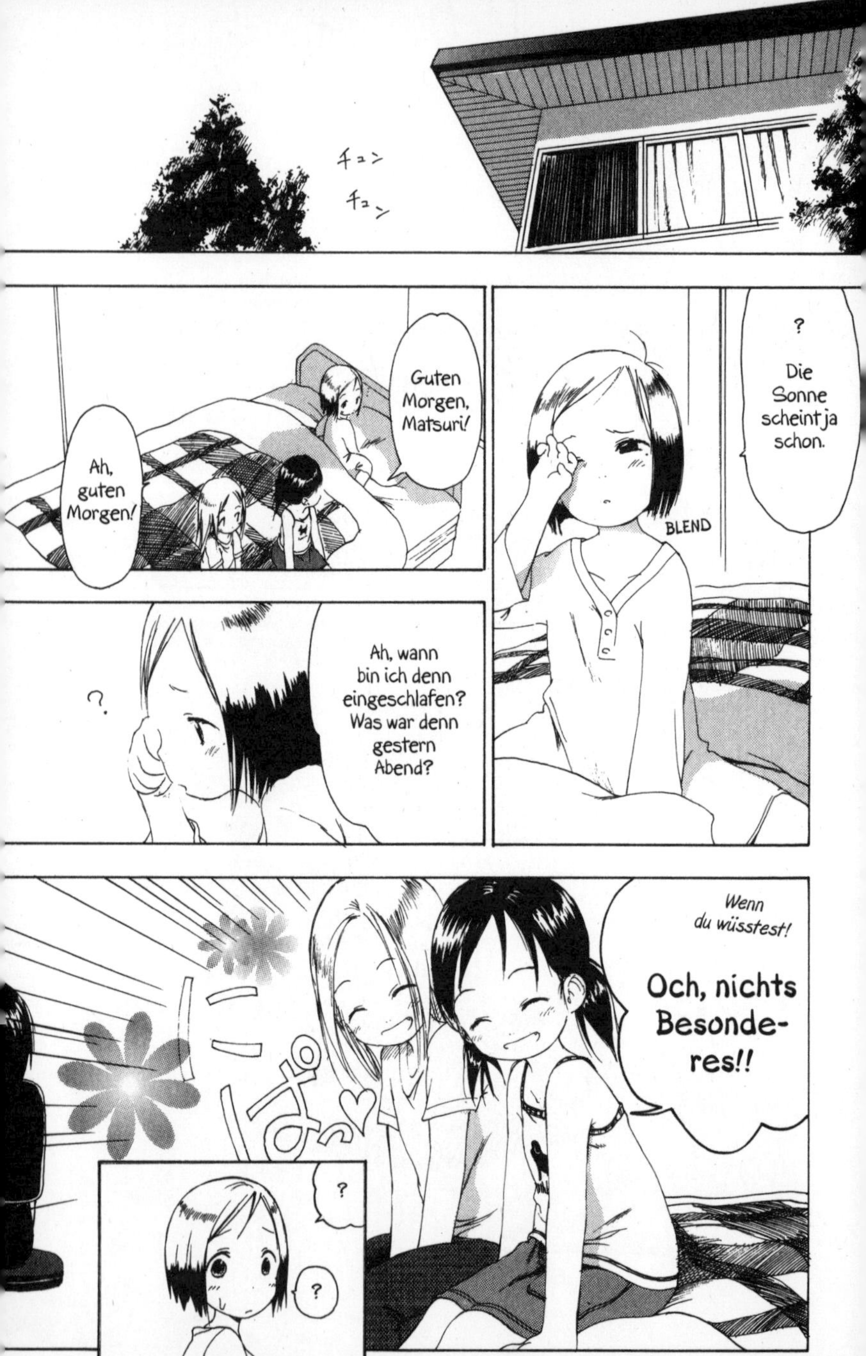

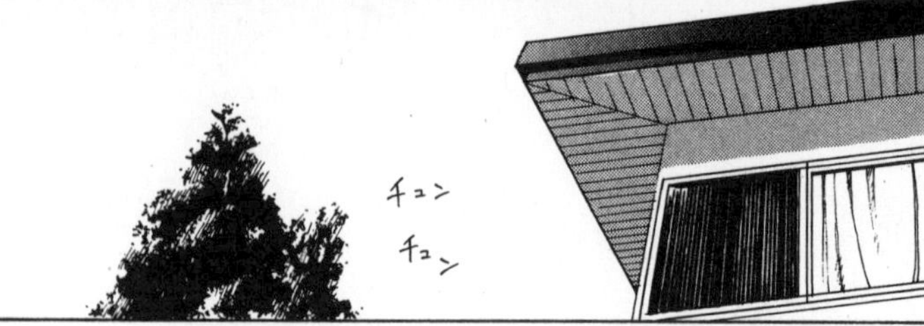

?

Die Sonne scheint ja schon.

BLEND

Guten Morgen, Matsuri!

Ah, guten Morgen!

?

Ah, wann bin ich denn eingeschlafen? Was war denn gestern Abend?

Wenn du wüsstest!

Och, nichts Besonderes!!

?

?

PAGE 59

name	*season*
☑NOBUE	☐SPRING
☐CHIKA	☑SUMMER
☐MIU	☐AUTUMN
☐MATSURI	☐WINTER

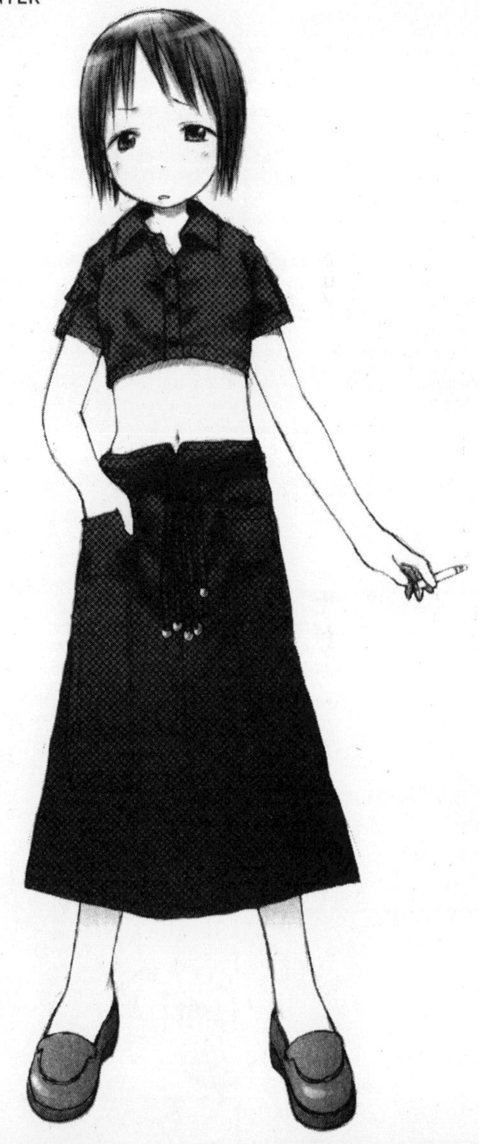

PAGE 60

name	season
☐NOBUE	☐SPRING
☐CHIKA	☐SUMMER
☐MIU	☐AUTUMN
☐MATSURI	☐WINTER

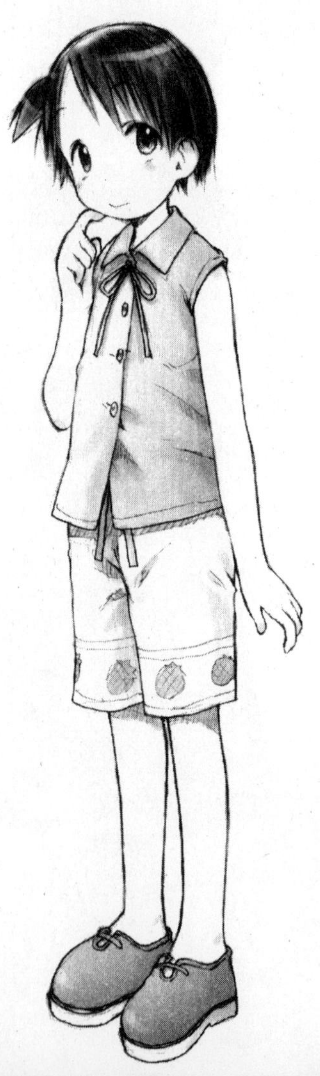

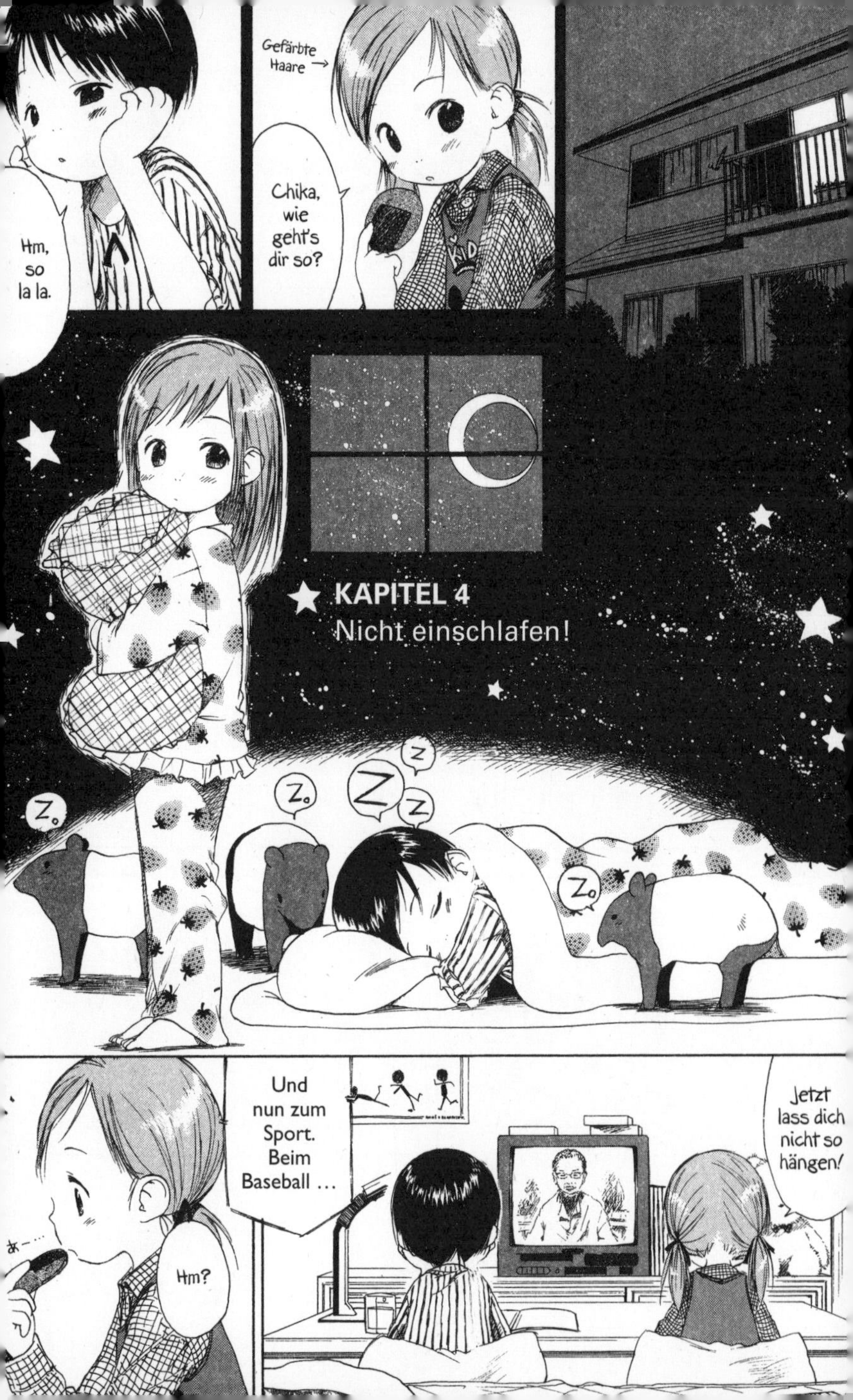
Gefärbte Haare →
Chika, wie geht's dir so?
Hm, so la la.
KAPITEL 4
Nicht einschlafen!
Jetzt lass dich nicht so hängen!
Und nun zum Sport. Beim Baseball …
Hm?

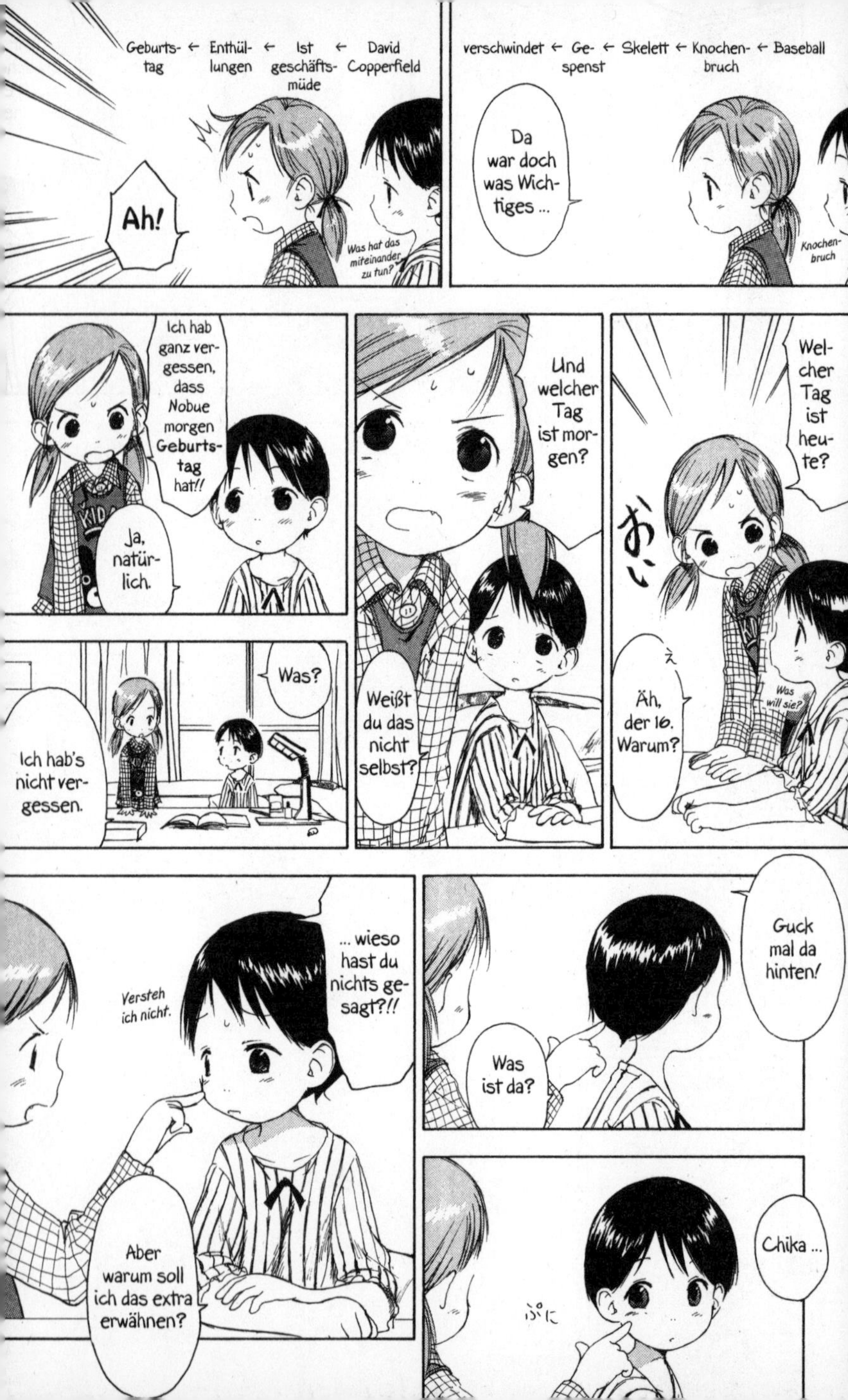

verschwindet ← Gespenst ← Skelett ← Knochenbruch ← Baseball
Da war doch was Wichtiges ...
Knochenbruch
Geburtstag ← Enthüllungen ← Ist geschäftsmüde ← David Copperfield
Ah!
Was hat das miteinander zu tun?
Welcher Tag ist heute?
おい
え
Äh, der 16. Warum?
Was will sie?
Und welcher Tag ist morgen?
Weißt du das nicht selbst?
Ich hab ganz vergessen, dass Nobue morgen Geburtstag hat!!
Ja, natürlich.
Was?
Ich hab's nicht vergessen.
Guck mal da hinten!
Was ist da?
Chika ...
ぷに
... wieso hast du nichts gesagt?!!
Versteh ich nicht.
Aber warum soll ich das extra erwähnen?

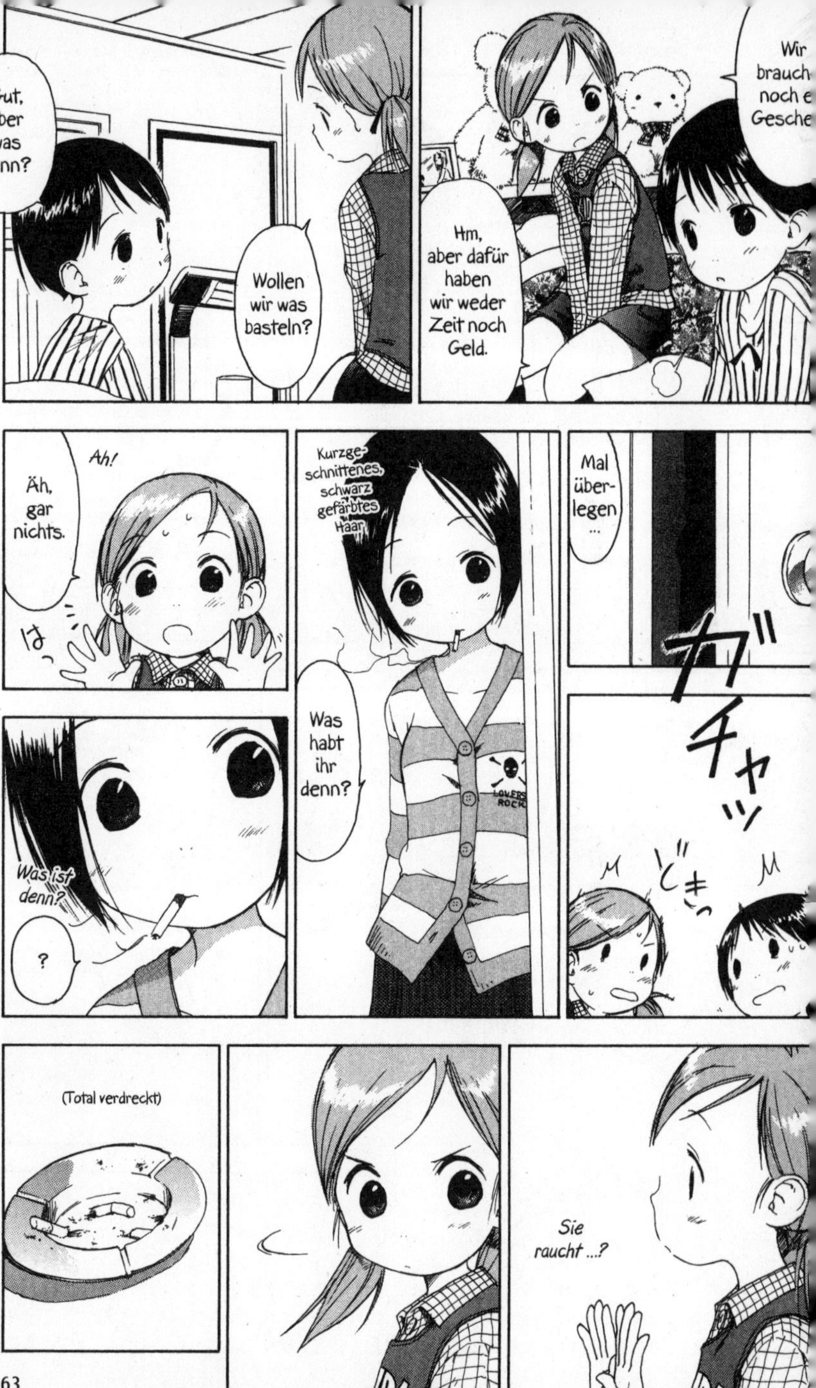

Wir brauch- noch e Gesche

Hm, aber dafür haben wir weder Zeit noch Geld.

Wollen wir was basteln?

Gut, aber was denn?

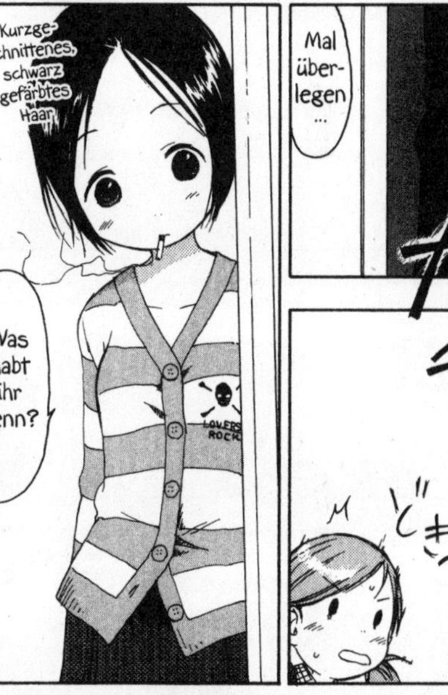

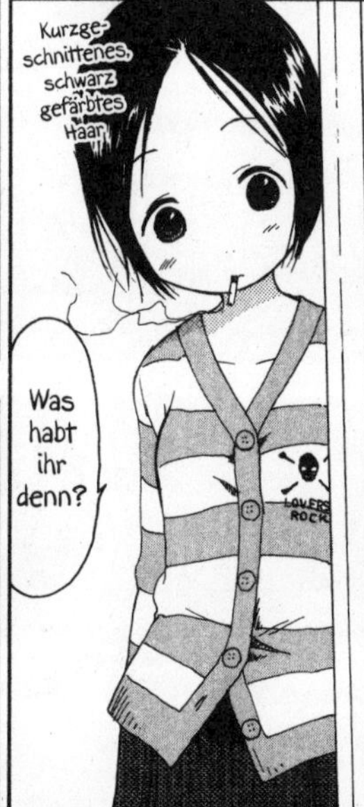

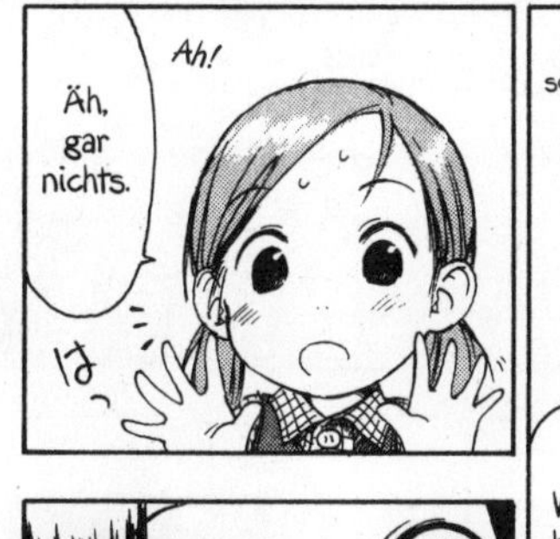

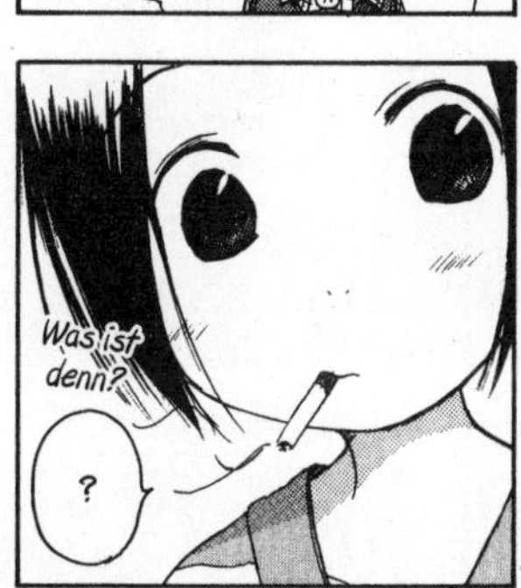

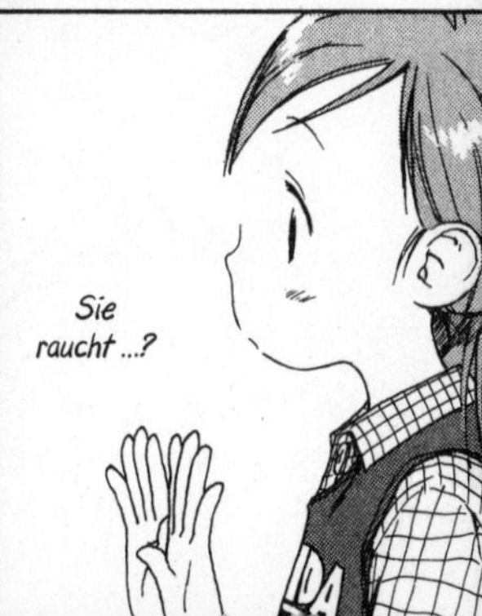

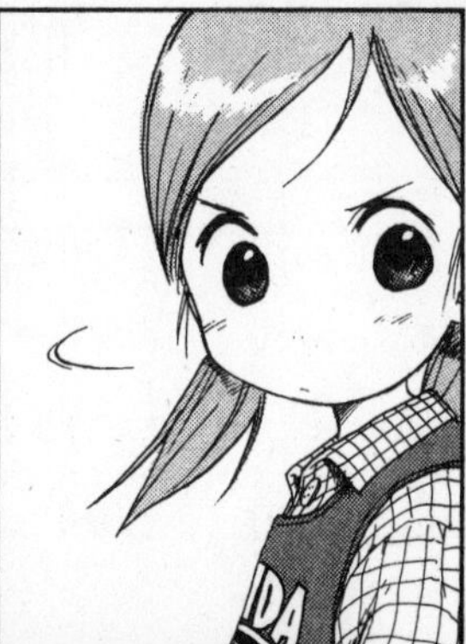

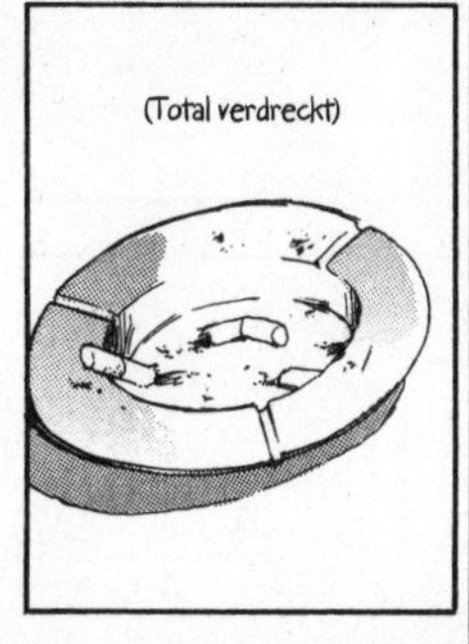

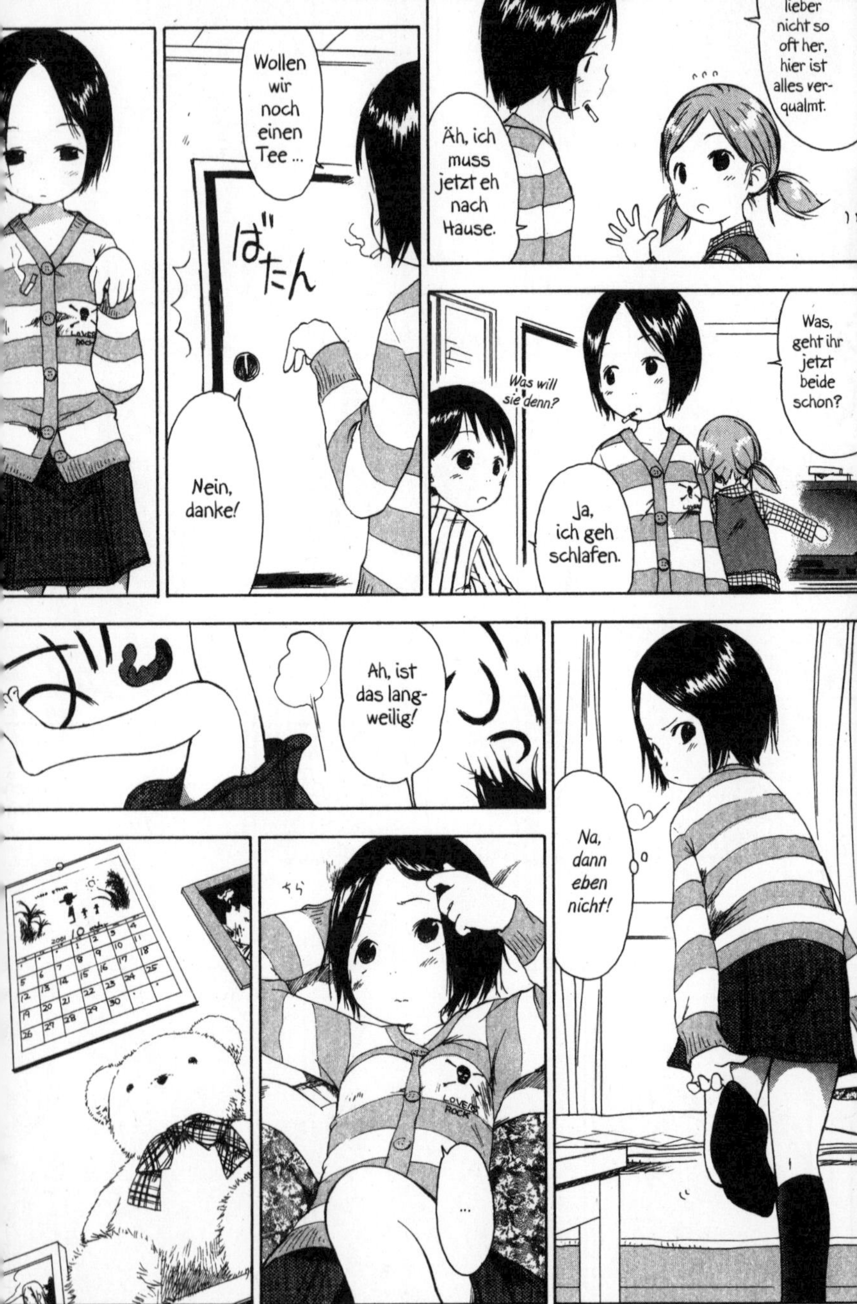
Komm lieber nicht so oft her, hier ist alles verqualmt.
Äh, ich muss jetzt eh nach Hause.
Was, geht ihr jetzt beide schon?
Was will sie denn?
Ja, ich geh schlafen.
Wollen wir noch einen Tee ...
ばたん
Nein, danke!
Na, dann eben nicht!
Ah, ist das langweilig!
...

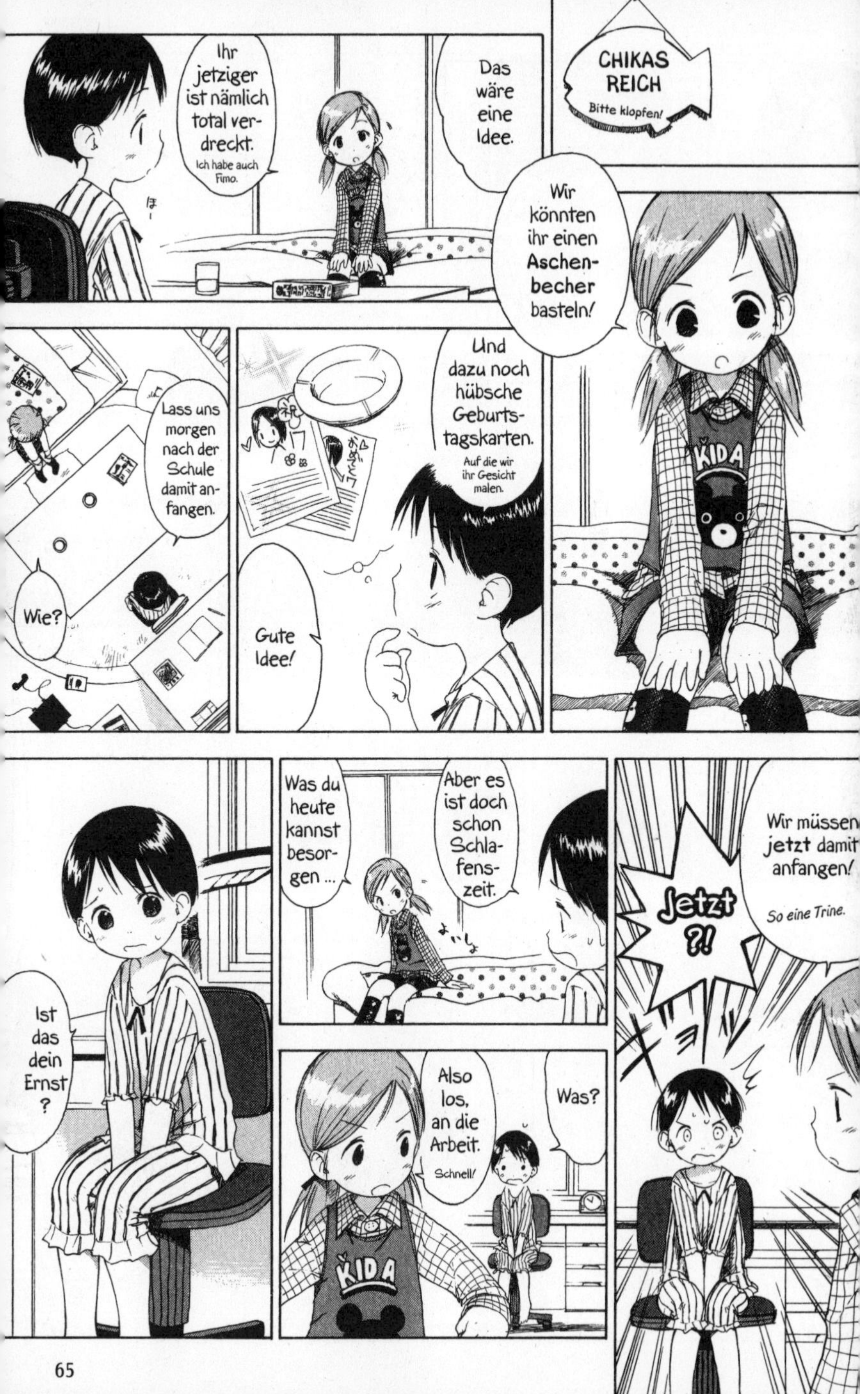
CHIKAS REICH
Bitte klopfen!
Das wäre eine Idee.
Ihr jetziger ist nämlich total verdreckt.
Ich habe auch Fimo.
Wir könnten ihr einen Aschenbecher basteln!
Und dazu noch hübsche Geburtstagskarten.
Auf die wir ihr Gesicht malen.
Gute Idee!
Lass uns morgen nach der Schule damit anfangen.
Wie?
Wir müssen jetzt damit anfangen!
So eine Trine.
Jetzt ?!
Aber es ist doch schon Schlafenszeit.
Was du heute kannst besorgen ...
Ist das dein Ernst ?
Was?
Also los, an die Arbeit.
Schnell!

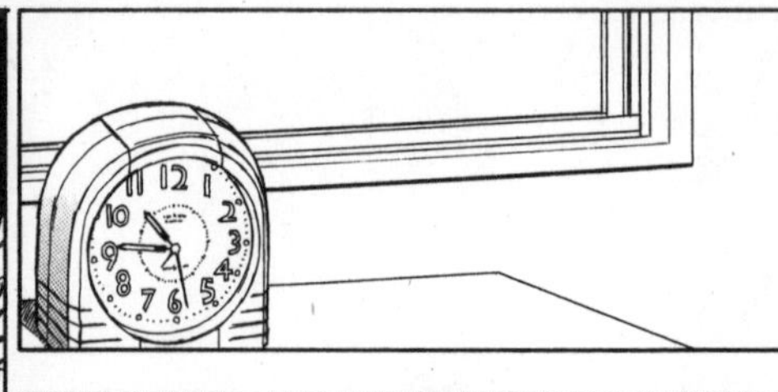
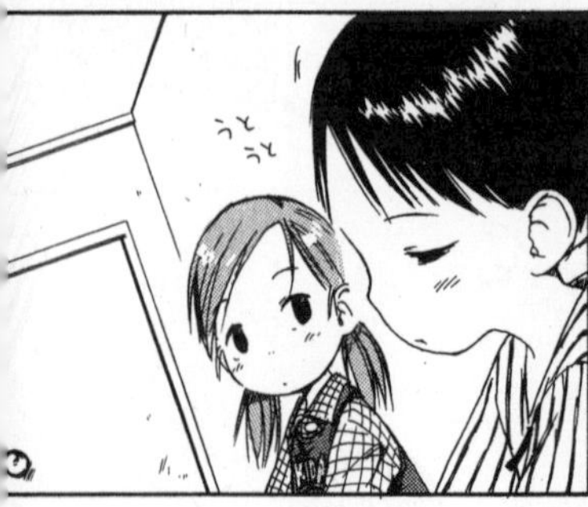
うと
うと
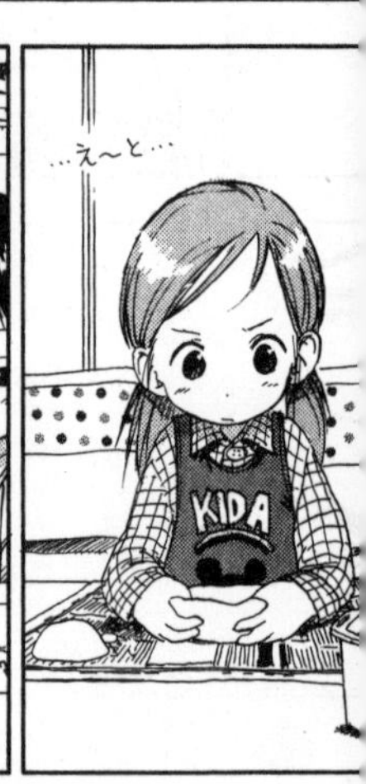
…え〜と…
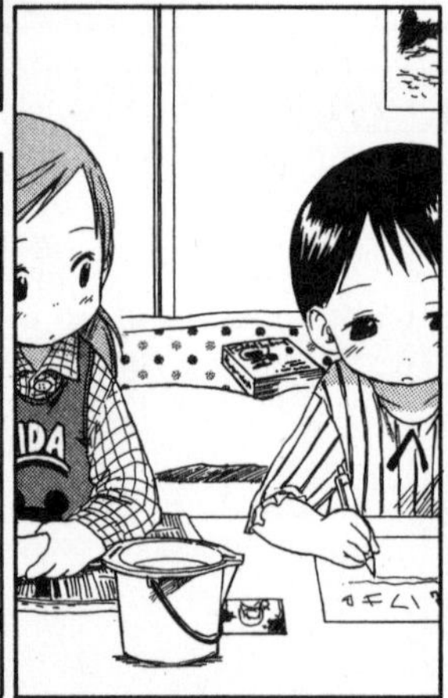
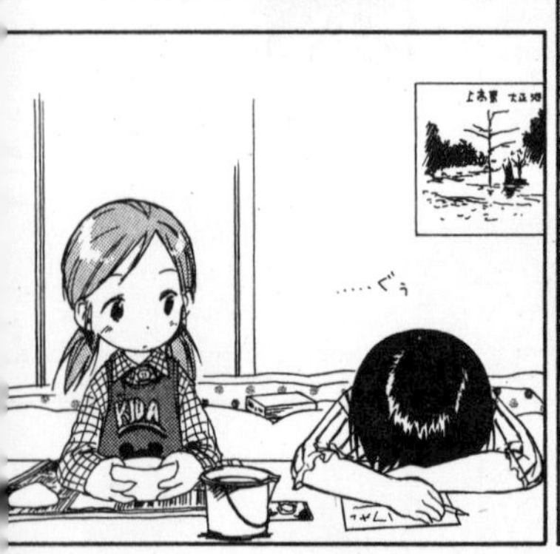
……ぐぅ
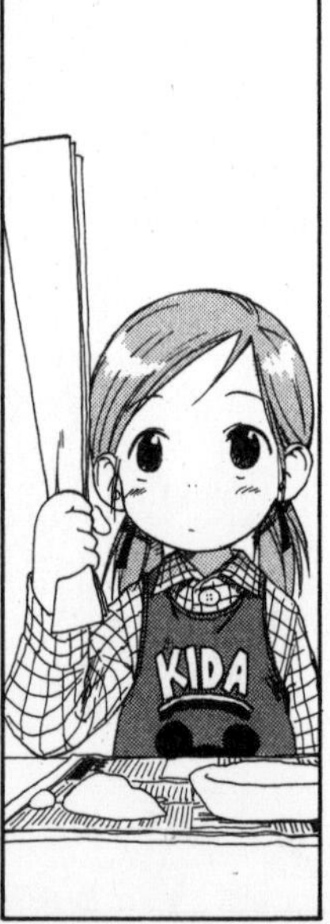
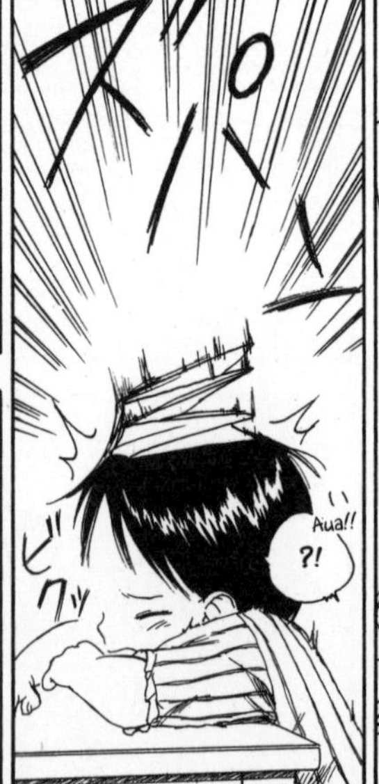
ビクッ
い
Aua!!
?!
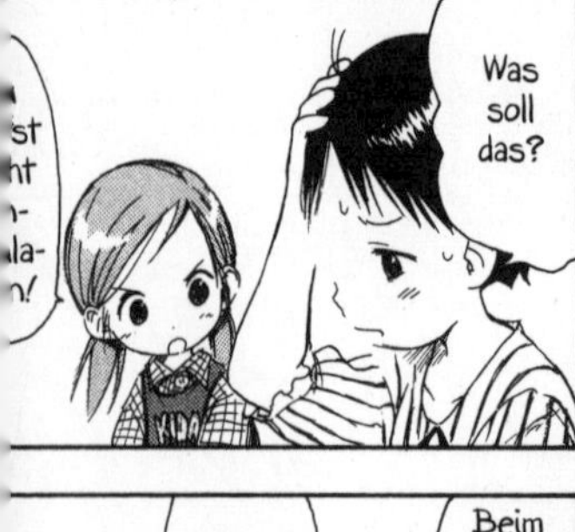
Was soll das?
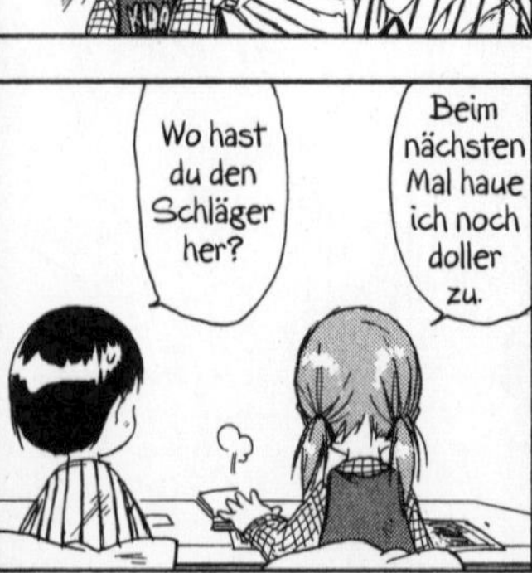
Beim nächsten Mal haue ich noch doller zu.
Wo hast du den Schläger her?

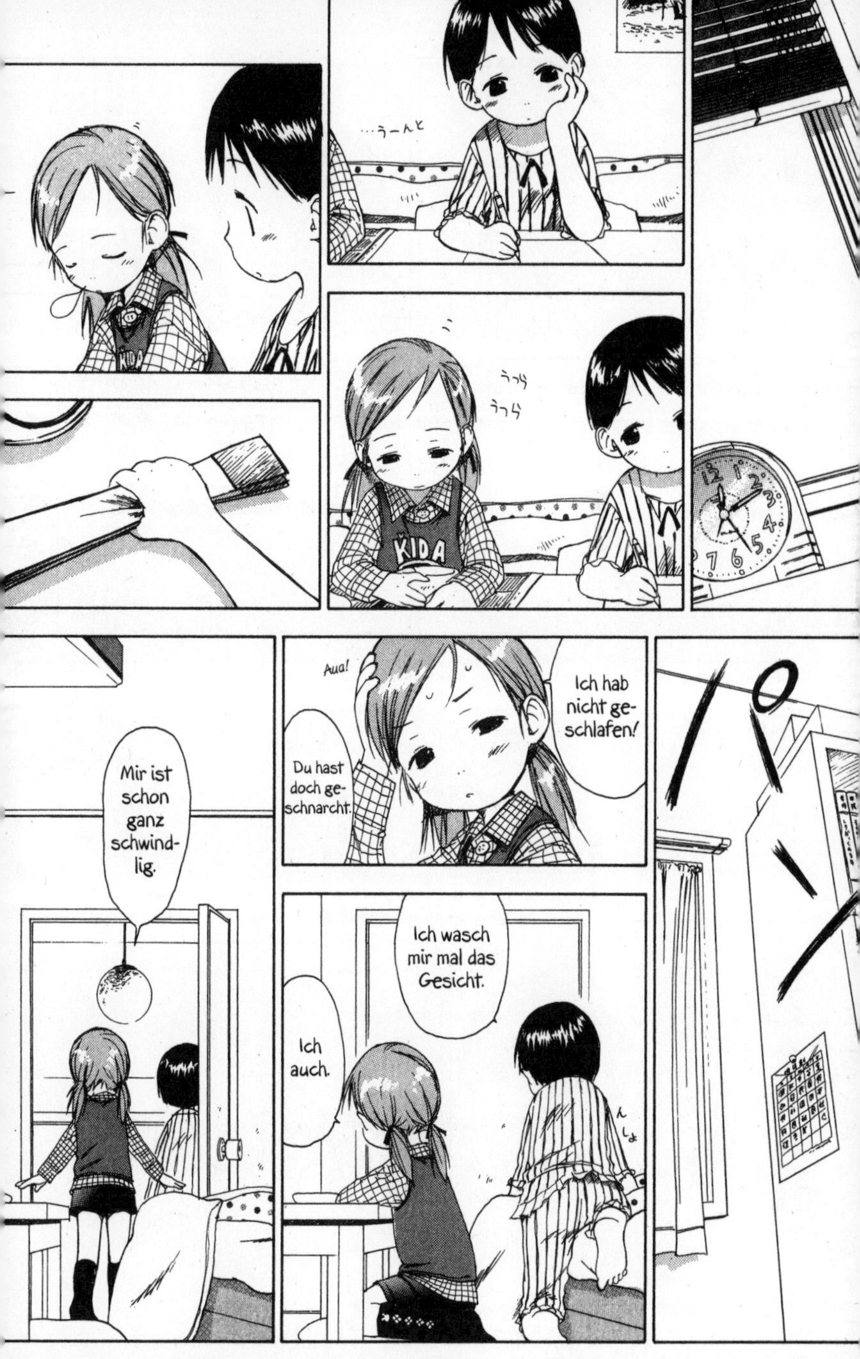
…うーんと
うつら
うつら
Aua!
Ich hab nicht geschlafen!
Du hast doch geschnarcht.
Mir ist schon ganz schwindlig.
Ich wasch mir mal das Gesicht.
Ich auch.
んしょ

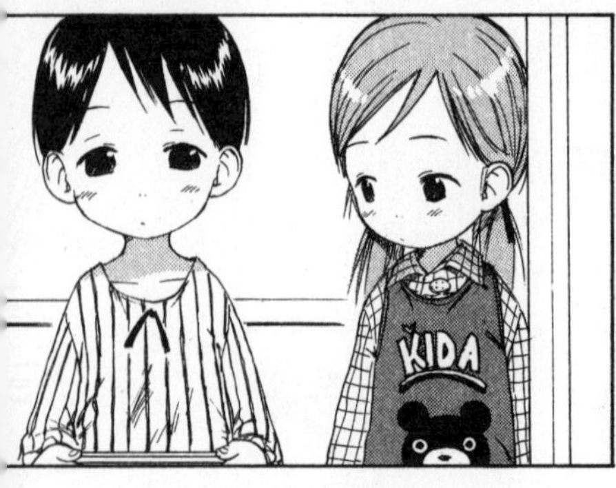

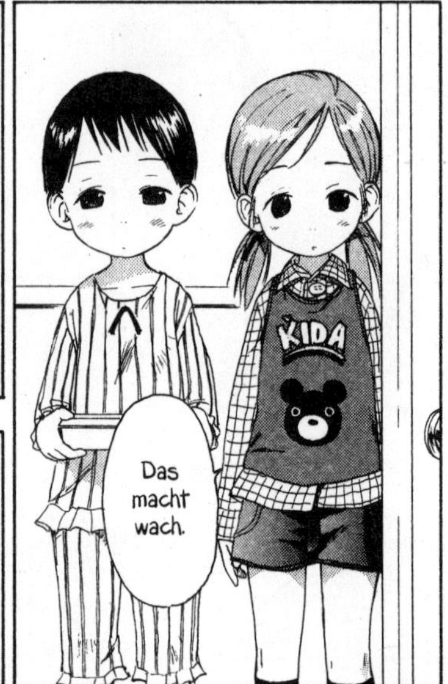
Das macht wach.

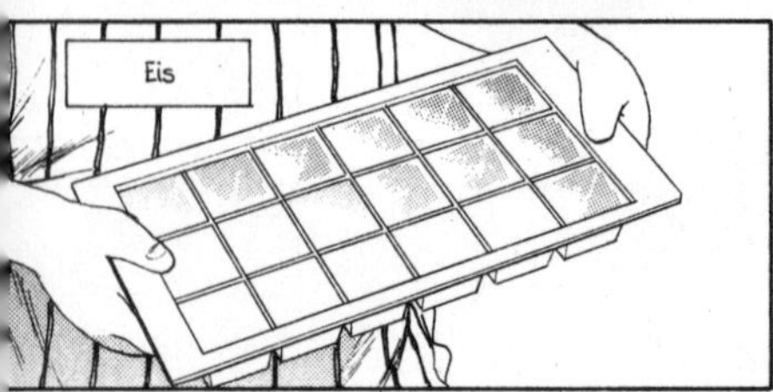
Eis

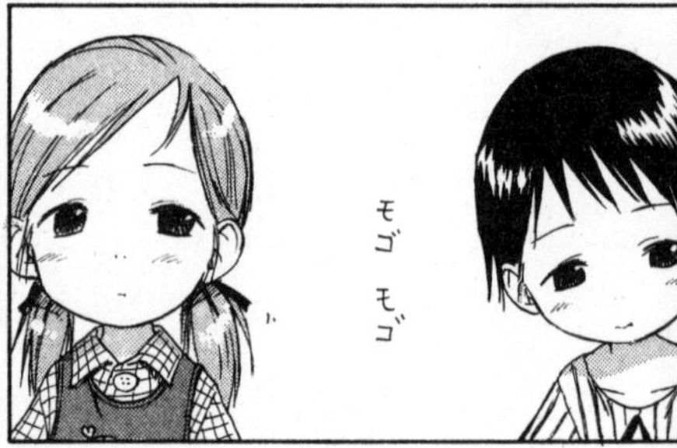
モゴ モゴ

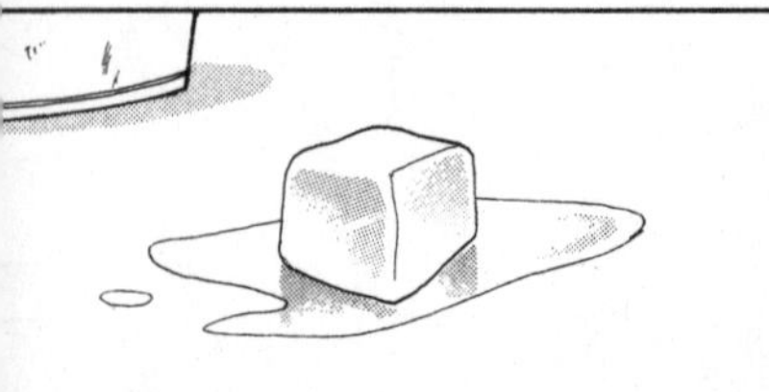

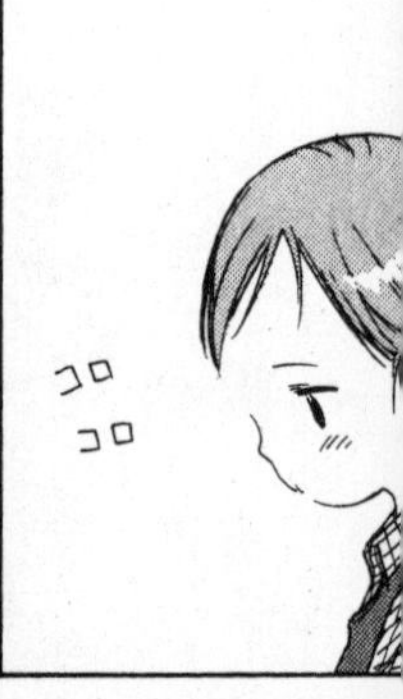
コロ コロ

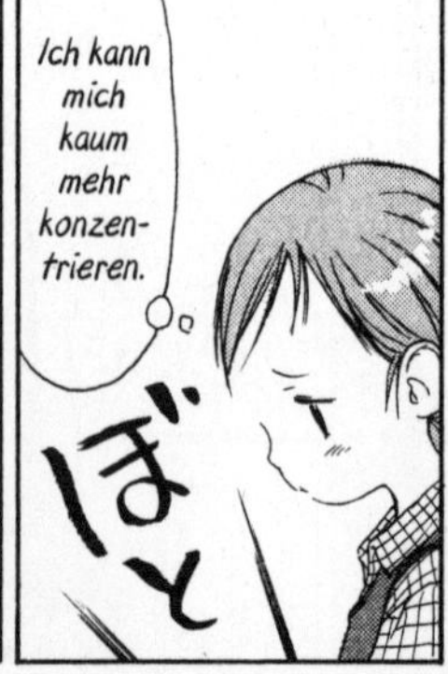
Ich kann mich kaum mehr konzentrieren.
ぼと

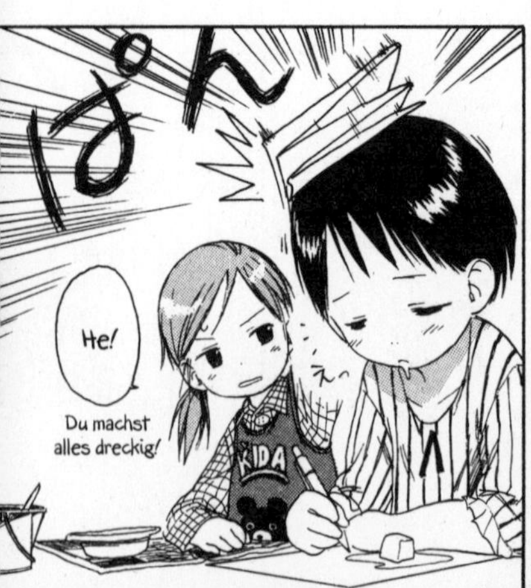
ぱん
He!
Du machst alles dreckig!

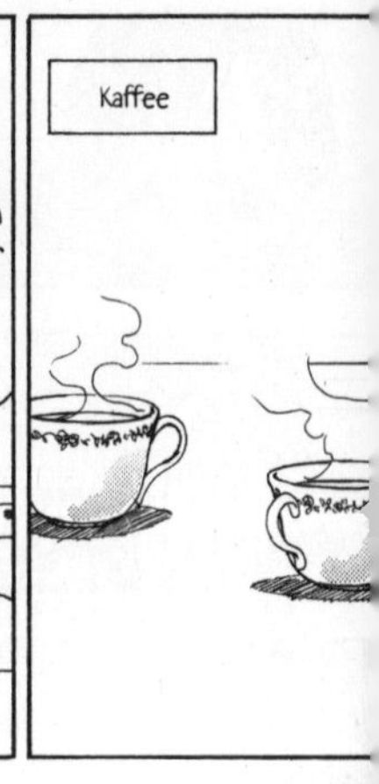
Kaffee

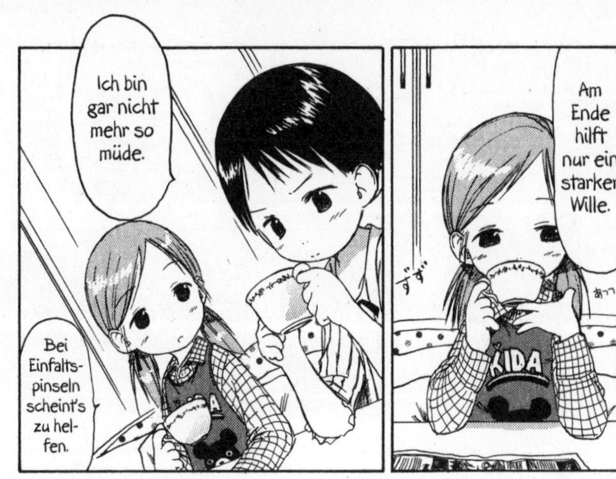
Am Ende hilft nur ein starker Wille.
Ich bin gar nicht mehr so müde.
Bei Einfaltspinseln scheint's zu helfen.

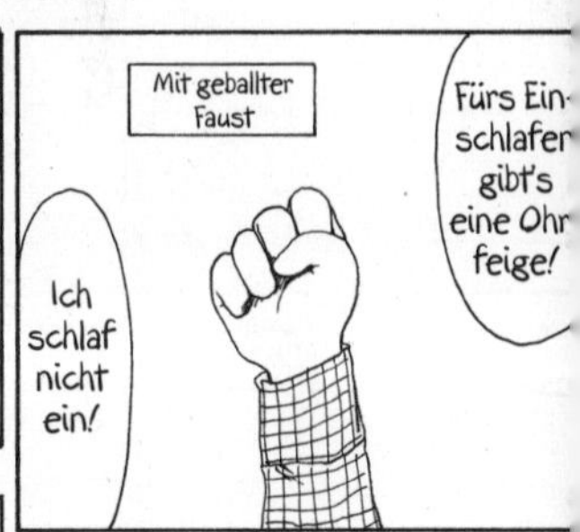
Fürs Einschlafen gibt's eine Ohrfeige!
Mit geballter Faust
Ich schlaf nicht ein!

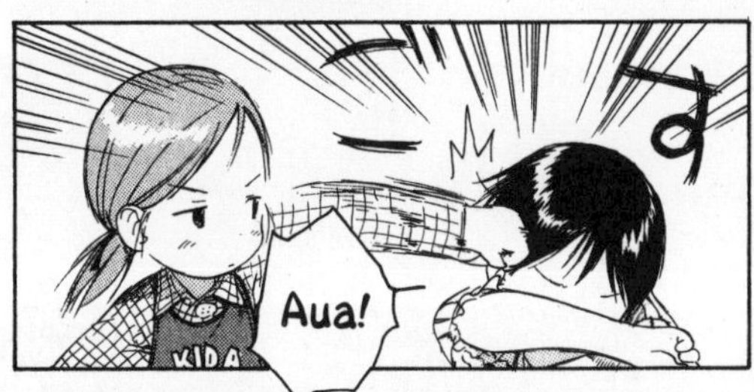
Aua!

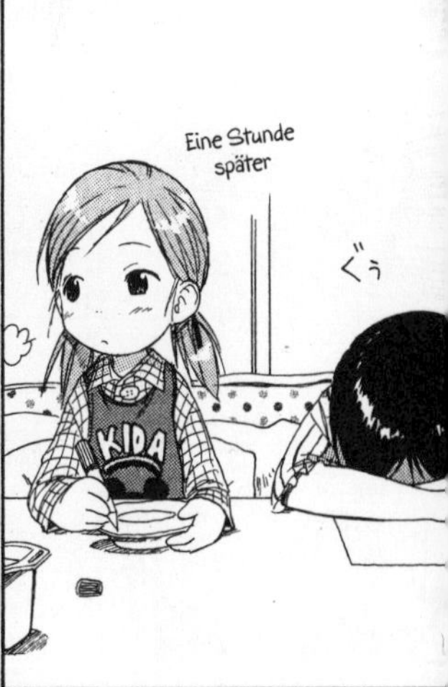
Eine Stunde später

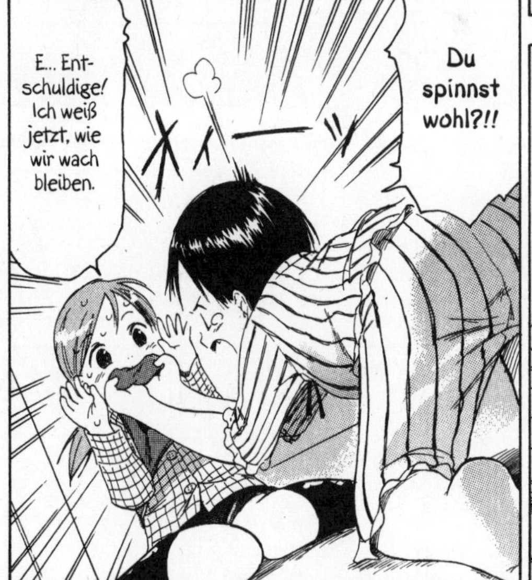
Du spinnst wohl?!!
E... Entschuldige! Ich weiß jetzt, wie wir wach bleiben.

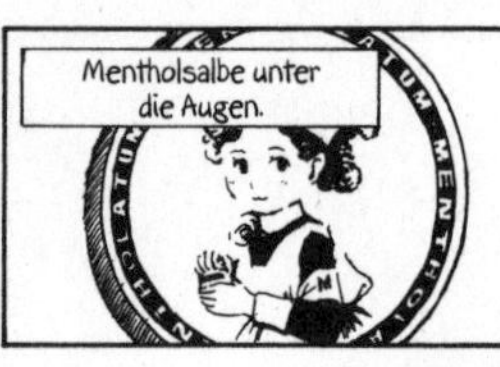
Mentholsalbe unter die Augen.

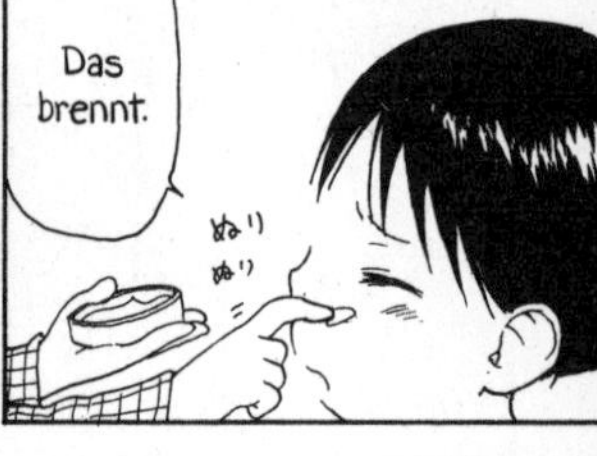
Das brennt.

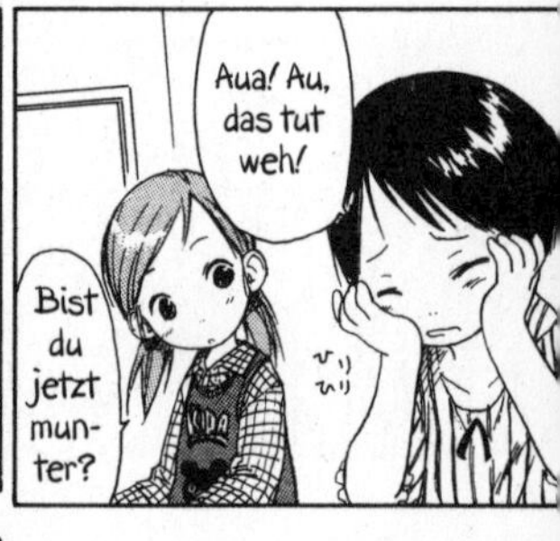
Aua! Au, das tut weh!
Bist du jetzt munter?

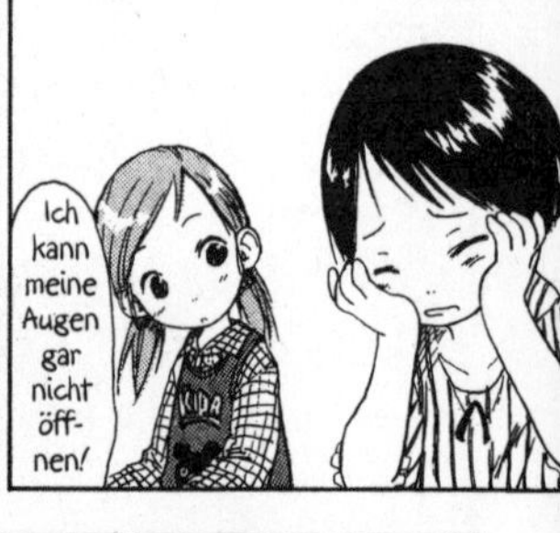
Ich kann meine Augen gar nicht öffnen!

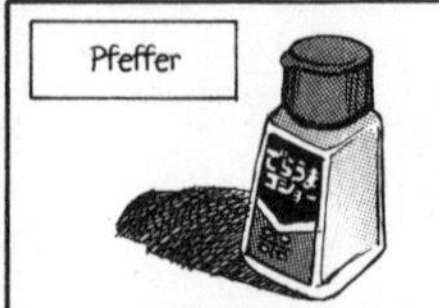
Pfeffer

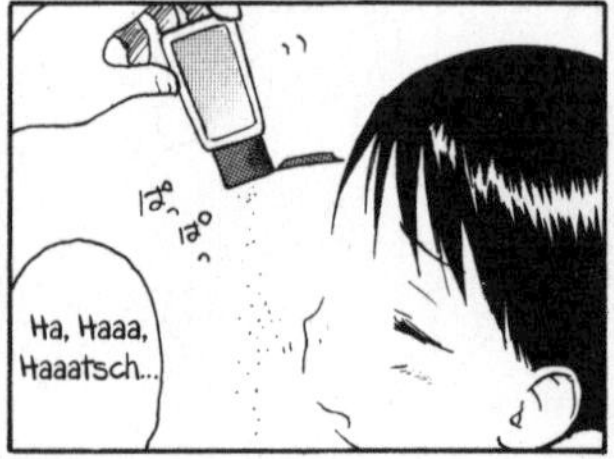
Ha, Haaa, Haaatsch...

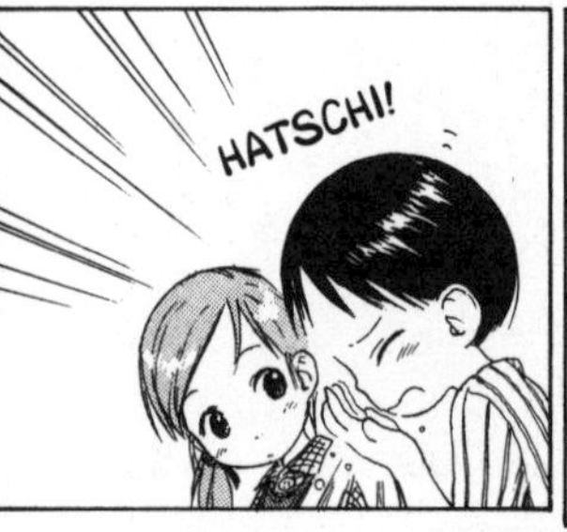
HATSCHI!

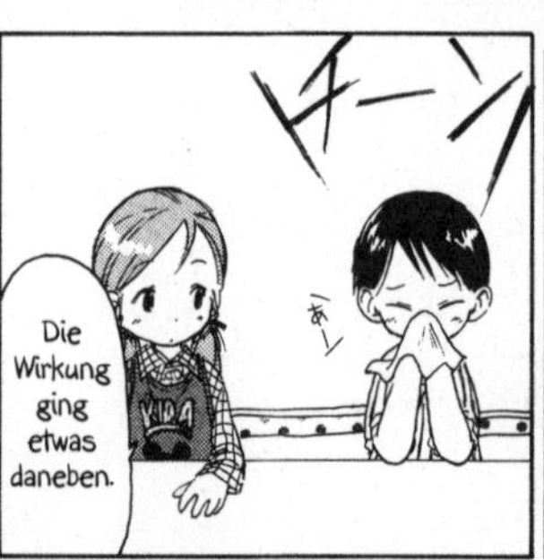
Die Wirkung ging etwas daneben.

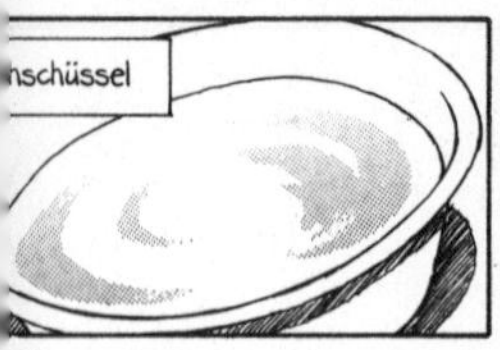
nschüssel

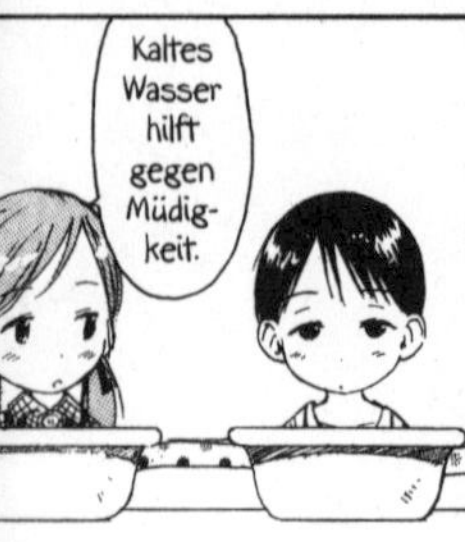
Kaltes Wasser hilft gegen Müdigkeit.

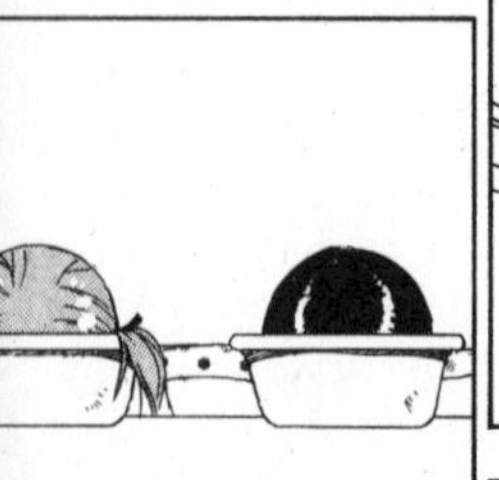

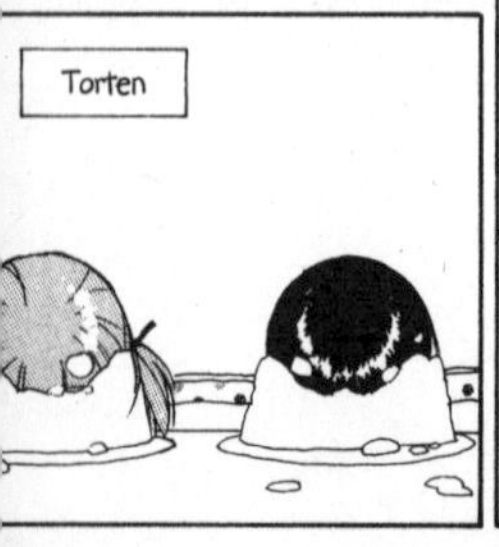
Torten

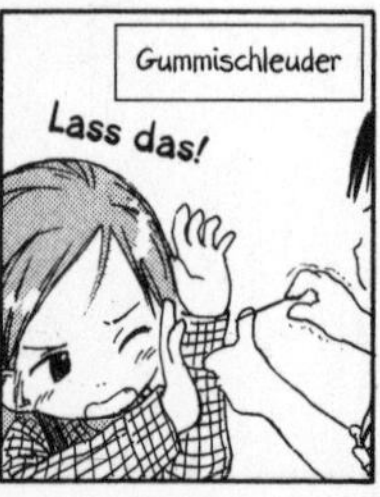
Gummischleuder
Lass das!

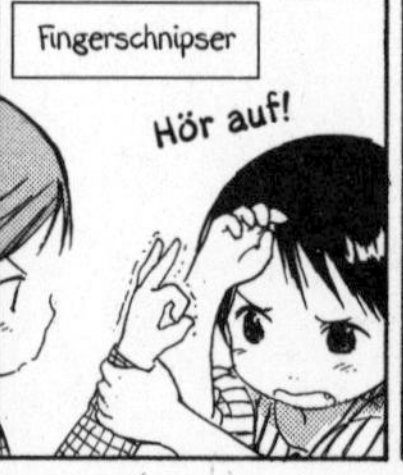
Fingerschnipser
Hör auf!

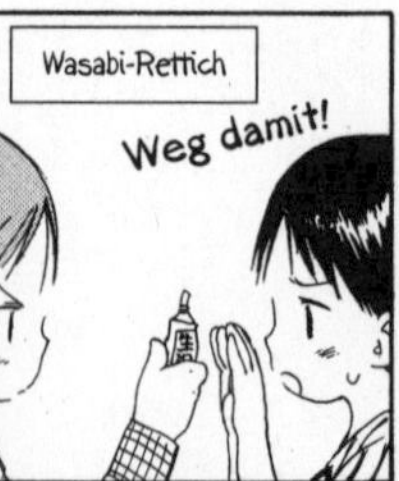
Wasabi-Rettich
Weg damit!

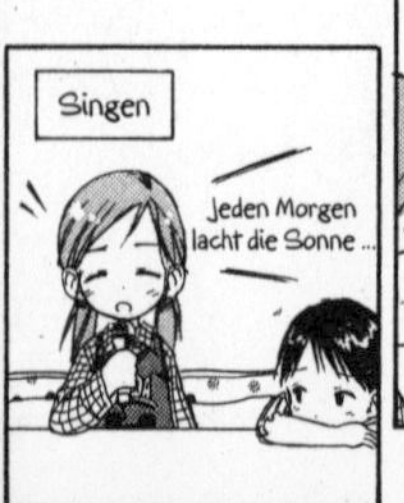
Singen
Jeden Morgen lacht die Sonne ...

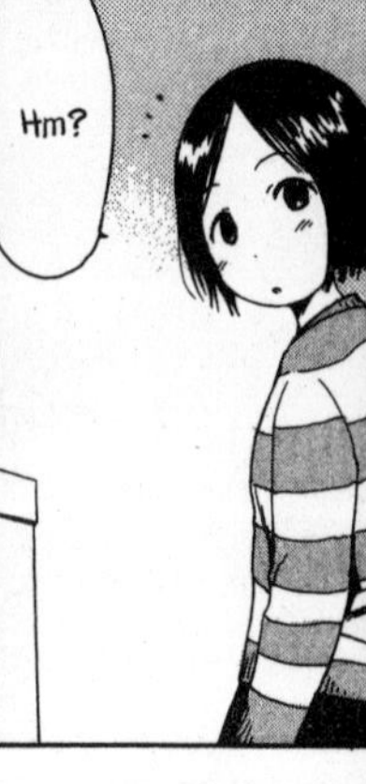
Hm?

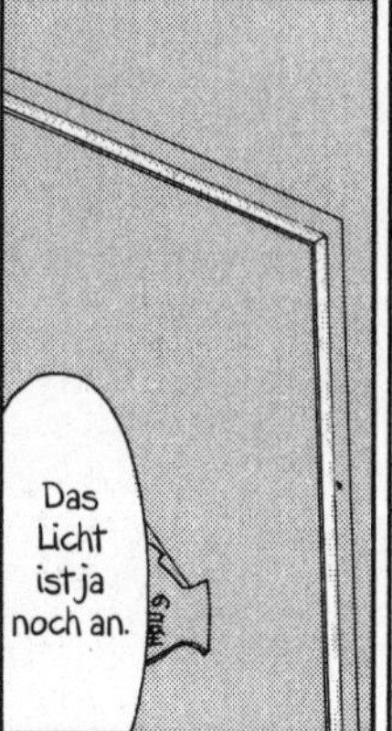
Das Licht ist ja noch an.

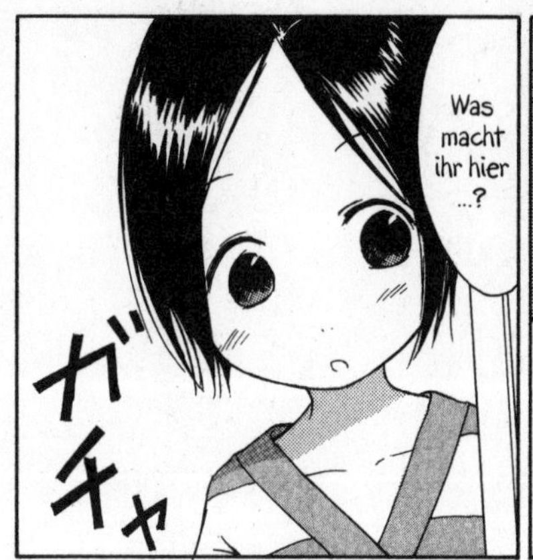
Was macht ihr hier ...?
ガチャ

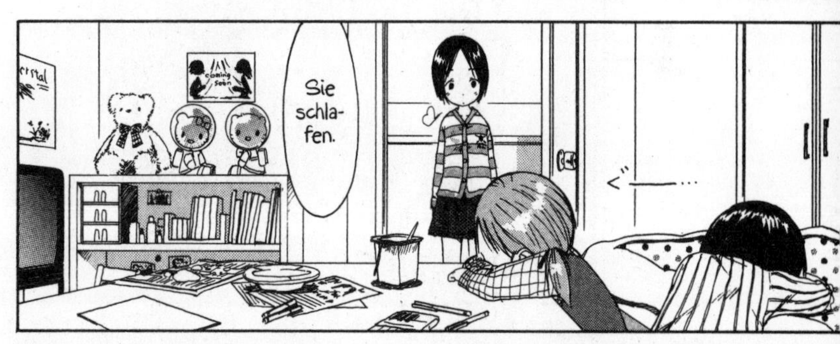
Sie schla-fen.

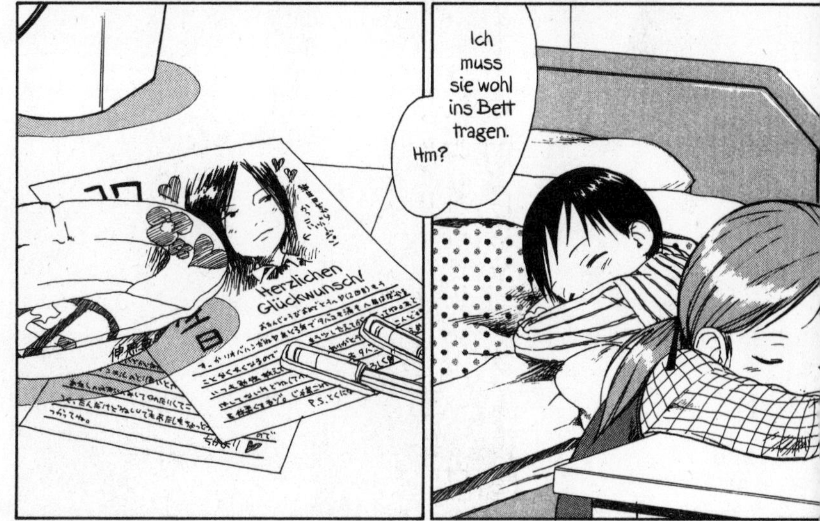
Ich muss sie wohl ins Bett tragen.
Hm?
Herzlichen Glückwunsch!

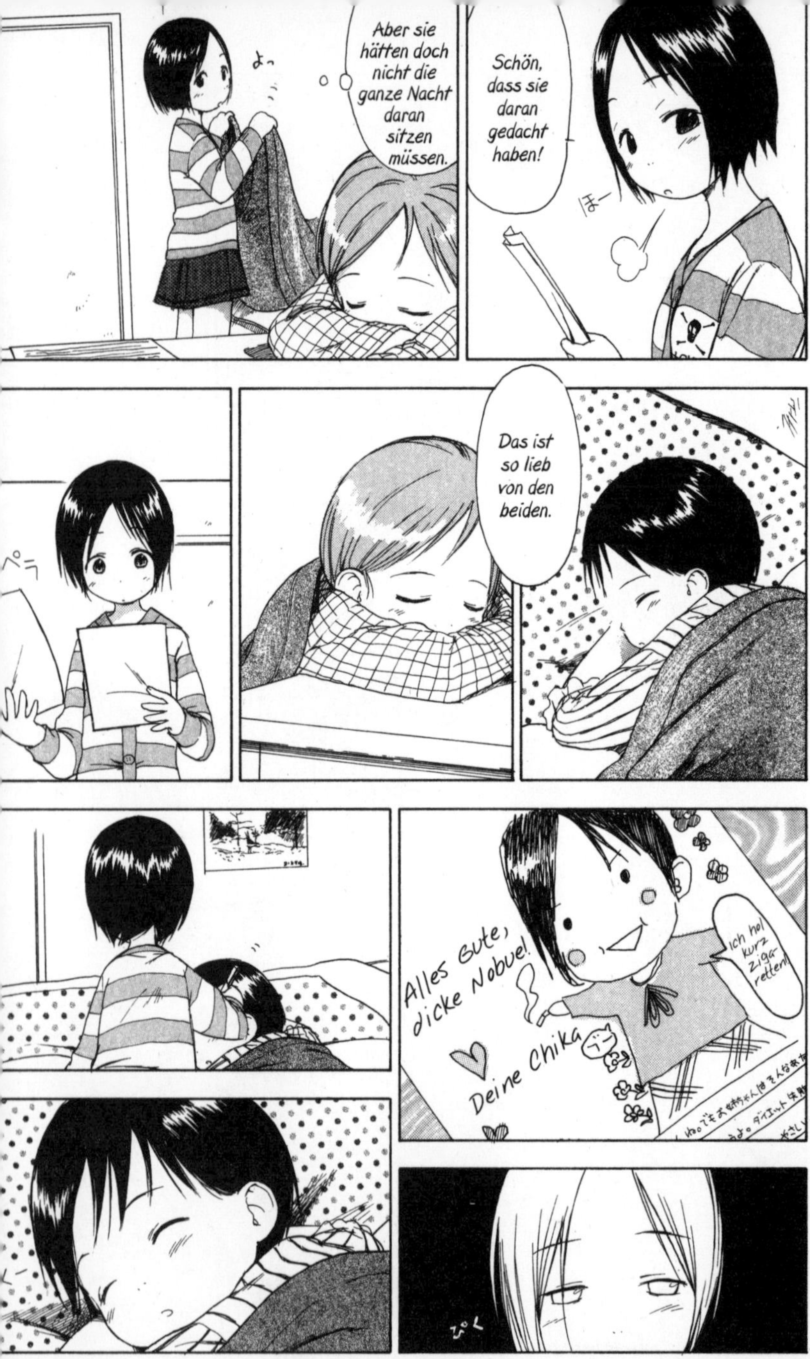

Schön, dass sie daran gedacht haben!

Aber sie hätten doch nicht die ganze Nacht daran sitzen müssen.

Das ist so lieb von den beiden.

Alles Gute, dicke Nobue!

Ich hol kurz Zigaretten!

Deine Chika

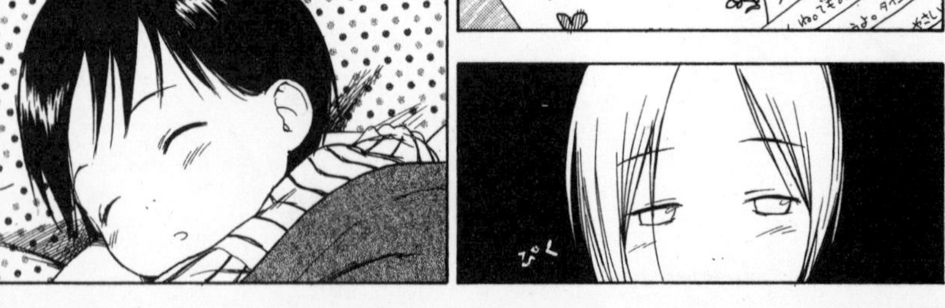

PAGE 73

name	*season*
☐NOBUE	☐SPRING
☐CHIKA	✿SUMMER
✿MIU	☐AUTUMN
☐MATSURI	☐WINTER

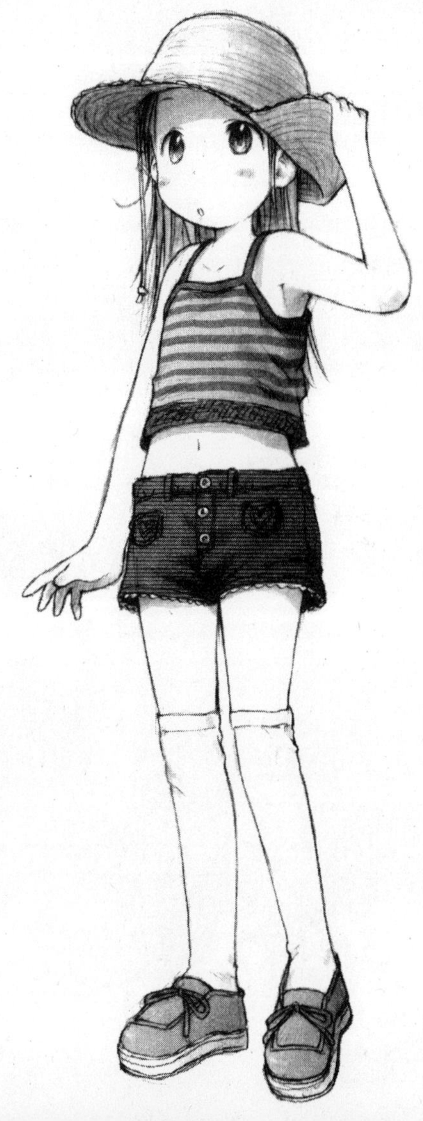

name	season
☐NOBUE	☐SPRING
☐CHIKA	■SUMMER
☐MIU	☐AUTUMN
■MATSURI	☐WINTER

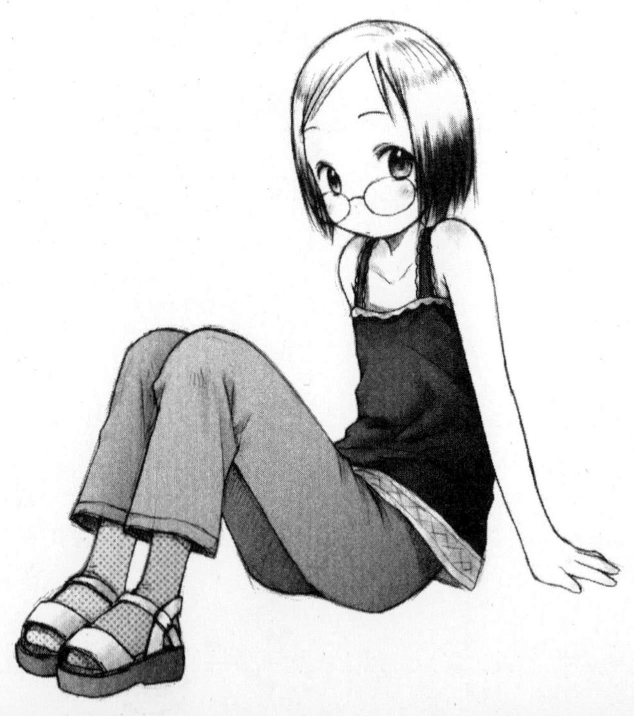

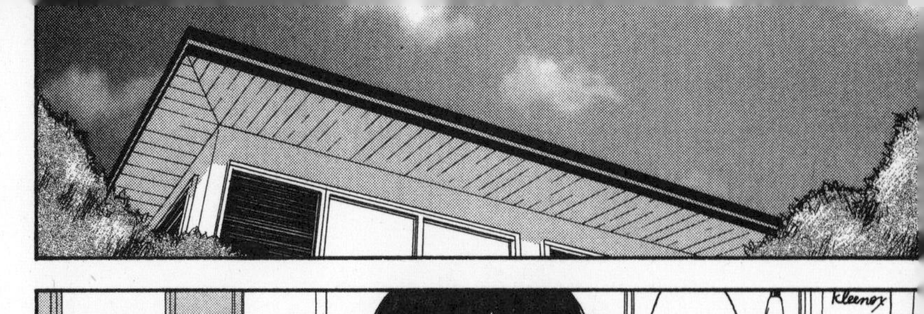

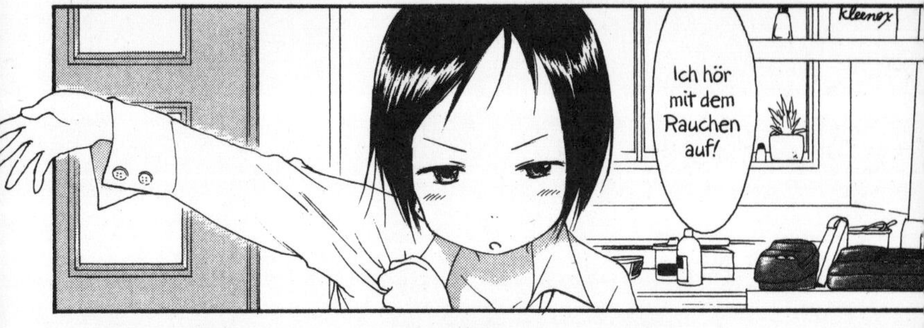
Ich hör mit dem Rauchen auf!
Kleenex

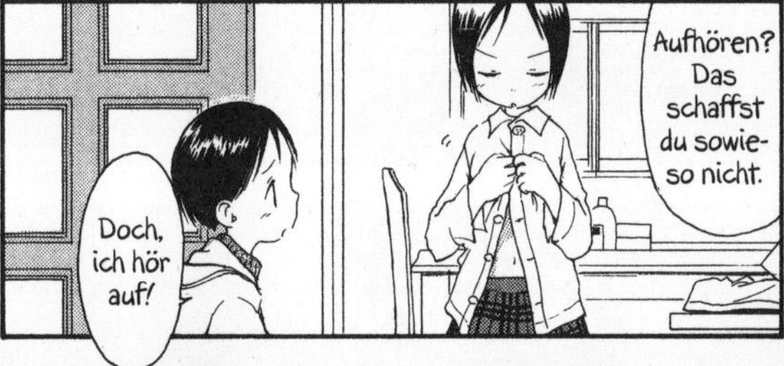
Aufhören? Das schaffst du sowieso nicht.
Doch, ich hör auf!

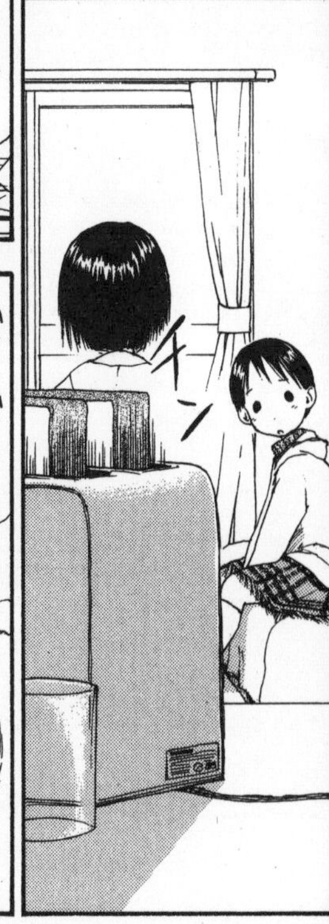
Wenn ich es nicht schaffe, darfst du dir was wünschen.

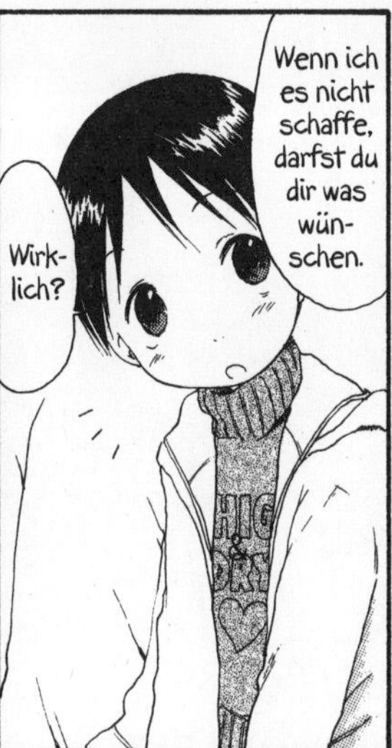
Wirklich?

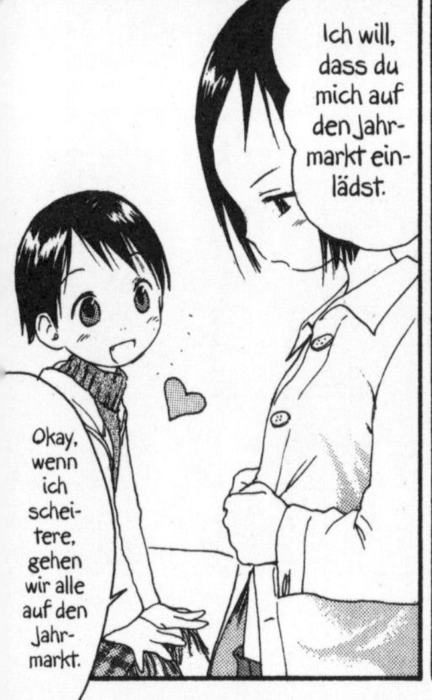
Ich will, dass du mich auf den Jahrmarkt einlädst.
Okay, wenn ich scheitere, gehen wir alle auf den Jahrmarkt.

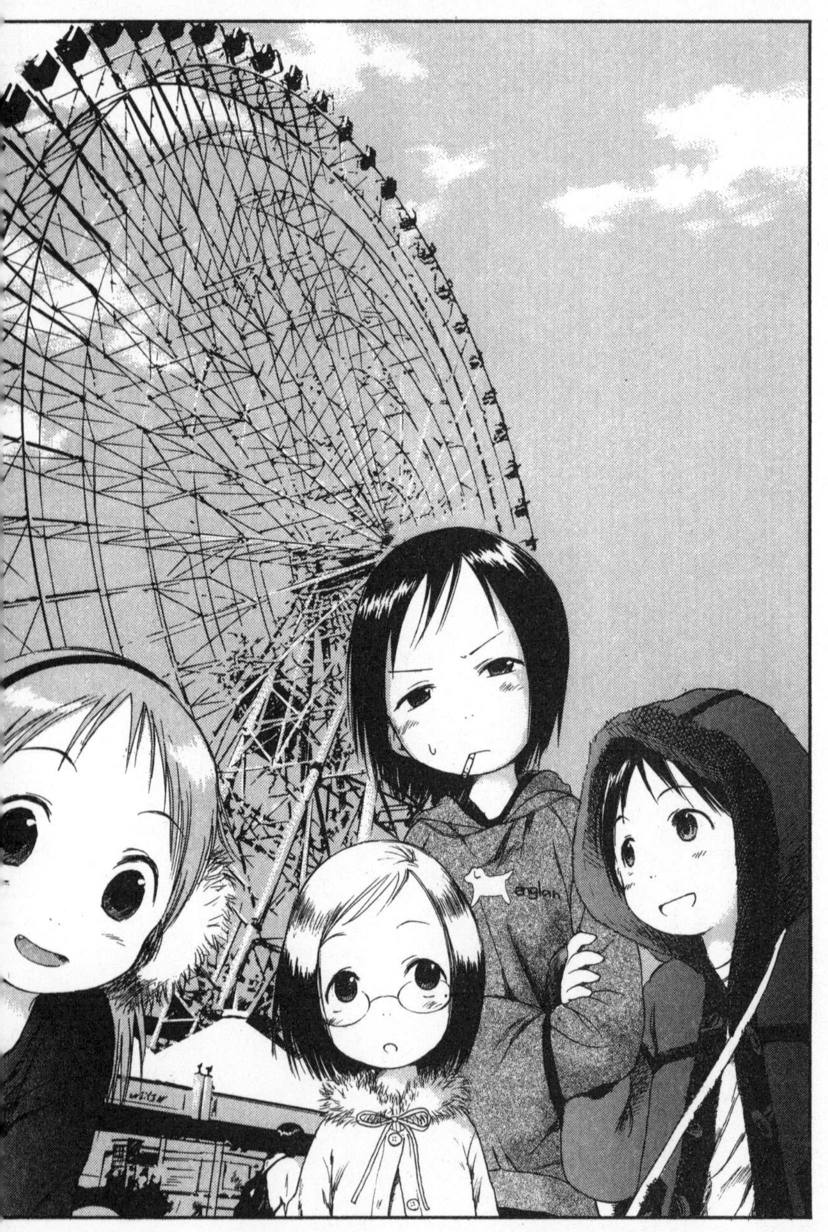

KAPITEL 5
Schluss mit dem Rauchen!

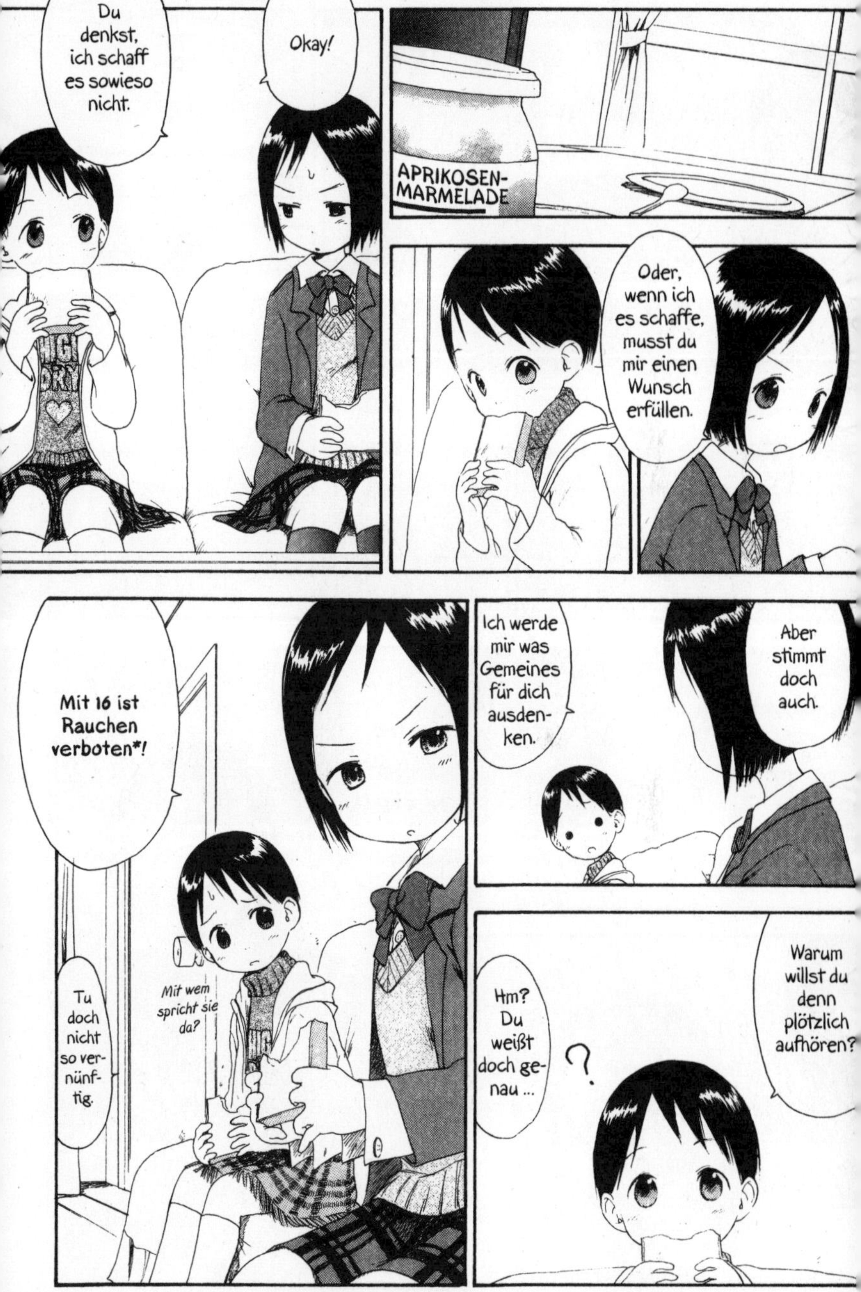

APRIKOSEN-MARMELADE

Oder, wenn ich es schaffe, musst du mir einen Wunsch erfüllen.

Okay!

Du denkst, ich schaff es sowieso nicht.

Aber stimmt doch auch.

Ich werde mir was Gemeines für dich ausden-ken.

Warum willst du denn plötzlich aufhören?

Hm? Du weißt doch ge-nau ...

?

Mit 16 ist Rauchen verboten*!

Mit wem spricht sie da?

Tu doch nicht so ver-nünf-tig.

*Die japanische Regierung verbietet Personen unter 20 Jahren das Rauchen.

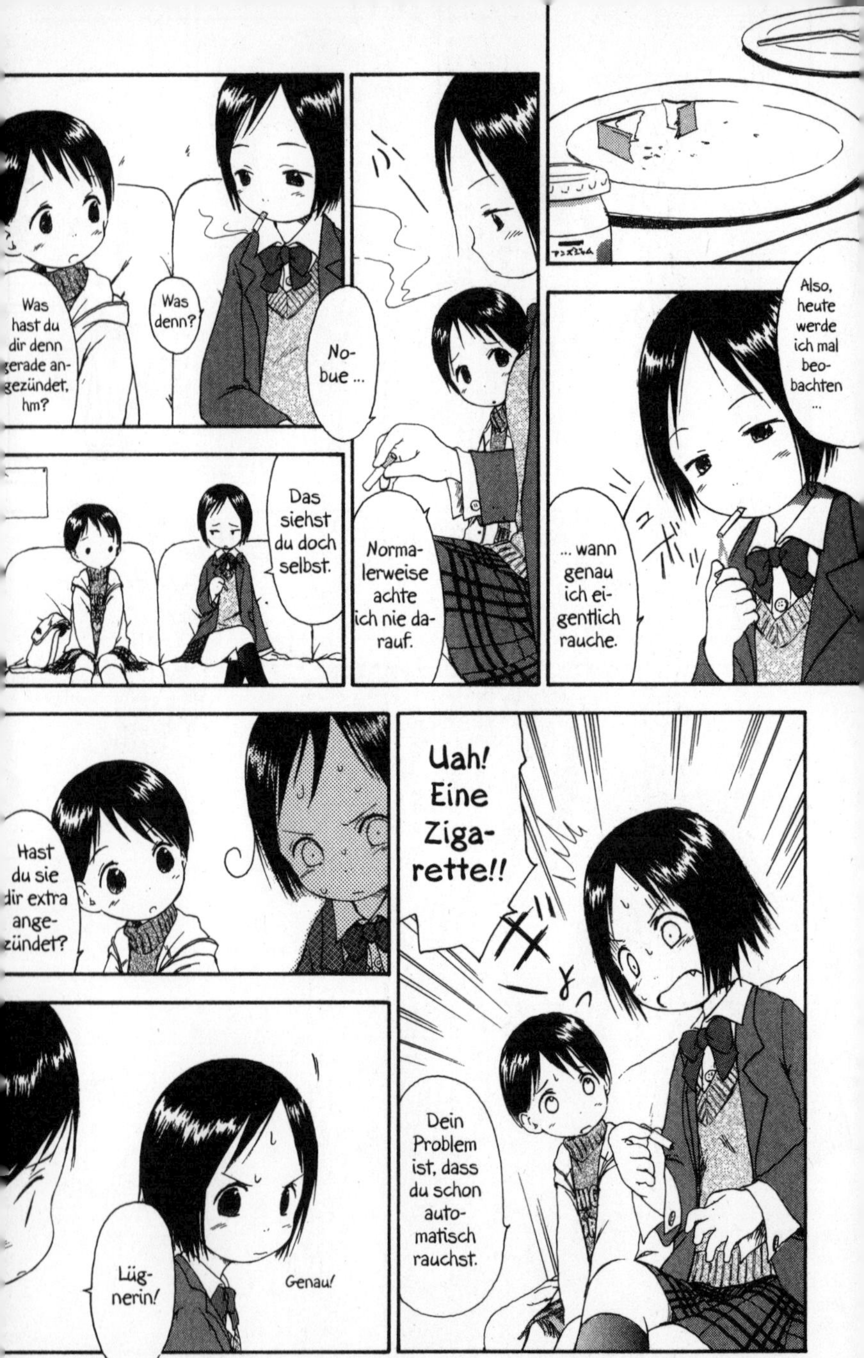

Also, heute werde ich mal beobachten ...
... wann genau ich eigentlich rauche.
Nobue ...
Normalerweise achte ich nie darauf.
Was denn?
Was hast du dir denn gerade angezündet, hm?
Das siehst du doch selbst.
Uah! Eine Zigarette!!
Dein Problem ist, dass du schon automatisch rauchst.
Hast du sie dir extra angezündet?
Genau!
Lügnerin!

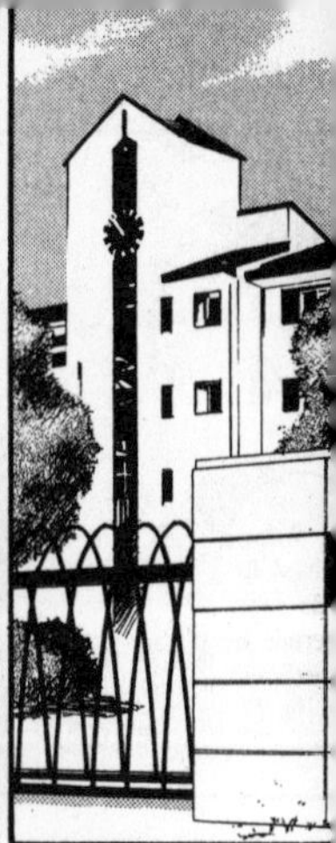

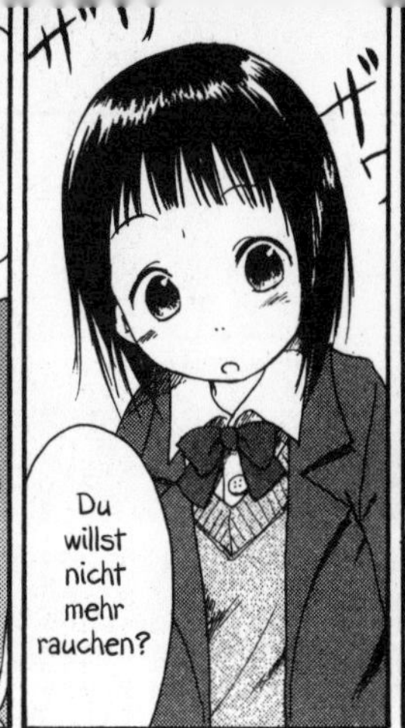
ザワ
Du willst nicht mehr rauchen?

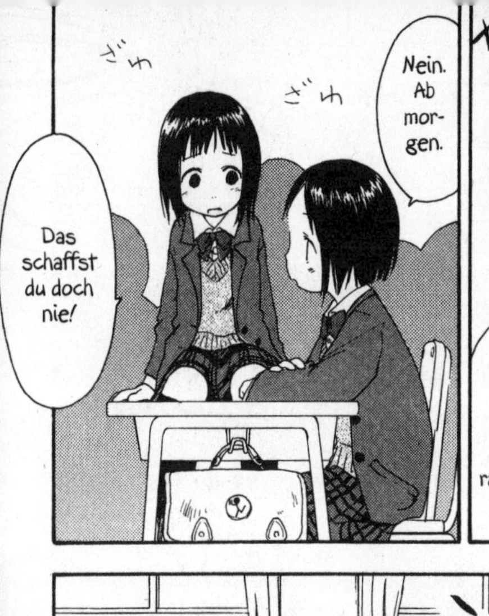
Nein. Ab mor-gen.
ざわ
ざわ
Das schaffst du doch nie!

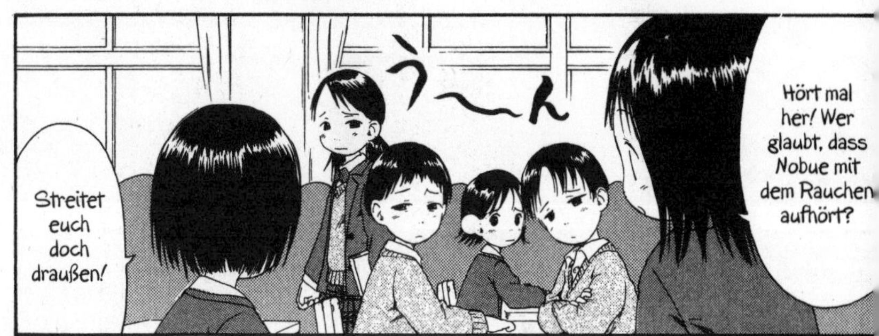
Hört mal her! Wer glaubt, dass Nobue mit dem Rauchen aufhört?
う〜ん
Streitet euch doch draußen!

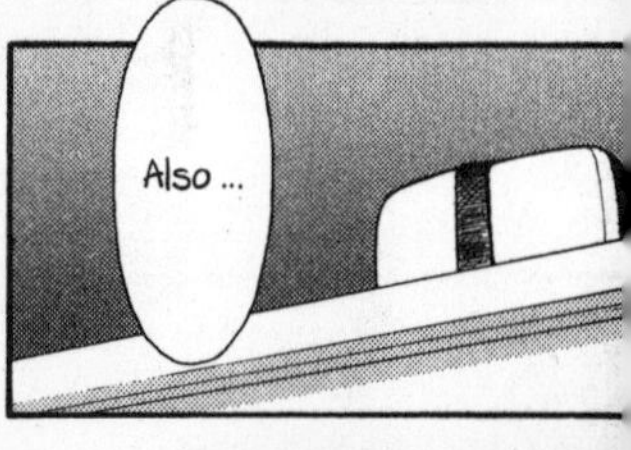
Also ...

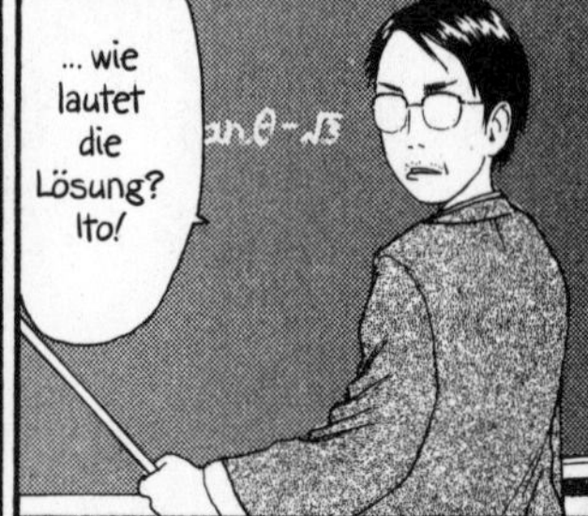
... wie lautet die Lösung? Ito!

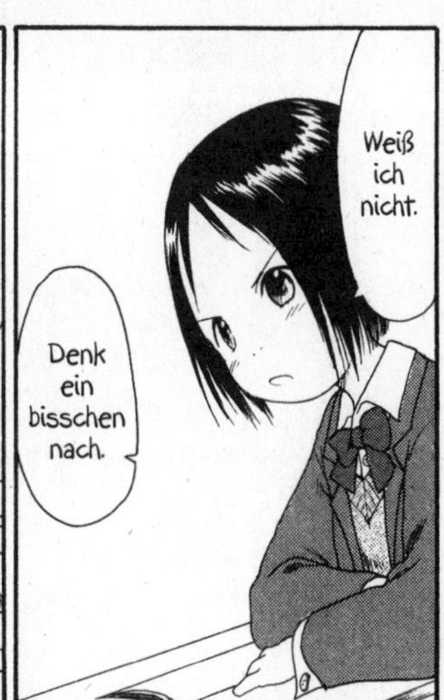
Weiß ich nicht.
Denk ein bisschen nach.

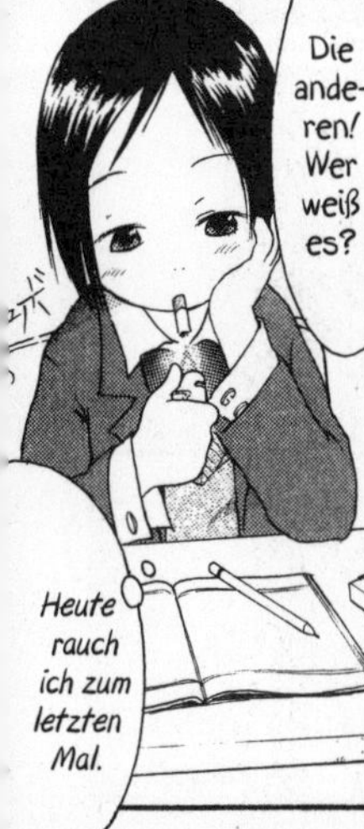
Die ande-ren! Wer weiß es?
Heute rauch ich zum letzten Mal.

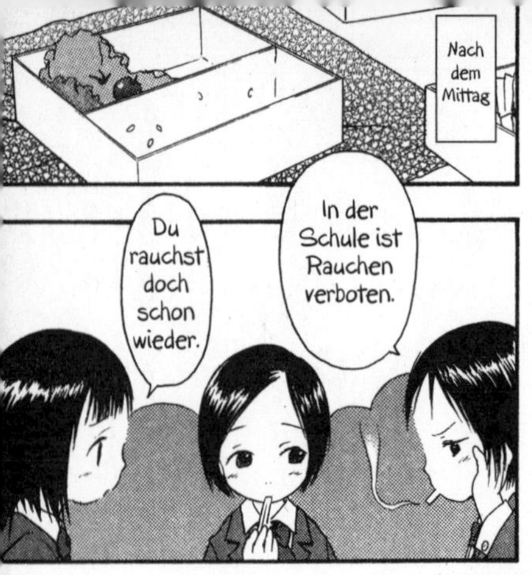
Nach dem Mittag
In der Schule ist Rauchen verboten.
Du rauchst doch schon wieder.

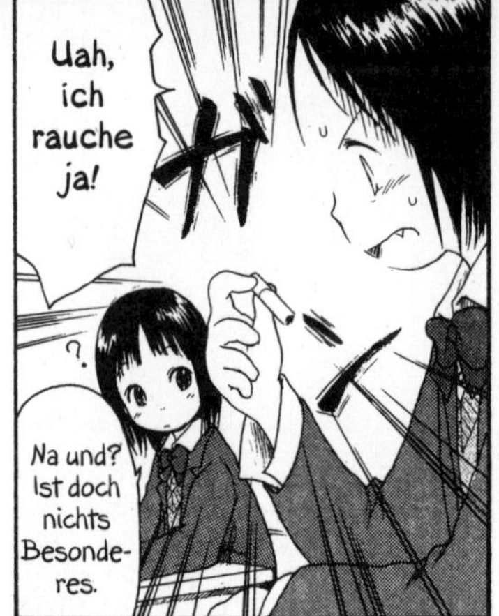
Uah, ich rauche ja!
?
Na und? Ist doch nichts Besonde-res.

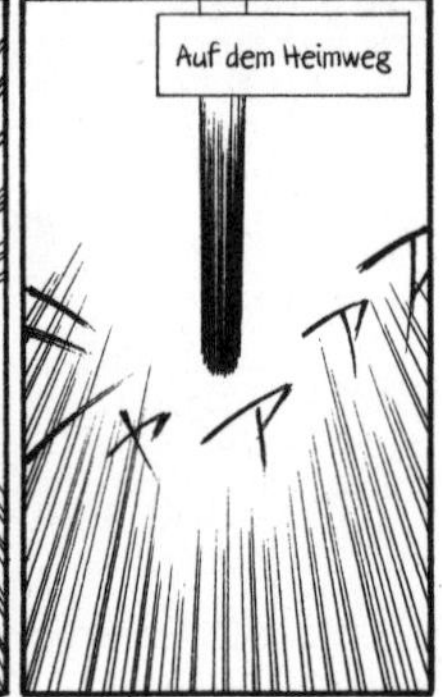
Auf dem Heimweg

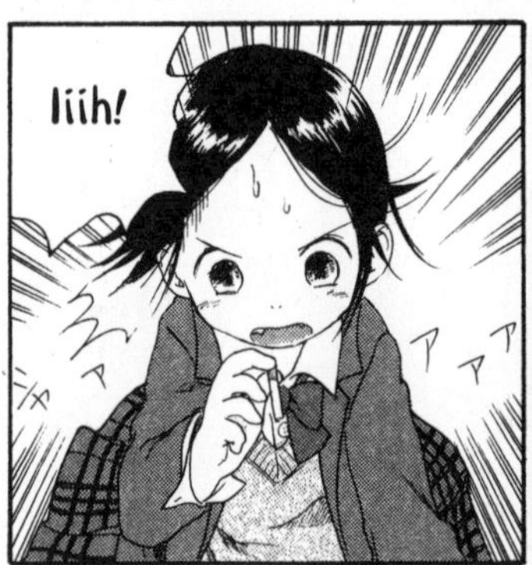
Iiih!

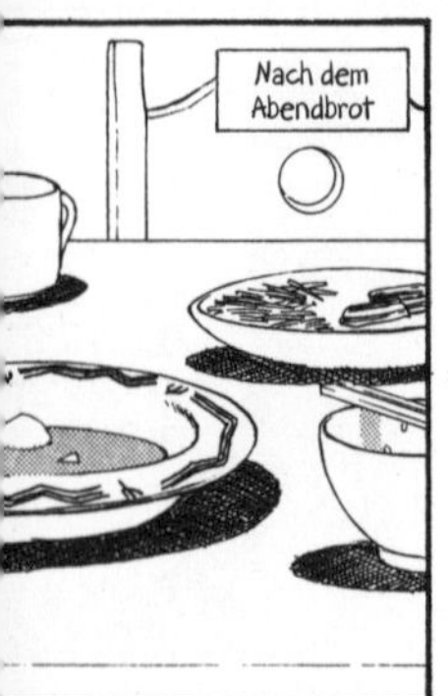
Nach dem Abendbrot

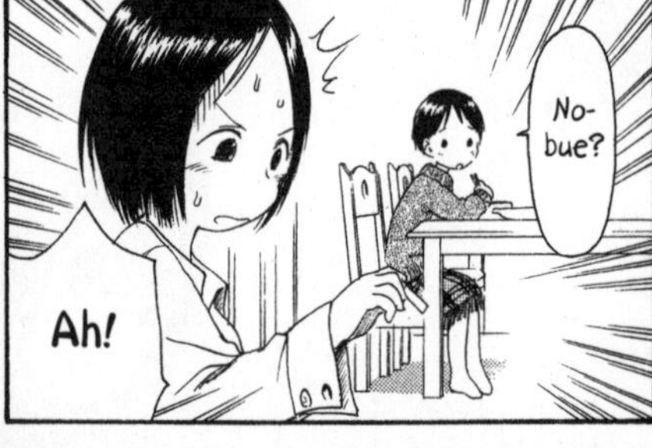
No-bue?
Ah!

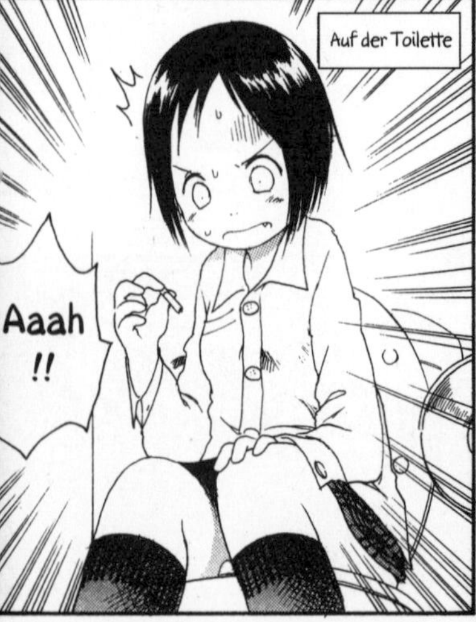
Auf der Toilette
Aaah !!

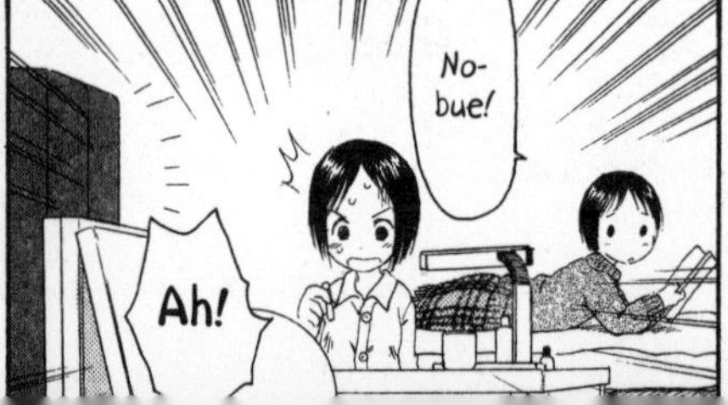
No-bue!
Ah!

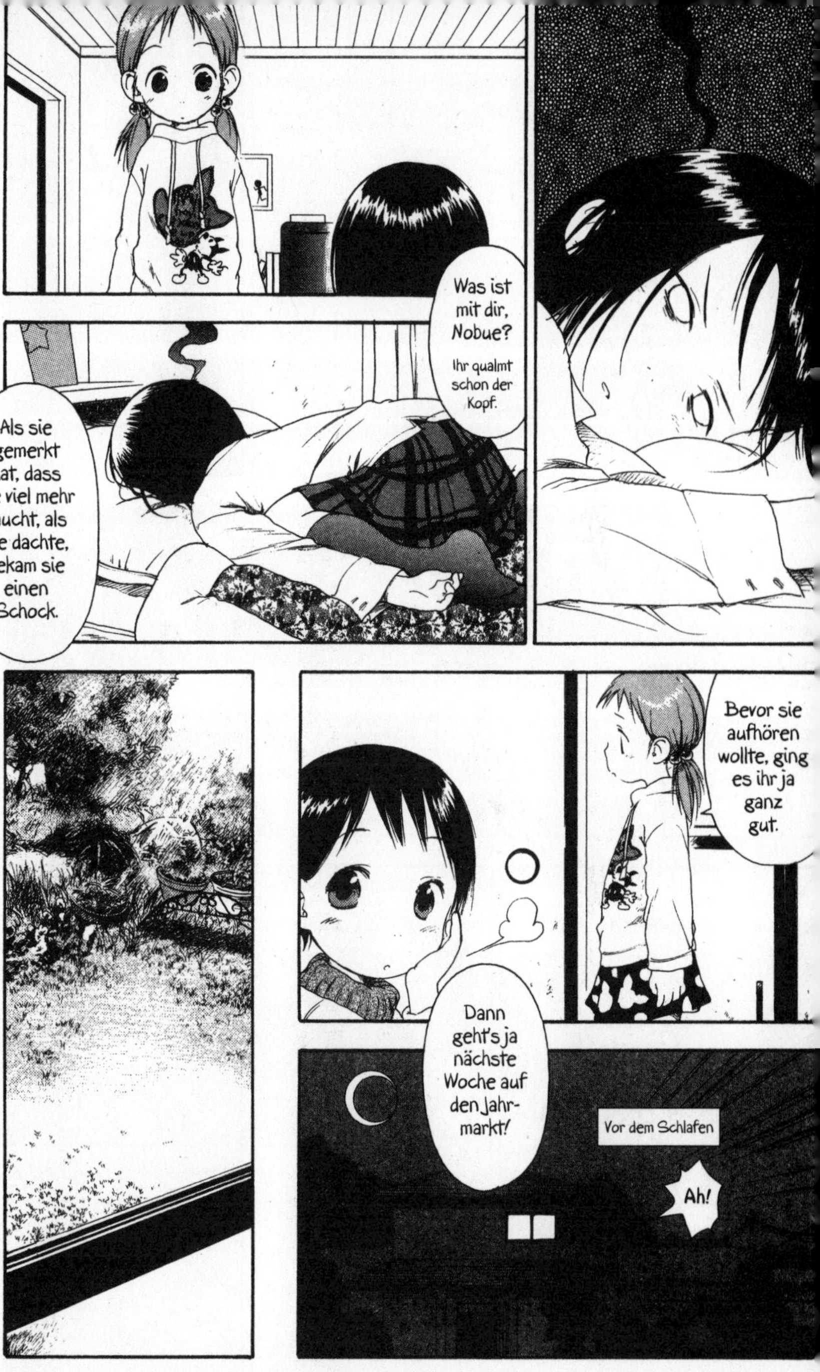

Was ist mit dir, Nobue?

Ihr qualmt schon der Kopf.

Als sie gemerkt hat, dass sie viel mehr raucht, als sie dachte, bekam sie einen Schock.

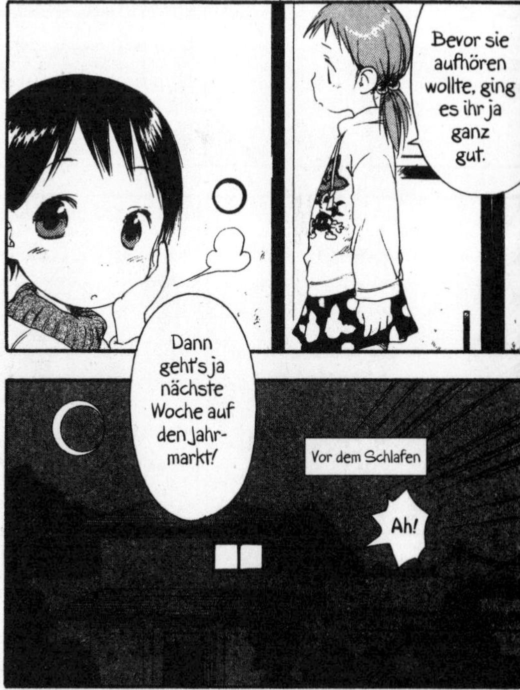

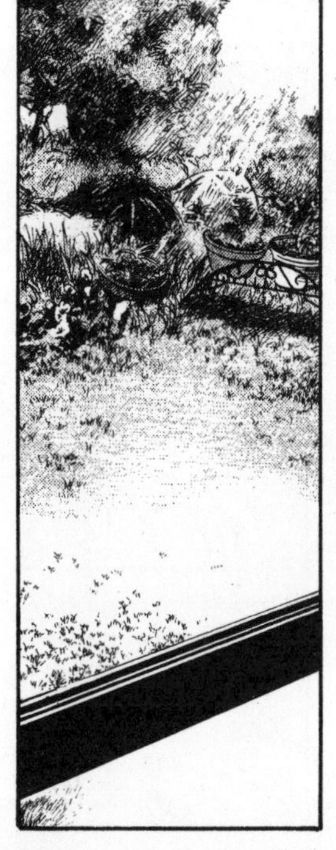

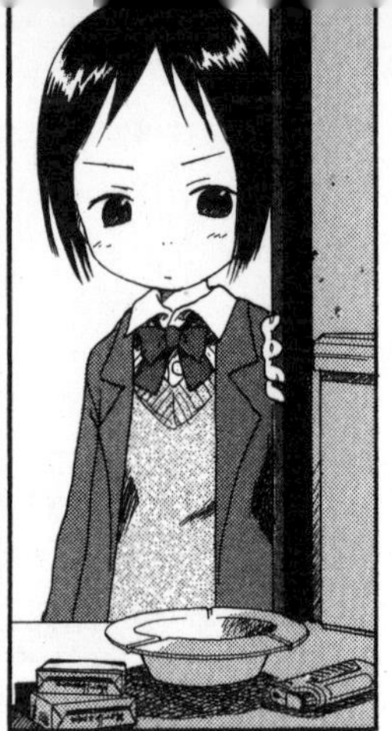

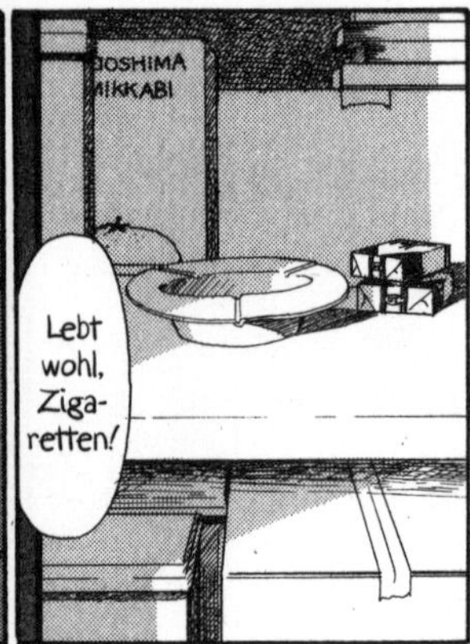
OOSHIMA
MIKKABI
Lebt wohl, Zigaretten!

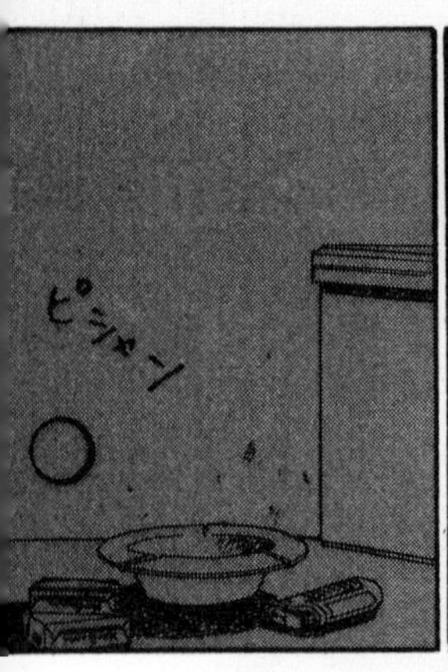
ピシャン

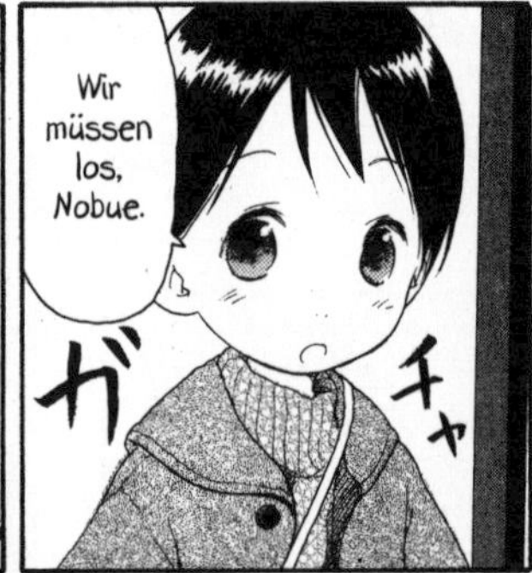
Wir müssen los, Nobue.
ガチャ

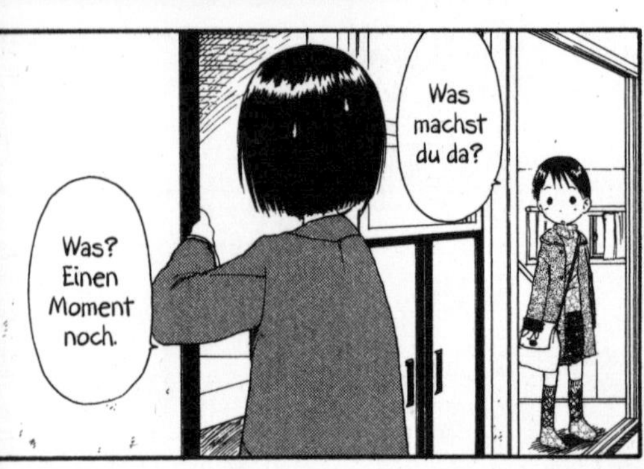
Was machst du da?
Was? Einen Moment noch.

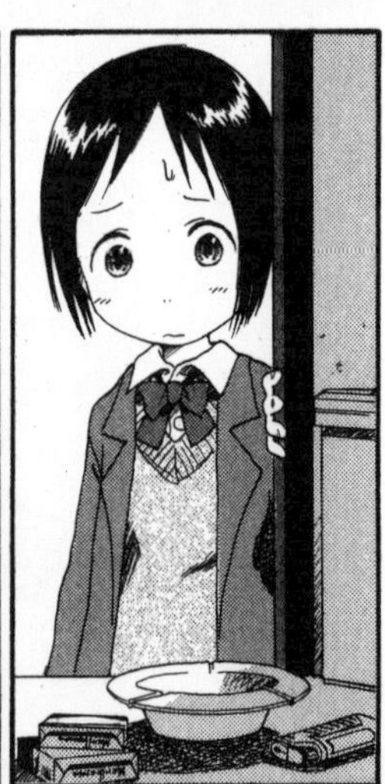

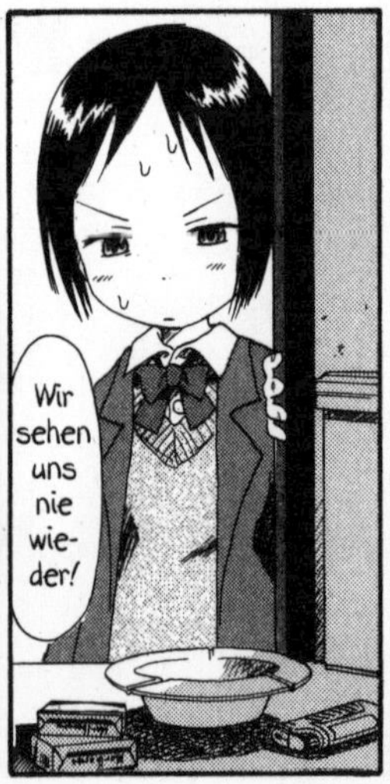
Wir sehen uns nie wieder!

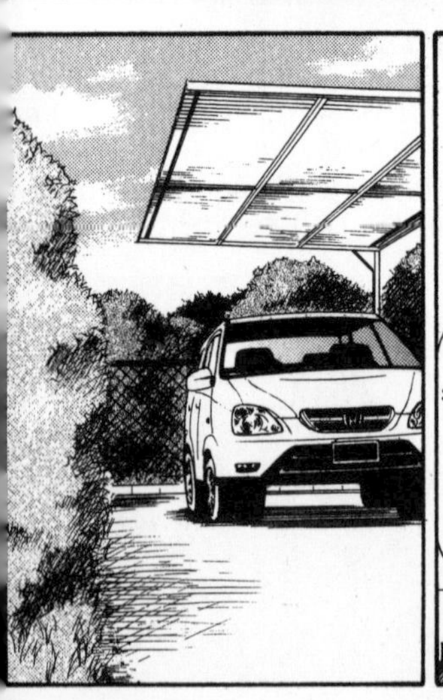

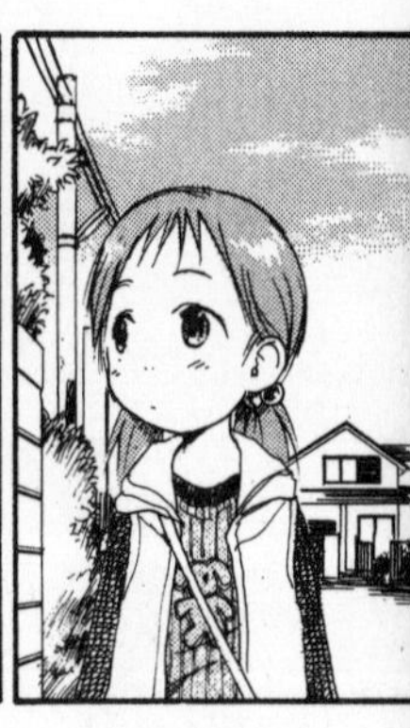

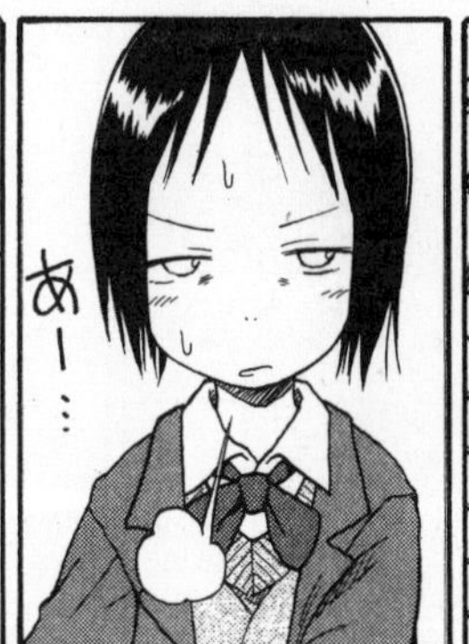
あー…

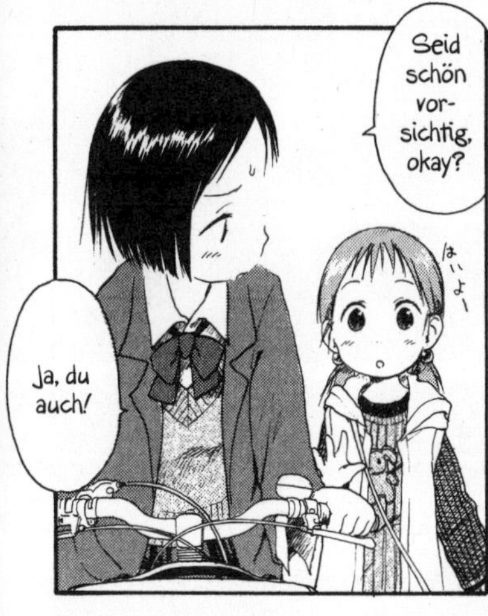
Seid schön vorsichtig, okay?
はいよ～
Ja, du auch!

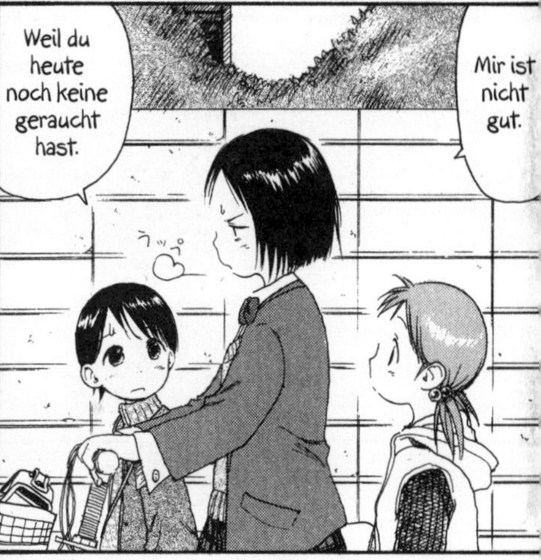
Mir ist nicht gut.
Weil du heute noch keine geraucht hast.
ウップ

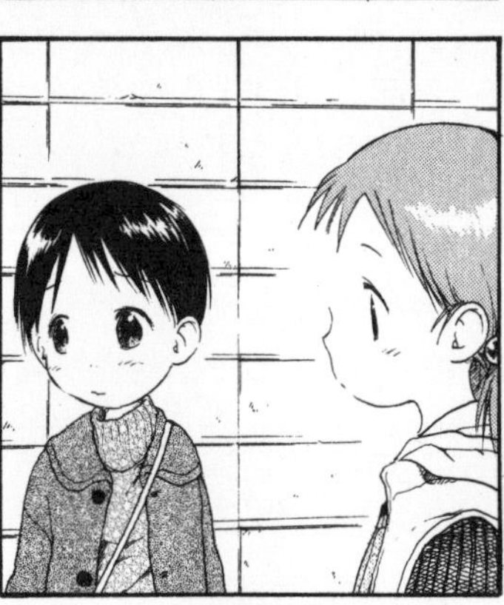

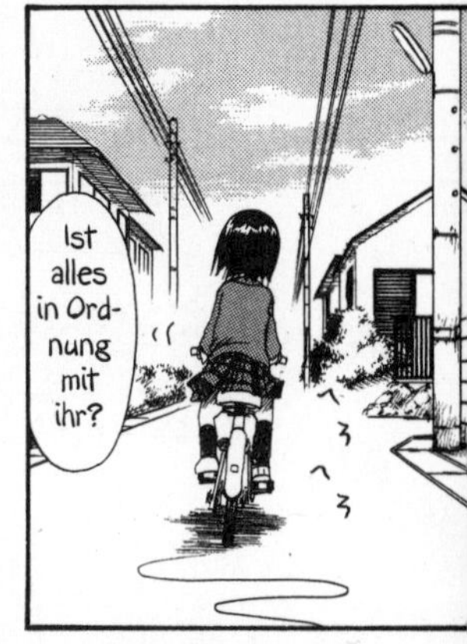
Ist alles in Ordnung mit ihr?
へろ
へろ

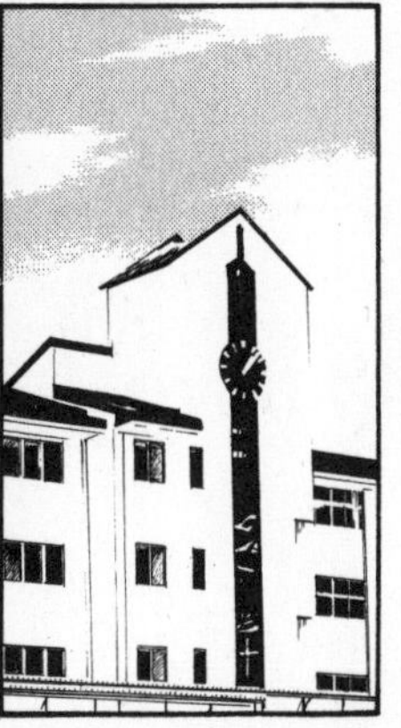

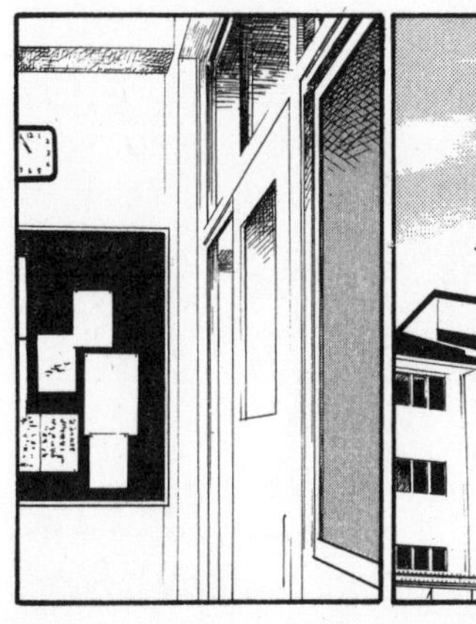

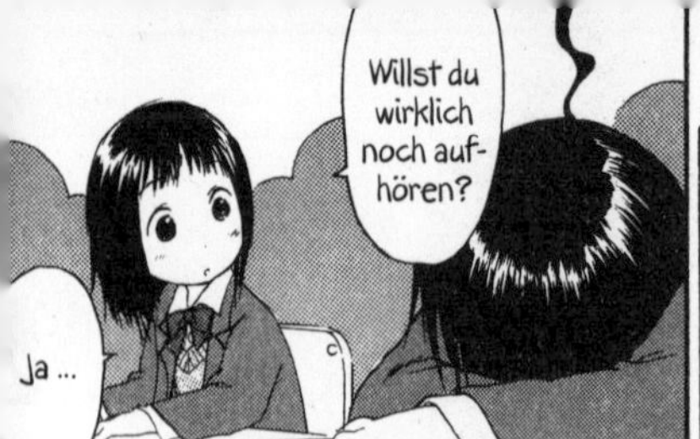
Willst du wirklich noch aufhören?
Ja ...

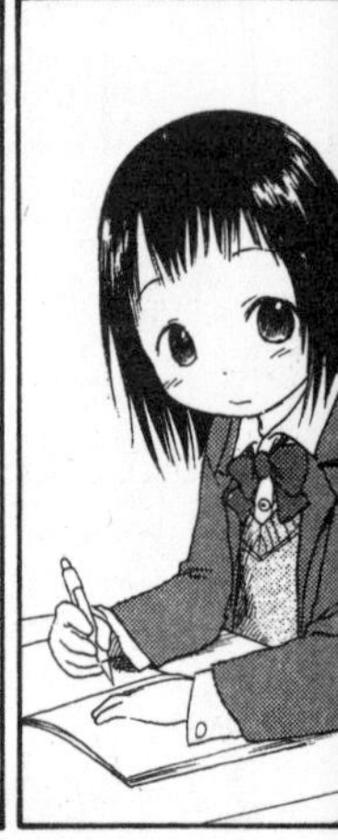

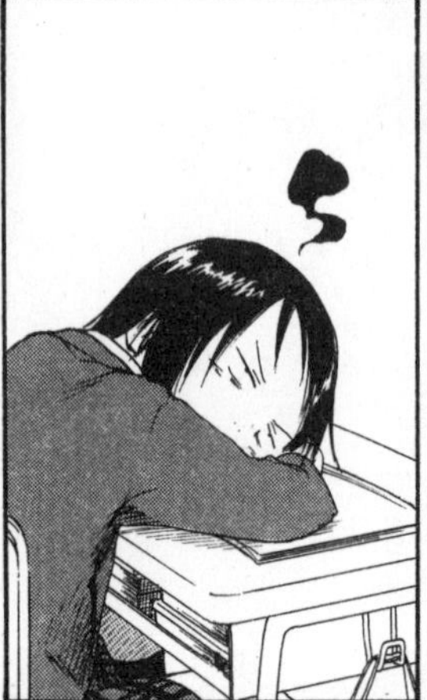

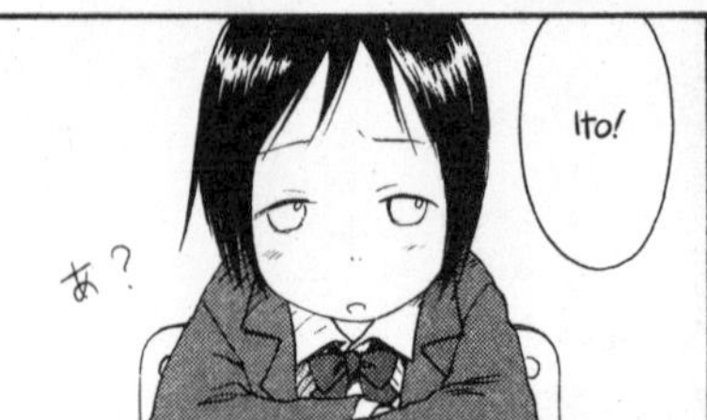
Ito!
あ？

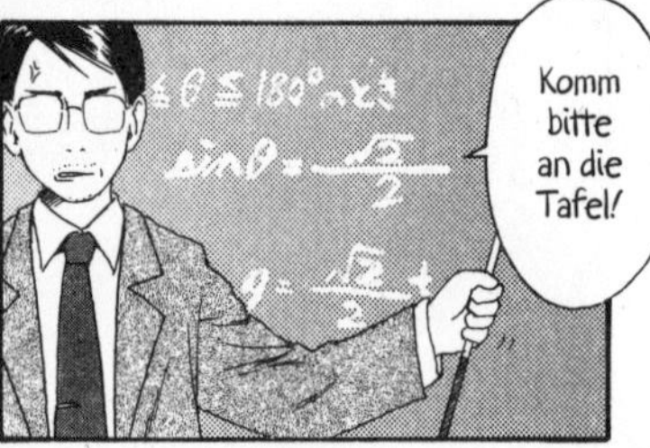
Komm bitte an die Tafel!

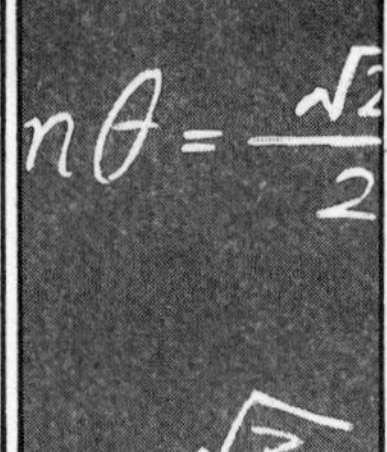

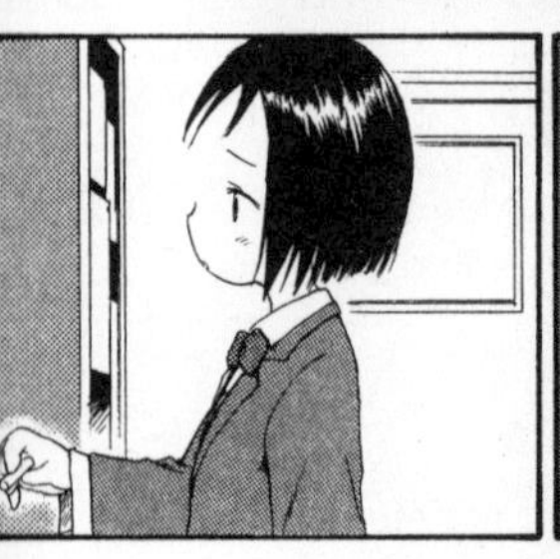

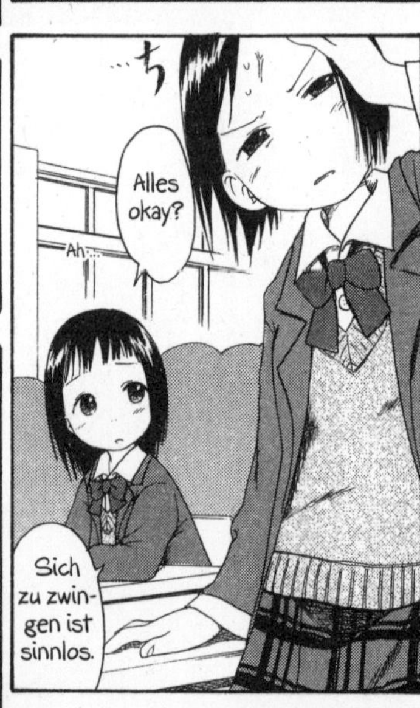
…ち
Alles okay?
Ah…
Sich zu zwingen ist sinnlos.

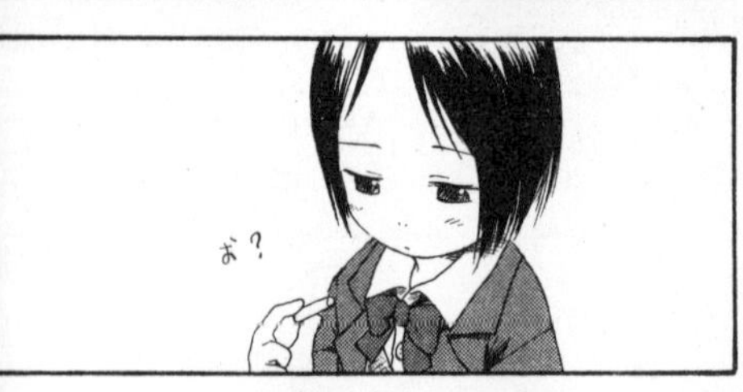
お？

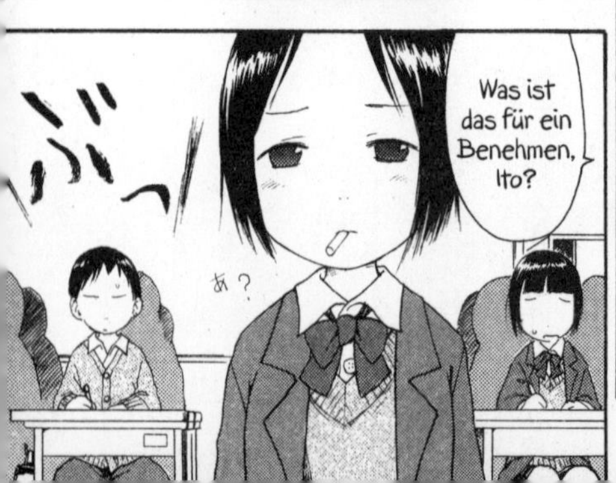
Was ist das für ein Benehmen, Ito?
ぶっ
あ？

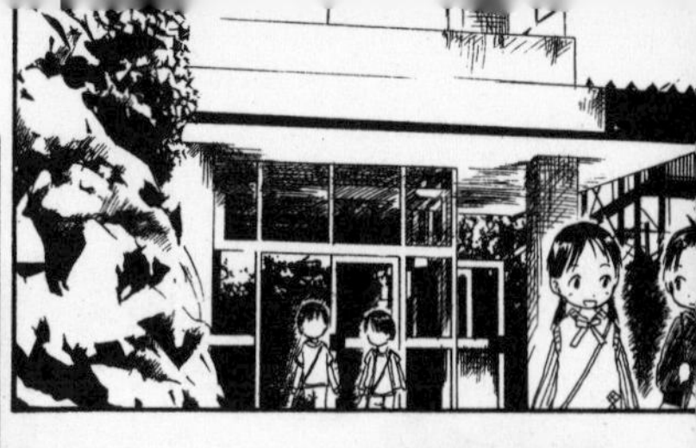

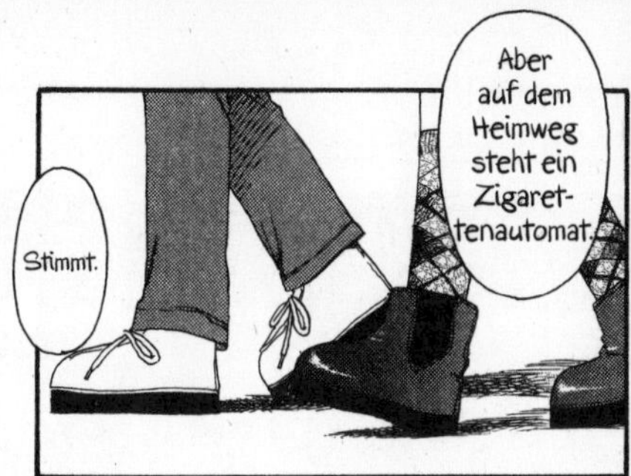
Aber auf dem Heimweg steht ein Zigarettenautomat.
Stimmt.

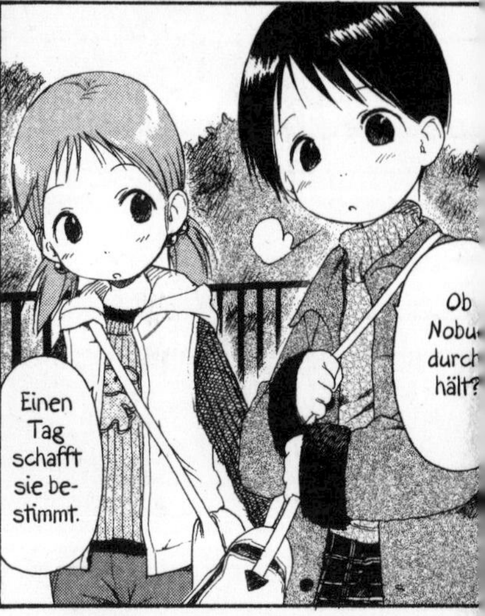
Ob Nobu durchhält?
Einen Tag schafft sie bestimmt.

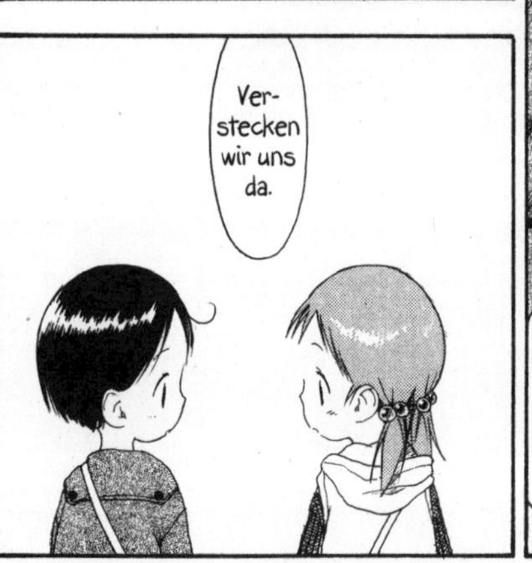
Verstecken wir uns da.

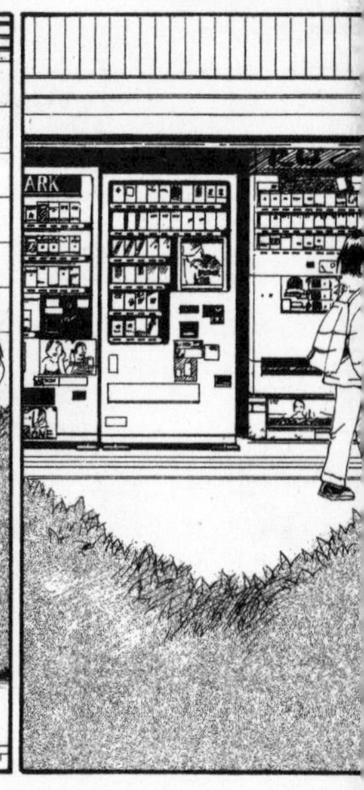

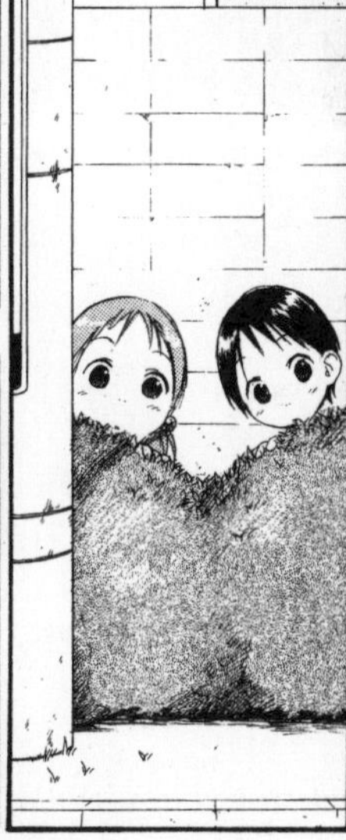

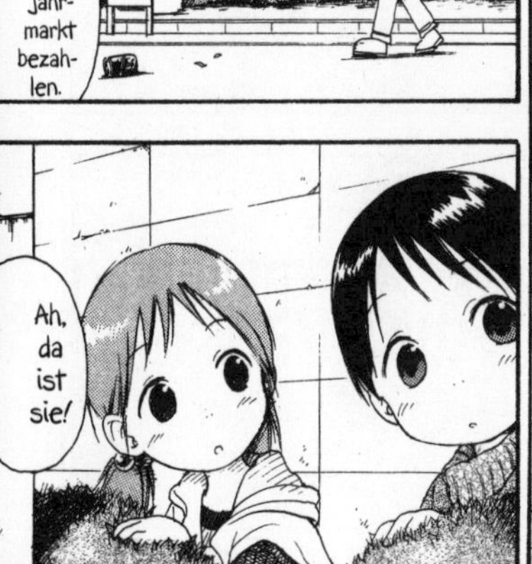
Ob sie sich welche holt?
Dann muss sie uns den Jahrmarkt bezahlen.
子供の飛び出し
Ah, da ist sie!

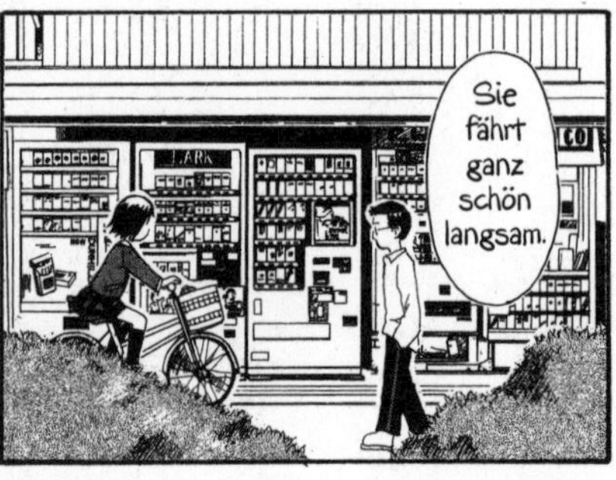
Sie fährt ganz schön langsam.

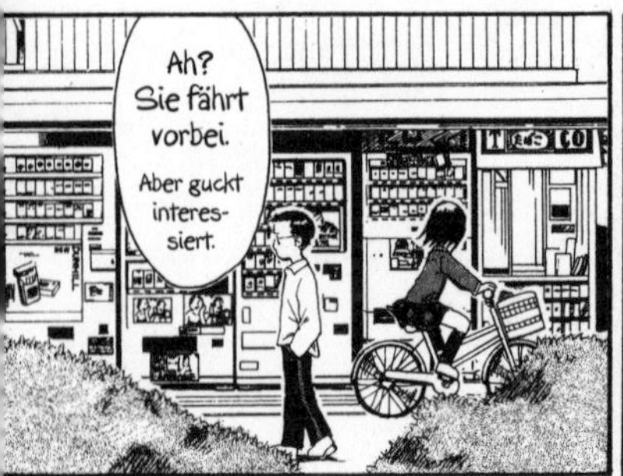
Ah? Sie fährt vorbei.
Aber guckt interes-siert.

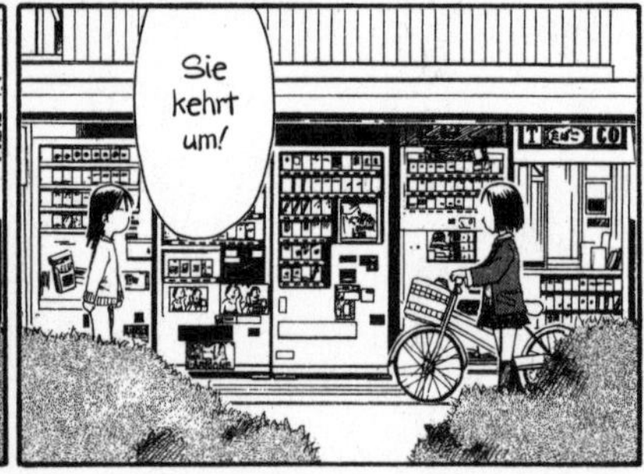
Sie kehrt um!

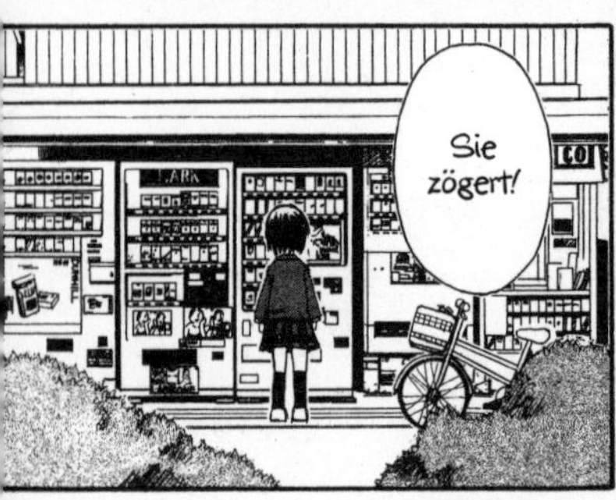
Sie zögert!

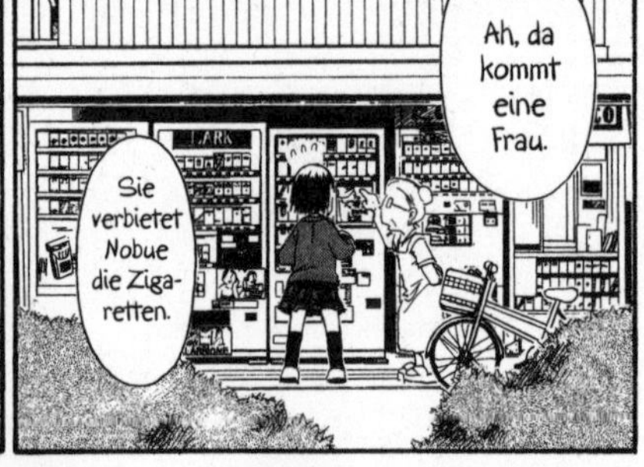
Ah, da kommt eine Frau.
Sie verbietet Nobue die Ziga-retten.

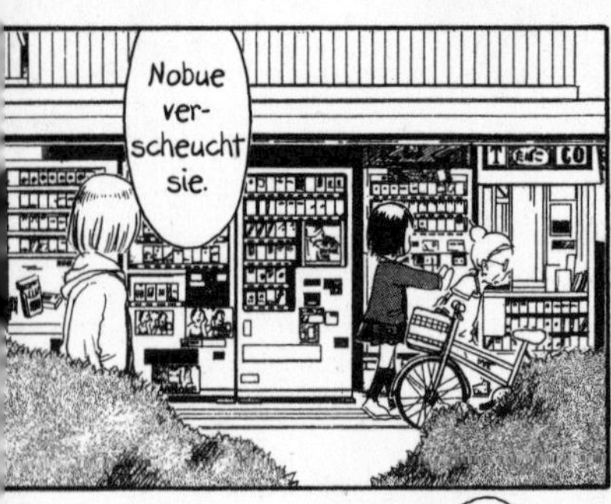
Nobue ver-scheucht sie.

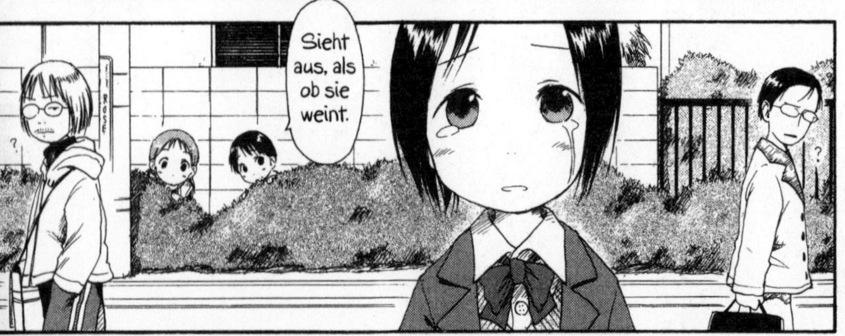
Sieht aus, als ob sie weint.

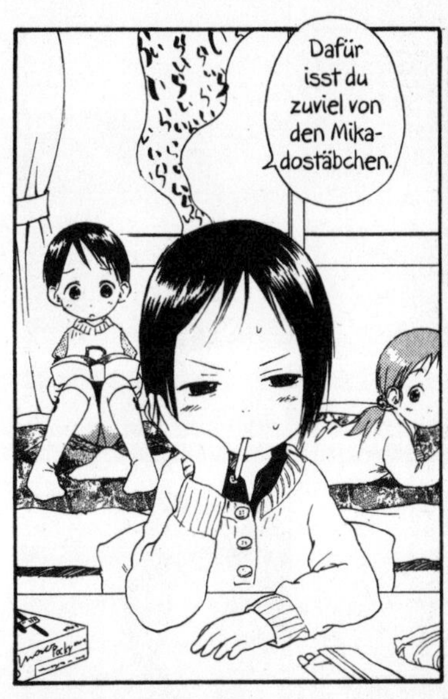
Dafür isst du zuviel von den Mikadostäbchen.

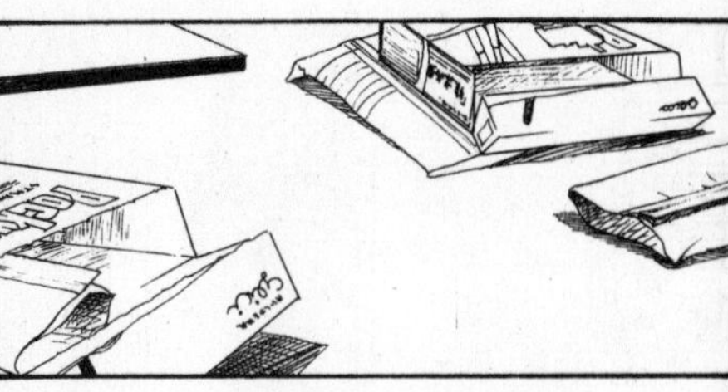

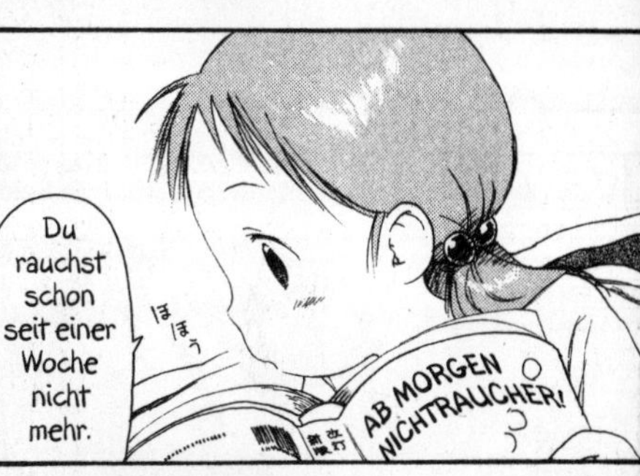
Du rauchst schon seit einer Woche nicht mehr.
AB MORGEN NICHTRAUCHER!

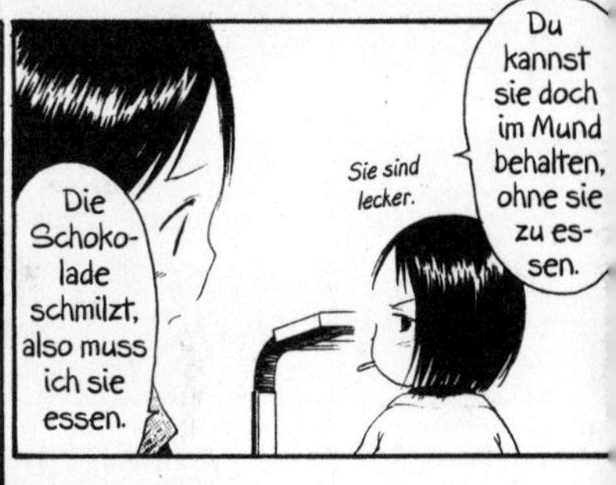
Du kannst sie doch im Mund behalten, ohne sie zu essen.
Sie sind lecker.
Die Schokolade schmilzt, also muss ich sie essen.

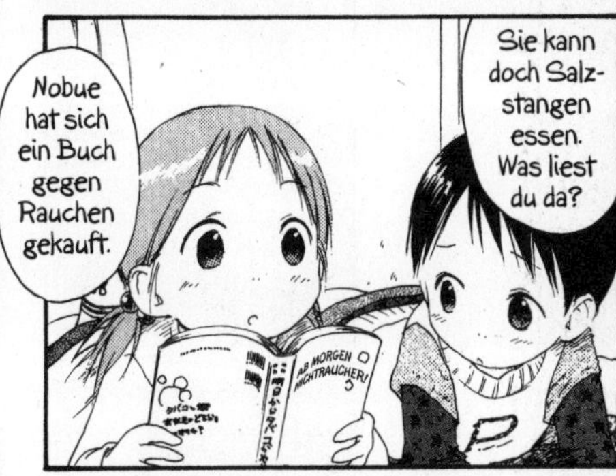
Sie kann doch Salzstangen essen. Was liest du da?
Nobue hat sich ein Buch gegen Rauchen gekauft.
AB MORGEN NICHTRAUCHER!

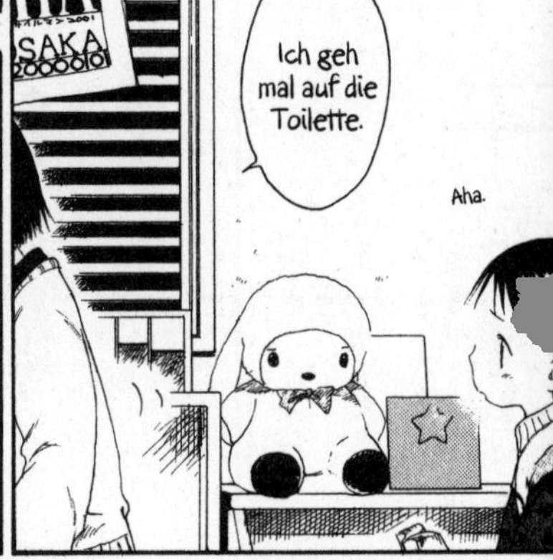
OSAKA
Ich geh mal auf die Toilette.
Aha.

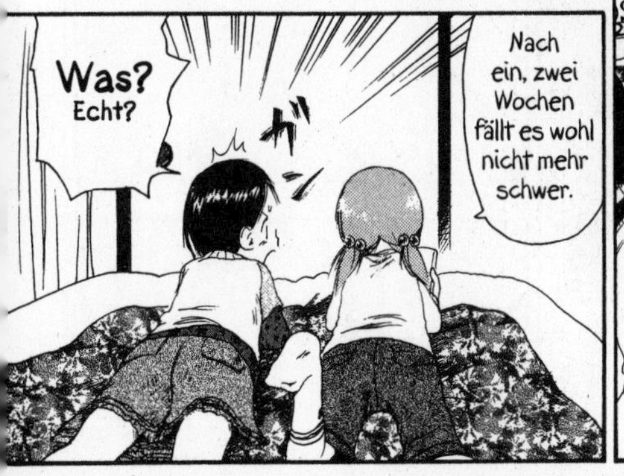
Nach ein, zwei Wochen fällt es wohl nicht mehr schwer.
Was?
Echt?

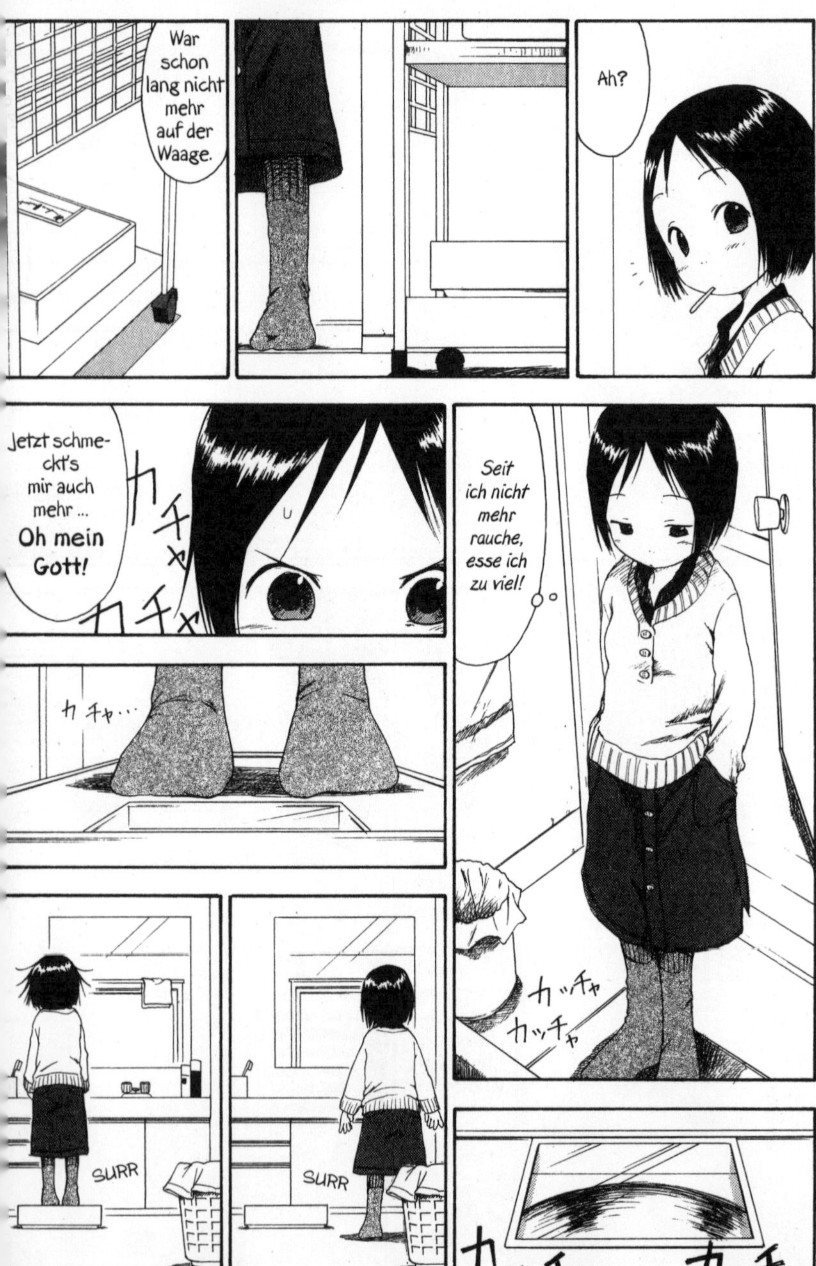
Ah?
War schon lang nicht mehr auf der Waage.
Seit ich nicht mehr rauche, esse ich zu viel!
カッチャ カッチャ
Jetzt schmeckt's mir auch mehr ... **Oh mein Gott!**
カチャ カチャ
カチャ…
カッチャ カッチャ
SURR
SURR

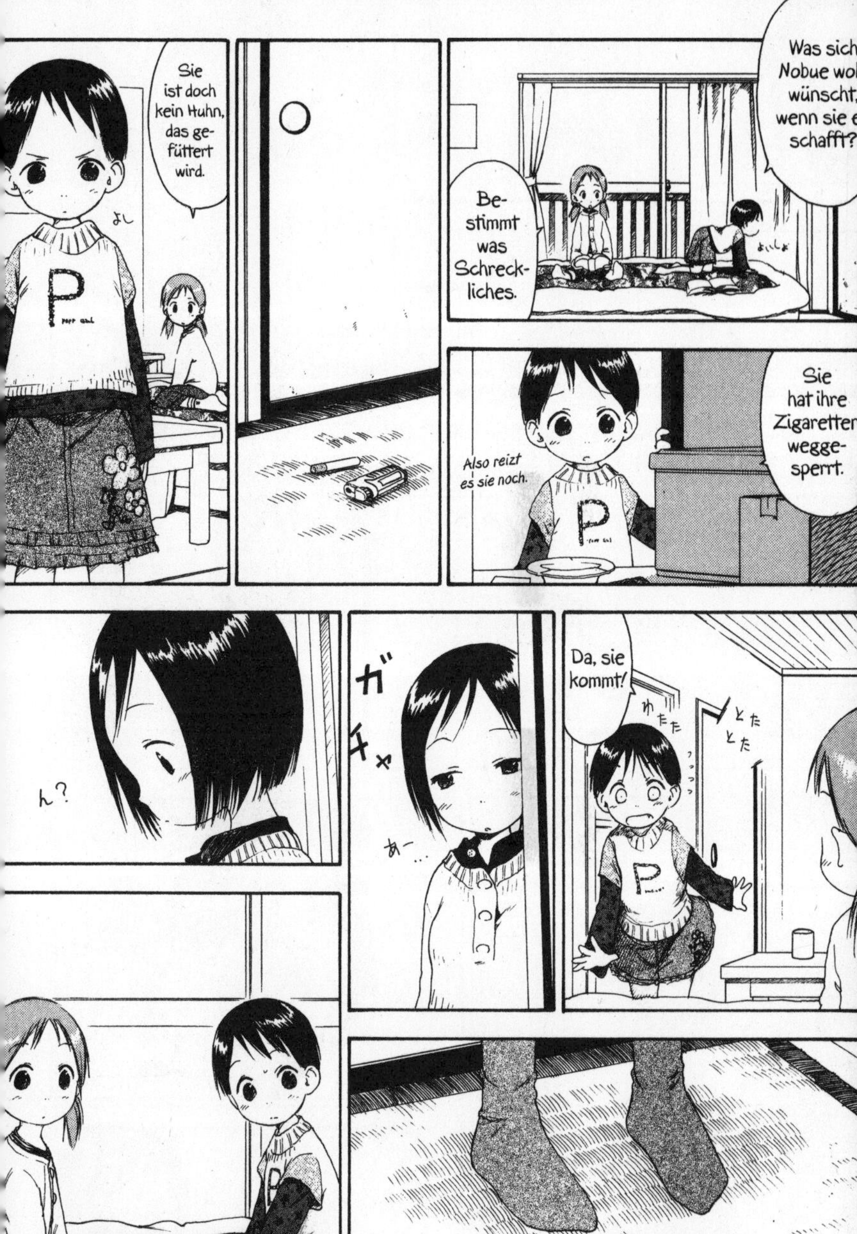

Was sich Nobue wo wünscht, wenn sie e schafft?
Bestimmt was Schreckliches.
よいしょ
Sie hat ihre Zigaretten weggesperrt.
Also reizt es sie noch.
Sie ist doch kein Huhn, das gefüttert wird.
よし
Da, sie kommt!
わたた
とたとた
ガチャ
あー…
ん?

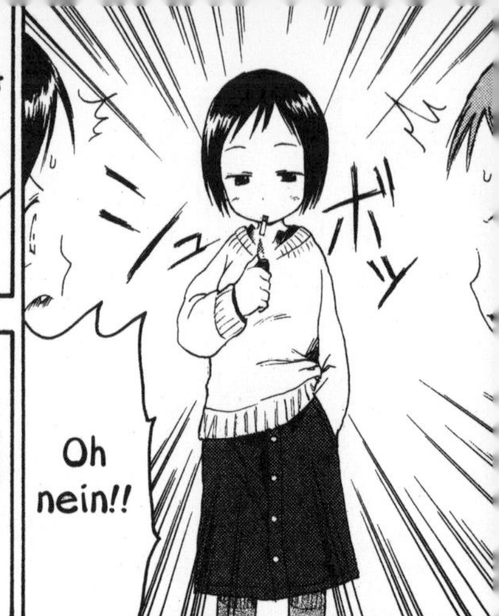
Oh nein!!

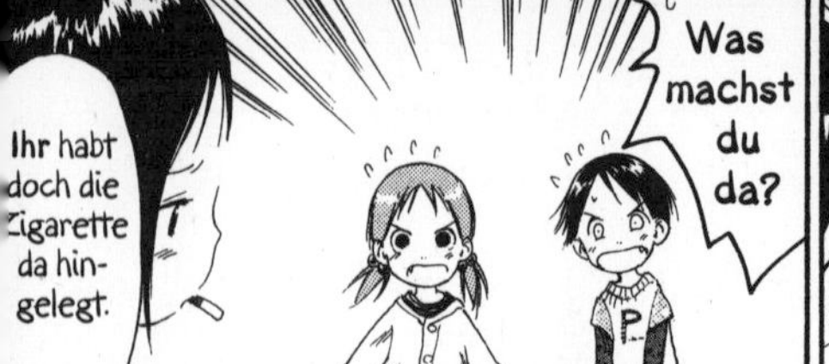
Was machst du da?
Ihr habt doch die Zigarette da hingelegt.

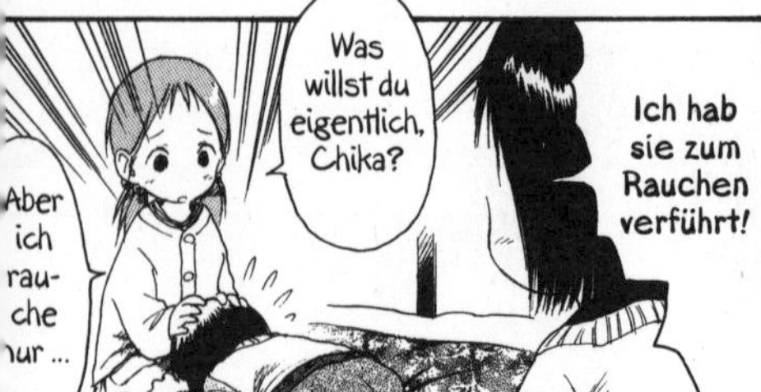
Ich hab sie zum Rauchen verführt!
Was willst du eigentlich, Chika?
Aber ich rauche nur ...

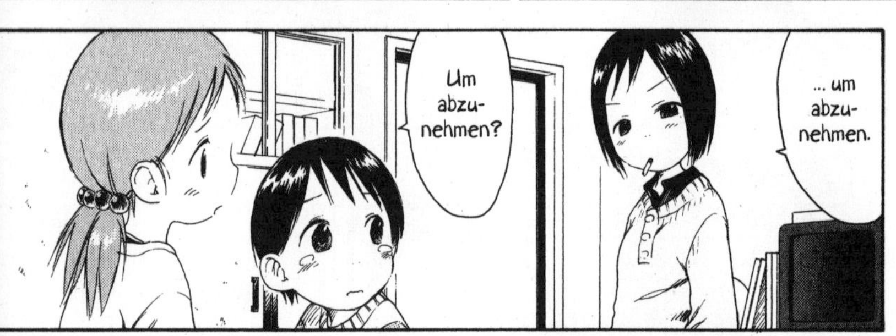
... um abzunehmen.
Um abzunehmen?

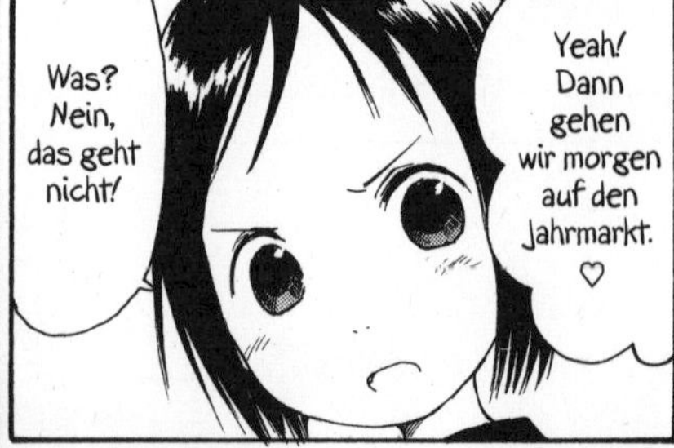
Yeah! Dann gehen wir morgen auf den Jahrmarkt. ♡
Was? Nein, das geht nicht!

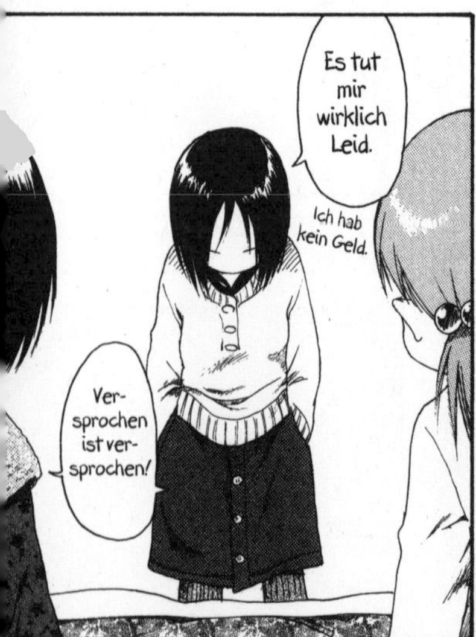
Es tut mir wirklich Leid.
Ich hab kein Geld.
Versprochen ist versprochen!

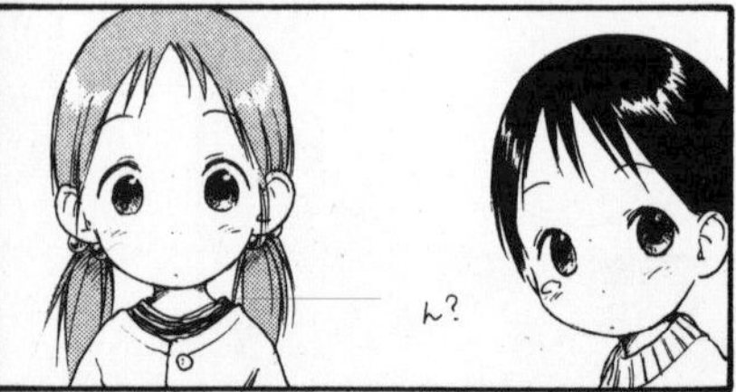
ん?

PAGE 91

name	*season*
☑NOBUE	☐SPRING
☐CHIKA	☐SUMMER
☐MIU	☑AUTUMN
☐MATSURI	☐WINTER

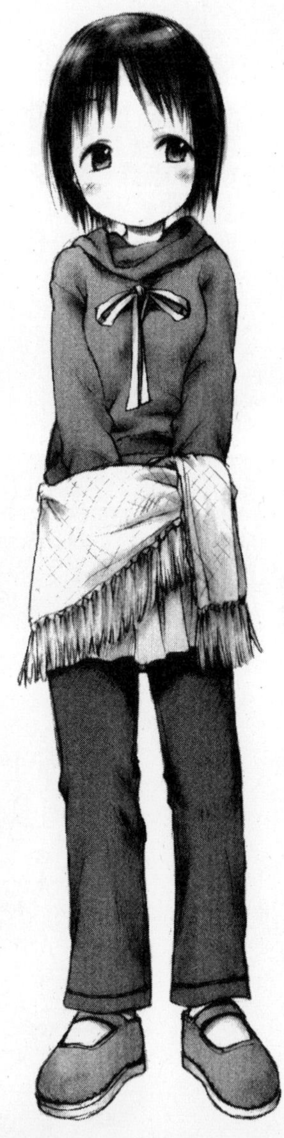

PAGE 92

name	*season*
☐NOBUE	☐SPRING
☐CHIKA	☐SUMMER
☐MIU	☐AUTUMN
☐MATSURI	☐WINTER

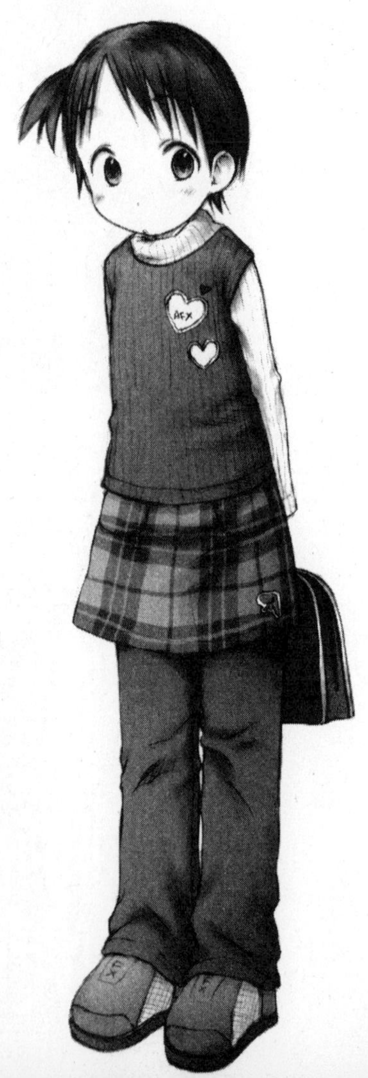

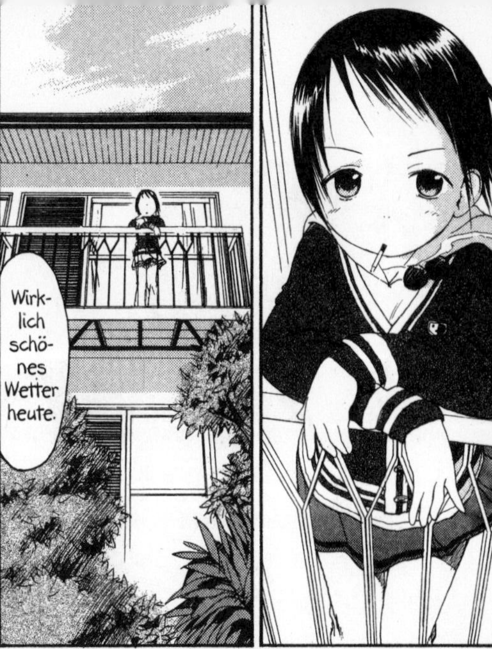
Wirklich schönes Wetter heute.

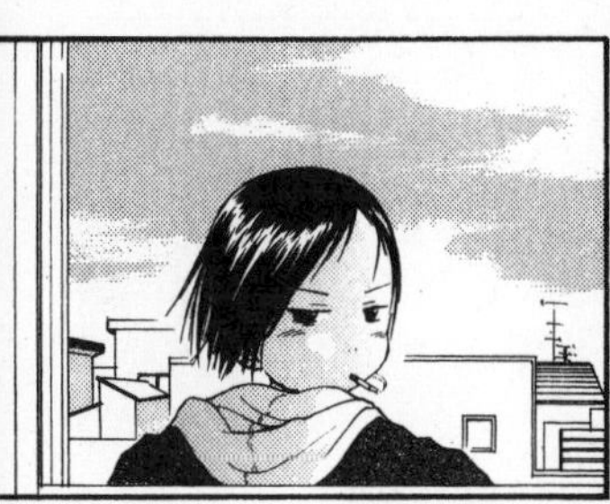

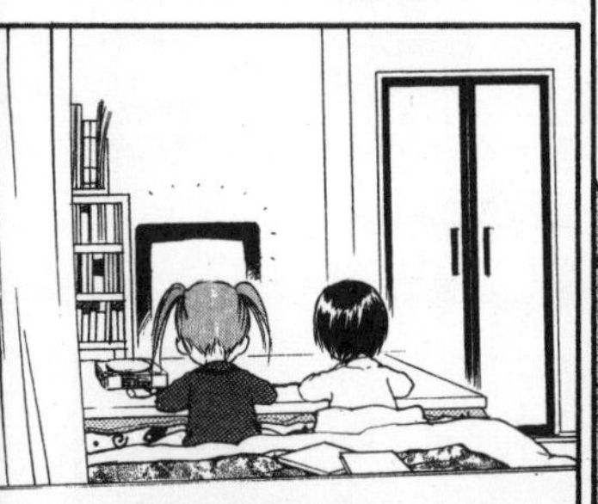

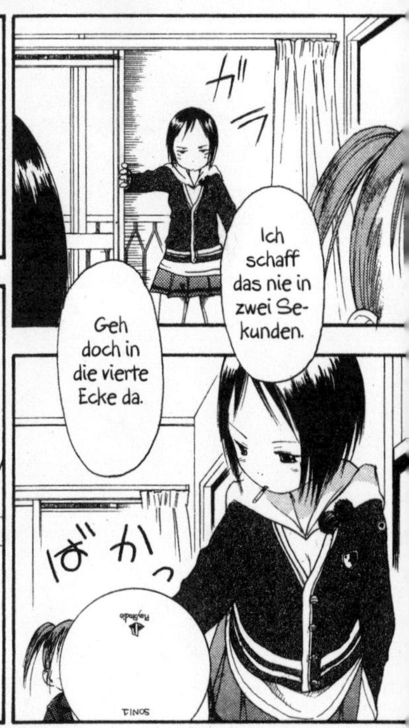
ガラ
Ich schaff das nie in zwei Sekunden.
Geh doch in die vierte Ecke da.
ばかっ

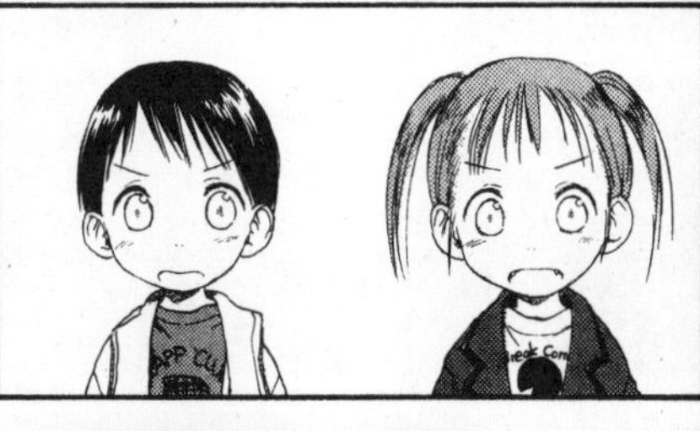

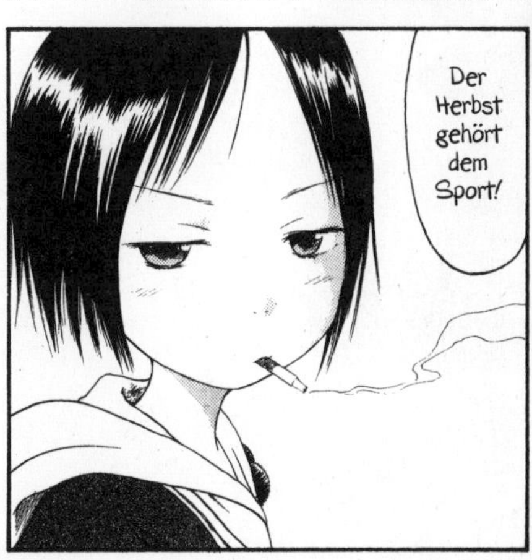
Der Herbst gehört dem Sport!

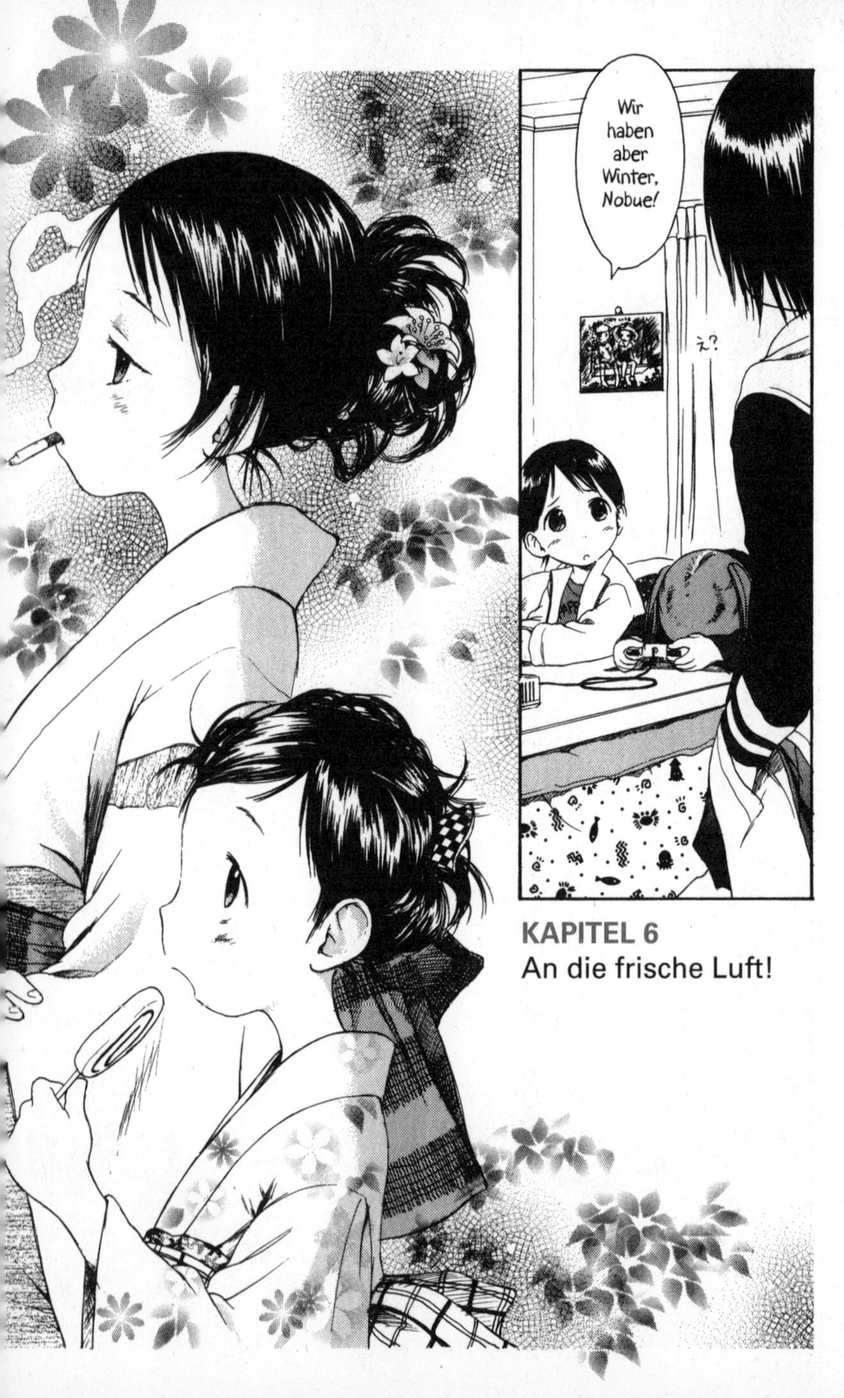

KAPITEL 6
An die frische Luft!

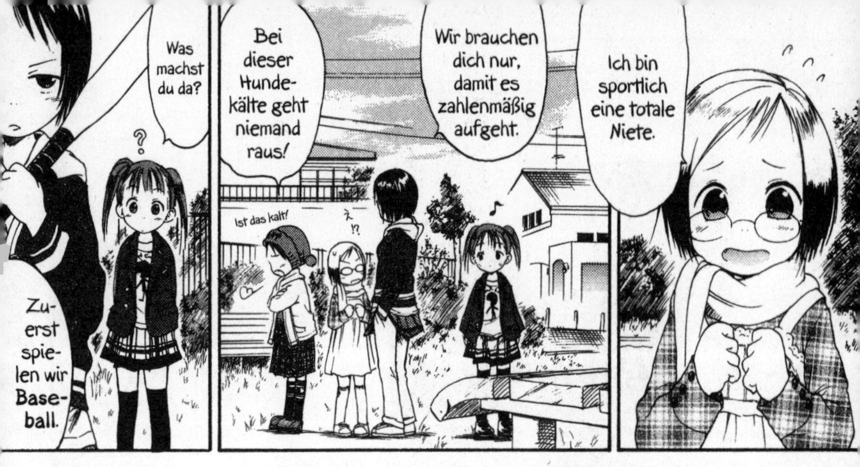
Ich bin sportlich eine totale Niete.
Wir brauchen dich nur, damit es zahlenmäßig aufgeht.
Bei dieser Hunde-kälte geht niemand raus!
Ist das kalt!
え!?
Was machst du da?
?
Zu-erst spie-len wir Base-ball.
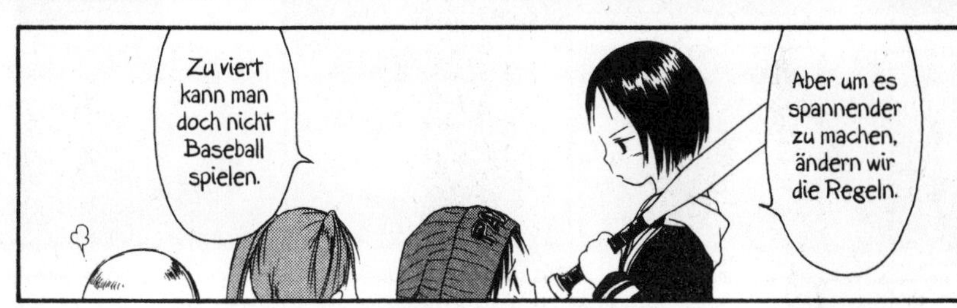
Aber um es spannender zu machen, ändern wir die Regeln.
Zu viert kann man doch nicht Baseball spielen.
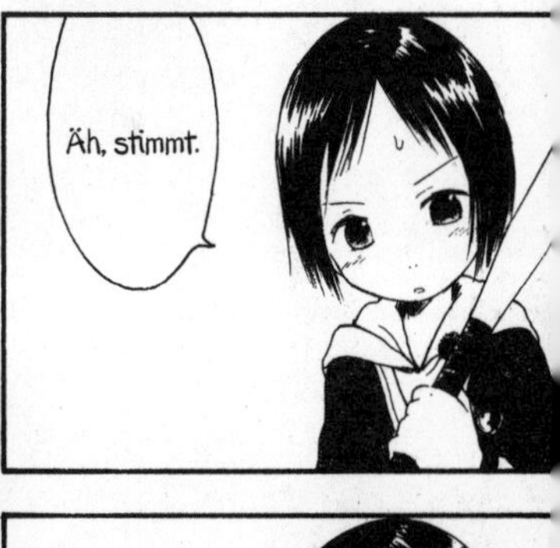
Äh, stimmt.
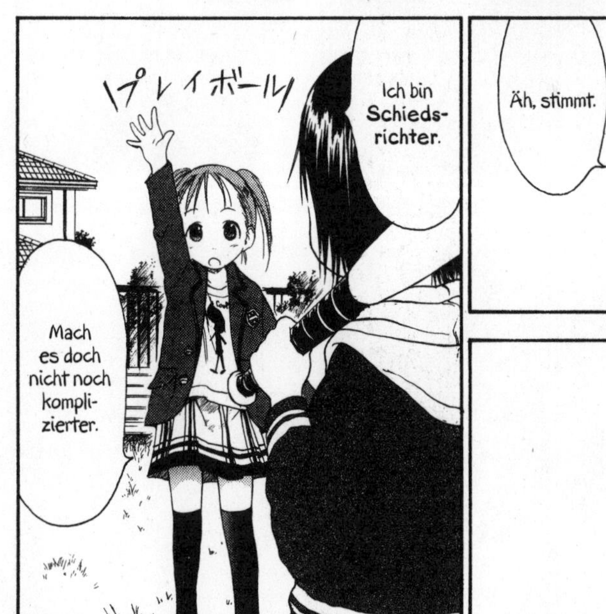
Ich bin Schieds-richter.
プレイボール
Mach es doch nicht noch kompli-zierter.
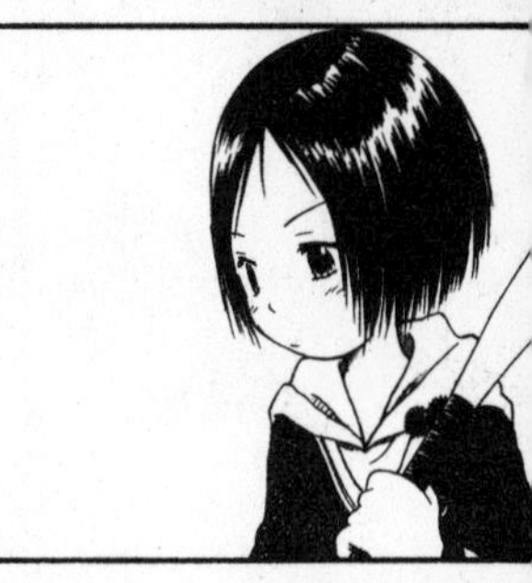

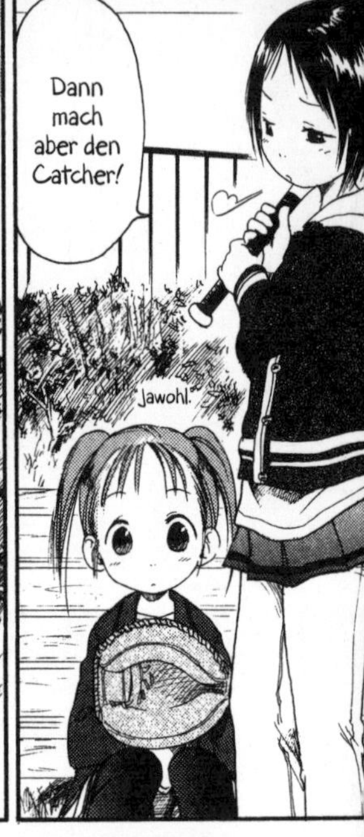
Dann mach aber den Catcher!
Jawohl.

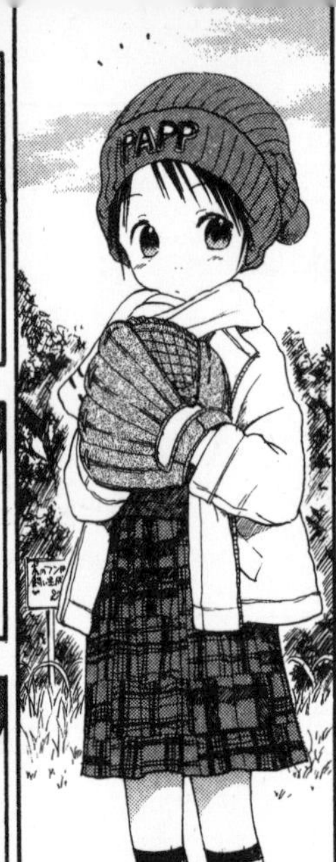
PAPP

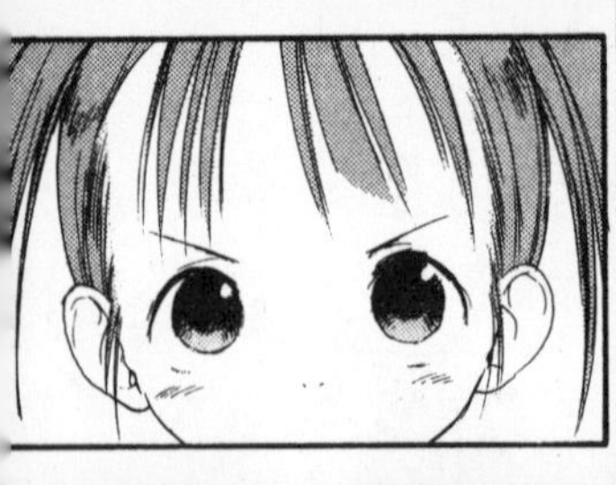

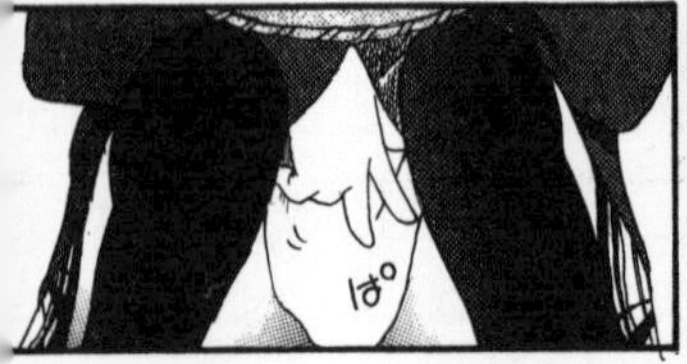
ぱ

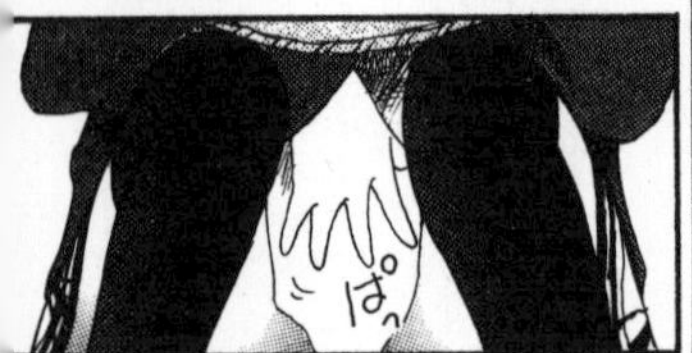
ぱっ

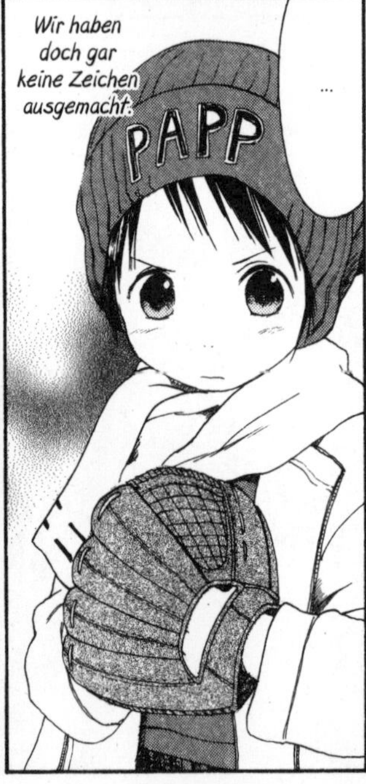
Wir haben doch gar keine Zeichen ausgemacht.
...
PAPP

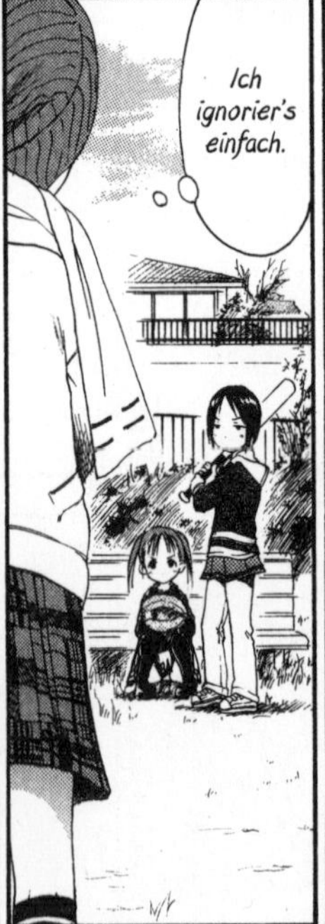
Ich ignorier's einfach.

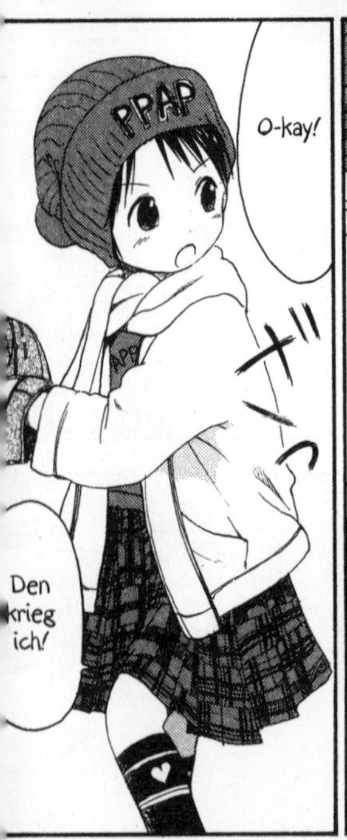
PPAP
O-kay!
ザッ
Den krieg ich!

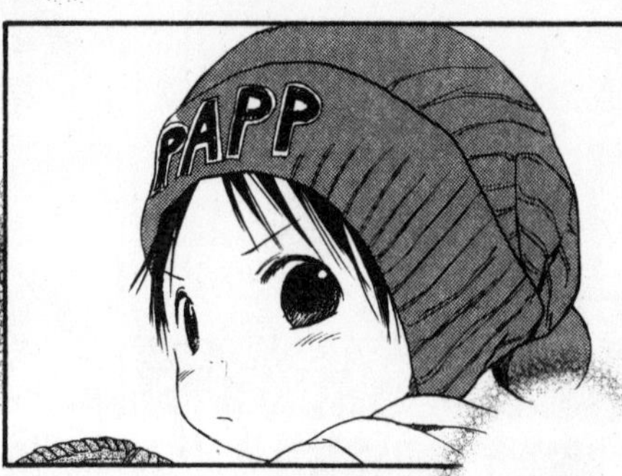

»Du hast mein Stück mit aufgegessen, Nobue!!«

»Was dagegen?«

»War lecker.«

»Hilf mir raus! Was machst du da?«

»Bitte lächeln!«

»Wie liest man denn das Kanji* hier?«

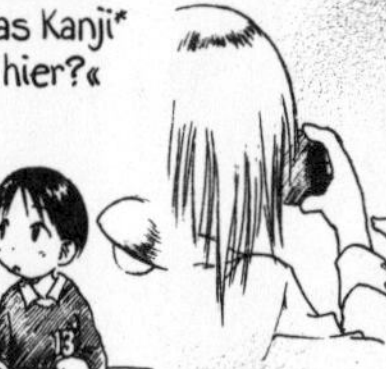

»Heute haben alle in der Schule über mich gekichert!«

»Ach, das kommt dir nur so vor.«

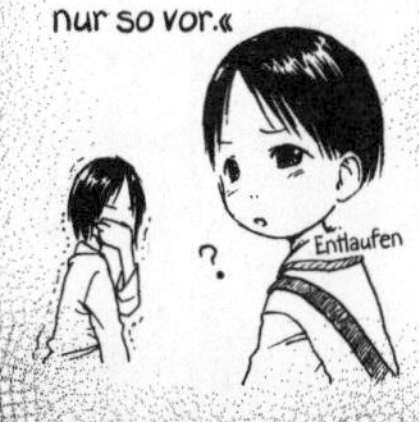

»Du bist ganz schön fleißig! Das heißt Batistota.«

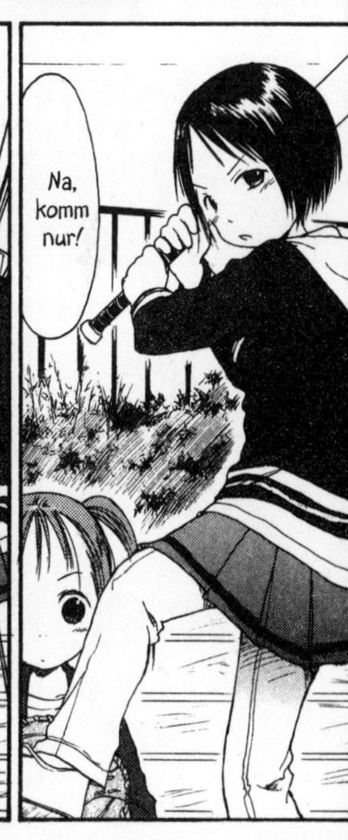

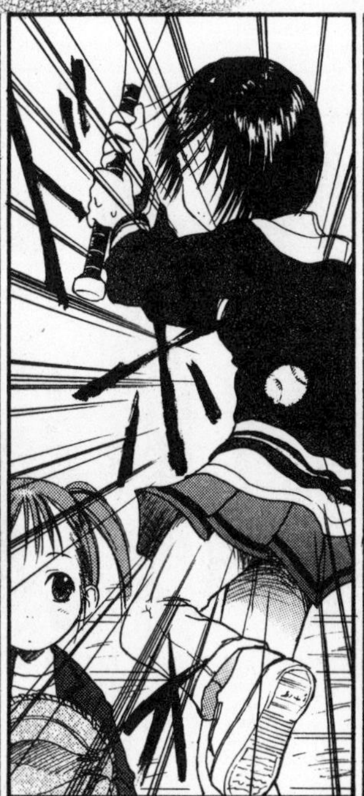

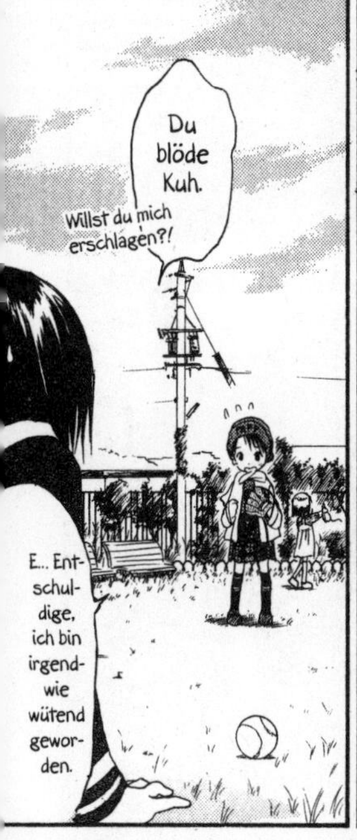

*japanisches Schriftzeichen

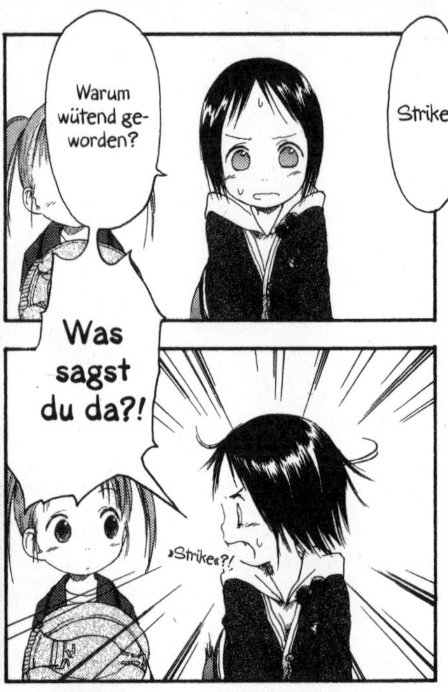
Strike!
Warum wütend geworden?
Was sagst du da?!
»Strike«?!

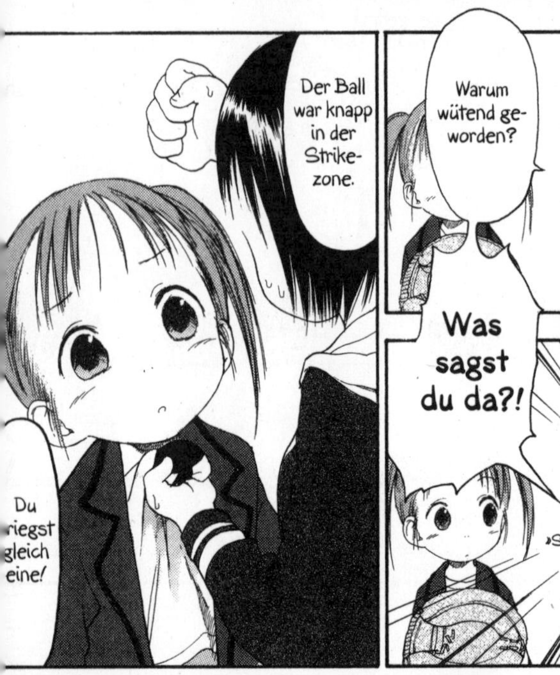
Der Ball war knapp in der Strikezone.
Du riegst gleich eine!

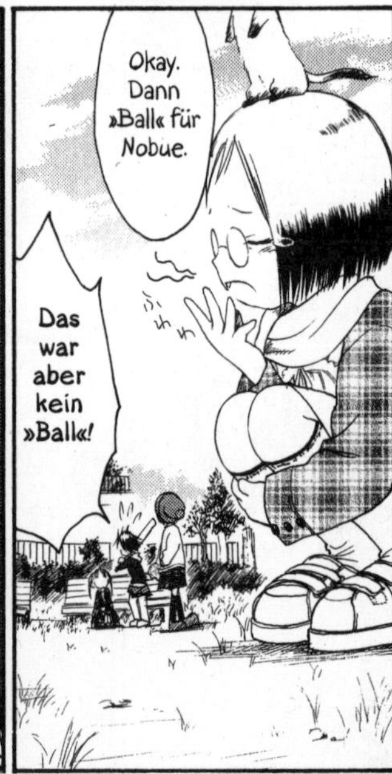
Okay. Dann »Ball« für Nobue.
Das war aber kein »Ball«!

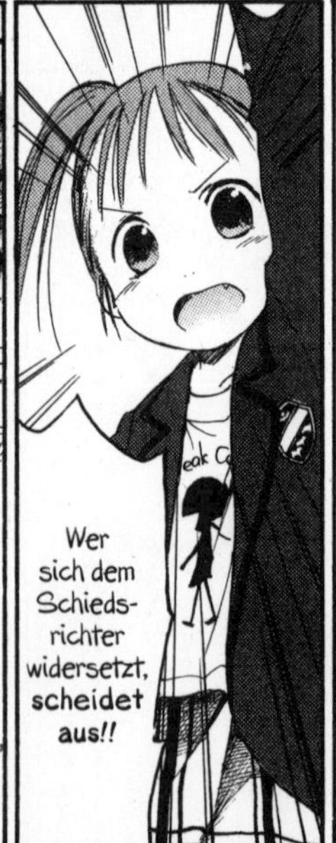
Wer sich dem Schiedsrichter widersetzt, scheidet aus!!

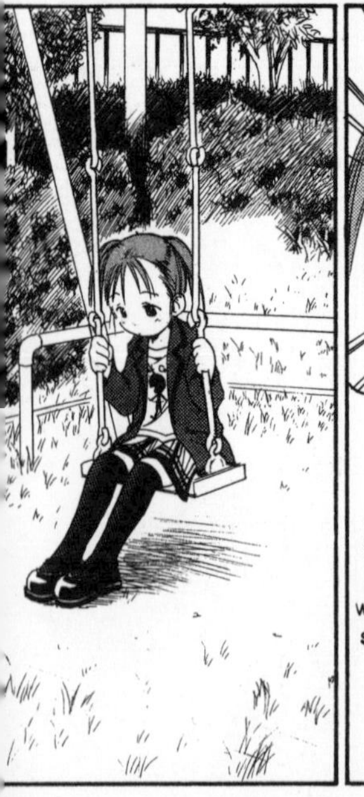

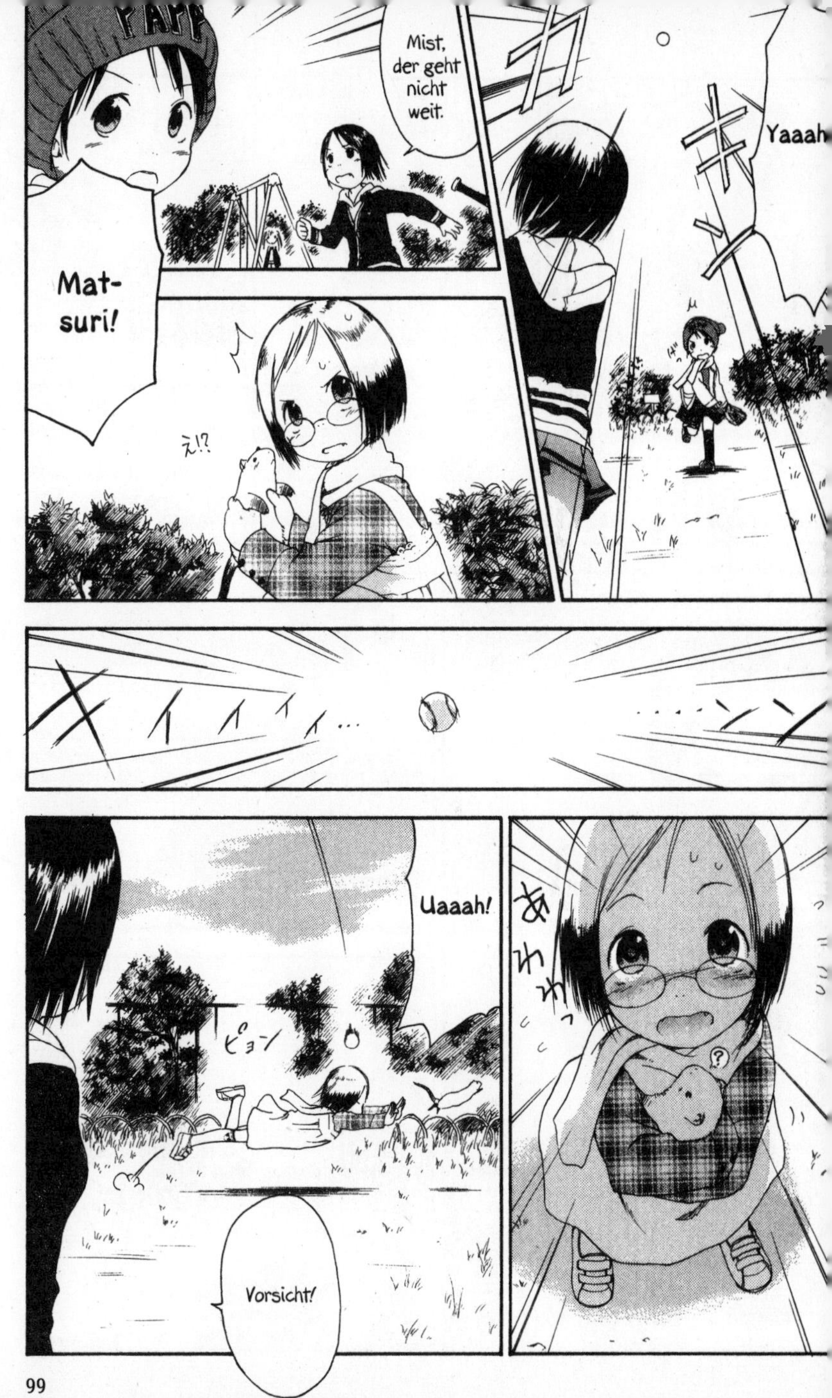

Yaaah
Mist, der geht nicht weit.
Mat-suri!
え!?
Uaaah!
Vorsicht!

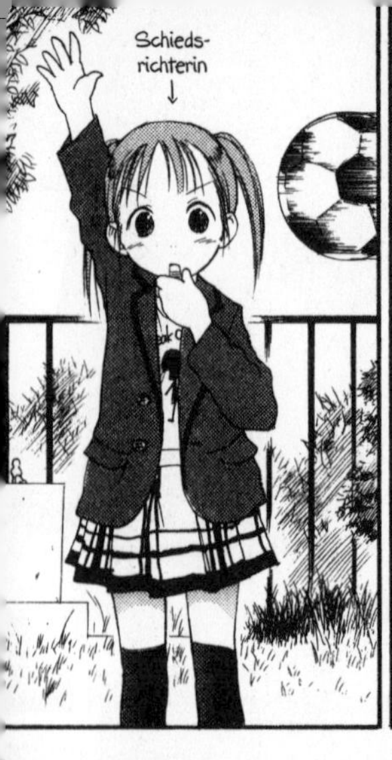
Schieds-richterin
↓

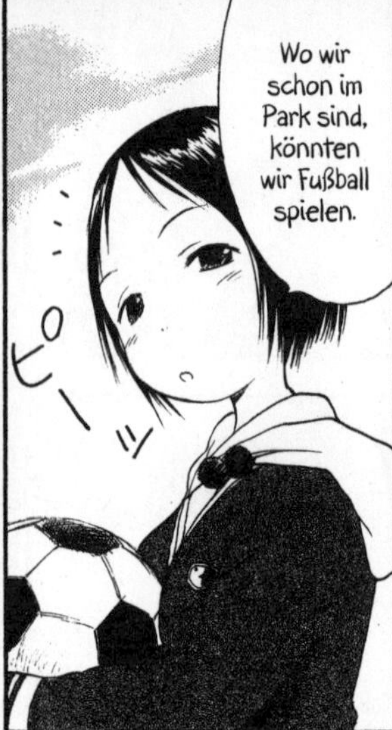
Wo wir schon im Park sind, könnten wir Fußball spielen.
ピーーッ

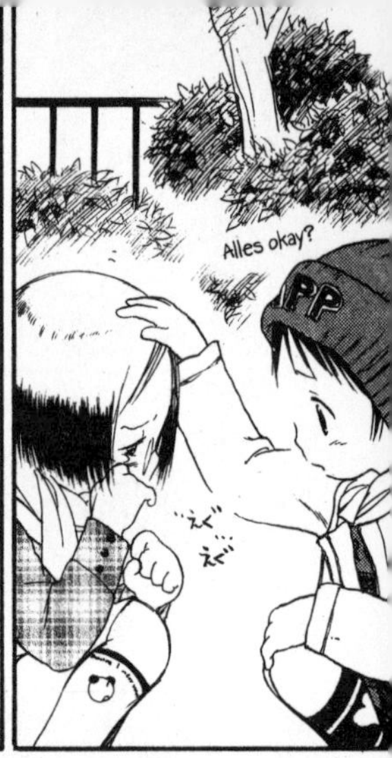
Alles okay?
えぐ
えぐ

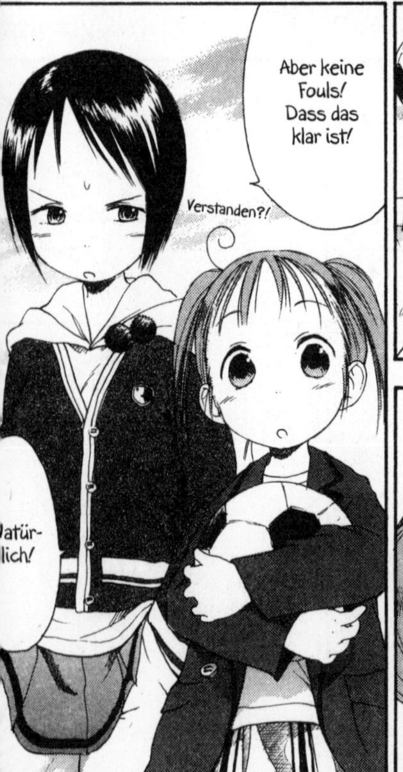
Aber keine Fouls! Dass das klar ist!
Verstanden?!
atür-lich!

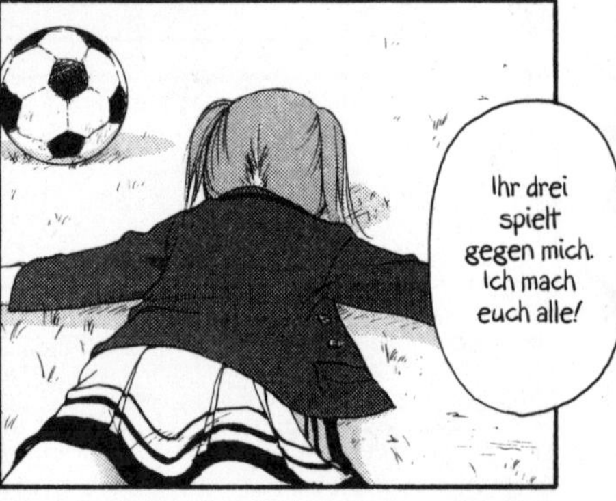
Ihr drei spielt gegen mich. Ich mach euch alle!

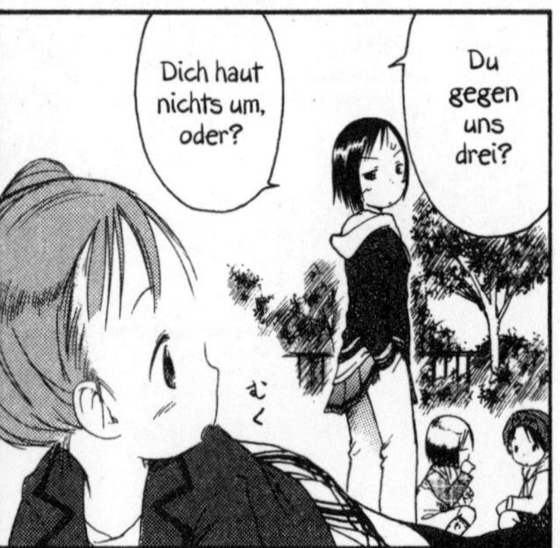
Du gegen uns drei?
Dich haut nichts um, oder?
むく

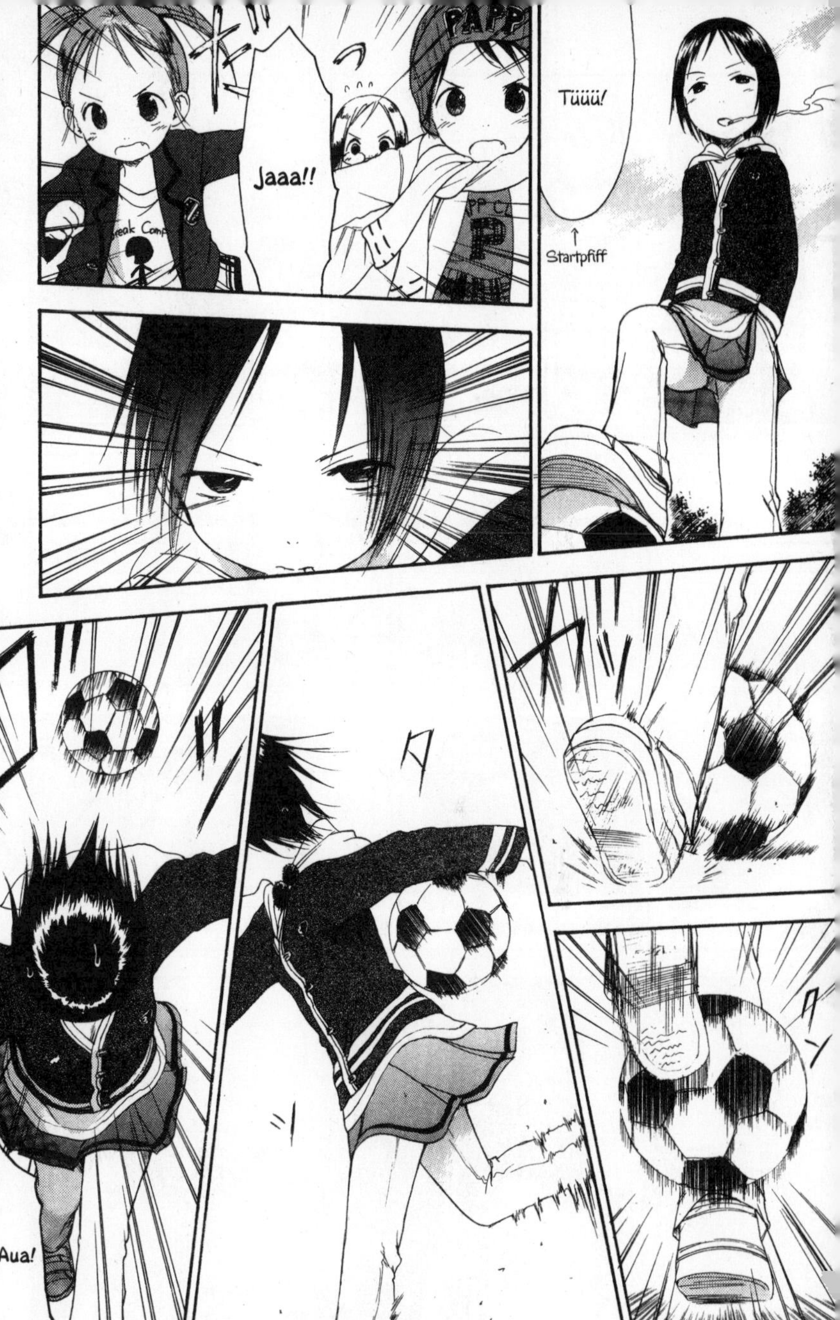
Tüüü!
↑
Startpfiff
PAPP
Jaaa!!
Aua!

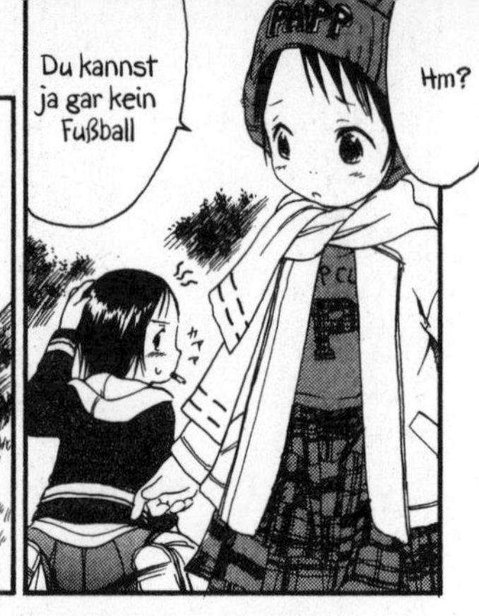
PAPP
Hm?
Du kannst ja gar kein Fußball

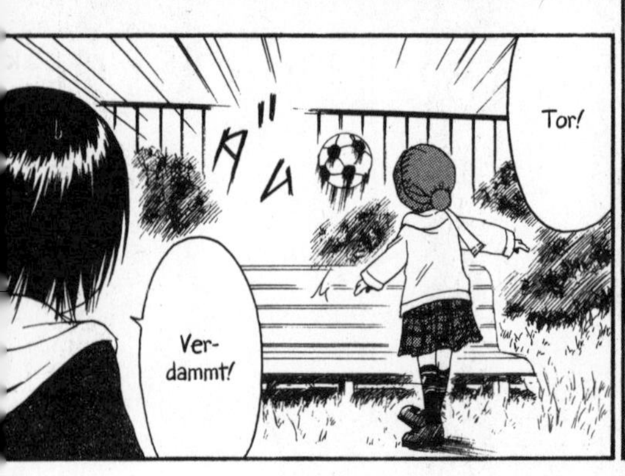
Tor!
ダム
Ver-
dammt!

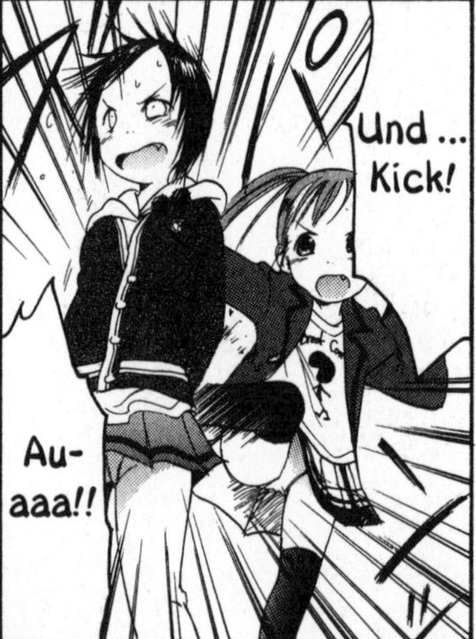
Und ...
Kick!
Au-
aaa!!

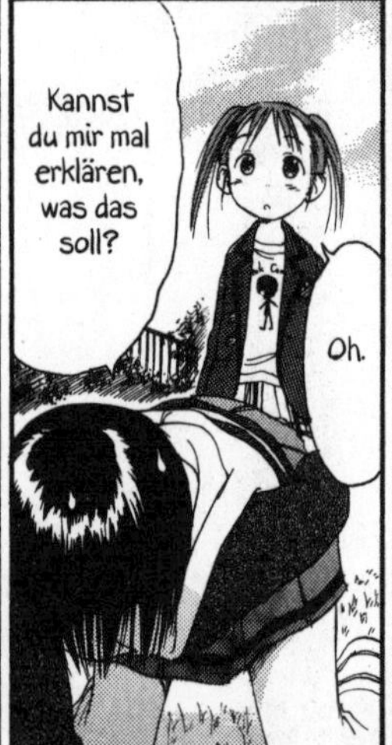
Oh.
Kannst du mir mal erklären, was das soll?

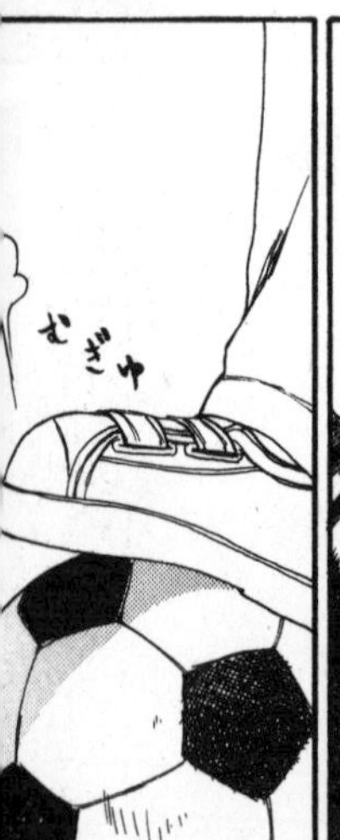
むぎゅ

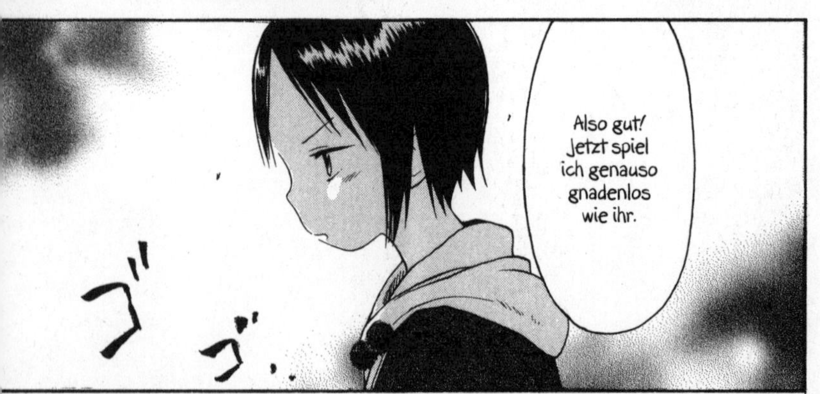
Also gut! Jetzt spiel ich genauso gnadenlos wie ihr.
ゴゴ

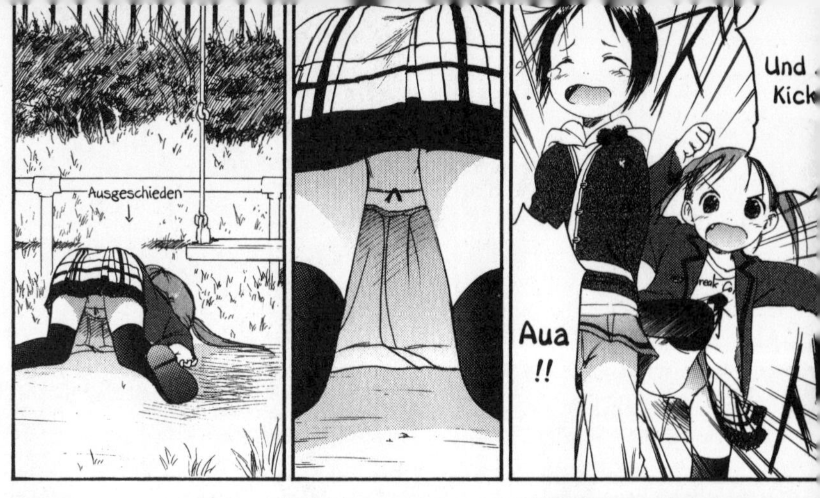

Und
Kick
Aua !!
Ausgeschieden ↓

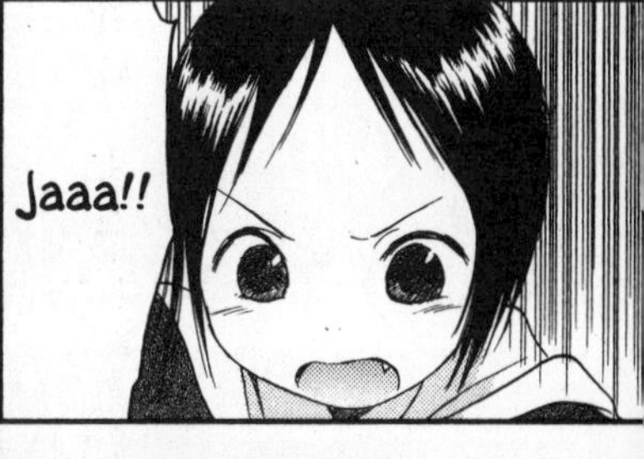

Jaaa!!

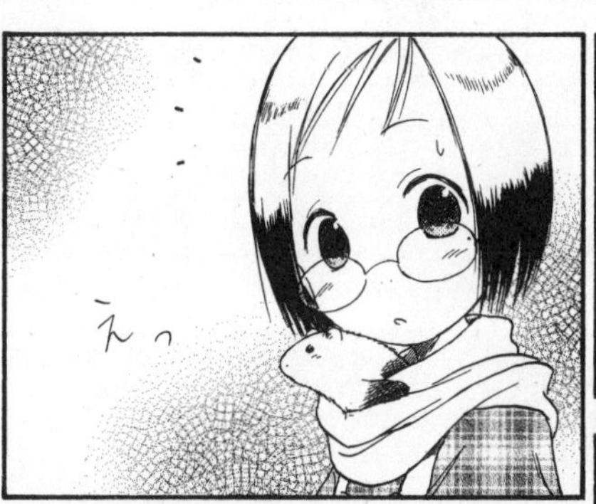

えっ

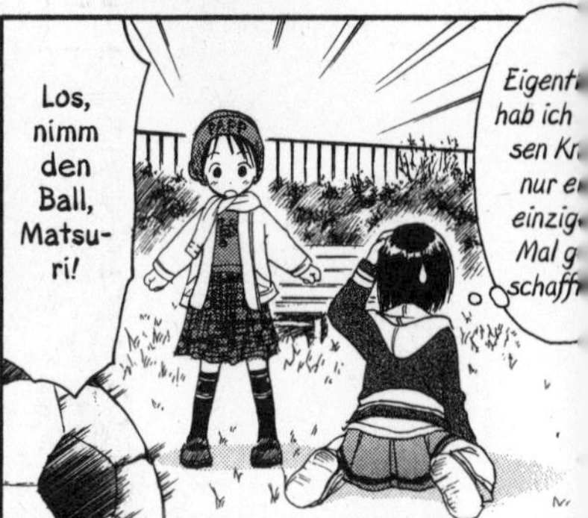

Eigent hab ich sen Kr nur e einzig Mal g schaff
Los, nimm den Ball, Matsu-ri!

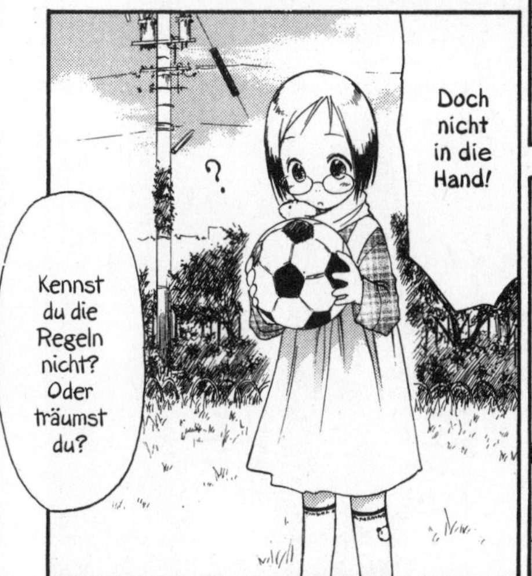

Doch nicht in die Hand!
?
Kennst du die Regeln nicht? Oder träumst du?

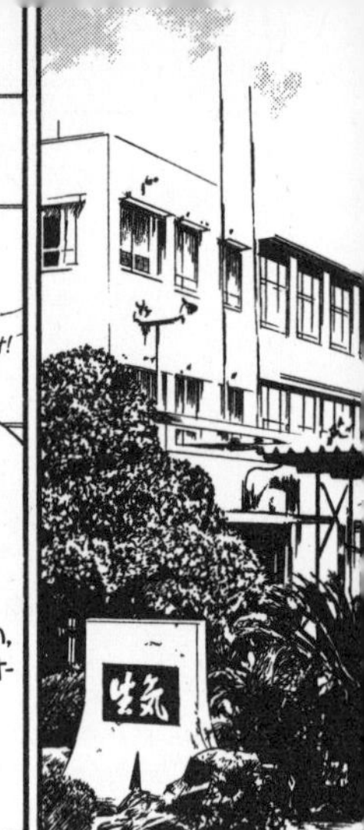

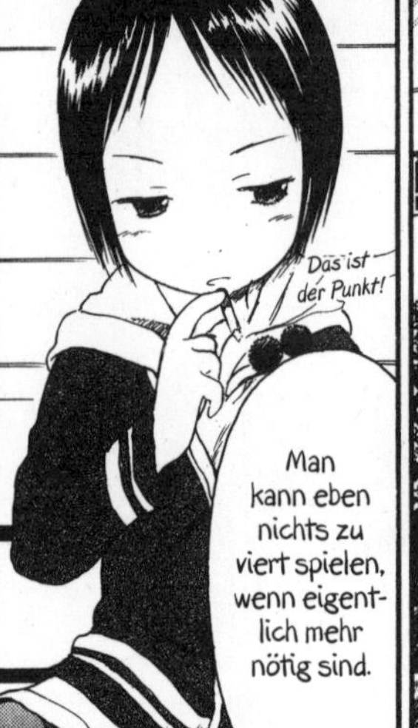

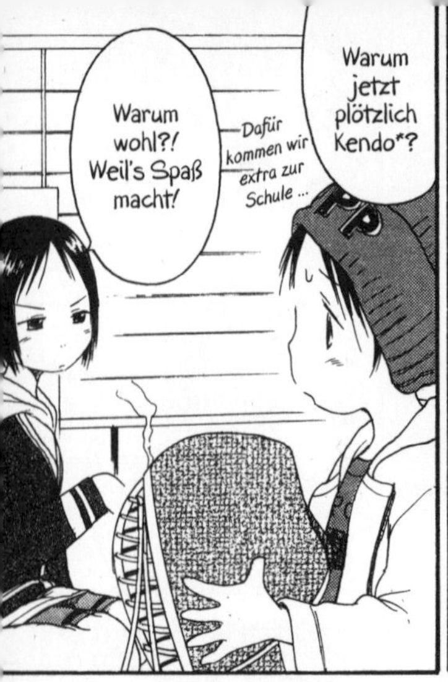

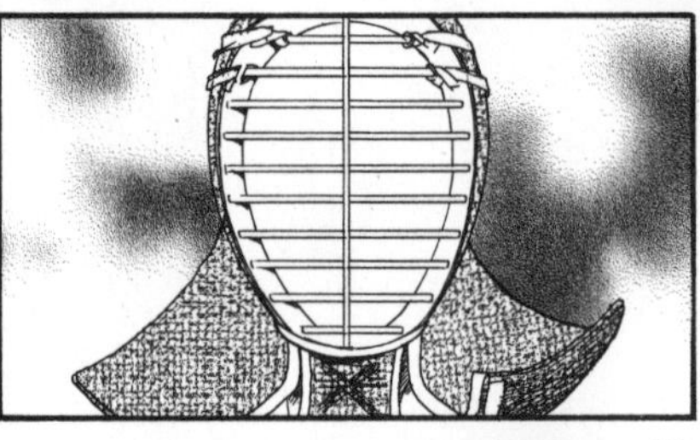

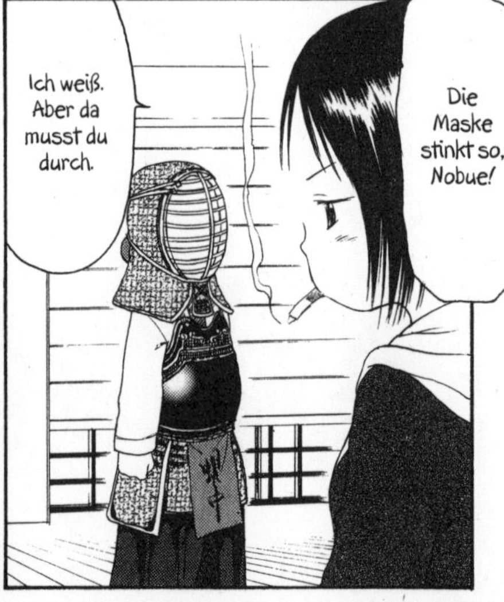

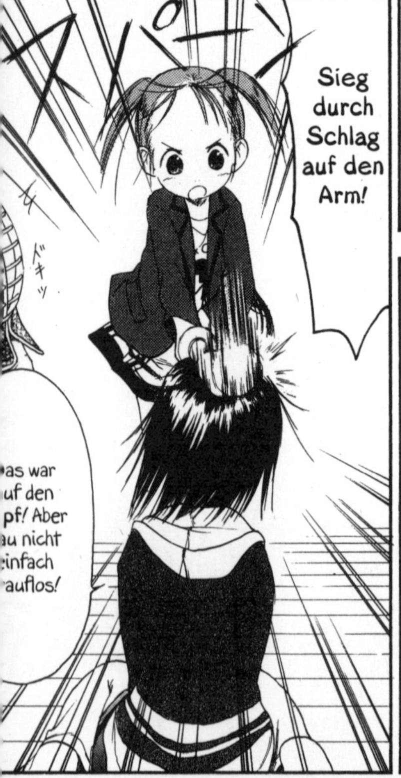

*jap. Kampfsport mit Bambusschwert

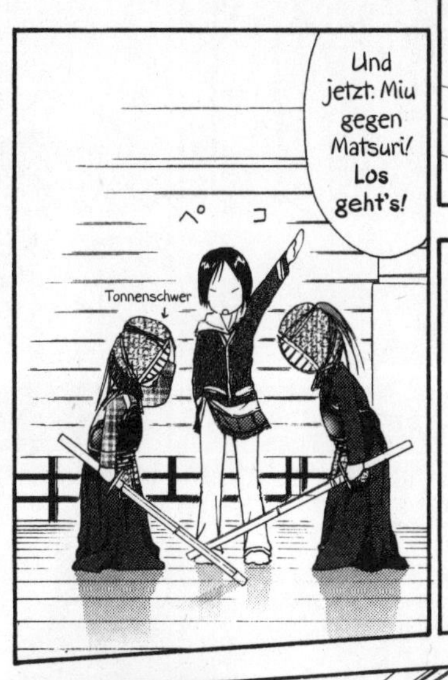

Und jetzt: Miu gegen Matsuri! Los geht's!
ペ コ
Tonnenschwer

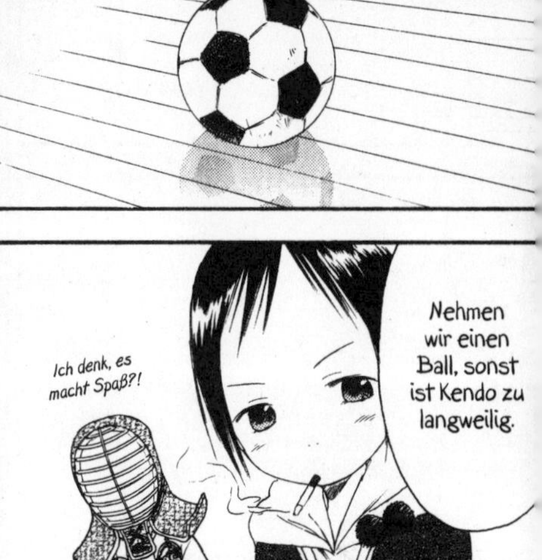

Nehmen wir einen Ball, sonst ist Kendo zu langweilig.
Ich denk, es macht Spaß?!

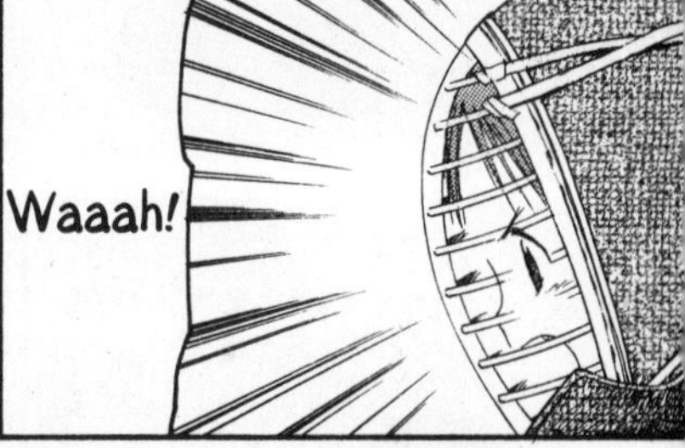

Waaah!

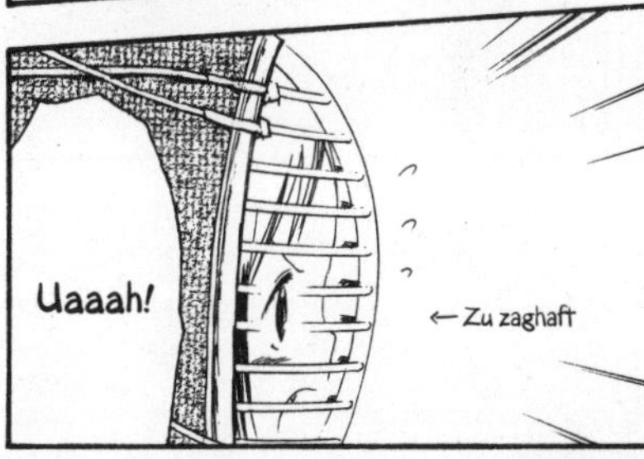

Uaaah!
← Zu zaghaft

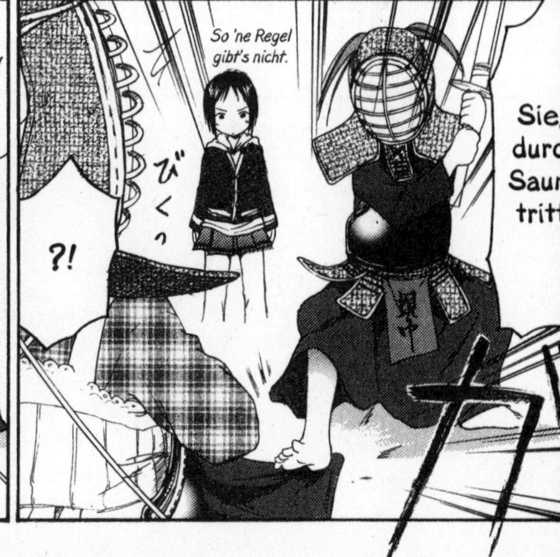

Sieg durc Saun tritt
So 'ne Regel gibt's nicht.
?!

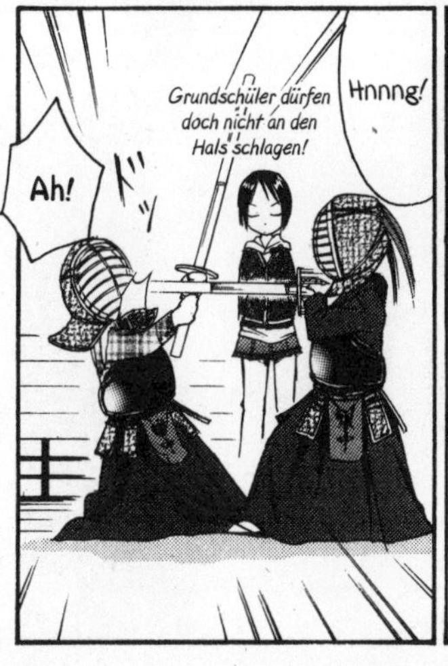

Hnnng!
Grundschüler dürfen doch nicht an den Hals schlagen!
Ah!

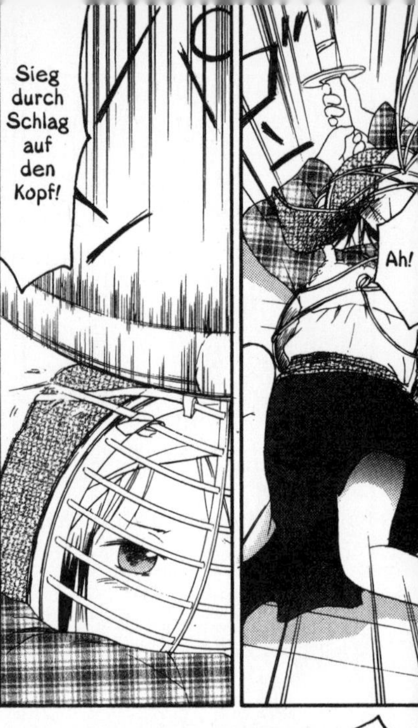
Sieg durch Schlag auf den Kopf!
Ah!

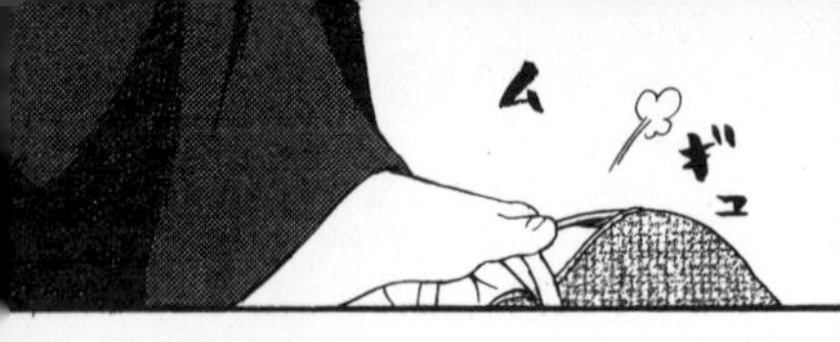
ム
ギュ

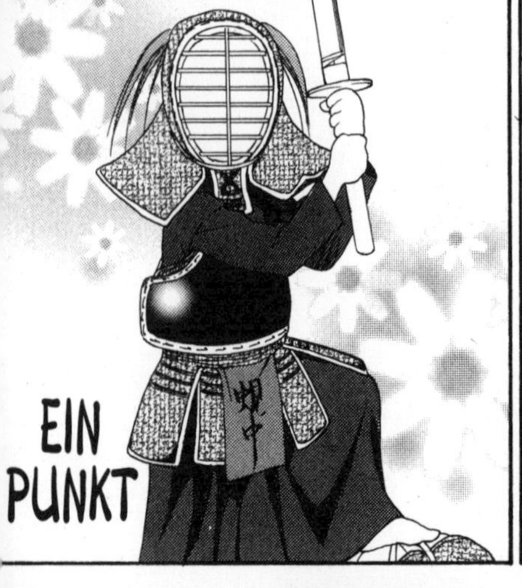
EIN PUNKT

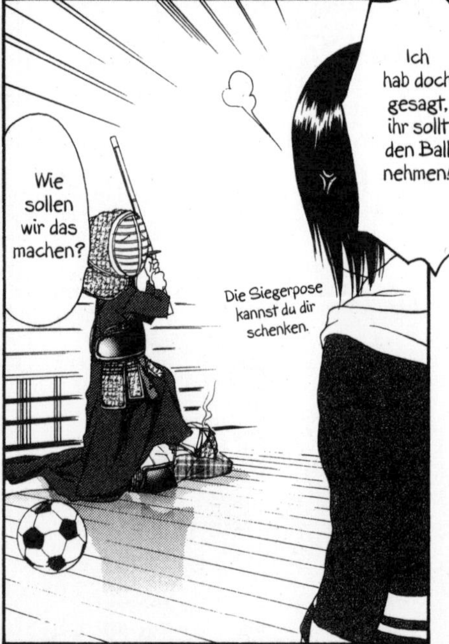
Ich hab doch gesagt, ihr sollt den Ball nehmen!
Die Siegerpose kannst du dir schenken.
Wie sollen wir das machen?

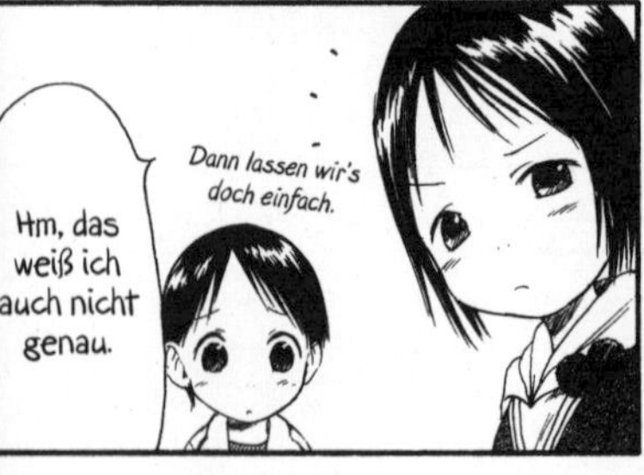
Dann lassen wir's doch einfach.
Hm, das weiß ich auch nicht genau.

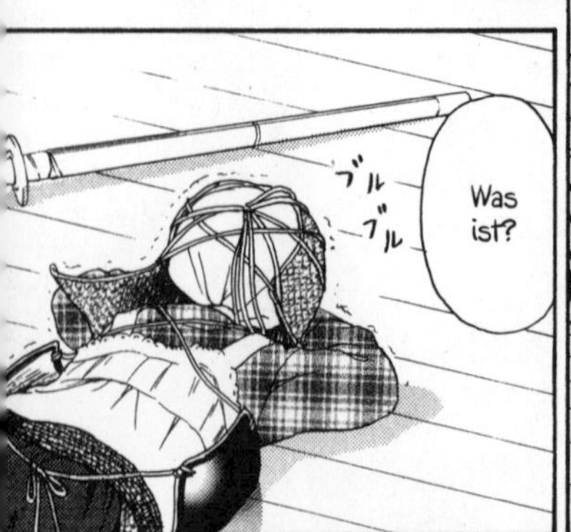
Was ist?
ブル
ブル

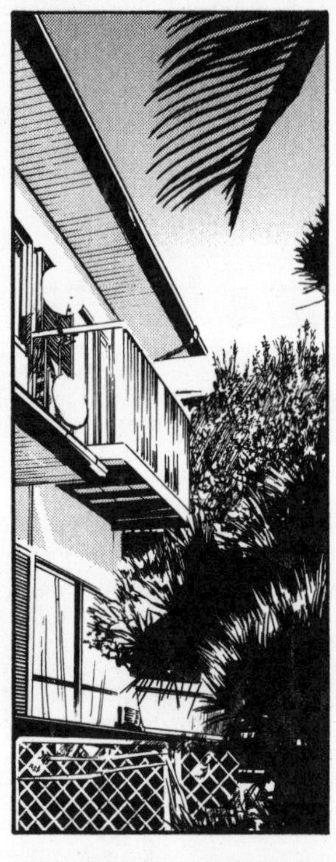

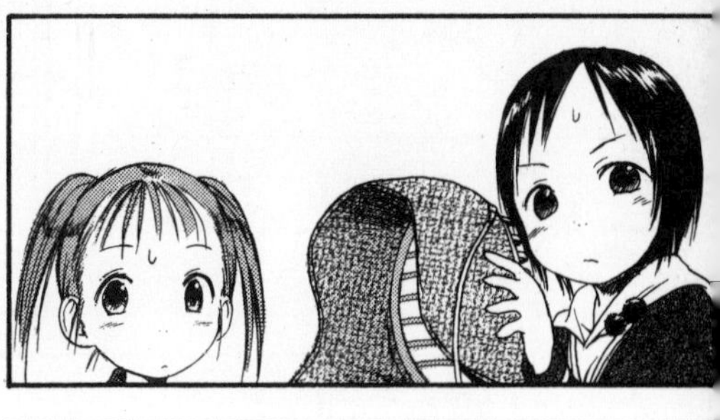

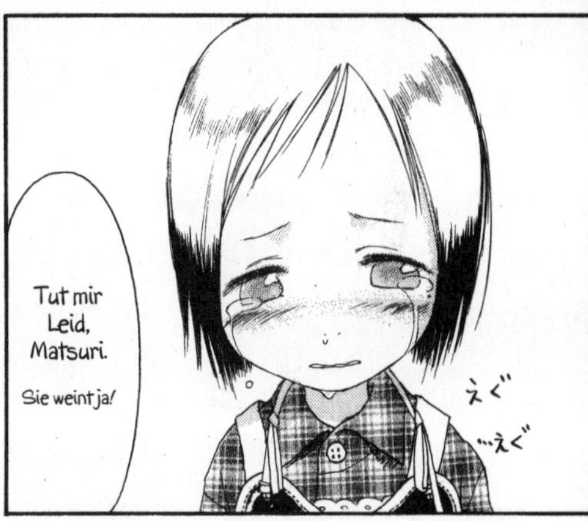
えぐ
えぐ
Tut mir Leid, Matsuri.
Sie weint ja!

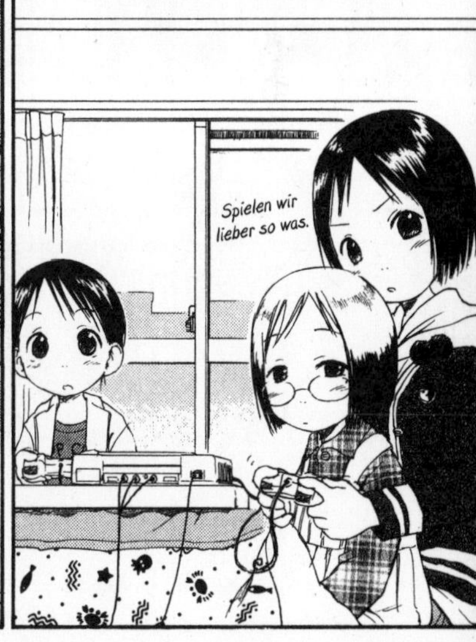
Spielen wir lieber so was.

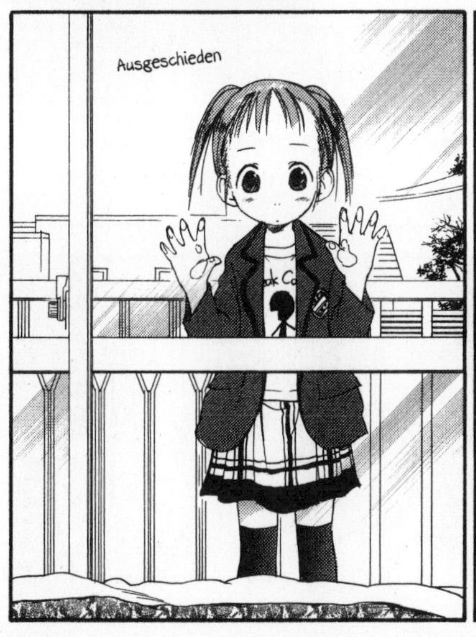
Ausgeschieden

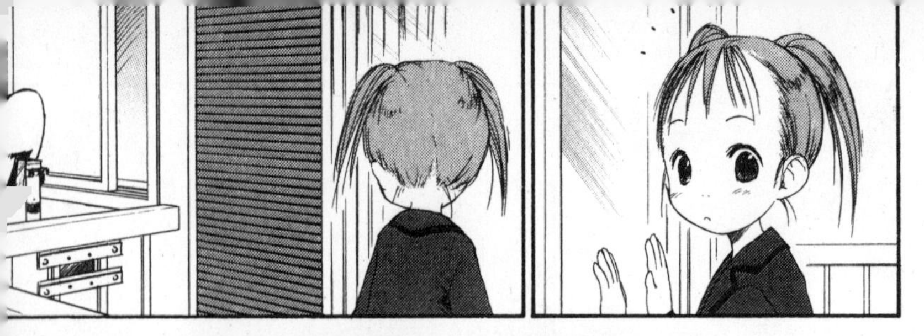

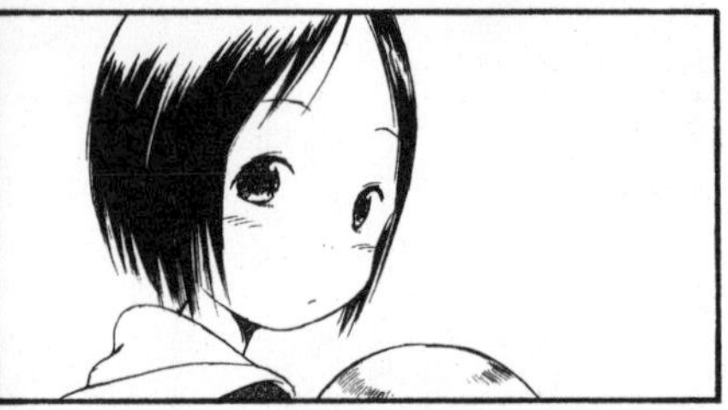

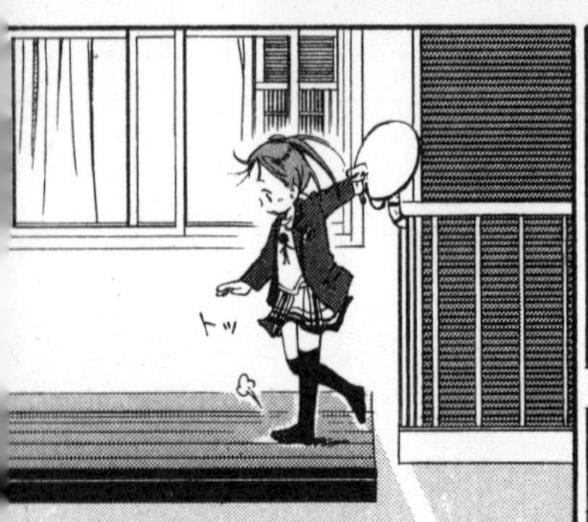
トッ

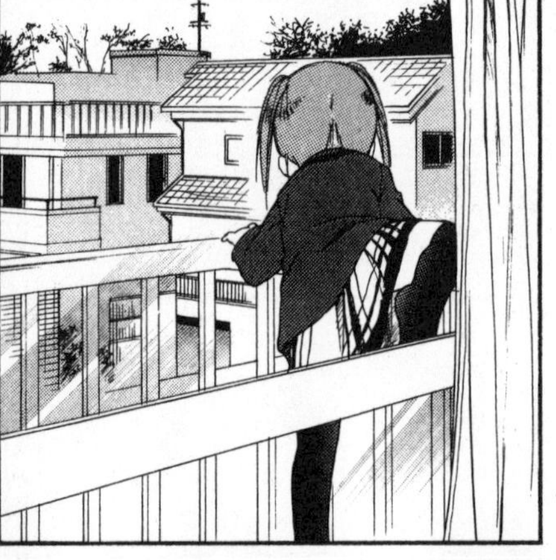

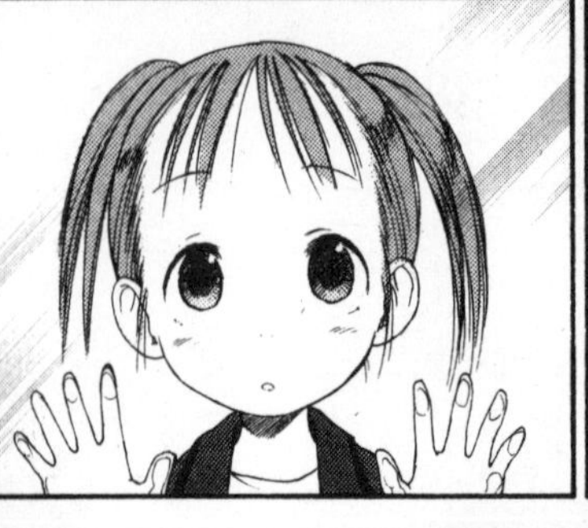

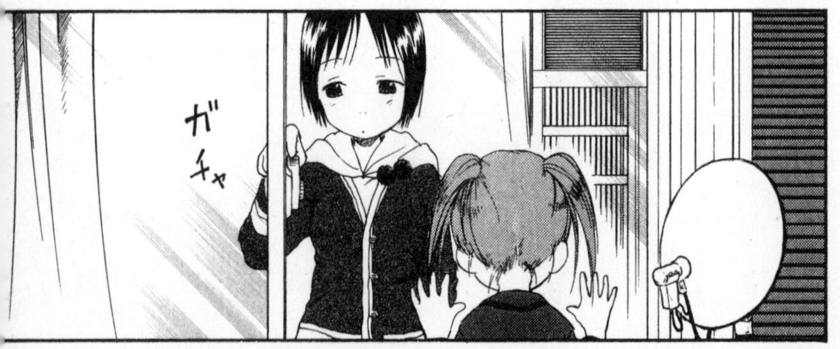
ガチャ

PAGE 109

name	season
☐NOBUE	☐SPRING
☐CHIKA	☐SUMMER
☑MIU	☑AUTUMN
☐MATSURI	☐WINTER

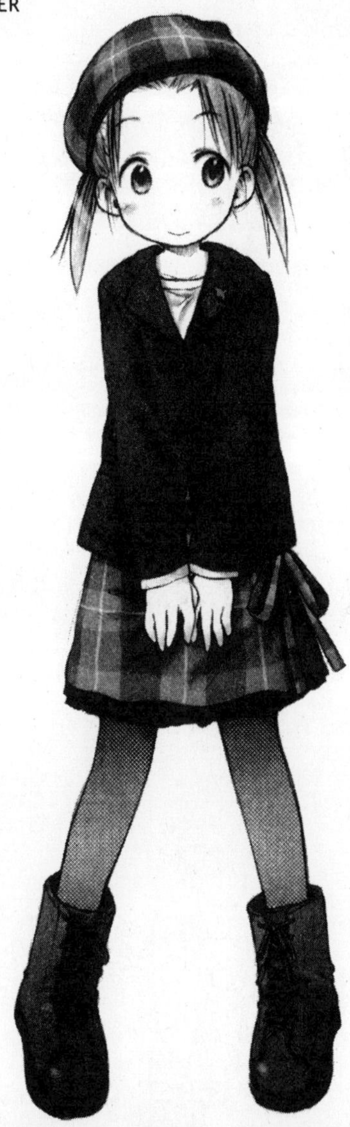

PAGE 110

name	*season*
☐NOBUE	☐SPRING
☐CHIKA	☐SUMMER
☐MIU	■AUTUMN
■MATSURI	☐WINTER

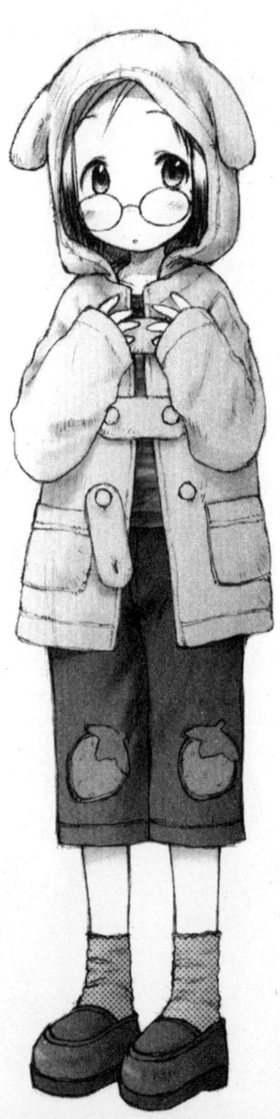

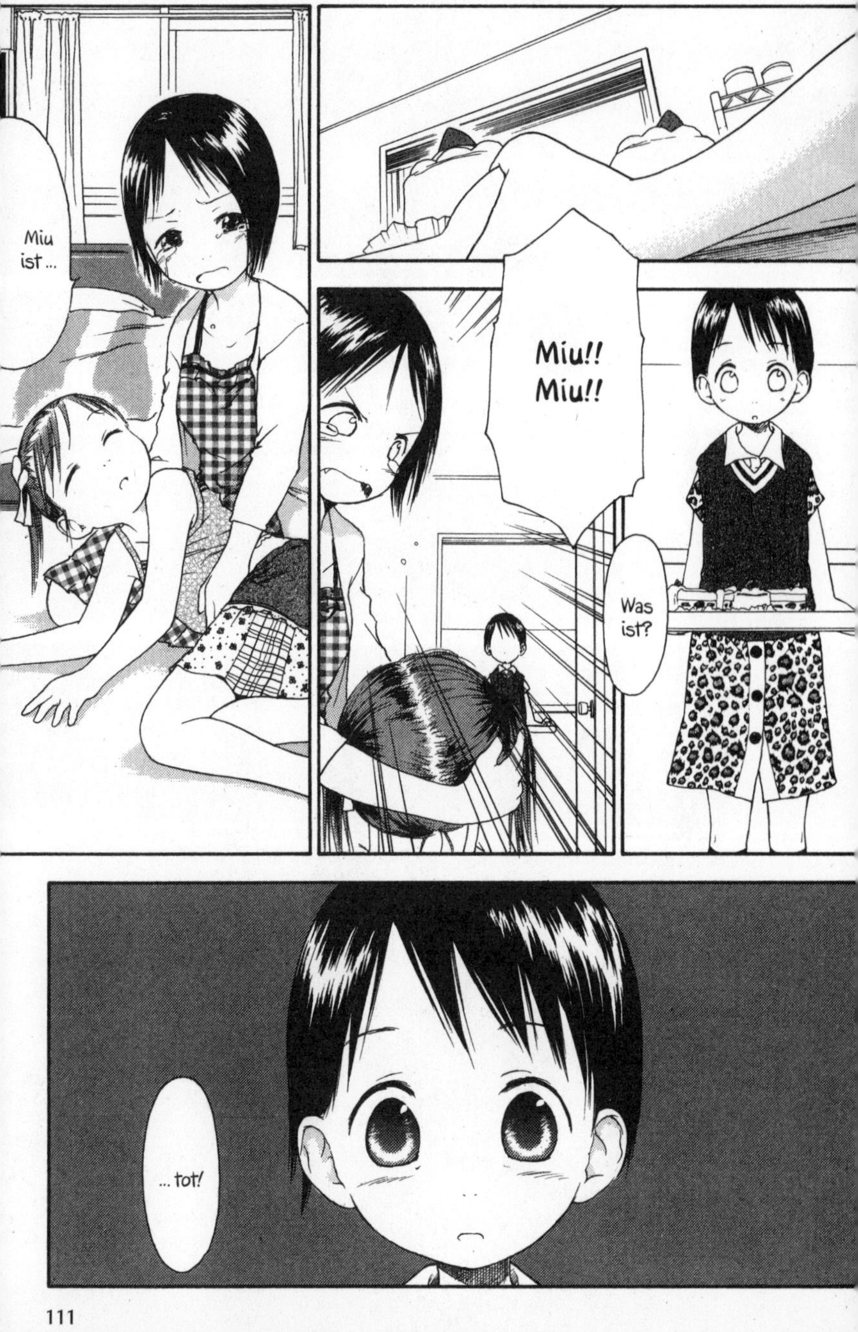

Was ist?

Miu!!
Miu!!

Miu ist ...

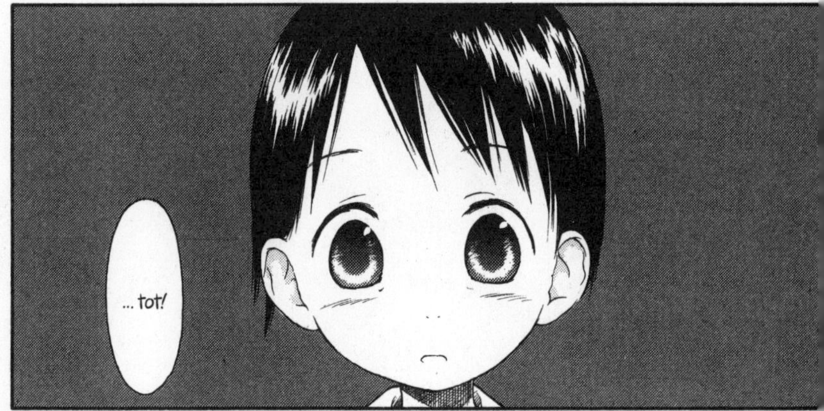

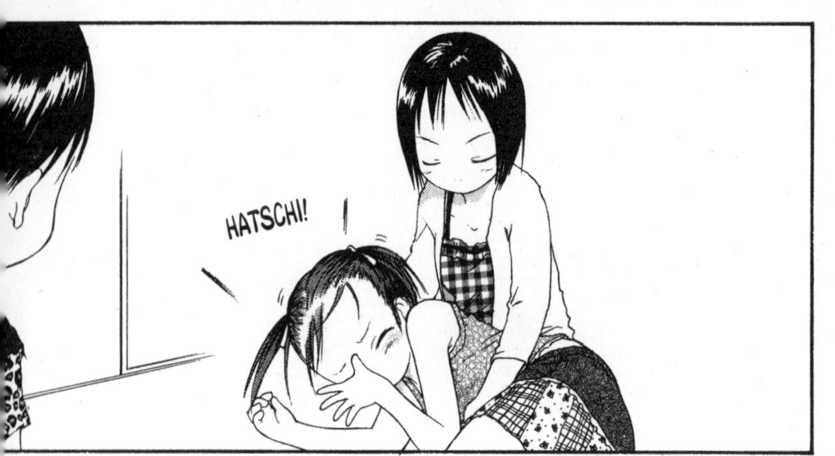

KAPITEL 7
Nicht aufstehen!

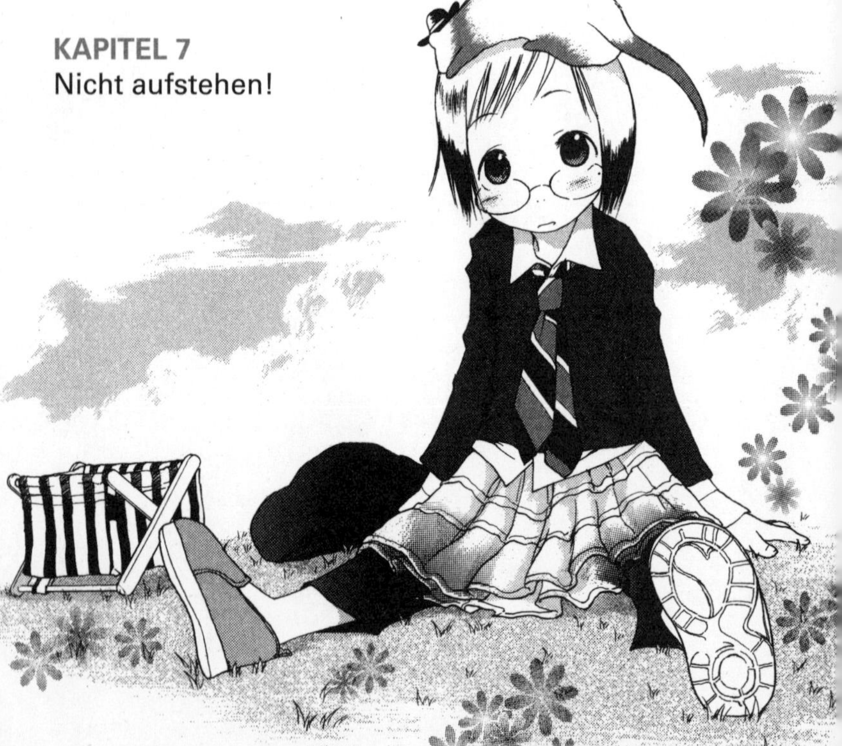

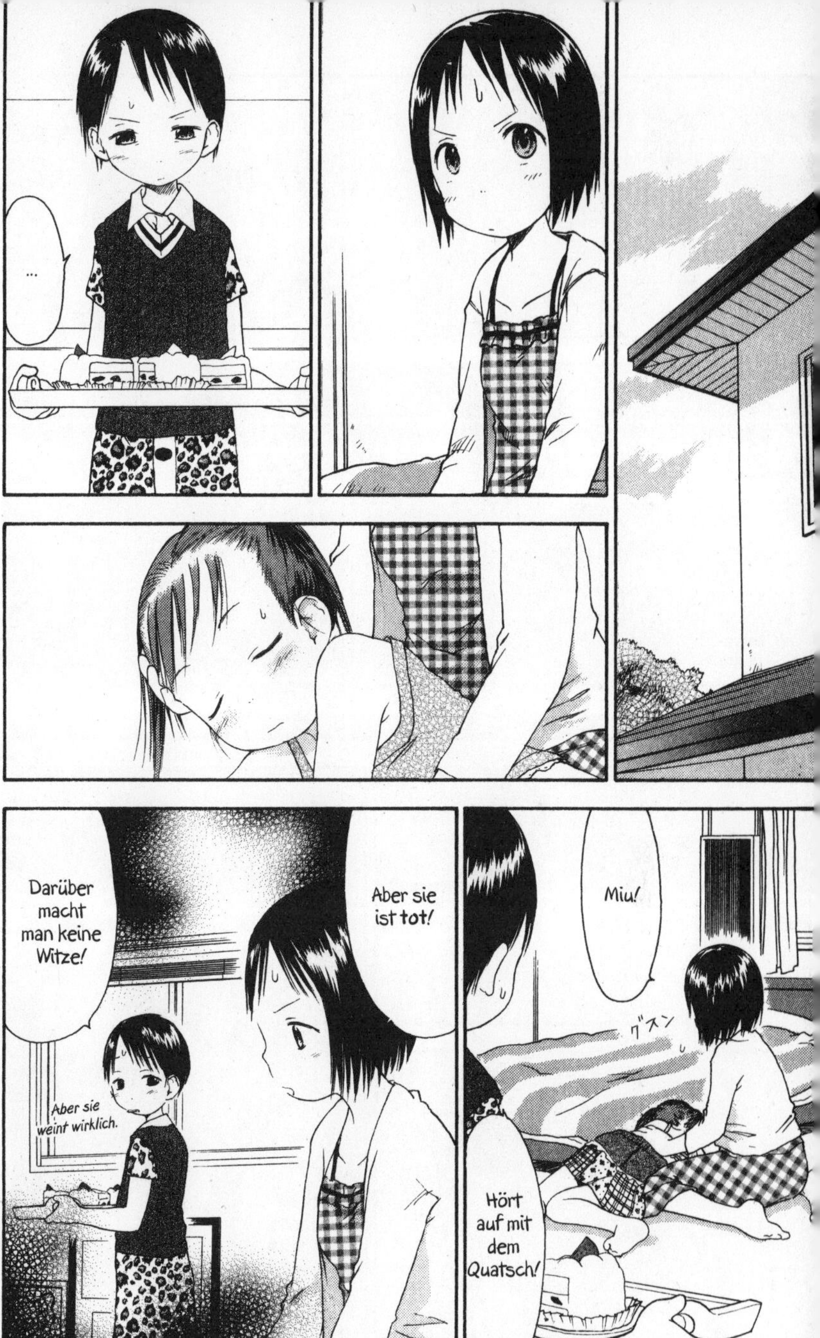

...

Miu!

グスン

Hört auf mit dem Quatsch!

Aber sie ist tot!

Darüber macht man keine Witze!

Aber sie weint wirklich.

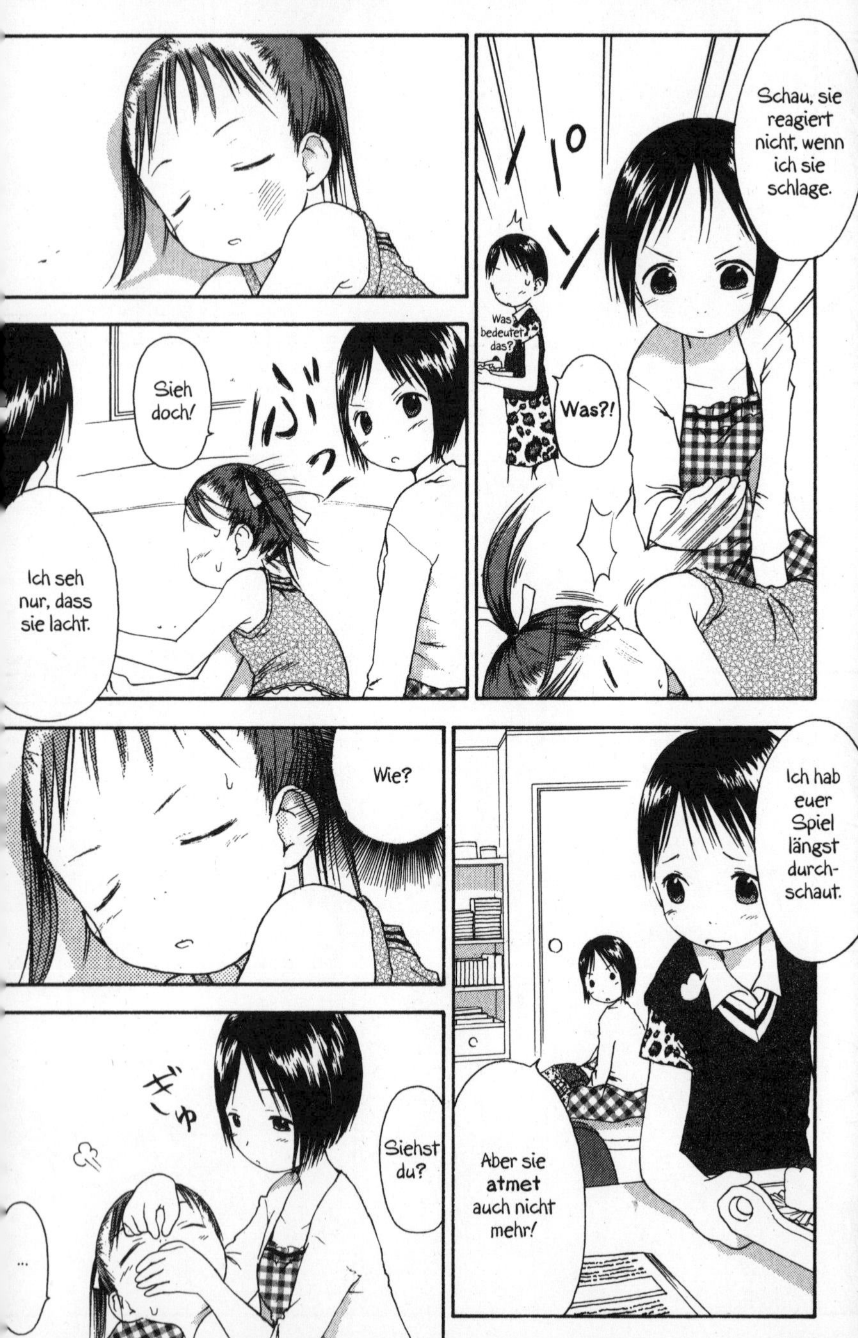
Schau, sie reagiert nicht, wenn ich sie schlage.
Was bedeutet das?
Was?!
Sieh doch!
Ich seh nur, dass sie lacht.
Ich hab euer Spiel längst durchschaut.
Wie?
Aber sie **atmet** auch nicht mehr!
Siehst du?
...

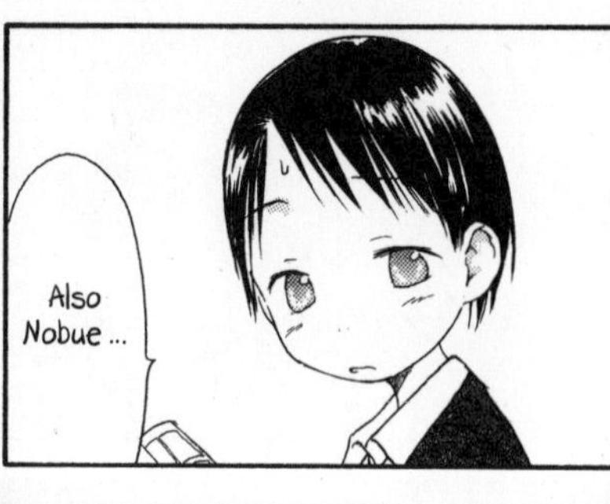
Also Nobue ...
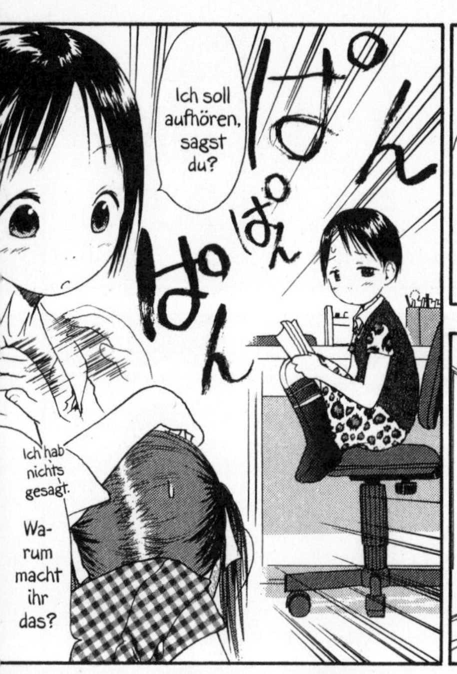
Ich soll aufhören, sagst du?
ぱん
ぱん
ぱん
Ich hab nichts gesagt.
Warum macht ihr das?
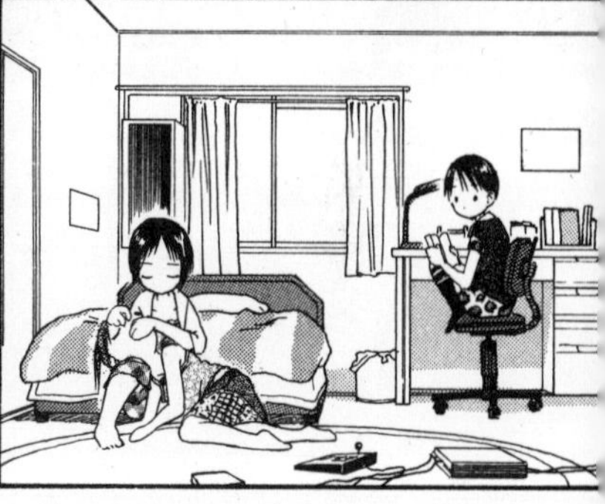
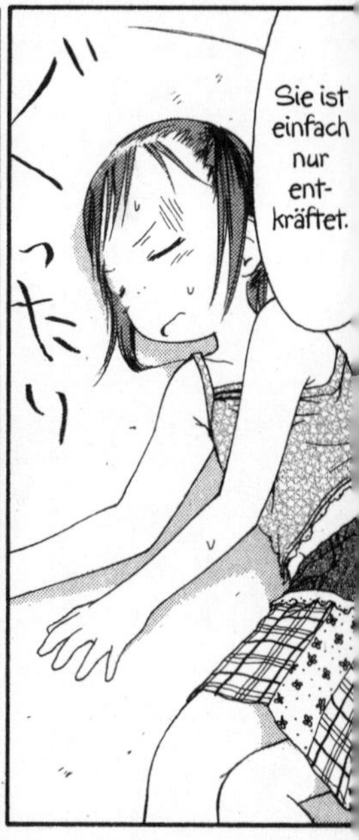
Sie ist einfach nur entkräftet.
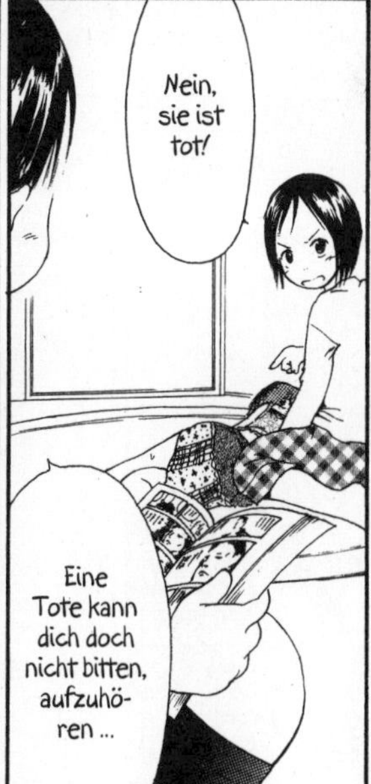
Nein, sie ist tot!
Eine Tote kann dich doch nicht bitten, aufzuhören ...
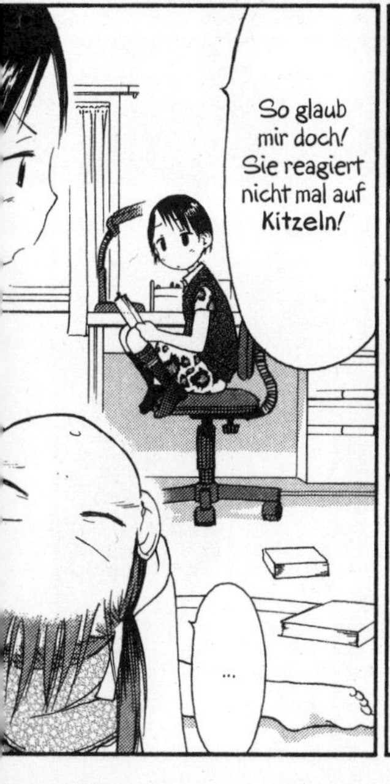
So glaub mir doch! Sie reagiert nicht mal auf Kitzeln!
...

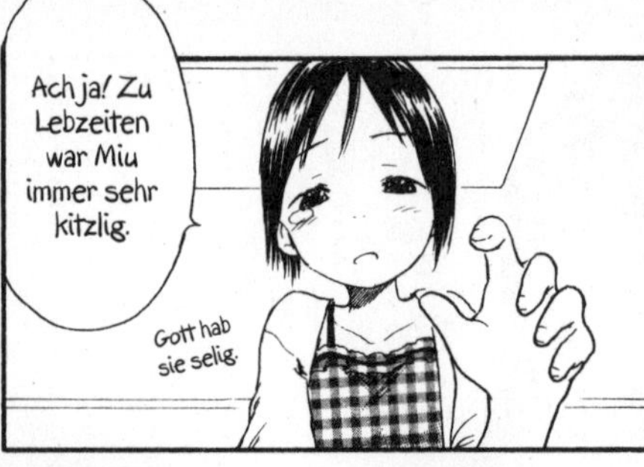
Ach ja! Zu Lebzeiten war Miu immer sehr kitzlig.
Gott hab sie selig.

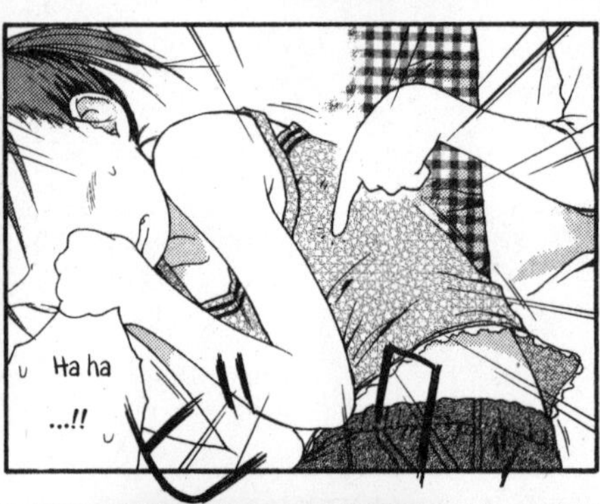
Ha ha
...!!

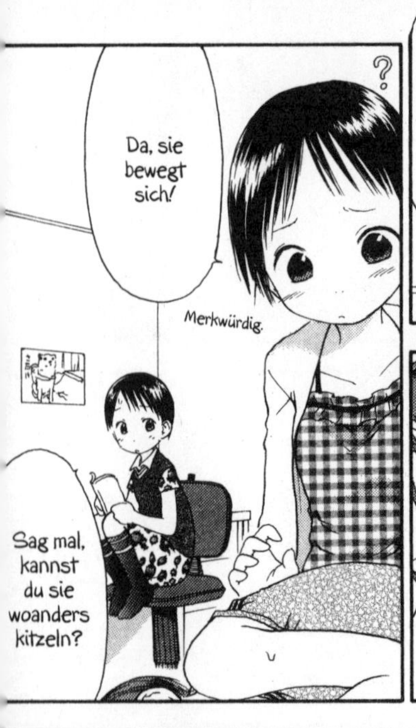
?
Da, sie bewegt sich!
Merkwürdig.
Sag mal, kannst du sie woanders kitzeln?

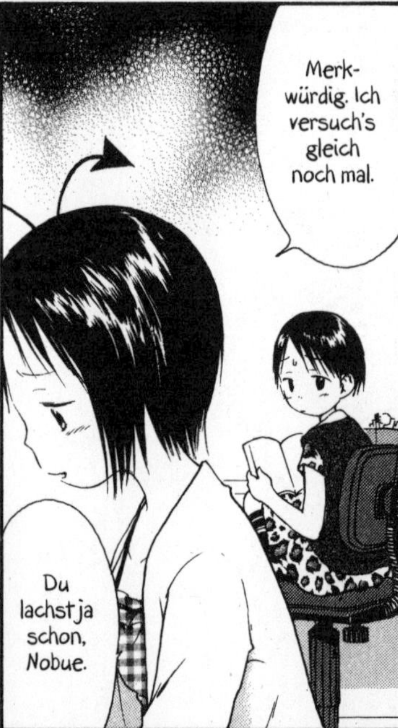
Merkwürdig. Ich versuch's gleich noch mal.
Du lachst ja schon, Nobue.

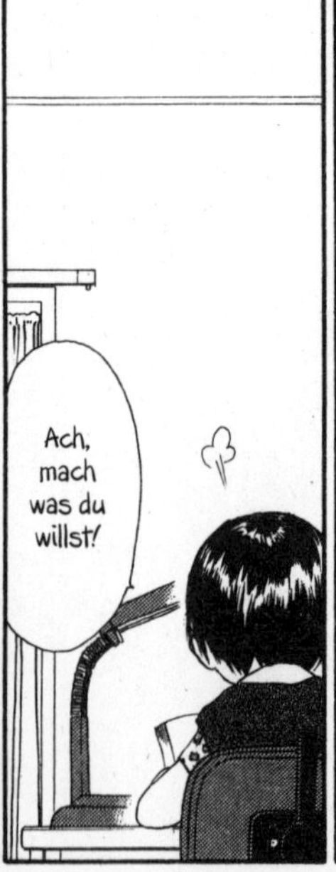
Ach, mach was du willst!

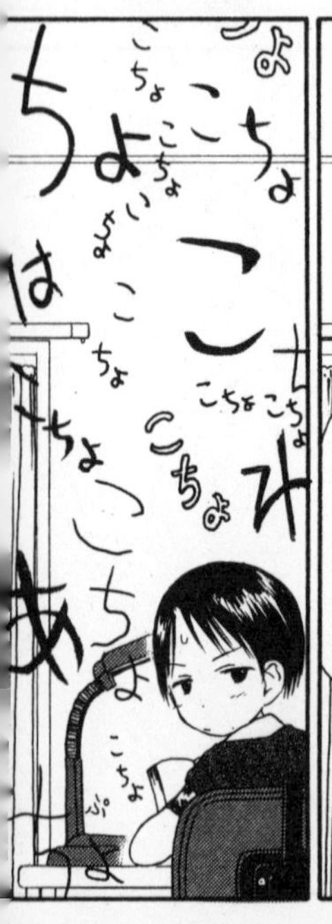
こちょこちょ
ぷ

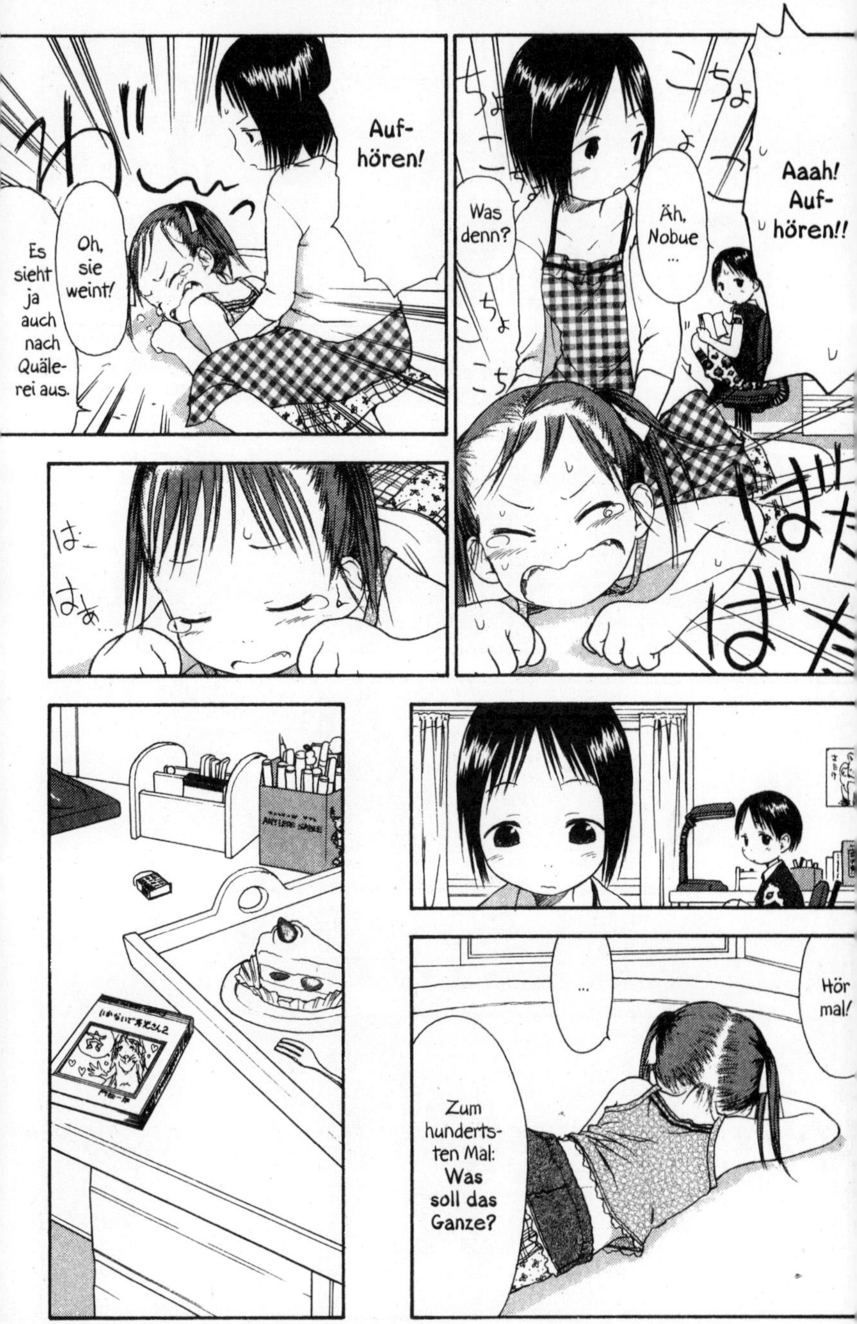

Aaah! Aufhören!!

Äh, Nobue ...

Was denn?

Aufhören!

Oh, sie weint!

Es sieht ja auch nach Quälerei aus.

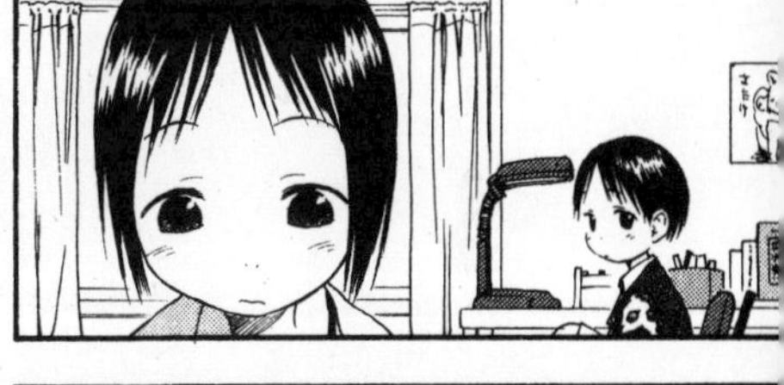

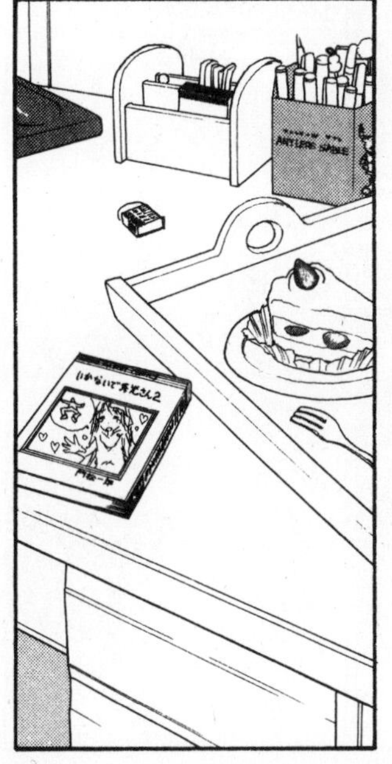

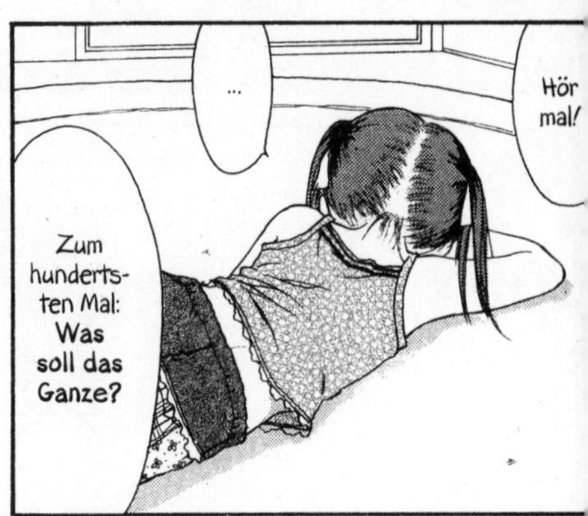

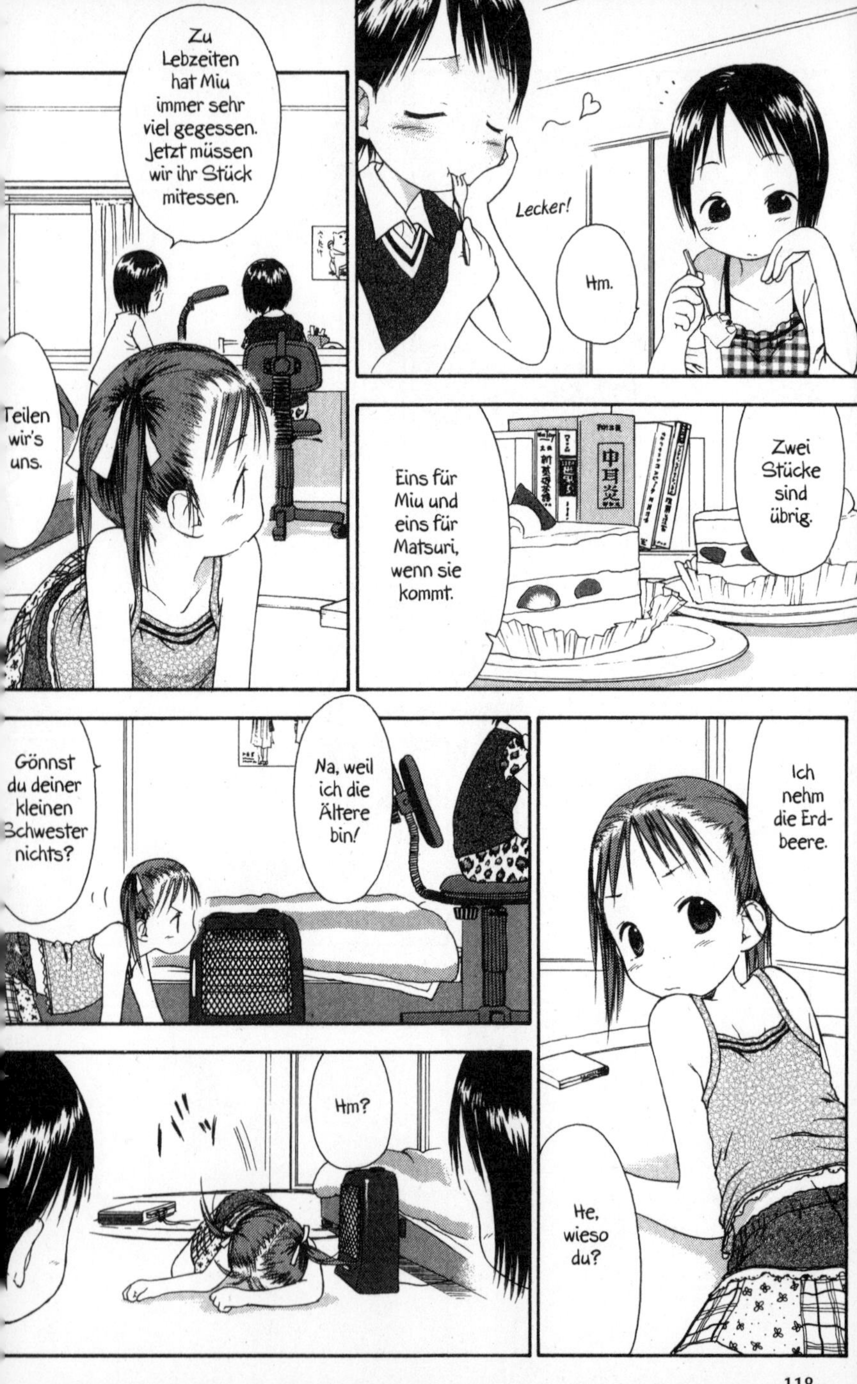
Hm.
Lecker!
Zu Lebzeiten hat Miu immer sehr viel gegessen. Jetzt müssen wir ihr Stück mitessen.
Zwei Stücke sind übrig.
Eins für Miu und eins für Matsuri, wenn sie kommt.
Teilen wir's uns.
Ich nehm die Erdbeere.
He, wieso du?
Na, weil ich die Ältere bin!
Gönnst du deiner kleinen Schwester nichts?
Hm?

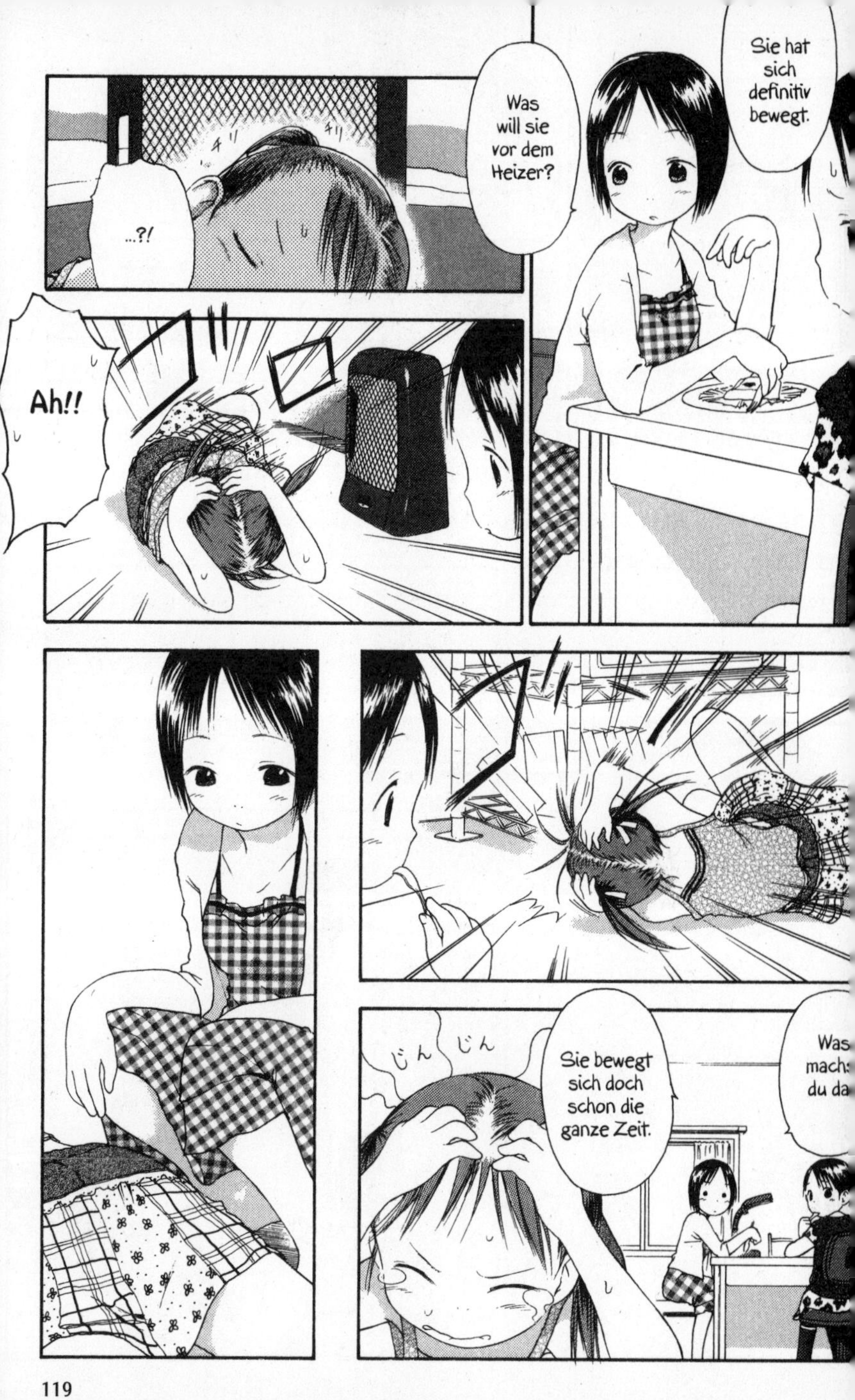

Sie hat sich definitiv bewegt.

Was will sie vor dem Heizer?

チリ チリ

...?!

Ah!!

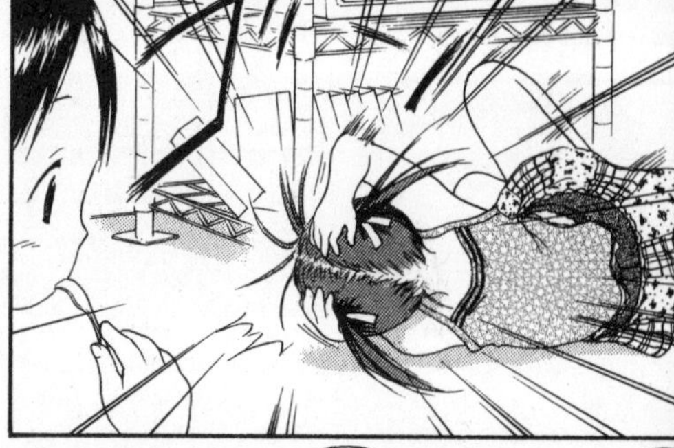

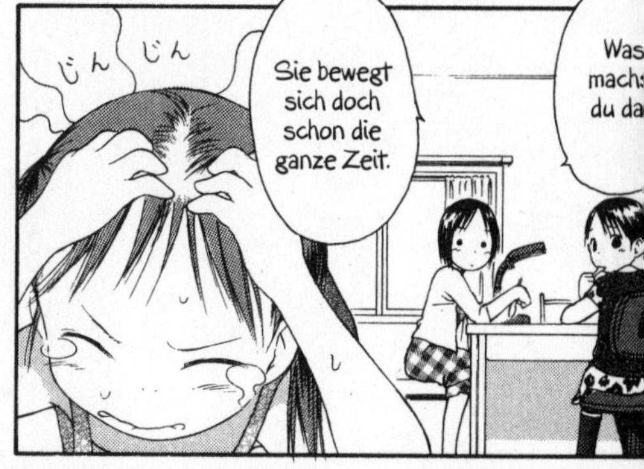

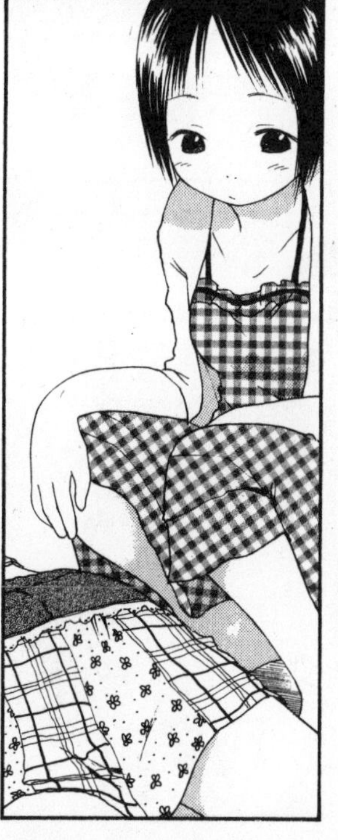

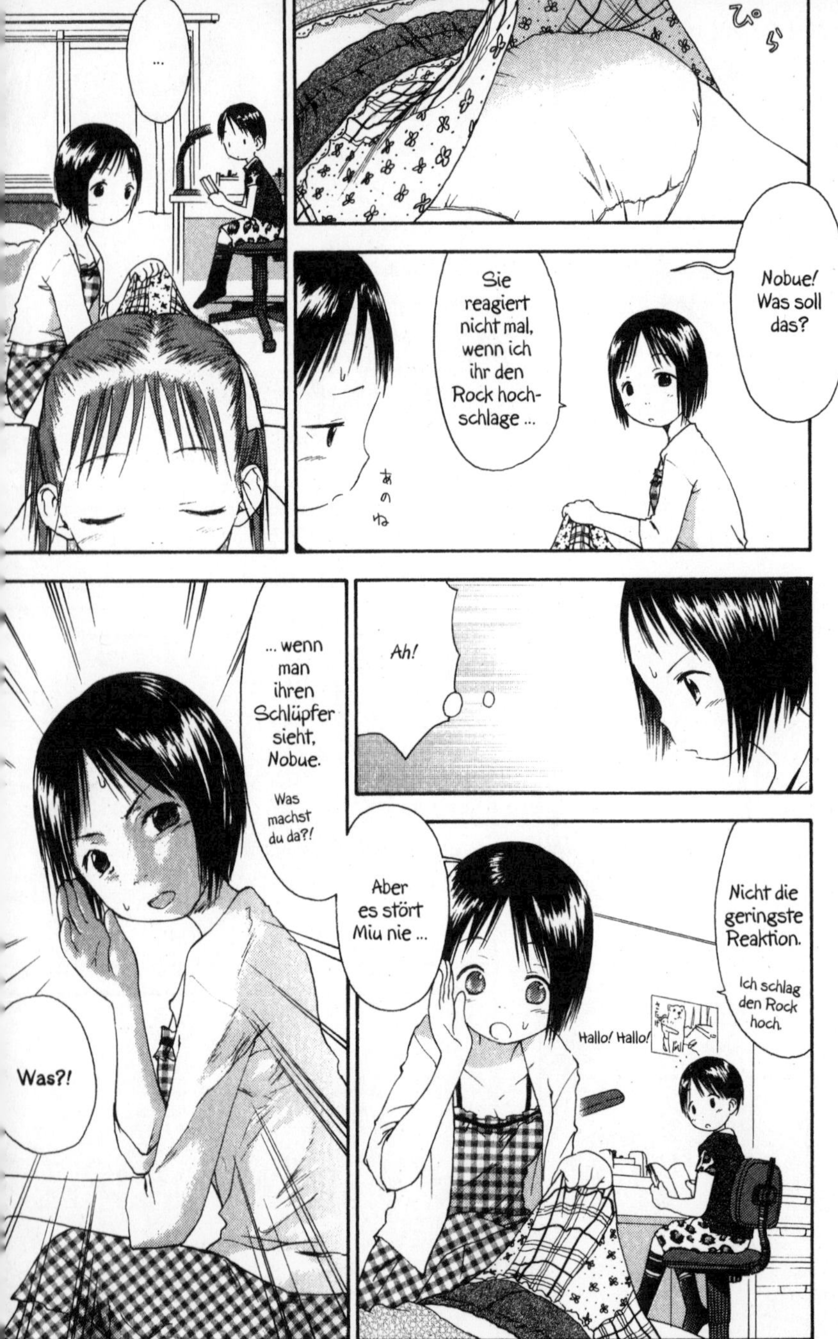
ぴら
Nobue! Was soll das?
Sie reagiert nicht mal, wenn ich ihr den Rock hoch-schlage ...
あのね
...
Ah!
Nicht die geringste Reaktion.
Ich schlag den Rock hoch.
Hallo! Hallo!
Aber es stört Miu nie ...
... wenn man ihren Schlüpfer sieht, Nobue.
Was machst du da?!
Was?!

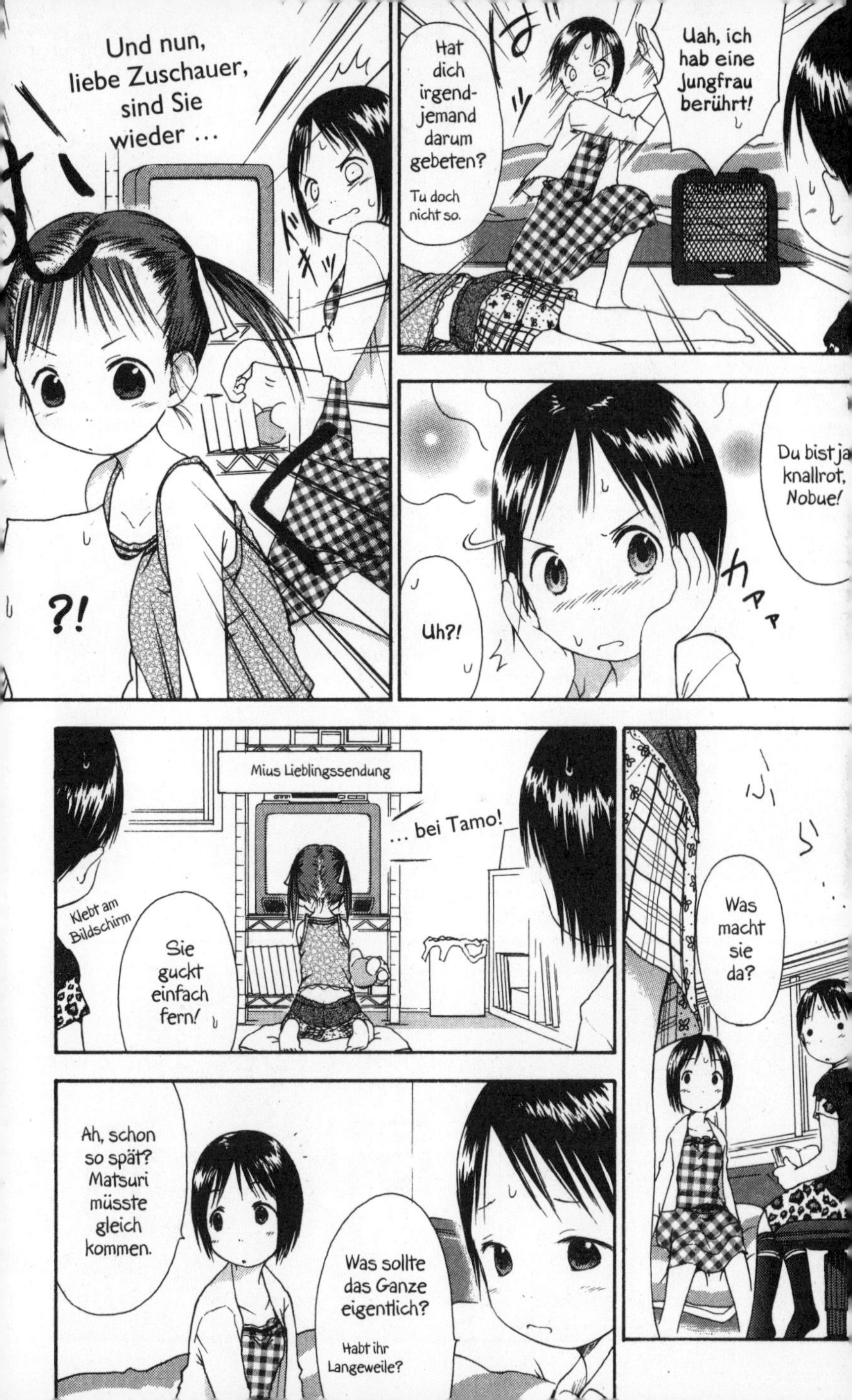
Uah, ich hab eine Jungfrau berührt!
Hat dich irgend-jemand darum gebeten?
Tu doch nicht so.
Und nun, liebe Zuschauer, sind Sie wieder …
?!
Du bist ja knallrot, Nobue!
Uh?!
Was macht sie da?
… bei Tamo!
Mius Lieblingssendung
Sie guckt einfach fern!
Klebt am Bildschirm
Was sollte das Ganze eigentlich?
Habt ihr Langeweile?
Ah, schon so spät? Matsuri müsste gleich kommen.

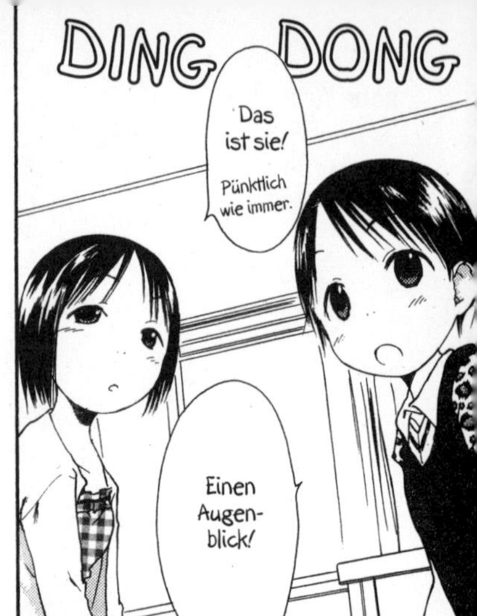
DING DONG
Das ist sie!
Pünktlich wie immer.
Einen Augenblick!

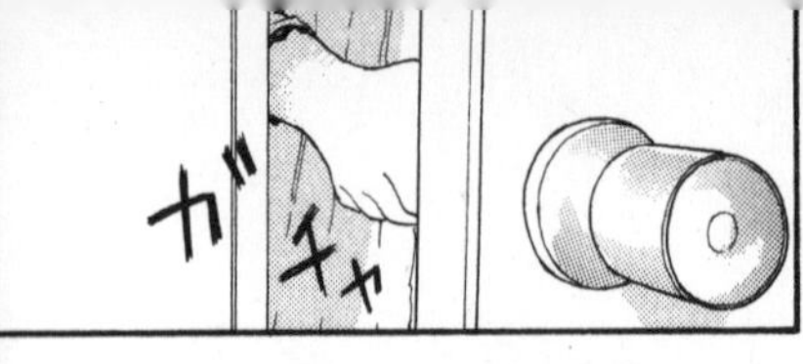
ガチャ

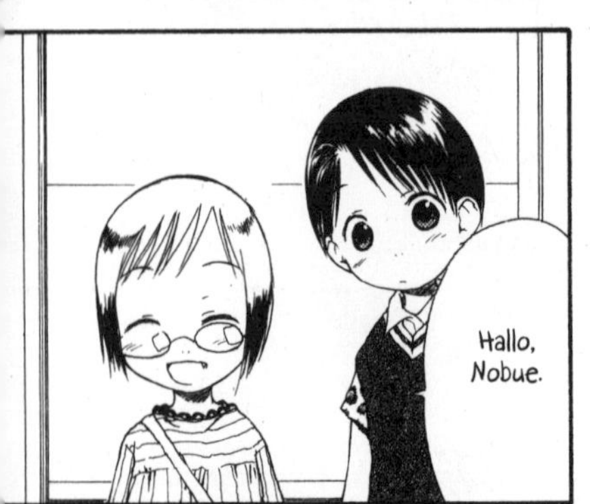
Hallo, Nobue.

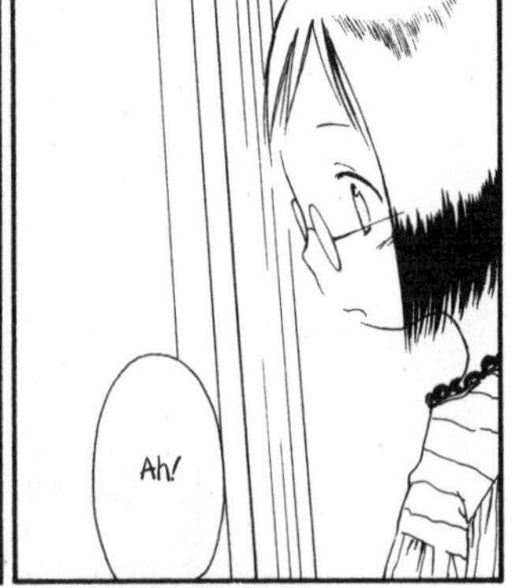
Ah!

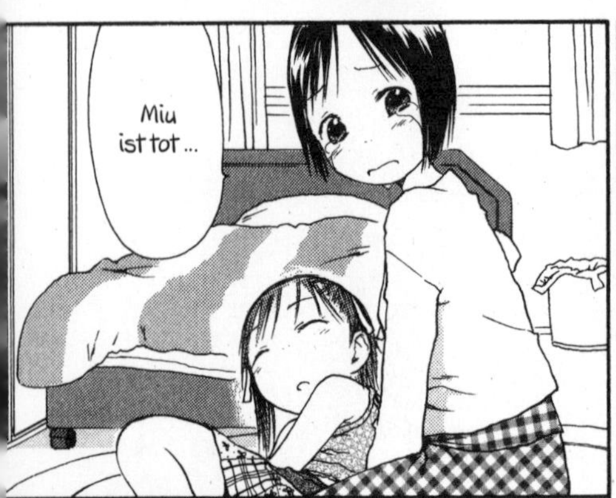
Miu ist tot ...

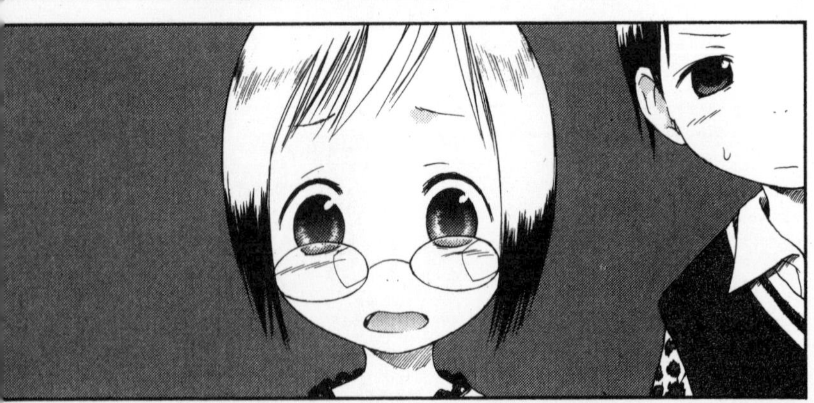

PAGE 123

name	*season*
☑NOBUE	☐SPRING
☐CHIKA	☐SUMMER
☐MIU	☐AUTUMN
☐MATSURI	☑WINTER

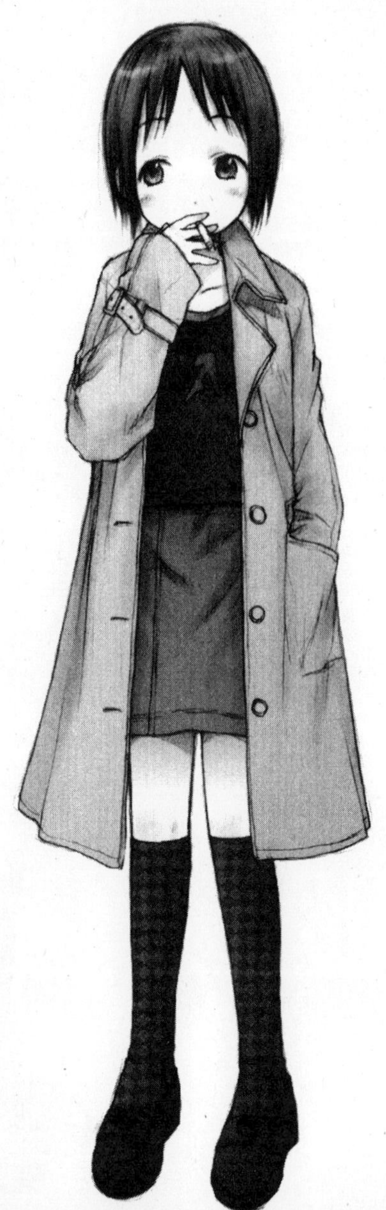

PAGE 124

name	*season*
☐NOBUE	☐SPRING
☐CHIKA	☐SUMMER
☐MIU	☐AUTUMN
☐MATSURI	☐WINTER

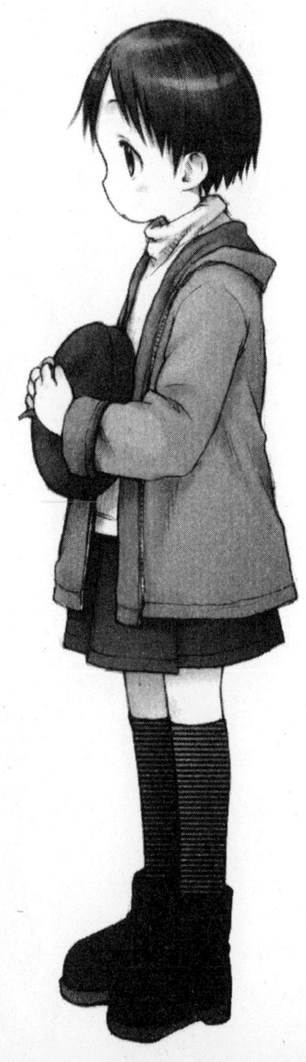

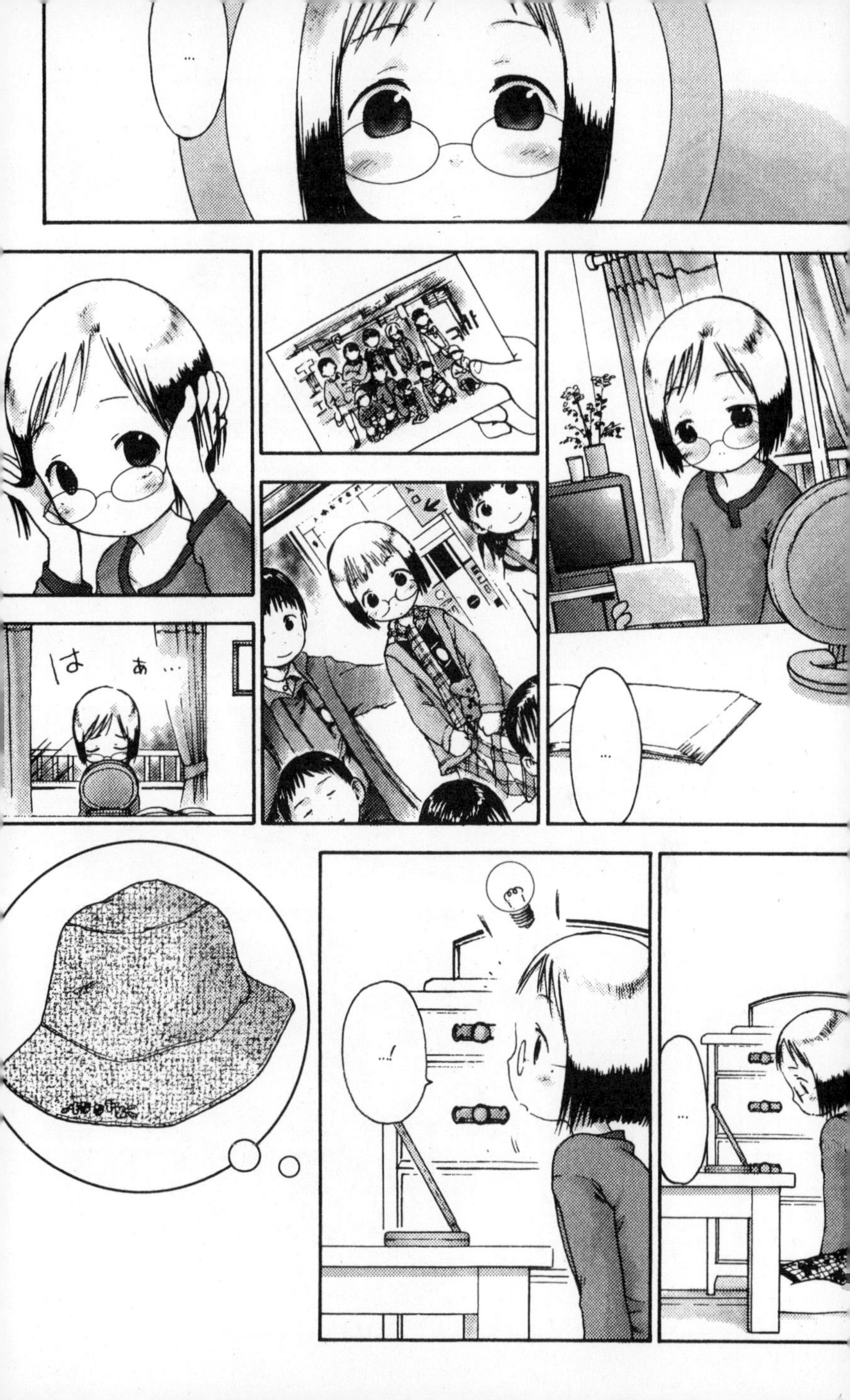
…
…
はぁ…
…
…!

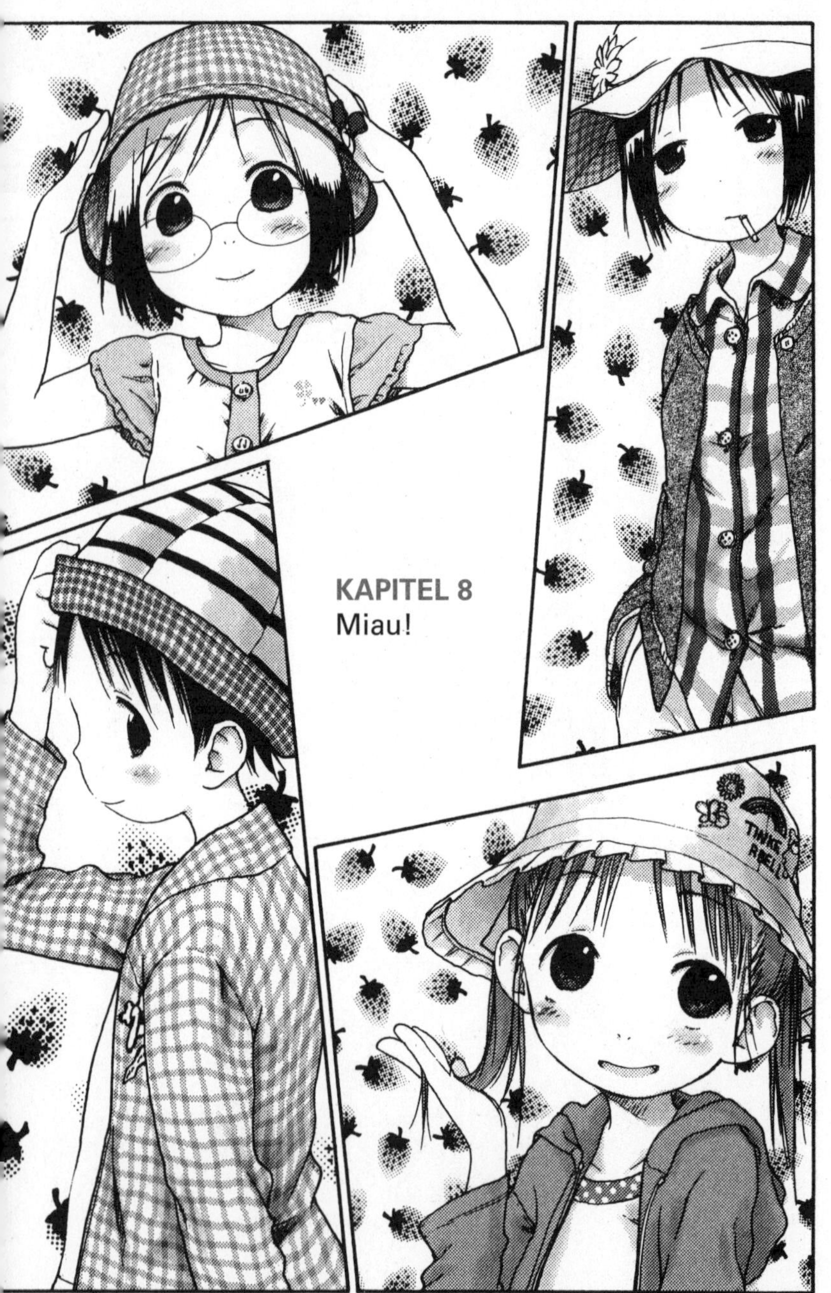

KAPITEL 8
Miau!

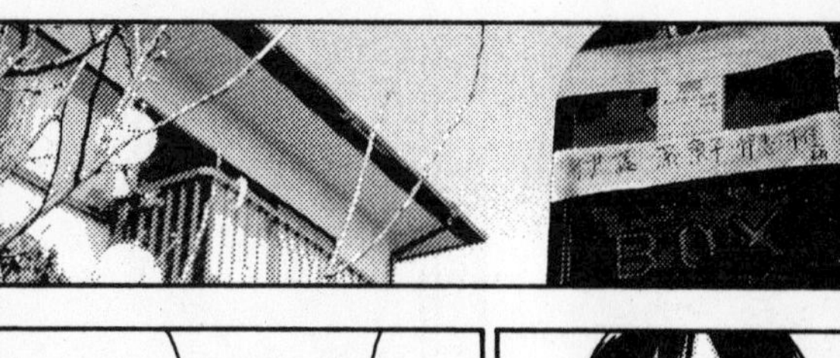
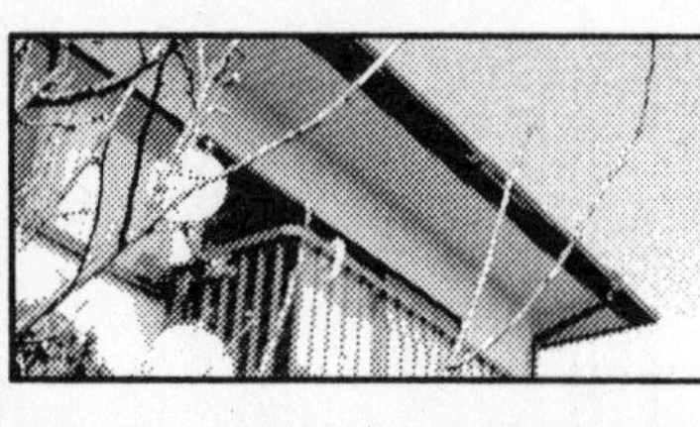
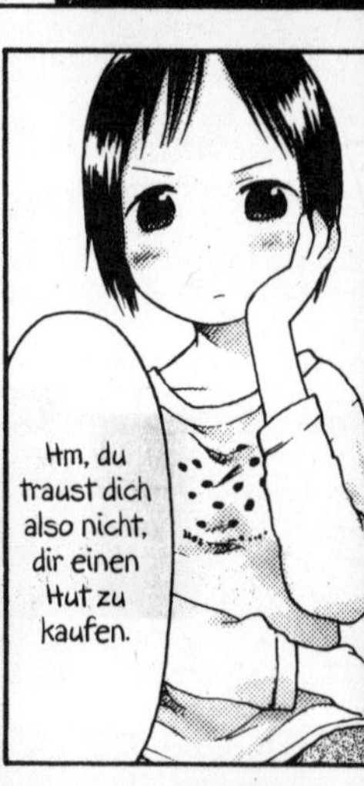
Hm, du traust dich also nicht, dir einen Hut zu kaufen.
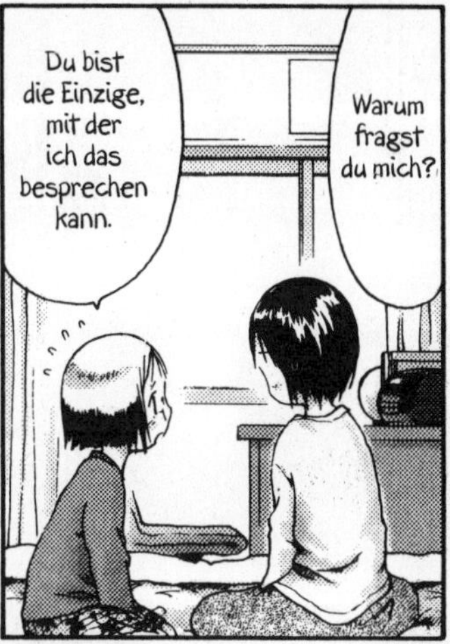
Warum fragst du mich?
Du bist die Einzige, mit der ich das besprechen kann.
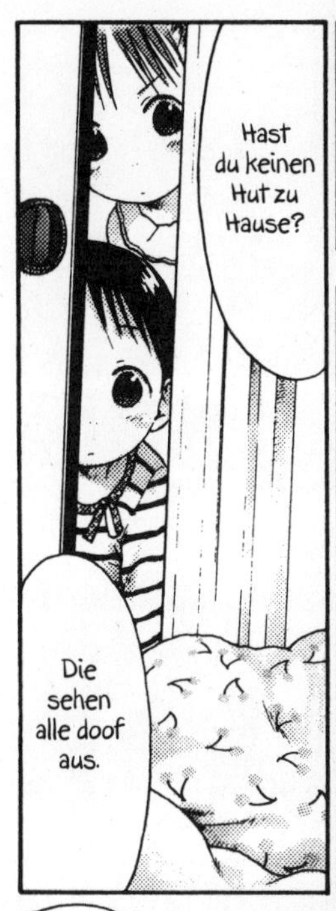
Hast du keinen Hut zu Hause?
Die sehen alle doof aus.
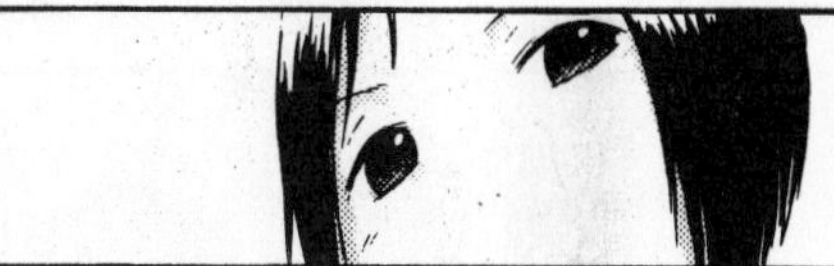
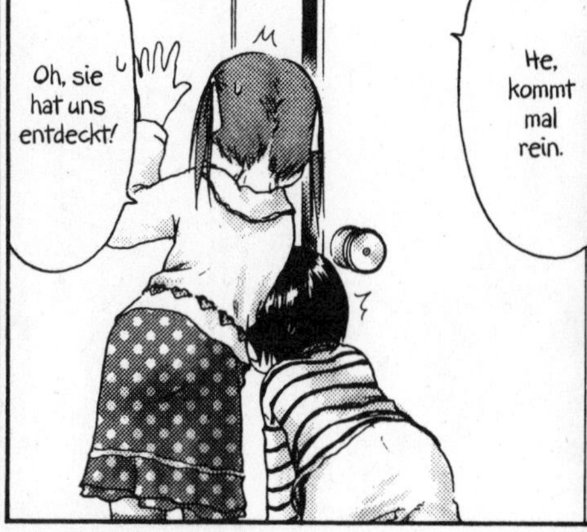
He, kommt mal rein.
Oh, sie hat uns entdeckt!
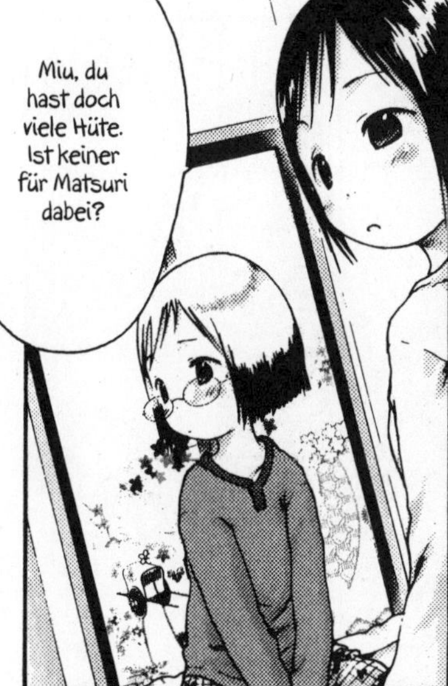
Miu, du hast doch viele Hüte. Ist keiner für Matsuri dabei?

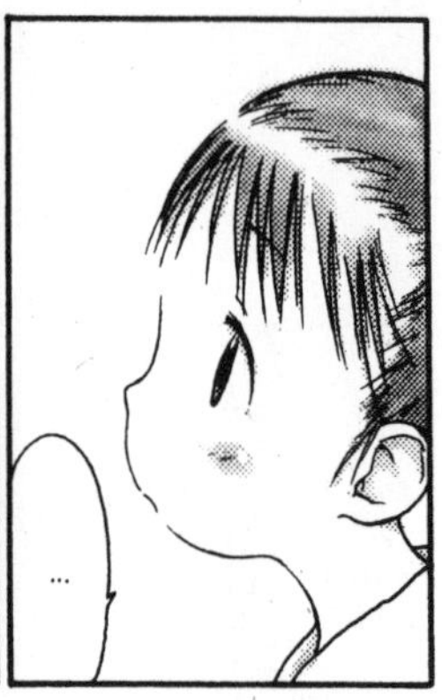
...

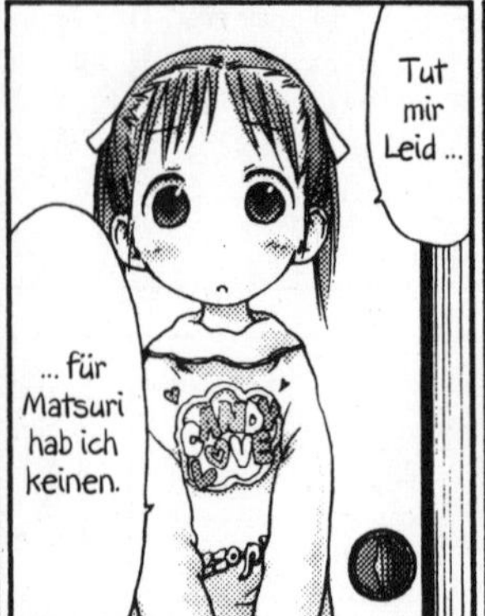
Tut mir Leid ...
... für Matsuri hab ich keinen.

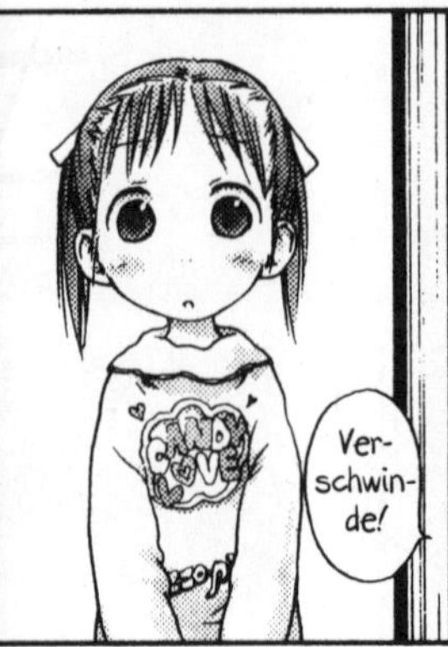
Ver-schwin-de!

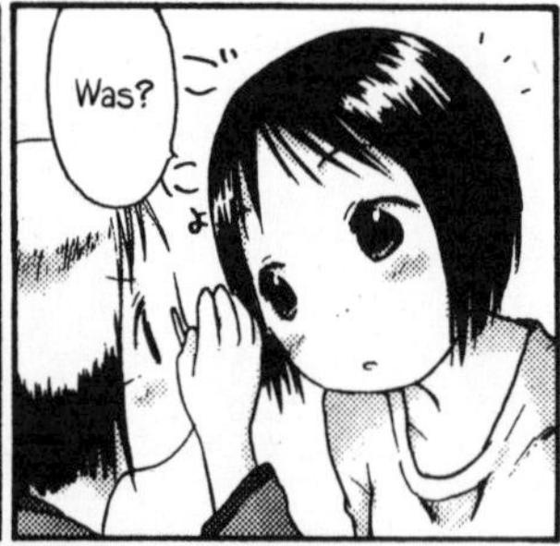
Was?

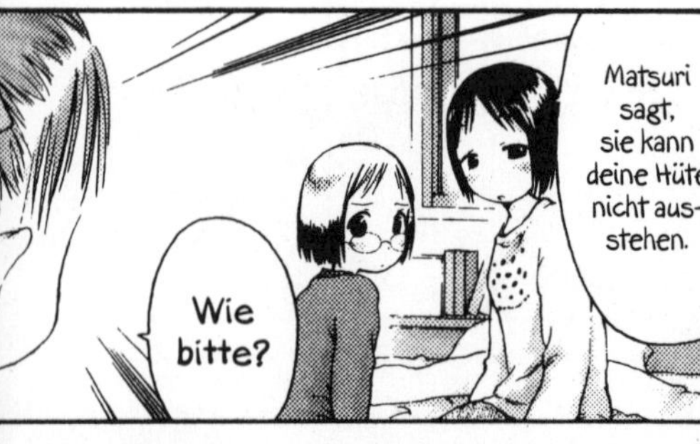
Matsuri sagt, sie kann deine Hüte nicht aus-stehen.
Wie bitte?

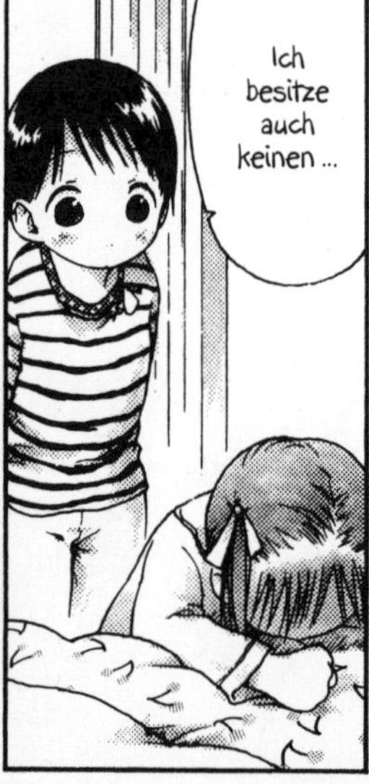
Ich besitze auch keinen ...

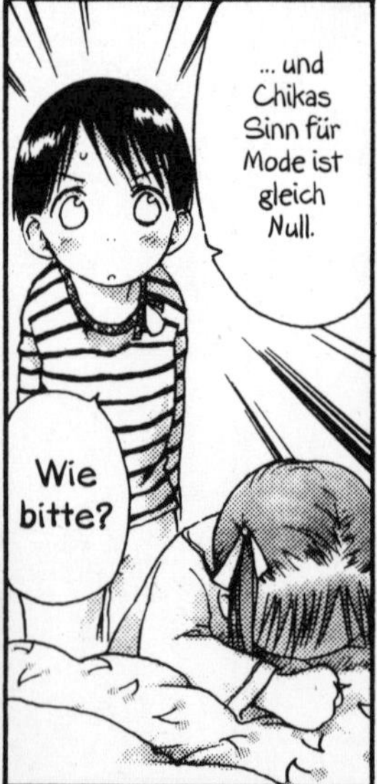
... und Chikas Sinn für Mode ist gleich Null.
Wie bitte?

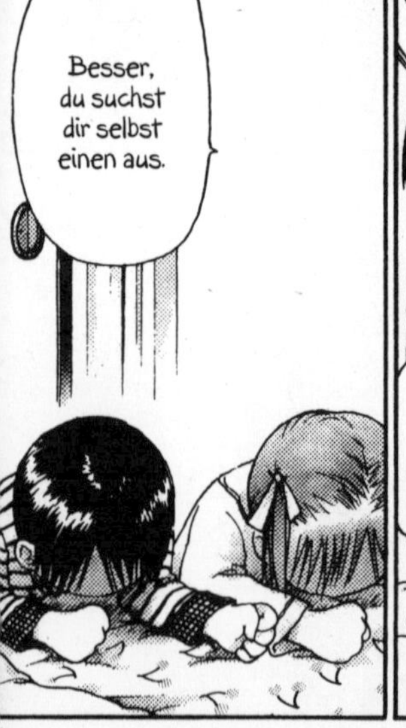
Besser, du suchst dir selbst einen aus.

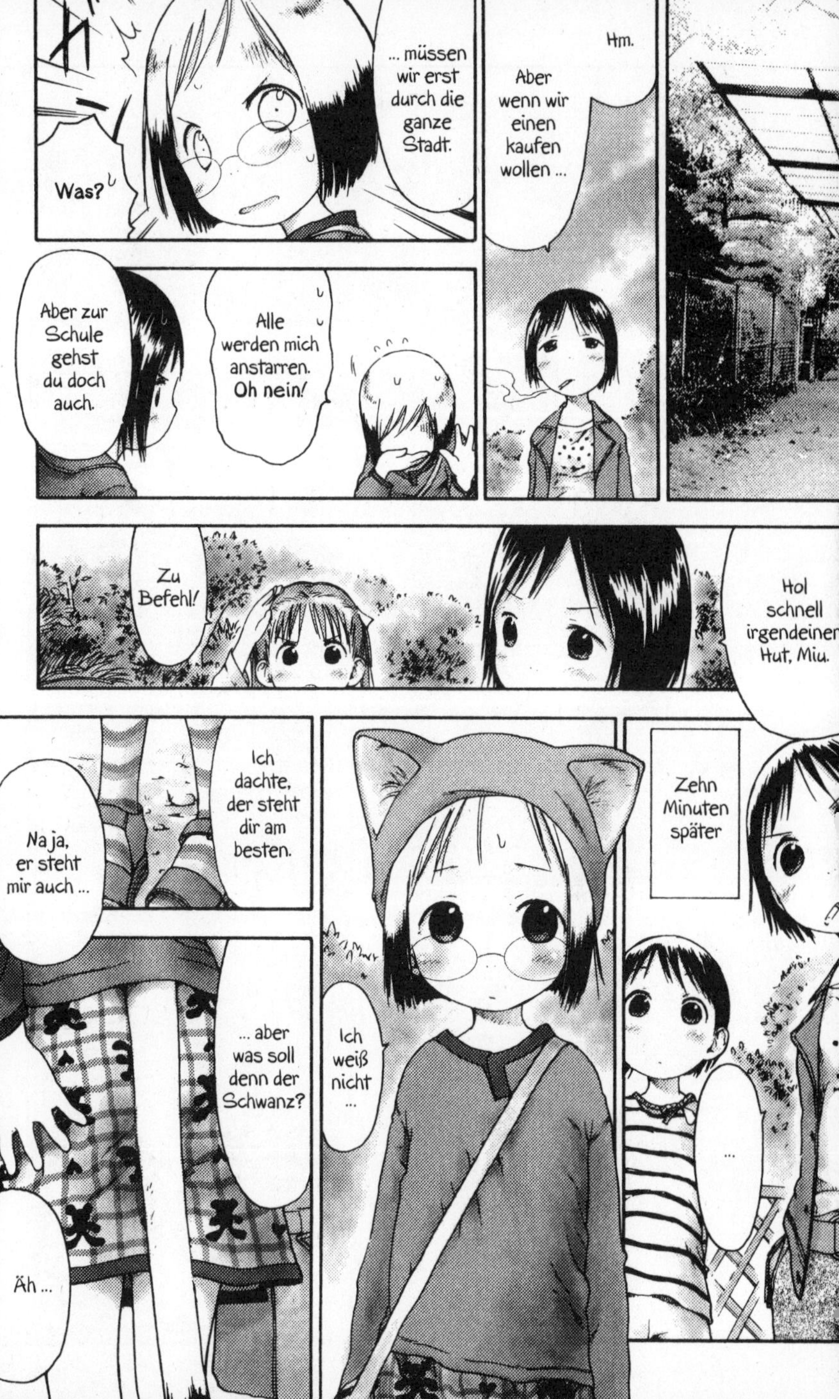
Hm.
Aber wenn wir einen kaufen wollen ...
... müssen wir erst durch die ganze Stadt.
Was?
Alle werden mich anstarren. Oh nein!
Aber zur Schule gehst du doch auch.
Hol schnell irgendeinen Hut, Miu.
Zu Befehl!
Zehn Minuten später
...
Ich weiß nicht ...
Ich dachte, der steht dir am besten.
Na ja, er steht mir auch ...
... aber was soll denn der Schwanz?
Äh ...

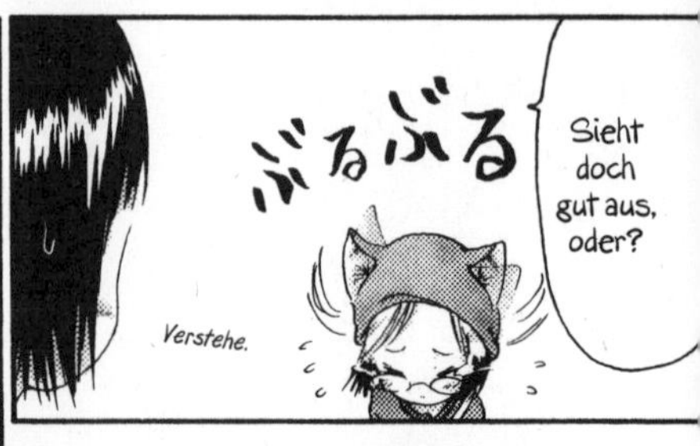
Sieht doch gut aus, oder?
ぶるぶる
Verstehe.

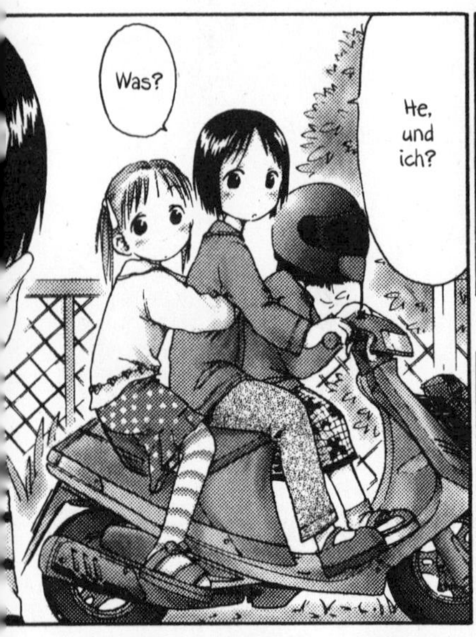
He, und ich?
Was?

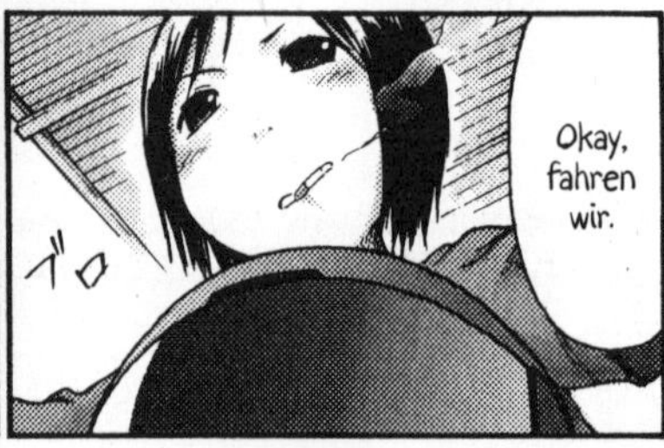
Okay, fahren wir.
ブロ

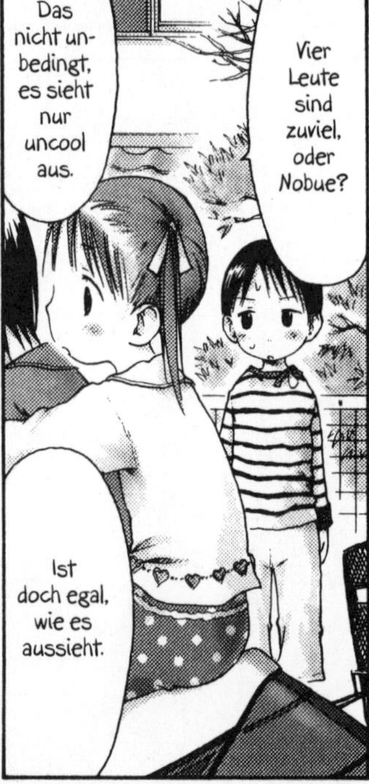
Vier Leute sind zuviel, oder Nobue?
Das nicht unbedingt, es sieht nur uncool aus.
Ist doch egal, wie es aussieht.

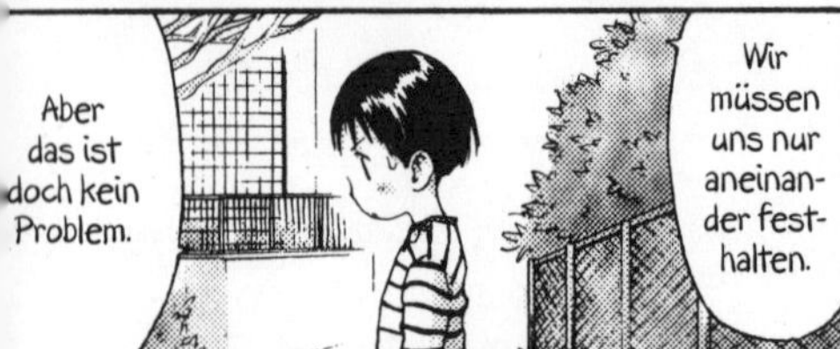
Wir müssen uns nur aneinander festhalten.
Aber das ist doch kein Problem.

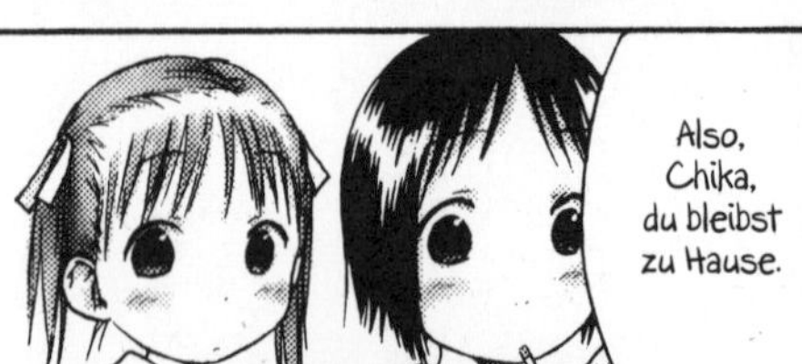
Also, Chika, du bleibst zu Hause.

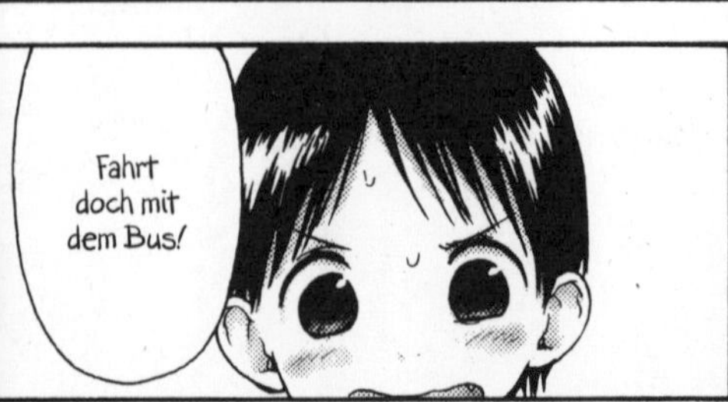
Fahrt doch mit dem Bus!

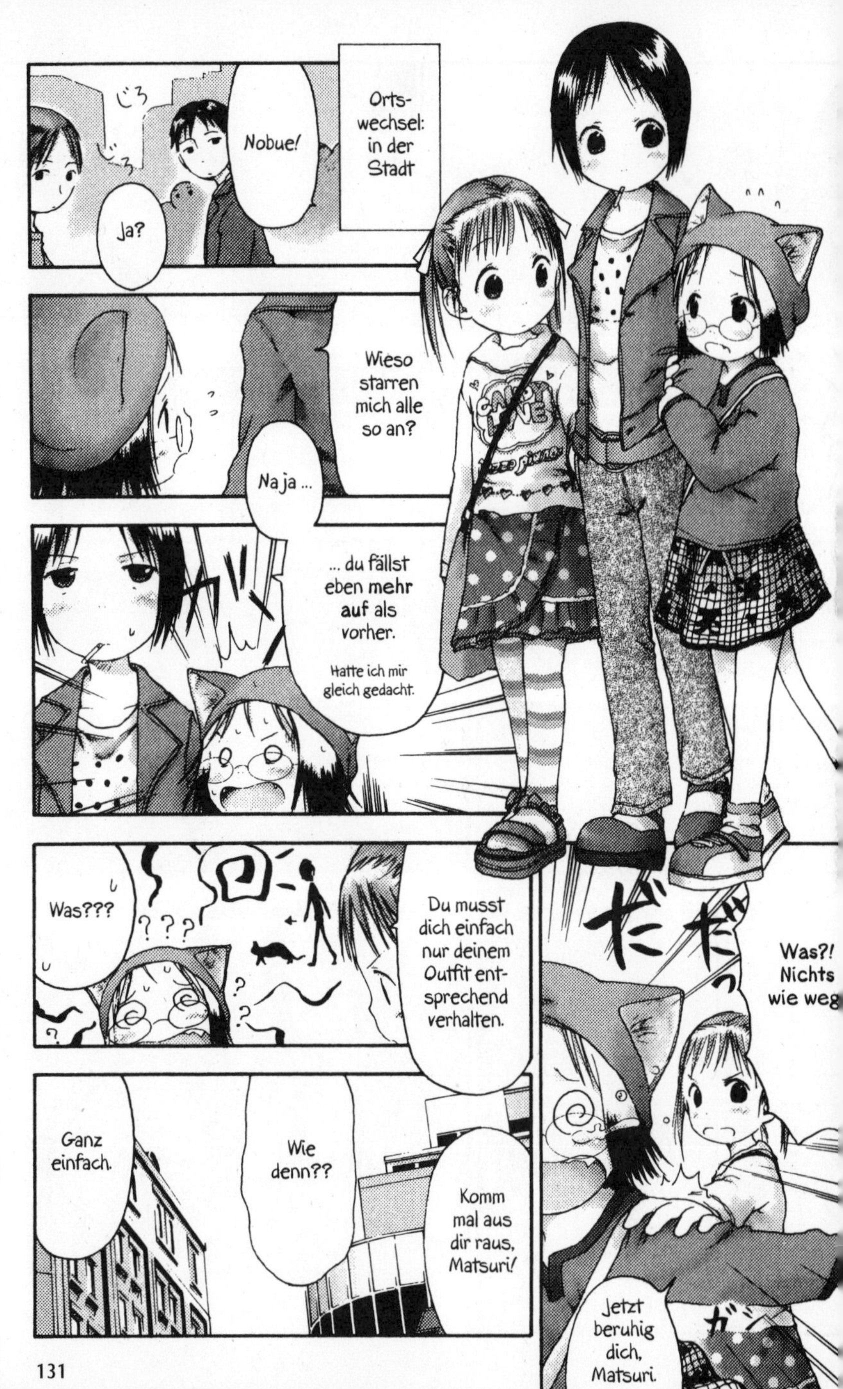
Ortswechsel: in der Stadt
Nobue!
じろ じろ
Ja?
Wieso starren mich alle so an?
Na ja ...
... du fällst eben mehr auf als vorher.
Hatte ich mir gleich gedacht.
だだっ
Was?! Nichts wie weg
Jetzt beruhig dich, Matsuri.
Du musst dich einfach nur deinem Outfit entsprechend verhalten.
Was???
???
Komm mal aus dir raus, Matsuri!
Wie denn??
Ganz einfach.

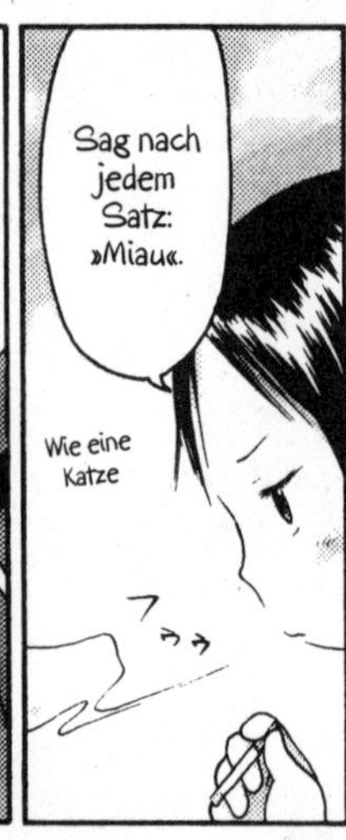
Sag nach jedem Satz: »Miau«.
Wie eine Katze

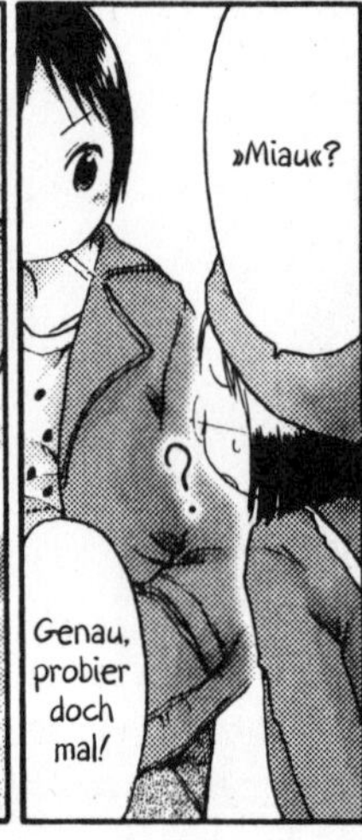
»Miau«?
Genau, probier doch mal!

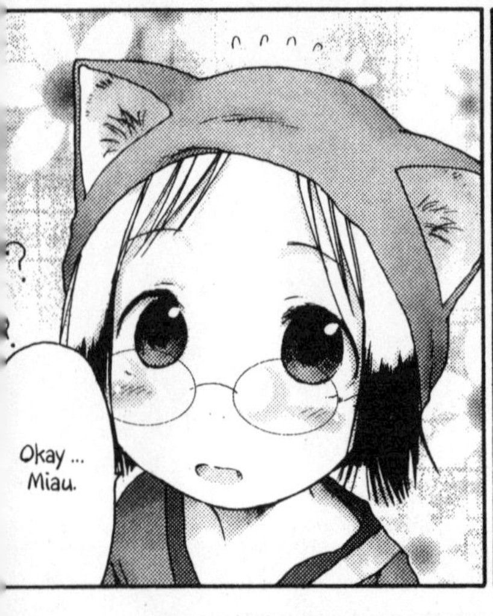
Okay ... Miau.

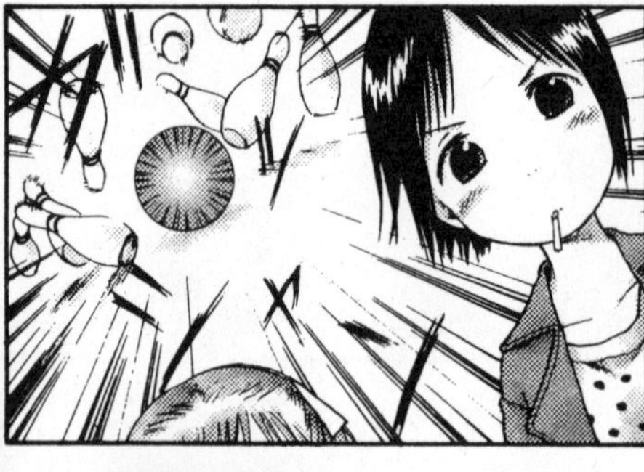

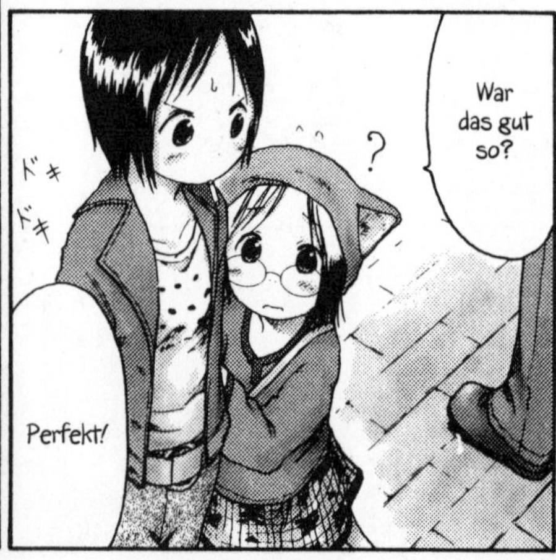
War das gut so?
Perfekt!

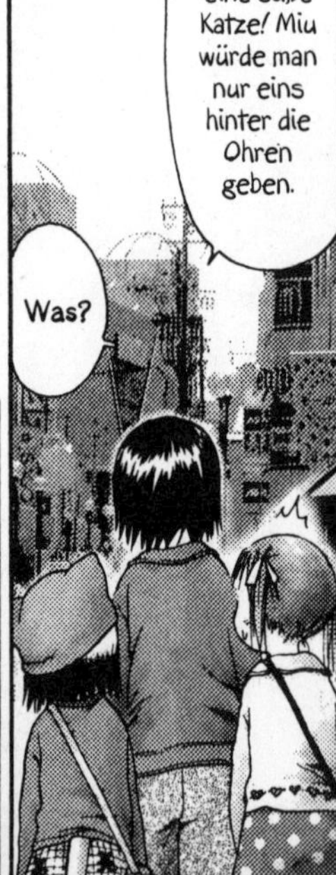
Du bist eine süße Katze! Miu würde man nur eins hinter die Ohren geben.
Was?
Miau?

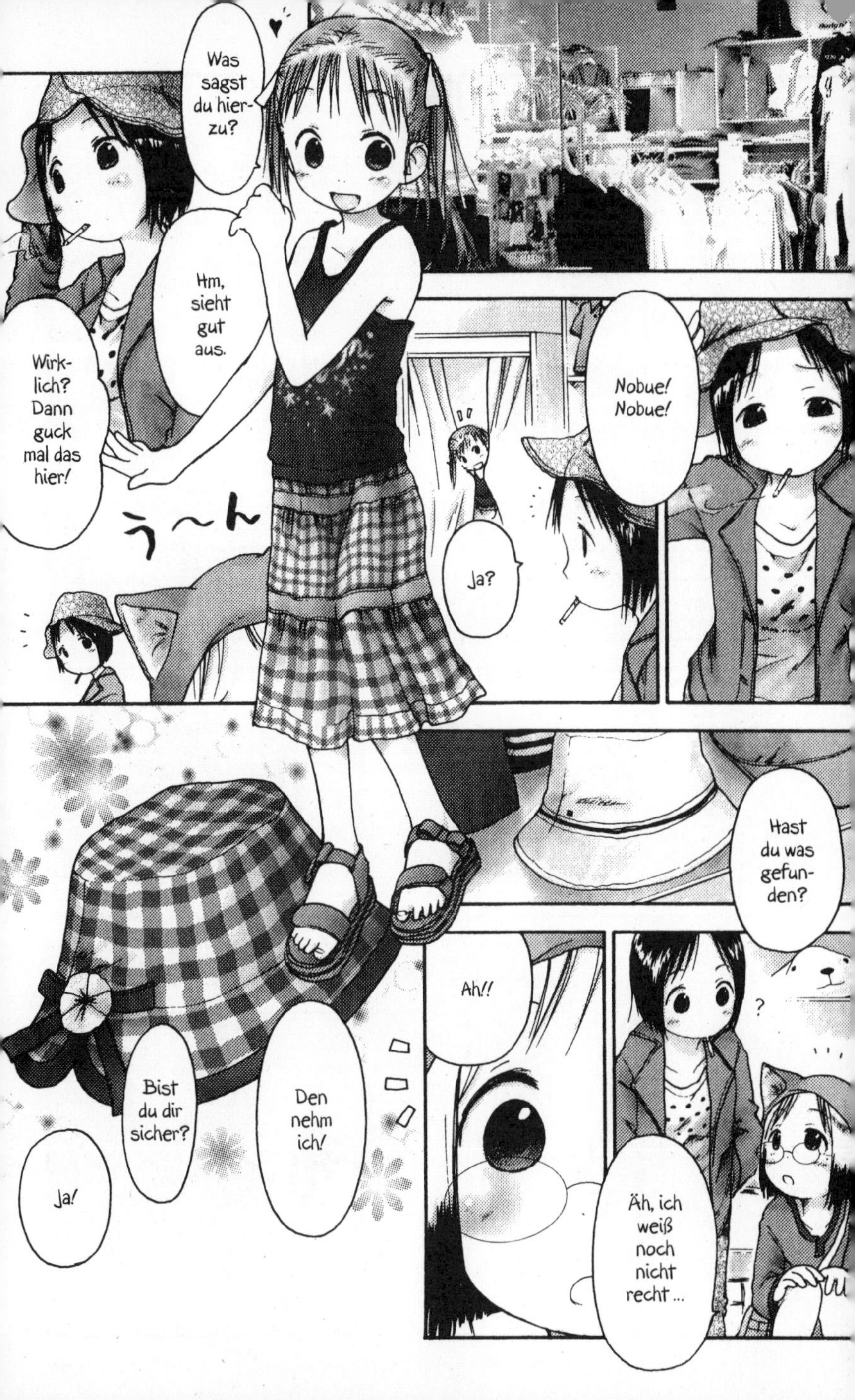

Nobue! Nobue!
Ja?
Was sagst du hierzu?
Hm, sieht gut aus.
Wirklich? Dann guck mal das hier!
う～ん
Hast du was gefunden?
Äh, ich weiß noch nicht recht …
?
Ah!!
Den nehm ich!
Bist du dir sicher?
Ja!

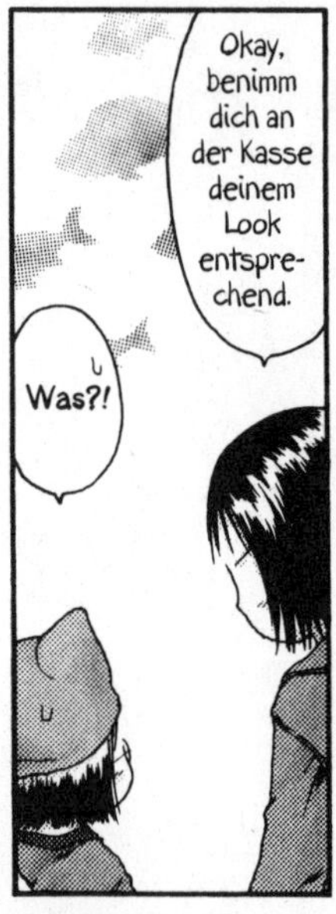
Okay, benimm dich an der Kasse deinem Look entsprechend.
Was?!

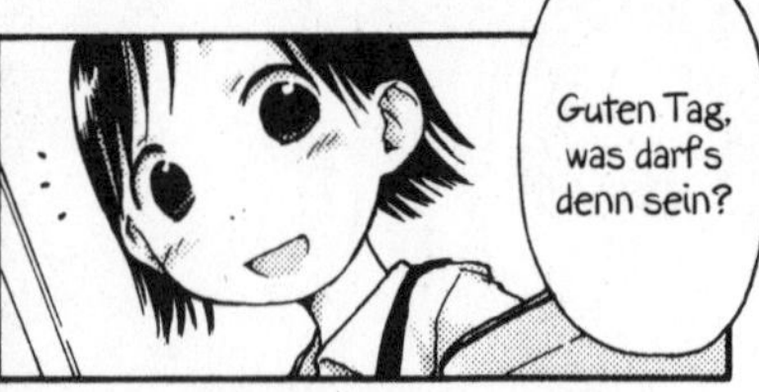
Guten Tag, was darf's denn sein?

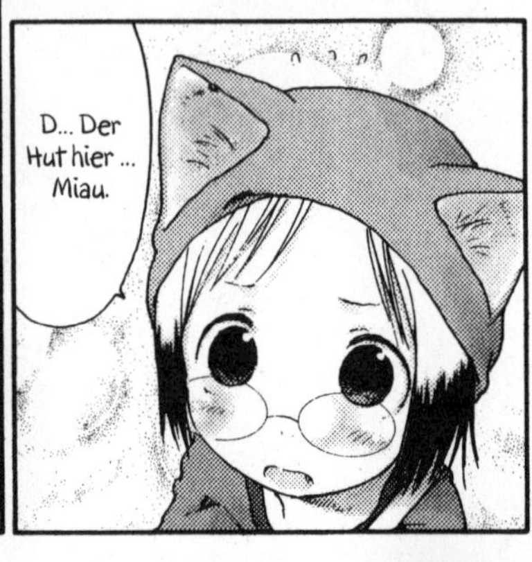
D... Der Hut hier ... Miau.

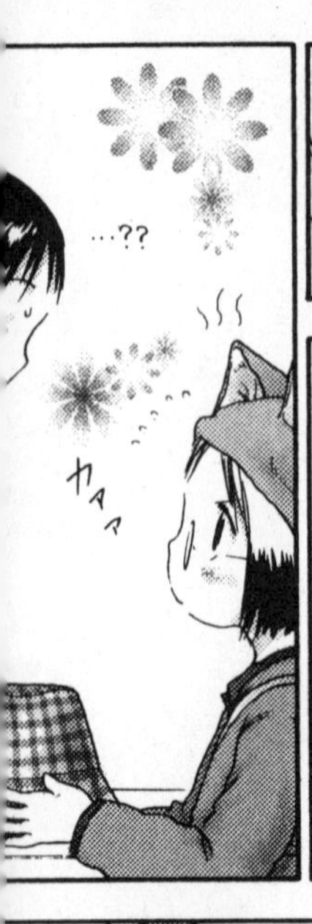
...??

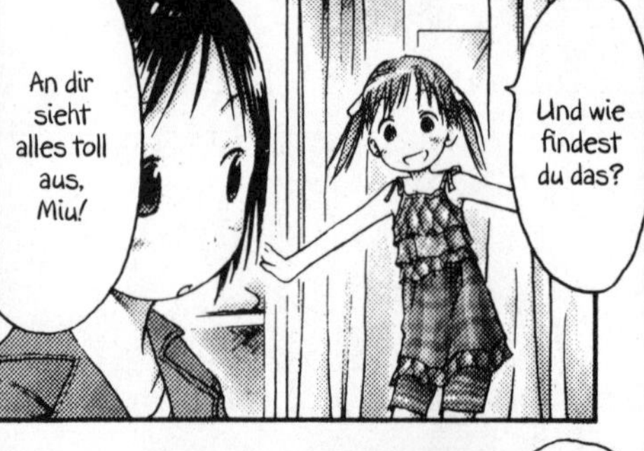
Und wie findest du das?
An dir sieht alles toll aus, Miu!

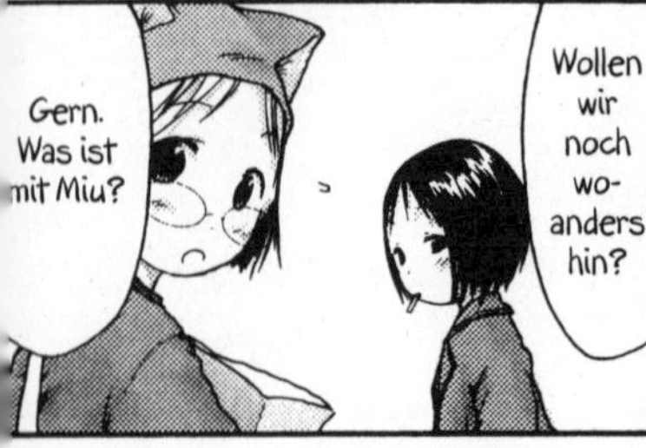
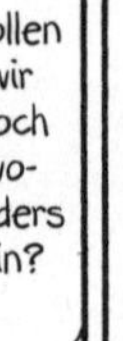
Wollen wir noch wo-anders hin?
Gern. Was ist mit Miu?

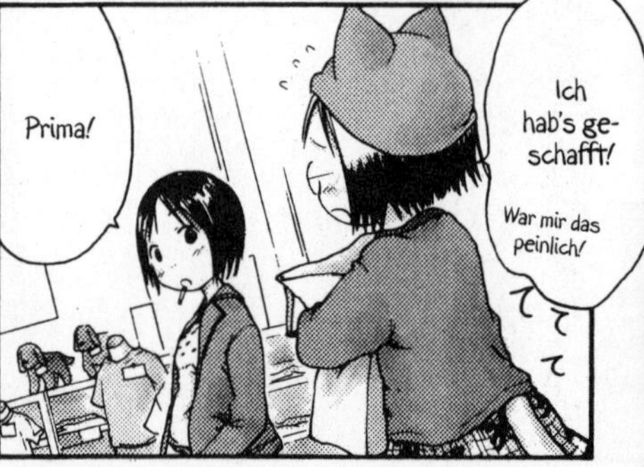
Ich hab's ge-schafft!
War mir das peinlich!
Prima!

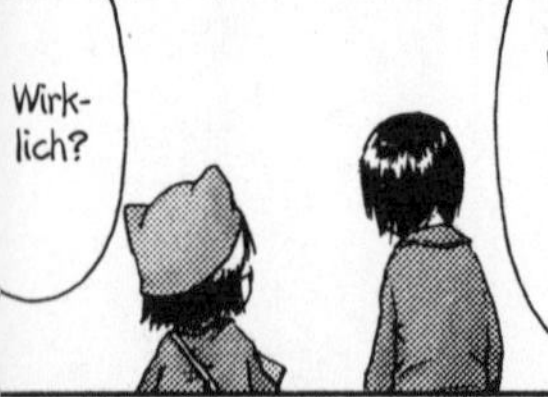
Warten ist zwecklos. Miu kann ewig shoppen.
Wirk-lich?

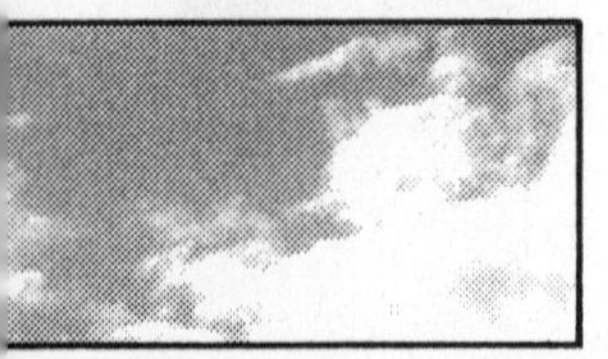

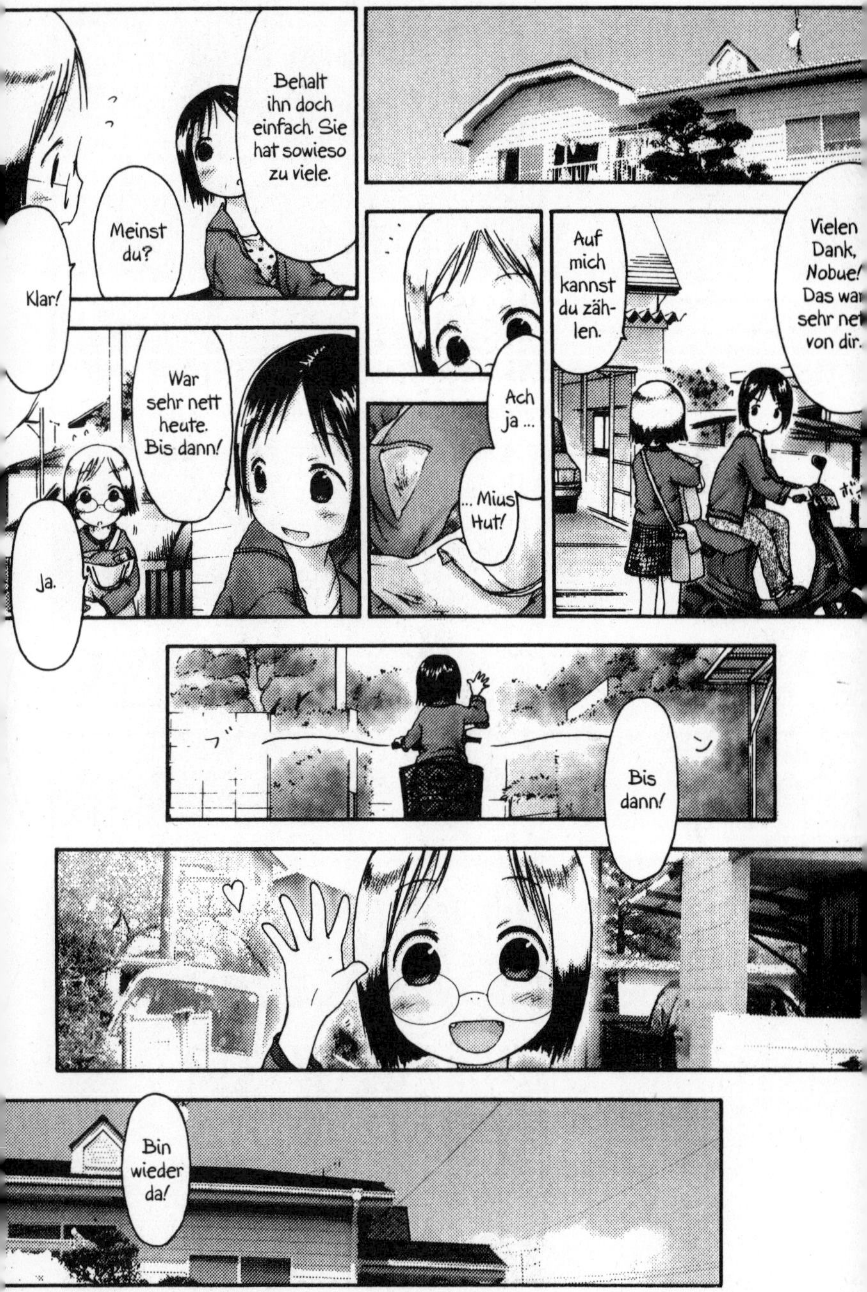

Behalt ihn doch einfach. Sie hat sowieso zu viele.

Meinst du?

Klar!

Vielen Dank, Nobue! Das wa sehr net von dir.

Auf mich kannst du zählen.

Ach ja ...

... Mius Hut!

War sehr nett heute. Bis dann!

Ja.

Bis dann!

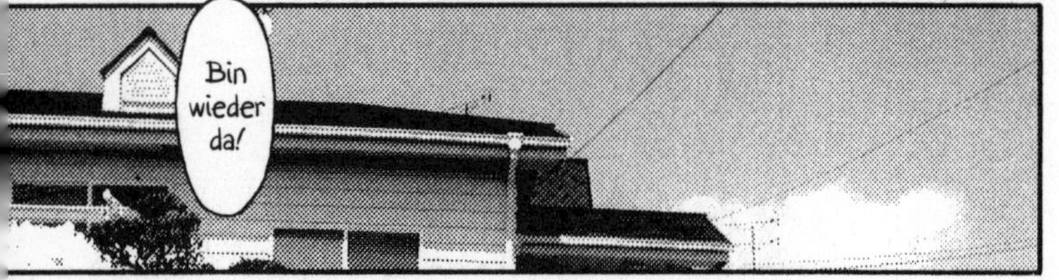

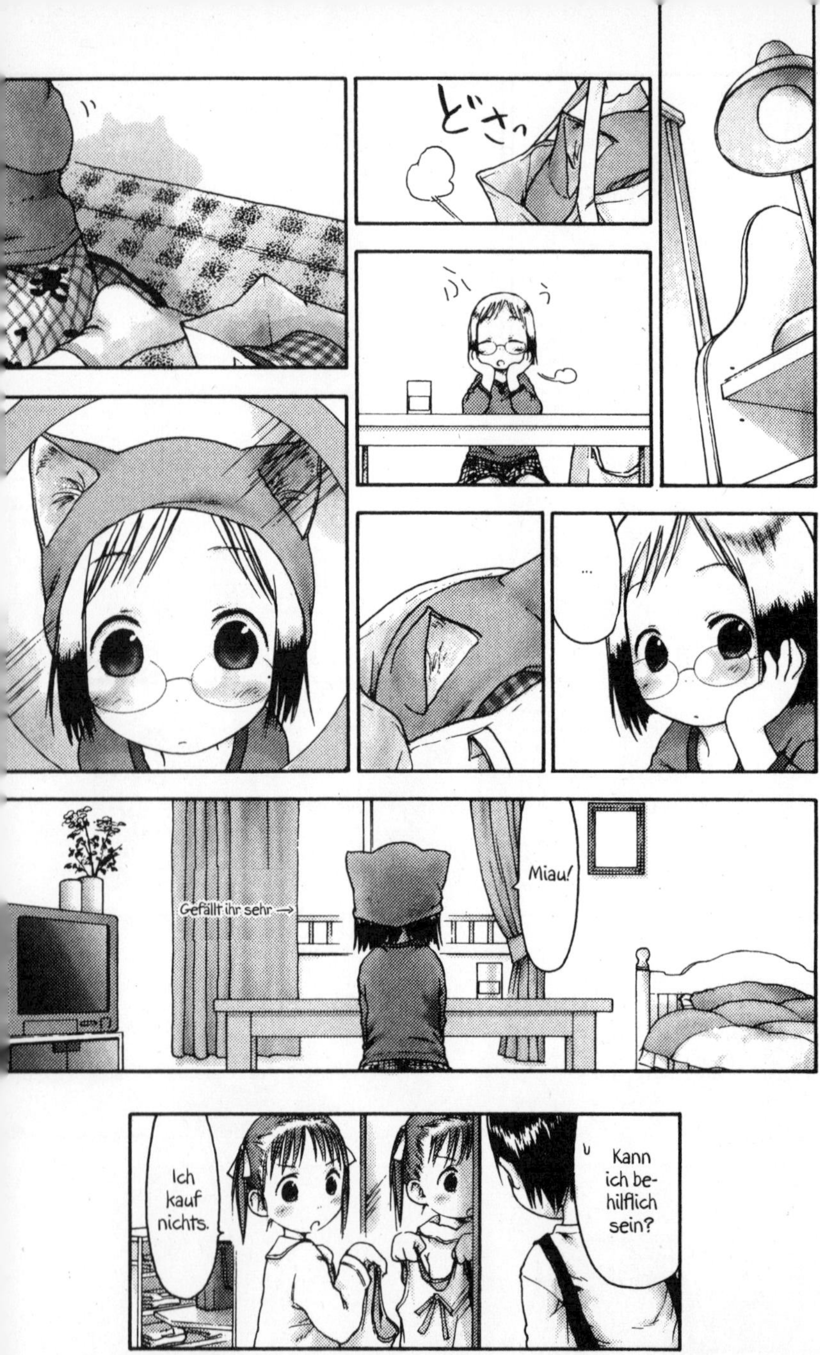

どさっ
ふぅ
…
Miau!
Gefällt ihr sehr →

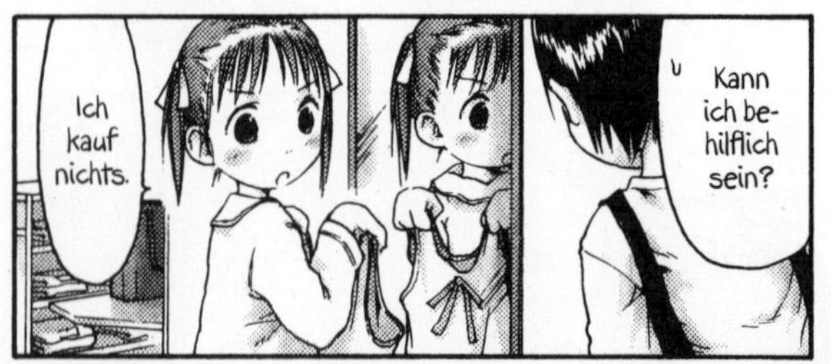
Kann ich be-hilflich sein?
Ich kauf nichts.

name	season
☐NOBUE	☐SPRING
☐CHIKA	☐SUMMER
☑MIU	☐AUTUMN
☐MATSURI	☑WINTER

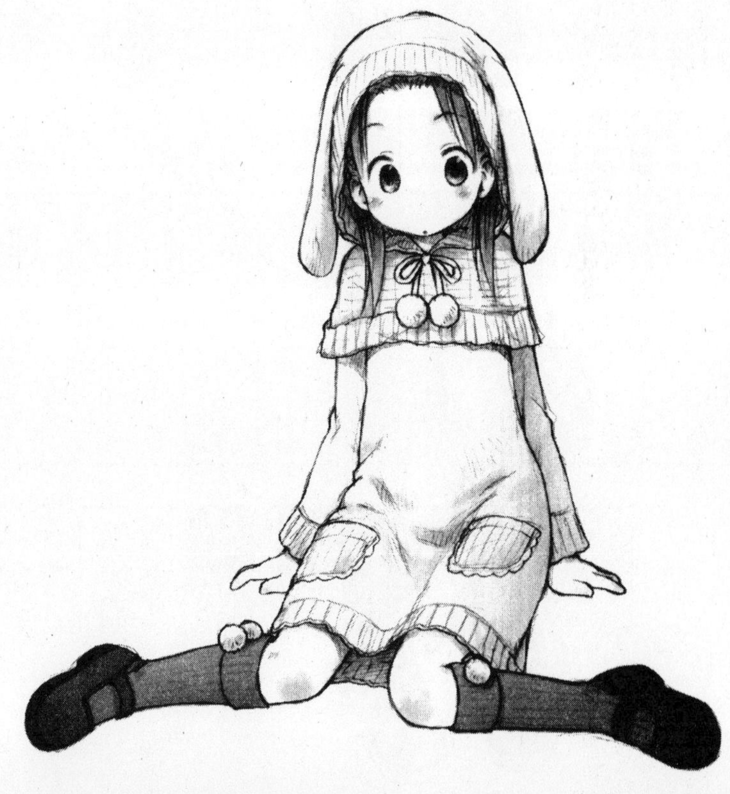

PAGE 138

name	*season*
☐NOBUE	☐SPRING
☐CHIKA	☐SUMMER
☐MIU	☐AUTUMN
■MATSURI	■WINTER

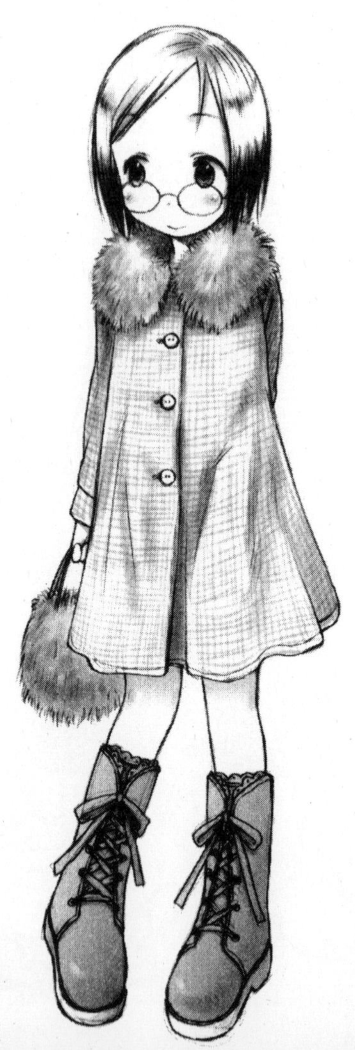

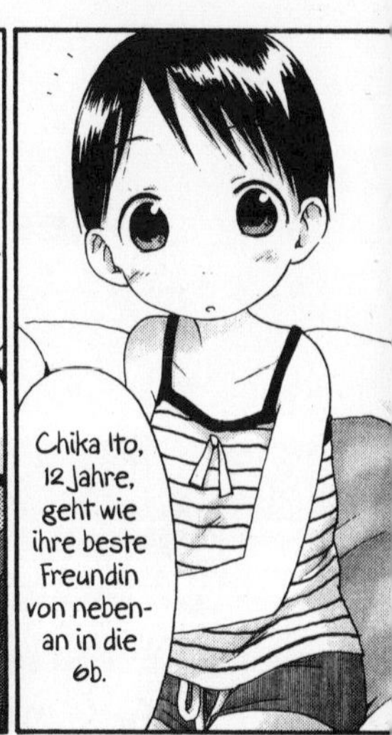
Chika Ito,
12 Jahre,
geht wie
ihre beste
Freundin
von neben-
an in die
6b.

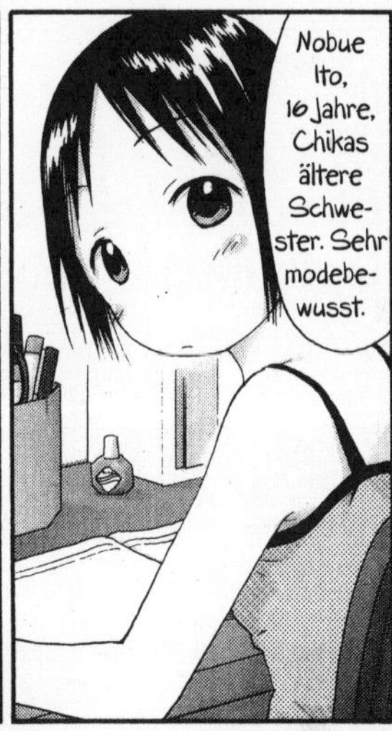
Nobue
Ito,
16 Jahre,
Chikas
ältere
Schwe-
ster. Sehr
modebe-
wusst.

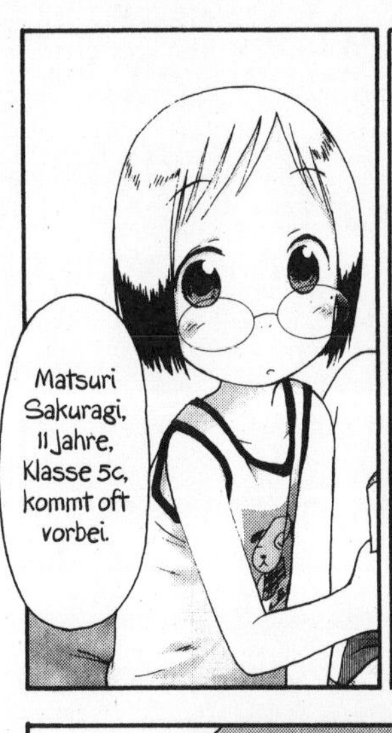
Matsuri
Sakuragi,
11 Jahre,
Klasse 5c,
kommt oft
vorbei.

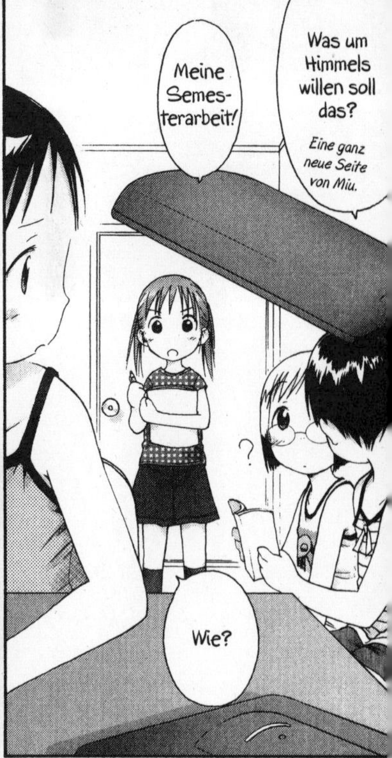
Was um
Himmels
willen soll
das?
Eine ganz
neue Seite
von Miu.
Meine
Semes-
terarbeit!
Wie?

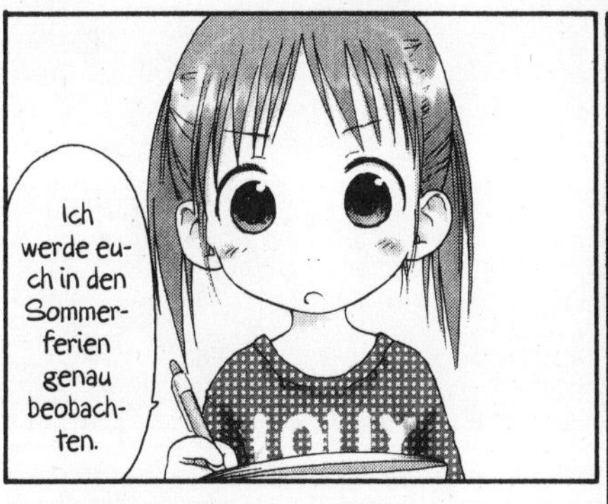
Ich
werde eu-
ch in den
Sommer-
ferien
genau
beobach-
ten.

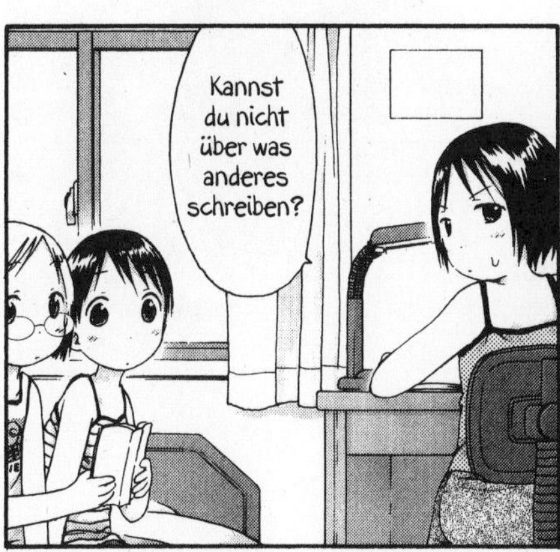
Kannst
du nicht
über was
anderes
schreiben?

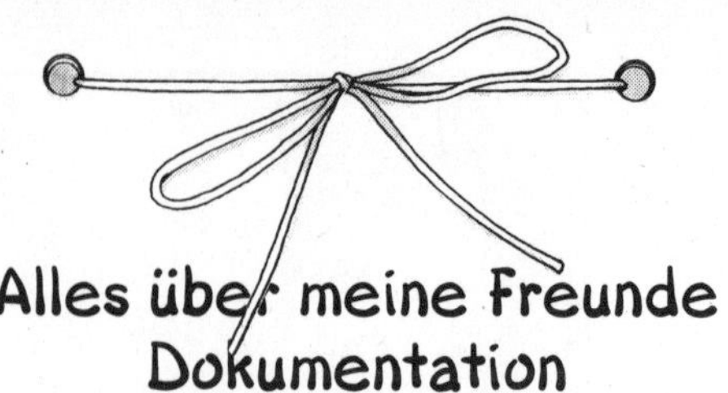

Alles über meine Freunde Dokumentation

Von Miu Matsuoka, Klasse 6b

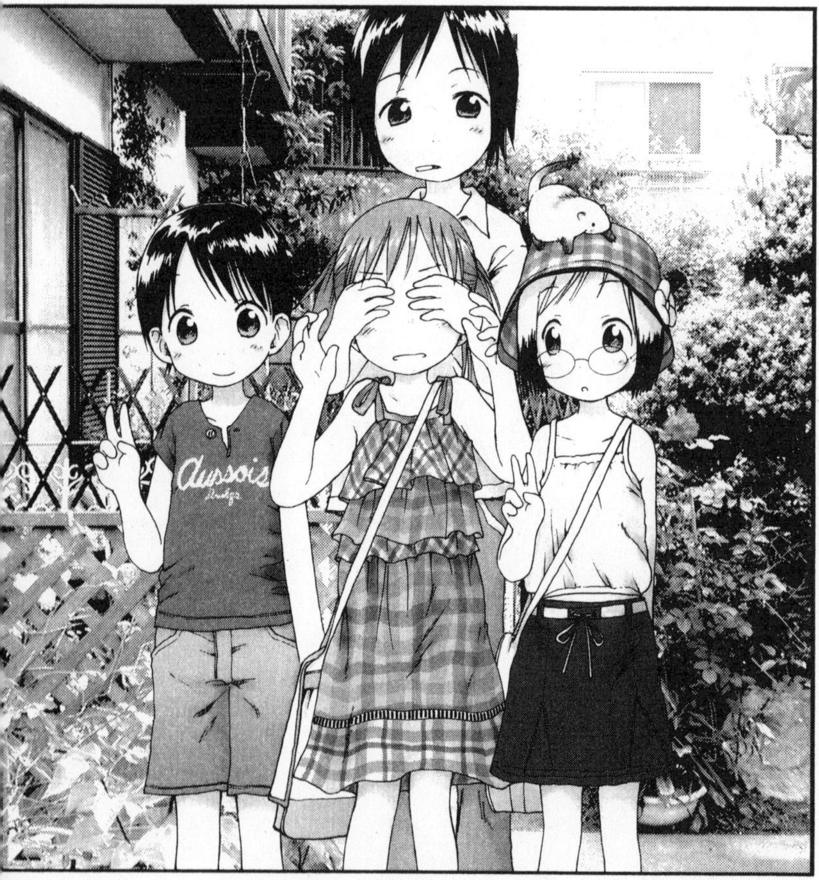

KAPITEL 9
Mius Semesterarbeit

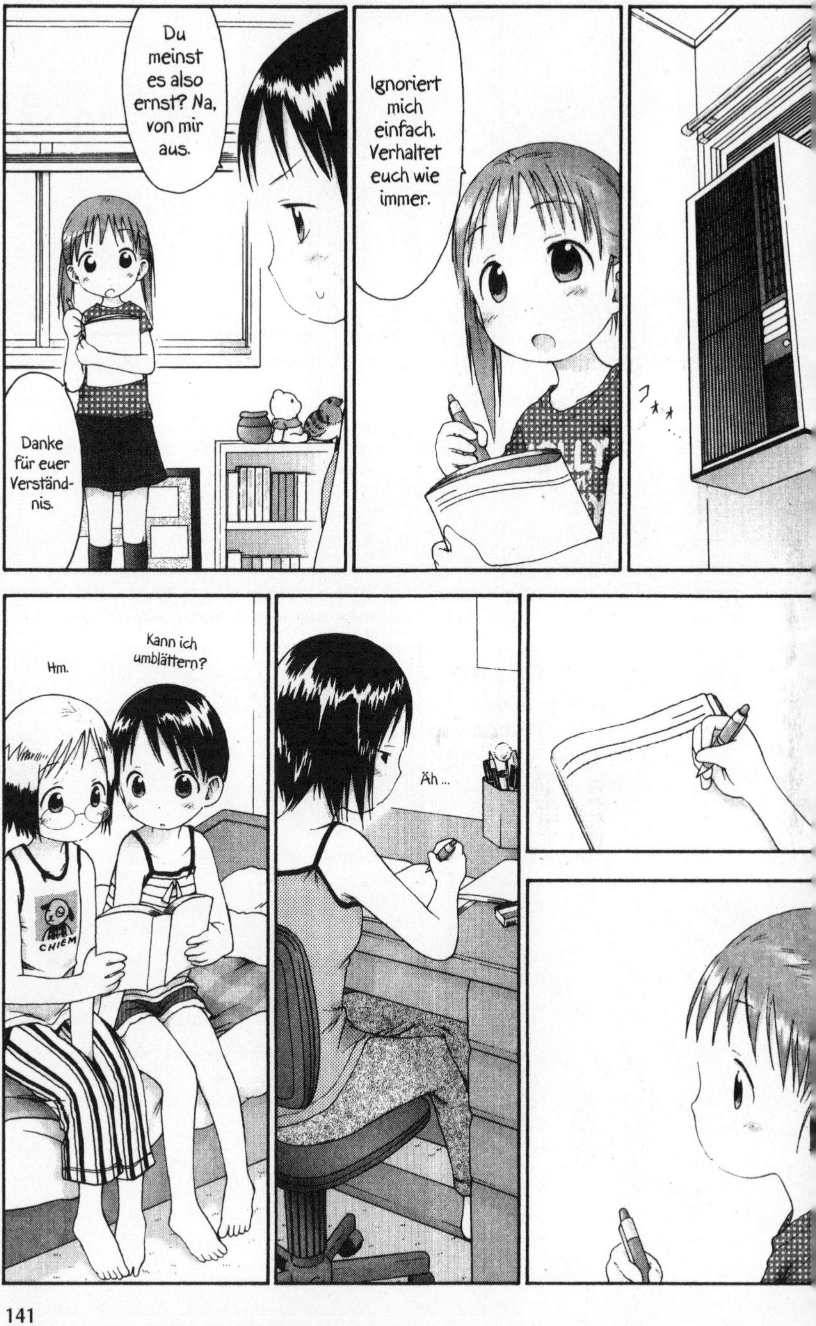

Ignoriert mich einfach. Verhaltet euch wie immer.

Du meinst es also ernst? Na, von mir aus.

Danke für euer Verständnis.

Äh ...

Kann ich umblättern?

Hm.

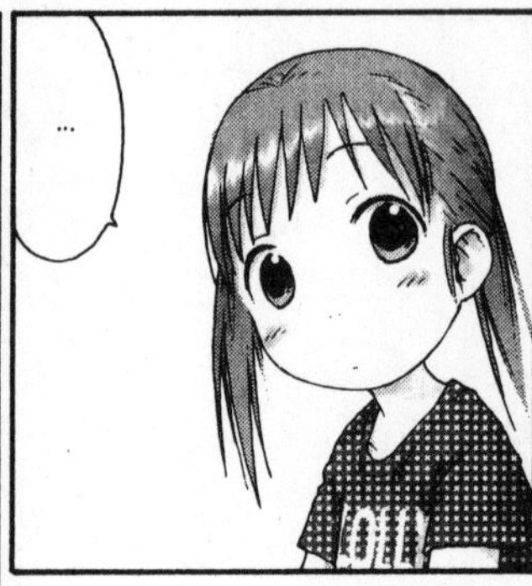

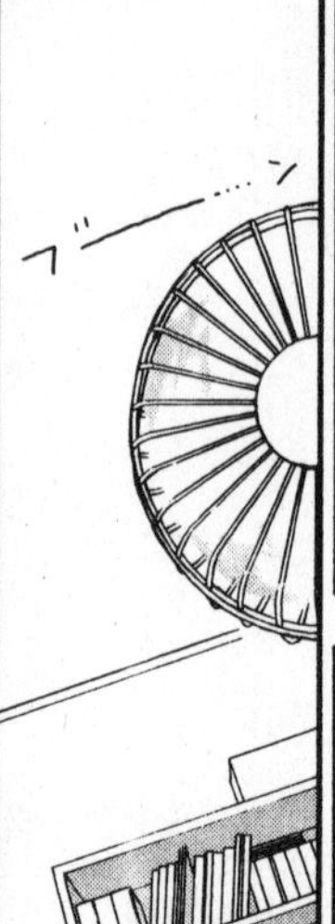

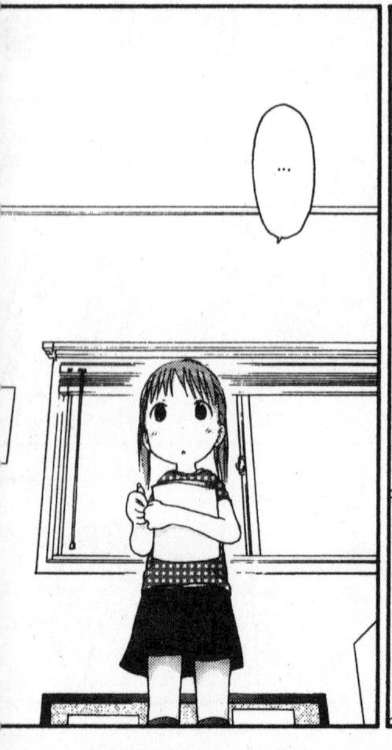

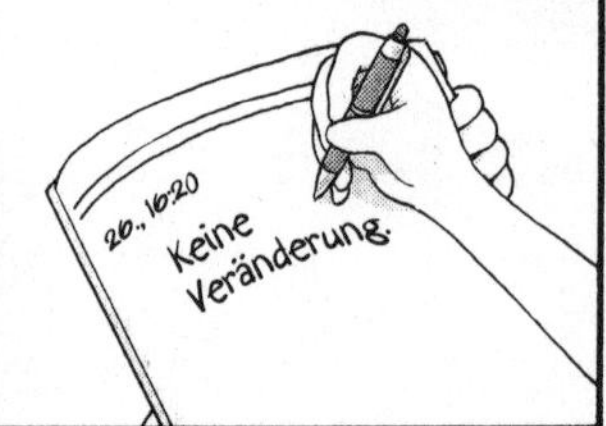

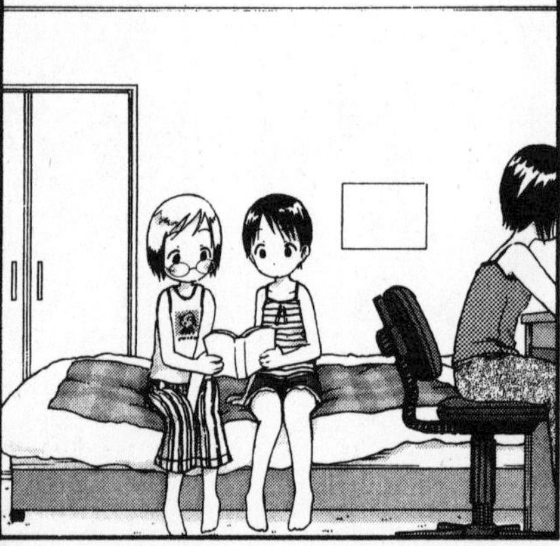

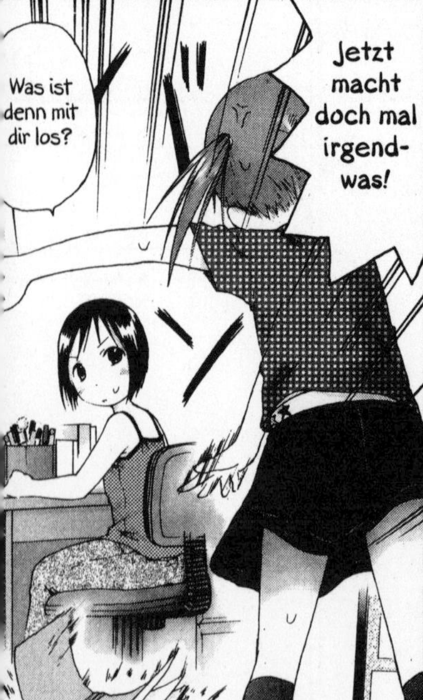

Keine Veränderung.

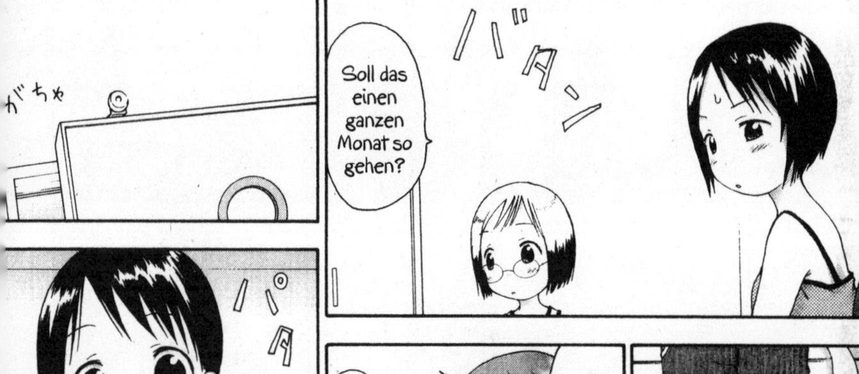
Wir beide gehen in die Küche backen.
Ah?
Was denn?
Plätzchen! Ich will Matsuri welche mit nach Hause geben.
Nur für meine Dokumentation?
Quatsch! Für Matsuri!
Äh, du musst mich nicht begleiten.
Lass dich nicht stören.
バタン
Soll das einen ganzen Monat so gehen?
がちゃ
Ich geh kurz auf die Toilette.
お
Okay.
パタン

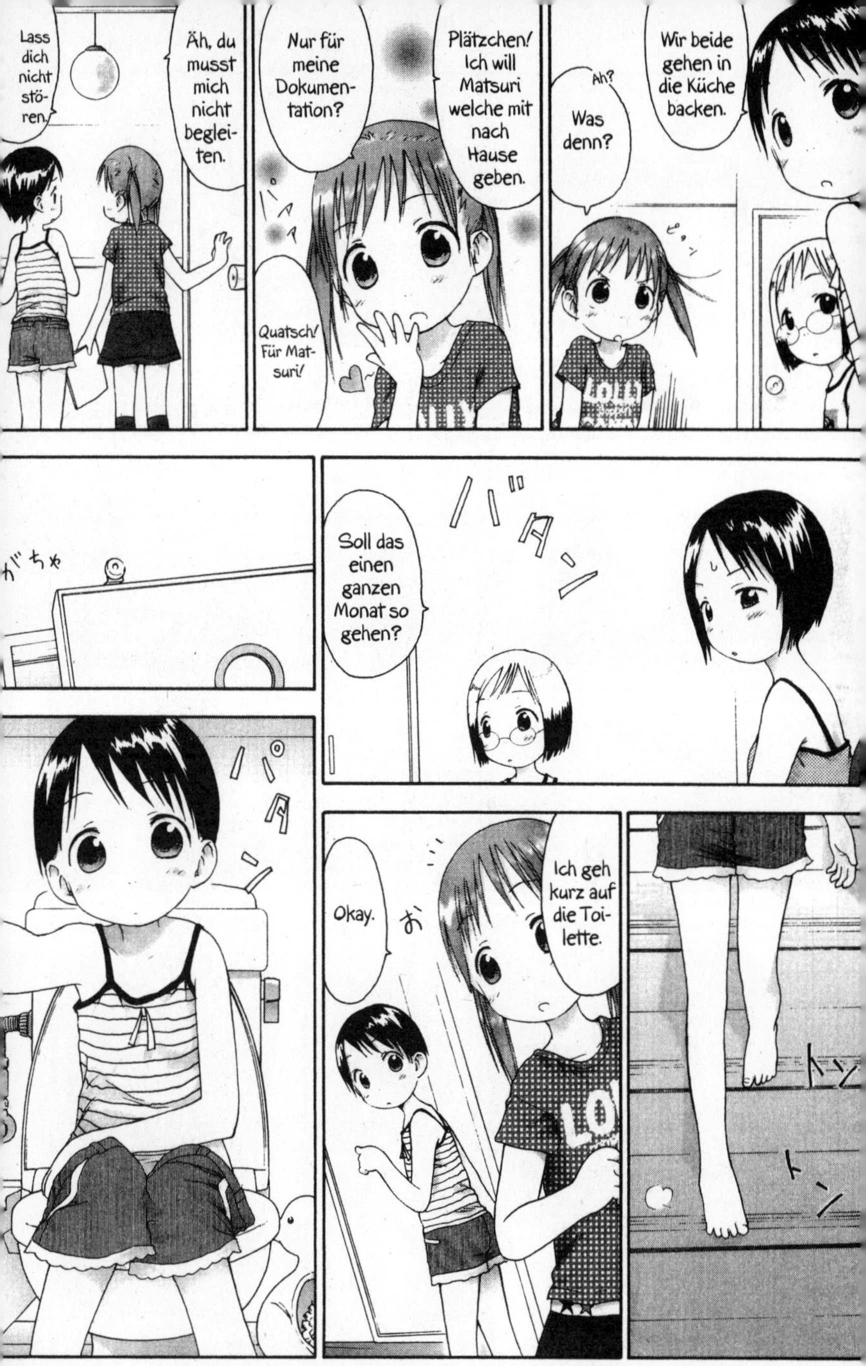

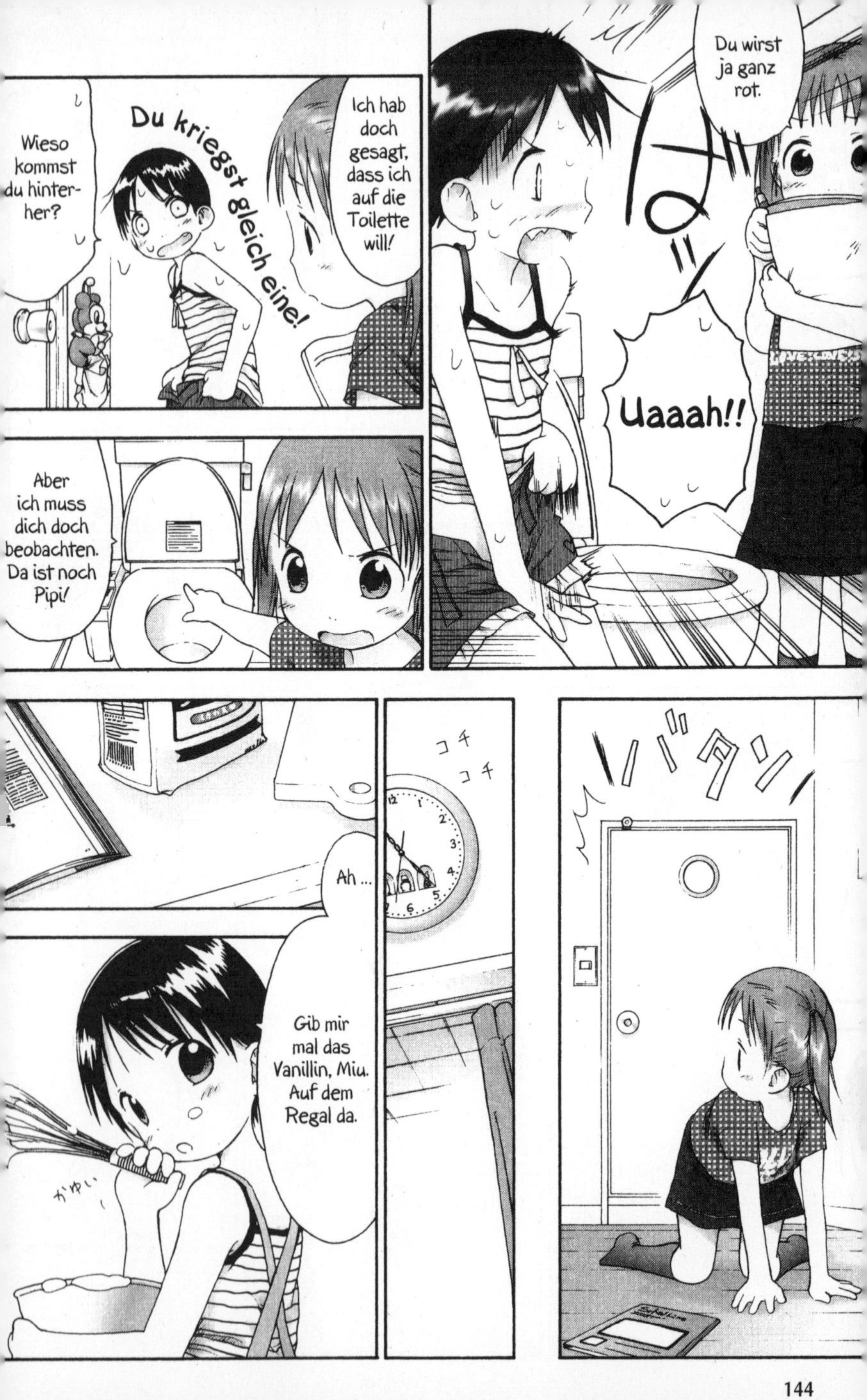

Wieso kommst du hinterher?

Du kriegst gleich eine!

Ich hab doch gesagt, dass ich auf die Toilette will!

Aber ich muss dich doch beobachten. Da ist noch Pipi!

Uaaah!!

Du wirst ja ganz rot.

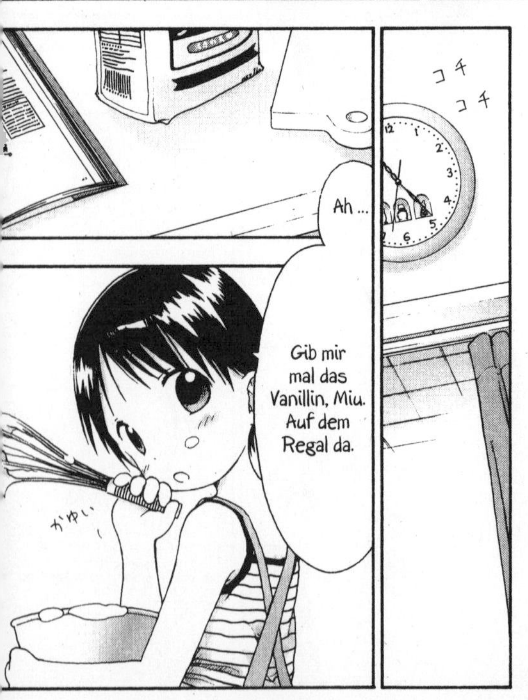

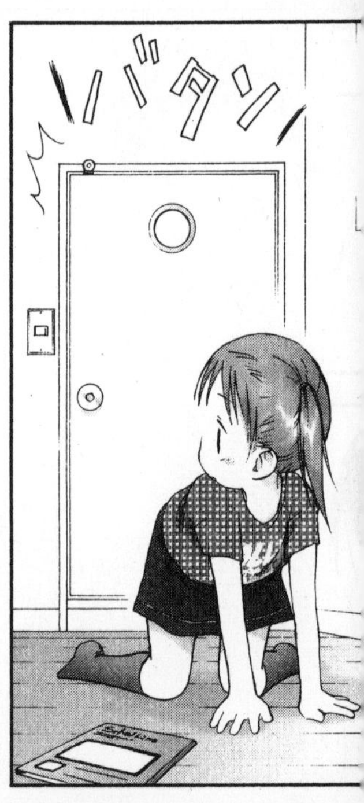

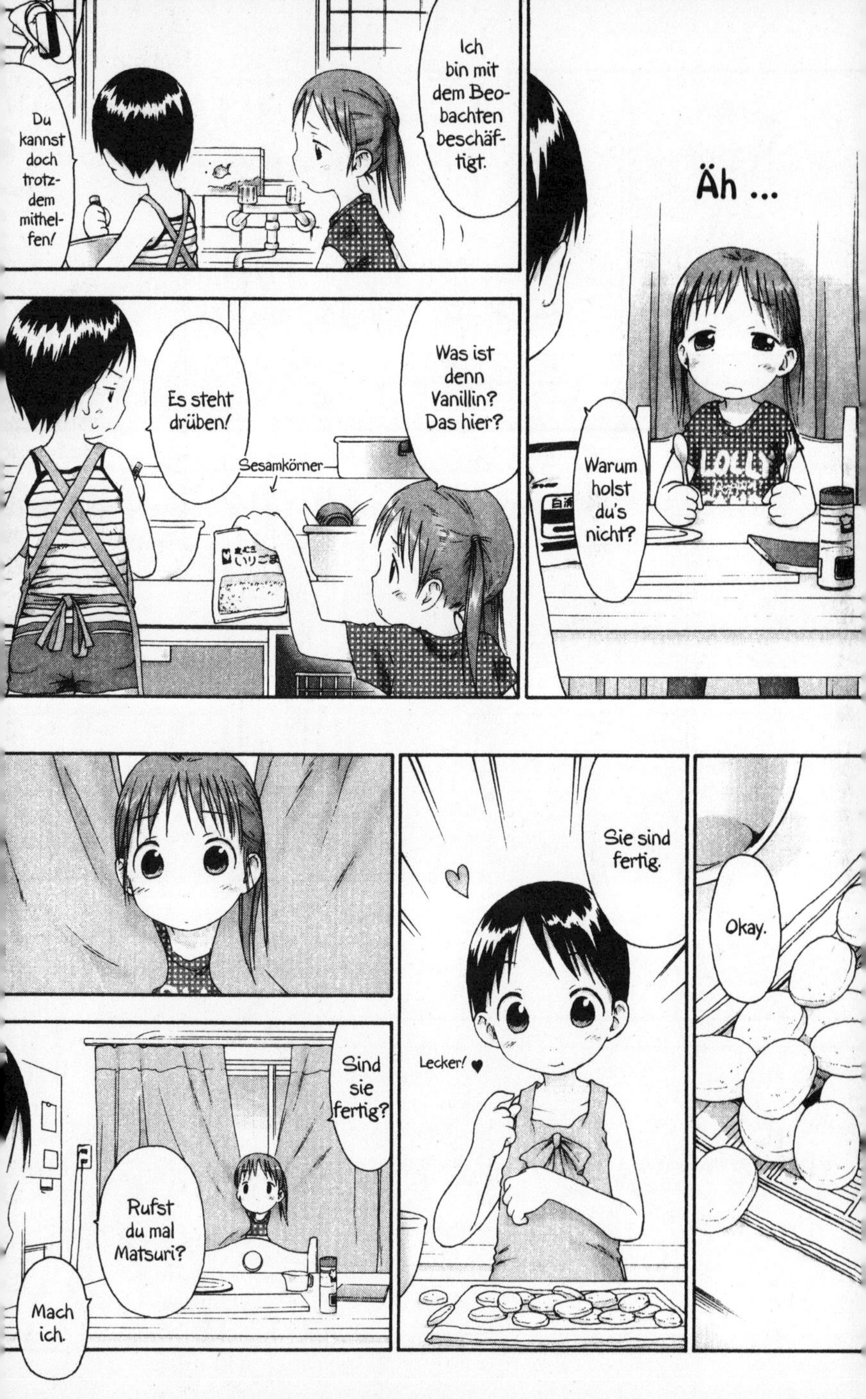
Äh ...
Warum holst du's nicht?
Ich bin mit dem Beobachten beschäftigt.
Du kannst doch trotzdem mithelfen!
Was ist denn Vanillin? Das hier?
Sesamkörner
Es steht drüben!
Sind sie fertig?
Rufst du mal Matsuri?
Mach ich.
Sie sind fertig.
Lecker!
Okay.

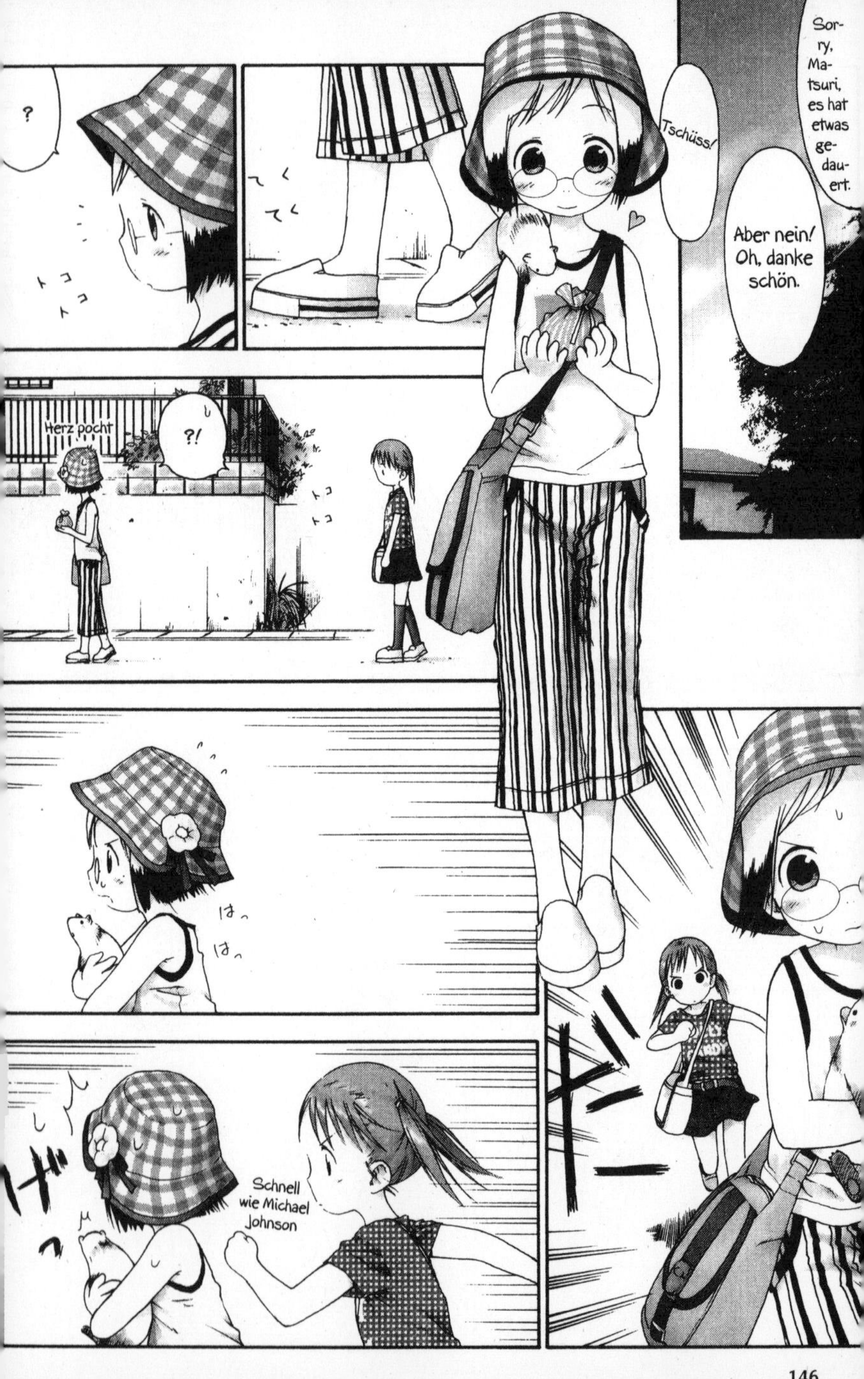

Sorry, Matsuri, es hat etwas gedauert.
Aber nein! Oh, danke schön.
Tschüss!
てくてく
?
トコトコ
Herz pocht
?!
トコトコ
はっはっ
Schnell wie Michael Johnson

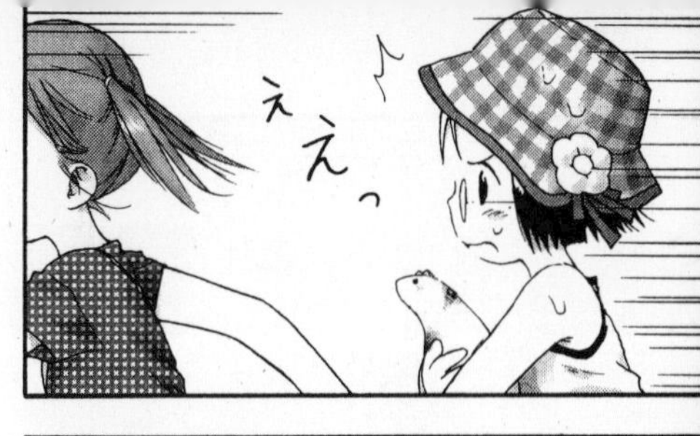
ええっ

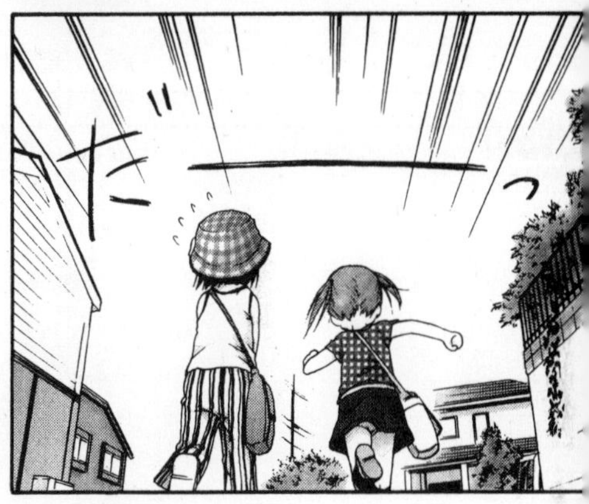
だーっ

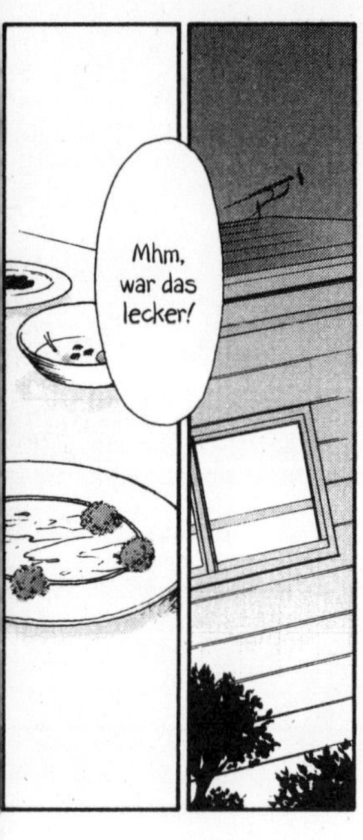
Mhm, war das lecker!

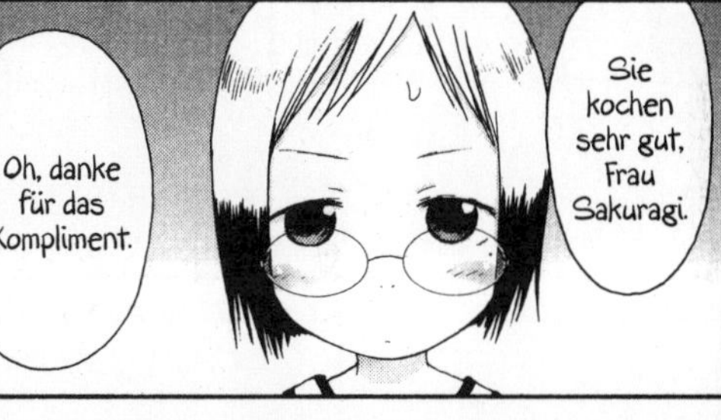
Sie kochen sehr gut, Frau Sakuragi.
Oh, danke für das Kompliment.

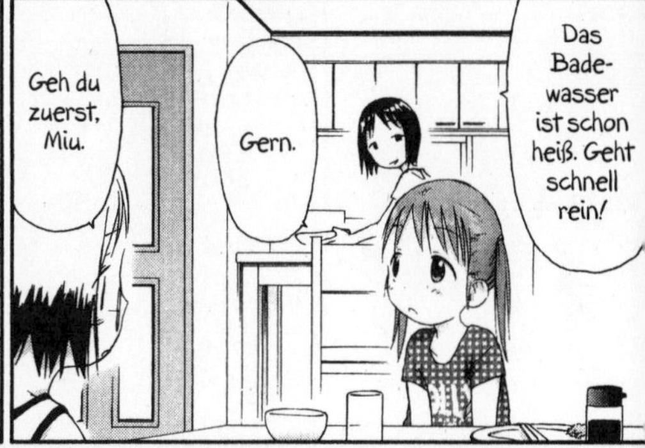
Das Badewasser ist schon heiß. Geht schnell rein!
Gern.
Geh du zuerst, Miu.

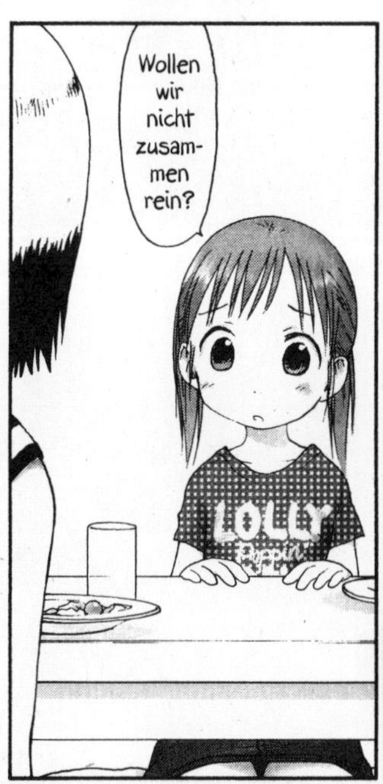
Wollen wir nicht zusammen rein?

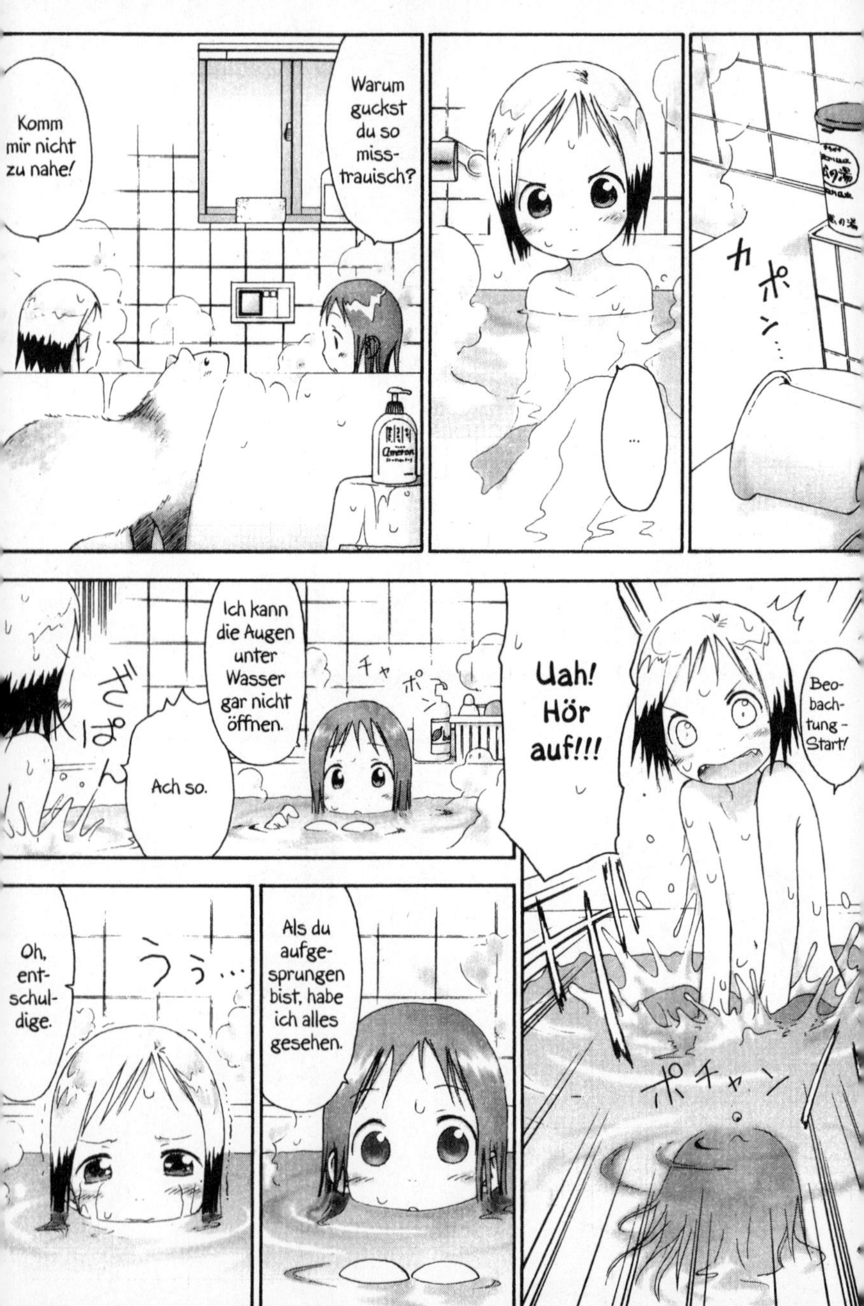
カポン…
…
Warum guckst du so miss-trauisch?
Komm mir nicht zu nahe!
Beo-bach-tung-Start!
Uah! Hör auf!!!
ポチャン
Ich kann die Augen unter Wasser gar nicht öffnen.
チャポン
Ach so.
ざぱん
Als du aufge-sprungen bist, habe ich alles gesehen.
うぅ…
Oh, ent-schul-dige.

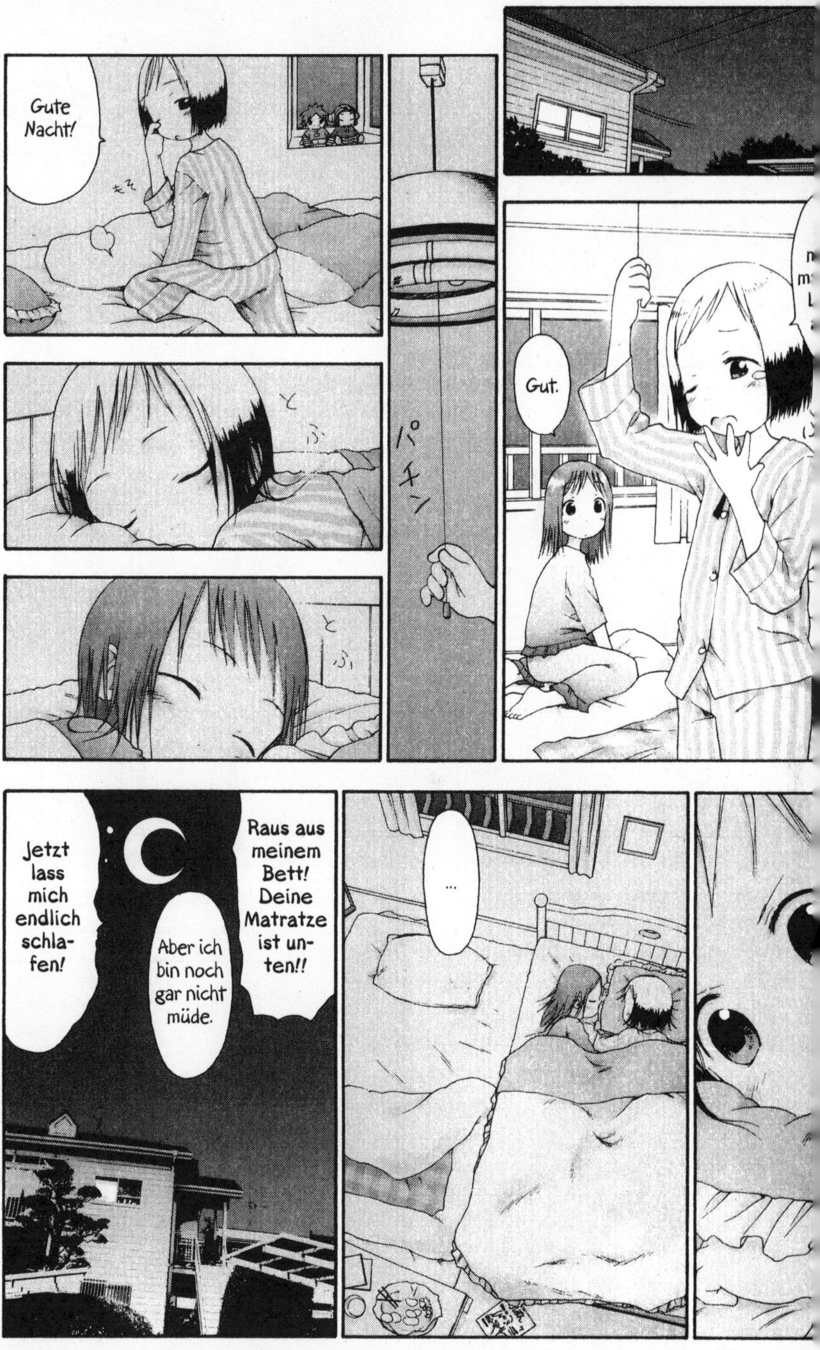

Gut.

パチン

Gute Nacht!

もそ

とふ

とふ

…

Raus aus meinem Bett! Deine Matratze ist unten!!

Aber ich bin noch gar nicht müde.

Jetzt lass mich endlich schlafen!

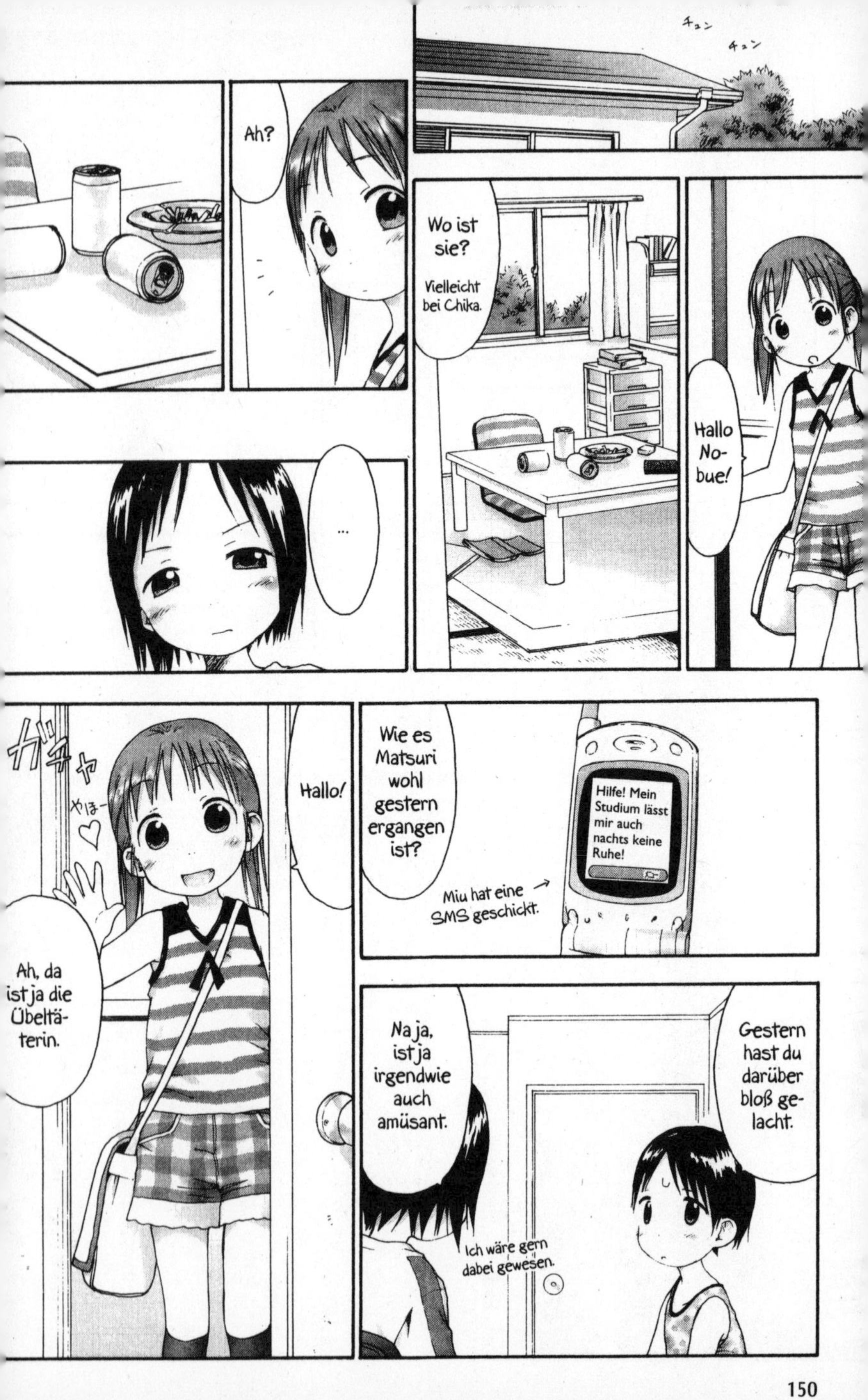

チュン
チュン
Hallo Nobue!
Wo ist sie?
Vielleicht bei Chika.

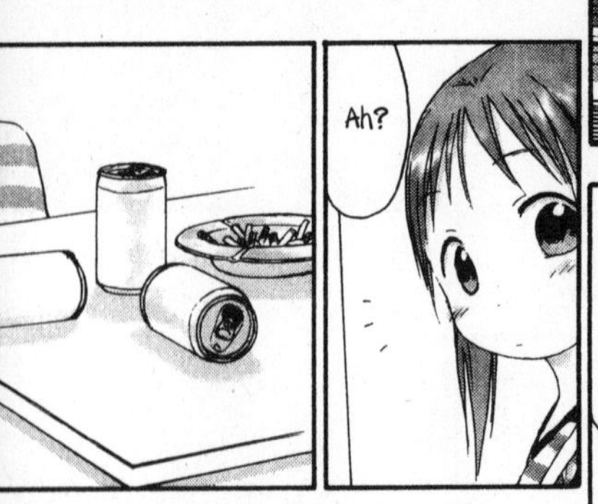

...

Wie es Matsuri wohl gestern ergangen ist?
Hilfe! Mein Studium lässt mir auch nachts keine Ruhe!
Miu hat eine SMS geschickt.

Gestern hast du darüber bloß gelacht.
Na ja, ist ja irgendwie auch amüsant.
Ich wäre gern dabei gewesen.

ガチャ
やほー
Hallo!
Ah, da ist ja die Übeltäterin.

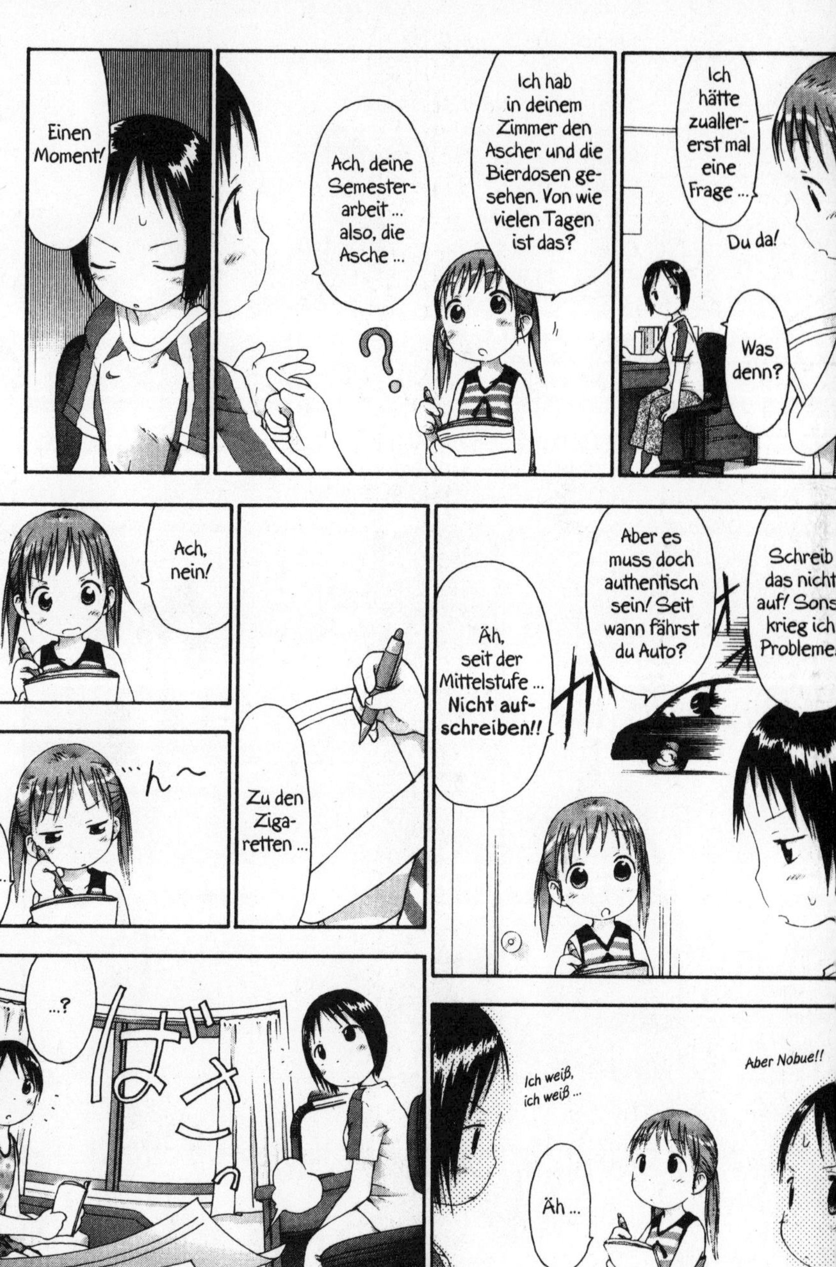

Ich hätte zuallererst mal eine Frage ...
Du da!
Was denn?
Ich hab in deinem Zimmer den Ascher und die Bierdosen gesehen. Von wie vielen Tagen ist das?
Ach, deine Semesterarbeit ... also, die Asche ...
Einen Moment!
Schreib das nicht auf! Sonst krieg ich Probleme.
Aber es muss doch authentisch sein! Seit wann fährst du Auto?
Äh, seit der Mittelstufe ... **Nicht aufschreiben!!**
Zu den Zigaretten ...
Ach, nein!
...ん~
...
Aber Nobue!!
Ich weiß, ich weiß ...
Äh ...
...?

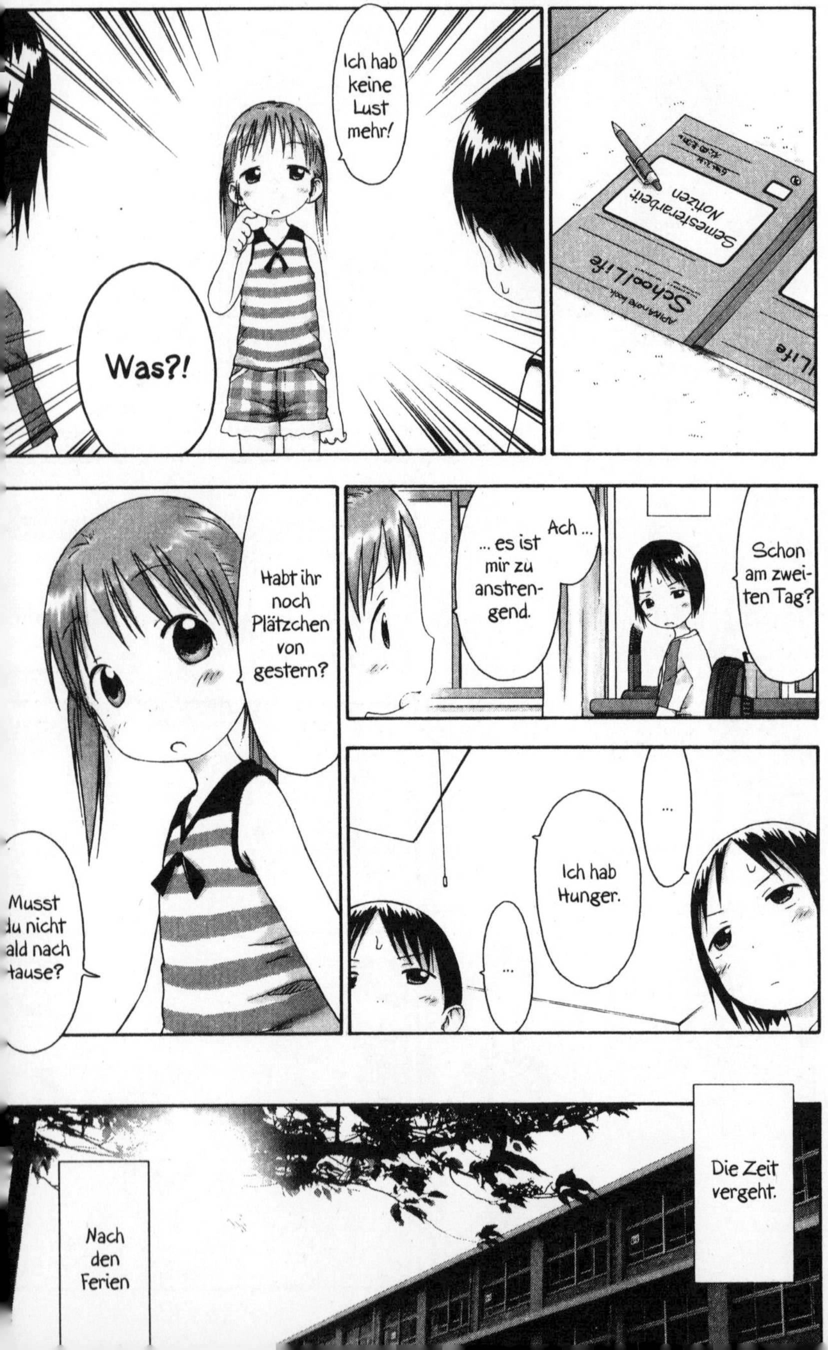

Ich hab keine Lust mehr!

Was?!

Semesterarbeit: Notizen

School Life

Schon am zweiten Tag?

Ach ...

... es ist mir zu anstrengend.

...

Ich hab Hunger.

...

Habt ihr noch Plätzchen von gestern?

Musst du nicht ald nach ause?

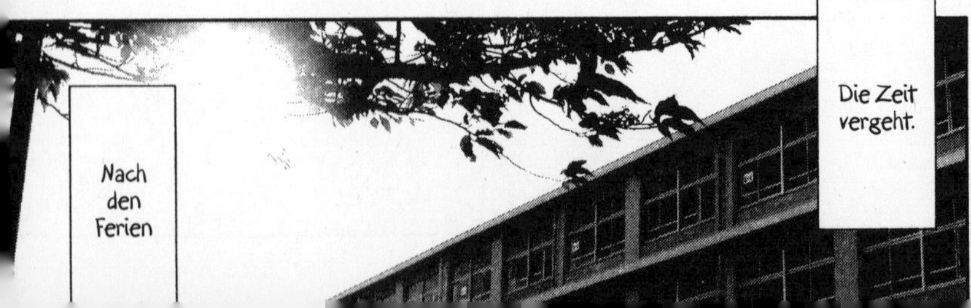

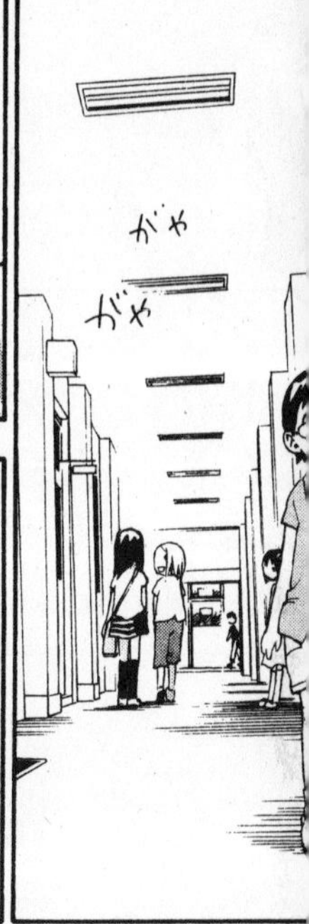
がや
がや

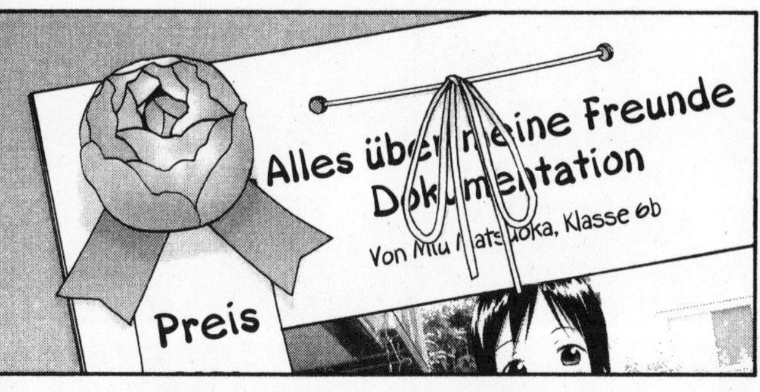
Alles über meine Freunde
Dokumentation
Von Miu Matsuoka, Klasse 6b
Preis

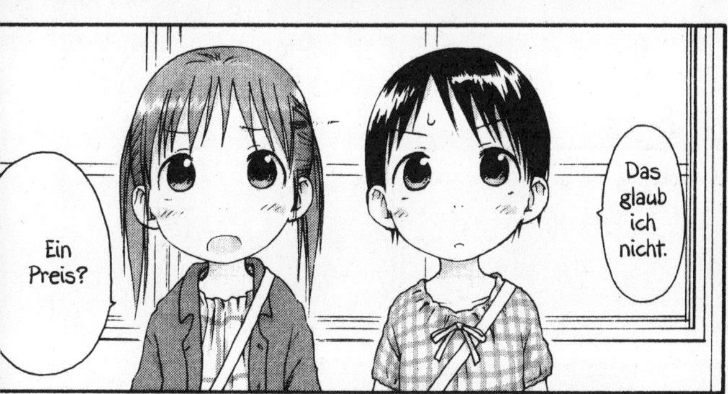
Das glaub ich nicht.
Ein Preis?

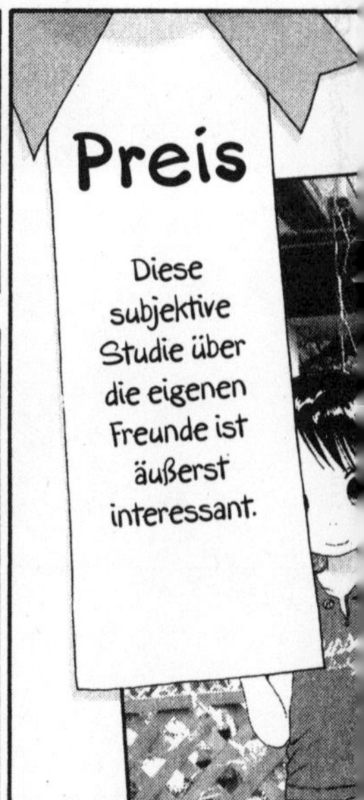
Preis
Diese subjektive Studie über die eigenen Freunde ist äußerst interessant.

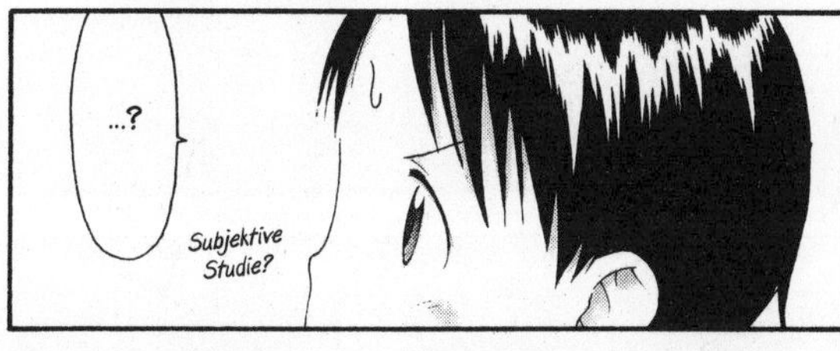
...?
Subjektive Studie?

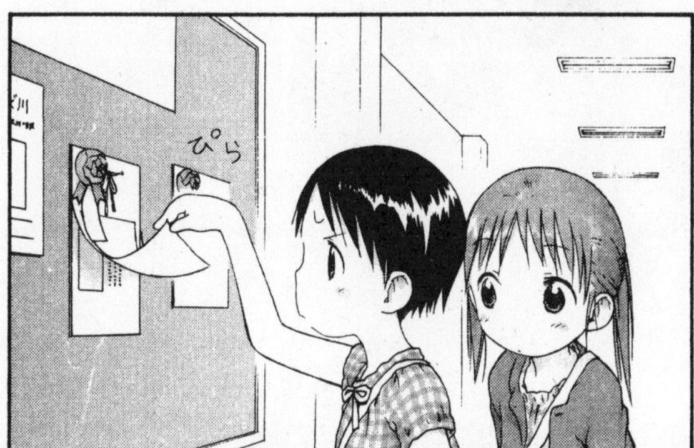
ぴら

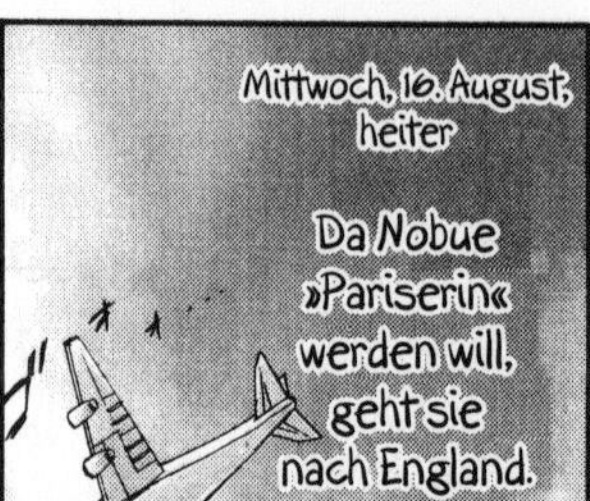
Mittwoch, 16. August, heiter
Da Nobue »Pariserin« werden will, geht sie nach England.

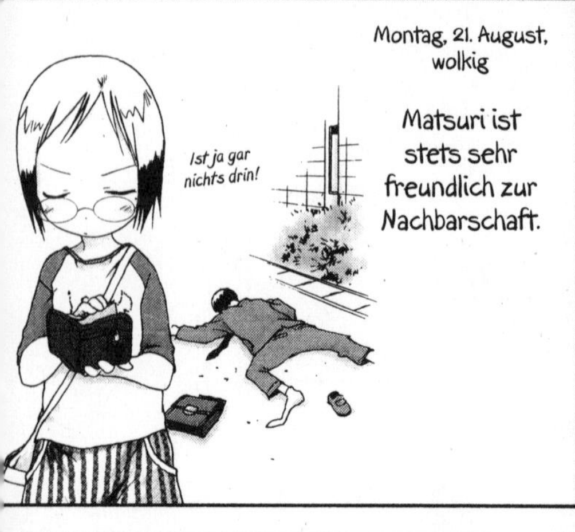
Montag, 21. August, wolkig
Matsuri ist stets sehr freundlich zur Nachbarschaft.
Ist ja gar nichts drin!

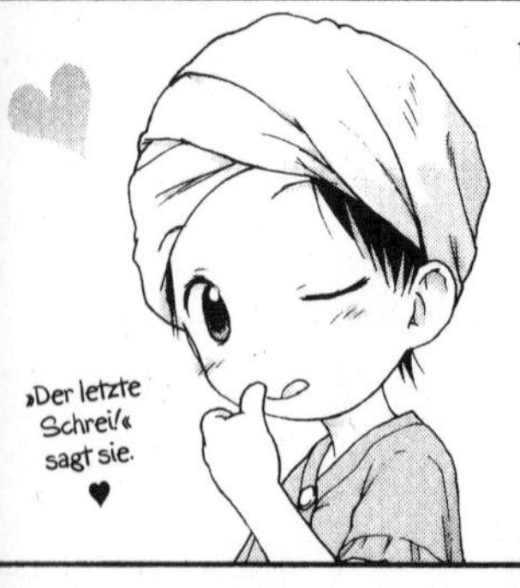
Dienstag, 29. August, heiter
Die Sommerferien sind bald vorbei. Chika trägt neuerdings einen Turban.
»Der letzte Schrei!« sagt sie. ♥

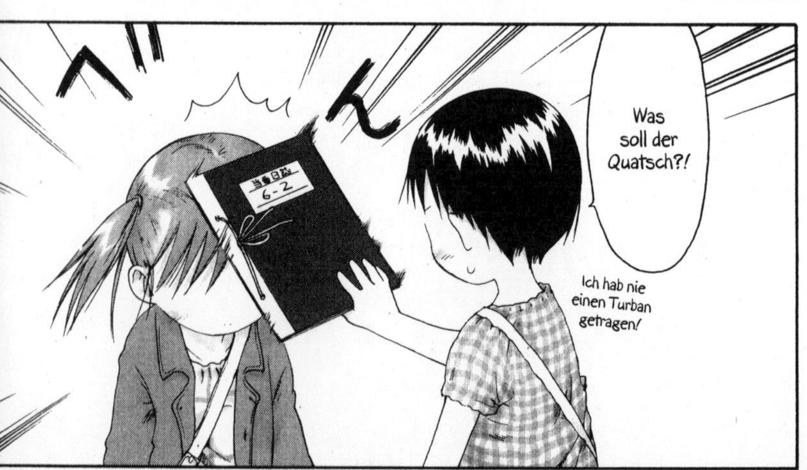
Was soll der Quatsch?!
Ich hab nie einen Turban getragen!
6-2

PAGE 155

name	*season*
☐NOBUE	☐SPRING
☐CHIKA	☐SUMMER
☐MIU	☐AUTUMN
☐MATSUMI	☐WINTER

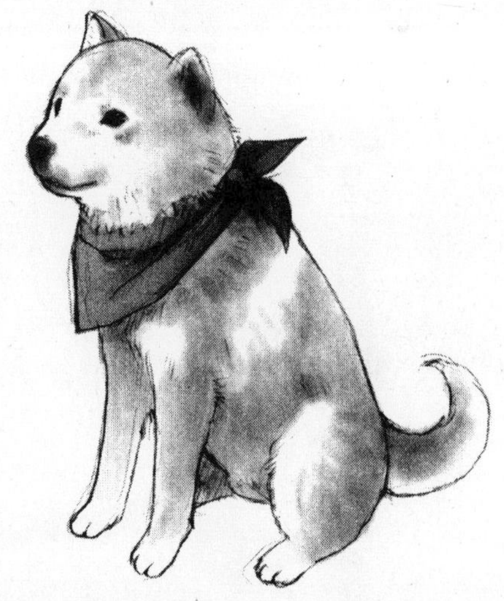

name	*season*
☐NORUE	☐SPRING
☐CHIKA	☐SUMMER
☐MIU	☐AUTUMN
☐MAT[illegible]RI	☐WINTER

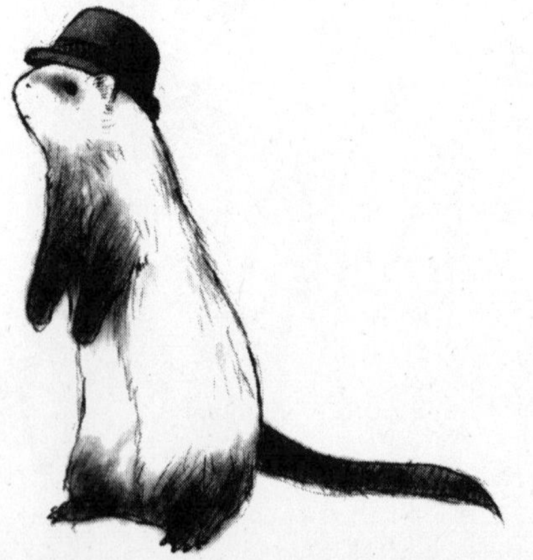

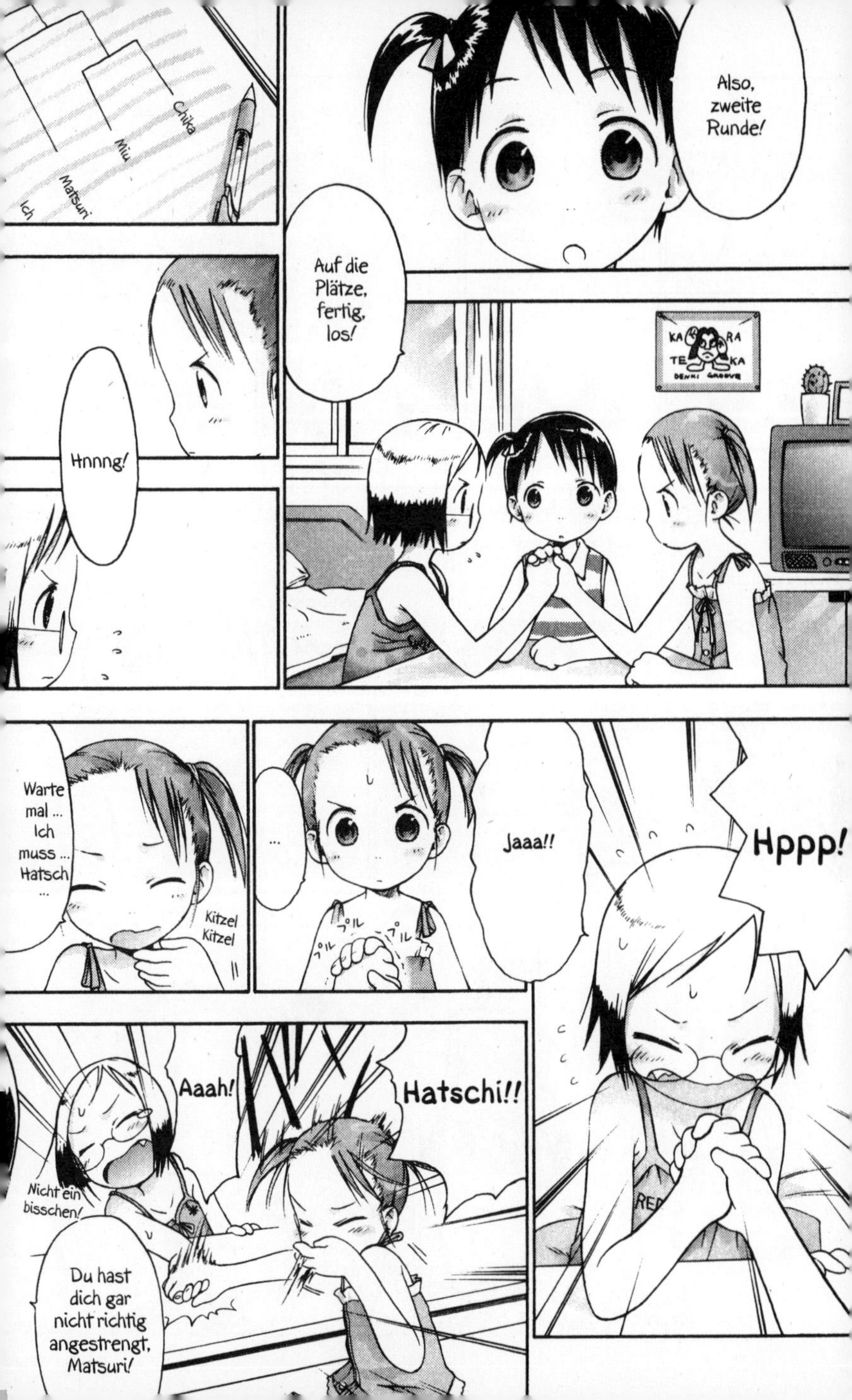

Also, zweite Runde!
Chika
Miu
Matsuri
Ich
Auf die Plätze, fertig, los!
Hnnng!
Warte mal ... Ich muss ... Hatsch ...
Kitzel Kitzel
...
Jaaa!!
Hppp!
Hatschi!!
Aaah!
Nicht ein bisschen!
Du hast dich gar nicht richtig angestrengt, Matsuri!

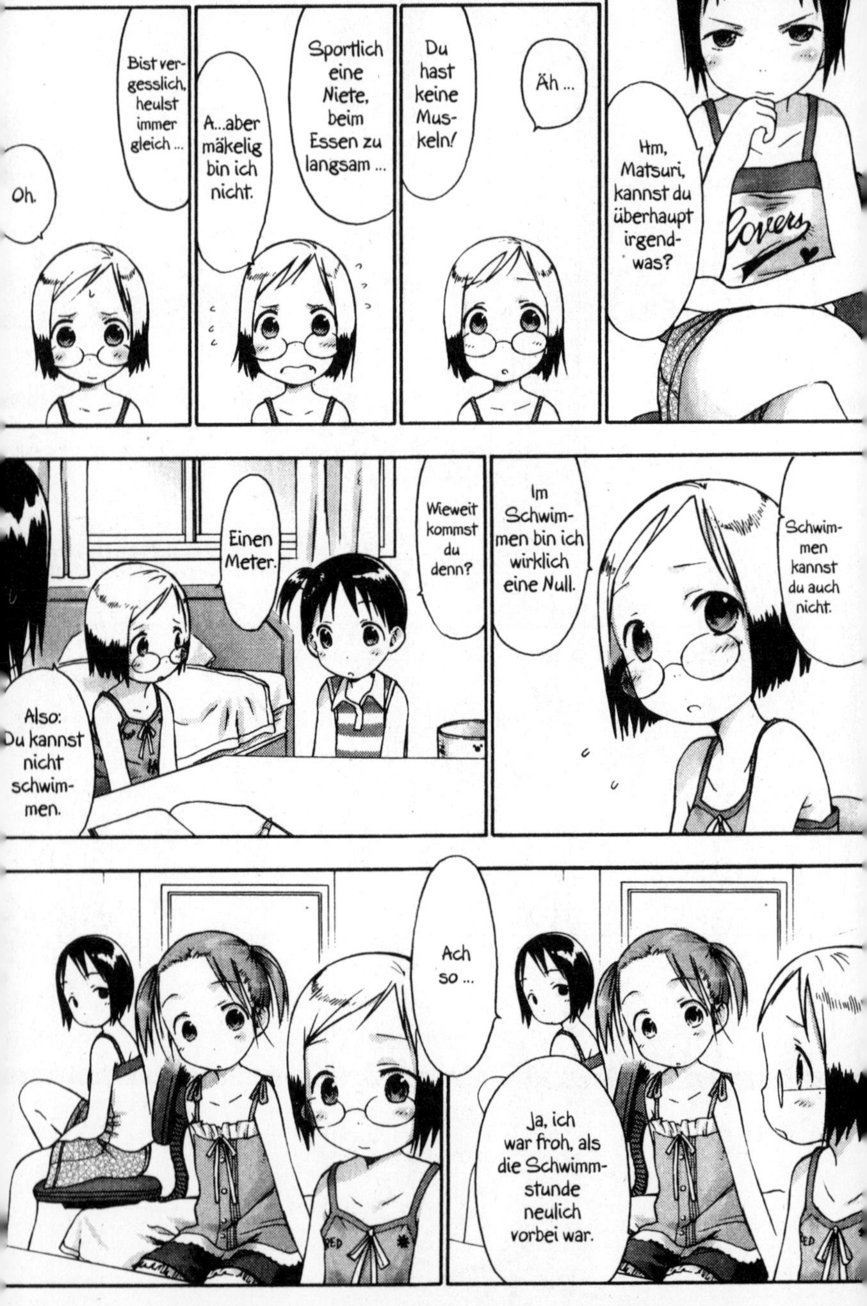

Hm, Matsuri, kannst du überhaupt irgendwas?

Äh ...

Du hast keine Muskeln!

Sportlich eine Niete, beim Essen zu langsam ...

A...aber mäkelig bin ich nicht.

Bist vergesslich, heulst immer gleich ...

Oh.

Schwimmen kannst du auch nicht.

Im Schwimmen bin ich wirklich eine Null.

Wieweit kommst du denn?

Einen Meter.

Also: Du kannst nicht schwimmen.

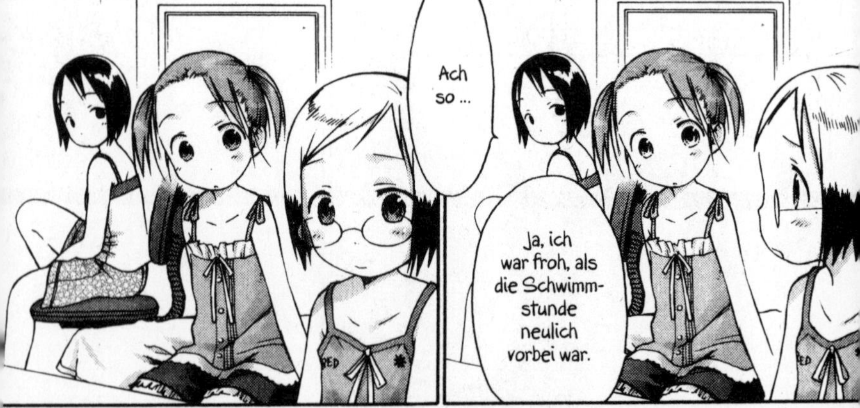

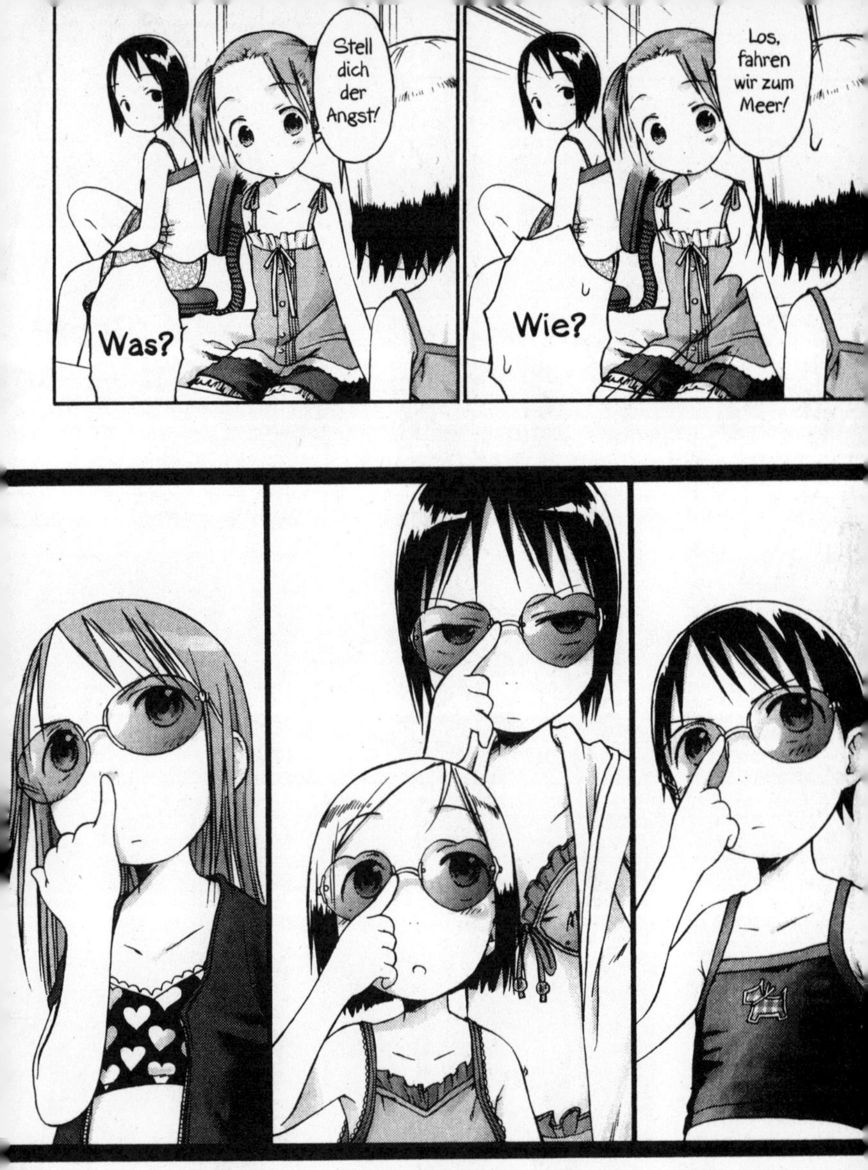

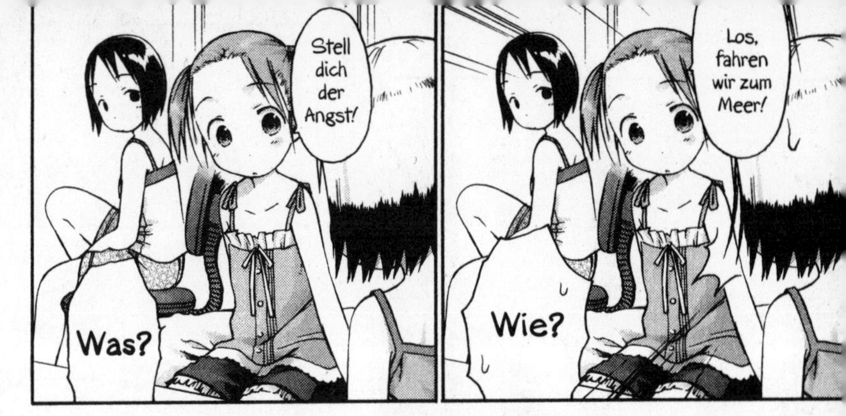

KAPITEL 10
Auf zum Meer!

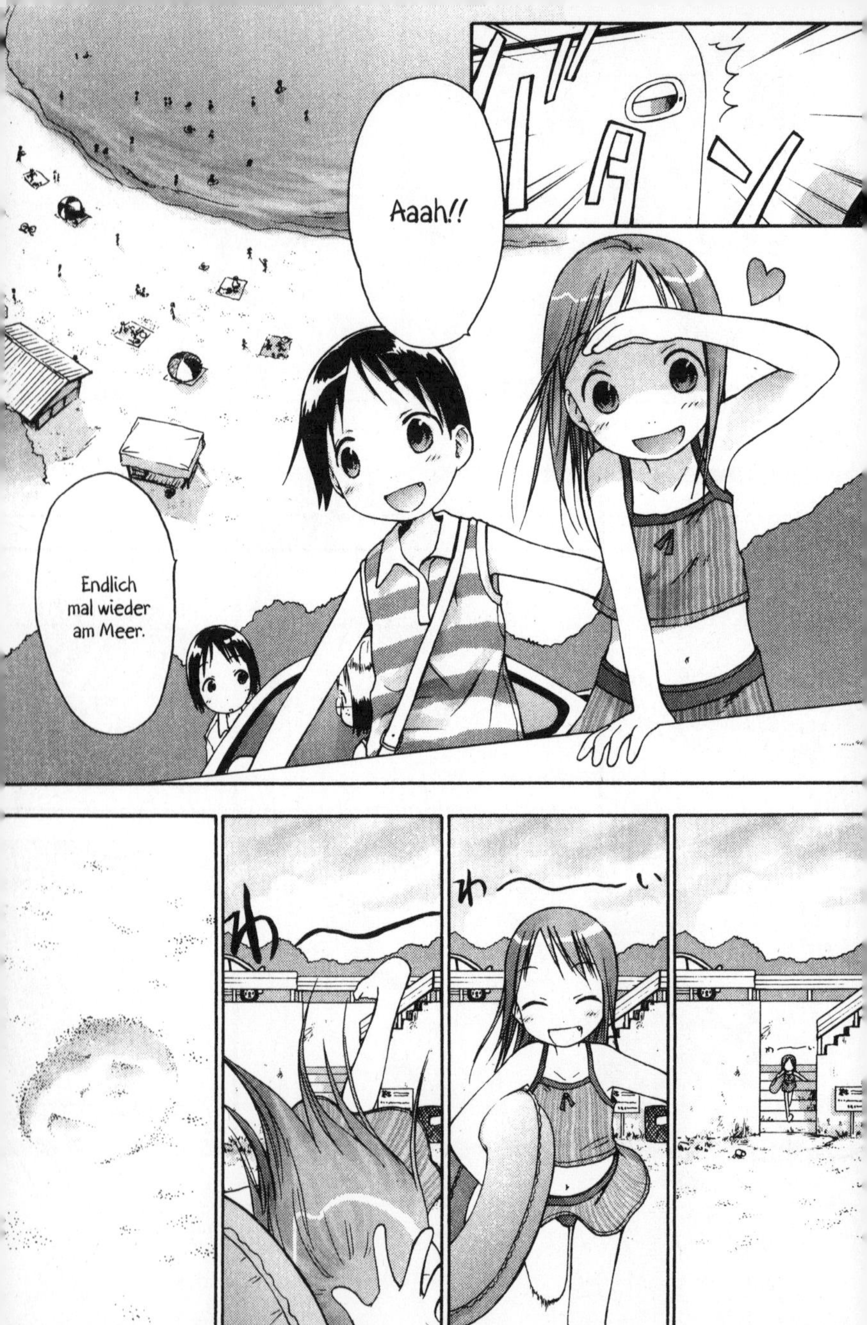

Aaah!!

Endlich mal wieder am Meer.

わ―――い

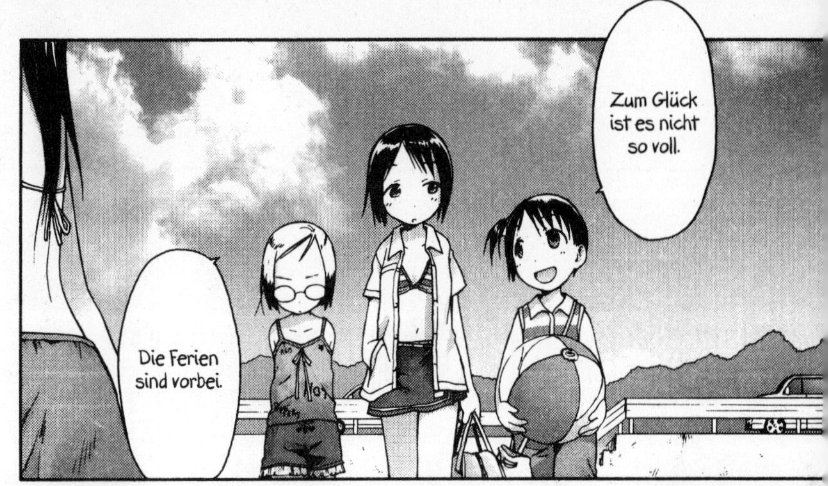
Zum Glück ist es nicht so voll.
Die Ferien sind vorbei.

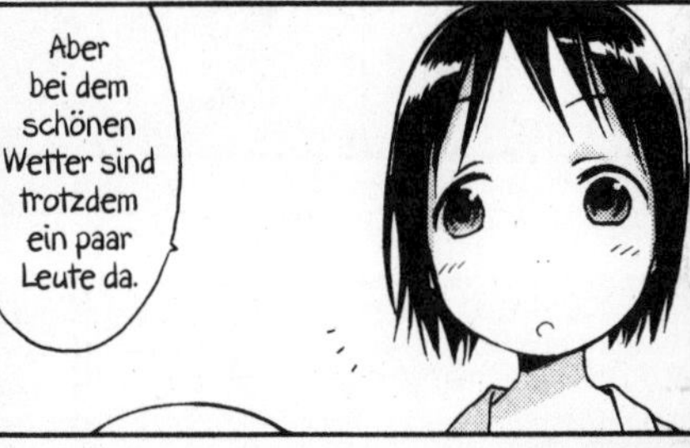
Aber bei dem schönen Wetter sind trotzdem ein paar Leute da.

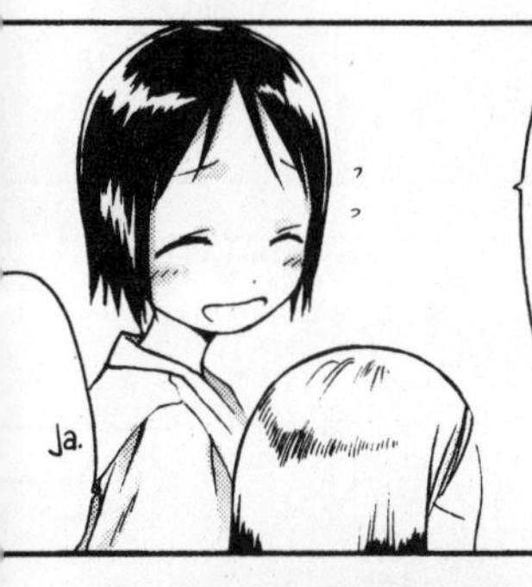
Wenn du nicht baden willst, setzen wir beide uns in den Schatten.
Ja.

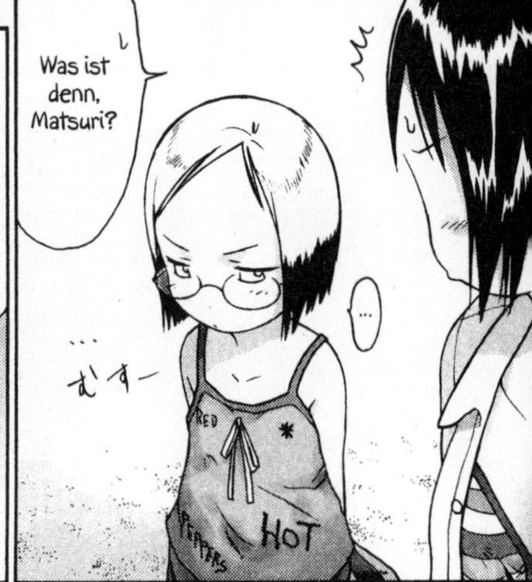
Was ist denn, Matsuri?
...
...
むすー

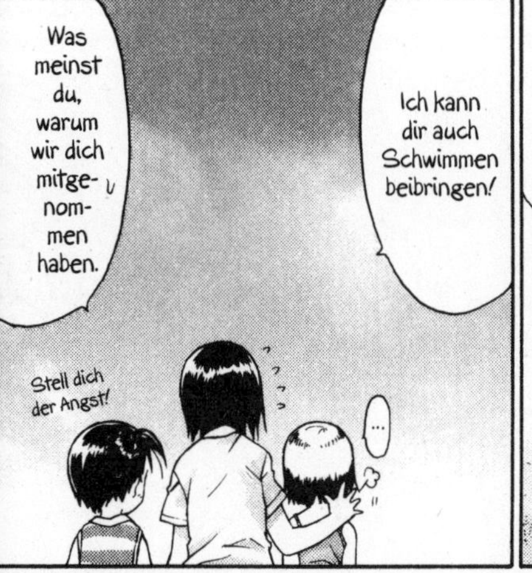
Ich kann dir auch Schwimmen beibringen!
Was meinst du, warum wir dich mitgenommen haben.
Stell dich der Angst!
...

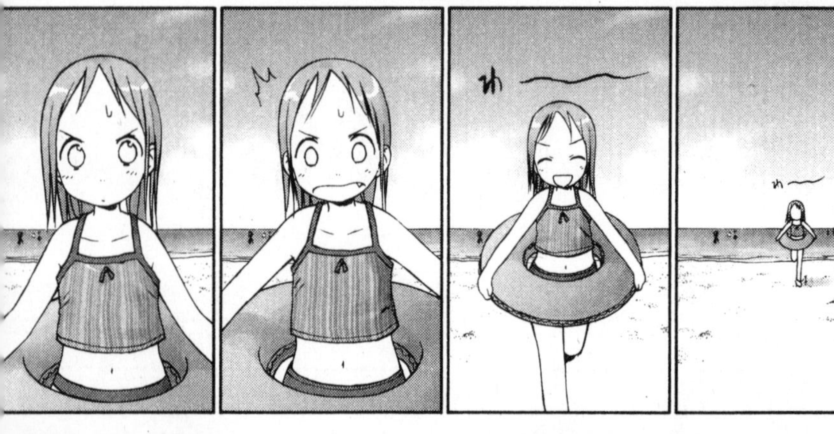

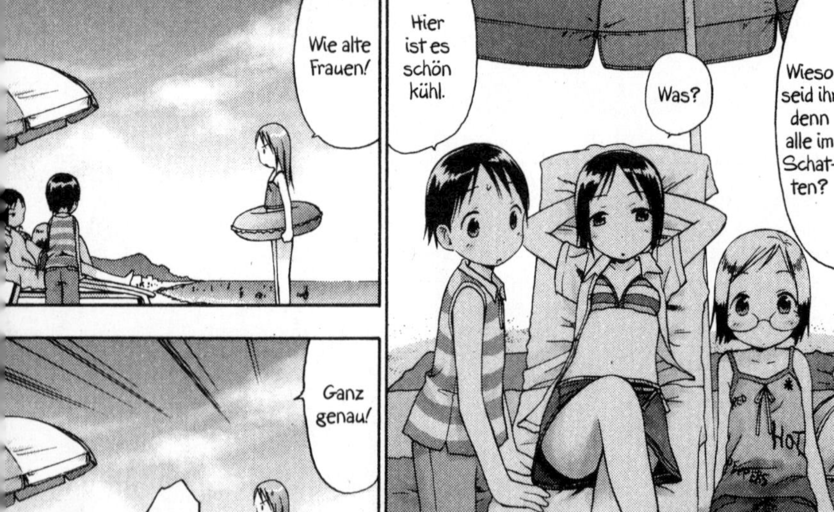
Wieso seid ihr denn alle im Schatten?
Was?
Hier ist es schön kühl.
Wie alte Frauen!
Ganz genau!
Was?

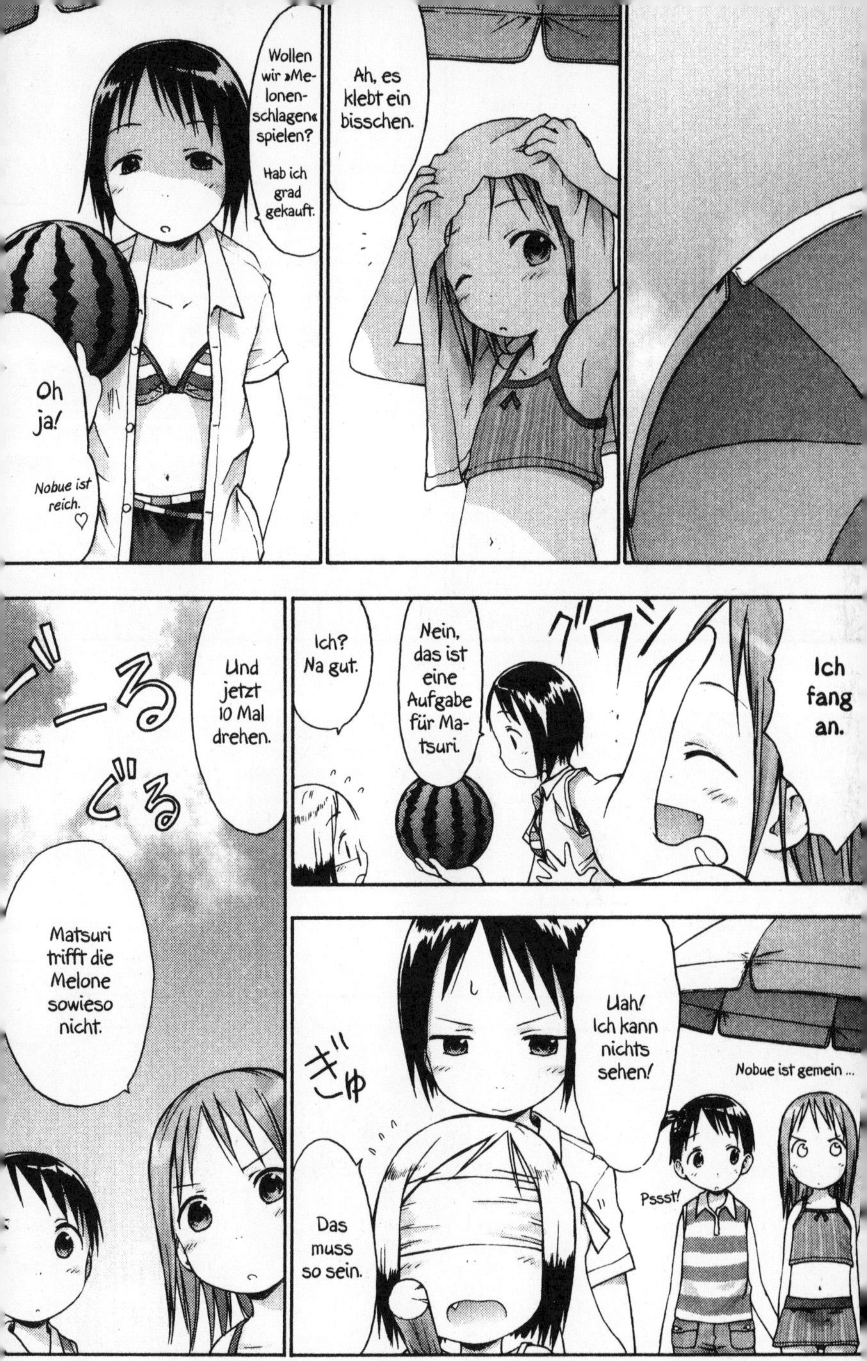

Ah, es klebt ein bisschen.

Wollen wir »Melonen-schlagen« spielen?

Hab ich grad gekauft.

Oh ja!

Nobue ist reich. ♡

Ich fang an.

Nein, das ist eine Aufgabe für Matsuri.

Ich? Na gut.

Und jetzt 10 Mal drehen.

Uah! Ich kann nichts sehen!

Das muss so sein.

Nobue ist gemein ...

Pssst!

Matsuri trifft die Melone sowieso nicht.

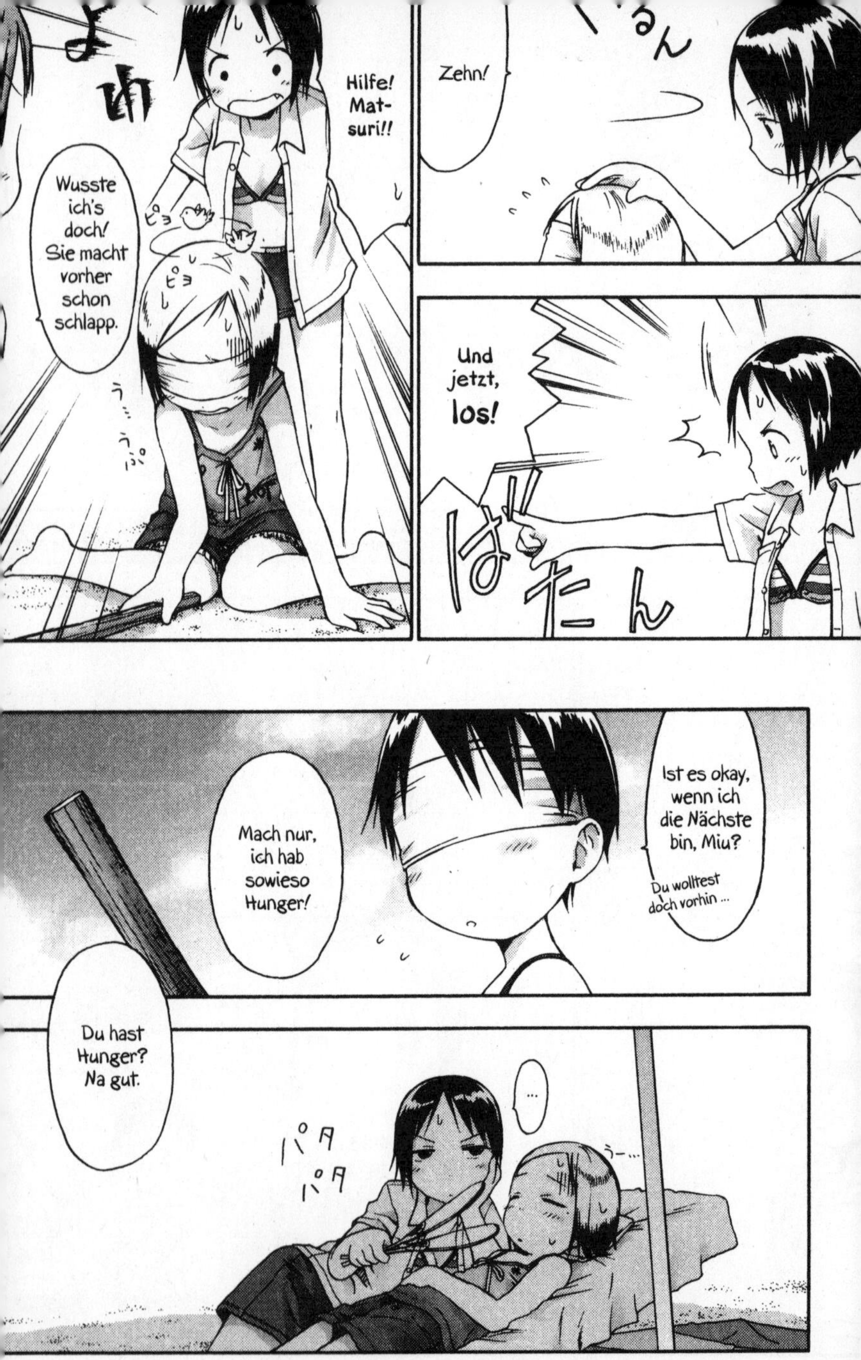

Zehn!

Und jetzt, los!

Hilfe! Matsuri!!

Wusste ich's doch! Sie macht vorher schon schlapp.

Ist es okay, wenn ich die Nächste bin, Miu?

Du wolltest doch vorhin ...

Mach nur, ich hab sowieso Hunger!

Du hast Hunger? Na gut.

...

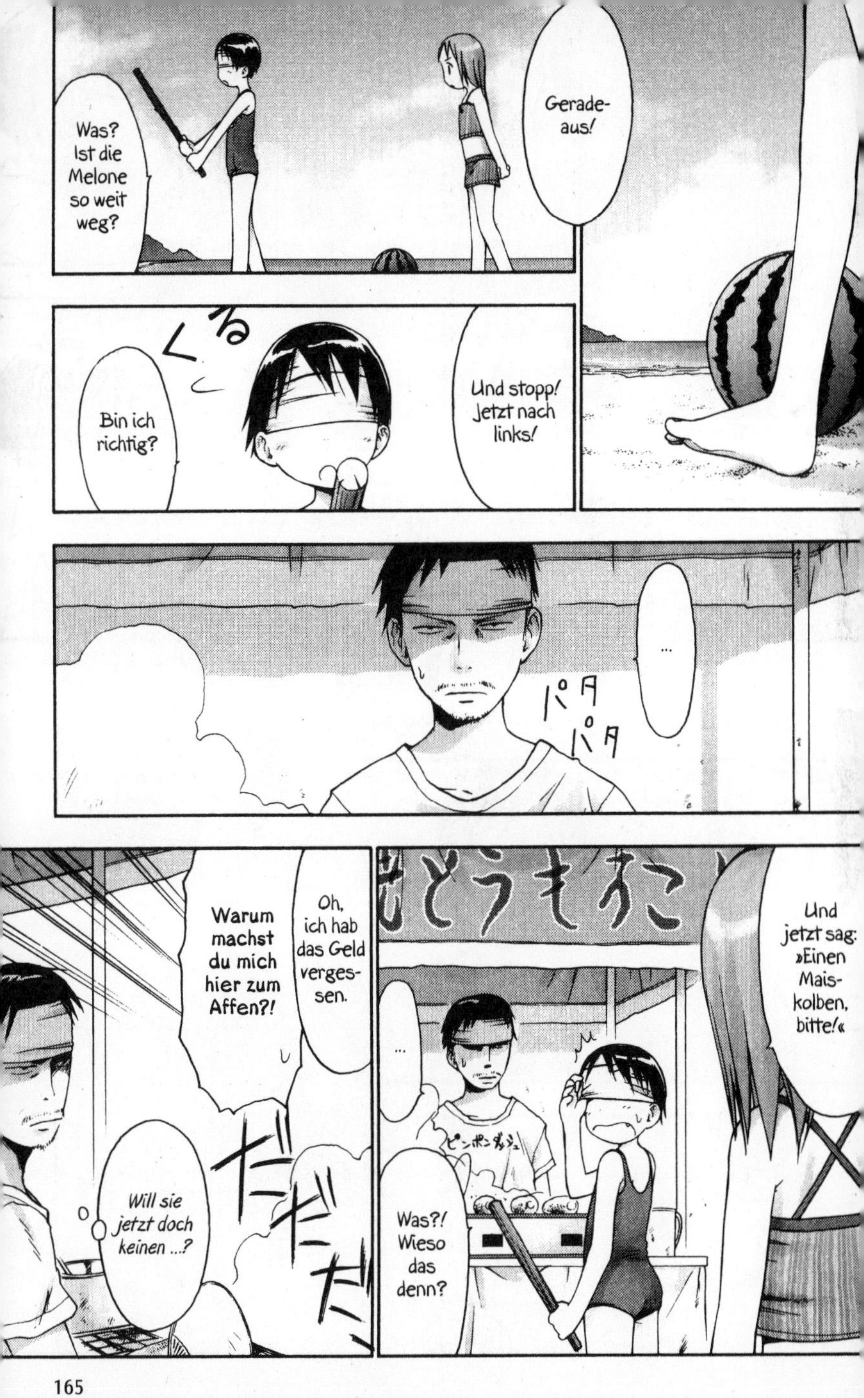

Gerade-aus!

Was? Ist die Melone so weit weg?

Und stopp! Jetzt nach links!

Bin ich richtig?

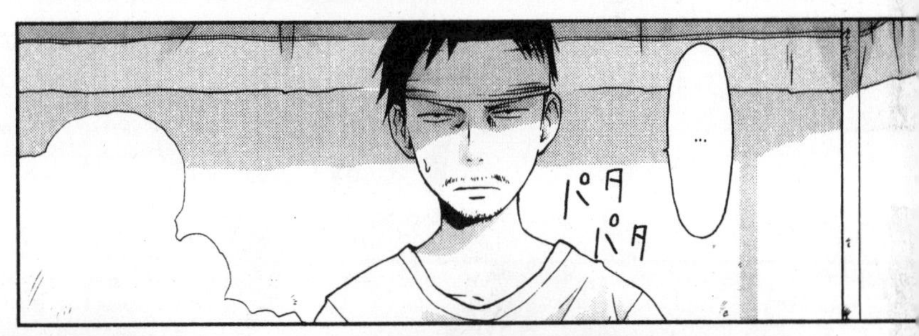

Und jetzt sag: »Einen Mais-kolben, bitte!«

…

Was?! Wieso das denn?

Oh, ich hab das Geld verges-sen.

Warum machst du mich hier zum Affen?!

Will sie jetzt doch keinen …?

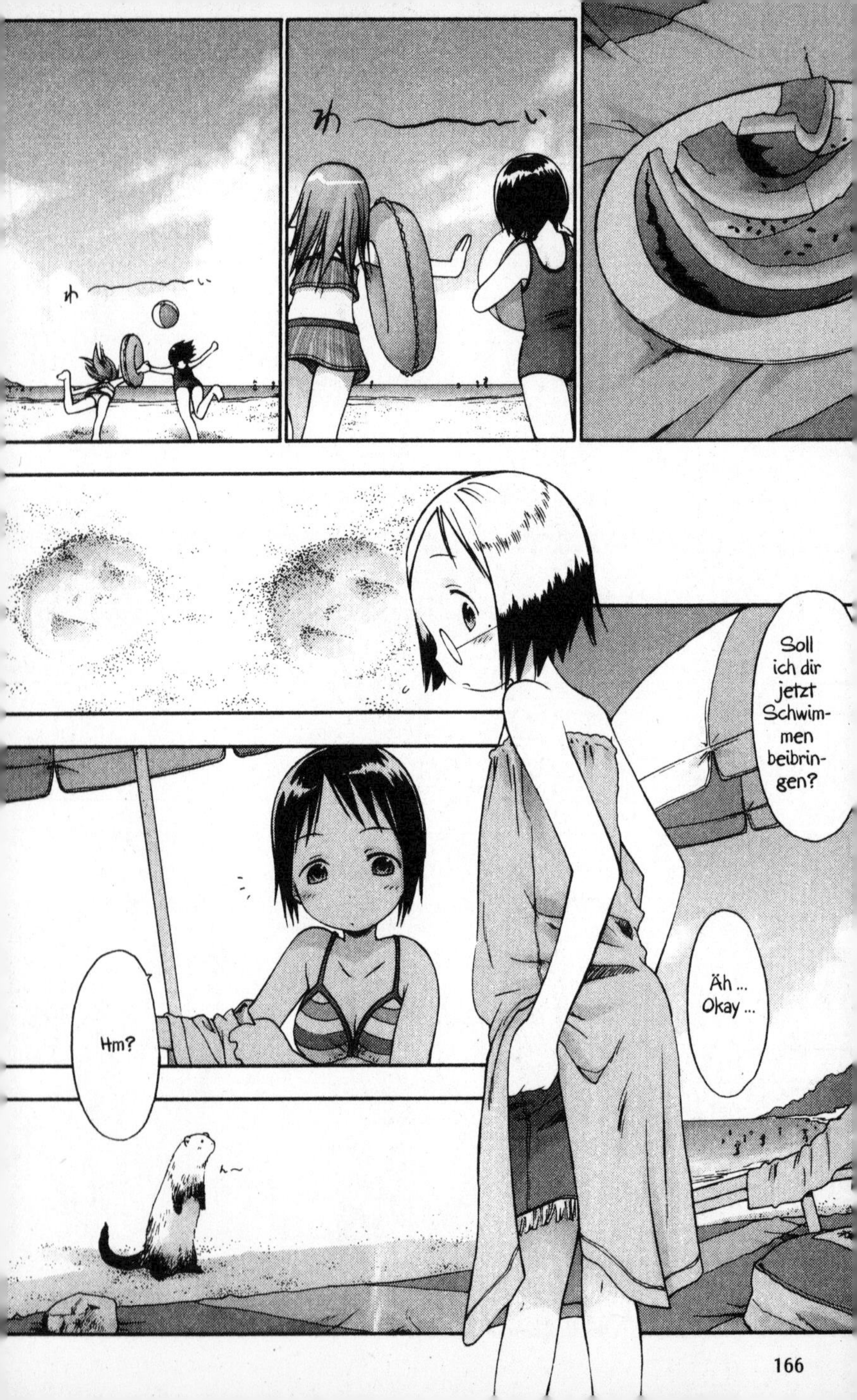
わ〜〜い
わ〜〜い
Soll ich dir jetzt Schwimmen beibringen?
Äh ... Okay ...
Hm?
ん〜

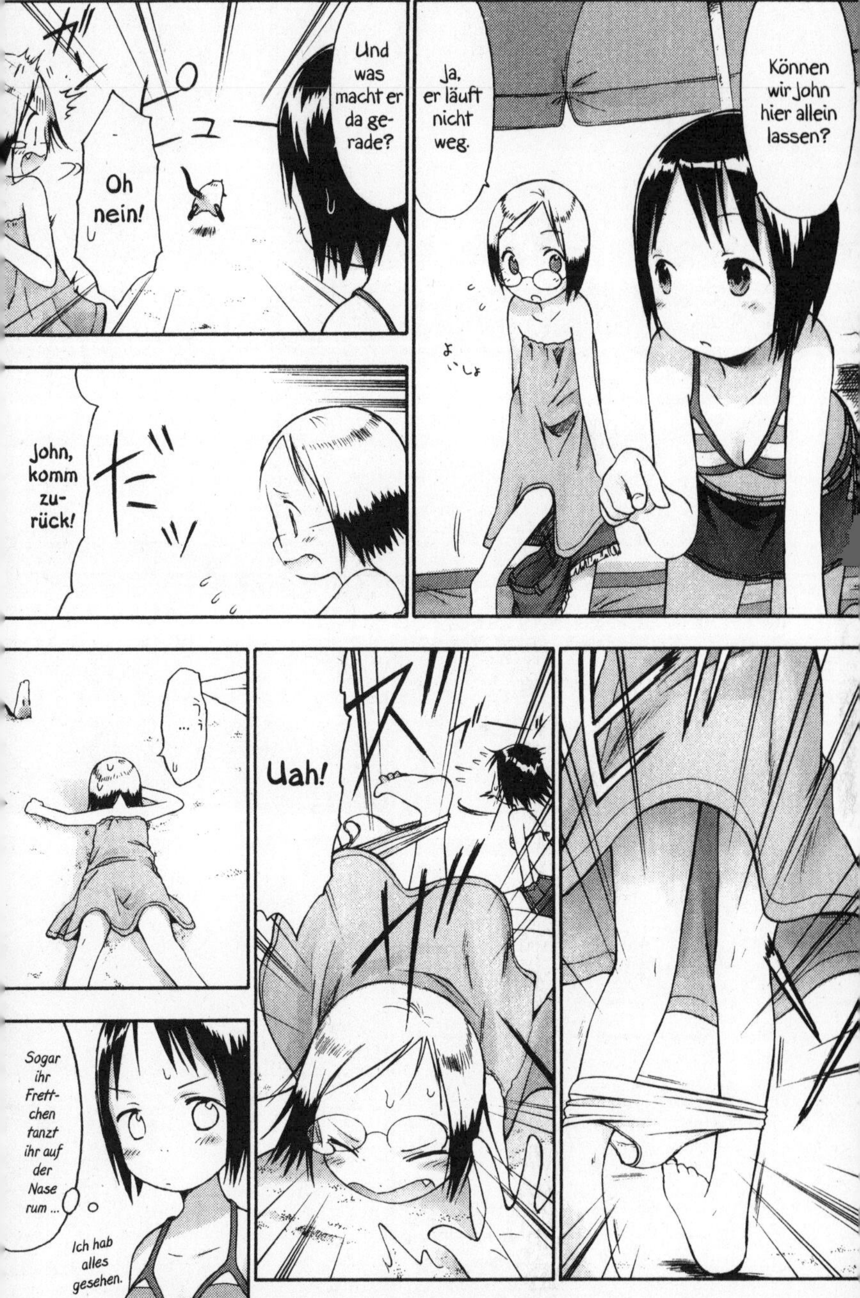

Können wir John hier allein lassen?
Ja, er läuft nicht weg.
よいしょ
Und was macht er da gerade?
Oh nein!
John, komm zurück!
Uah!
...
Sogar ihr Frettchen tanzt ihr auf der Nase rum ...
Ich hab alles gesehen.

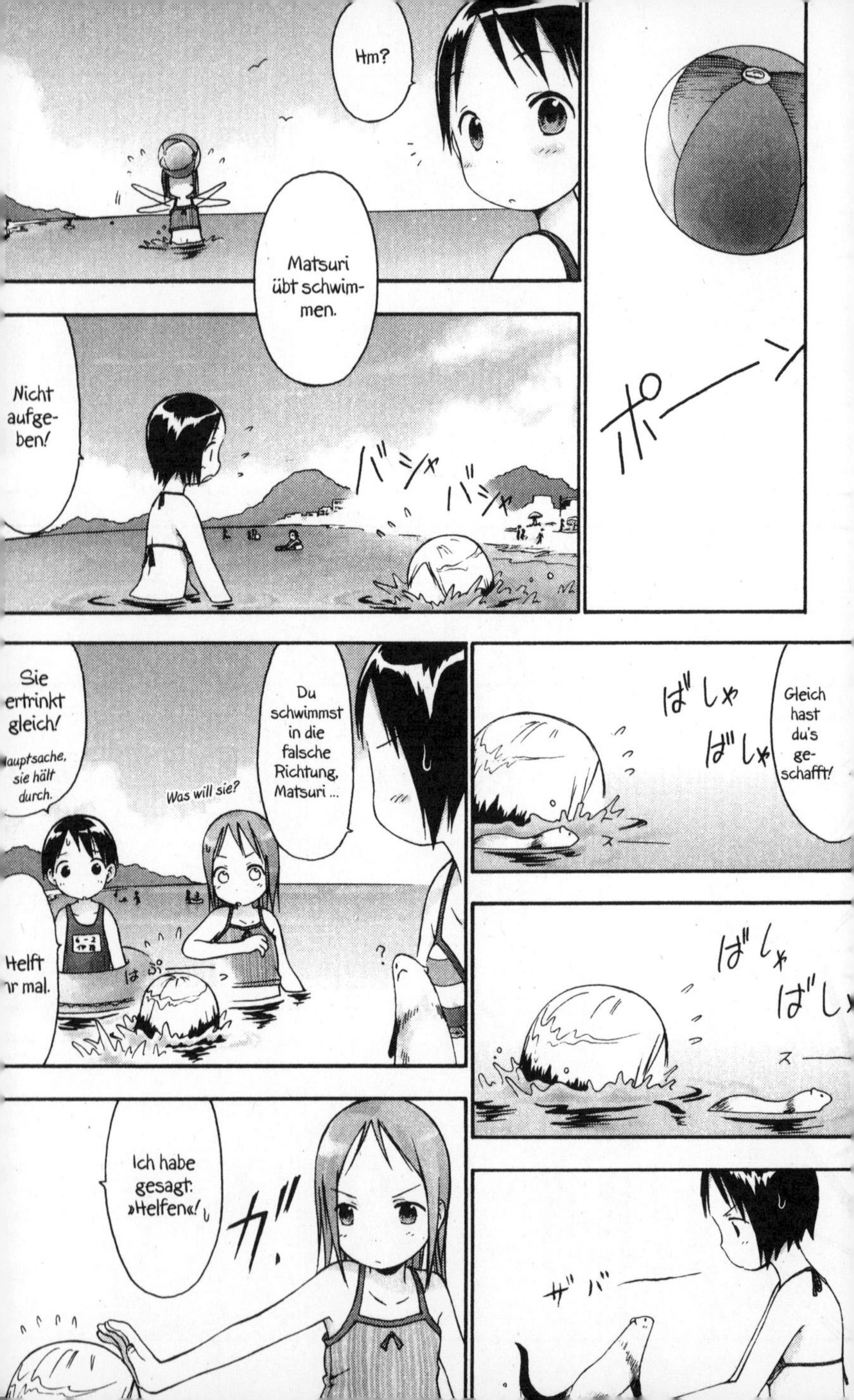
ポーーン
Hm?
Matsuri übt schwimmen.
バシャ バシャ
Nicht aufgeben!
ばしゃ ばしゃ
Gleich hast du's geschafft!
Du schwimmst in die falsche Richtung, Matsuri ...
Was will sie?
Sie ertrinkt gleich!
auptsache, sie hält durch.
はぷ
Helft
r mal.
ばしゃ ばしゃ
ザバーー
ガ"
Ich habe gesagt: »Helfen«!

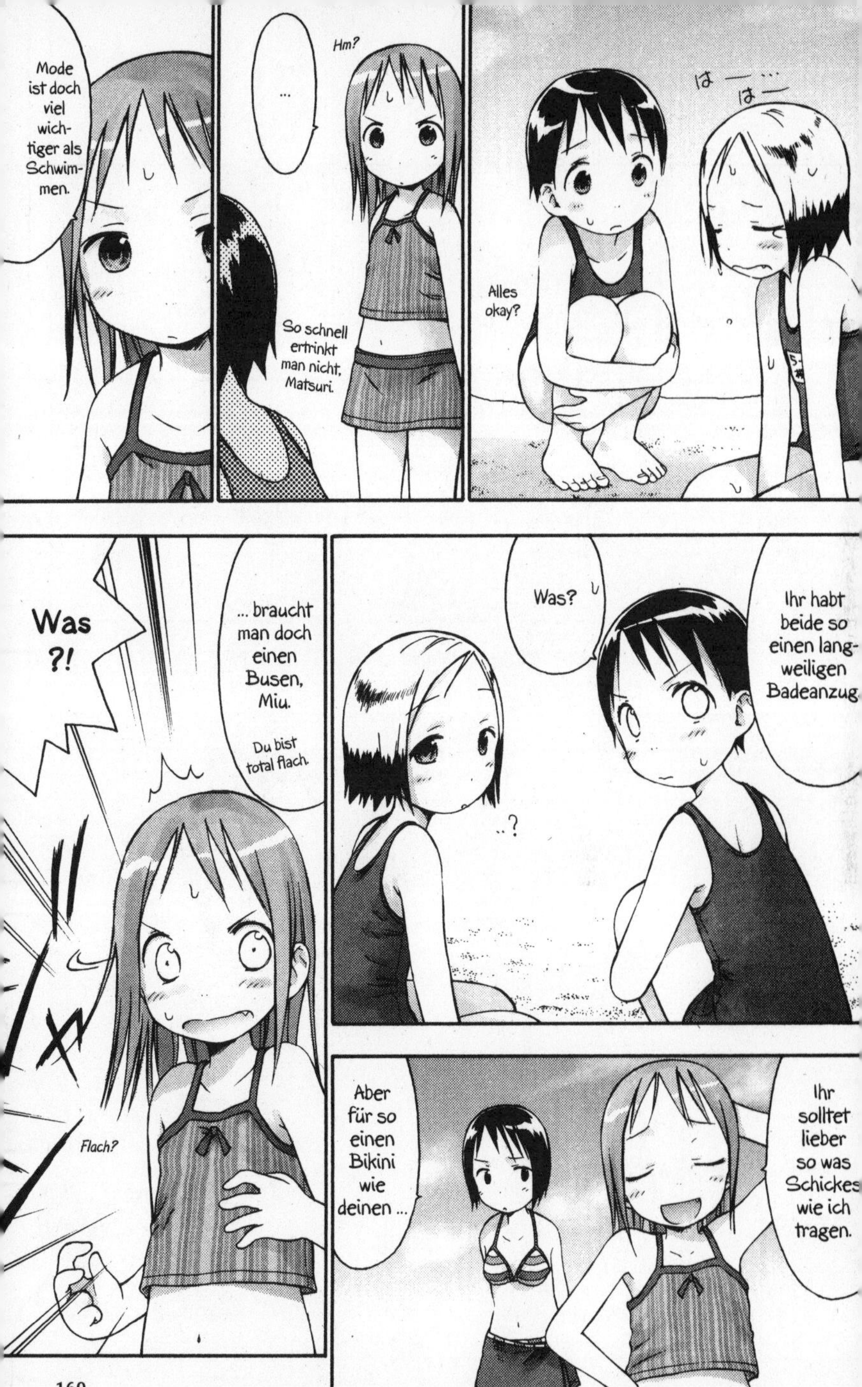

はー…はー

Alles okay?

Hm?

...

So schnell ertrinkt man nicht, Matsuri.

Mode ist doch viel wichtiger als Schwimmen.

Ihr habt beide so einen langweiligen Badeanzug

Was?

..?

Ihr solltet lieber so was Schickes wie ich tragen.

Aber für so einen Bikini wie deinen ...

... braucht man doch einen Busen, Miu.

Du bist total flach.

Was?!

Flach?

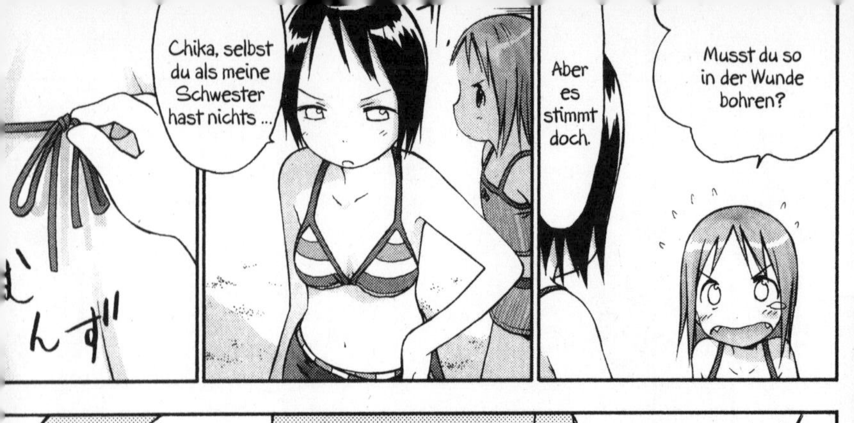
Chika, selbst du als meine Schwester hast nichts ...
Aber es stimmt doch.
Musst du so in der Wunde bohren?
むんず

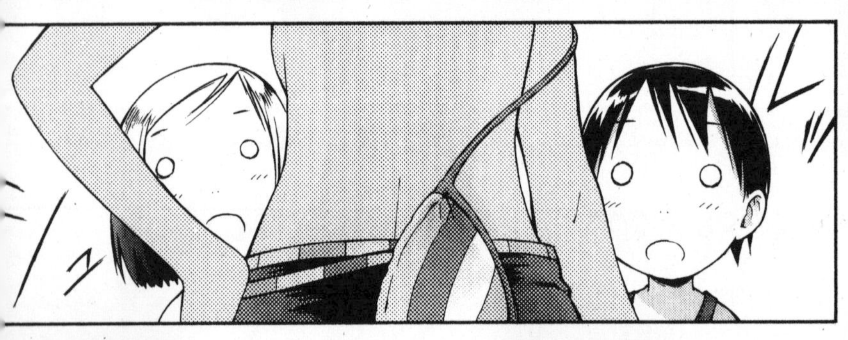

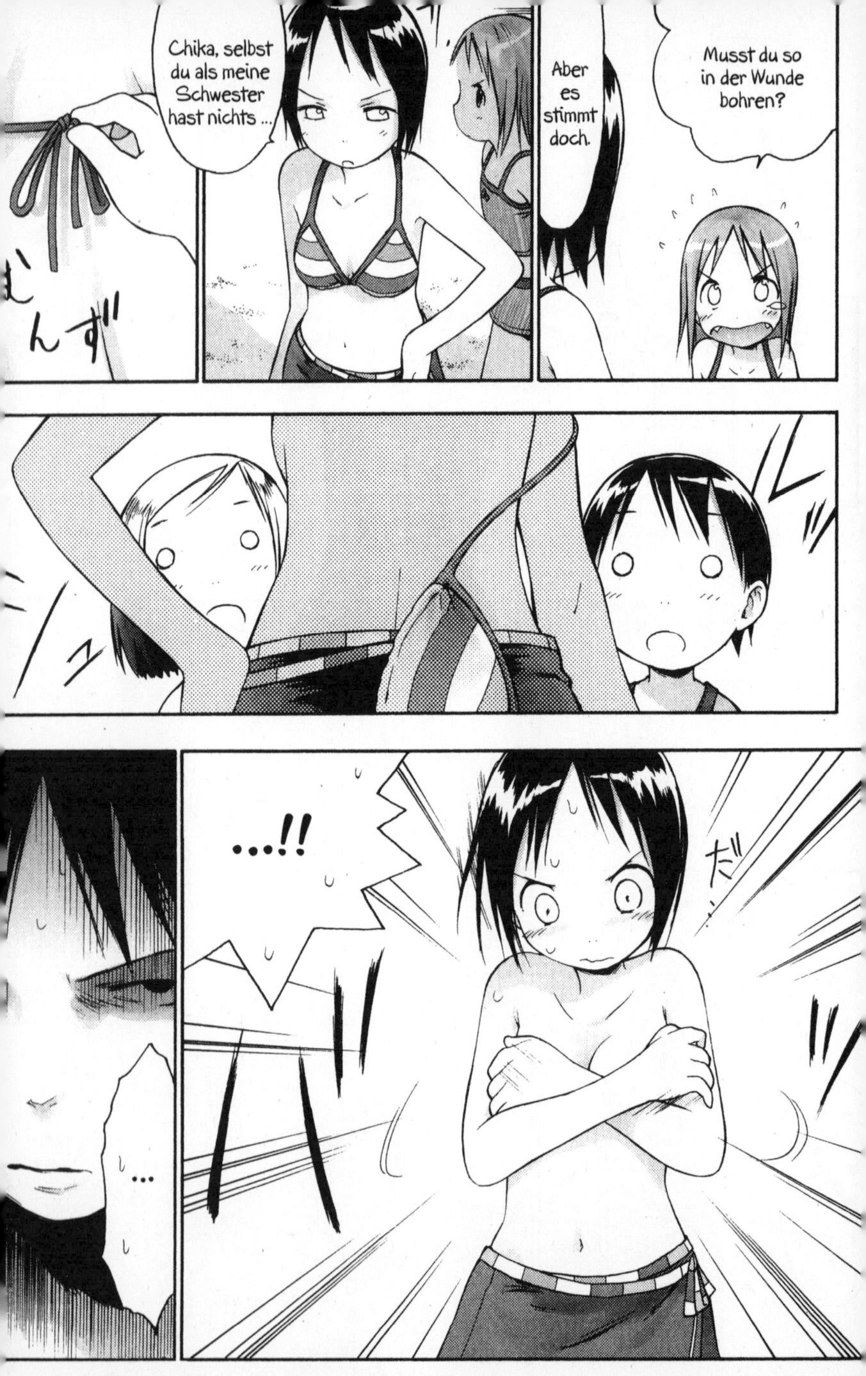

だ
...!!
...

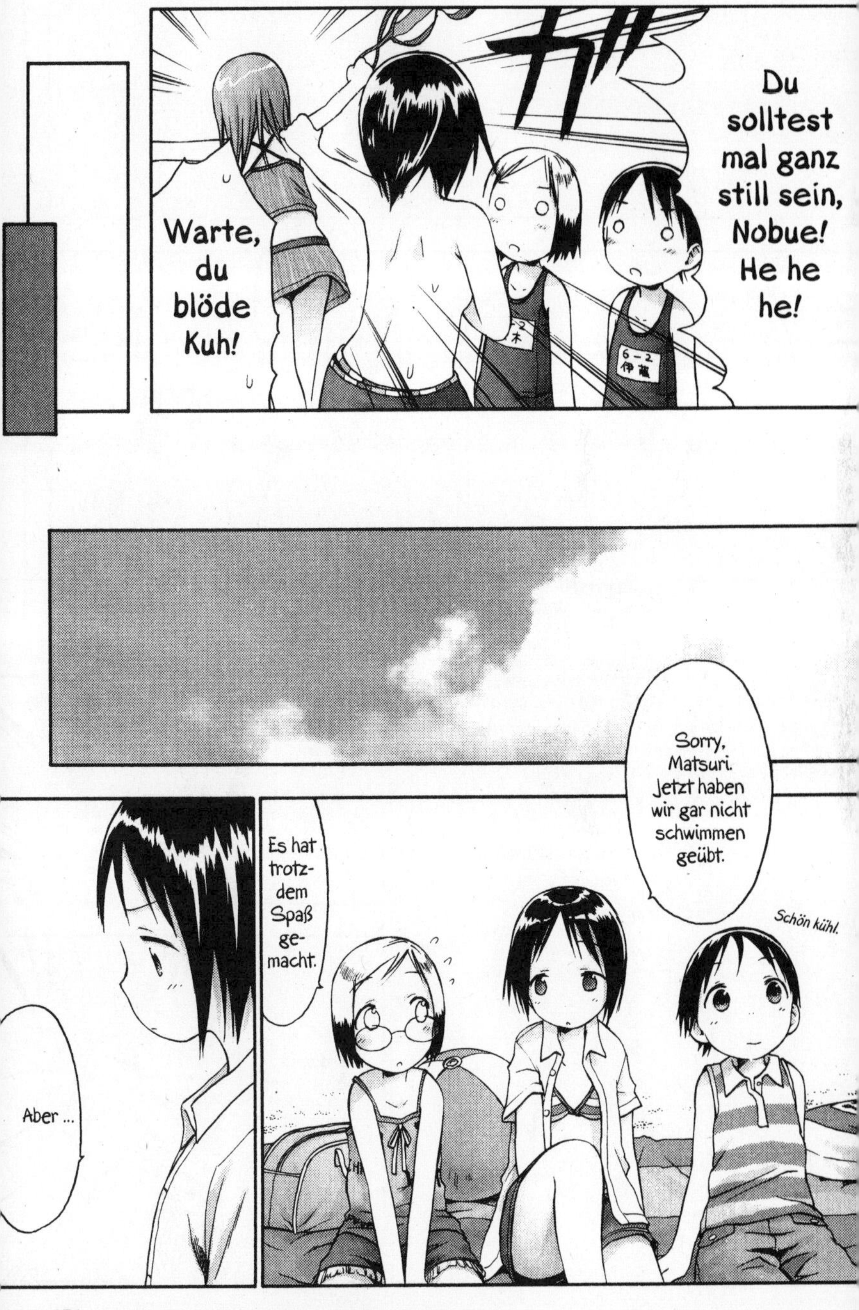

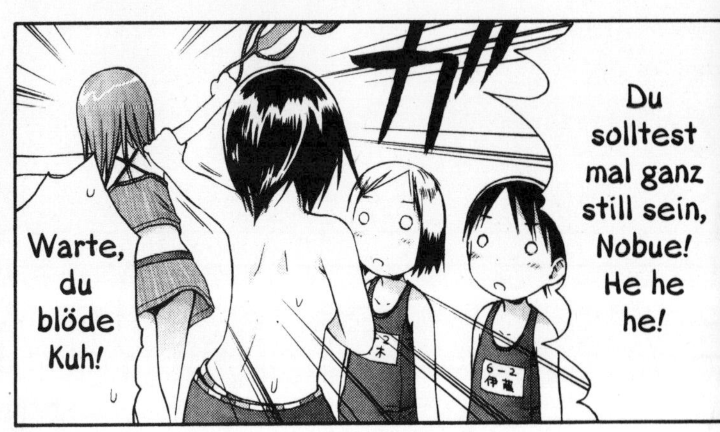

Schön kühl.

Sorry, Matsuri. Jetzt haben wir gar nicht schwimmen geübt.

Es hat trotzdem Spaß gemacht.

Aber ...

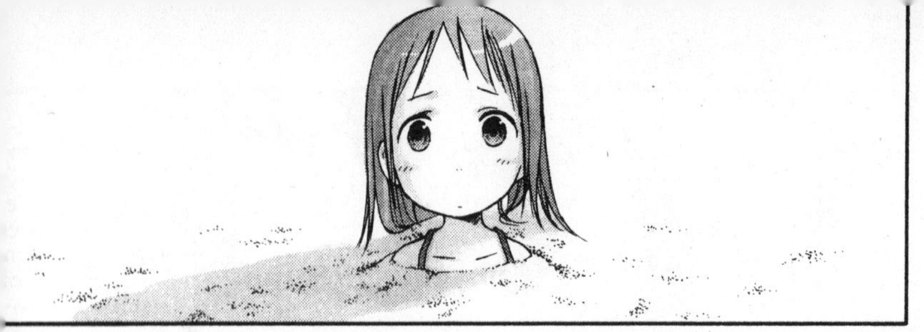

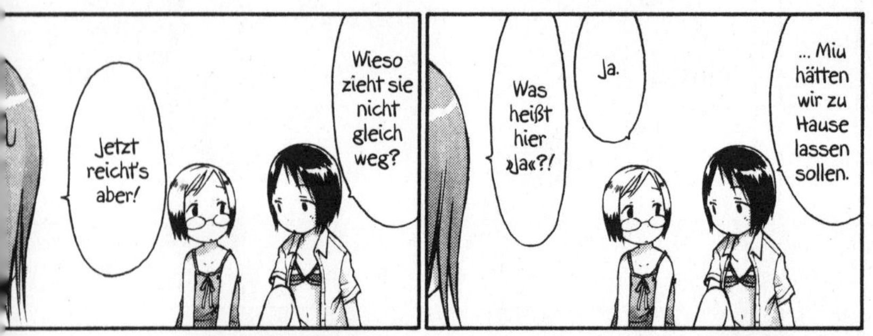

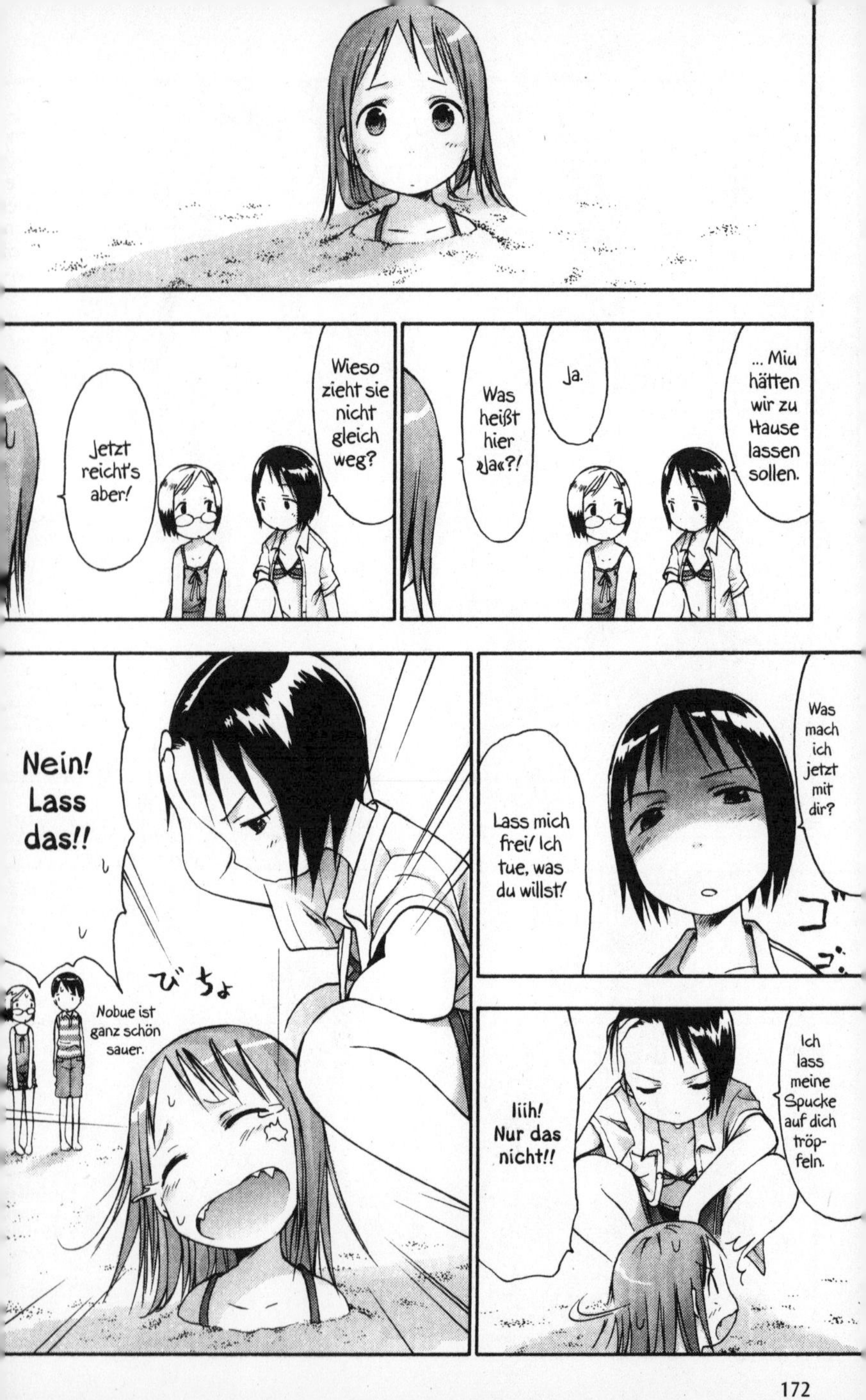

... Miu hätten wir zu Hause lassen sollen.
Ja.
Was heißt hier »Ja«?!
Wieso zieht sie nicht gleich weg?
Jetzt reicht's aber!

Was mach ich jetzt mit dir?
Lass mich frei! Ich tue, was du willst!
Ich lass meine Spucke auf dich tröpfeln.
Iiih! Nur das nicht!!
Nein! Lass das!!
びちょ
Nobue ist ganz schön sauer.

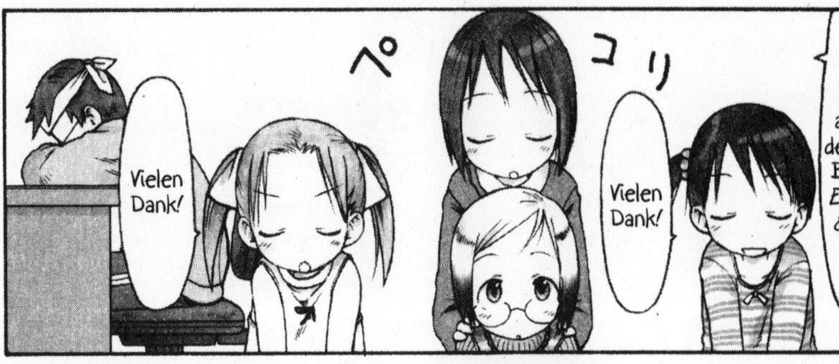
Wir bedanken uns bei allen, die den ersten Band von *Erdbeeren & Marshmallows* gekauft haben!
Vielen Dank!
ペ コリ
Vielen Dank!

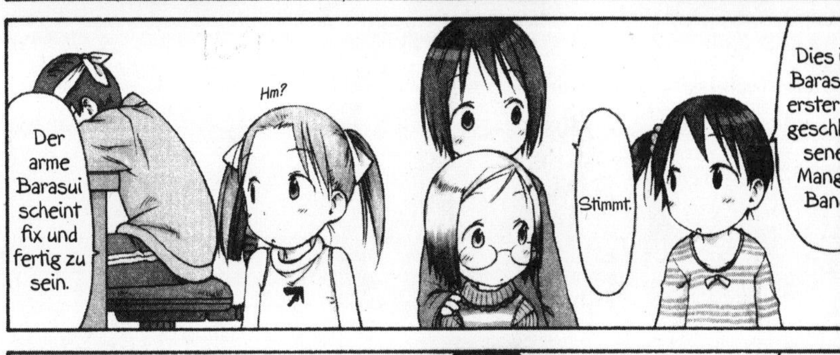
Dies ist Barasuis erster abgeschlossener Manga-Band.
Stimmt.
Hm?
Der arme Barasui scheint fix und fertig zu sein.

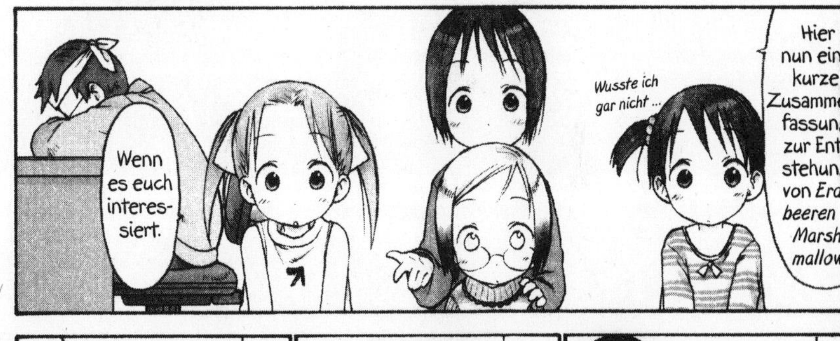
Hier nun eine kurze Zusammenfassung zur Entstehung von *Erdbeeren & Marshmallows*
Wusste ich gar nicht ...
Wenn es euch interessiert.

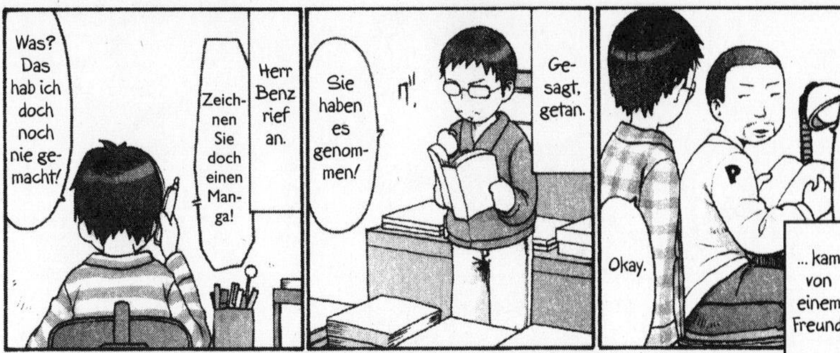
Die Idee
Die Zeitschri hier such noch Illustrationen von Mädchen. Schick doch was hin
... kam von einem Freund.
Okay.
Gesagt, getan.
Sie haben es genommen!
Herr Benz rief an.
Zeichnen Sie doch einen Manga!
Was? Das hab ich doch noch nie gemacht!

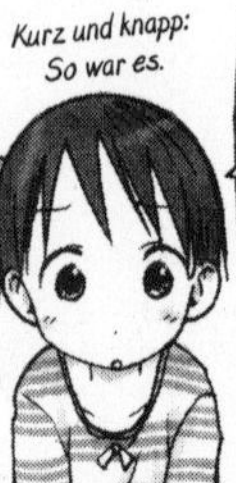
Es war also nicht Barasuis eigene Idee.
Kurz und knapp: So war es.
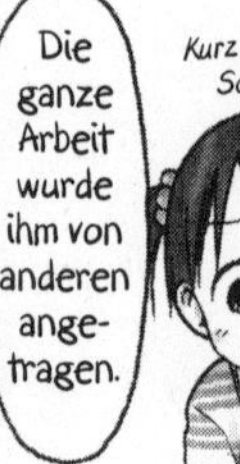
Die ganze Arbeit wurde ihm von anderen ange-tragen.
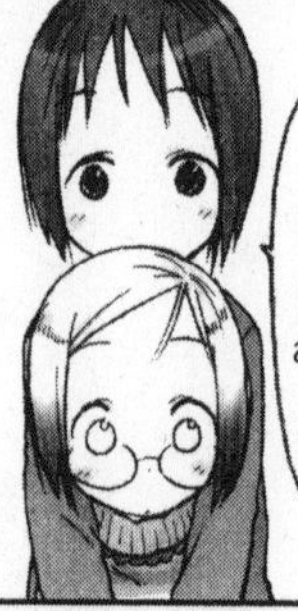
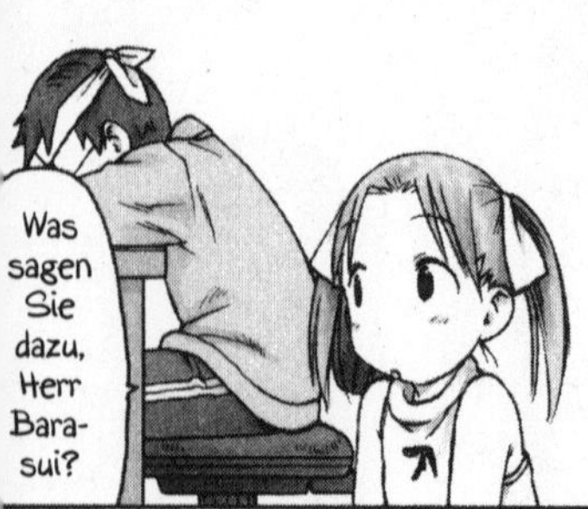
Was sagen Sie dazu, Herr Bara-sui?
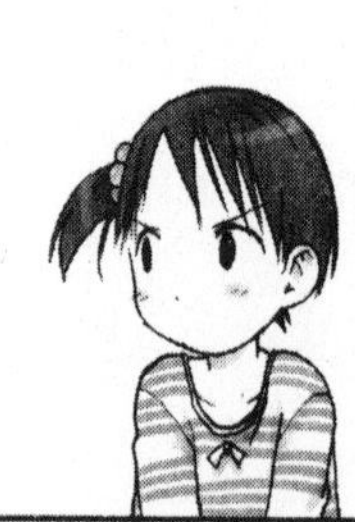
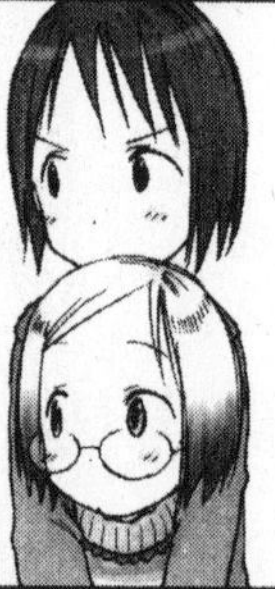
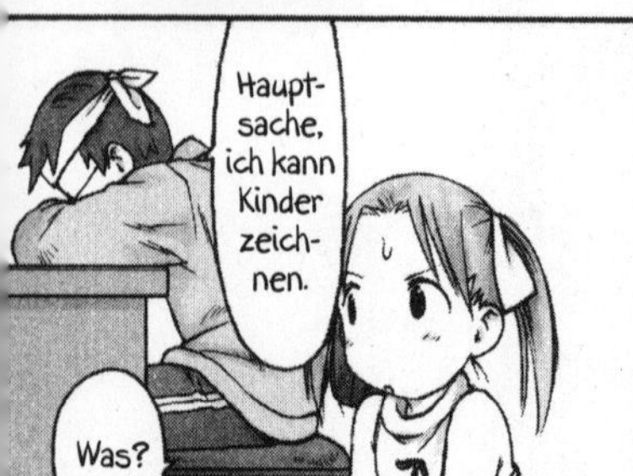
Haupt-sache, ich kann Kinder zeich-nen.
Was?
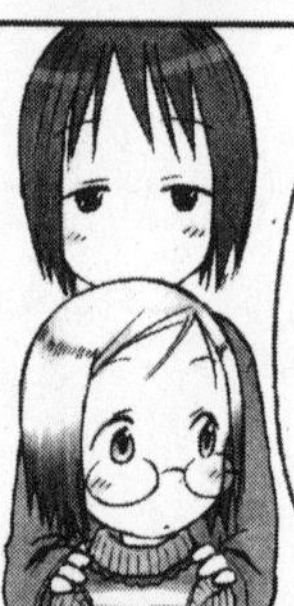
Wie ihr bemerkt habt, sind Anfangs- und Endstil ganz anders. Dazwischen liegen nämlich zwei volle Jahre.
Vollkommen anders!
Zuerst sollte es eine unbe-fristete Serie werden.
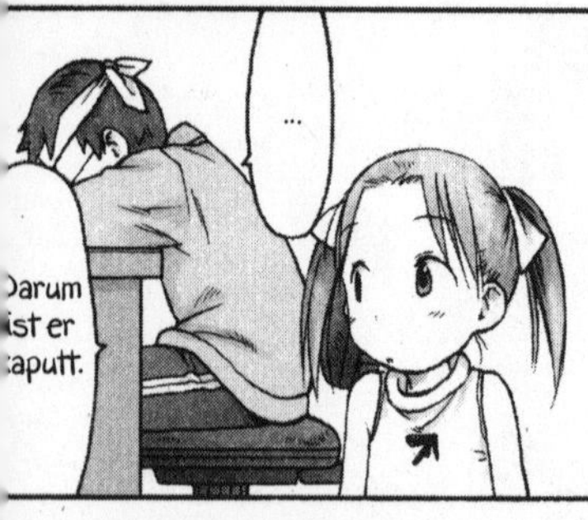
...
Darum ist er kaputt.
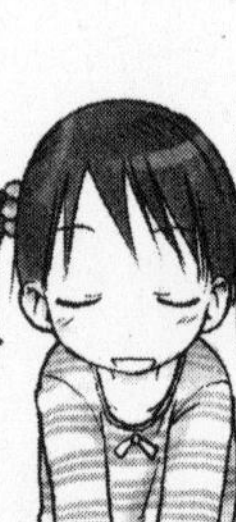
Wie dem auch sei, Fort-setzung folgt. Wir freuen uns, euch wieder als Leser begrüßen zu dürfen.
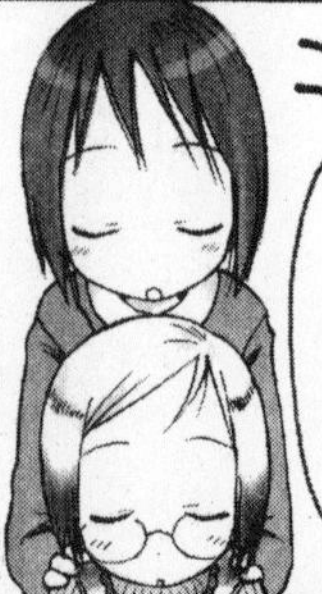
コリ
Bis zum näch-sten Mal!
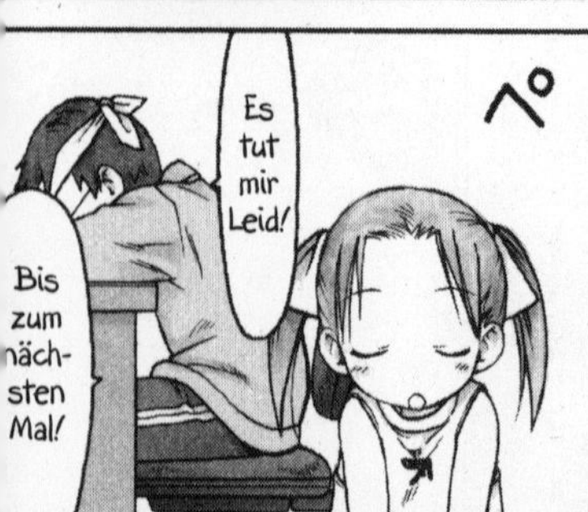
ペ
Es tut mir Leid!
Bis zum näch-sten Mal!

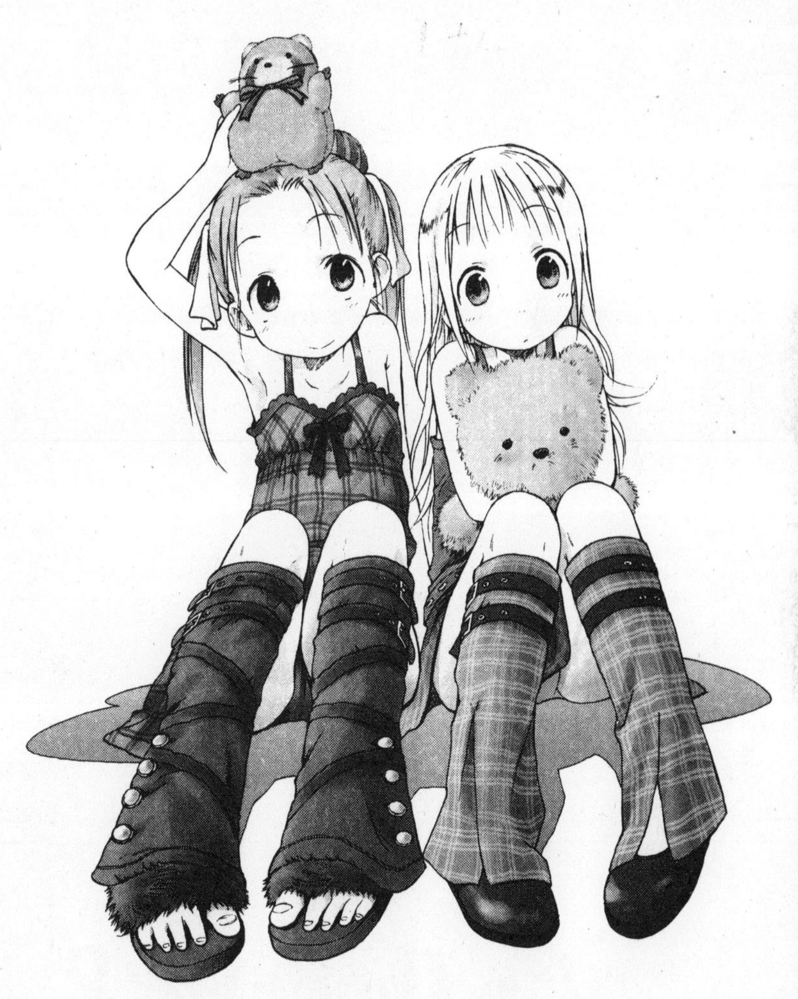

Erdbeeren &
Marshmallows

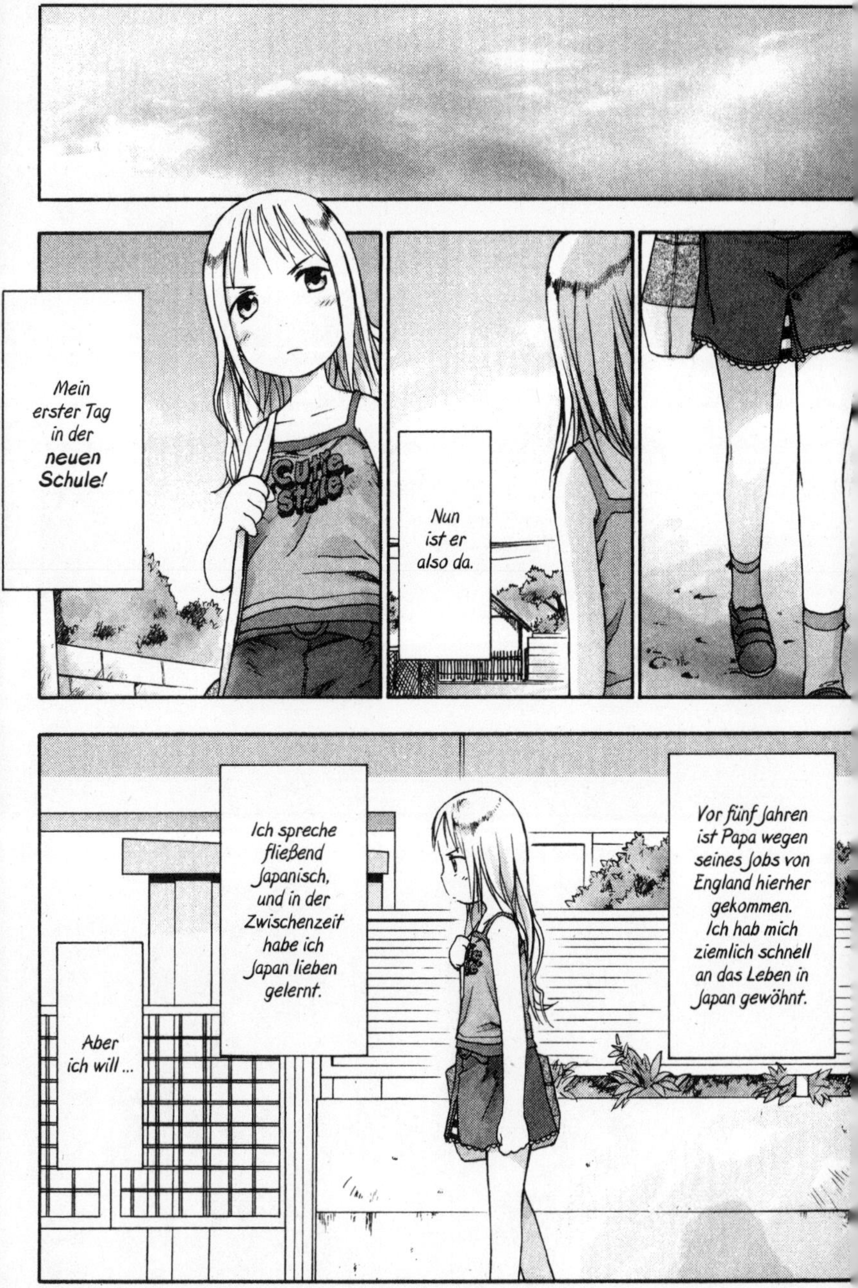

Nun ist er also da.

Mein erster Tag in der neuen Schule!

Vor fünf Jahren ist Papa wegen seines Jobs von England hierher gekommen. Ich hab mich ziemlich schnell an das Leben in Japan gewöhnt.

Ich spreche fließend Japanisch, und in der Zwischenzeit habe ich Japan lieben gelernt.

Aber ich will ...

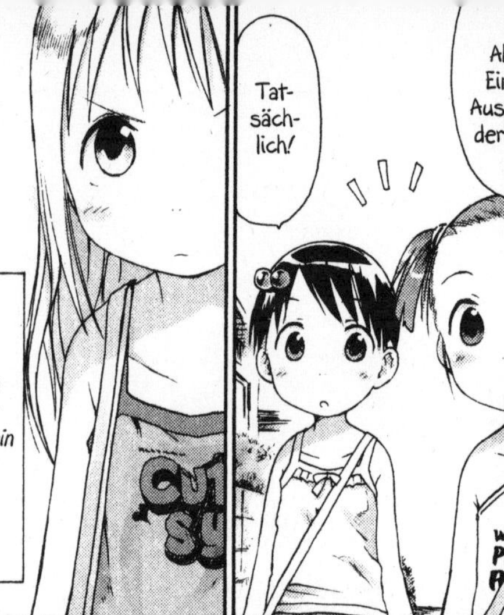

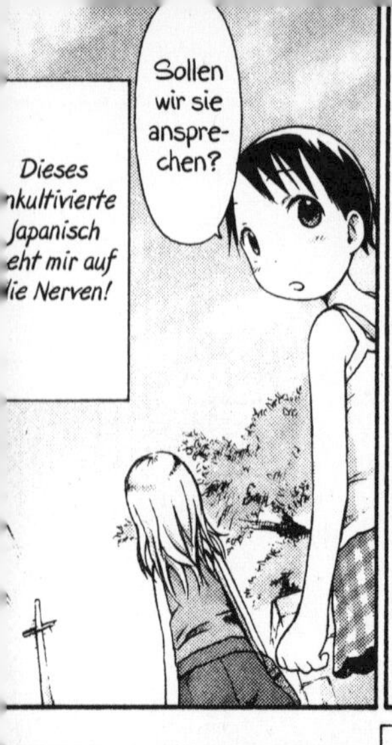

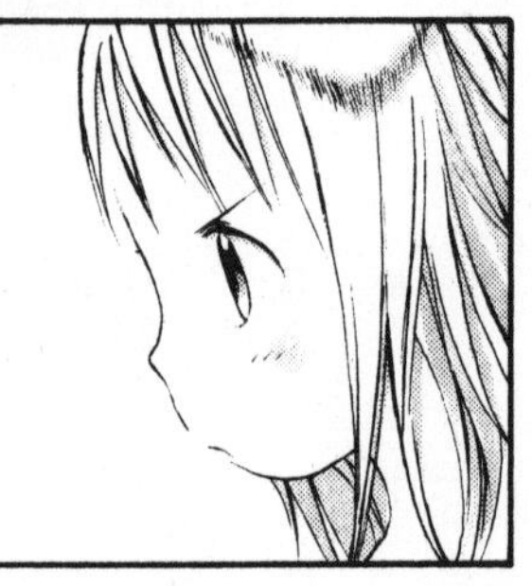

Papa und Mama reden auch nur Japanisch, sodass ich langsam mein Englisch vergesse.

Aber in der Schule hier kennt mich noch keiner.

Ab heute kein Wort Japanisch mehr. Damit ist jetzt Schluss!

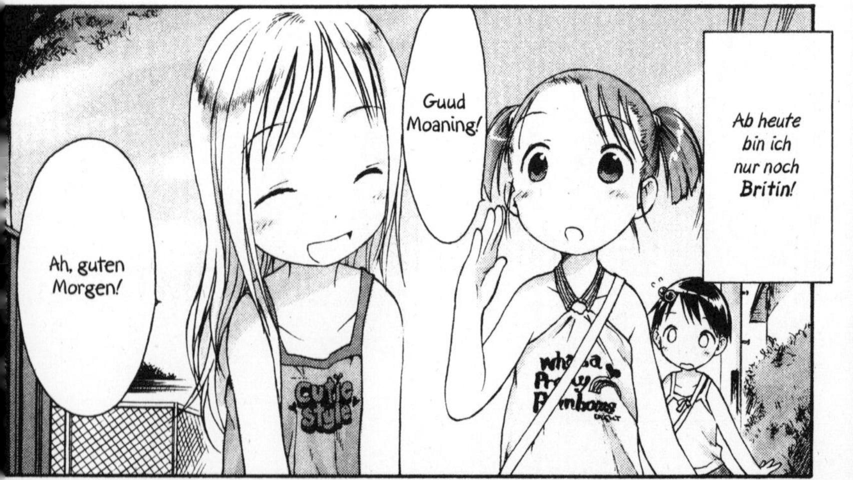

KAPITEL 11
Ana

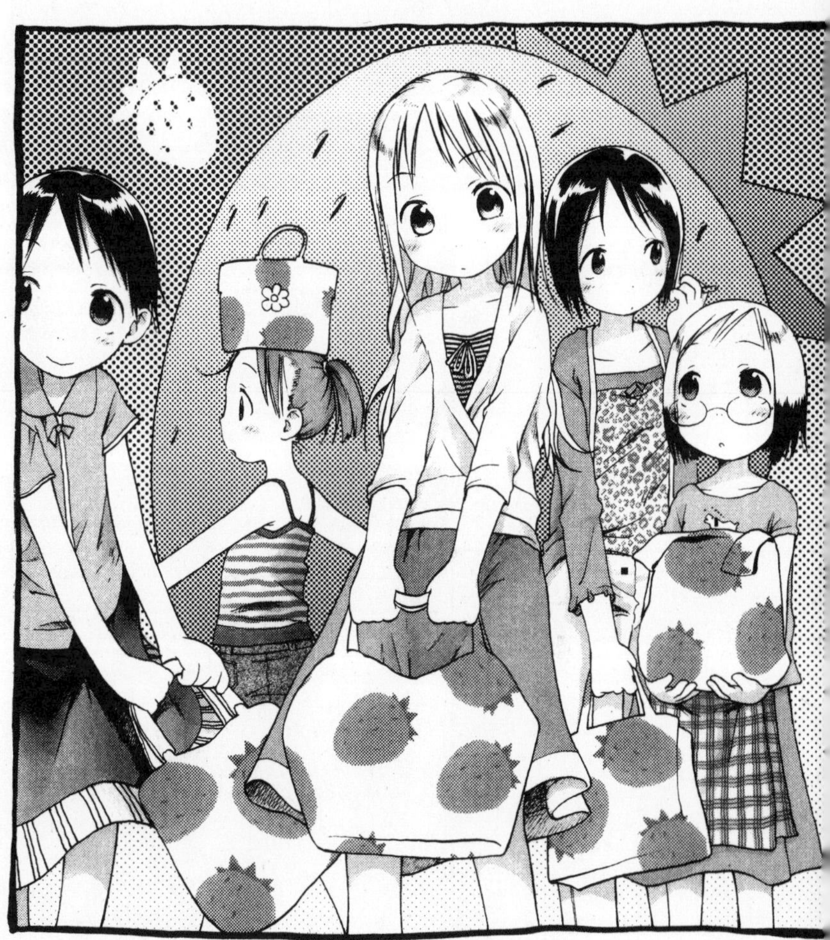

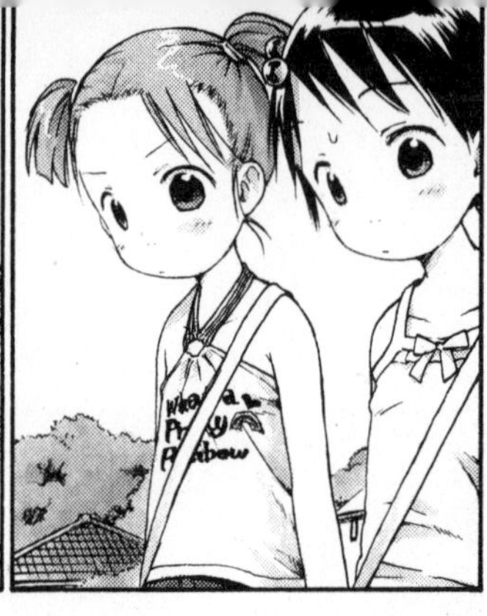

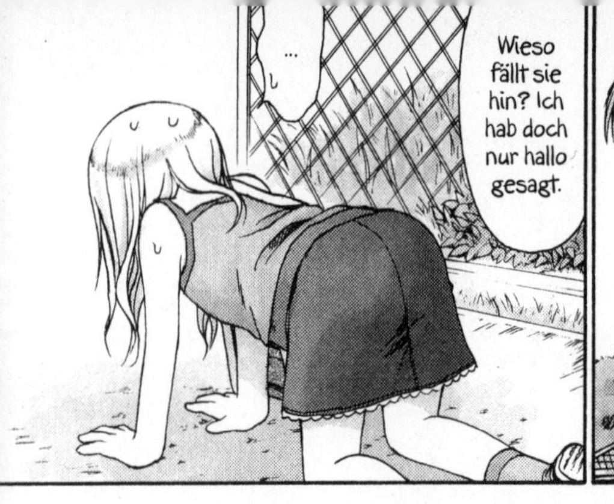
Wieso fällt sie hin? Ich hab doch nur hallo gesagt.
...

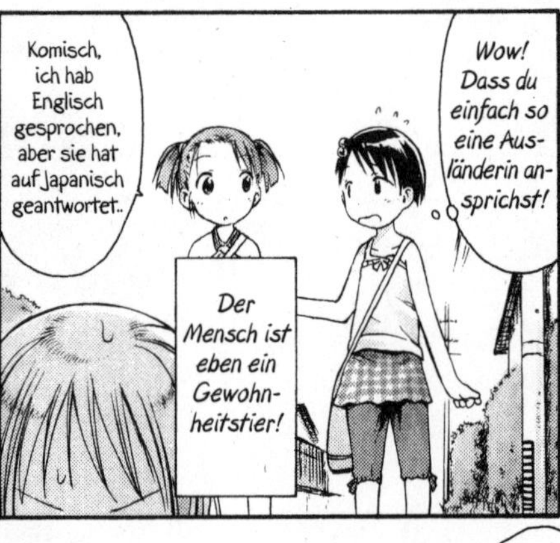
Wow! Dass du einfach so eine Ausländerin ansprichst!
Komisch, ich hab Englisch gesprochen, aber sie hat auf Japanisch geantwortet..
Der Mensch ist eben ein Gewohnheitstier!

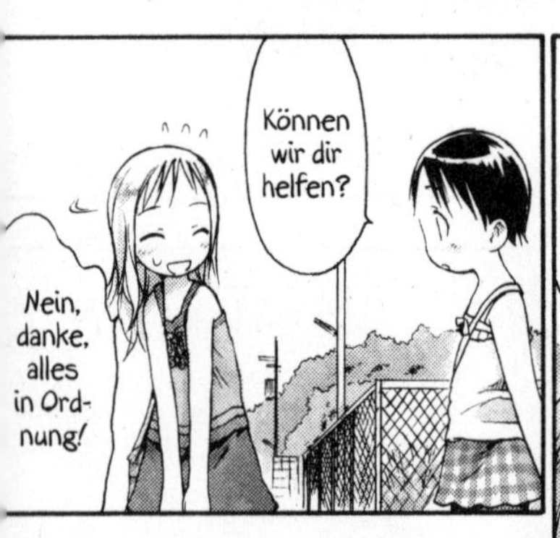
Können wir dir helfen?
Nein, danke, alles in Ordnung!

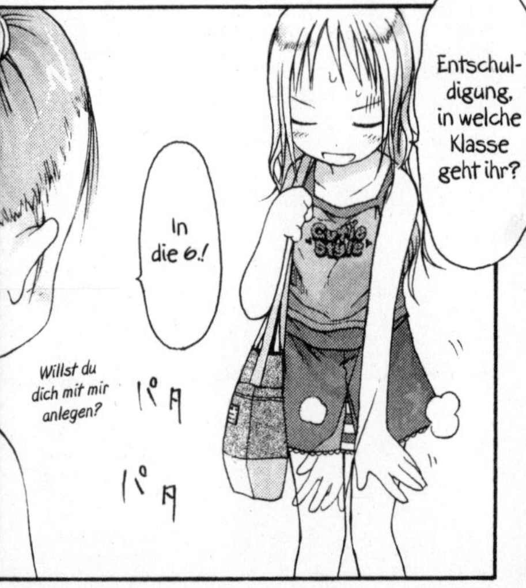
Entschuldigung, in welche Klasse geht ihr?
In die 6.!
Willst du dich mit mir anlegen?

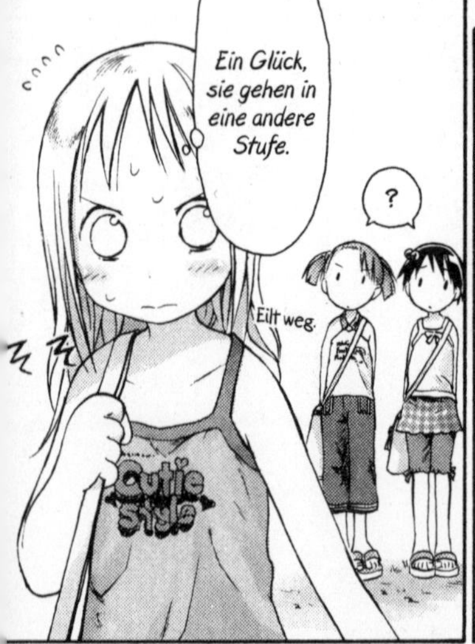
Ein Glück, sie gehen in eine andere Stufe.
?
Eilt weg.

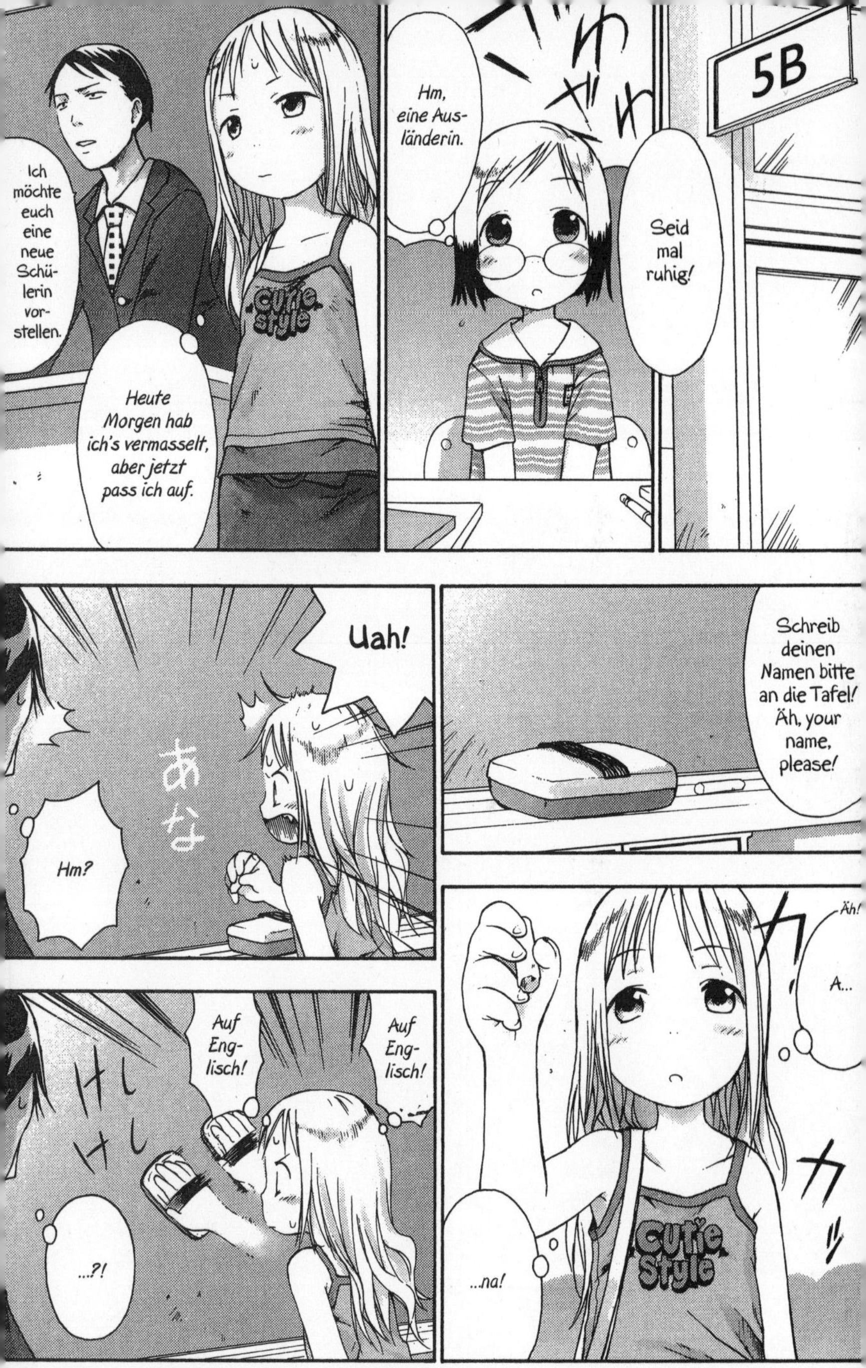

Seid mal ruhig!

Hm, eine Ausländerin.

Ich möchte euch eine neue Schülerin vorstellen.

Heute Morgen hab ich's vermasselt, aber jetzt pass ich auf.

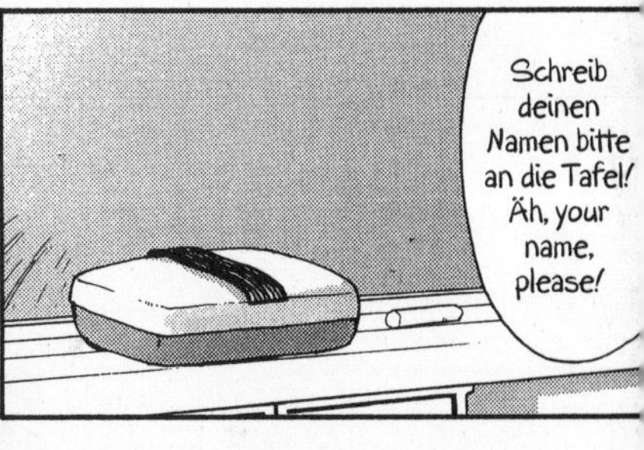

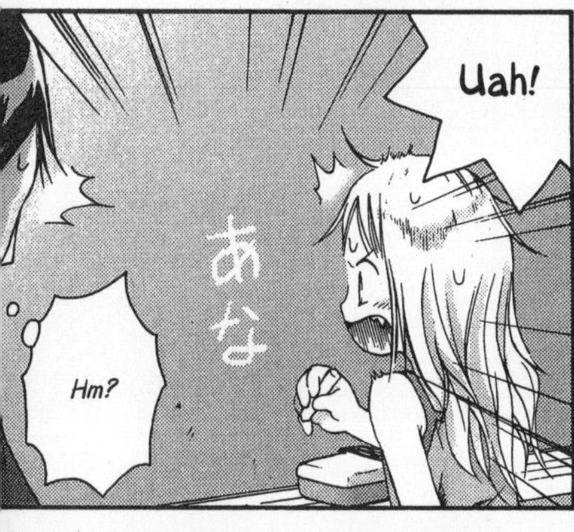

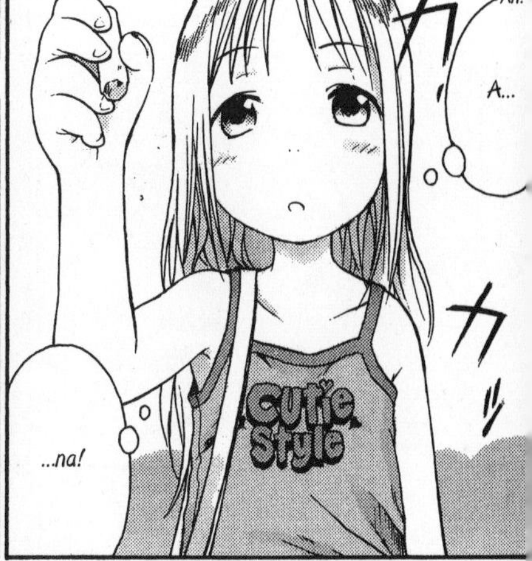

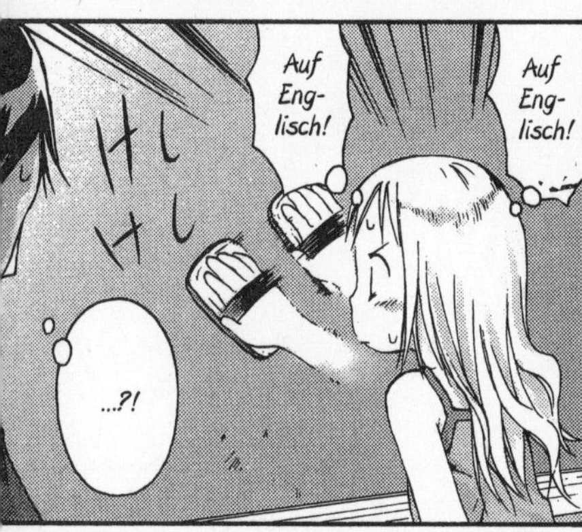

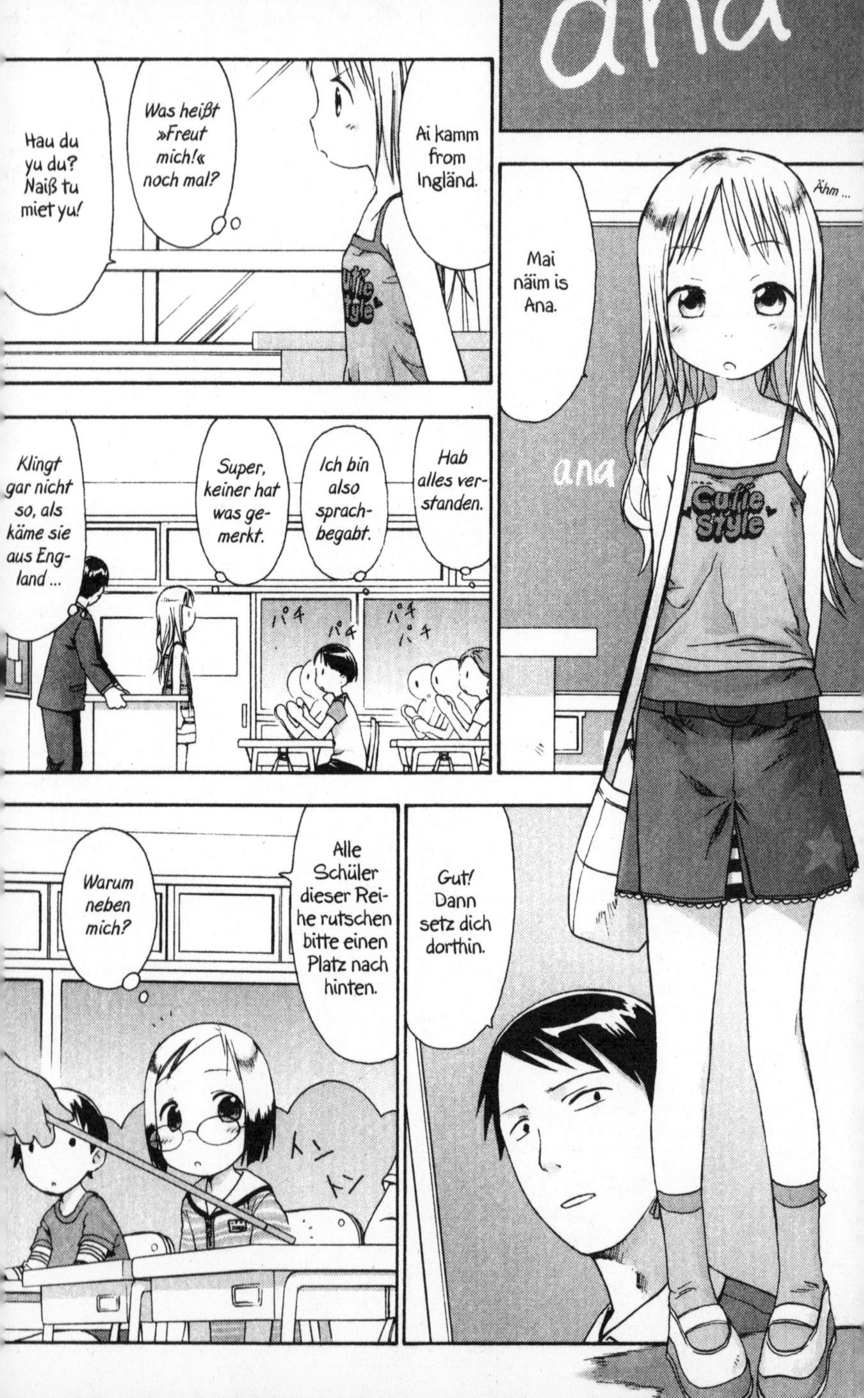
ana
Ähm ...
Mai näim is Ana.
ana
Ai kamm from Ingländ.
Was heißt »Freut mich!« noch mal?
Hau du yu du? Naiß tu miet yu!
Hab alles verstanden.
Ich bin also sprachbegabt.
Super, keiner hat was gemerkt.
Klingt gar nicht so, als käme sie aus England ...
Gut! Dann setz dich dorthin.
Alle Schüler dieser Reihe rutschen bitte einen Platz nach hinten.
Warum neben mich?

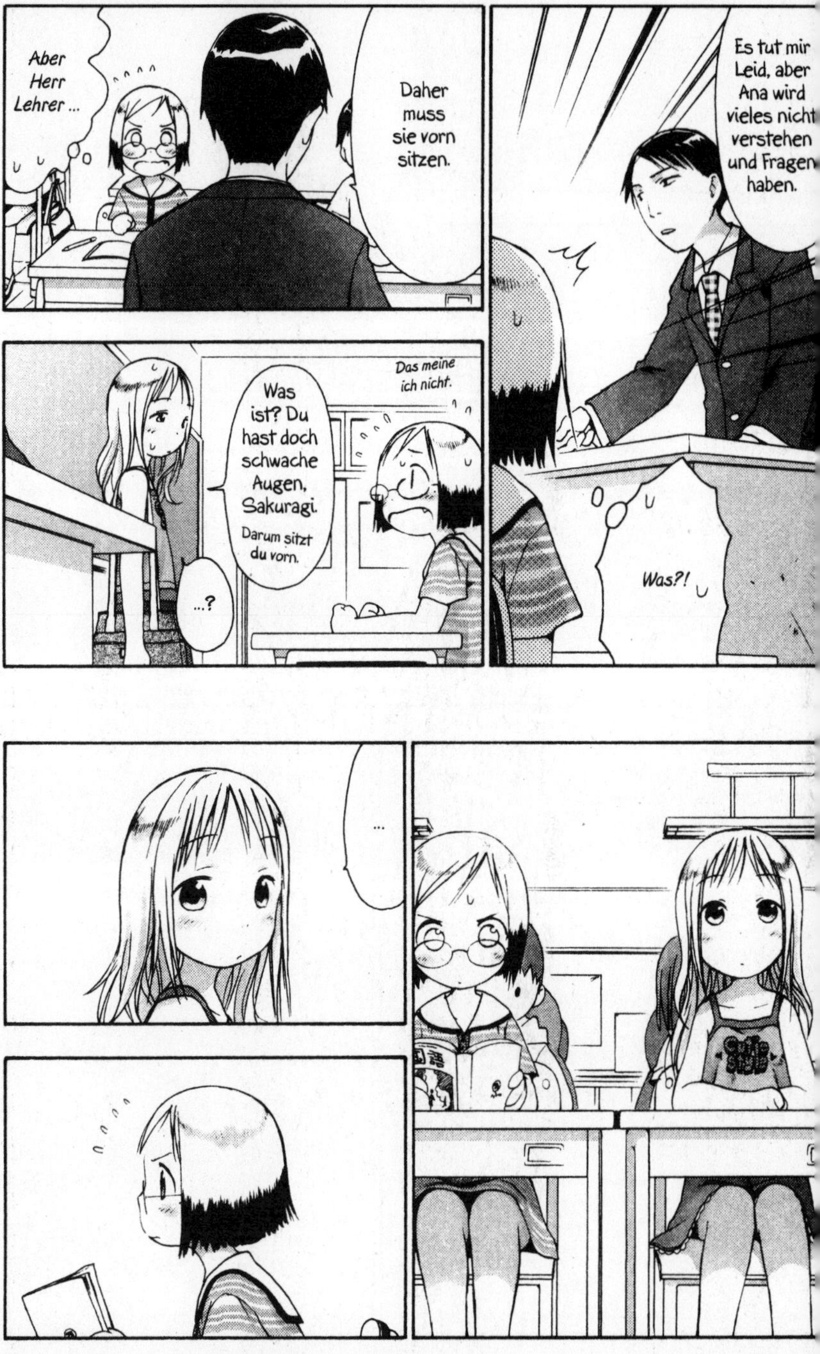

Es tut mir Leid, aber Ana wird vieles nicht verstehen und Fragen haben.

Was?!

Daher muss sie vorn sitzen.

Aber Herr Lehrer ...

Das meine ich nicht.

Was ist? Du hast doch schwache Augen, Sakuragi.

Darum sitzt du vorn.

...?

...

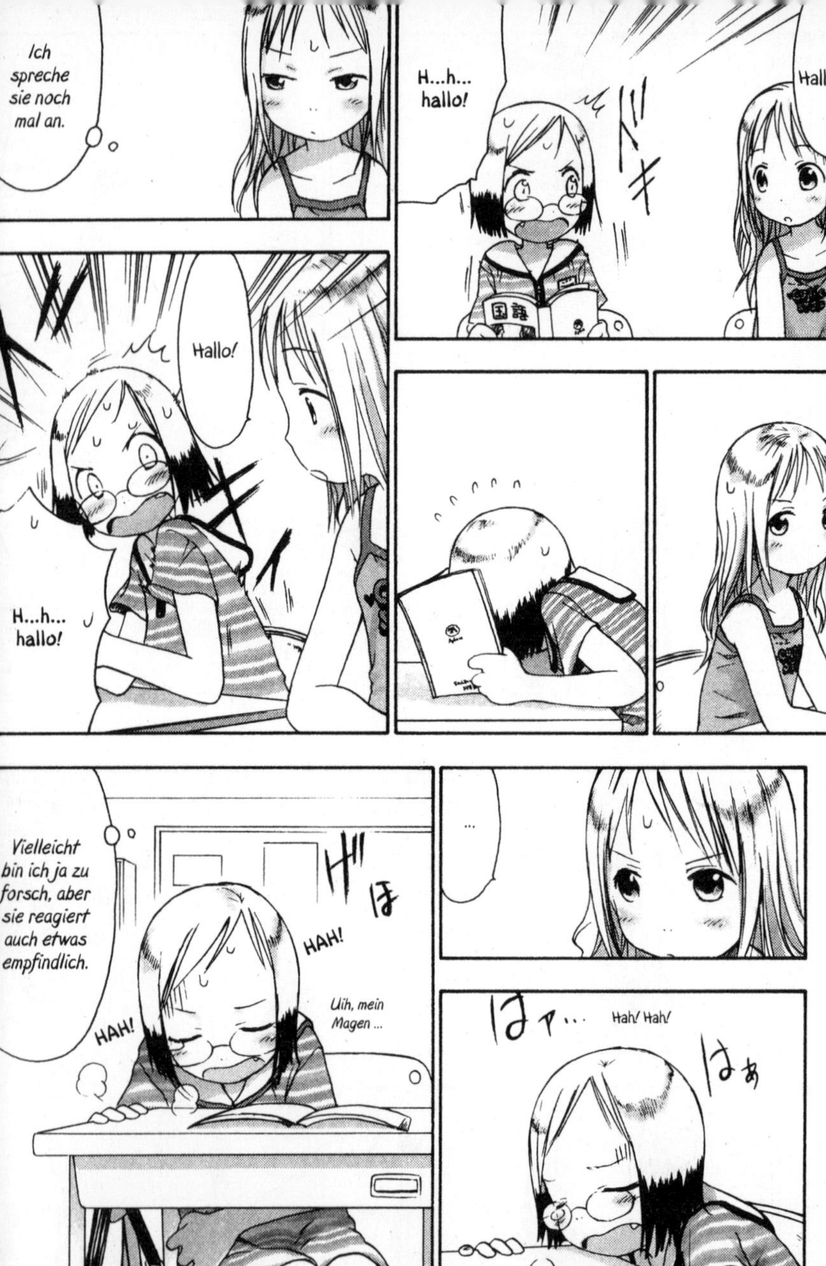
Hallo!
H...h... hallo!
Ich spreche sie noch mal an.
Hallo!
H...h... hallo!
...
Hah! Hah!
Vielleicht bin ich ja zu forsch, aber sie reagiert auch etwas empfindlich.
HAH!
HAH!
Uih, mein Magen ...

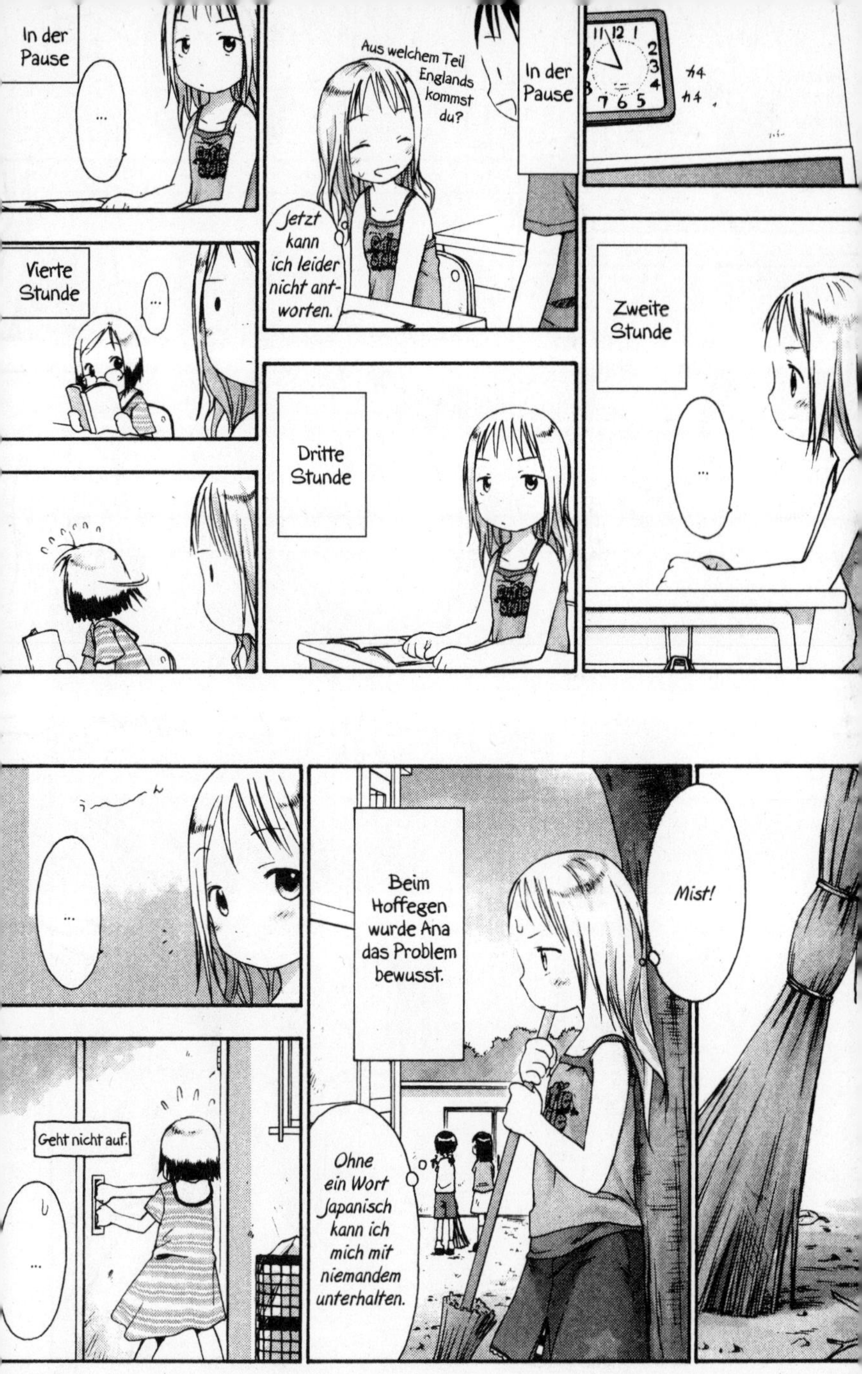

In der Pause
Aus welchem Teil Englands kommst du?
Jetzt kann ich leider nicht antworten.
In der Pause
...
Zweite Stunde
...
Dritte Stunde
Vierte Stunde
...
Mist!
Beim Hoffegen wurde Ana das Problem bewusst.
Ohne ein Wort Japanisch kann ich mich mit niemandem unterhalten.
...
Geht nicht auf.
...

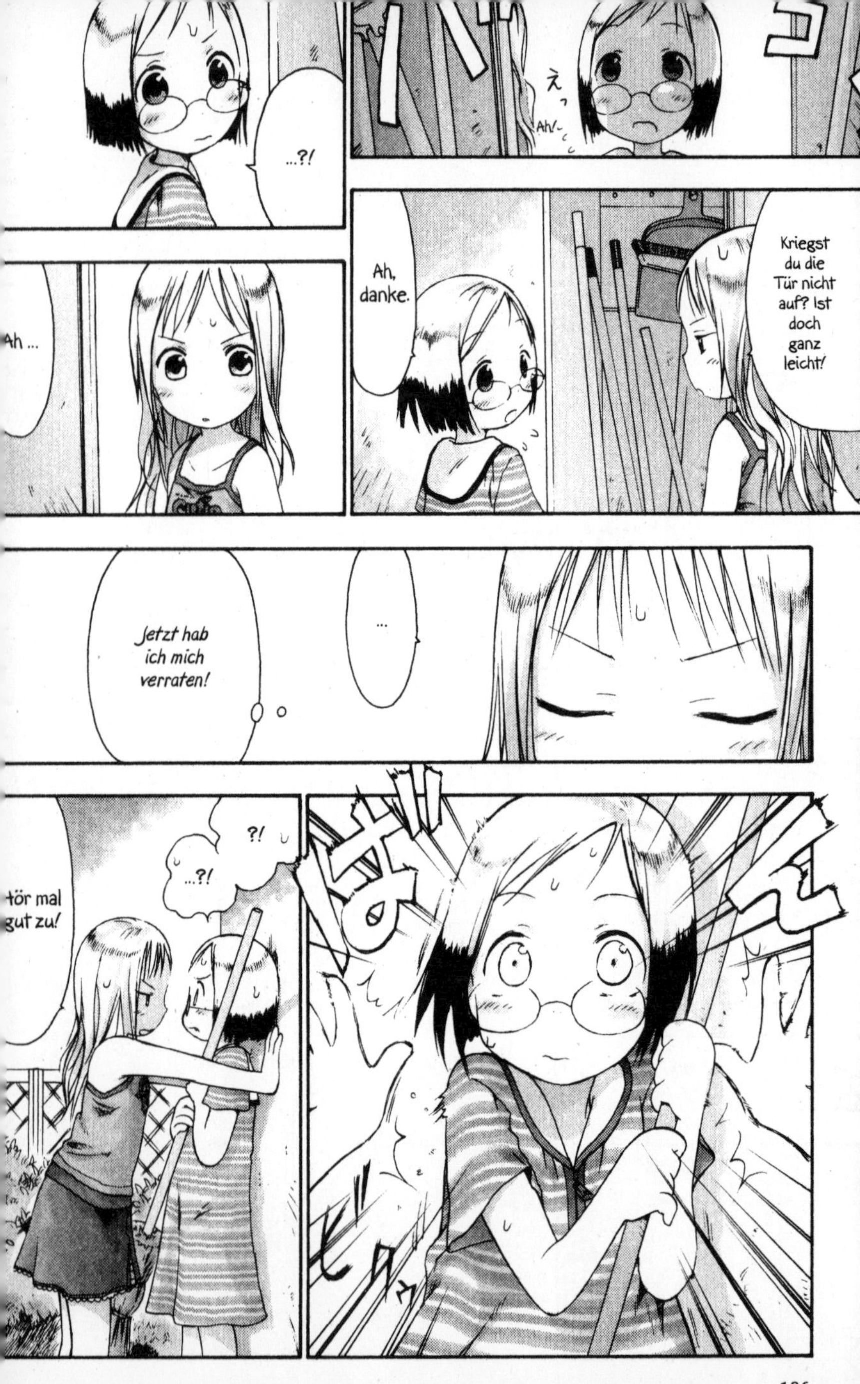

え
Ah!
...?!
Kriegst du die Tür nicht auf? Ist doch ganz leicht!
Ah, danke.
Ah ...
...
Jetzt hab ich mich verraten!
?!
...?!
ör mal gut zu!

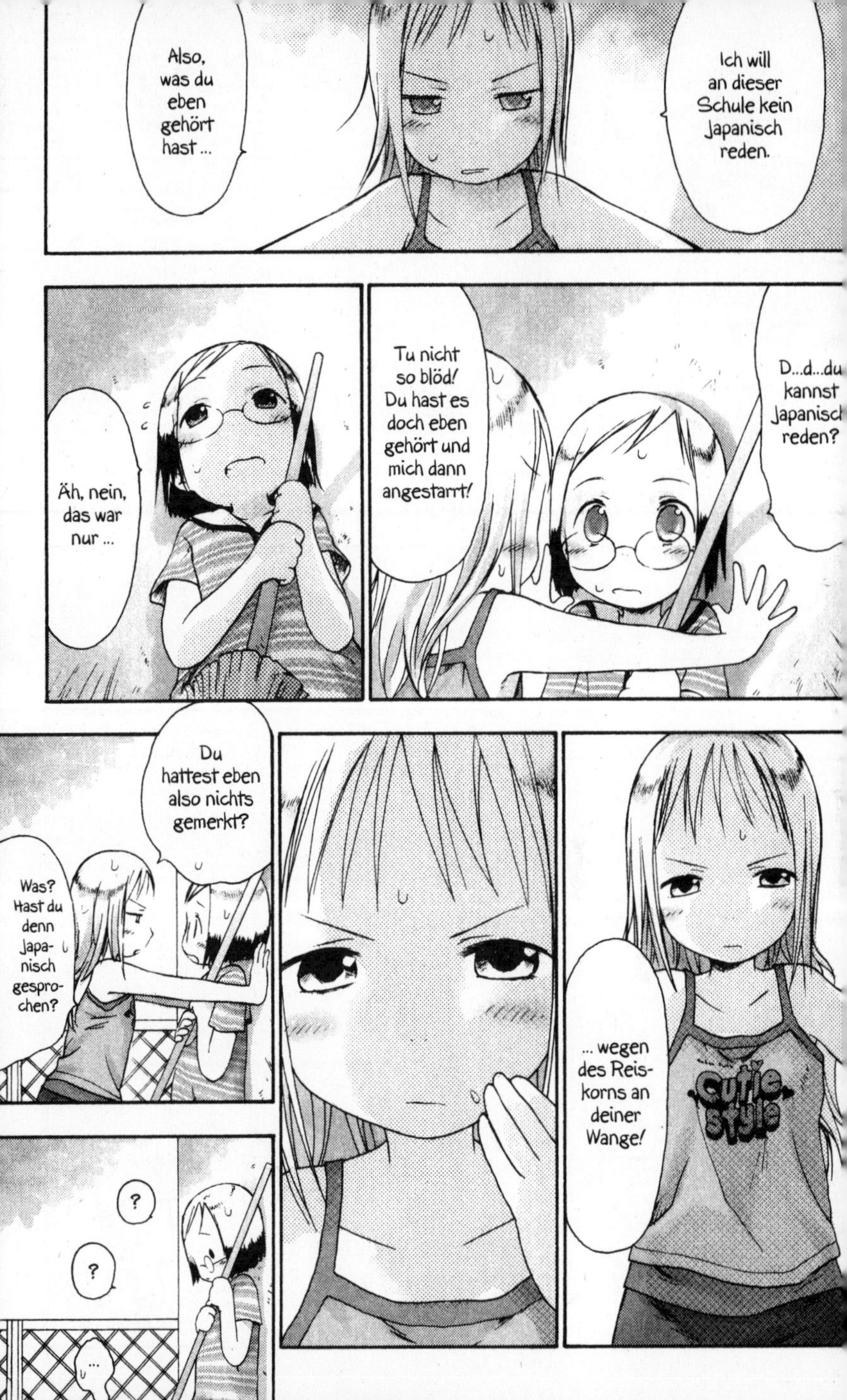
Ich will an dieser Schule kein Japanisch reden.
Also, was du eben gehört hast ...
D...d...du kannst Japanisc reden?
Tu nicht so blöd! Du hast es doch eben gehört und mich dann angestarrt!
Äh, nein, das war nur ...
... wegen des Reiskorns an deiner Wange!
Du hattest eben also nichts gemerkt?
Was? Hast du denn Japanisch gesprochen?
?
?
...

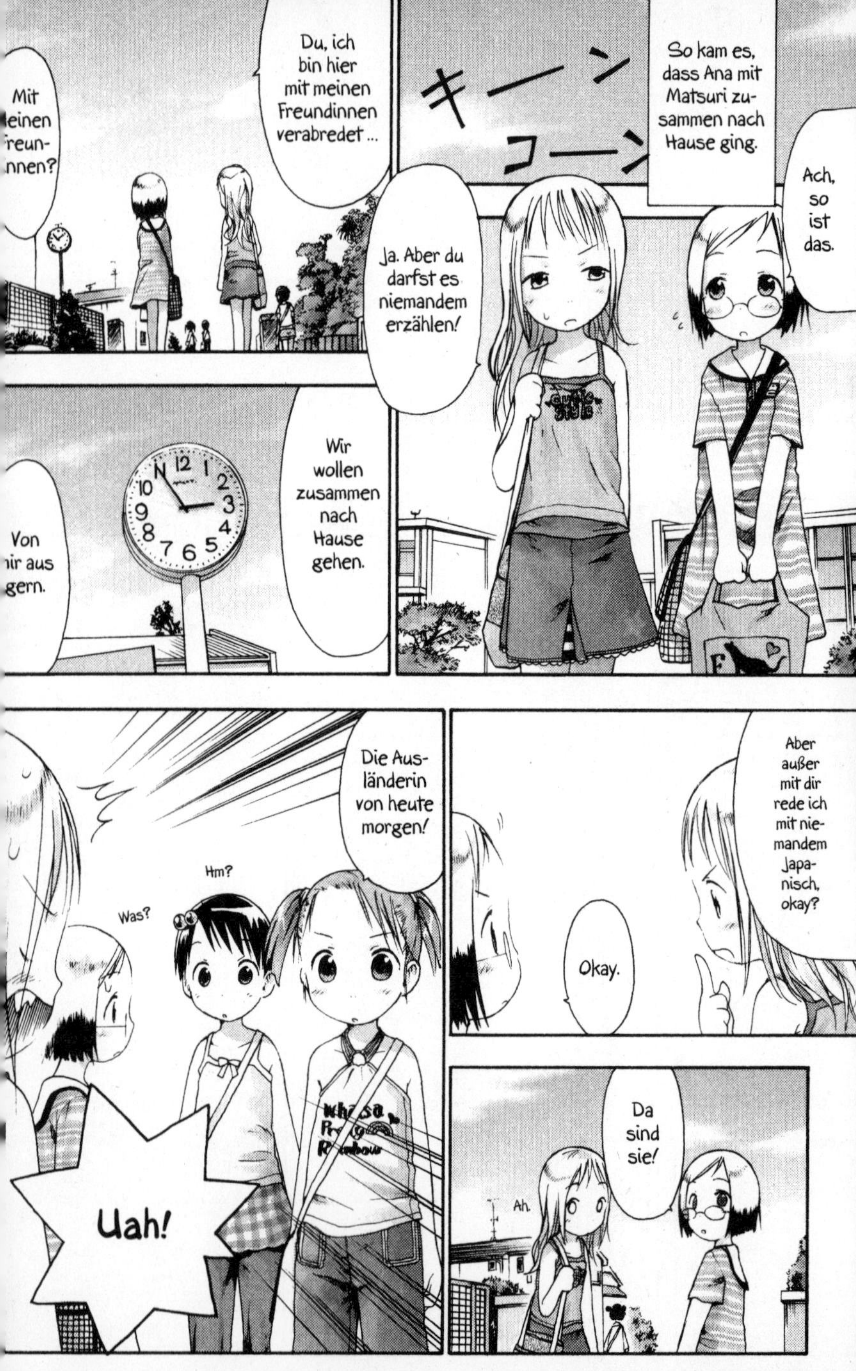

So kam es, dass Ana mit Matsuri zusammen nach Hause ging.
キーン
コーン
Ach, so ist das.
Ja. Aber du darfst es niemandem erzählen!
Du, ich bin hier mit meinen Freundinnen verabredet ...
Mit einen reun- nnen?
Wir wollen zusammen nach Hause gehen.
Von ir aus gern.
Aber außer mit dir rede ich mit niemandem Japanisch, okay?
Okay.
Da sind sie!
Ah.
Die Ausländerin von heute morgen!
Hm?
Was?
Uah!

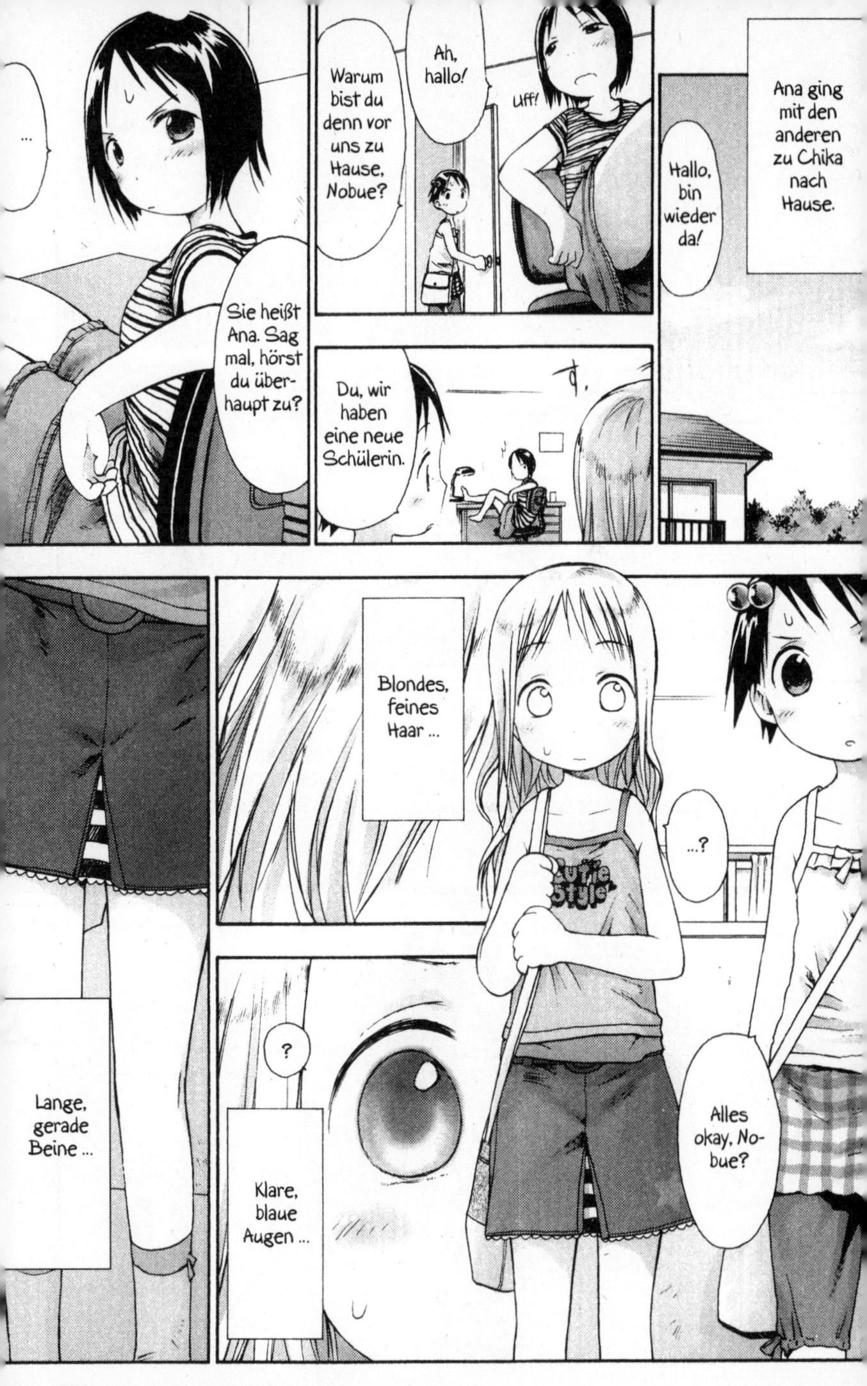

Ana ging mit den anderen zu Chika nach Hause.

Hallo, bin wieder da!

Uff!

Ah, hallo!

Warum bist du denn vor uns zu Hause, Nobue?

Du, wir haben eine neue Schülerin.

Sie heißt Ana. Sag mal, hörst du überhaupt zu?

...

Blondes, feines Haar ...

...?

Alles okay, Nobue?

?

Klare, blaue Augen ...

Lange, gerade Beine ...

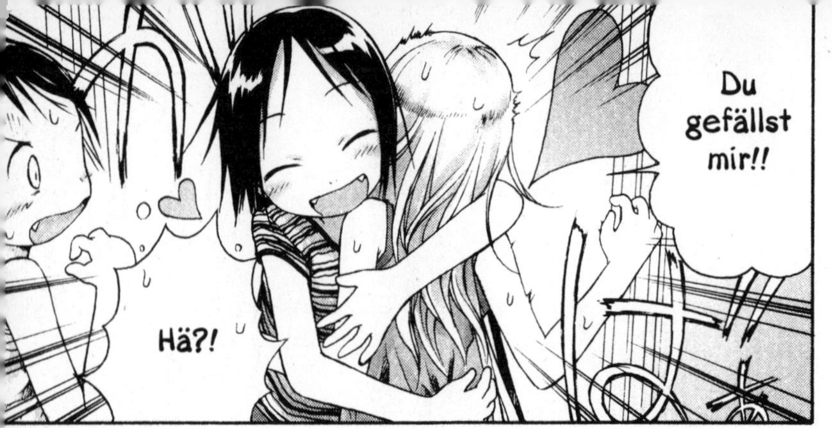
Du gefällst mir!!
Hä?!
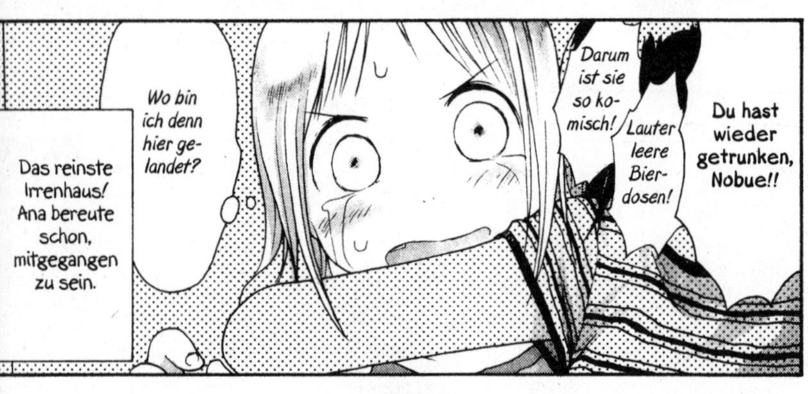
Du hast wieder getrunken, Nobue!!
Lauter leere Bierdosen!
Darum ist sie so komisch!
Wo bin ich denn hier gelandet?
Das reinste Irrenhaus! Ana bereute schon, mitgegangen zu sein.
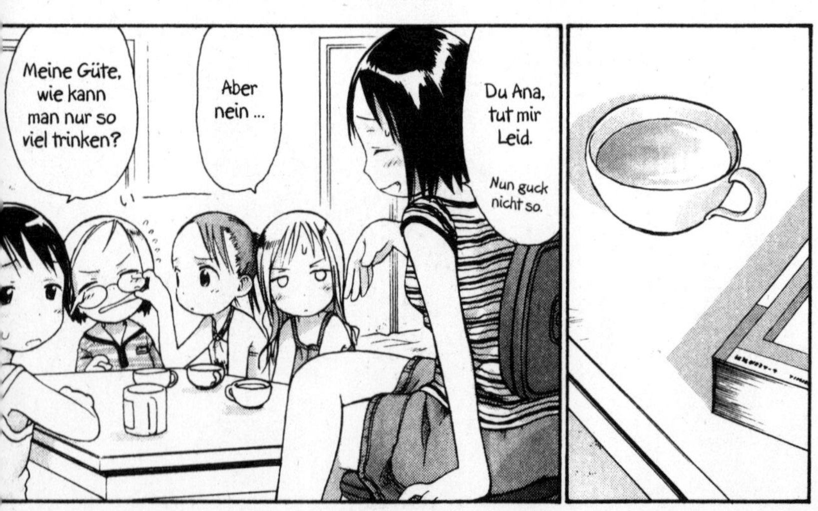
Du Ana, tut mir Leid.
Nun guck nicht so.
Aber nein ...
Meine Güte, wie kann man nur so viel trinken?

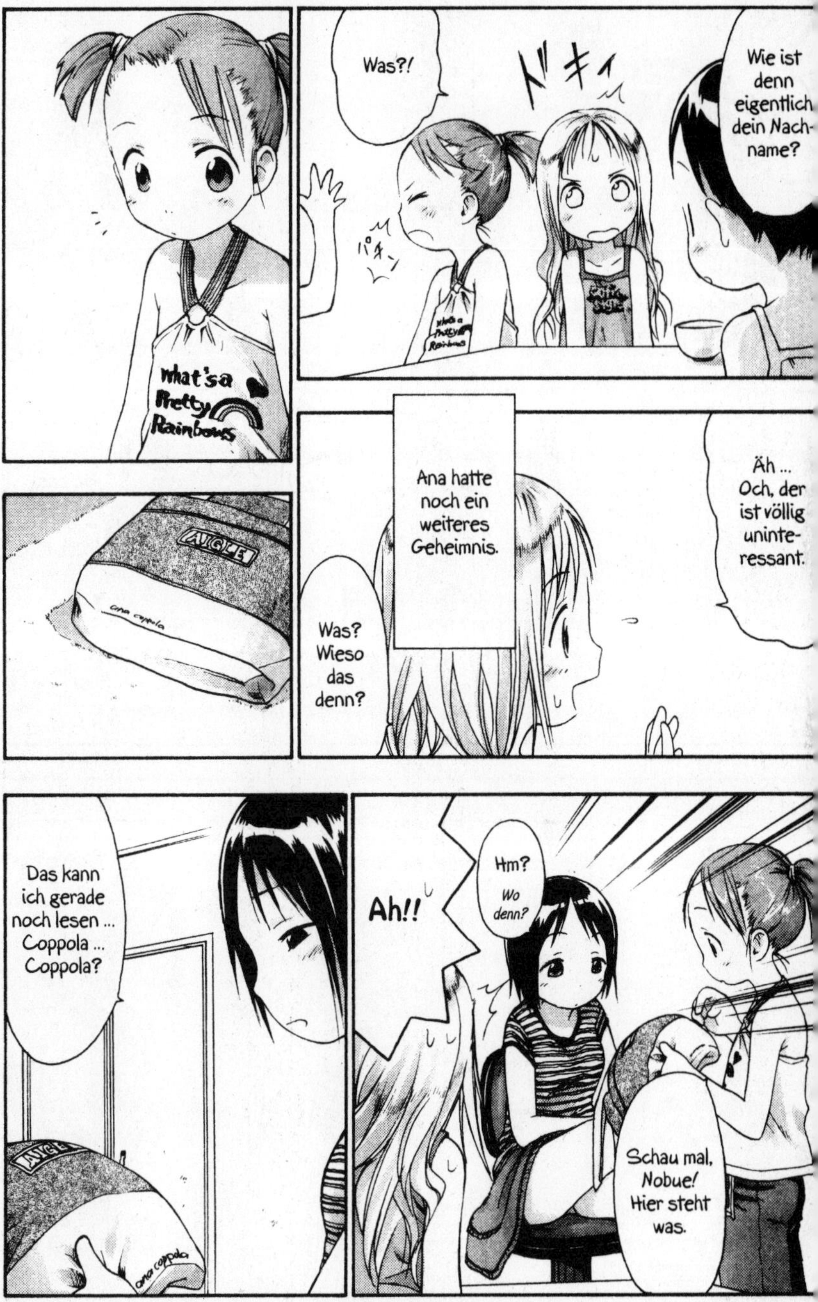

Wie ist denn eigentlich dein Nachname?

Was?!

Äh ... Och, der ist völlig uninteressant.

Ana hatte noch ein weiteres Geheimnis.

Was? Wieso das denn?

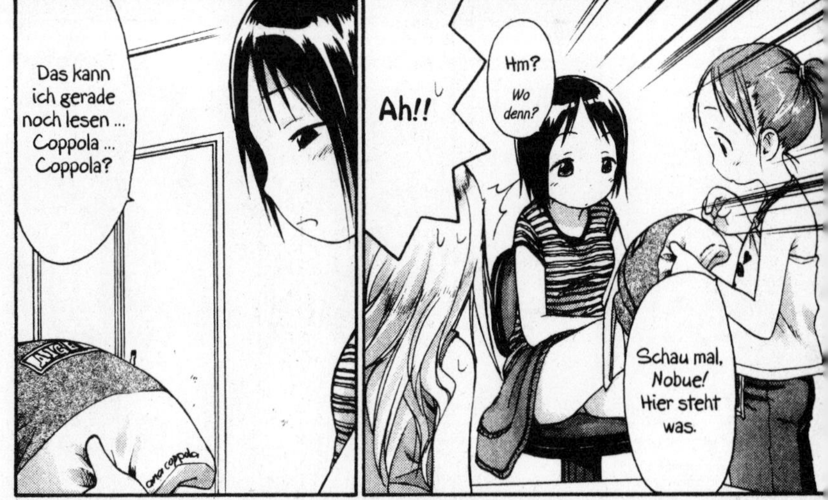

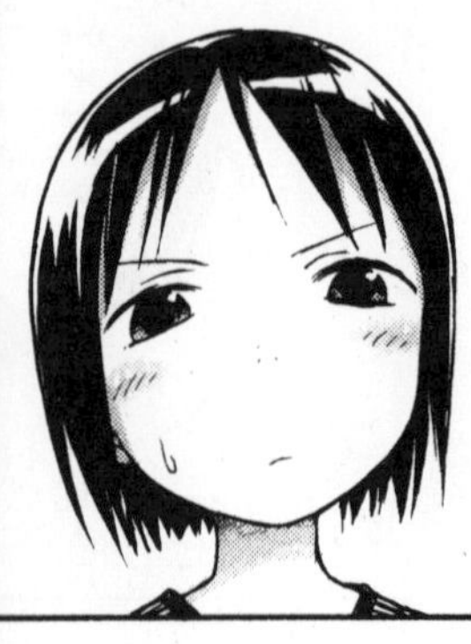
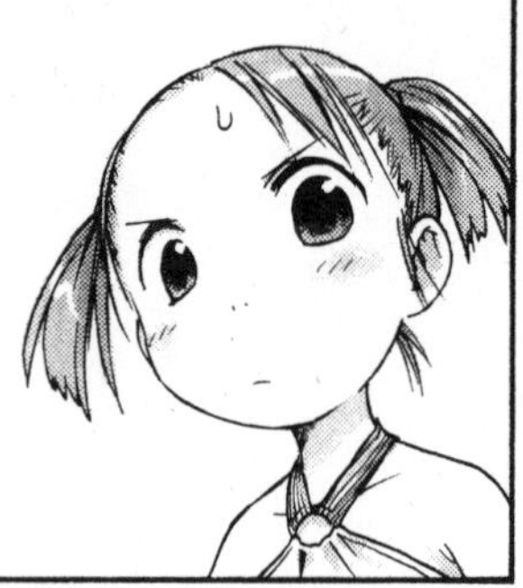

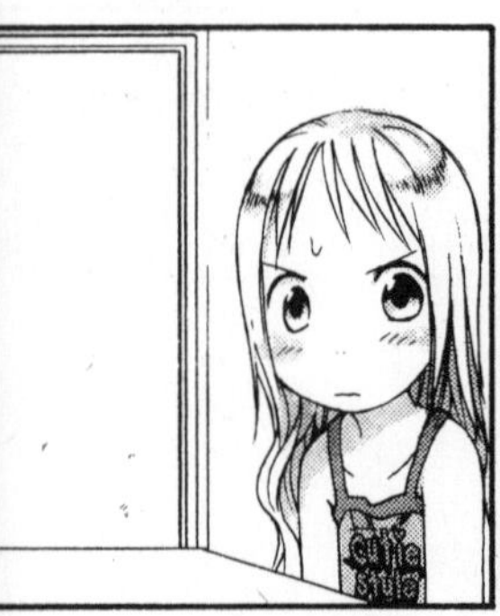
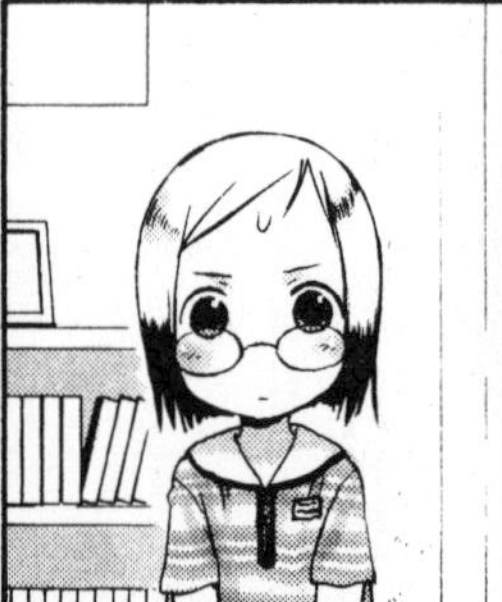
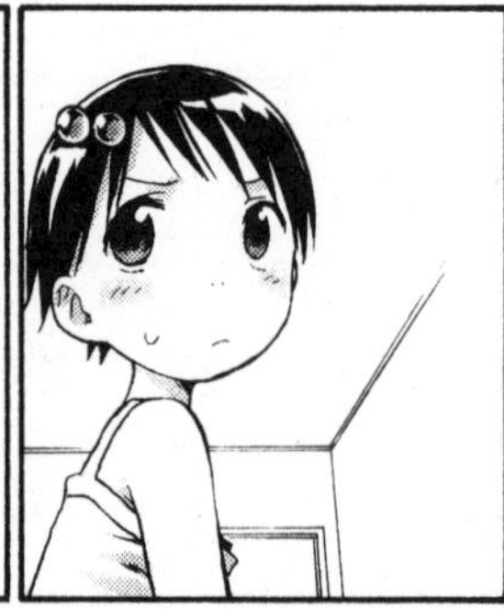

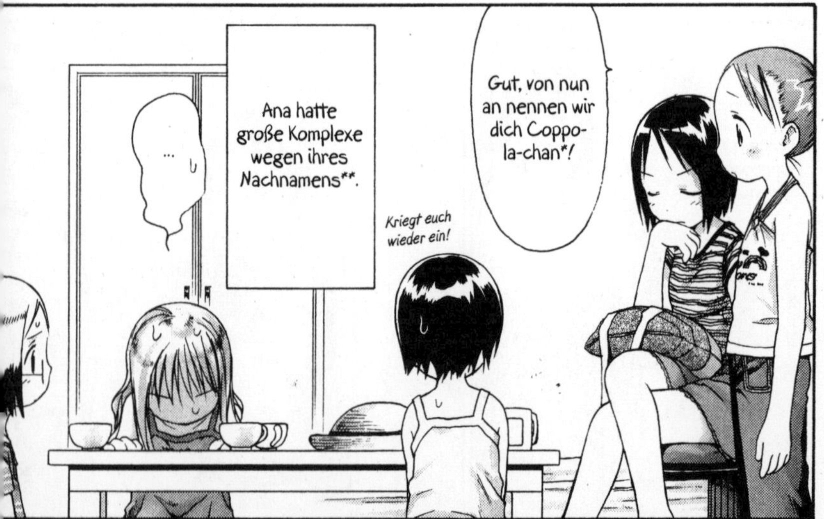

erniedlichende Anrede für gute Freunde und kleine Kinder **Der Name Coppola wird häufig mit dem berühmten
S-amerikanischen Regisseur Francis Ford Coppola (geb. 1939) in Verbindung gebracht.

HALLO JOB

nobue

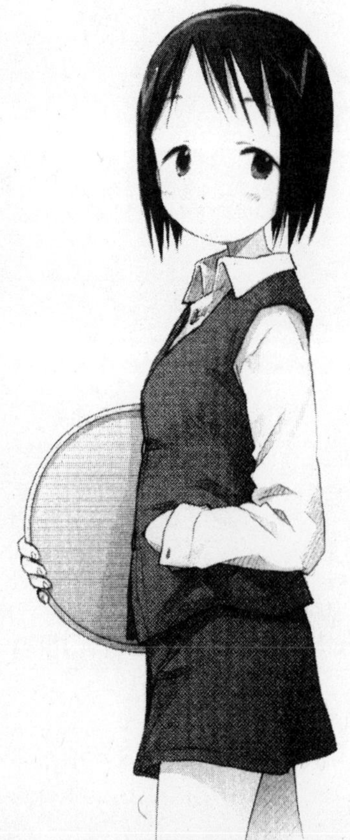

Kellnerin

HALLO JOB

chika

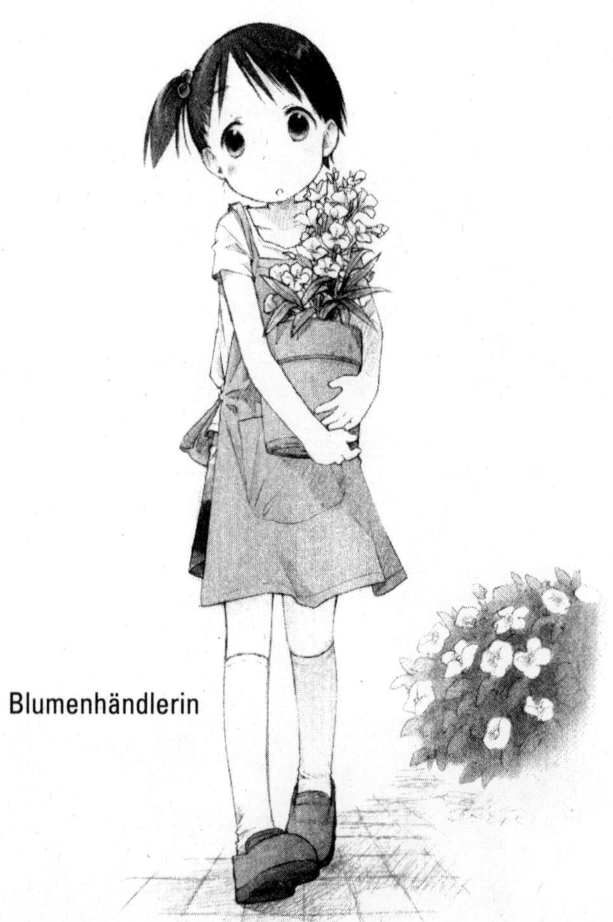

Blumenhändlerin

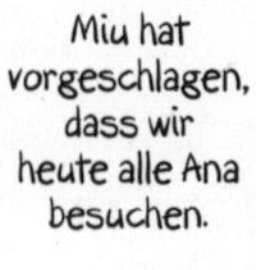
Miu hat vorgeschlagen, dass wir heute alle Ana besuchen.

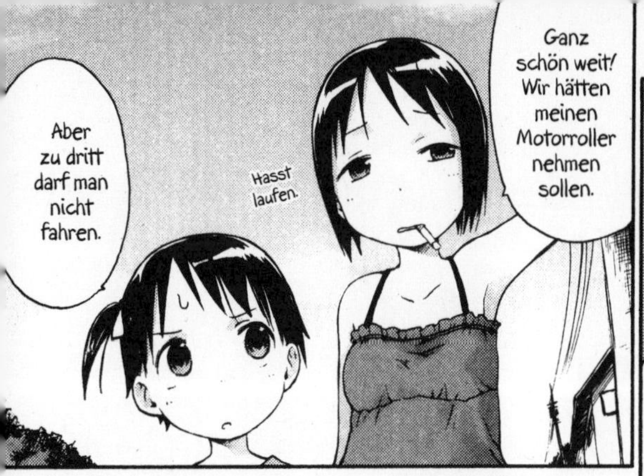
Ganz schön weit! Wir hätten meinen Motorroller nehmen sollen.
Hasst laufen.
Aber zu dritt darf man nicht fahren.

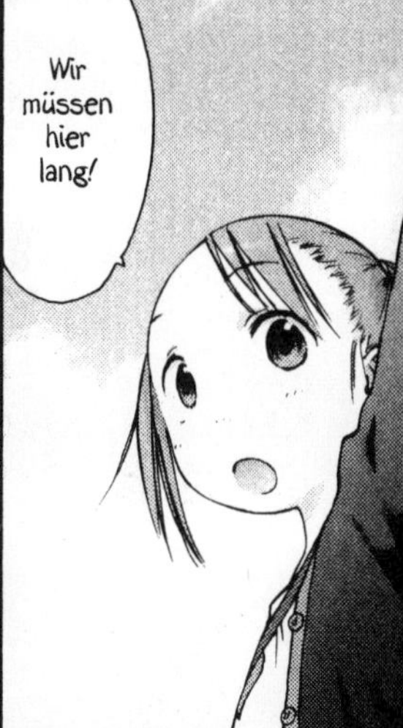
Wir müssen hier lang!

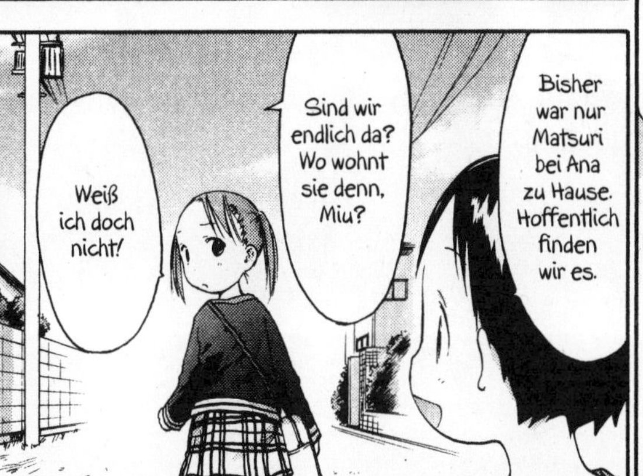
Bisher war nur Matsuri bei Ana zu Hause. Hoffentlich finden wir es.
Sind wir endlich da? Wo wohnt sie denn, Miu?
Weiß ich doch nicht!

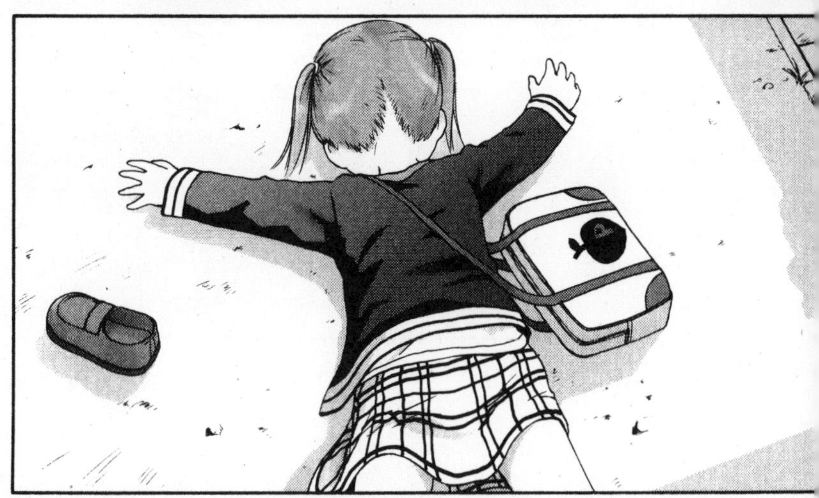

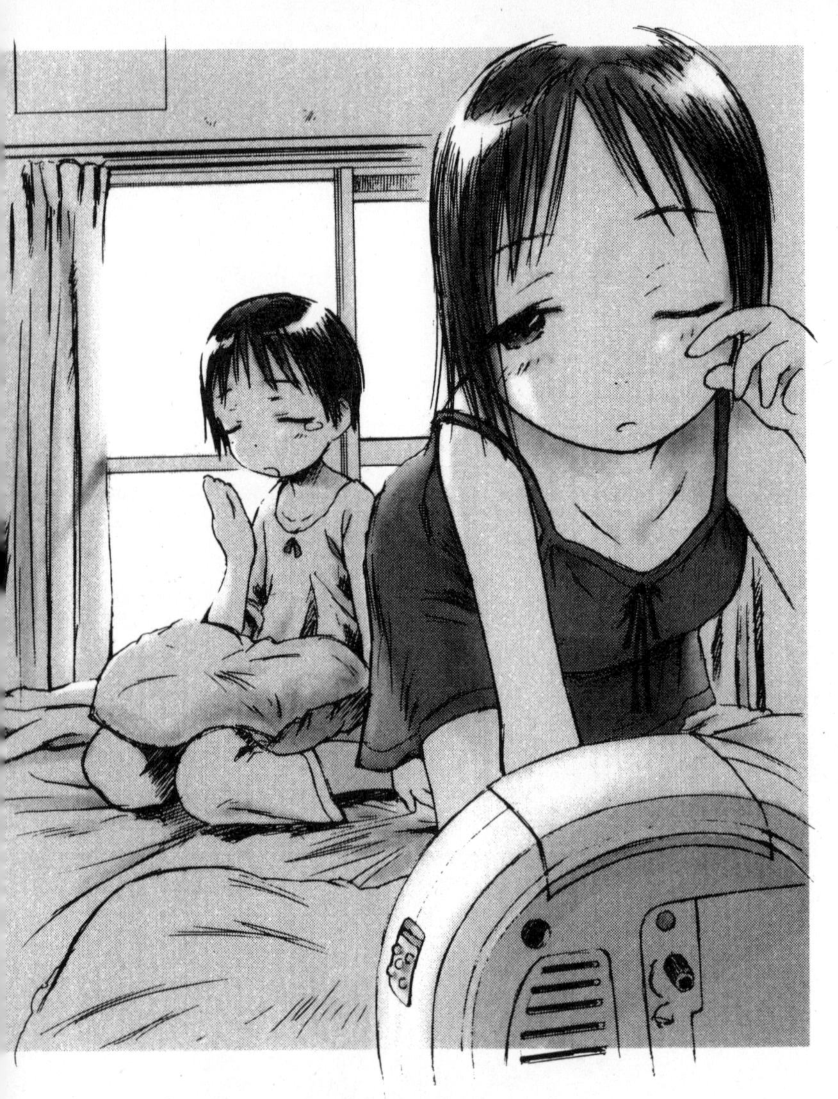

KAPITEL 12
Bei Ana zu Hause

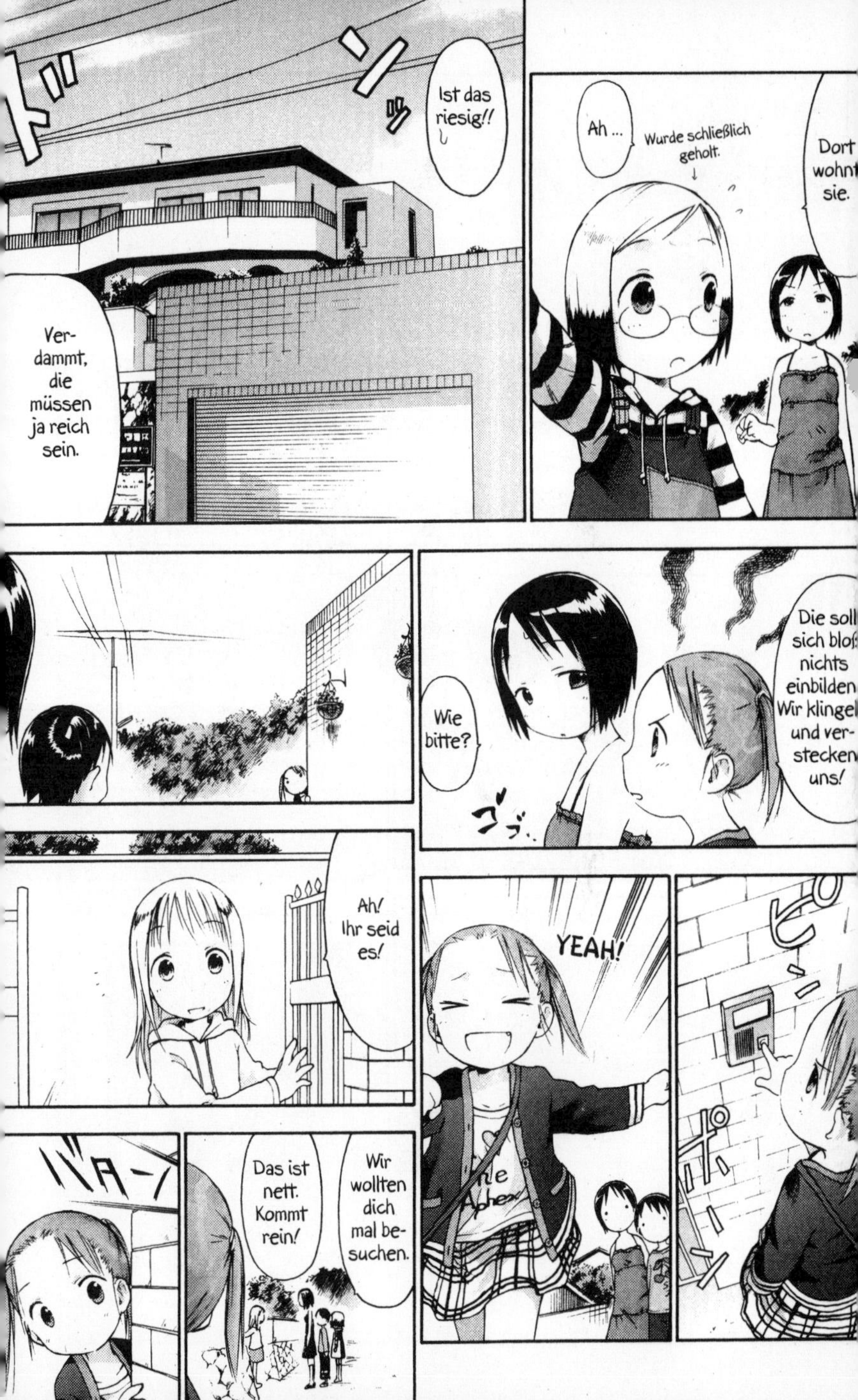
Dort wohn sie.
Ah ...
Wurde schließlich geholt.
Ist das riesig!!
Verdammt, die müssen ja reich sein.
Die soll sich blo nichts einbilden Wir klinge und ver-stecken uns!
Wie bitte?
YEAH!
Ah! Ihr seid es!
Wir wollten dich mal be-suchen.
Das ist nett. Kommt rein!

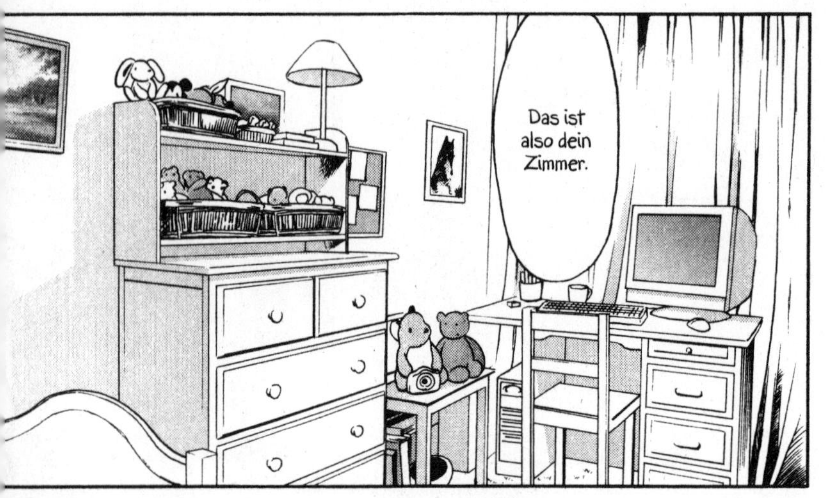
Das ist also dein Zimmer.

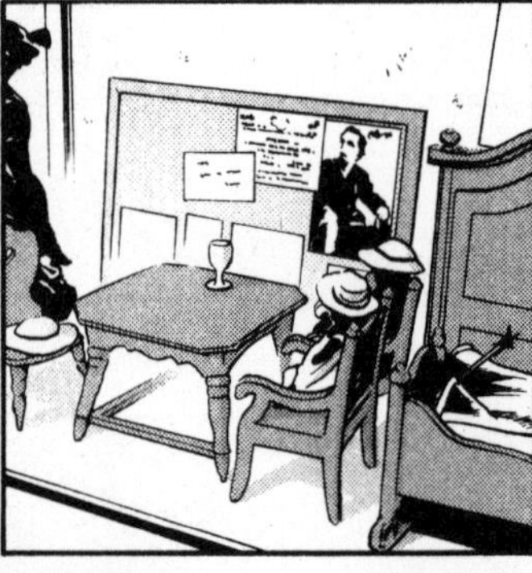

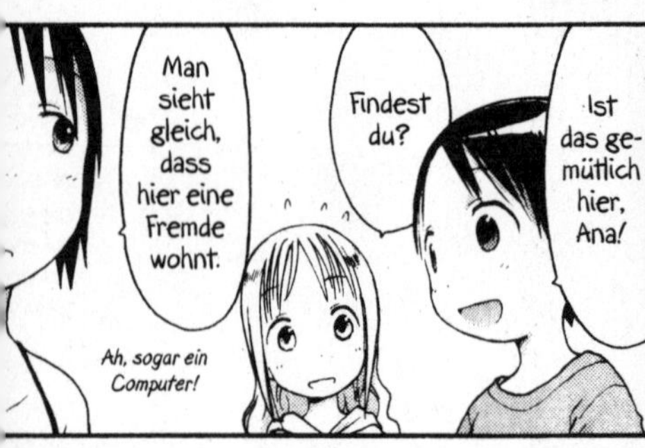
Ist das gemütlich hier, Ana!
Findest du?
Man sieht gleich, dass hier eine Fremde wohnt.
Ah, sogar ein Computer!

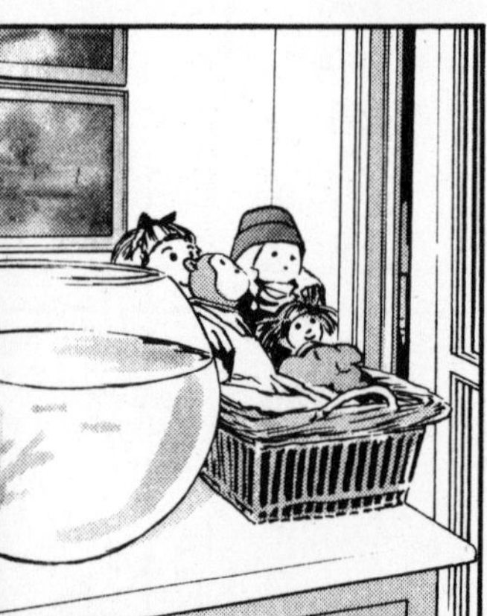

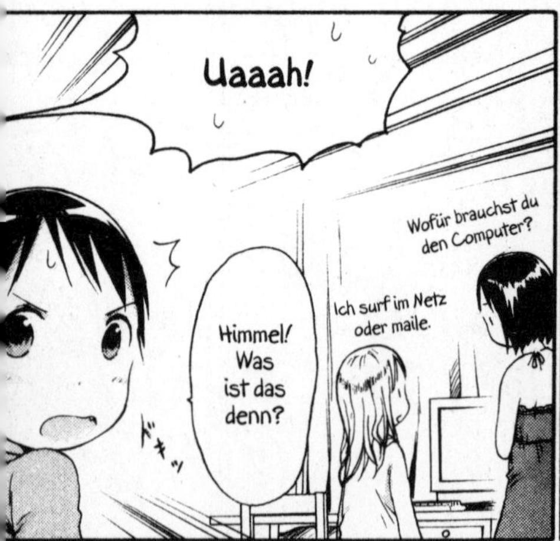
Uaaah!
Wofür brauchst du den Computer?
Ich surf im Netz oder maile.
Himmel! Was ist das denn?
ドキッ

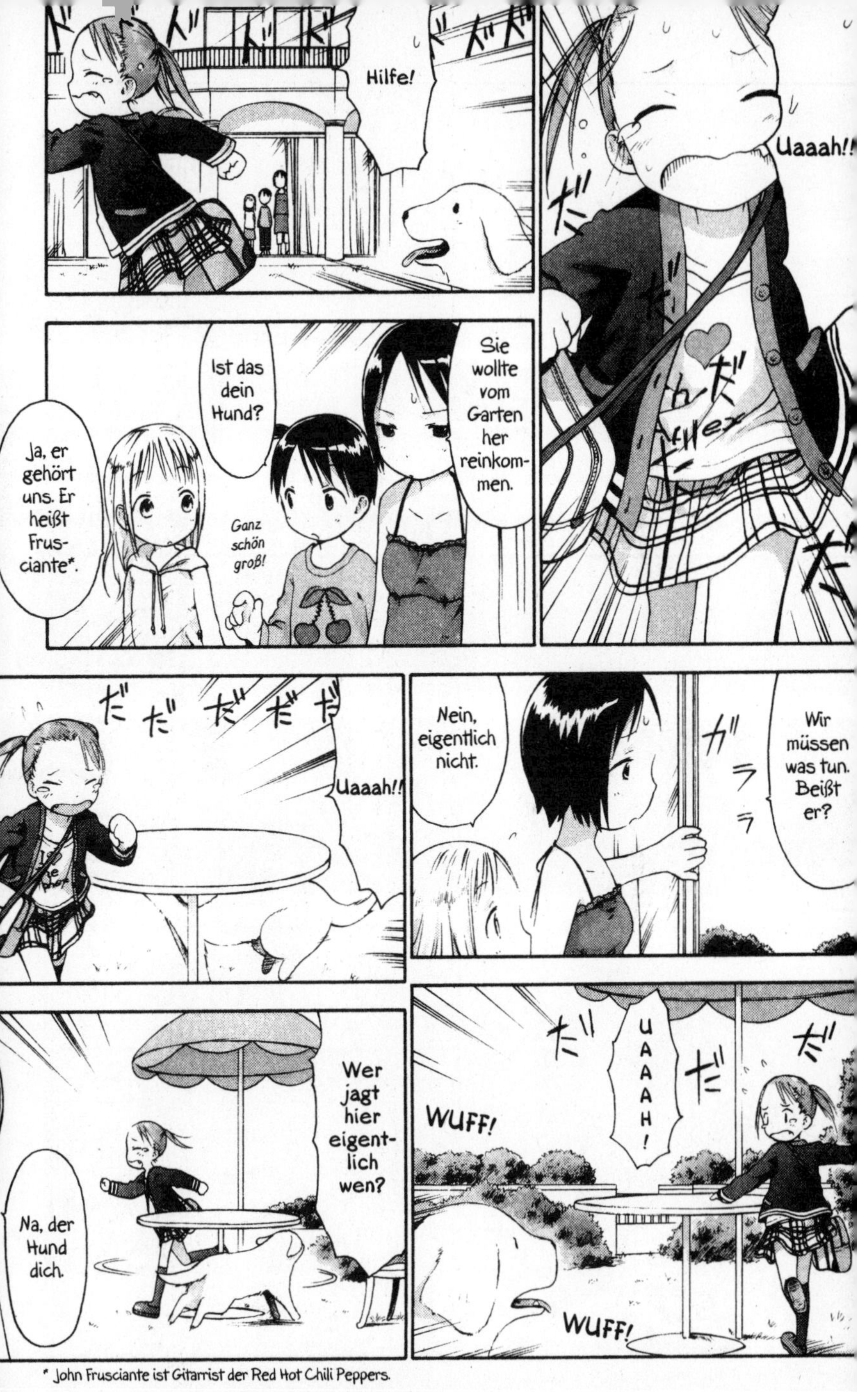

* John Frusciante ist Gitarrist der Red Hot Chili Peppers.

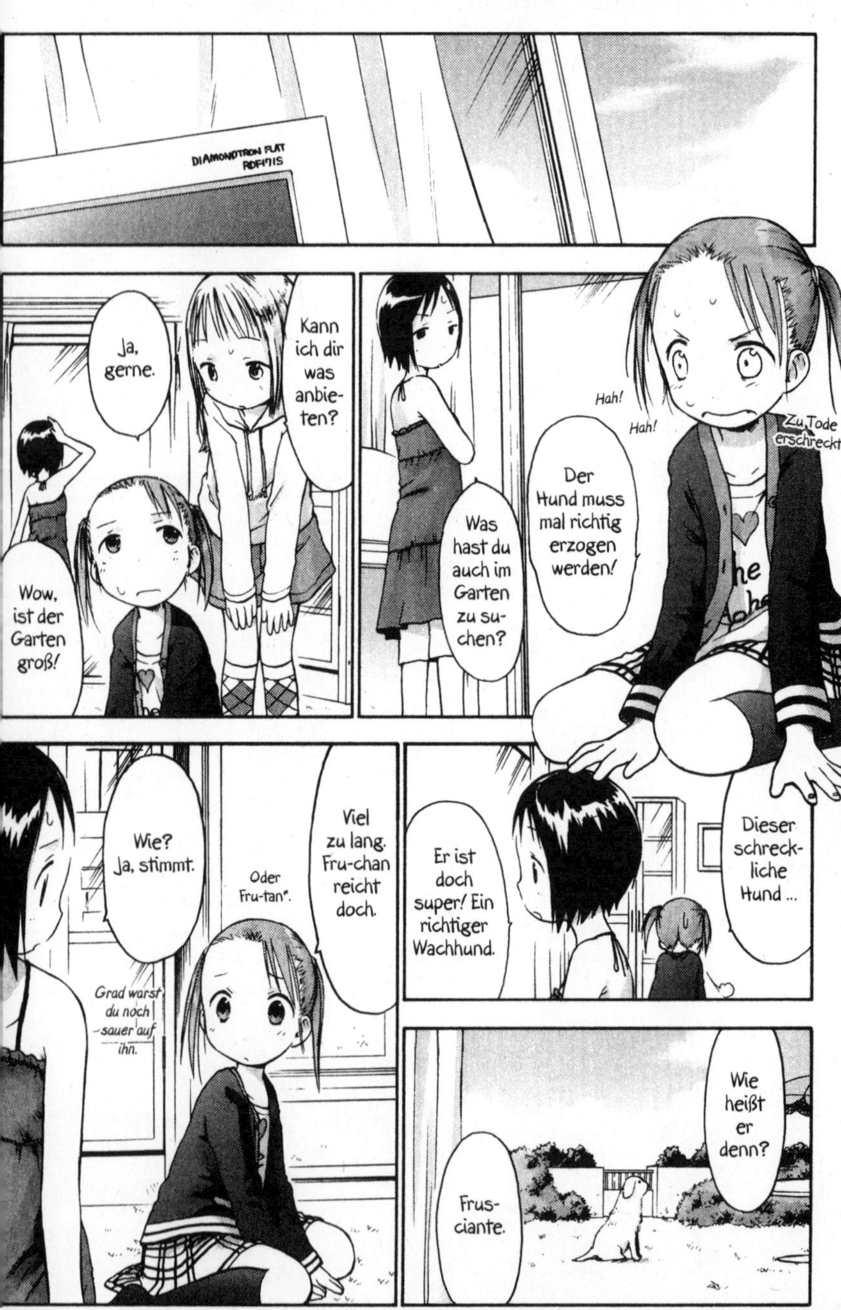

*Babysprache für »chan«

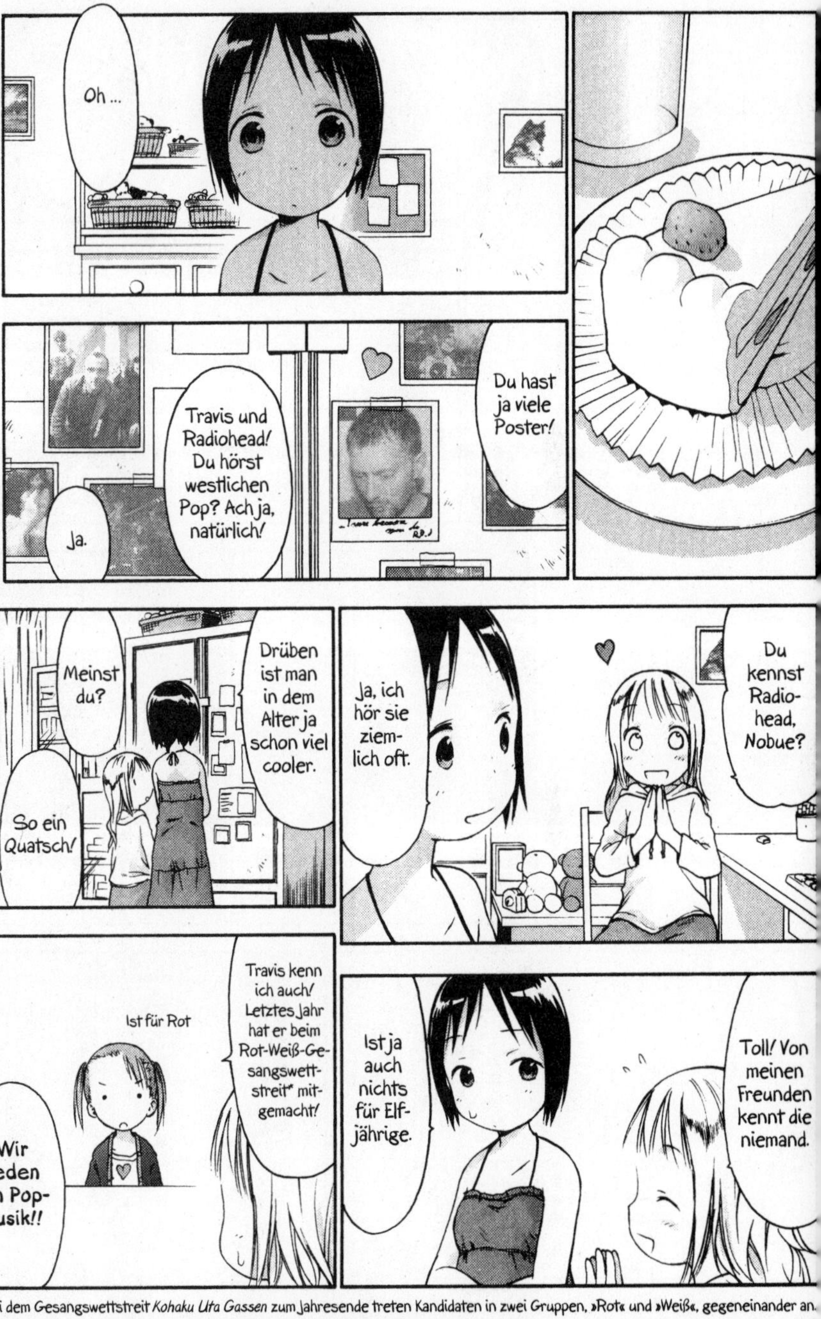

Oh ...

Du hast ja viele Poster!

Travis und Radiohead! Du hörst westlichen Pop? Ach ja, natürlich!

Ja.

Du kennst Radiohead, Nobue?

Ja, ich hör sie ziemlich oft.

Drüben ist man in dem Alter ja schon viel cooler.

Meinst du?

So ein Quatsch!

Toll! Von meinen Freunden kennt die niemand.

Ist ja auch nichts für Elfjährige.

Travis kenn ich auch! Letztes Jahr hat er beim Rot-Weiß-Gesangswettstreit* mitgemacht!

Ist für Rot

Wir reden von Popmusik!!

*Bei dem Gesangswettstreit *Kohaku Uta Gassen* zum Jahresende treten Kandidaten in zwei Gruppen, »Rot« und »Weiß«, gegeneinander an.

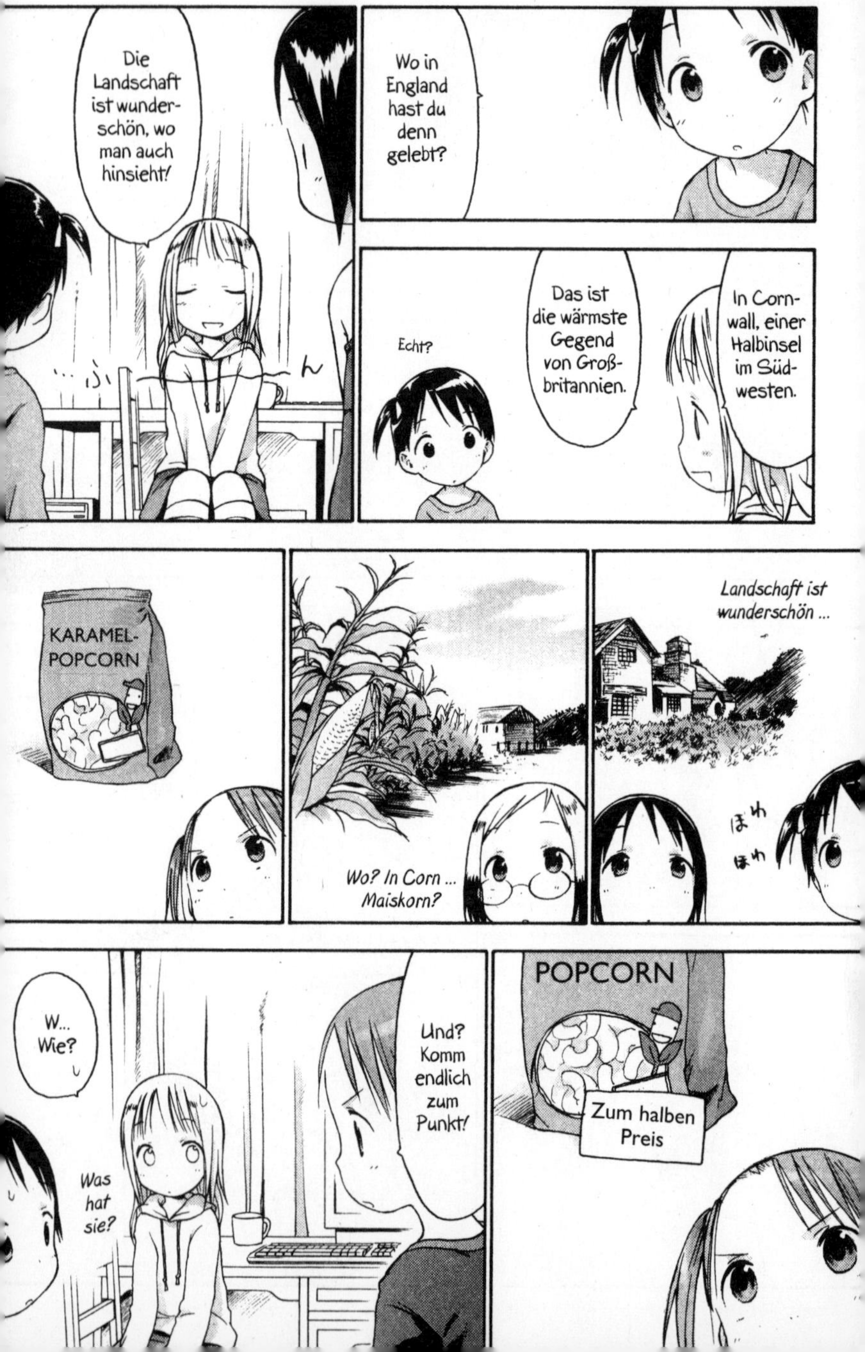

Wo in England hast du denn gelebt?

In Cornwall, einer Halbinsel im Südwesten.

Das ist die wärmste Gegend von Großbritannien.

Echt?

Die Landschaft ist wunderschön, wo man auch hinsieht!

…ふ〜ん

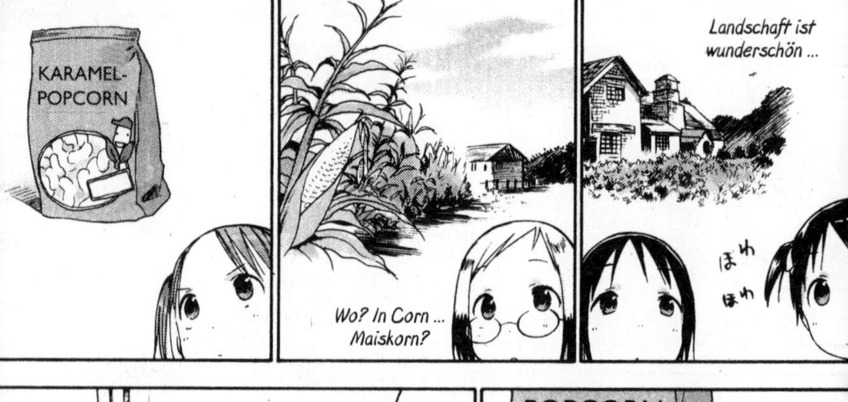

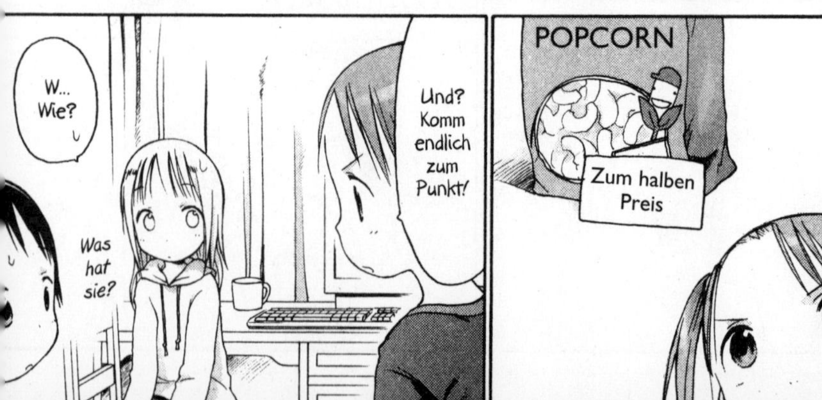

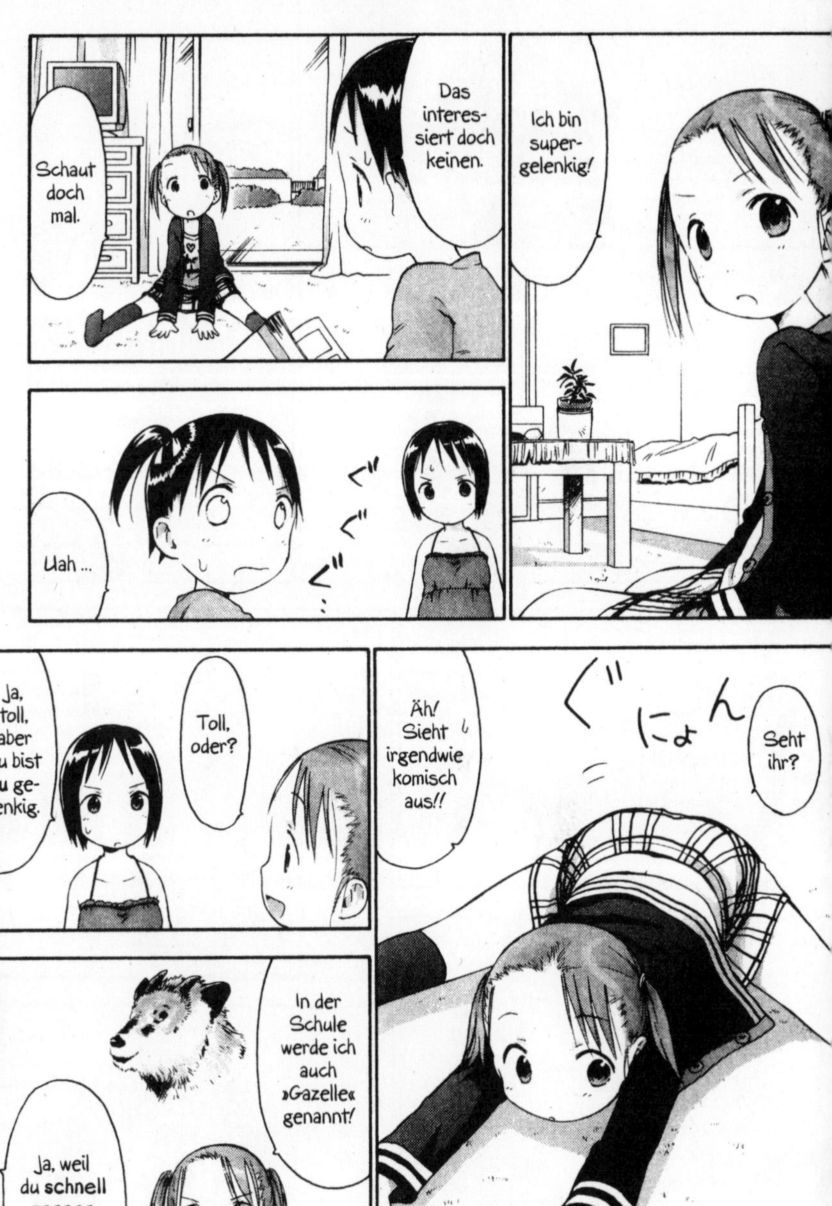
Ich bin super-gelenkig!
Das interes-siert doch keinen.
Schaut doch mal.
ぐ
ぐ
ぐ
Uah ...
ぐにょん
Seht ihr?
Äh! Sieht irgendwie komisch aus!!
Toll, oder?
Ja, toll, aber du bist zu ge-lenkig.
In der Schule werde ich auch »Gazelle« genannt!
Ja, weil du schnell rennen kannst.

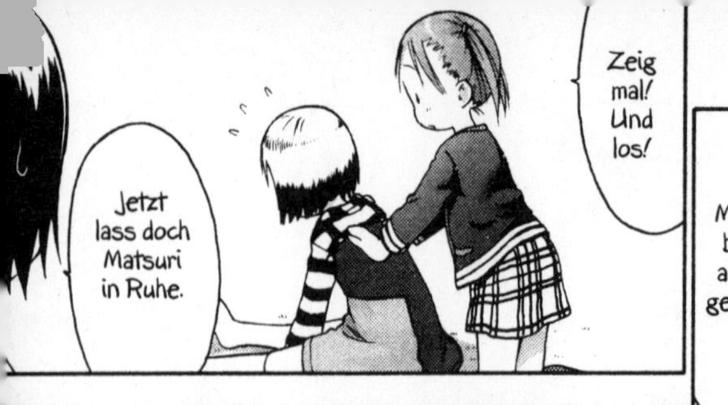

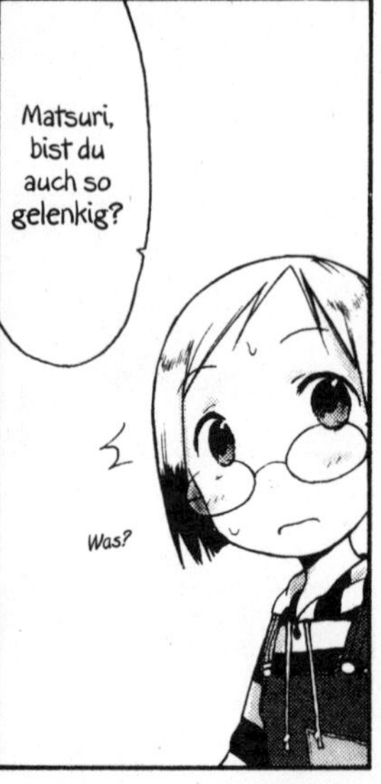

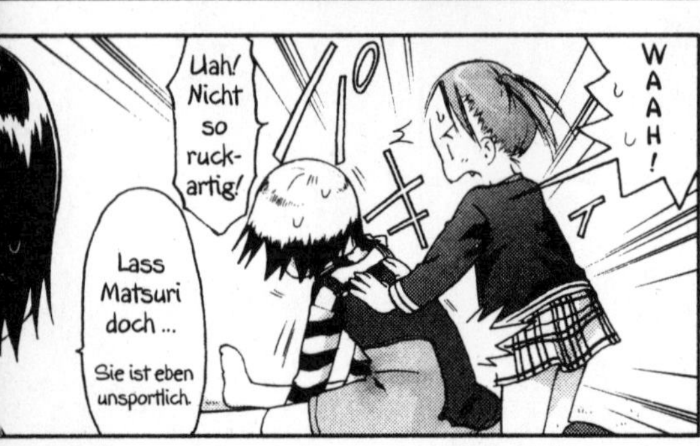

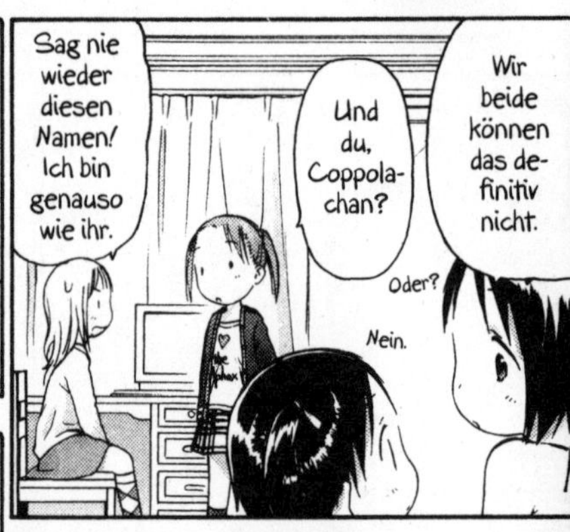

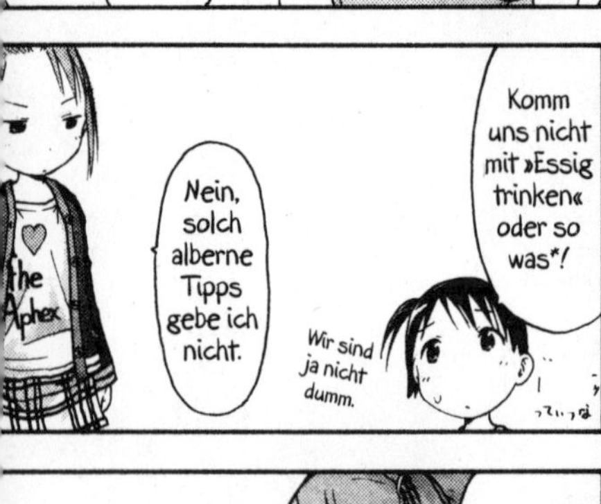

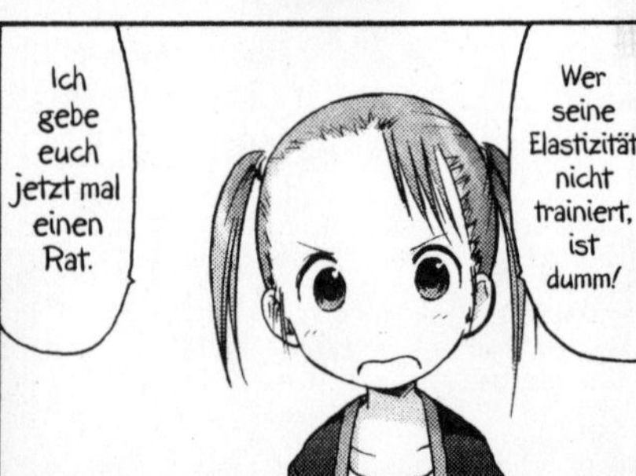

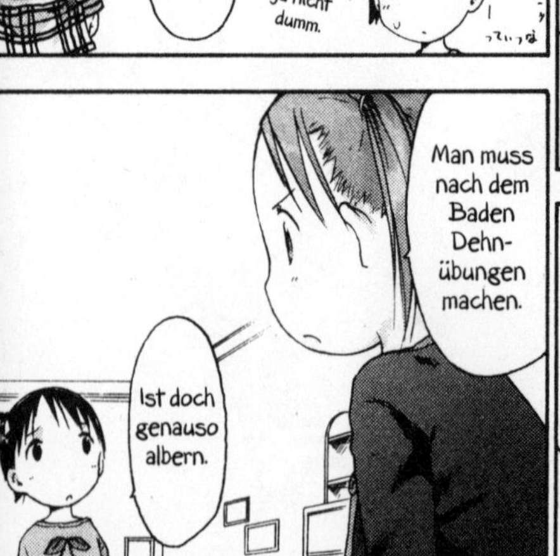

*Der regelmäßige Genuss von Essig soll steifen, ungelenken Gliedern entgegenwirken.

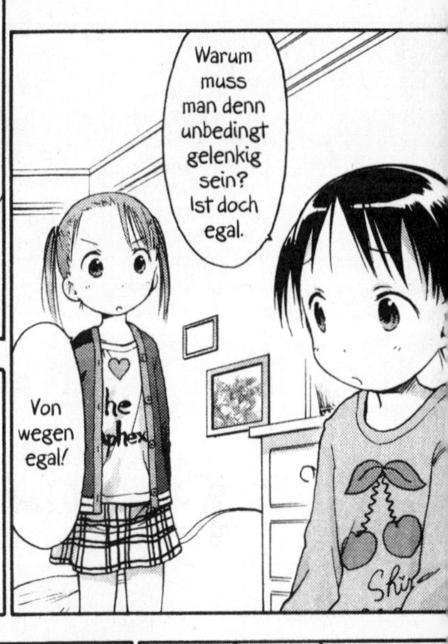
Warum muss man denn unbedingt gelenkig sein? Ist doch egal.
Von wegen egal!

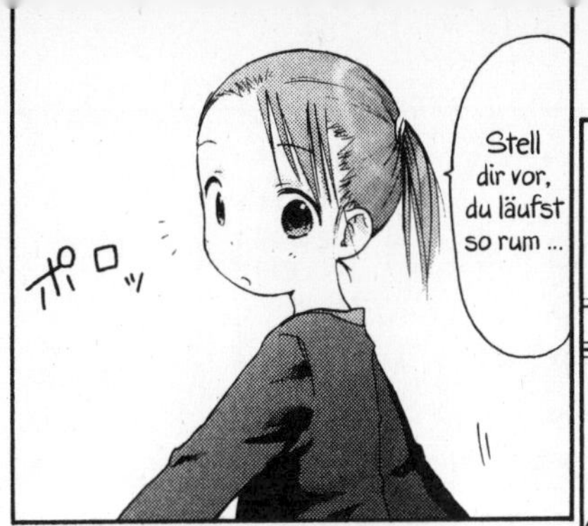
Stell dir vor, du läufst so rum ...
ポロッ

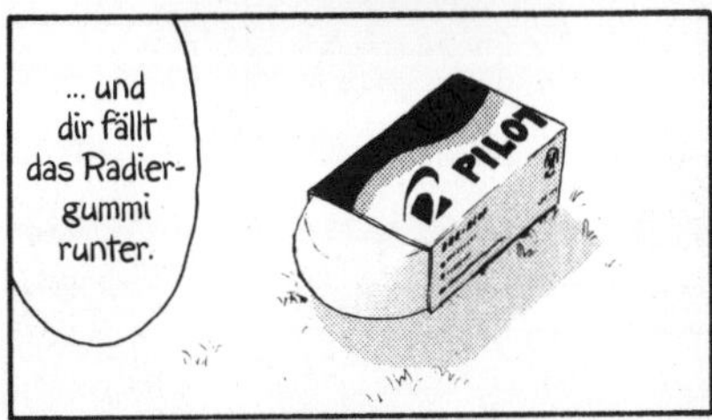
... und dir fällt das Radiergummi runter.
PILOT

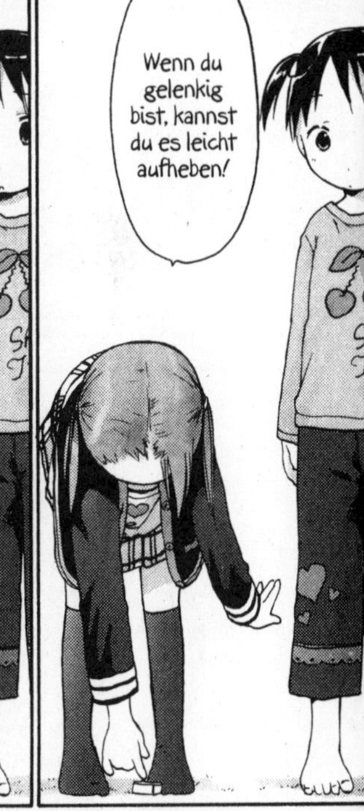
Wenn du gelenkig bist, kannst du es leicht aufheben!

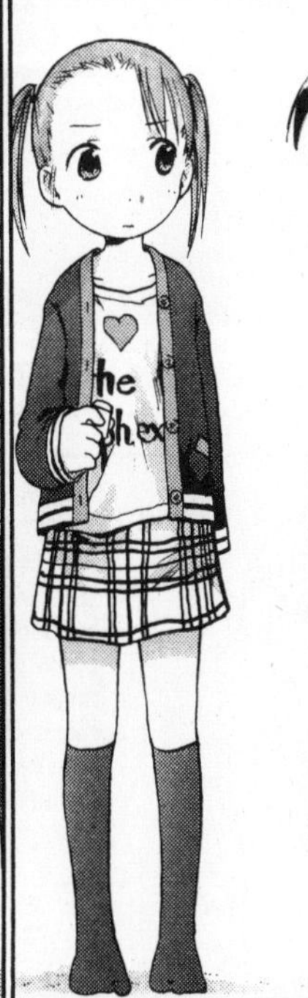

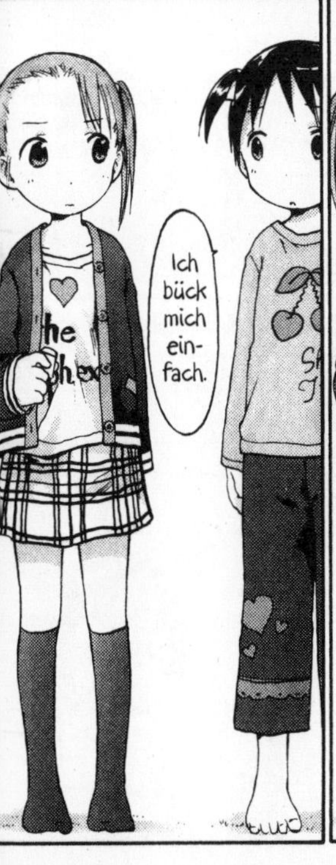
Ich bück mich ein-fach.

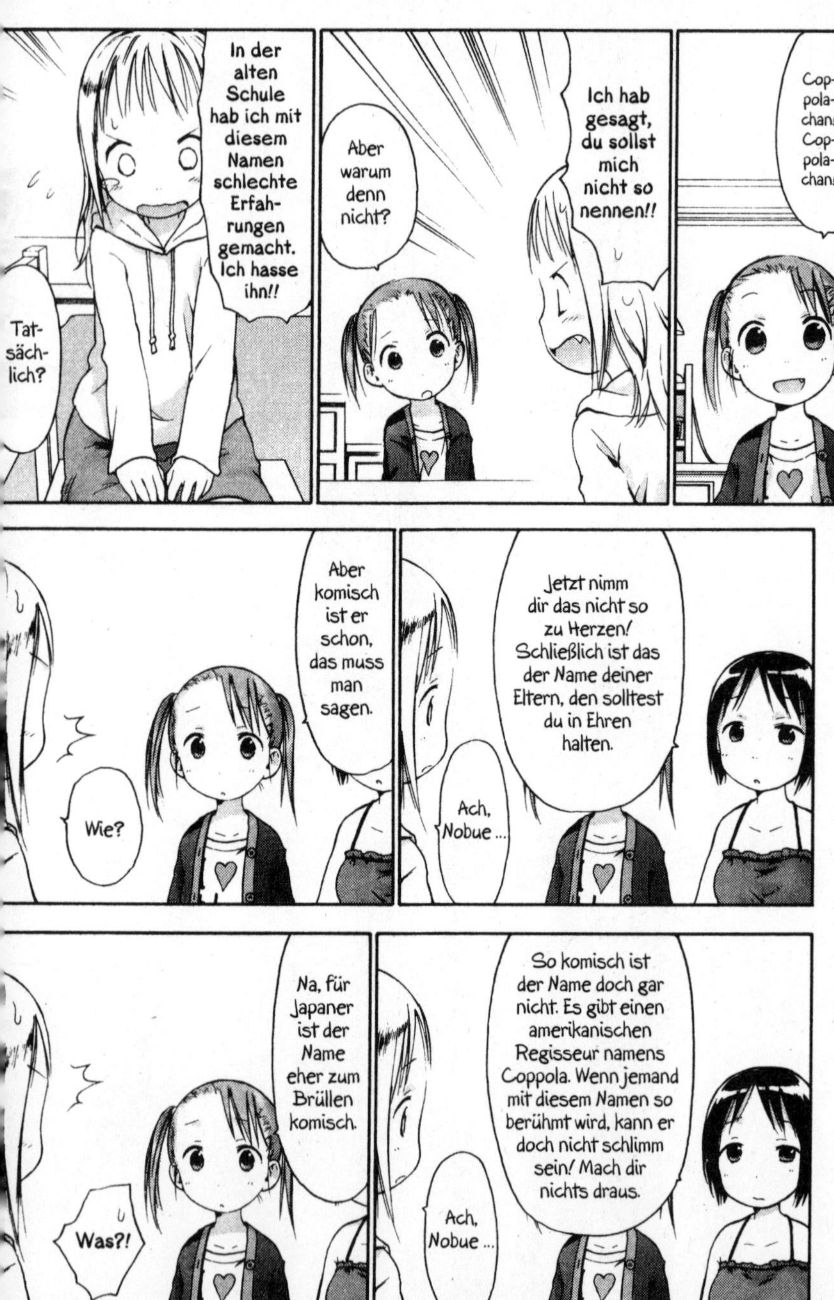
Coppola-chan! Coppola-chan!
Ich hab gesagt, du sollst mich nicht so nennen!!
Aber warum denn nicht?
In der alten Schule hab ich mit diesem Namen schlechte Erfahrungen gemacht. Ich hasse ihn!!
Tatsächlich?
Jetzt nimm dir das nicht so zu Herzen! Schließlich ist das der Name deiner Eltern, den solltest du in Ehren halten.
Ach, Nobue ...
Aber komisch ist er schon, das muss man sagen.
Wie?
So komisch ist der Name doch gar nicht. Es gibt einen amerikanischen Regisseur namens Coppola. Wenn jemand mit diesem Namen so berühmt wird, kann er doch nicht schlimm sein! Mach dir nichts draus.
Ach, Nobue ...
Na, für Japaner ist der Name eher zum Brüllen komisch.
Was?!

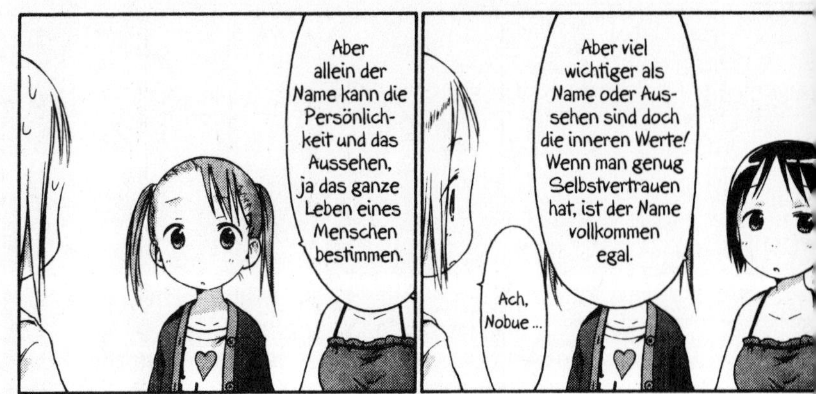

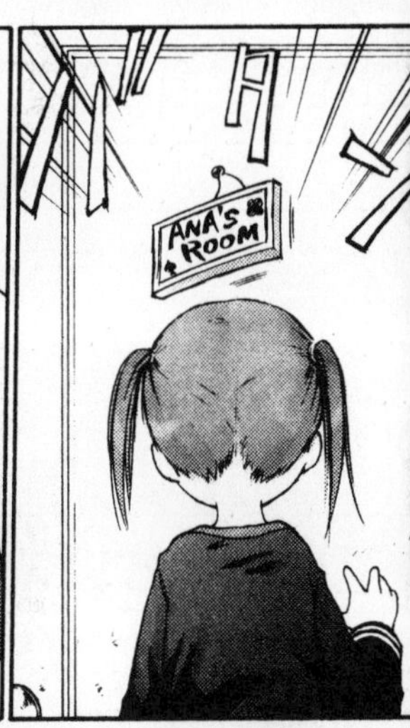

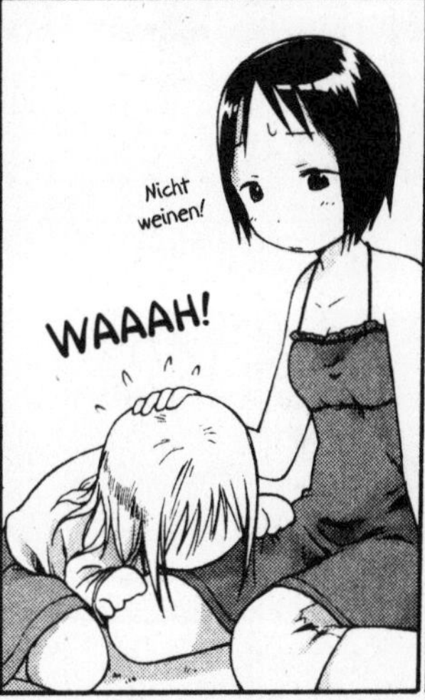

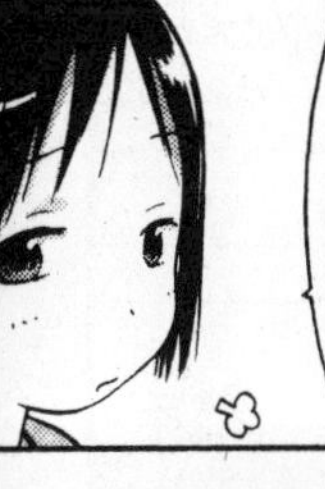

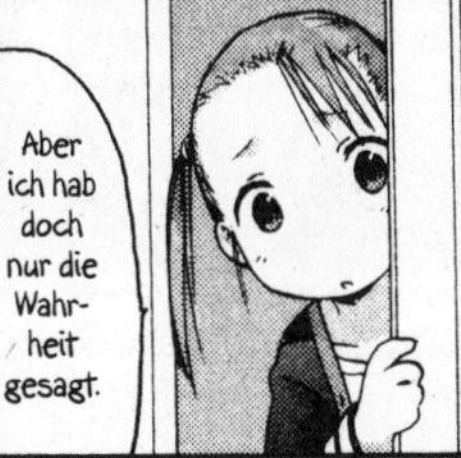

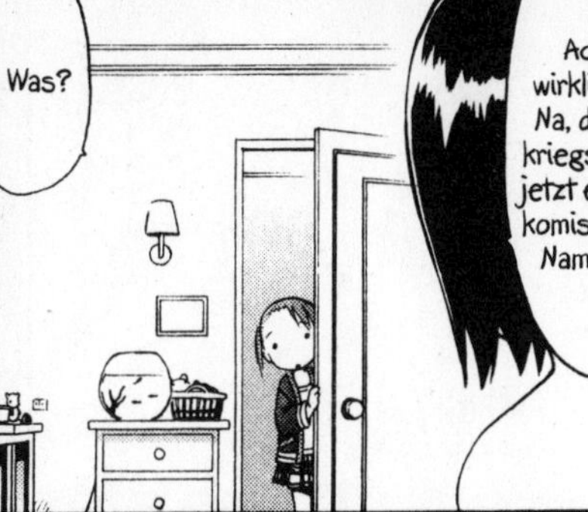

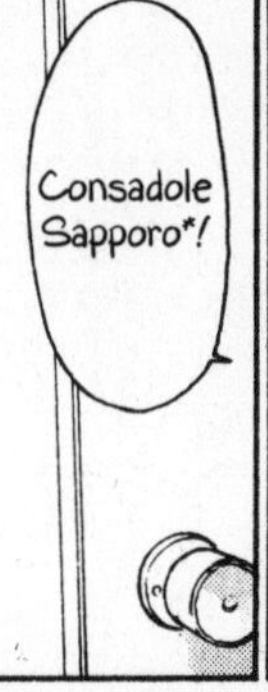

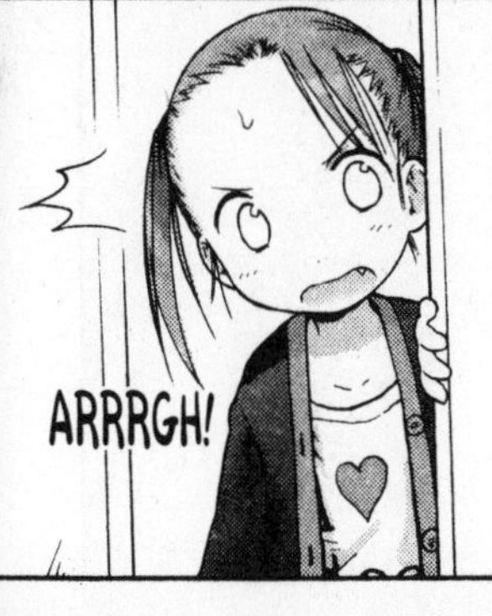

*Japanischer Fußballclub

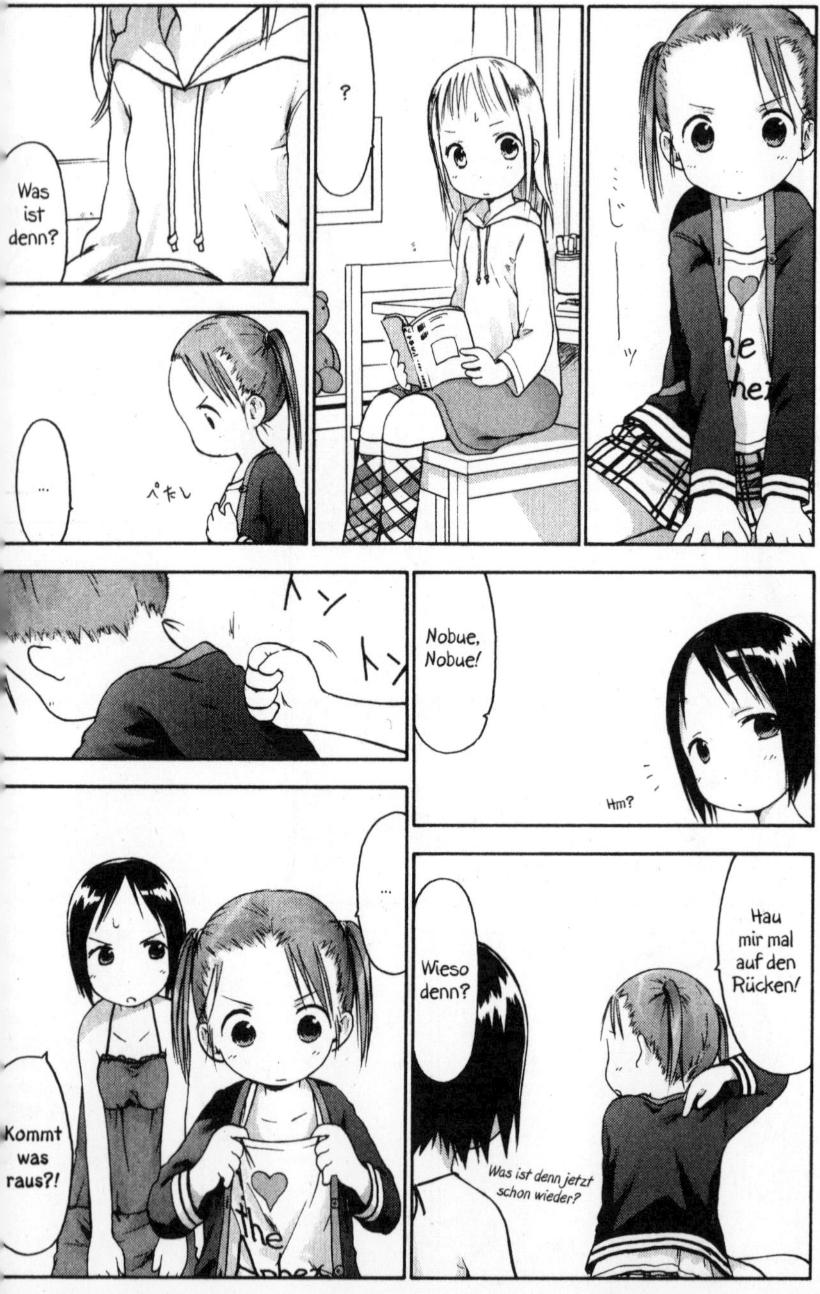

ジ
ツ
?
Was ist denn?
...
ぺたし
Nobue, Nobue!
Hm?
トン
トン
Hau mir mal auf den Rücken!
Wieso denn?
Was ist denn jetzt schon wieder?
...
Kommt was raus?!

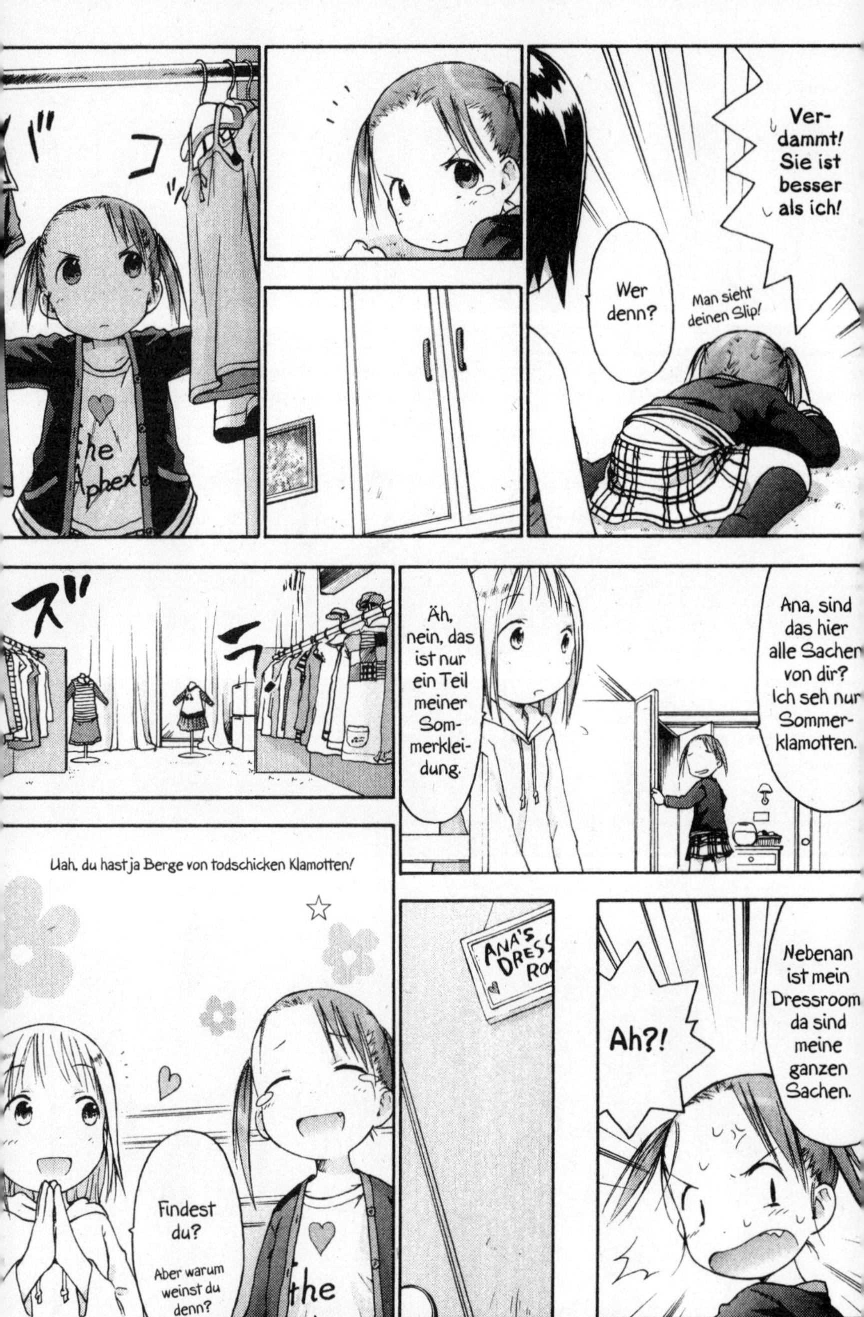
Verdammt! Sie ist besser als ich!
Man sieht deinen Slip!
Wer denn?
Ana, sind das hier alle Sachen von dir? Ich seh nur Sommerklamotten.
Äh, nein, das ist nur ein Teil meiner Sommerkleidung.
Nebenan ist mein Dressroom da sind meine ganzen Sachen.
Ah?!
Uah, du hast ja Berge von todschicken Klamotten!
Findest du?
Aber warum weinst du denn?

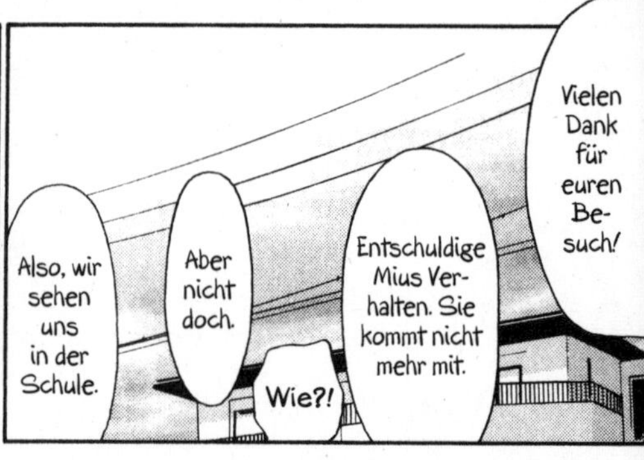
Vielen Dank für euren Besuch!
Entschuldige Mius Verhalten. Sie kommt nicht mehr mit.
Wie?!
Aber nicht doch.
Also, wir sehen uns in der Schule.

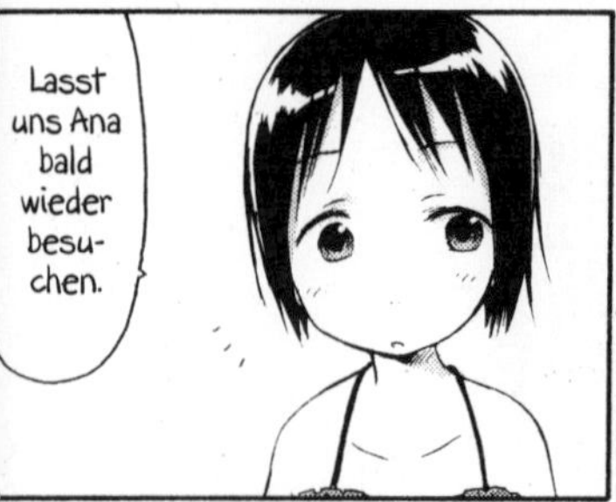
Lasst uns Ana bald wieder besuchen.

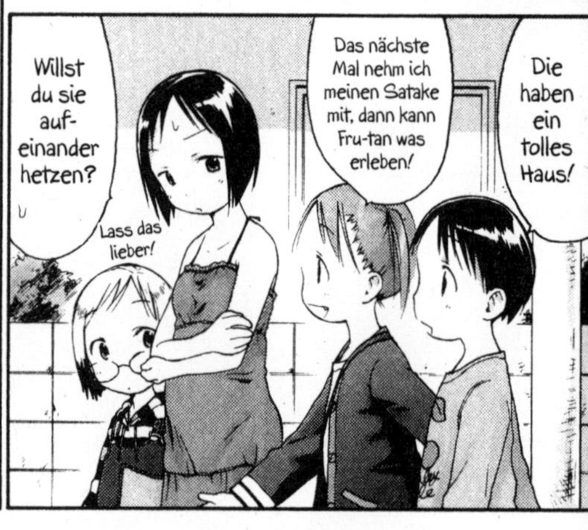
Die haben ein tolles Haus!
Das nächste Mal nehm ich meinen Satake mit, dann kann Fru-tan was erleben!
Willst du sie aufeinander hetzen?
Lass das lieber!

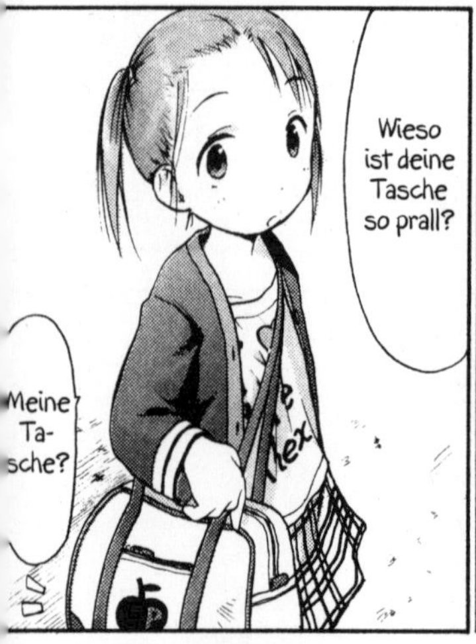
Wieso ist deine Tasche so prall?
Meine Tasche?

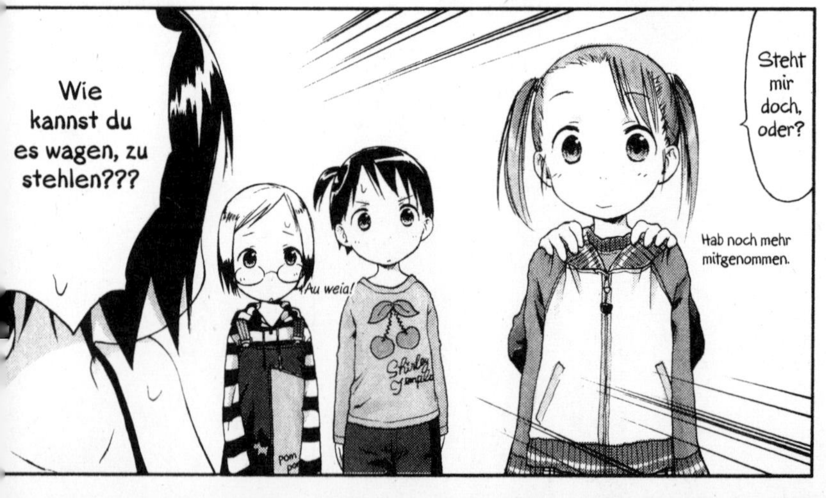
Steht mir doch, oder?
Hab noch mehr mitgenommen.
Au weia!
Wie kannst du es wagen, zu stehlen???

HALLO JOB

matsuri

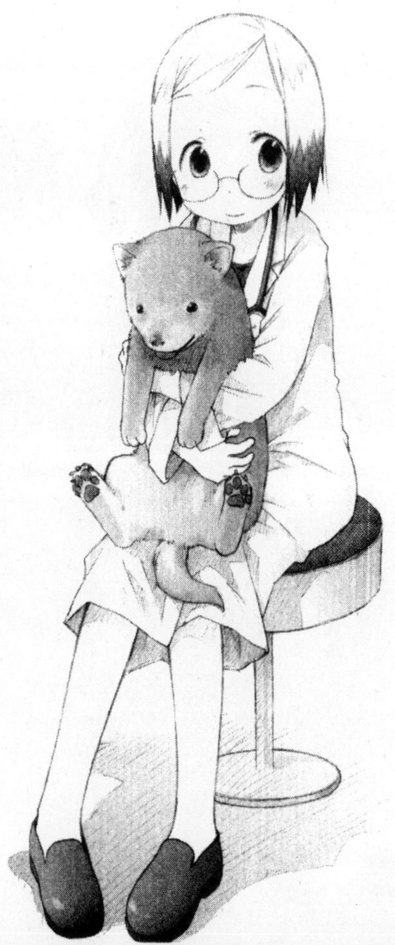

Tierärztin

HALLO JOB

miu

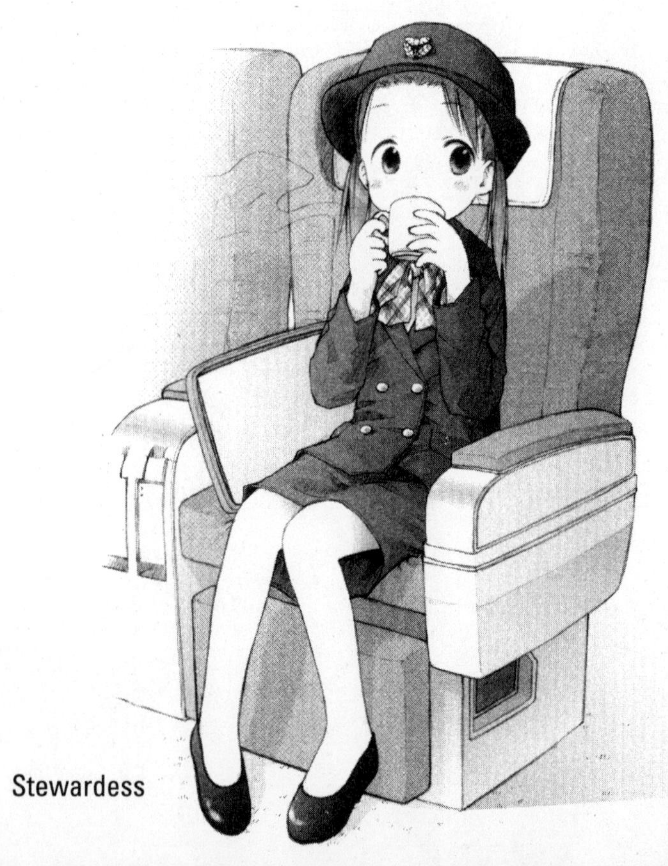

Stewardess

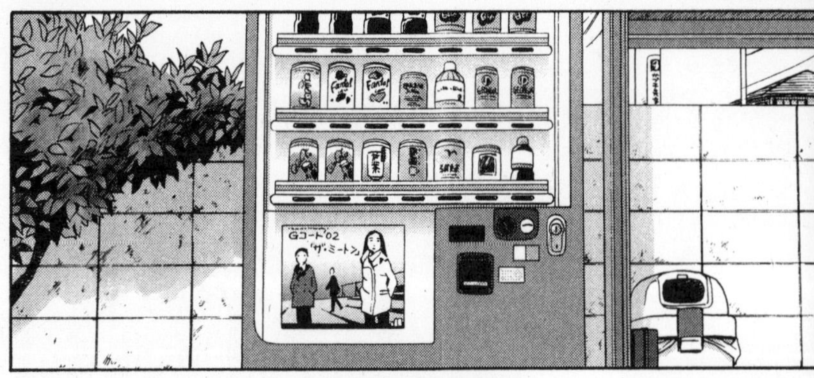

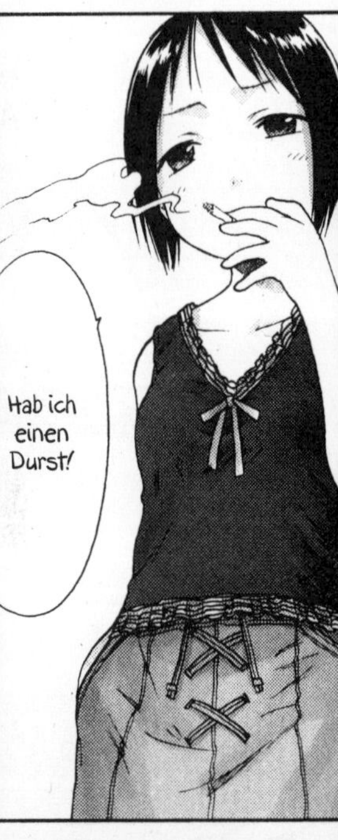

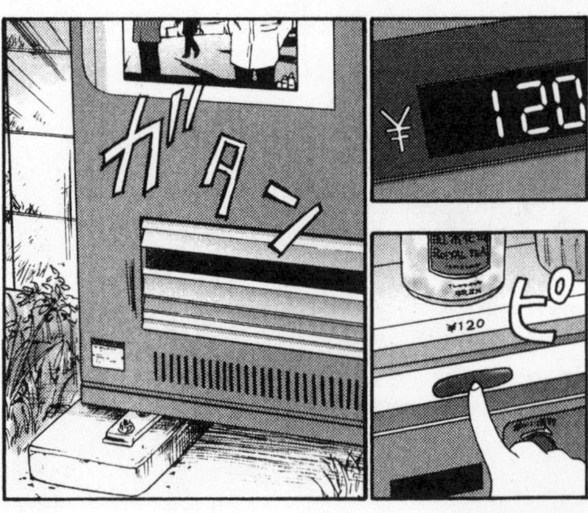

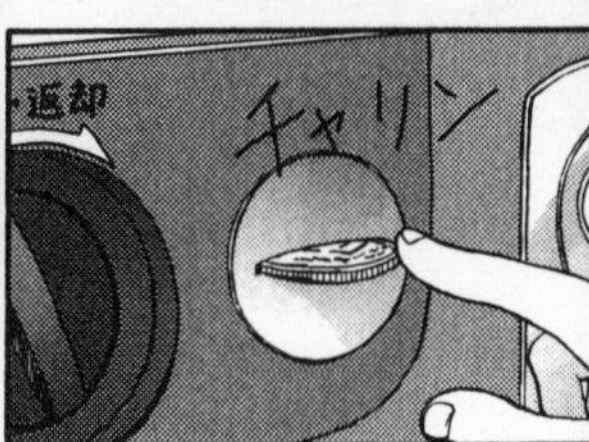

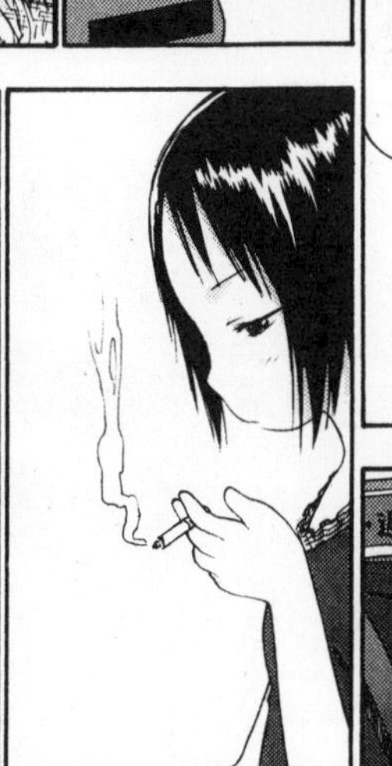

Bestellnummer
23

KAPITEL 13
Ein Kapitel voller Begebenheiten

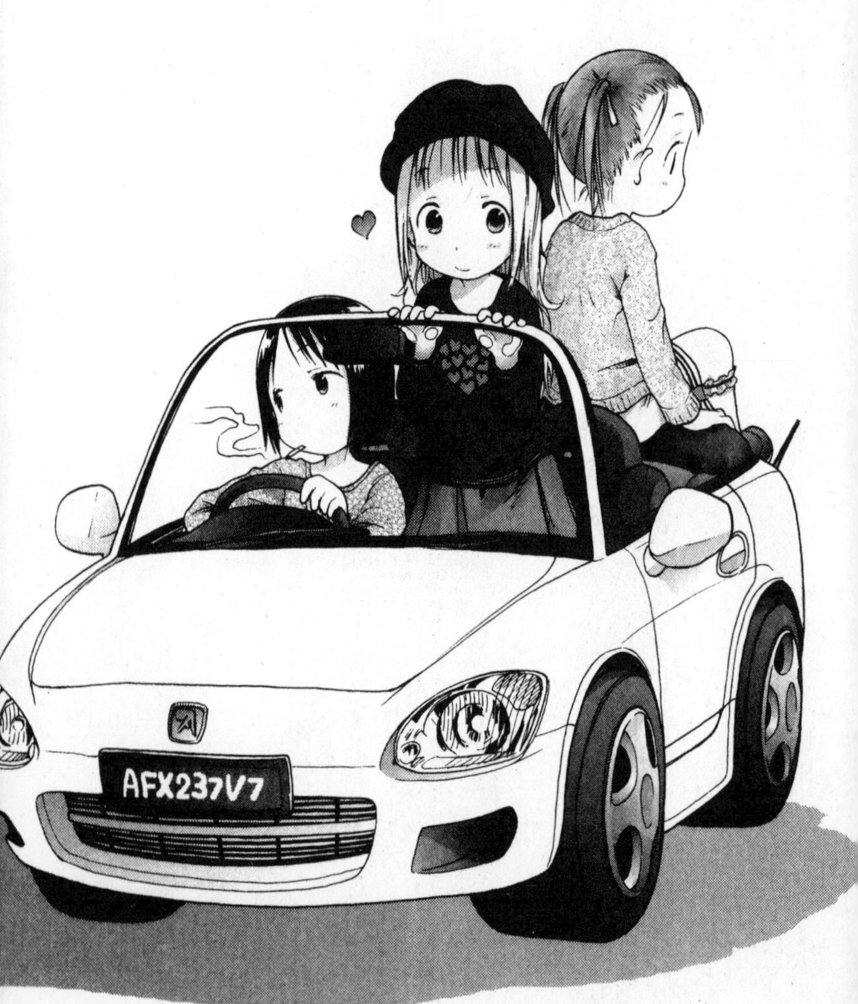

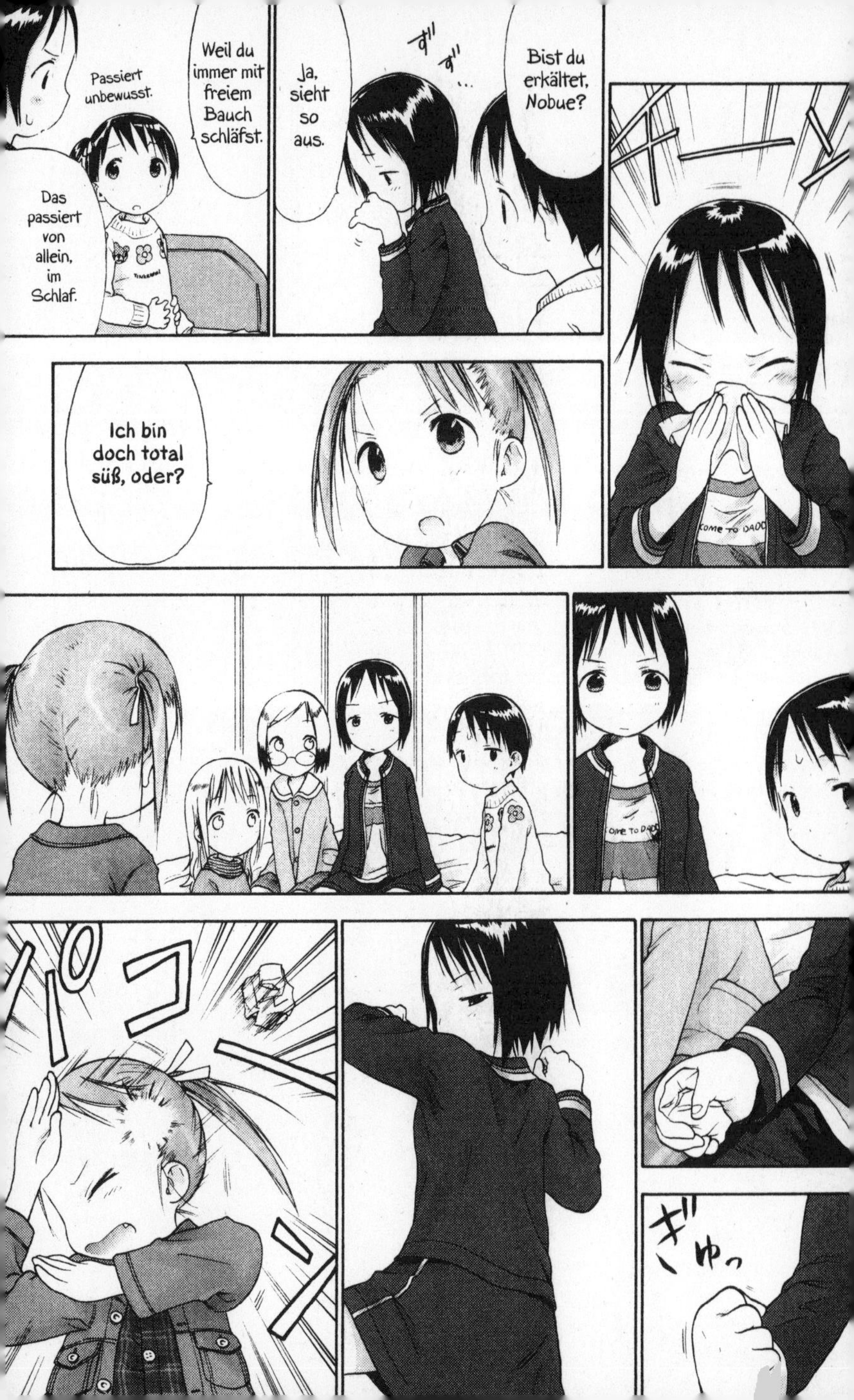

Bist du erkältet, Nobue?

ずず…

Ja, sieht so aus.

Weil du immer mit freiem Bauch schläfst.

Passiert unbewusst.

Das passiert von allein, im Schlaf.

Ich bin doch total süß, oder?

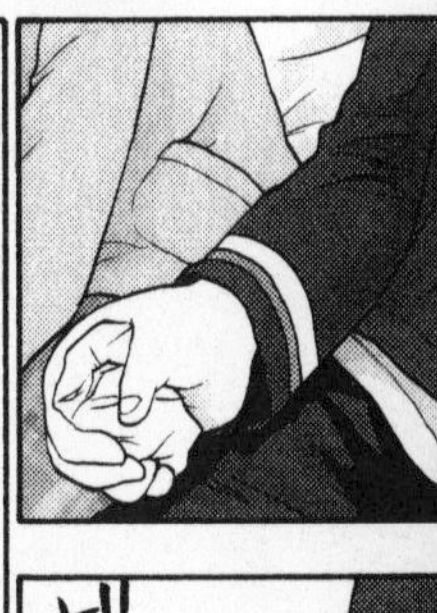

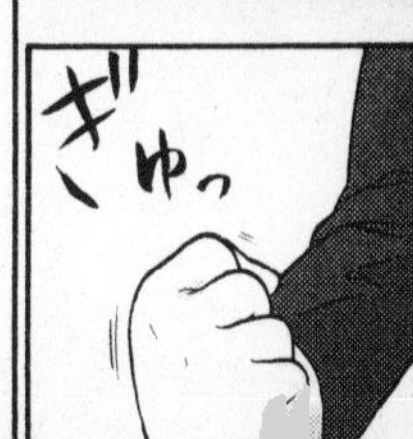

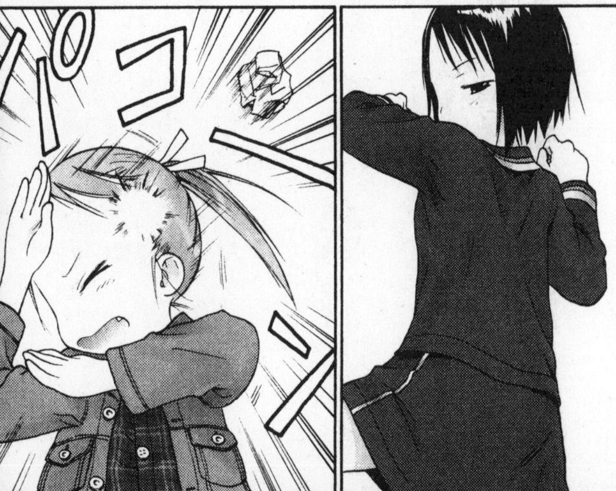

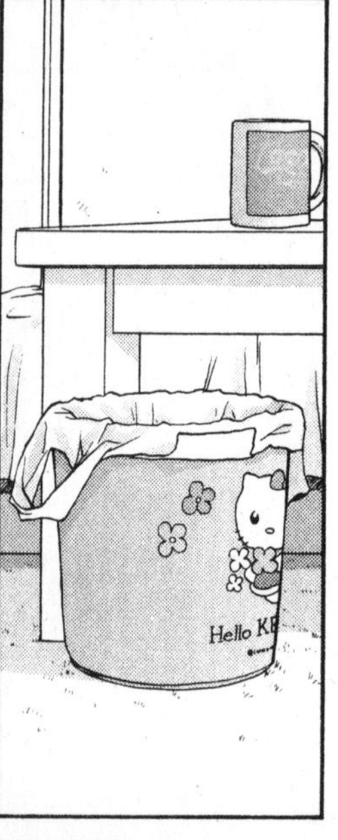

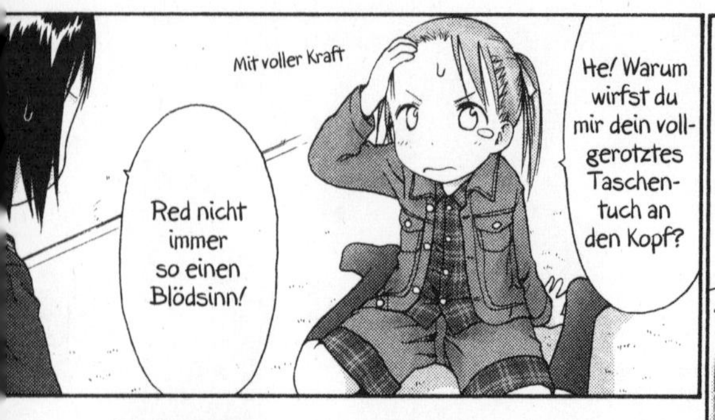
He! Warum wirfst du mir dein vollgerotztes Taschentuch an den Kopf?
Mit voller Kraft
Red nicht immer so einen Blödsinn!

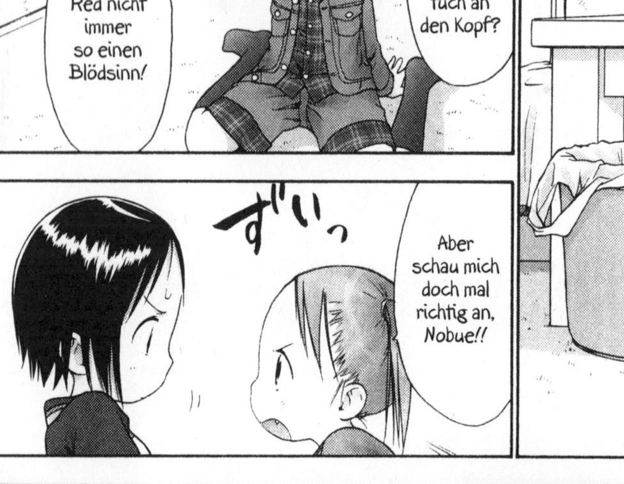
Aber schau mich doch mal richtig an, Nobue!!
ずいっ

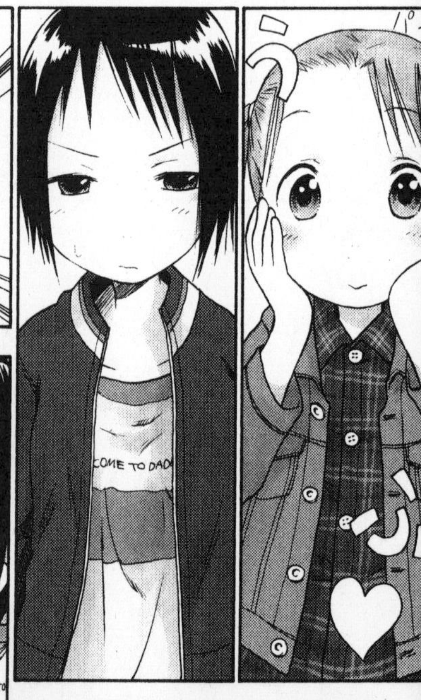

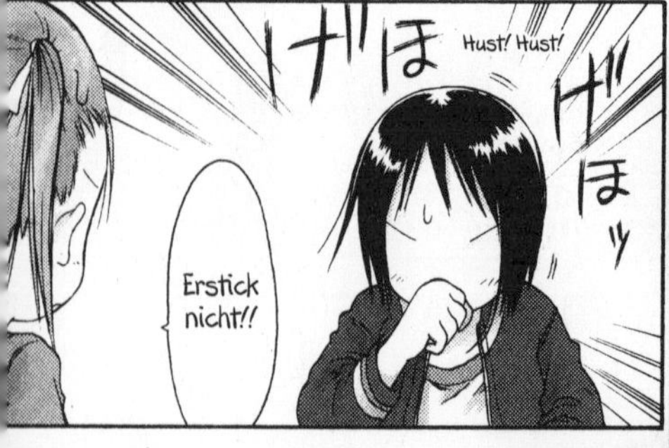
げほ
Hust! Hust!
げほッ
Erstick nicht!!

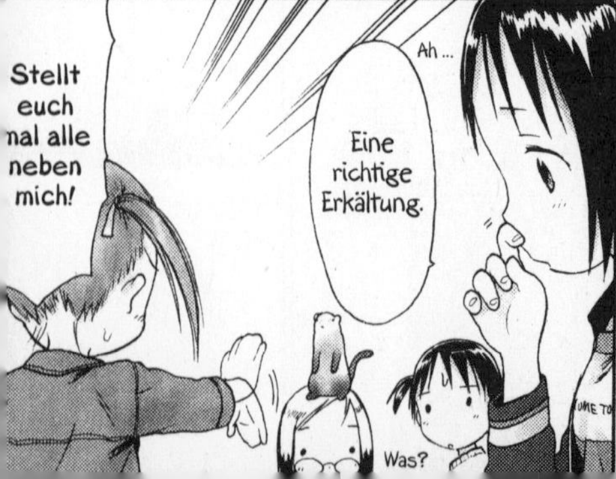
Ah ...
Eine richtige Erkältung.
Stellt euch nal alle neben mich!
Was?

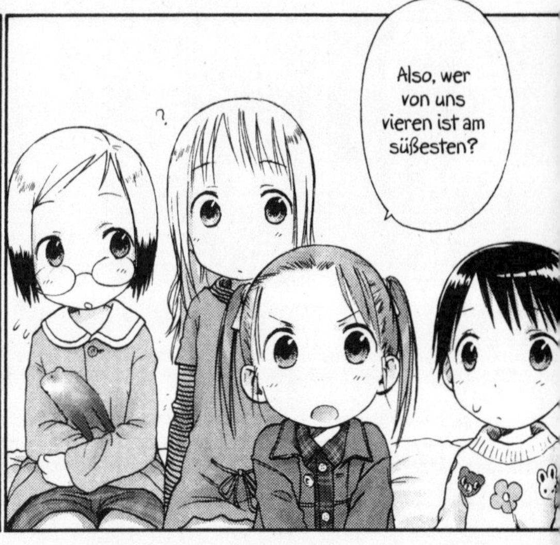
Also, wer
von uns
vieren ist am
süßesten?

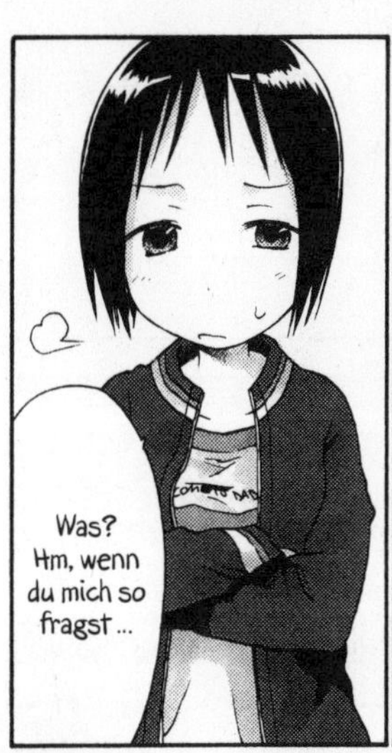
Was?
Hm, wenn
du mich so
fragst ...

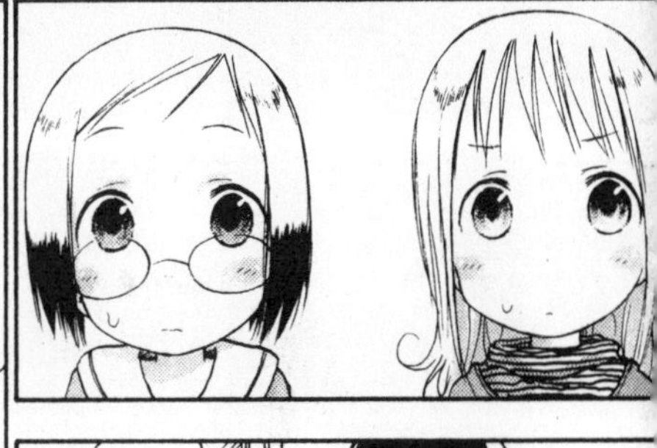

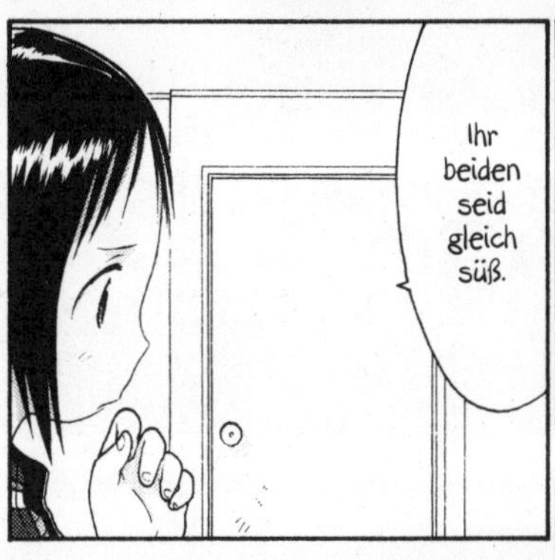
Ihr
beiden
seid
gleich
süß.

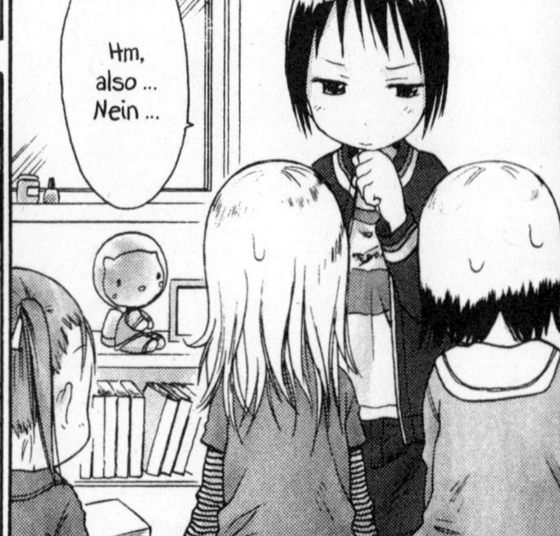
Hm,
also ...
Nein ...

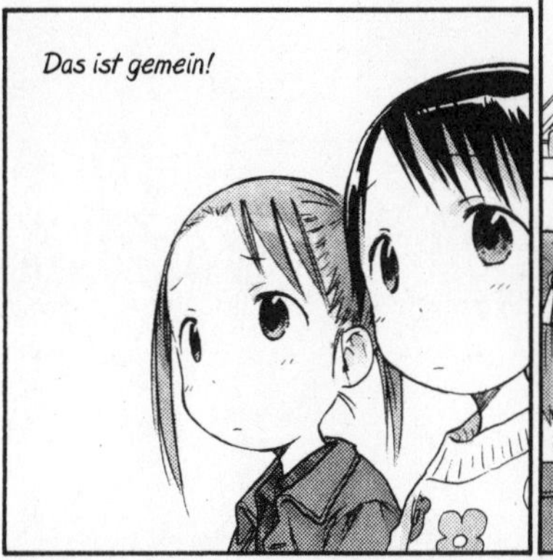
Das ist gemein!

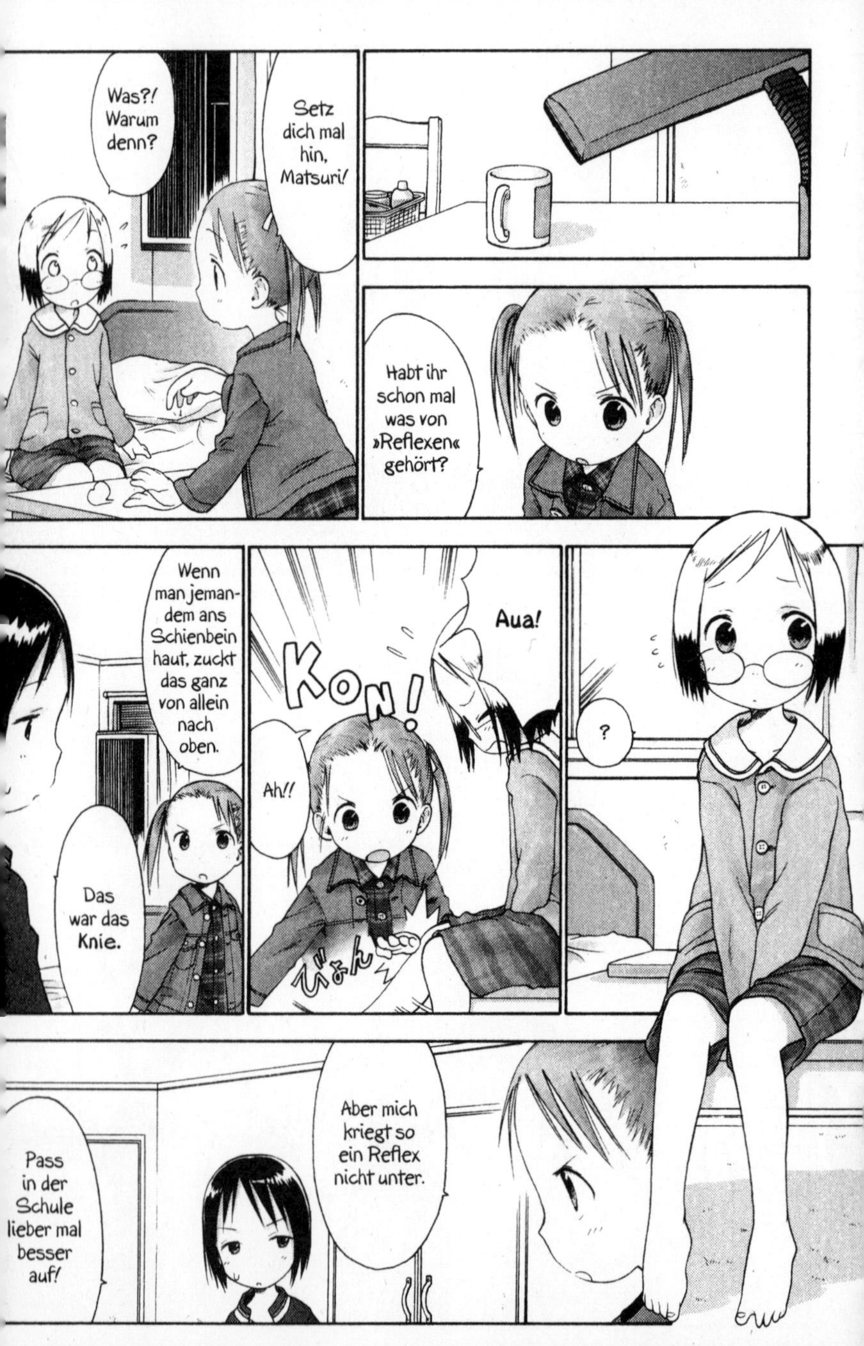

Setz dich mal hin, Matsuri!
Was?! Warum denn?
Habt ihr schon mal was von »Reflexen« gehört?
?
Aua!
KON!
Ah!!
びょん
Wenn man jemandem ans Schienbein haut, zuckt das ganz von allein nach oben.
Das war das Knie.
Aber mich kriegt so ein Reflex nicht unter.
Pass in der Schule lieber mal besser auf!

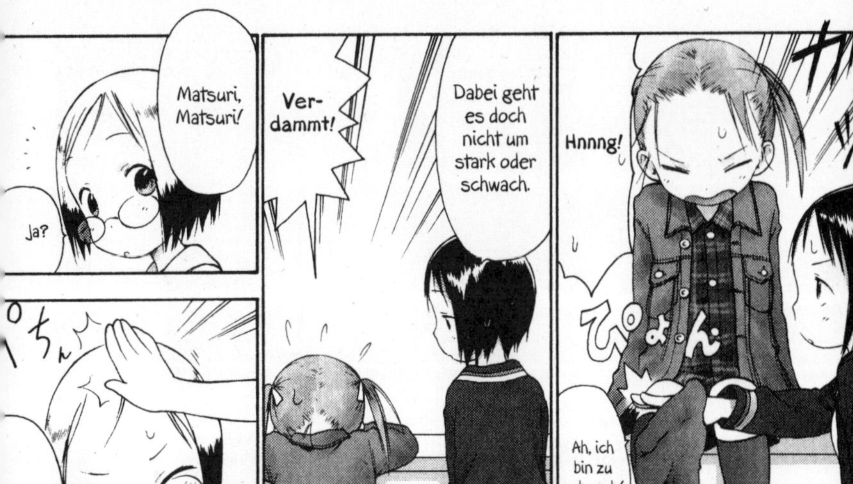
Hnnng!
ぴょん
Ah, ich bin zu schwach!
Dabei geht es doch nicht um stark oder schwach.
Ver-dammt!
Matsuri, Matsuri!
Ja?
ぱちん
Aua!

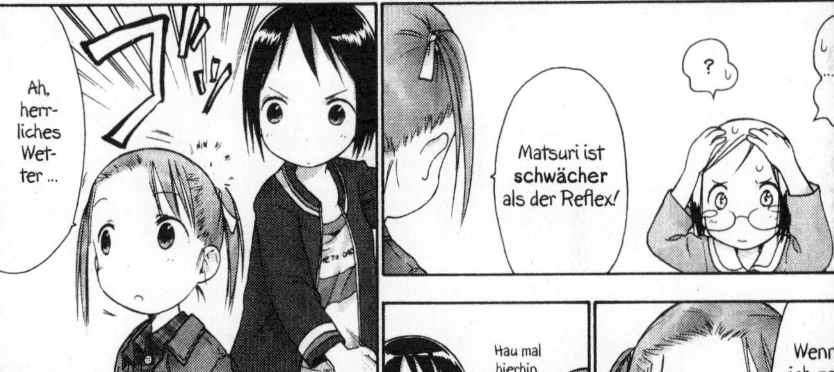
...?
?
Matsuri ist schwächer als der Reflex!
Ah, herrliches Wetter ...

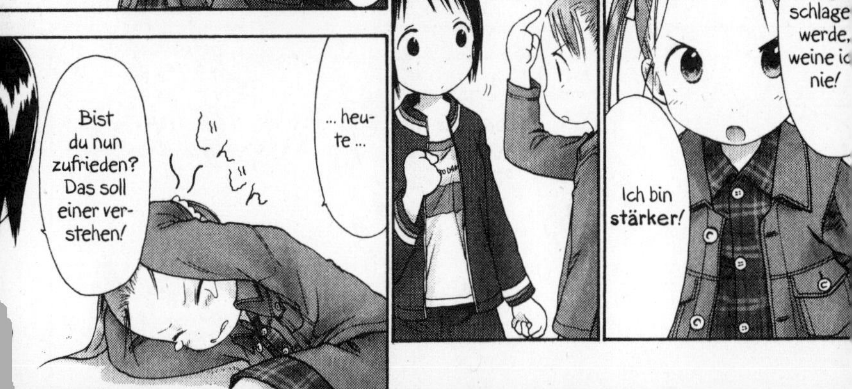
Wenn ich geschlage werde, weine ic nie!
Ich bin stärker!
Hau mal hierhin.
... heute ...
じんじん
Bist du nun zufrieden? Das soll einer verstehen!

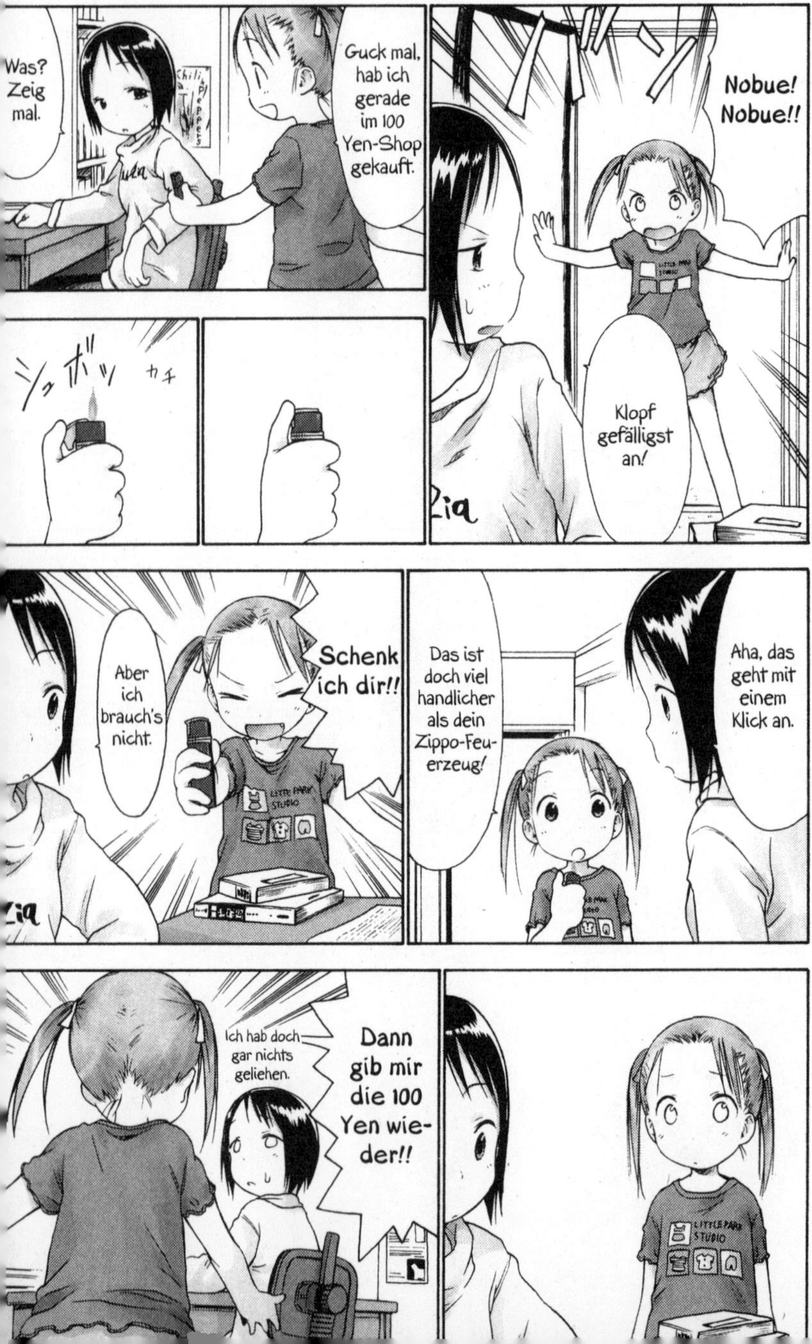

Nobue! Nobue!!
Klopf gefälligst an!
Zia
Guck mal, hab ich gerade im 100 Yen-Shop gekauft.
Was? Zeig mal.
カチ
シュボッ

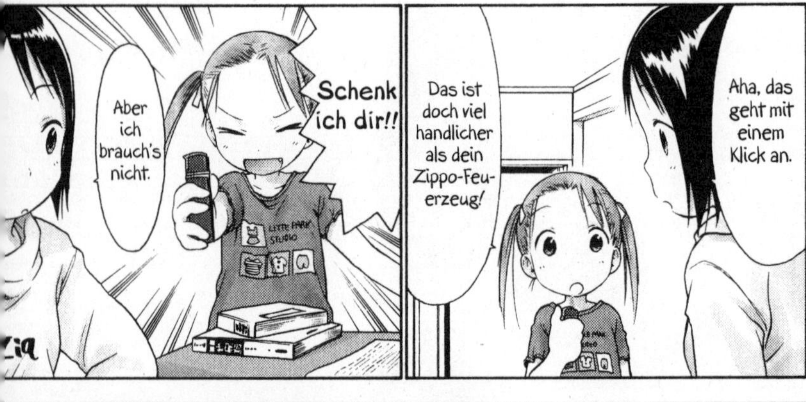

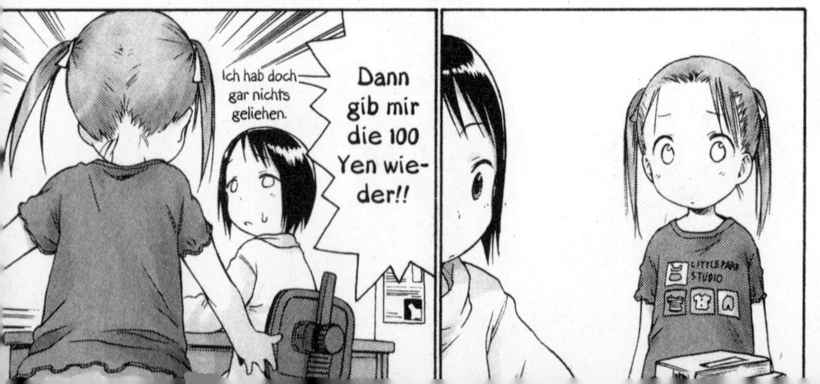

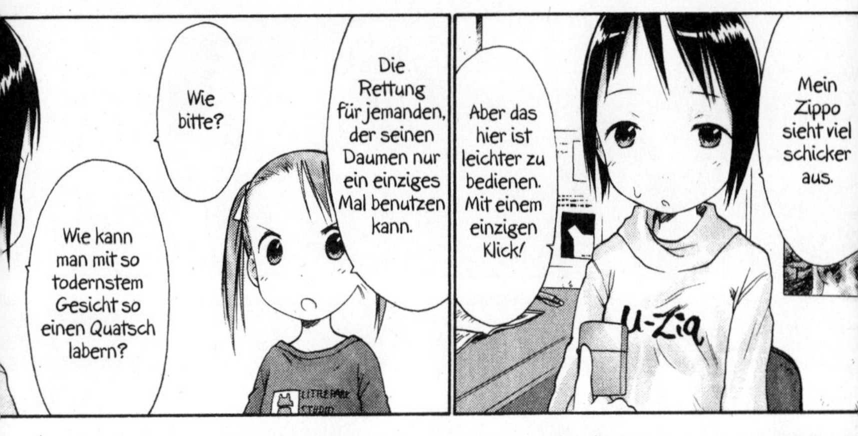
Mein Zippo sieht viel schicker aus.
Aber das hier ist leichter zu bedienen. Mit einem einzigen Klick!
Die Rettung für jemanden, der seinen Daumen nur ein einziges Mal benutzen kann.
Wie bitte?
Wie kann man mit so todernstem Gesicht so einen Quatsch labern?

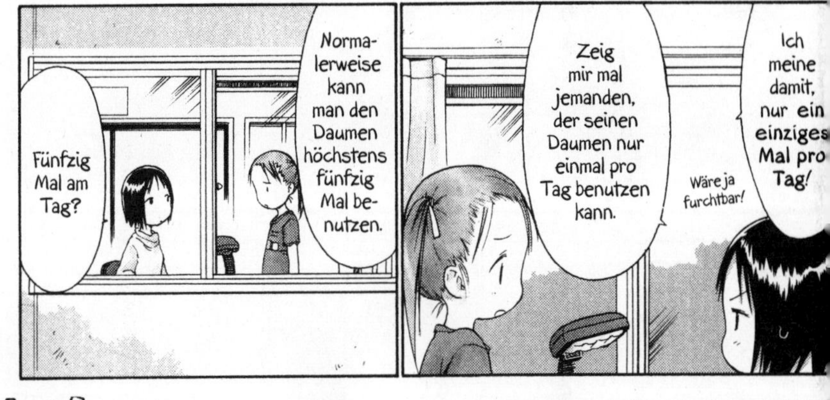
Ich meine damit, nur ein einziges Mal pro Tag!
Wäre ja furchtbar!
Zeig mir mal jemanden, der seinen Daumen nur einmal pro Tag benutzen kann.
Normalerweise kann man den Daumen höchstens fünfzig Mal benutzen.
Fünfzig Mal am Tag?

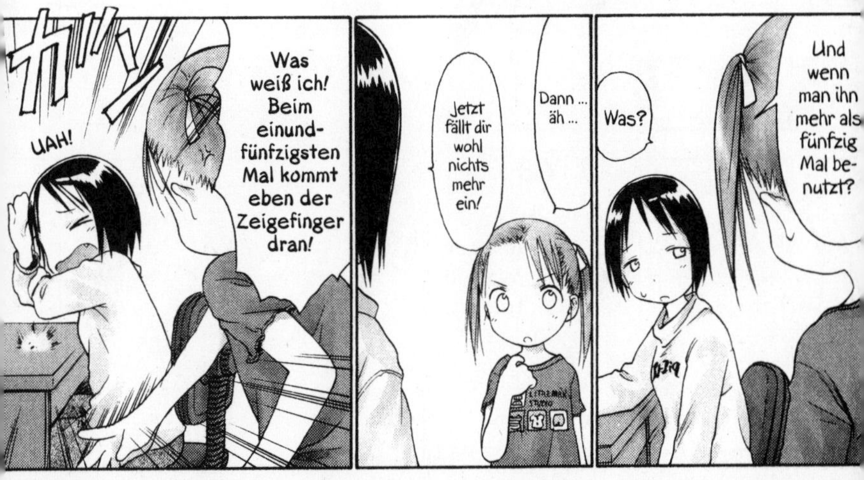
Und wenn man ihn mehr als fünfzig Mal benutzt?
Was?
Dann ... äh ...
Jetzt fällt dir wohl nichts mehr ein!
Was weiß ich! Beim einundfünfzigsten Mal kommt eben der Zeigefinger dran!
UAH!

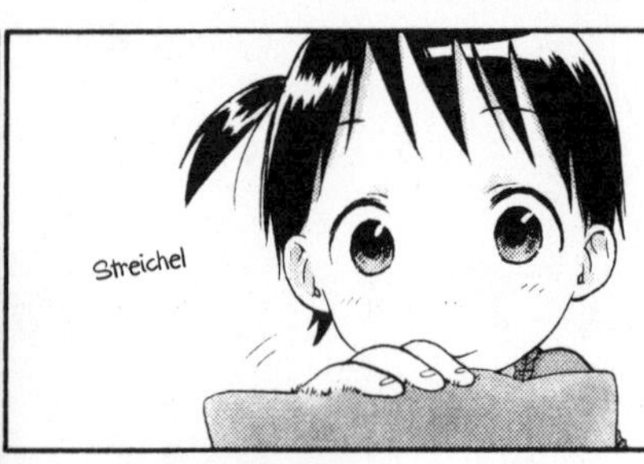
Streichel
Streichel

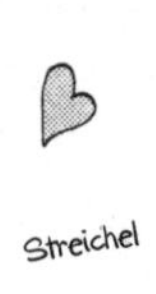

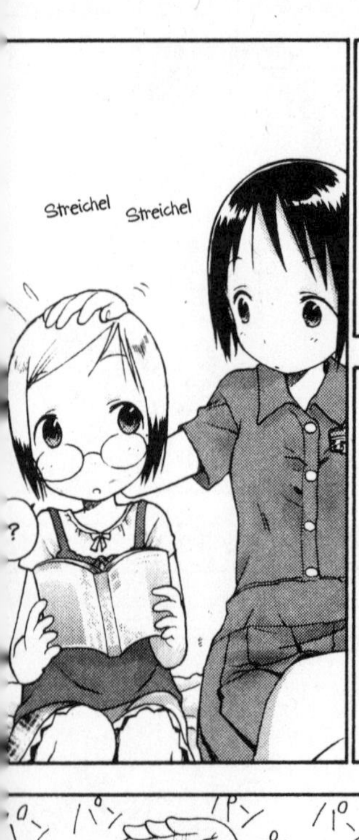
Streichel
Streichel
?

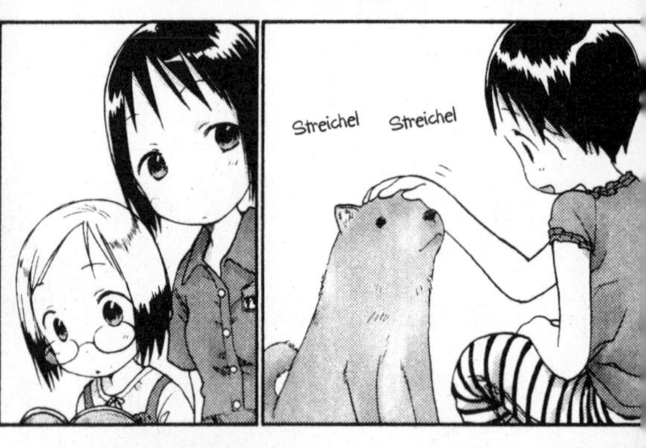
Streichel
Streichel

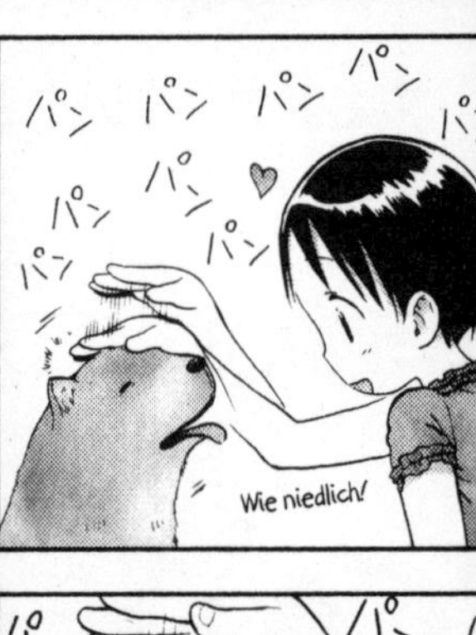
パン パン パン パン
Wie niedlich!

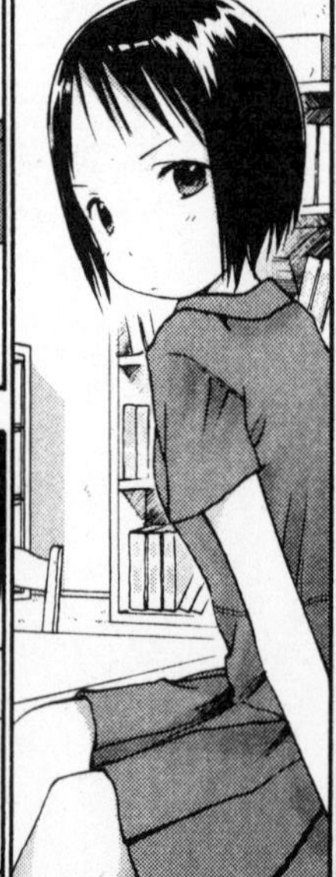

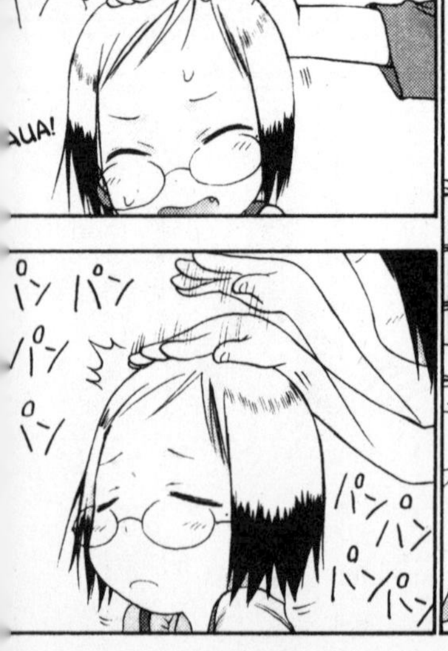
パン パン パン
AUA!
パン パン

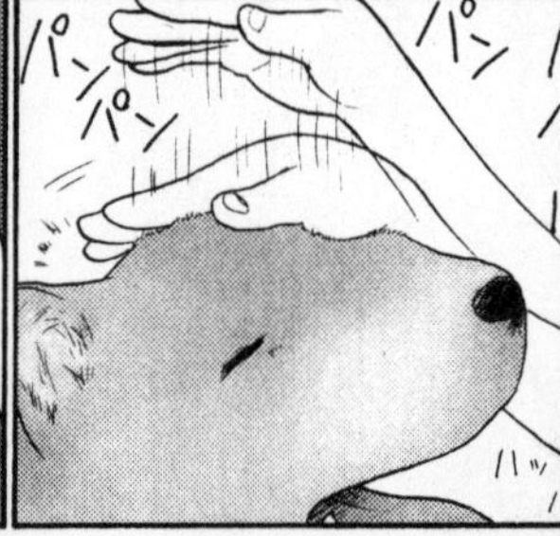
パン パン パン

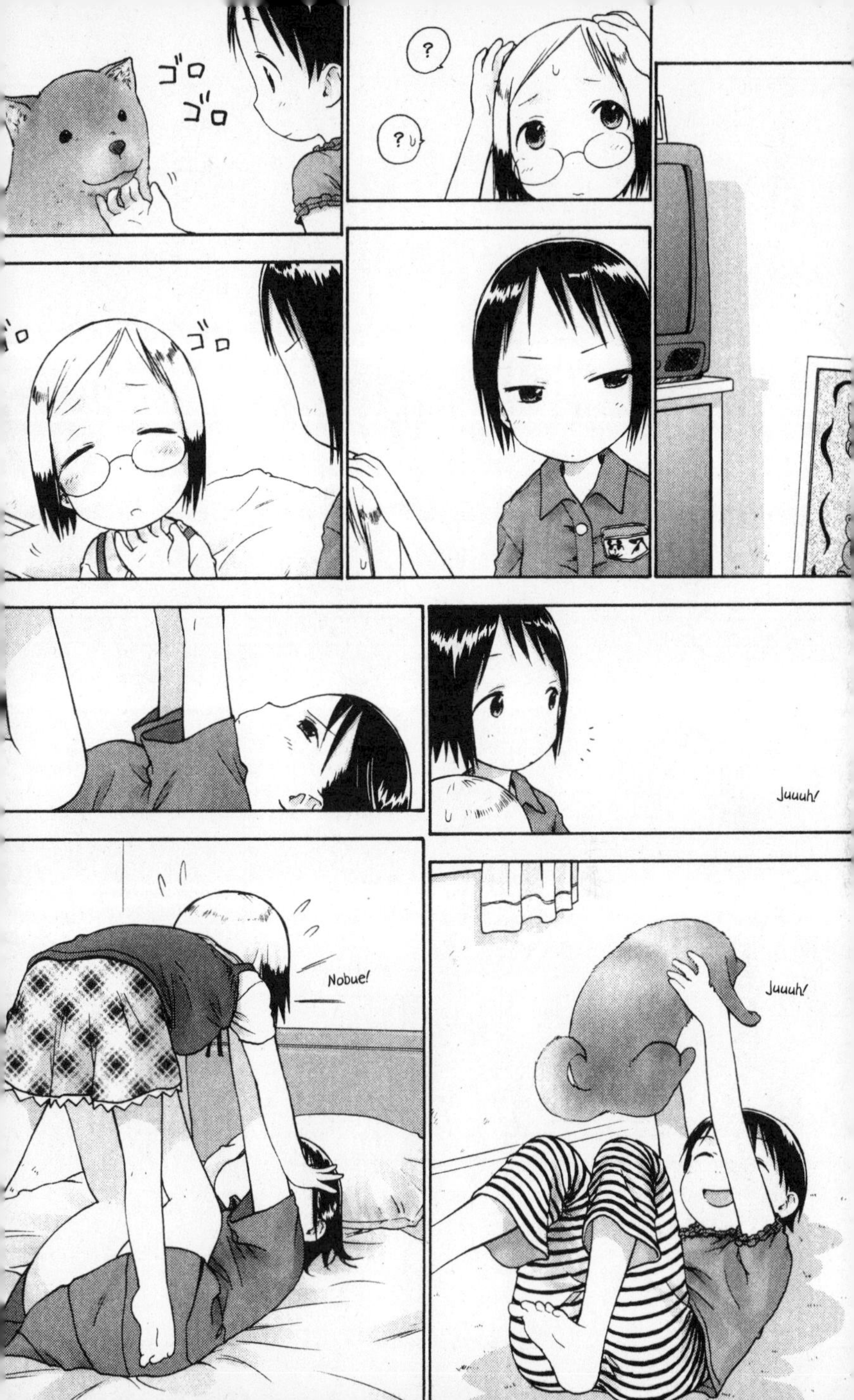

?
?
ゴロ
ゴロ
ロ
ゴロ
Juuuh!
Juuuh!
Nobue!

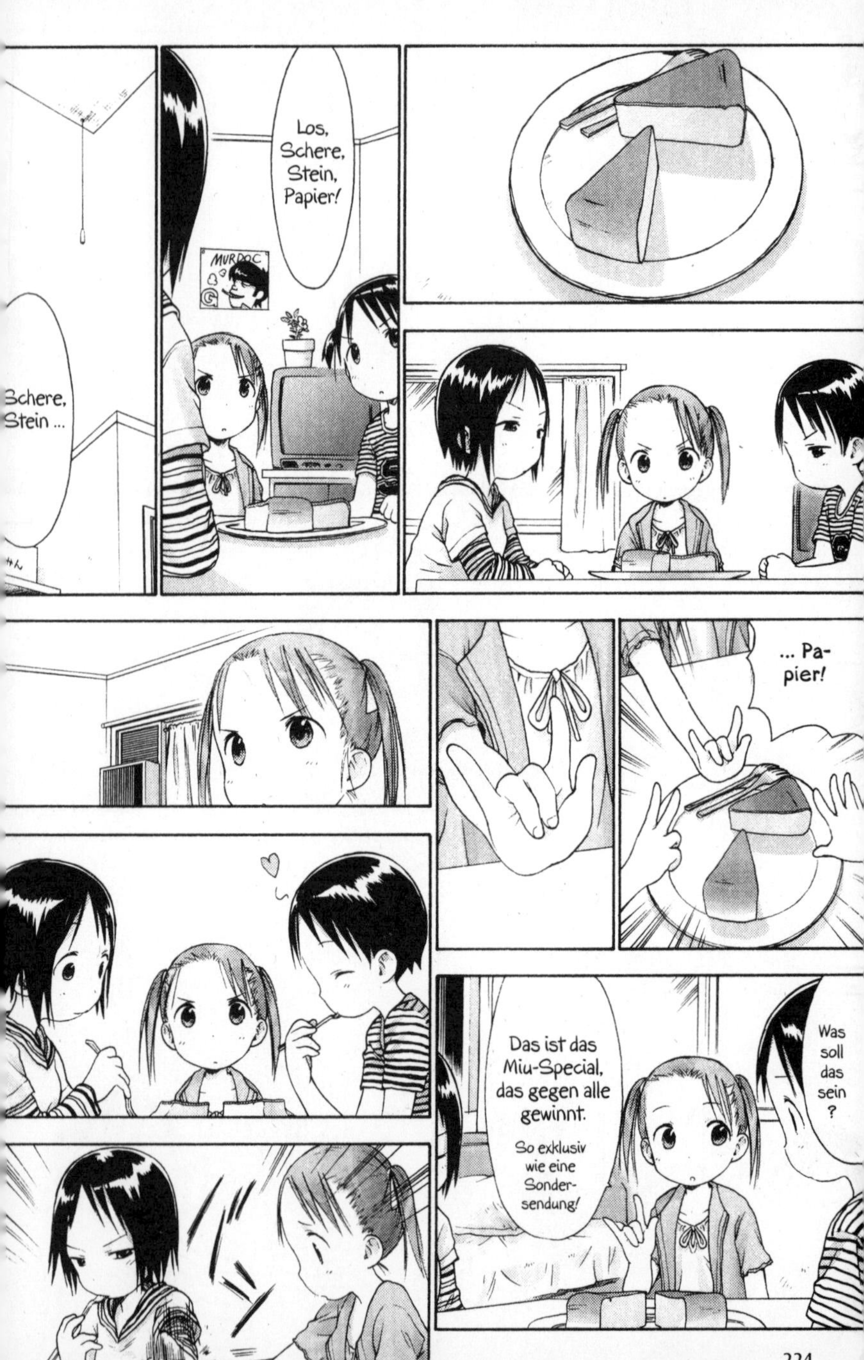
Los, Schere, Stein, Papier!
Schere, Stein ...
... Papier!
Was soll das sein?
Das ist das Miu-Special, das gegen alle gewinnt.
So exklusiv wie eine Sonder-sendung!

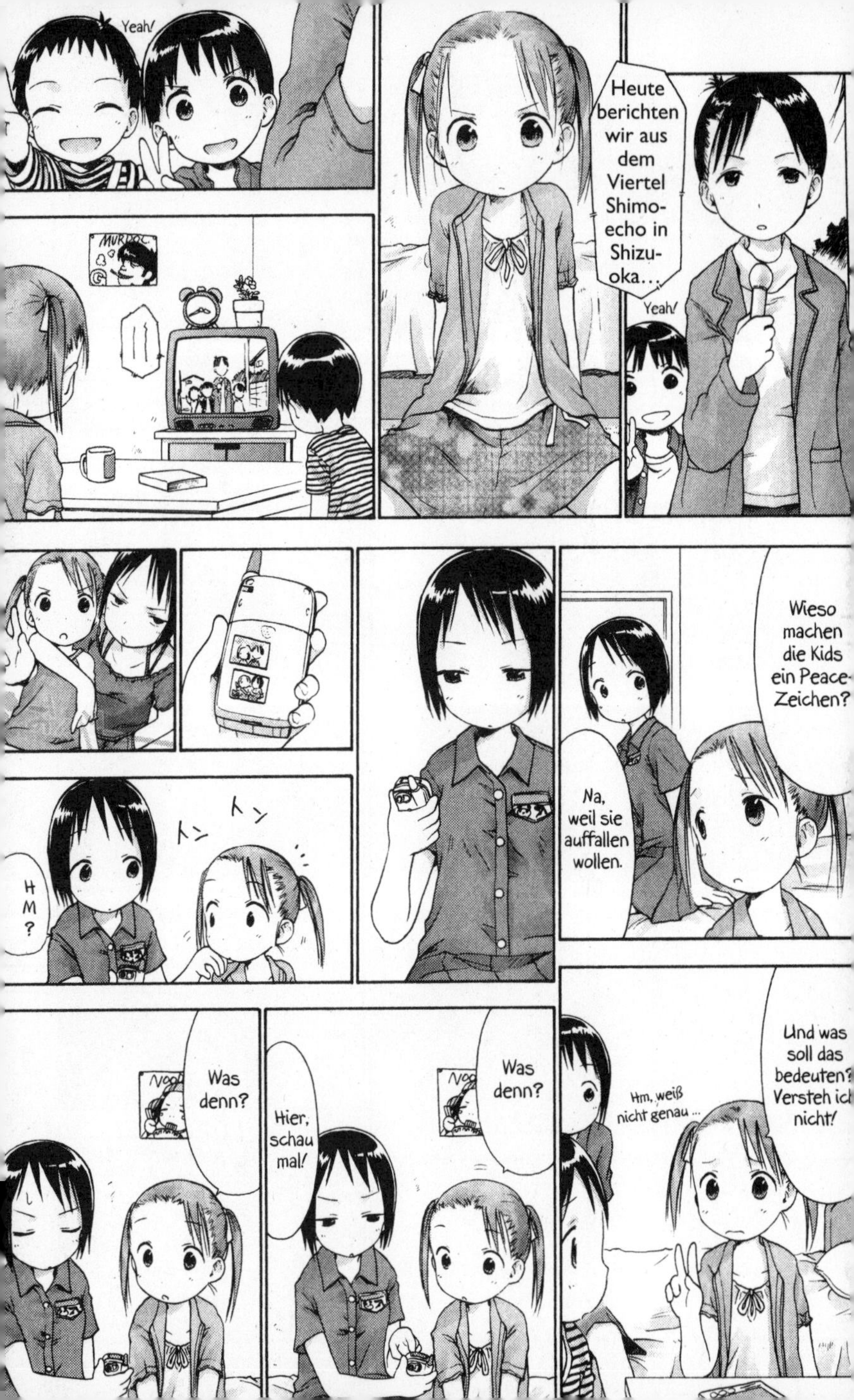
Heute berichten wir aus dem Viertel Shimo-echo in Shizu-oka…
Yeah!
Yeah!
Wieso machen die Kids ein Peace-Zeichen?
Na, weil sie auffallen wollen.
トン
トン
HM?
Und was soll das bedeuten? Versteh ich nicht!
Hm, weiß nicht genau ...
Was denn?
Hier, schau mal!
Was denn?

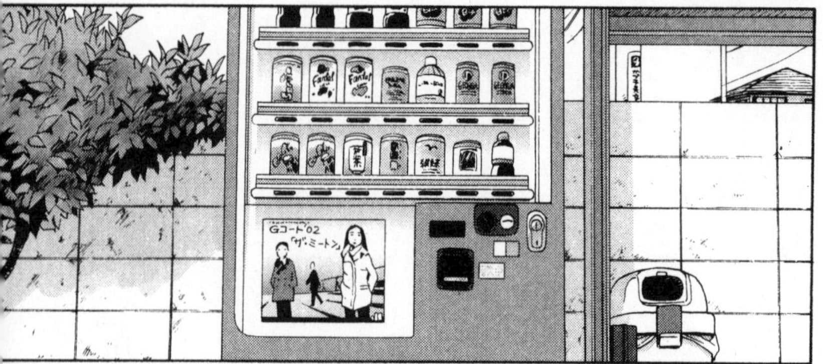
Gコード'02
「ザ・ミートン」

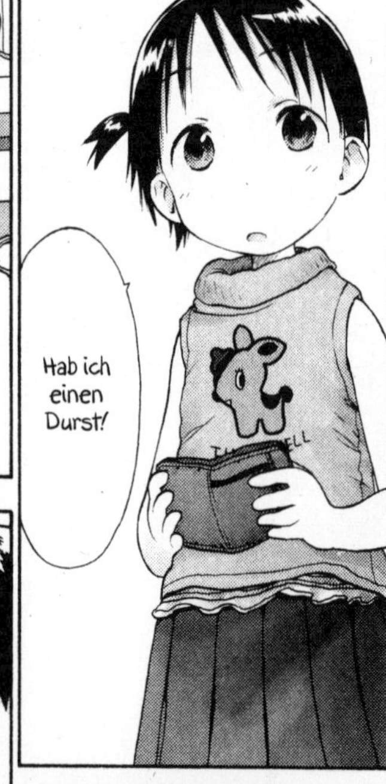
Hab ich einen Durst!

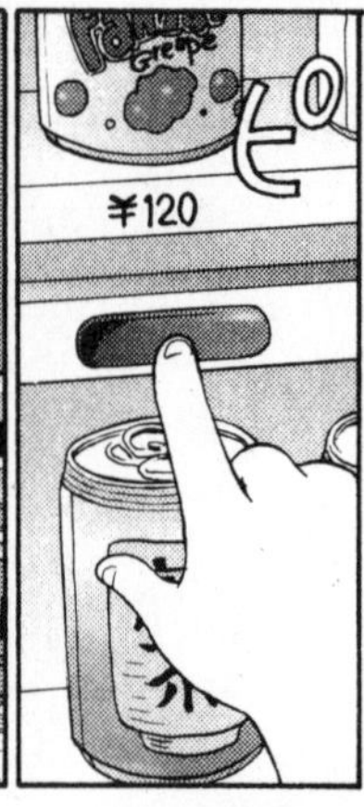
ピ
¥120

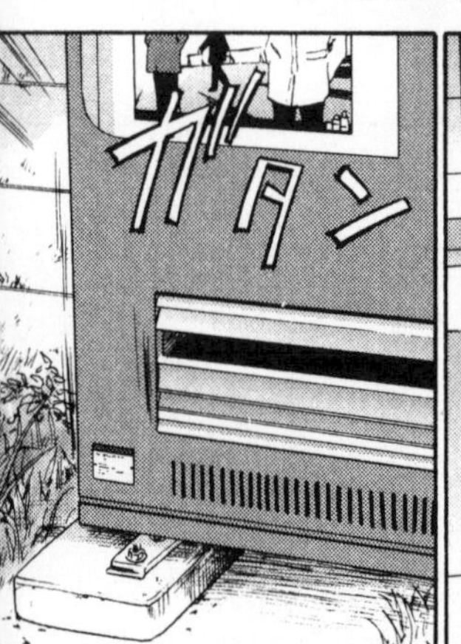
ガタン

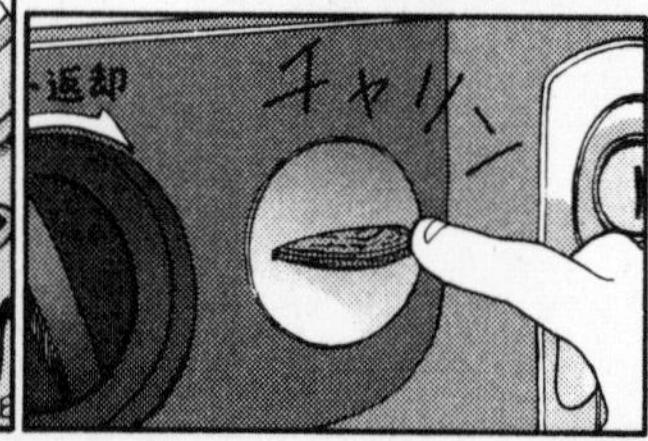
返却
チャリーン

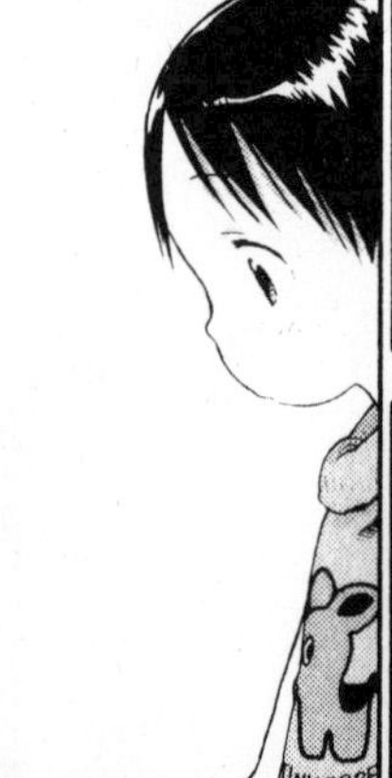

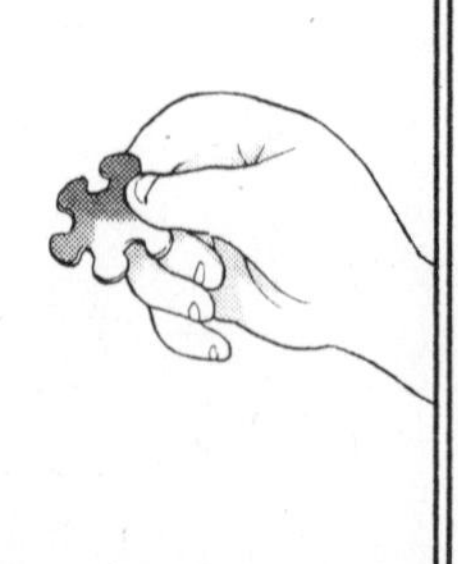

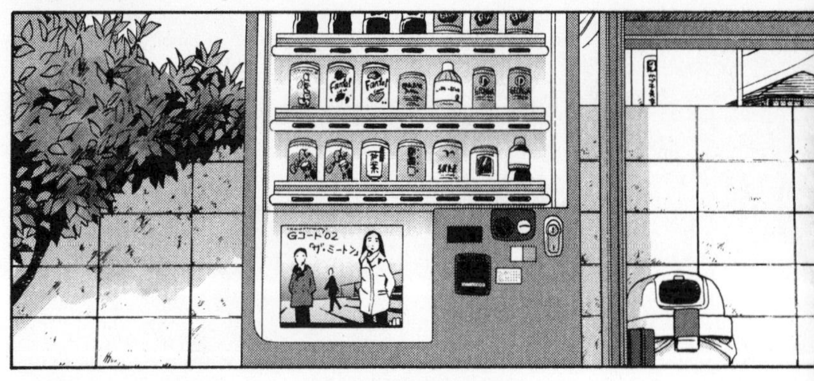
Gコード'02
「ザ・ミートン」

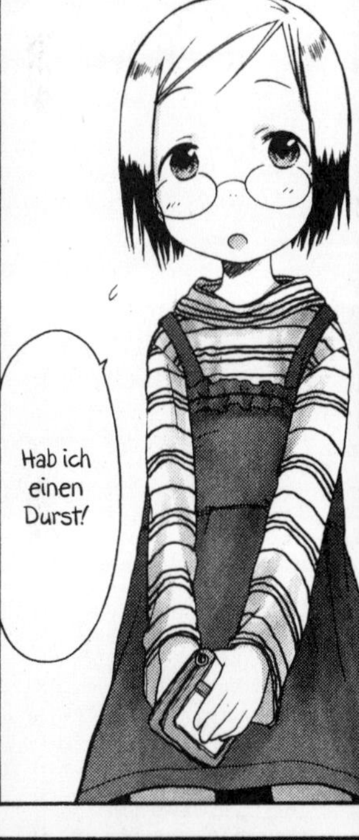
Hab ich einen Durst!

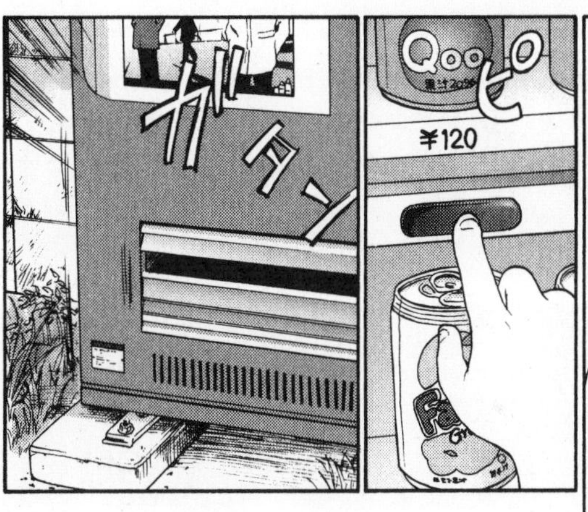
Qoo
ピ
¥120
ガタン

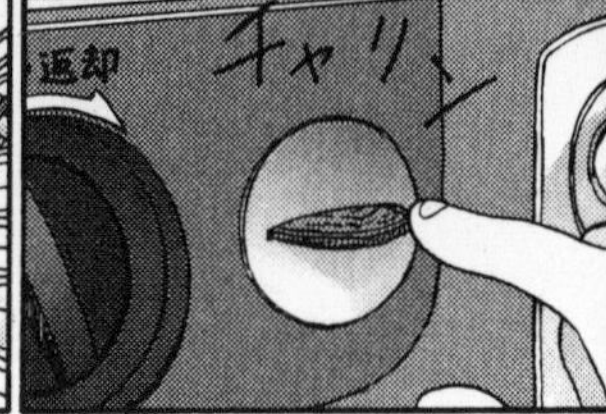
返却
チャリン

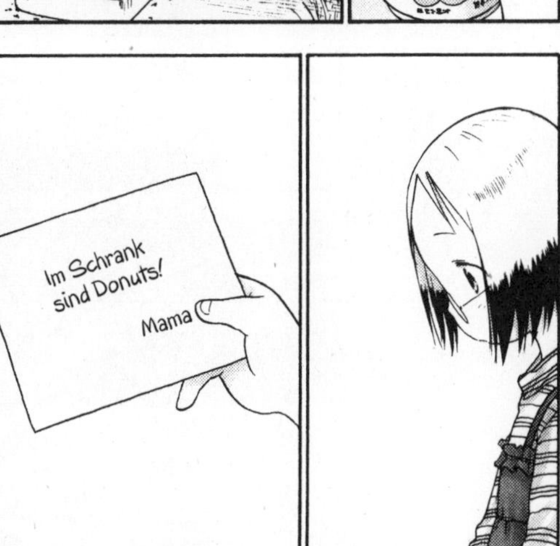
Im Schrank sind Donuts!
Mama

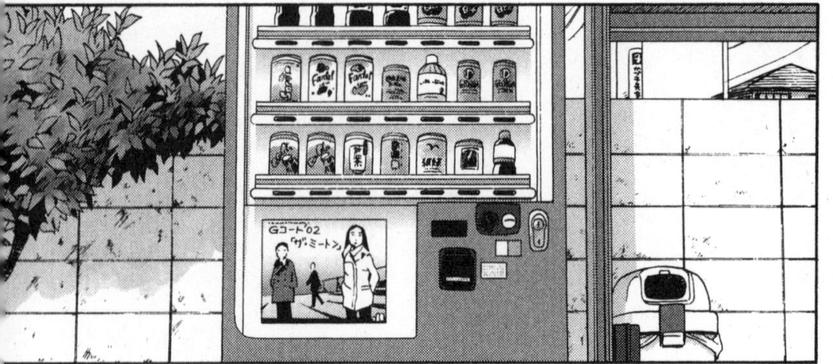
Gコード'02
「ザ・ミートン」

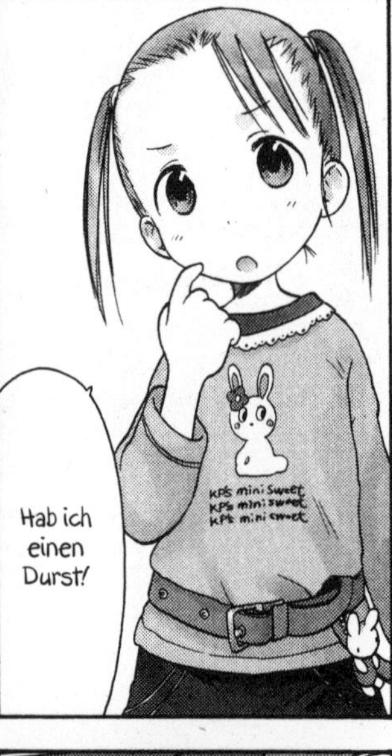
Hab ich einen Durst!

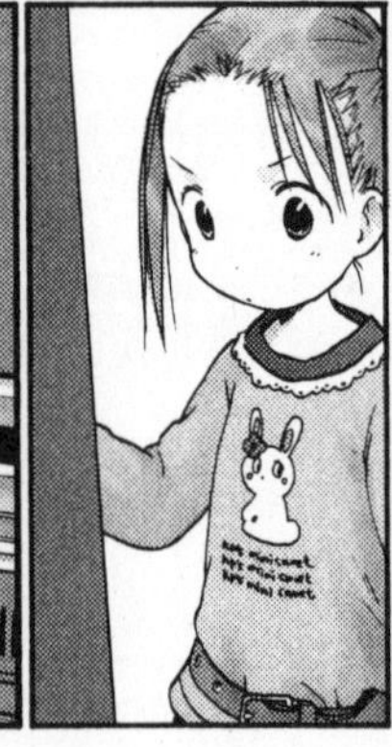

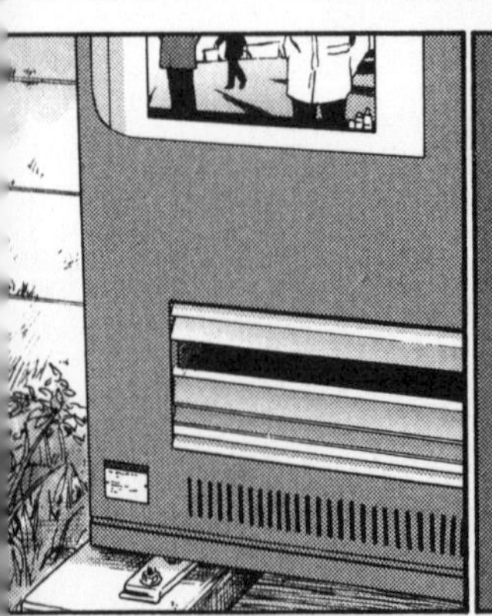

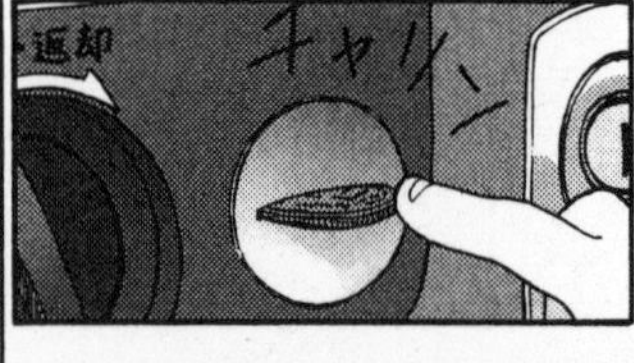
返却
チャリン

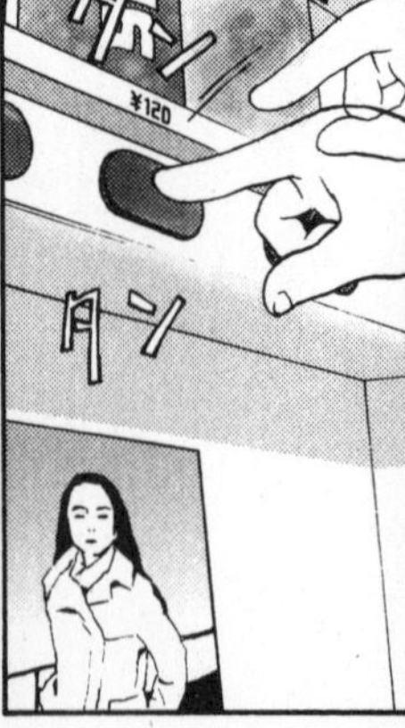
¥120
タン

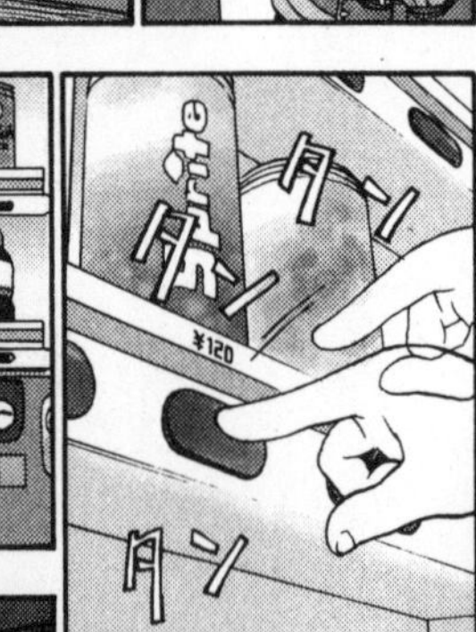

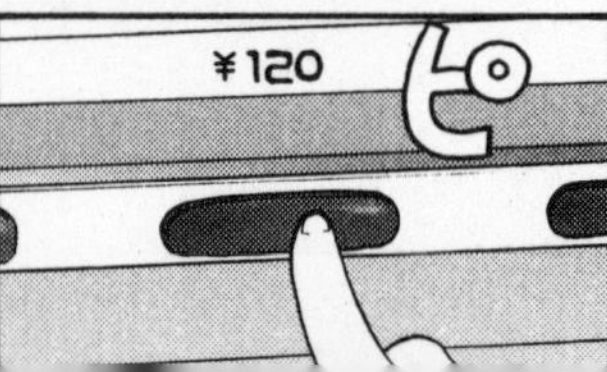
¥120
ピ

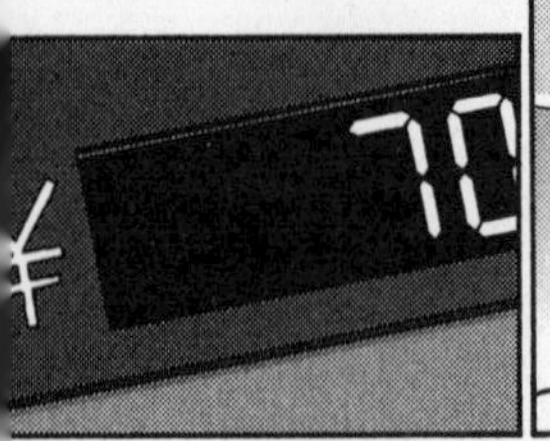
¥70

HALLO JOB

ana

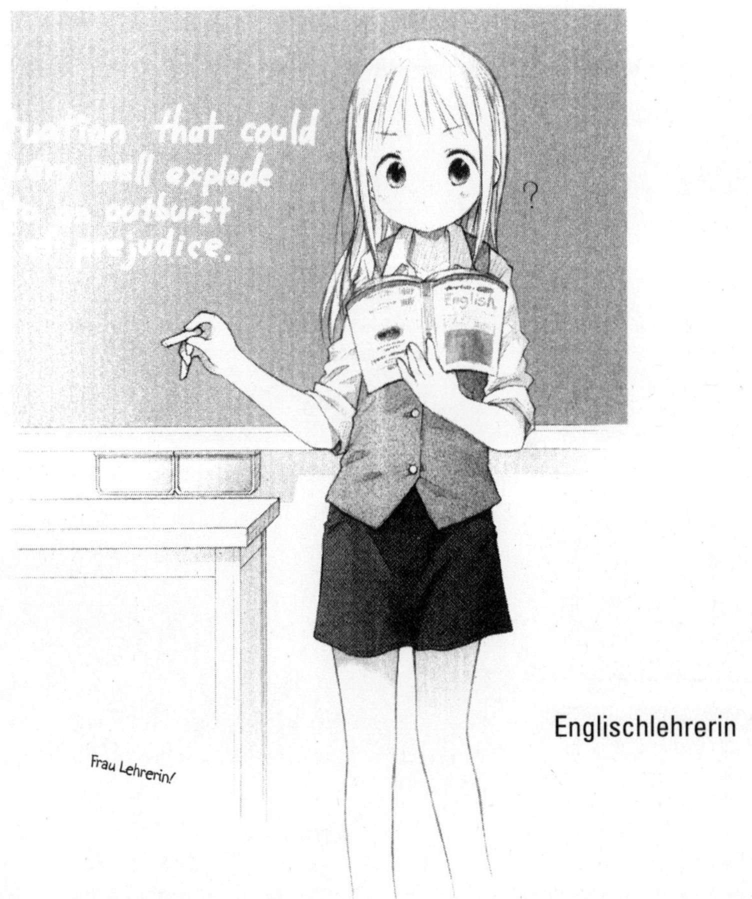

HALLO JOB

sasazuka

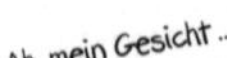

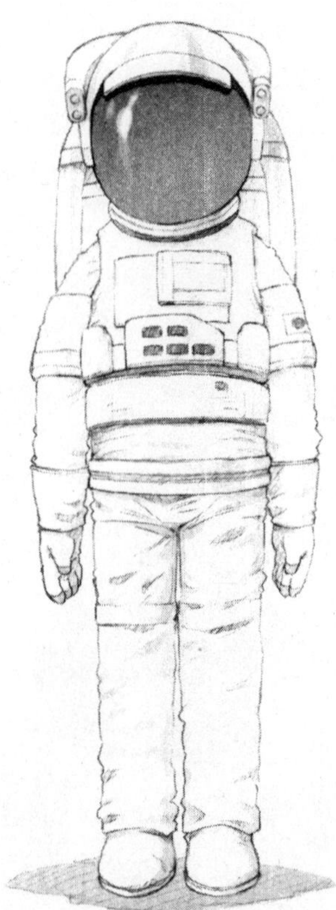

Astronaut

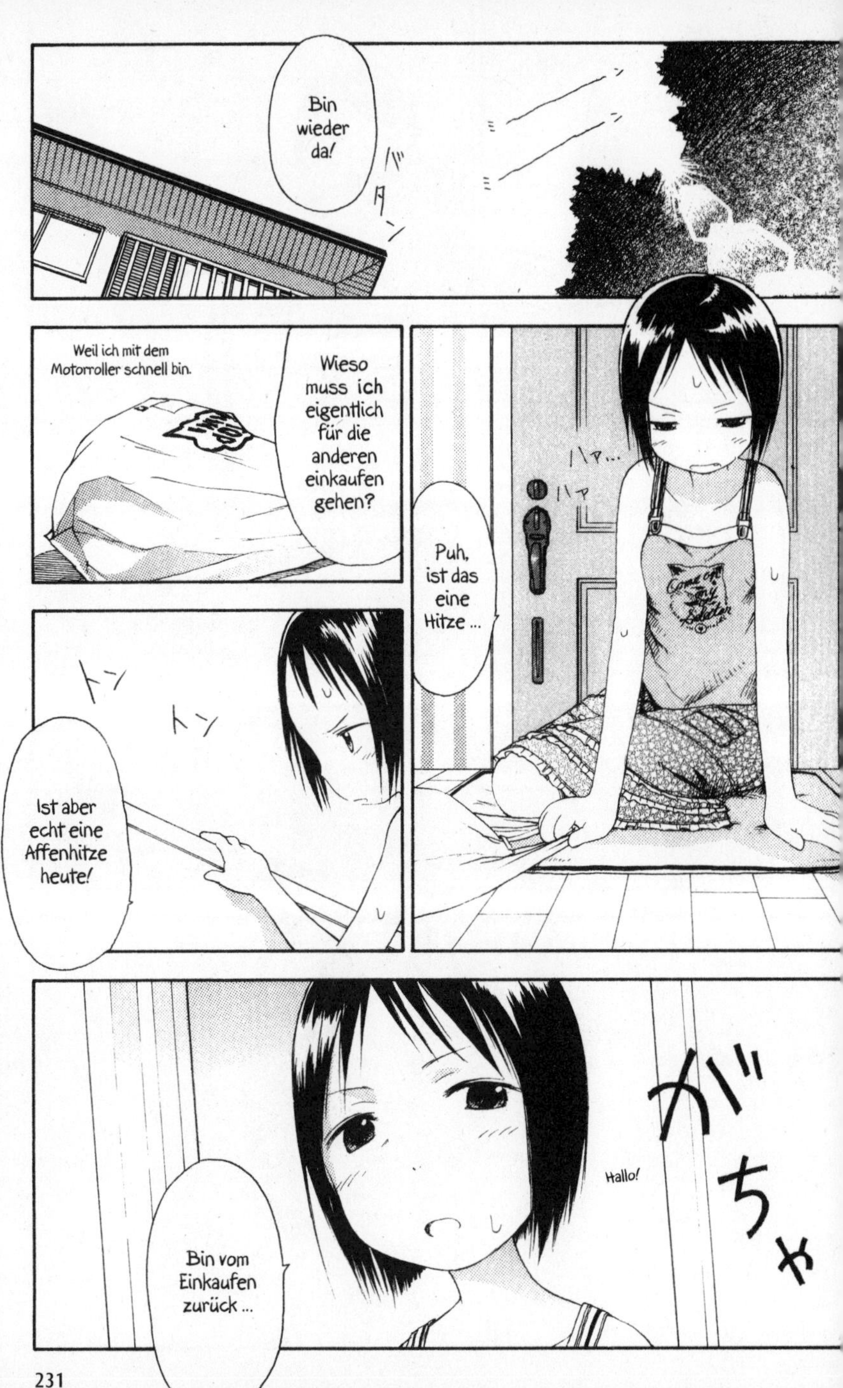
Bin wieder da!
バタン
ハァ… ハァ
Puh, ist das eine Hitze ...
Wieso muss ich eigentlich für die anderen einkaufen gehen?
Weil ich mit dem Motorroller schnell bin.
トン トン
Ist aber echt eine Affenhitze heute!
がちゃ
Hallo!
Bin vom Einkaufen zurück ...

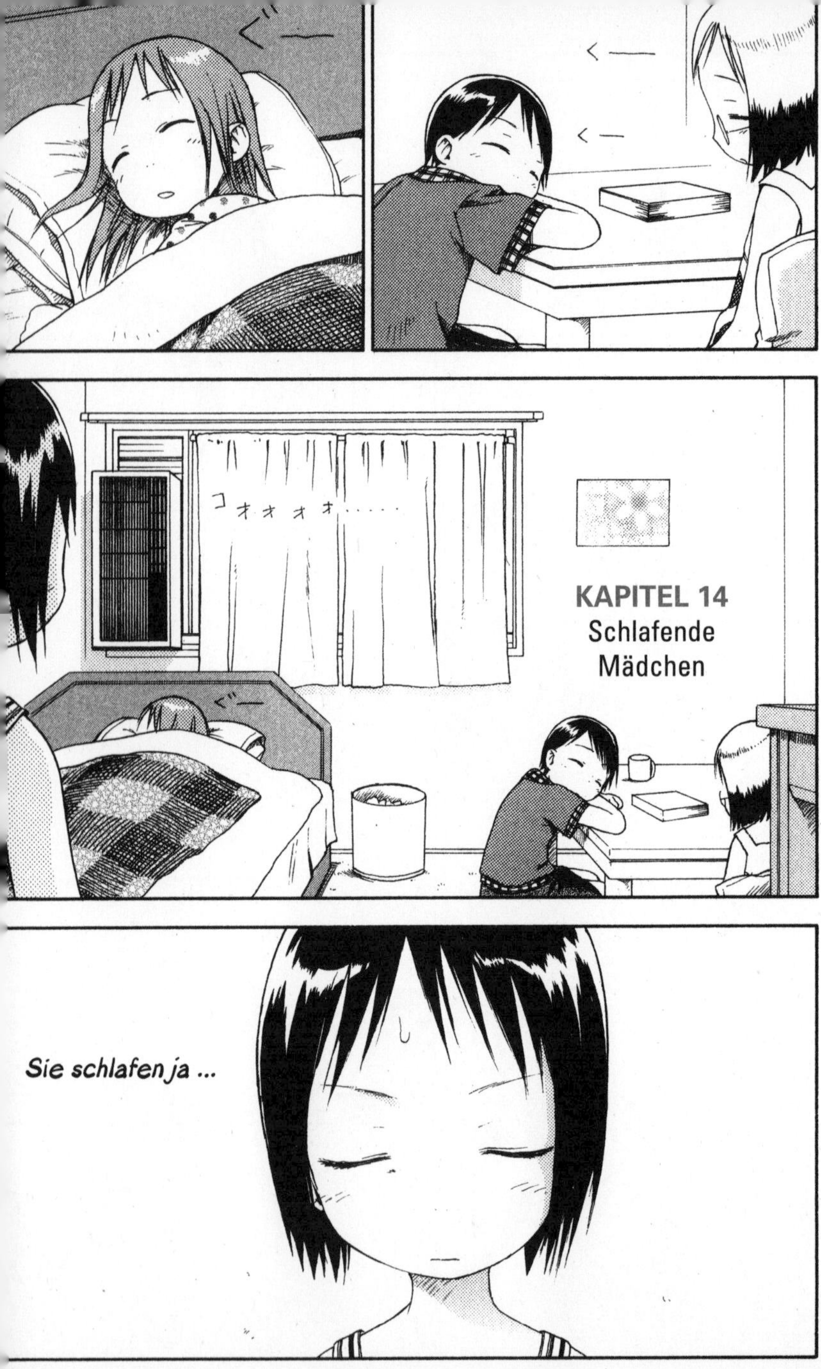

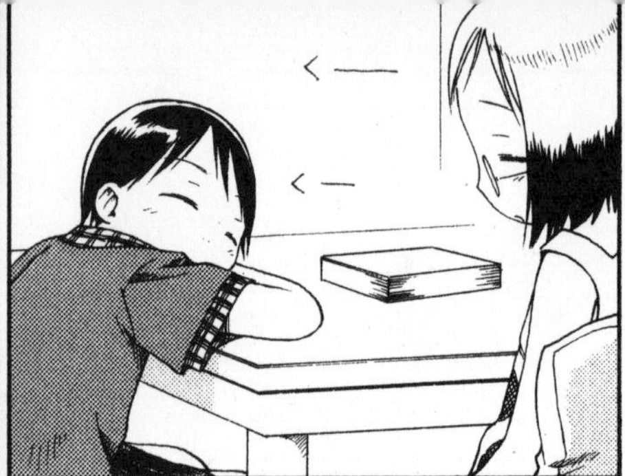

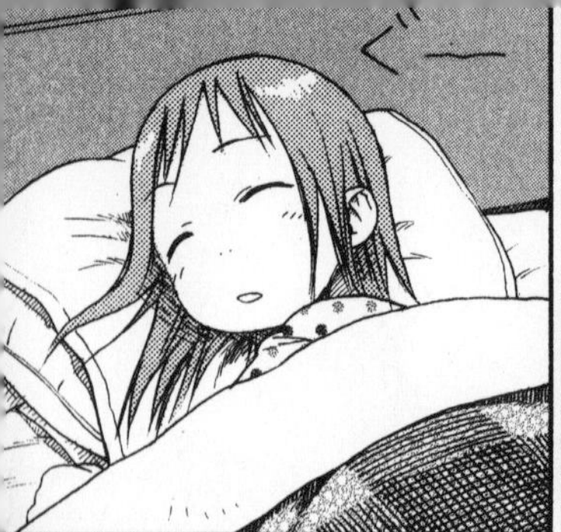

KAPITEL 14
Schlafende Mädchen

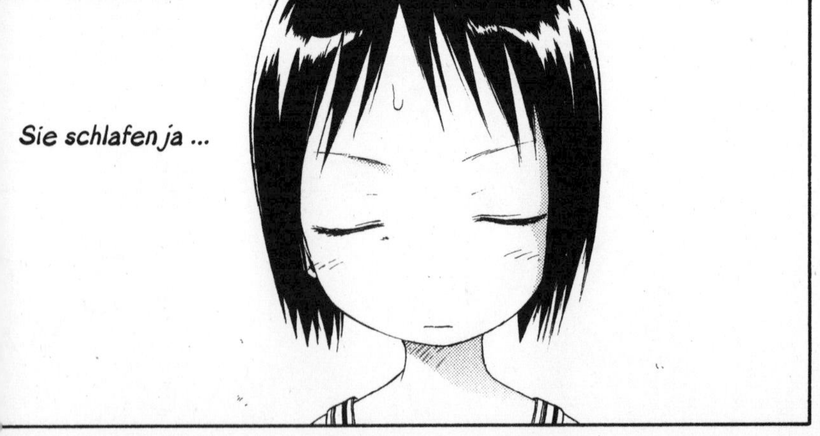

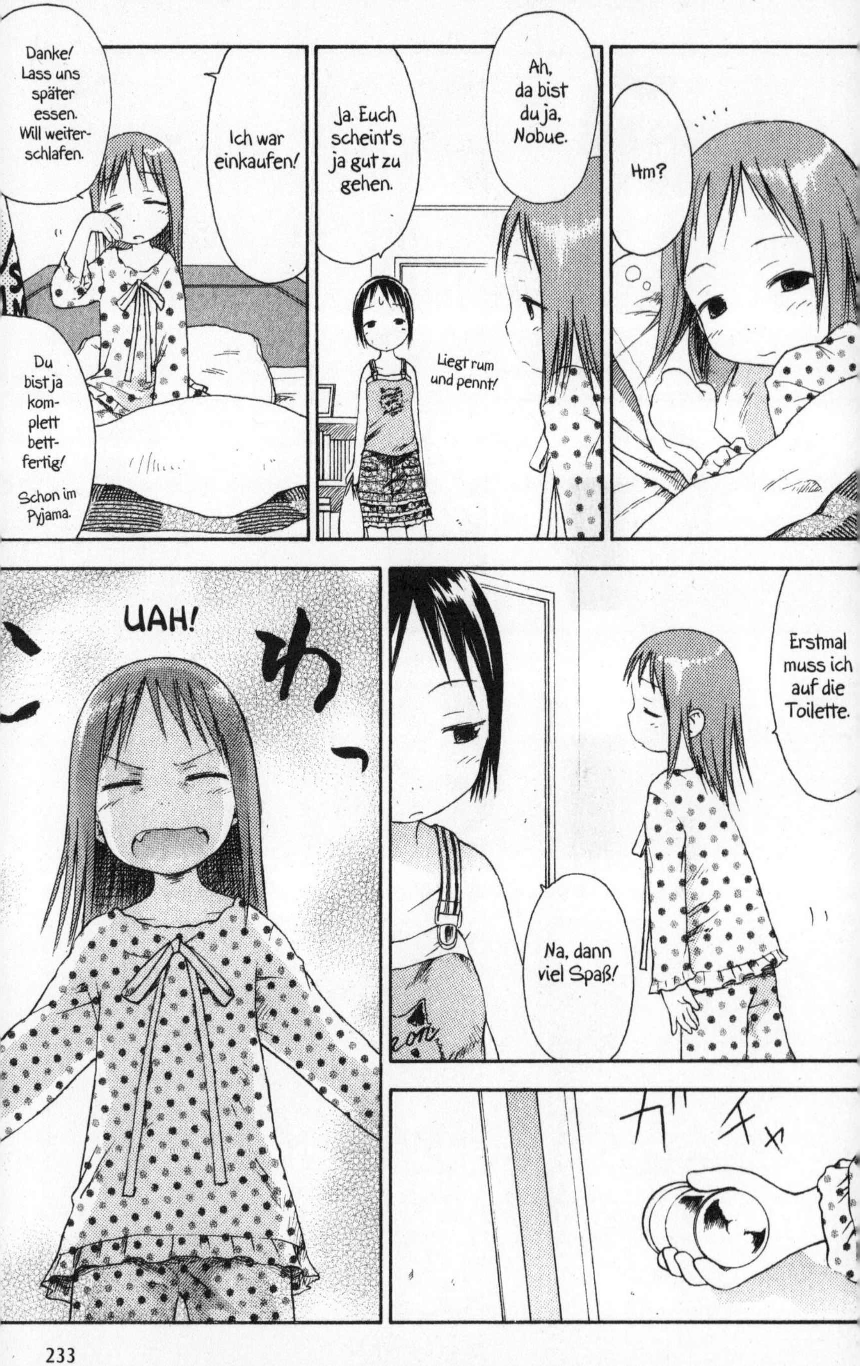

Hm?

Ah, da bist du ja, Nobue.

Liegt rum und pennt!

Ja. Euch scheint's ja gut zu gehen.

Ich war einkaufen!

Danke! Lass uns später essen. Will weiterschlafen.

Du bist ja komplett bettfertig!

Schon im Pyjama.

Erstmal muss ich auf die Toilette.

Na, dann viel Spaß!

UAH!

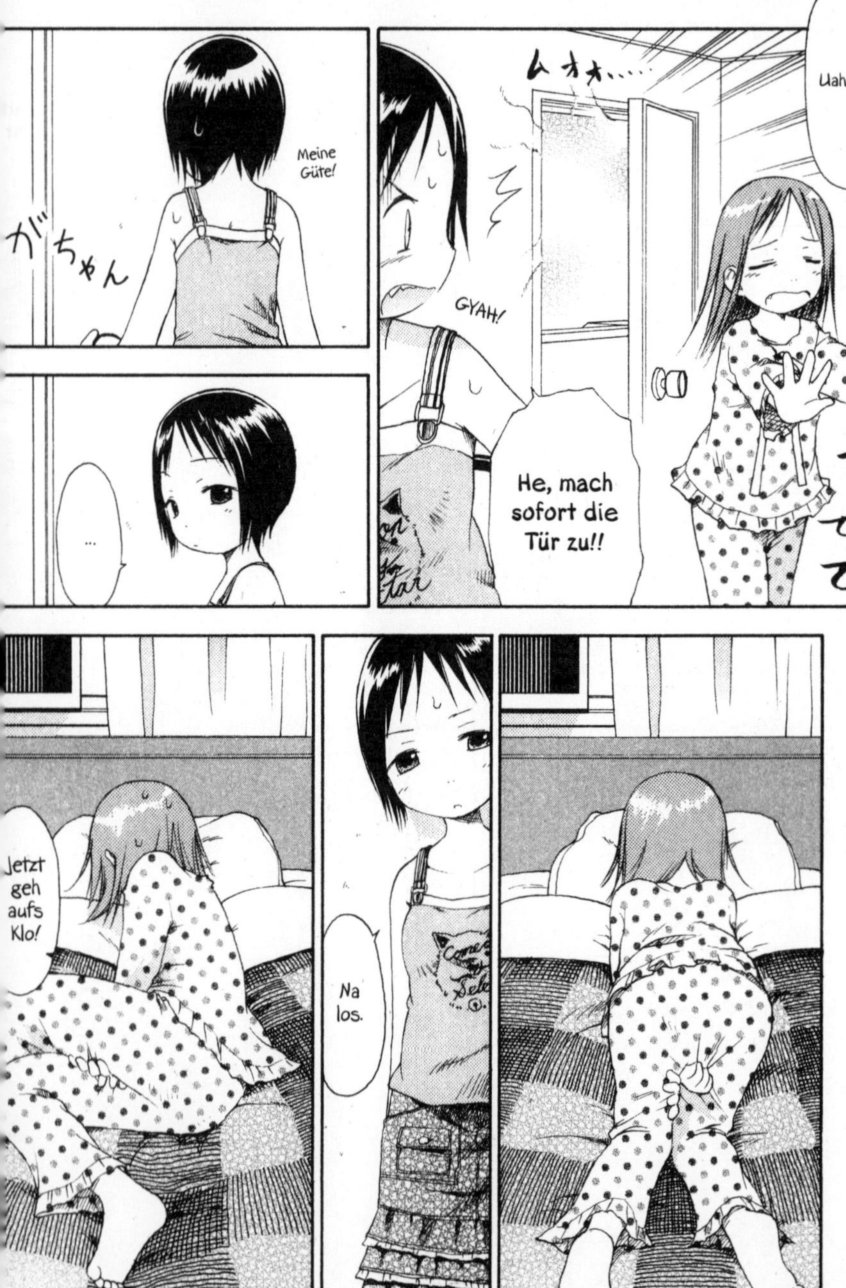

Uah!
ムオォ……
GYAH!
てててで
He, mach sofort die Tür zu!!
Meine Güte!
ガちゃん
...
Jetzt geh aufs Klo!
Na los.

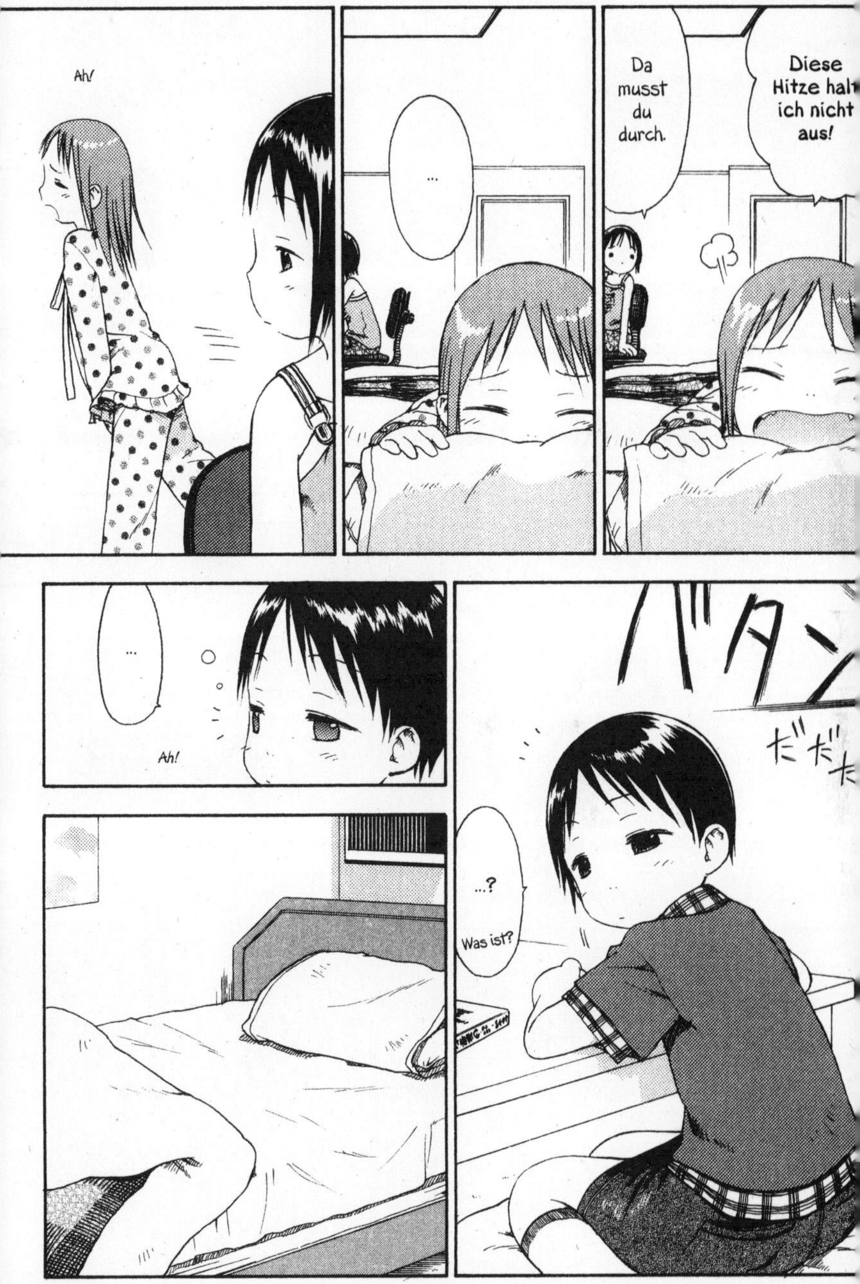

Diese Hitze halt ich nicht aus!
Da musst du durch.
...
Ah!
バタン
だだ
...
Ah!
...?
Was ist?

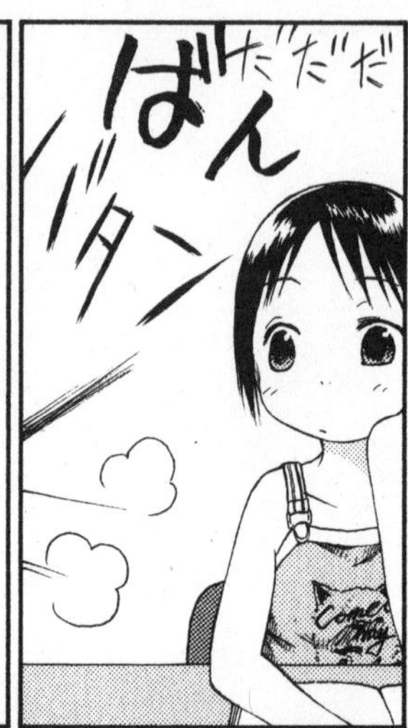
ばん
バタン
だだだ

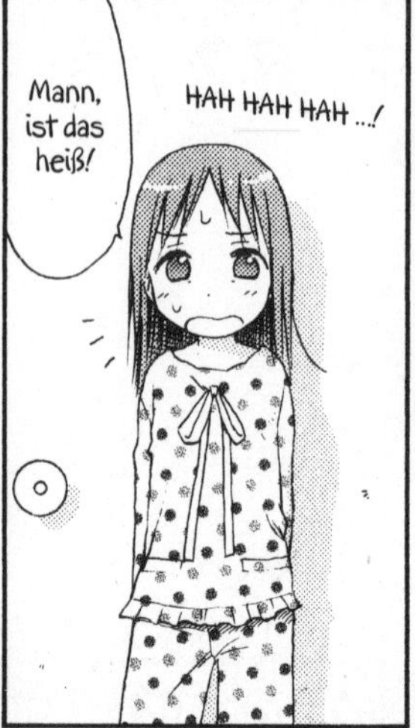
Mann, ist das heiß!
HAH HAH HAH ...!

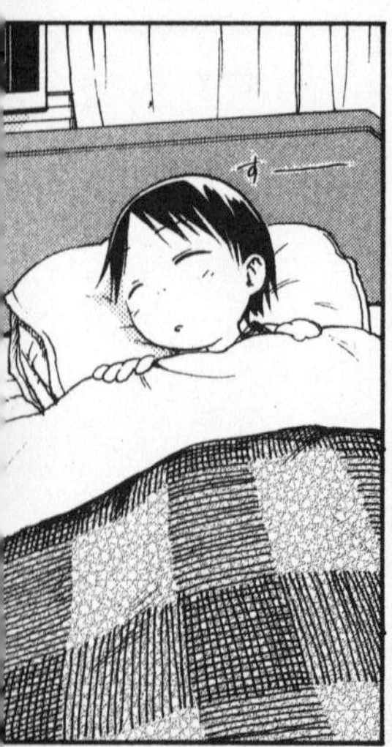

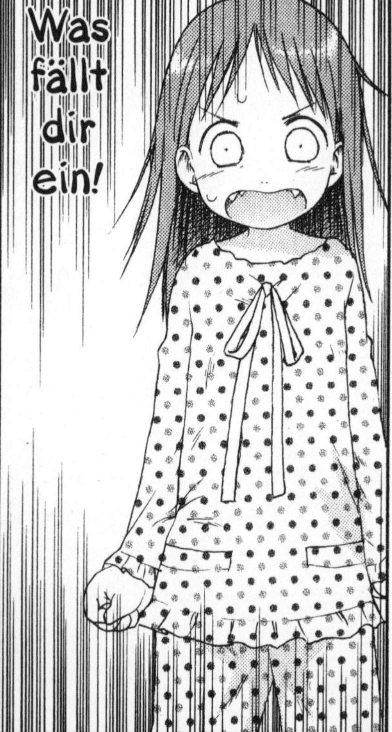
Was fällt dir ein!

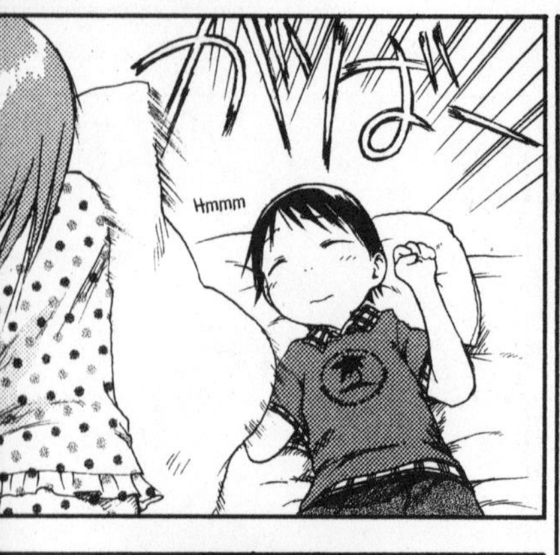
Hmmm

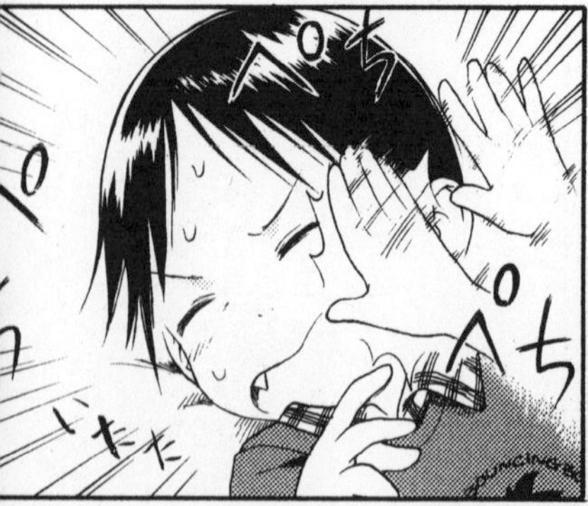
ぺち
ぺち

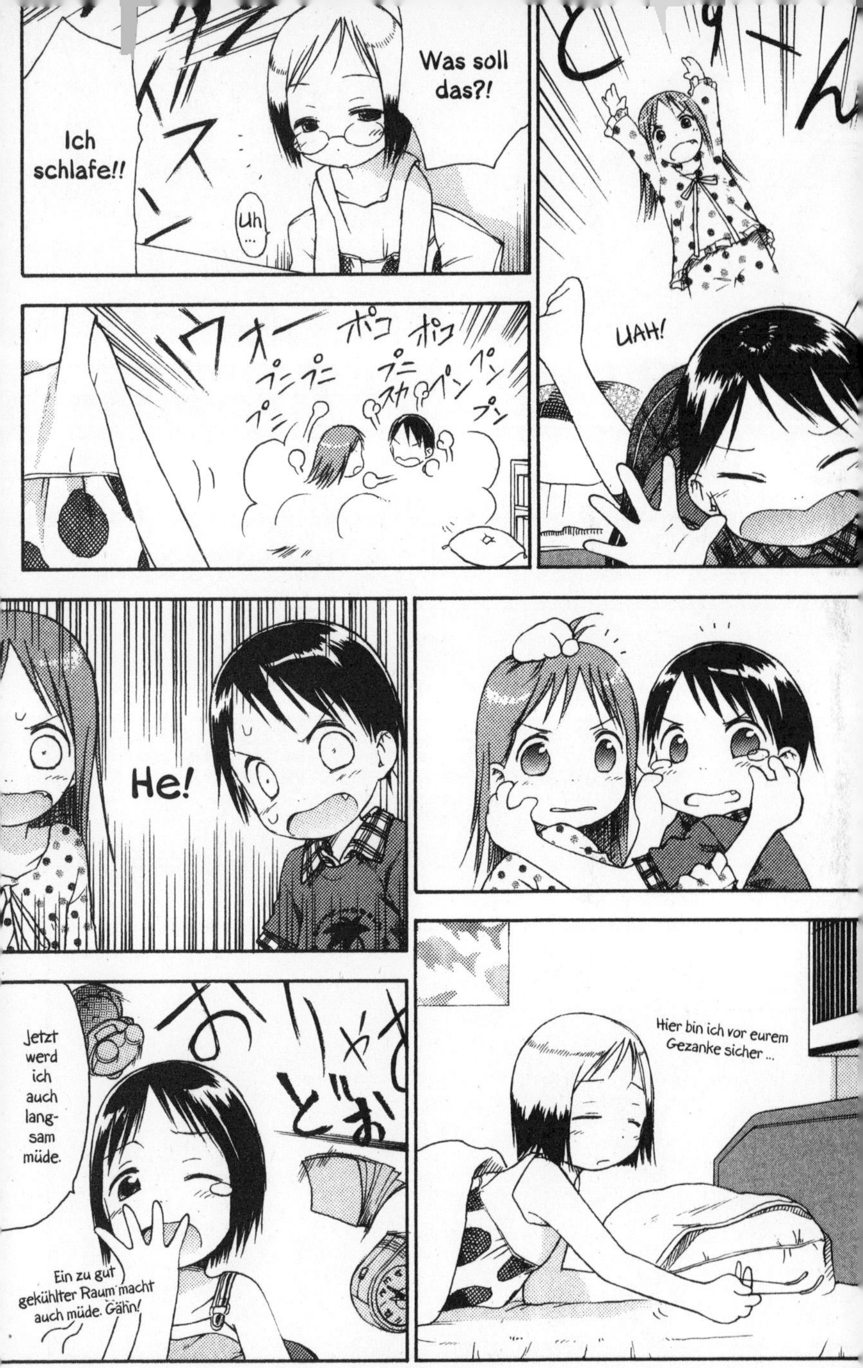

Was soll das?!

Ich schlafe!!

Uh ...

UAH!

ウオー ポコ ポコ プニプニ プニ プニ スカ プンプン プン

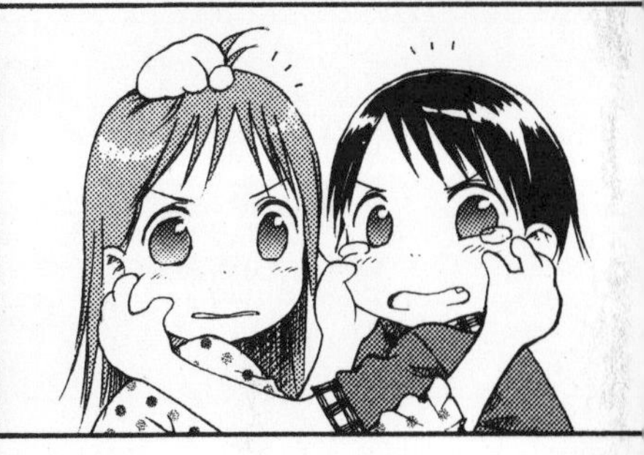

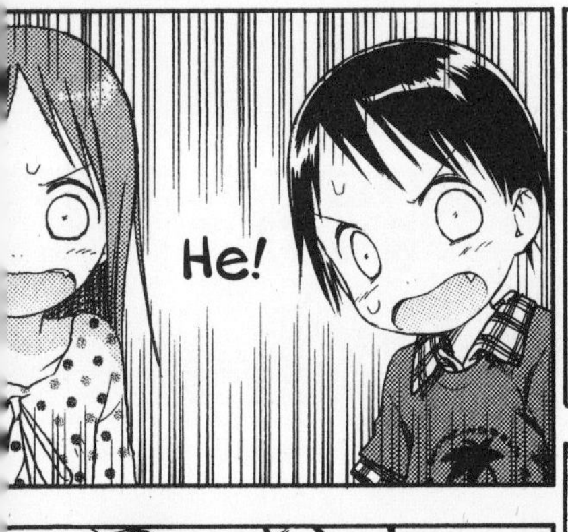

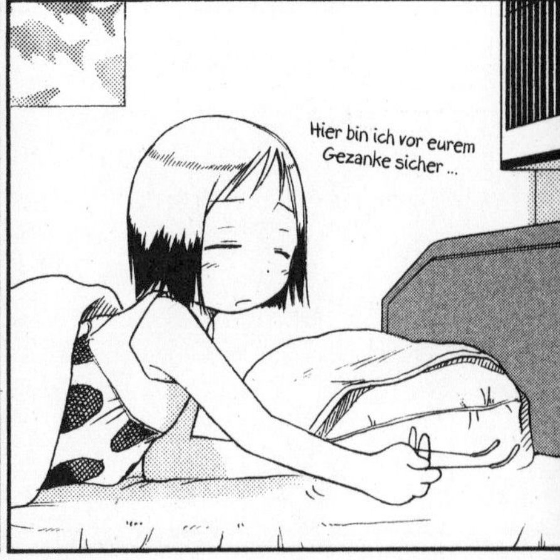

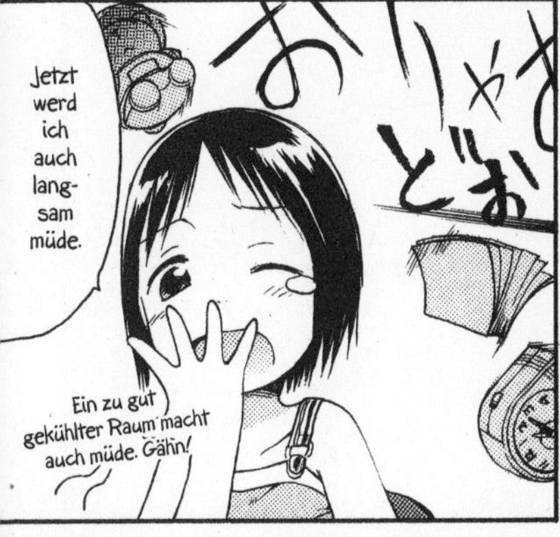

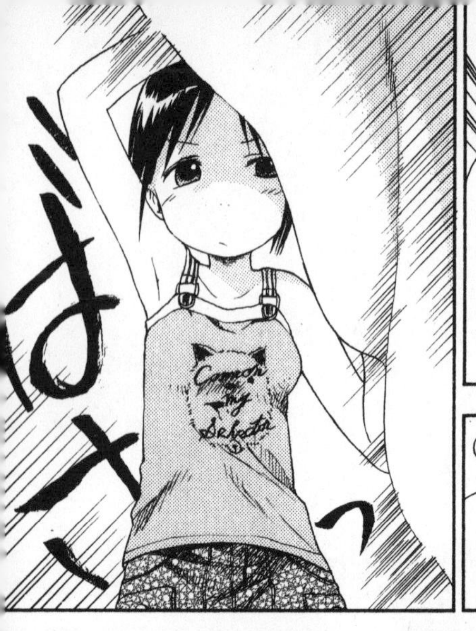
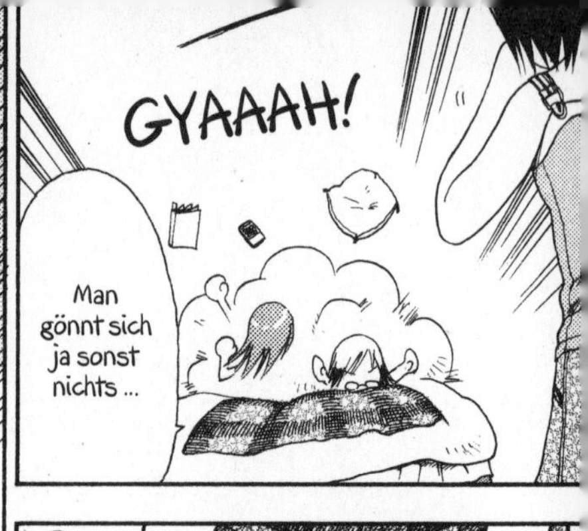
GYAAAH!
Man gönnt sich ja sonst nichts ...
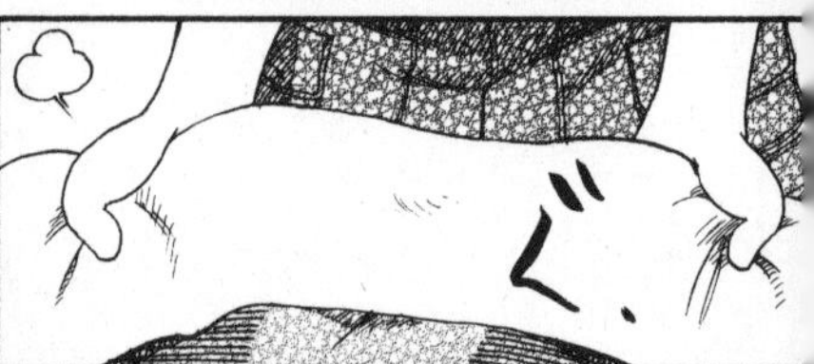
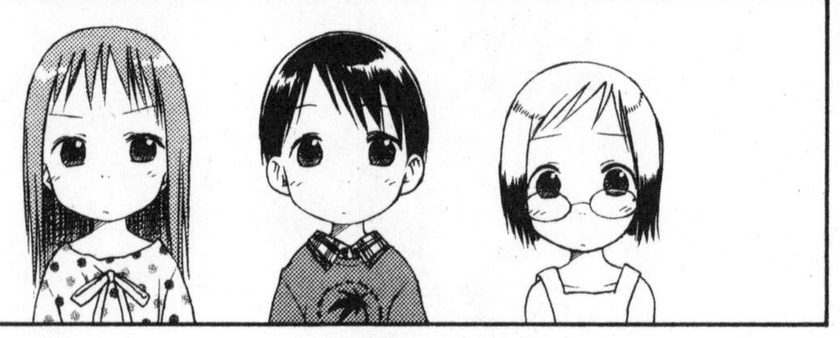
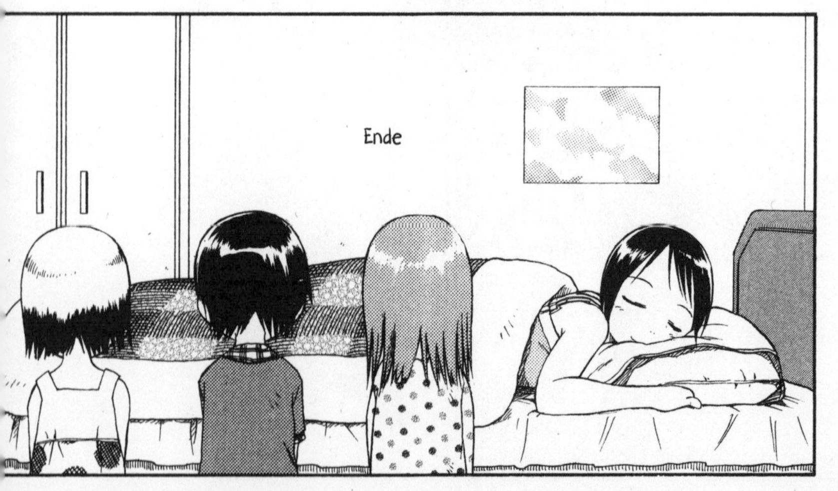
Ende

HALLO JOB

nobue

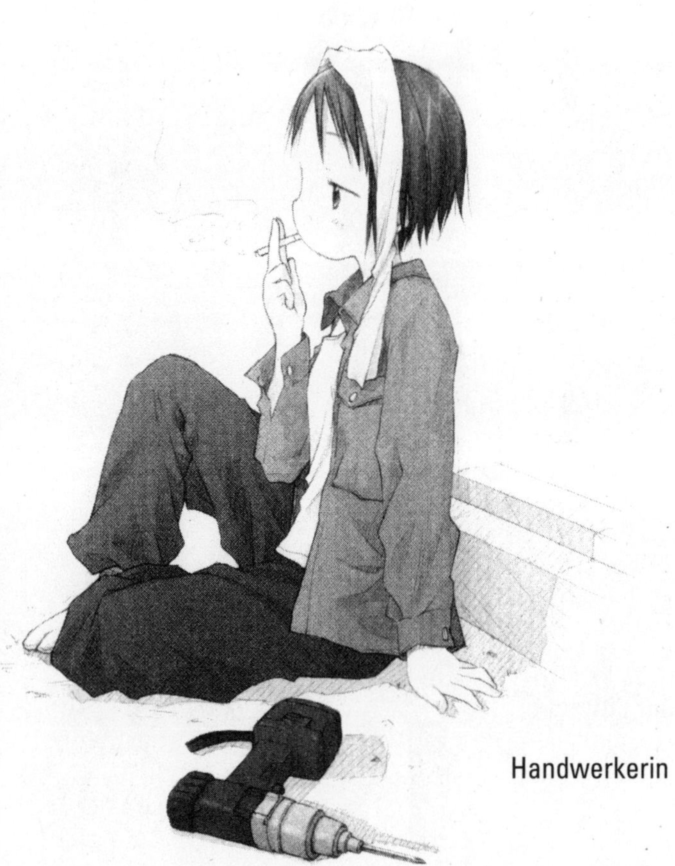

Handwerkerin

HALLO JOB

chika

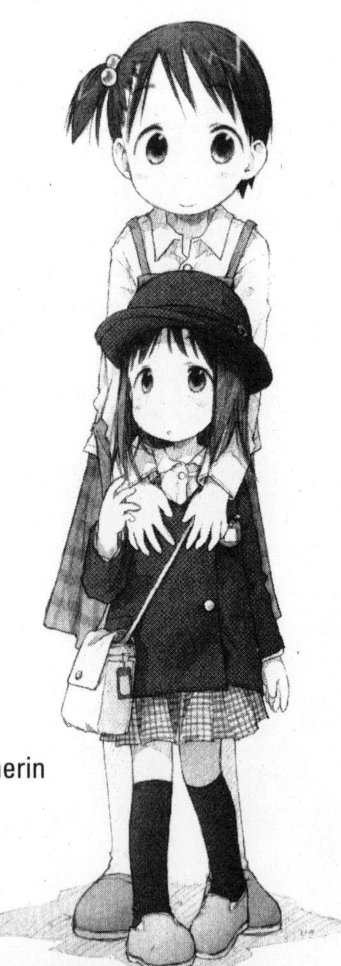

Kindergärtnerin

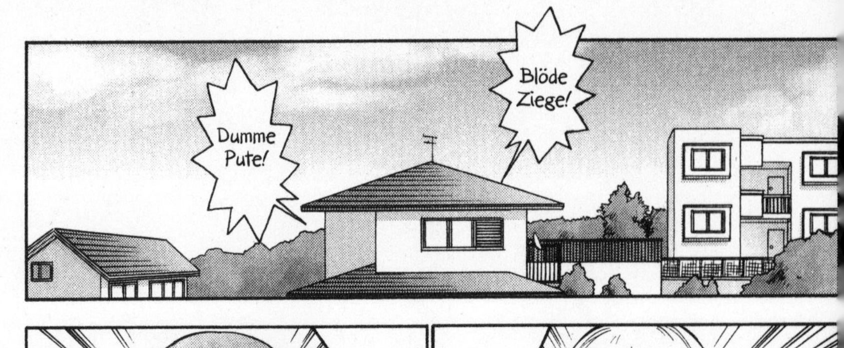
Blöde Ziege!
Dumme Pute!

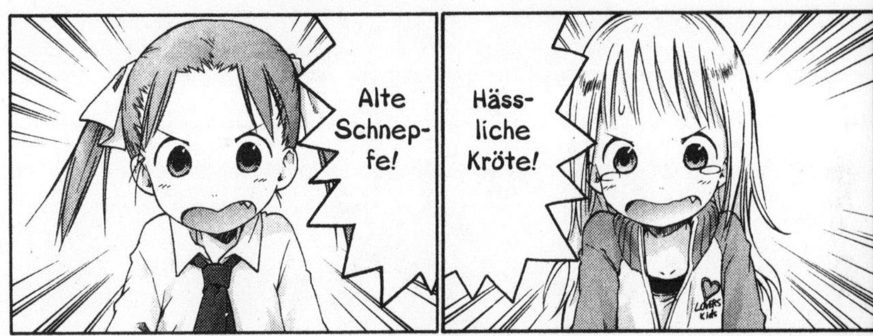
Häss-liche Kröte!
Alte Schnep-fe!

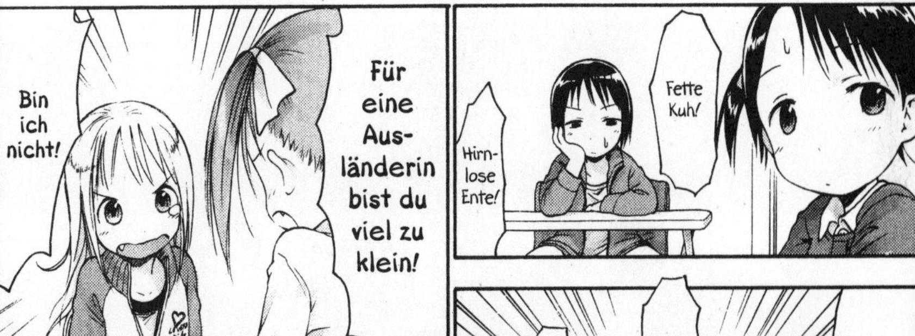
Fette Kuh!
Hirn-lose Ente!
Für eine Aus-länderin bist du viel zu klein!
Bin ich nicht!

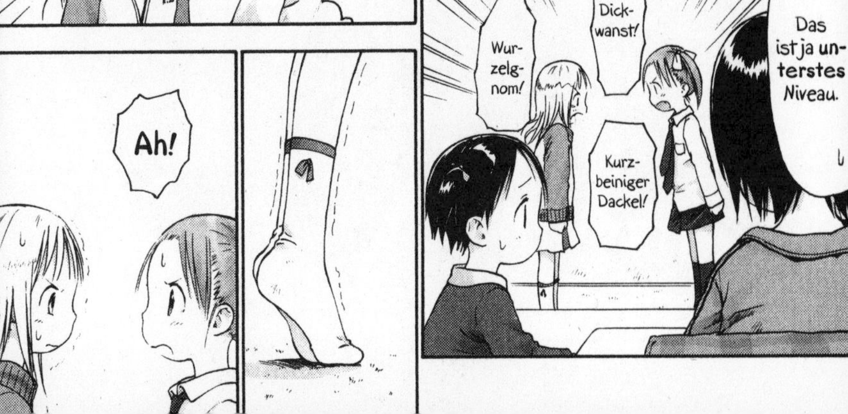
Das ist ja un-terstes Niveau.
Dick-wanst!
Wur-zelg-nom!
Kurz-beiniger Dackel!
Ah!

KAPITEL 15
Ana gegen Miu

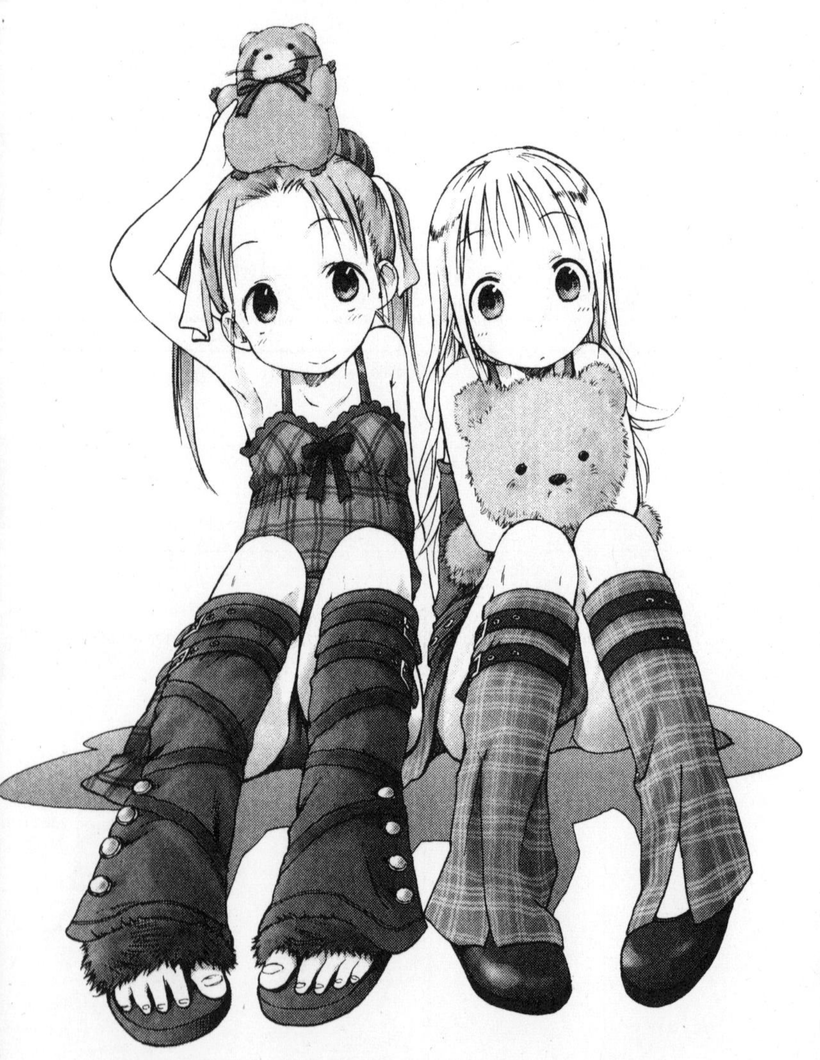

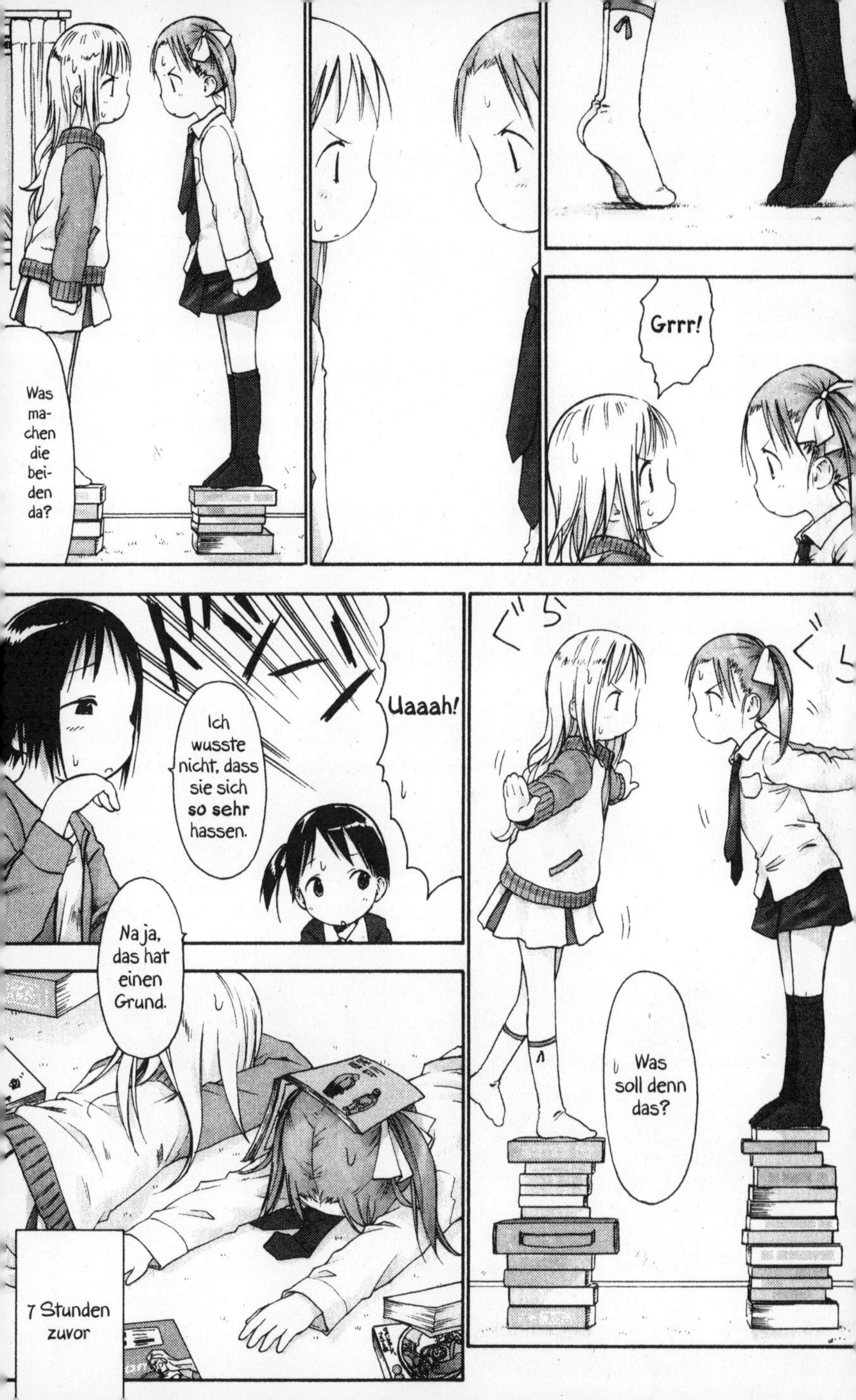
Grrr!
Was machen die beiden da?
ぐら
ぐら
Was soll denn das?
Uaaah!
Ich wusste nicht, dass sie sich so sehr hassen.
Na ja, das hat einen Grund.
7 Stunden zuvor

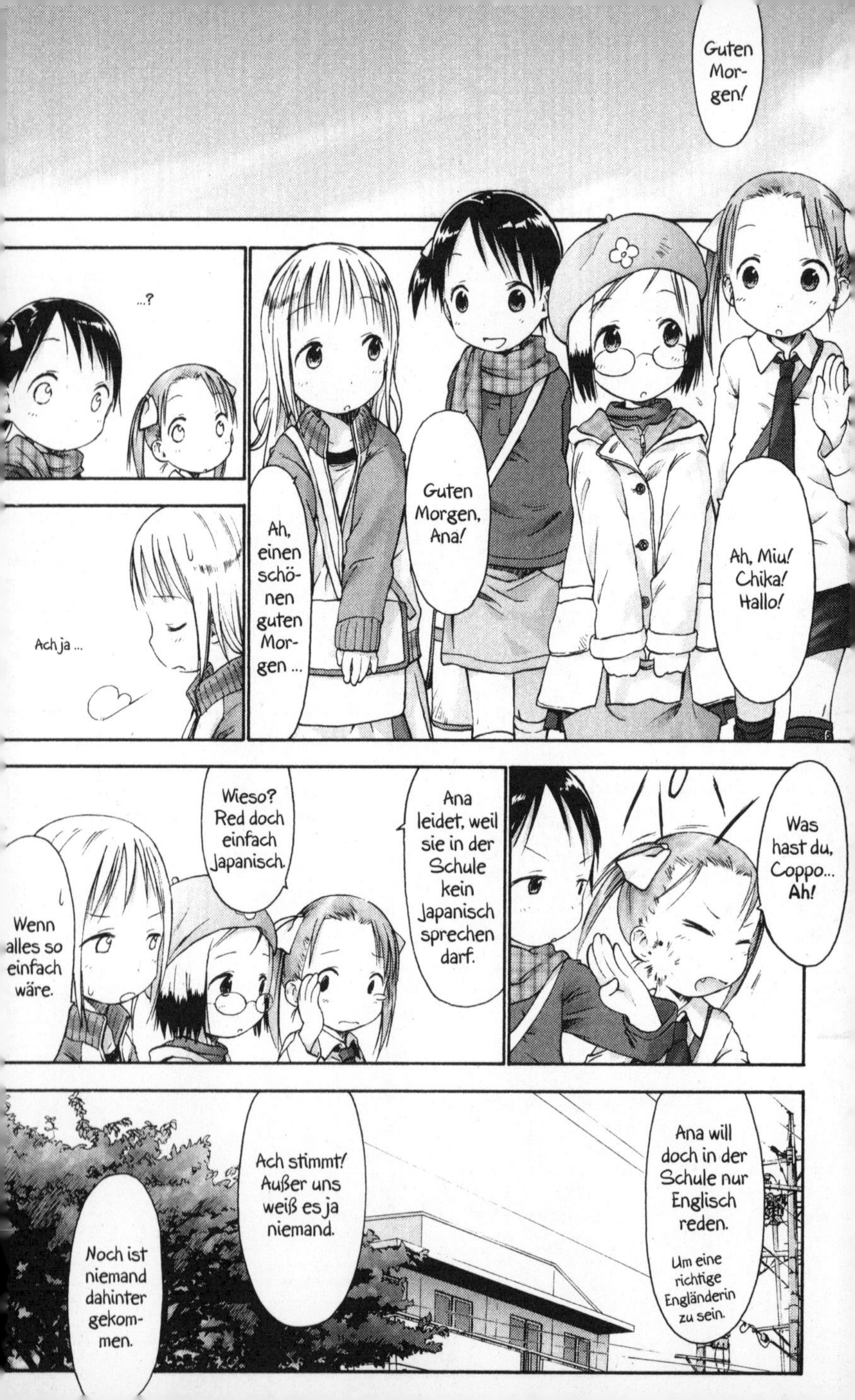

Guten Morgen!

Ah, Miu! Chika! Hallo!

Guten Morgen, Ana!

Ah, einen schönen guten Morgen ...

...?

Ach ja ...

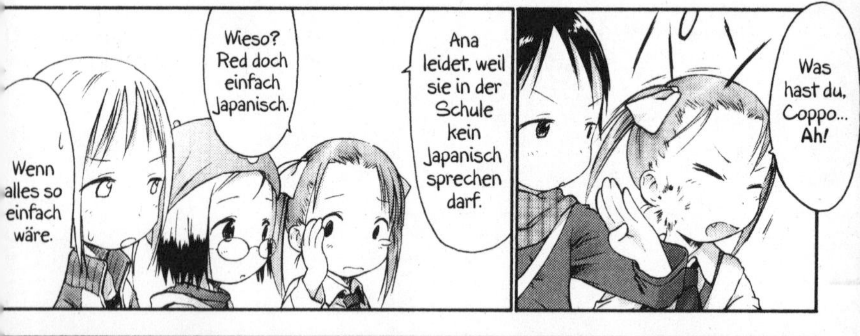

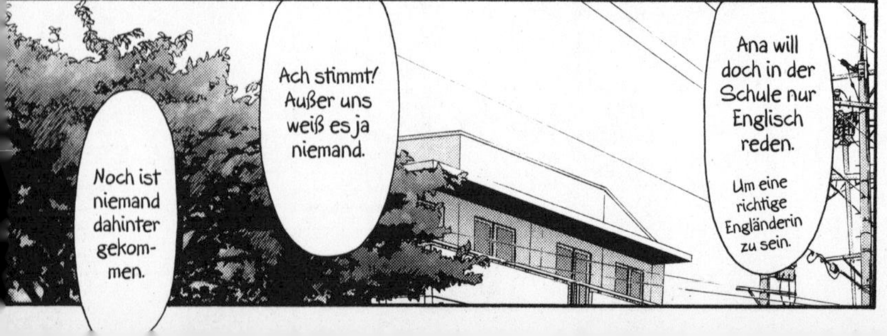

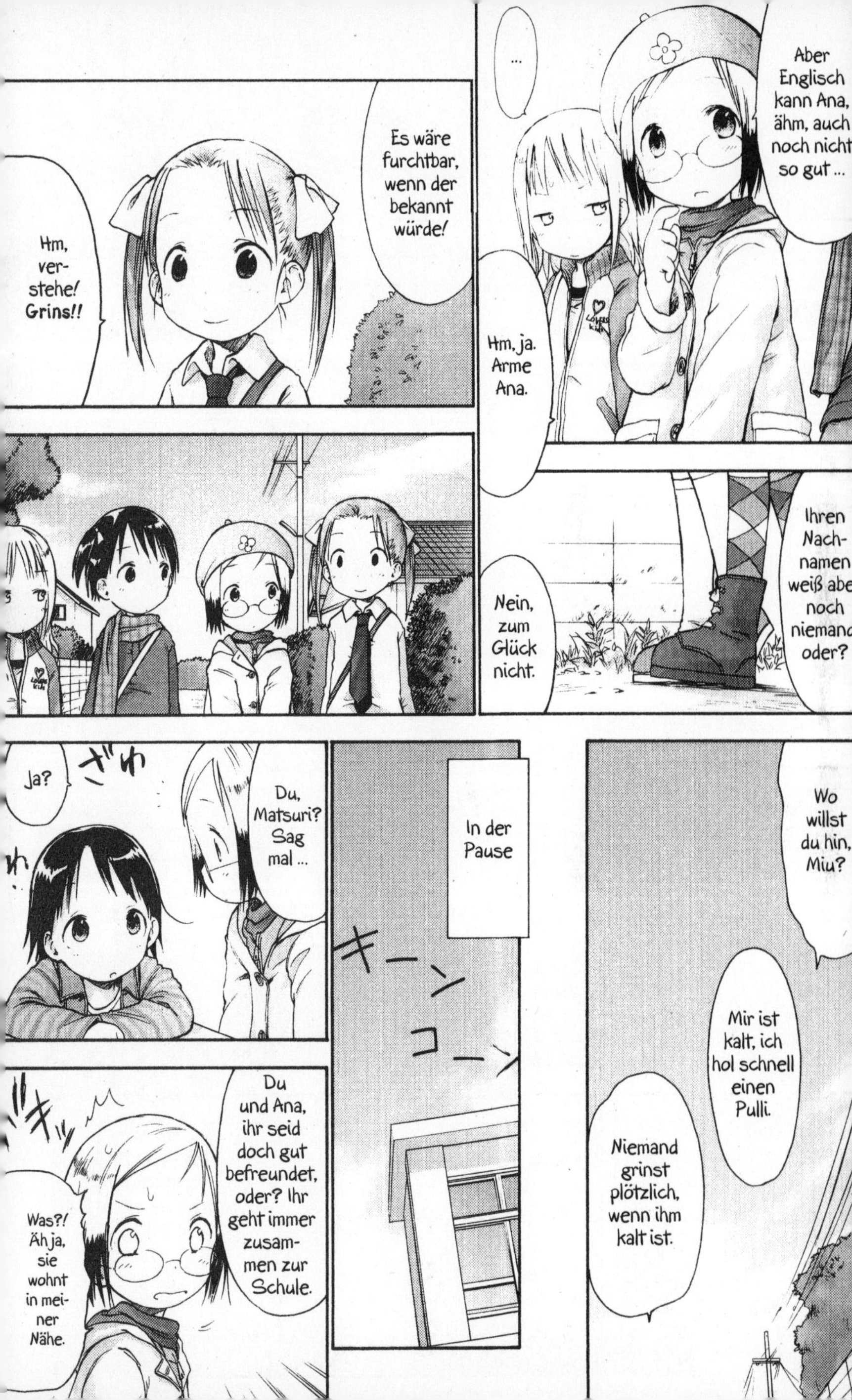
...
Aber Englisch kann Ana, ähm, auch noch nicht so gut ...
Hm, ja. Arme Ana.
Ihren Nachnamen weiß abe noch niemand oder?
Nein, zum Glück nicht.
Es wäre furchtbar, wenn der bekannt würde!
Hm, ver-stehe! Grins!!
Wo willst du hin, Miu?
Mir ist kalt, ich hol schnell einen Pulli.
Niemand grinst plötzlich, wenn ihm kalt ist.
In der Pause
キーンコーン
Du, Matsuri? Sag mal ...
Ja?
ざわ
Du und Ana, ihr seid doch gut befreundet, oder? Ihr geht immer zusam-men zur Schule.
ギクッ
Was?! Äh ja, sie wohnt in mei-ner Nähe.

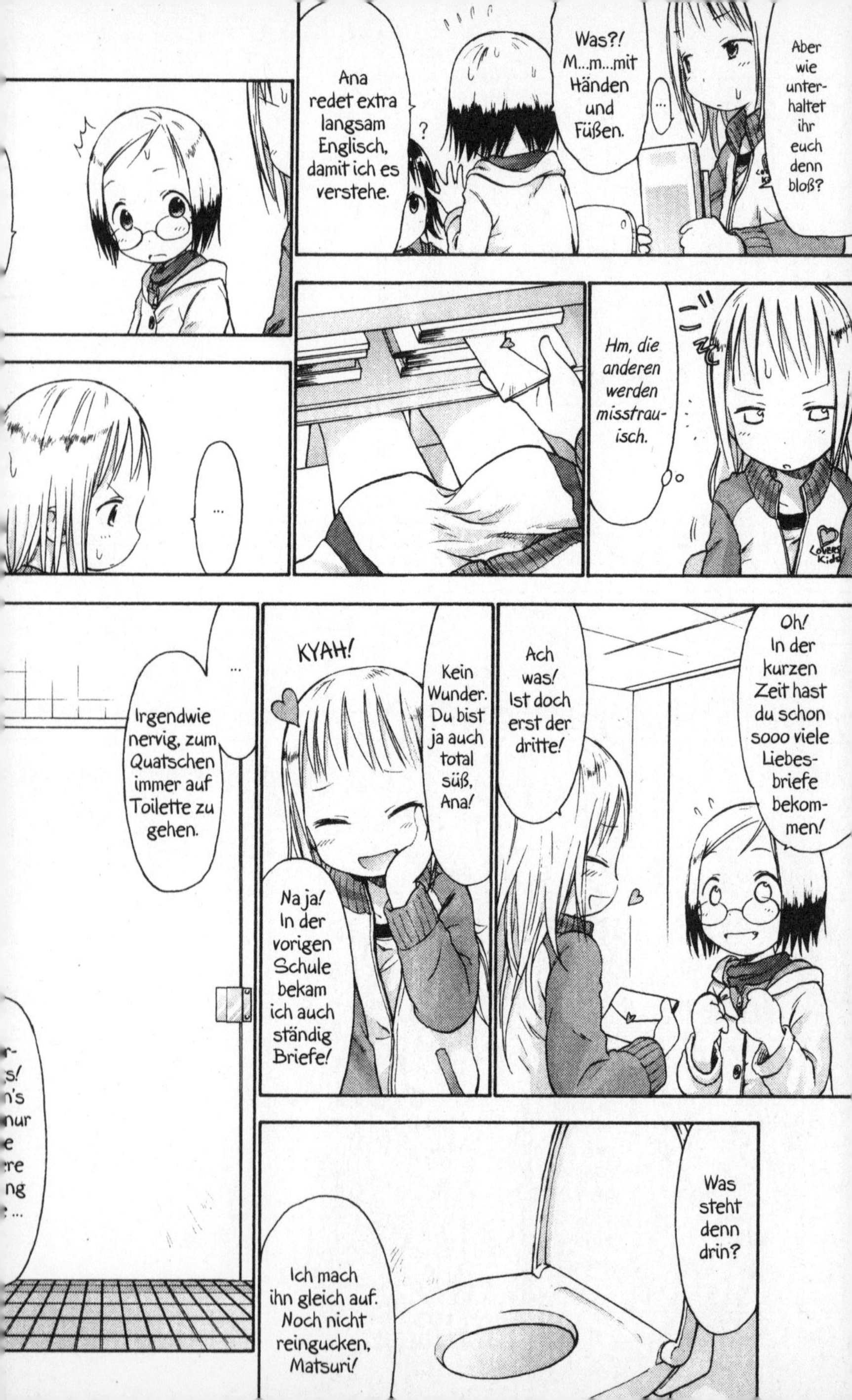
Aber wie unterhaltet ihr euch denn bloß?
Was?! M...m...mit Händen und Füßen.
...
Ana redet extra langsam Englisch, damit ich es verstehe.
?
Hm, die anderen werden misstrauisch.
...
Oh! In der kurzen Zeit hast du schon sooo viele Liebesbriefe bekommen!
Ach was! Ist doch erst der dritte!
KYAH!
Kein Wunder. Du bist ja auch total süß, Ana!
Na ja! In der vorigen Schule bekam ich auch ständig Briefe!
...
Irgendwie nervig, zum Quatschen immer auf Toilette zu gehen.
Was steht denn drin?
Ich mach ihn gleich auf. Noch nicht reingucken, Matsuri!

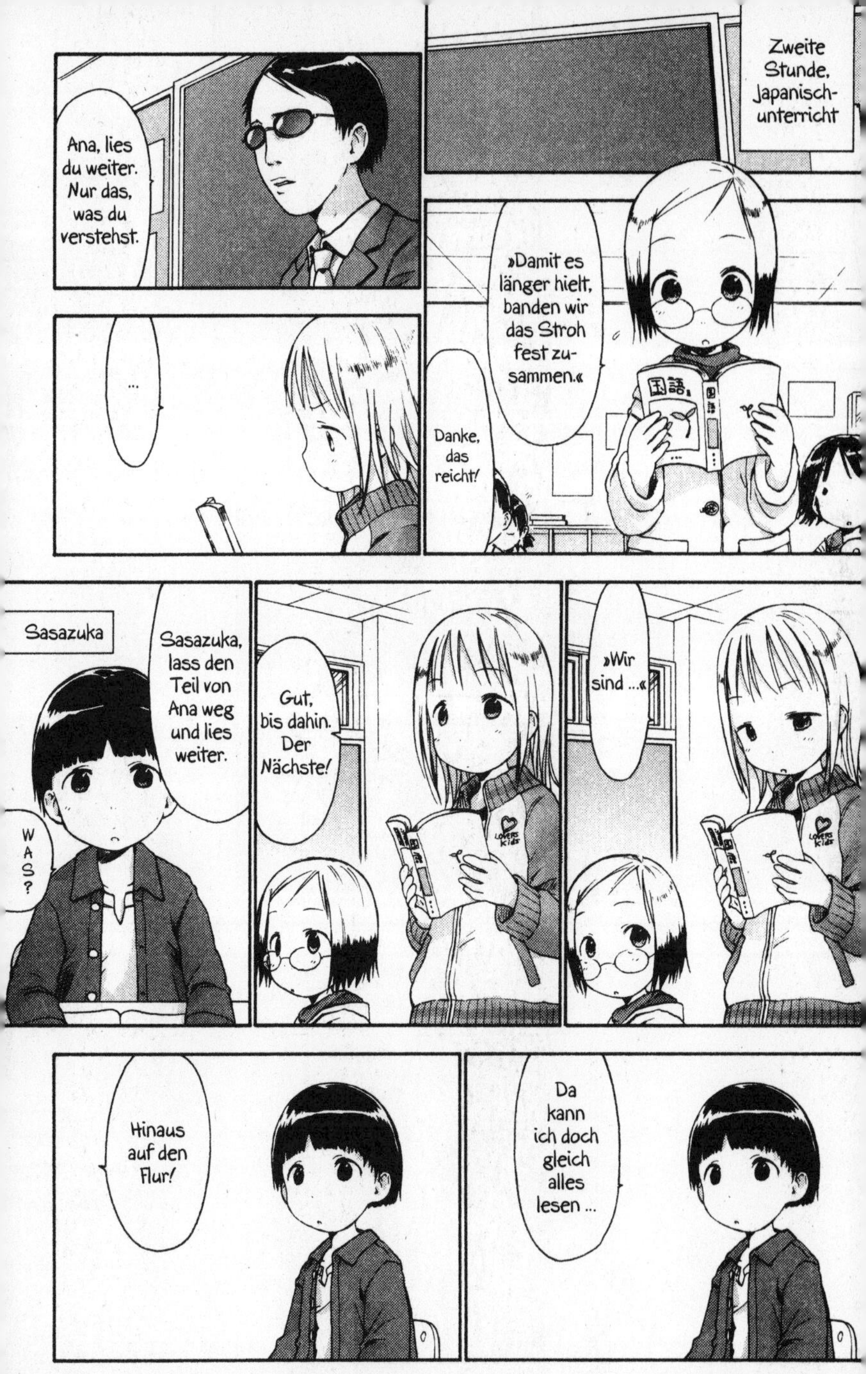

Zweite Stunde, Japanisch-unterricht

Ana, lies du weiter. Nur das, was du verstehst.

»Damit es länger hielt, banden wir das Stroh fest zu-sammen.«

Danke, das reicht!

…

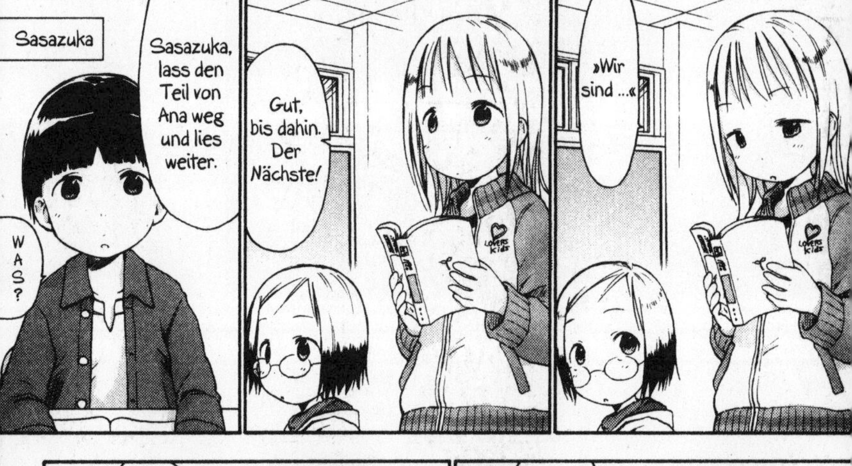

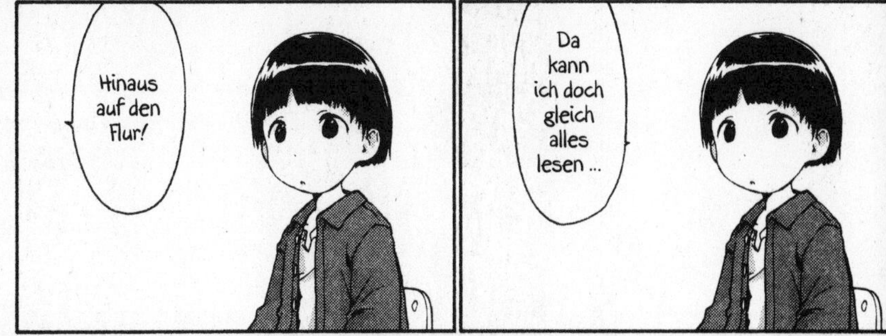

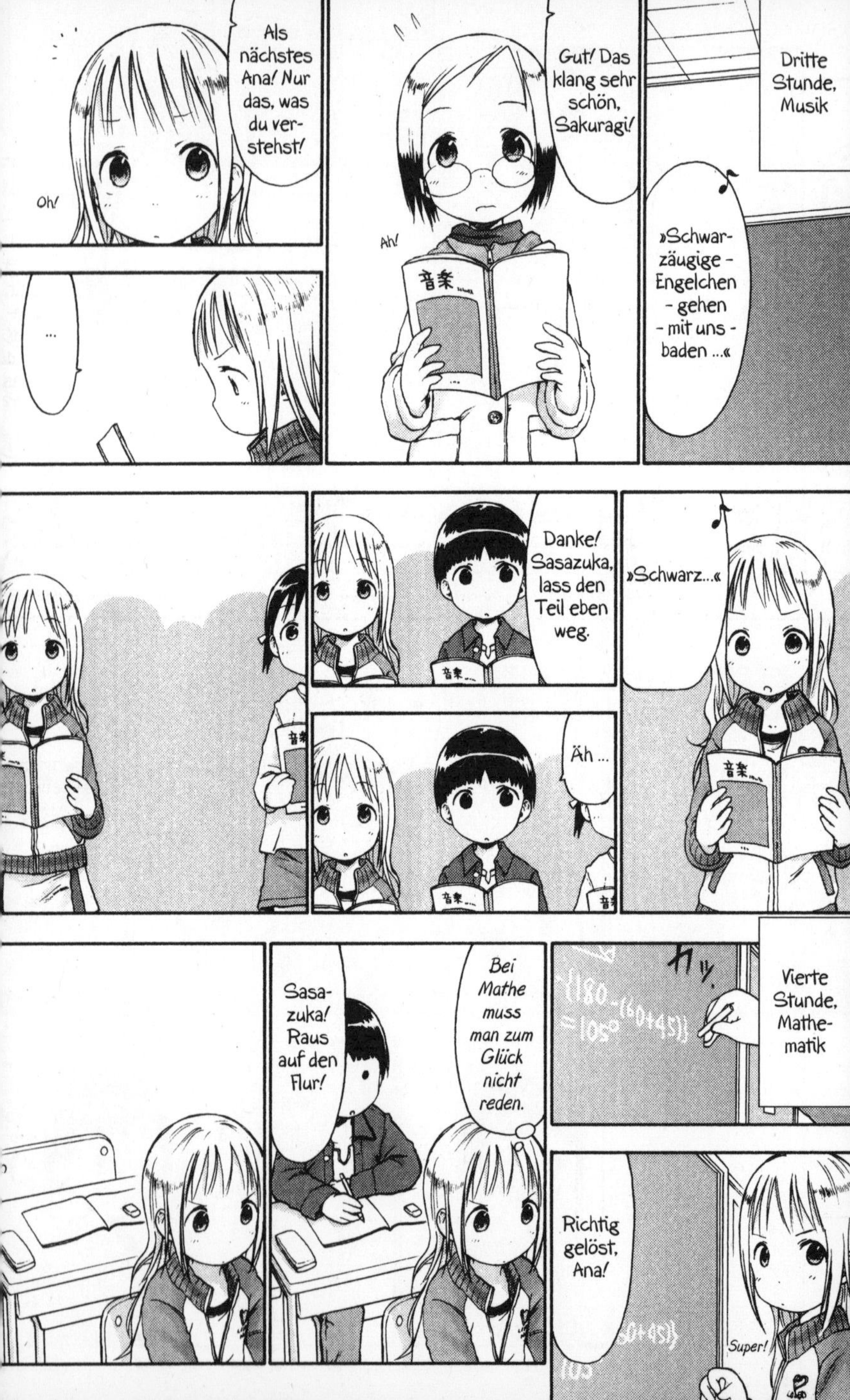
Dritte Stunde, Musik
»Schwarzäugige - Engelchen - gehen - mit uns - baden ...«
Gut! Das klang sehr schön, Sakuragi!
Ah!
Als nächstes Ana! Nur das, was du verstehst!
Oh!
...
»Schwarz...«
Danke! Sasazuka, lass den Teil eben weg.
Äh ...
Vierte Stunde, Mathematik
{180-(60+45)} =105°
Richtig gelöst, Ana!
Super!
Bei Mathe muss man zum Glück nicht reden.
Sasazuka! Raus auf den Flur!

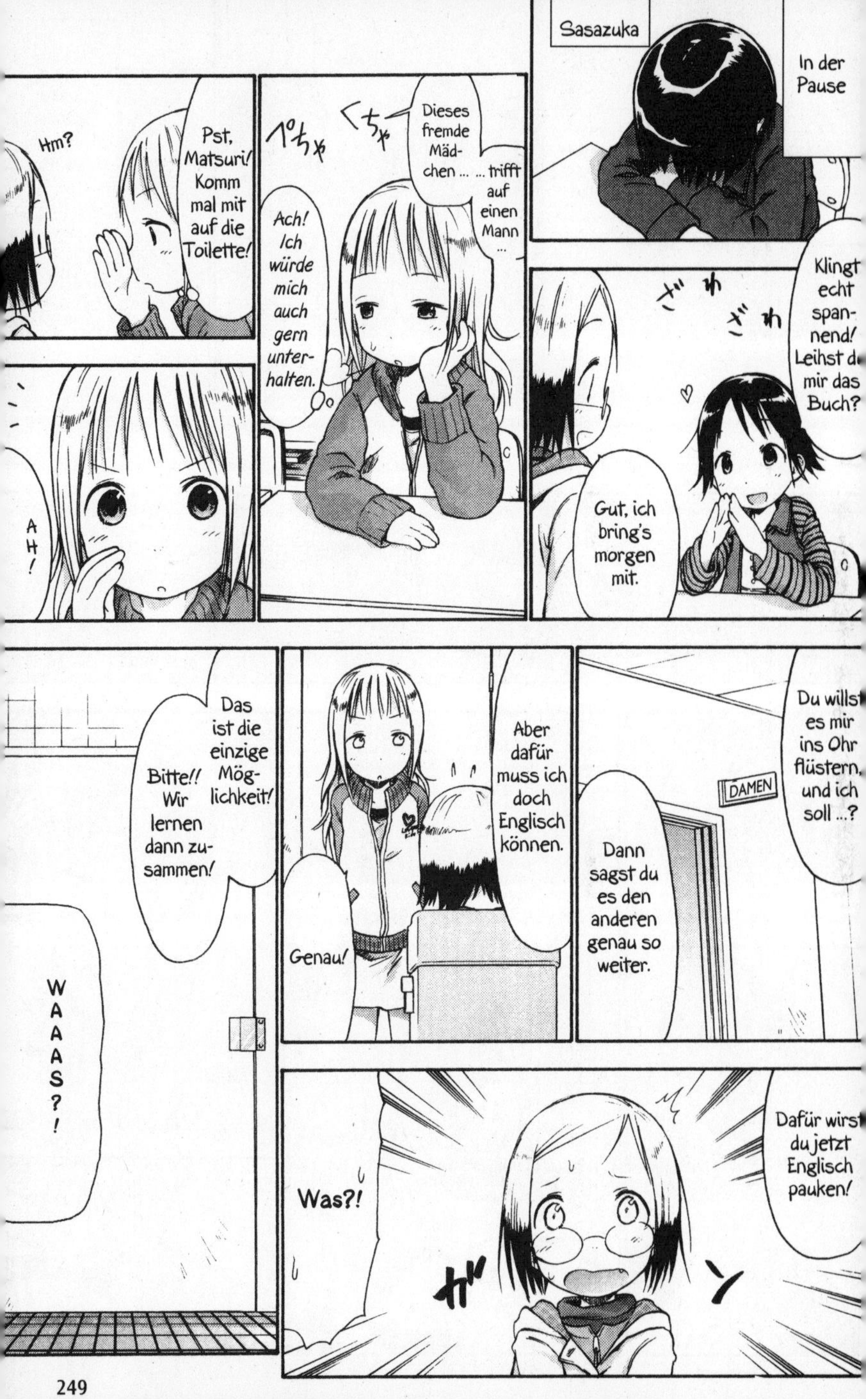
Sasazuka
In der Pause
ざわ ざわ
Klingt echt spannend! Leihst d mir das Buch?
Gut, ich bring's morgen mit.
Dieses fremde Mädchen ...
... trifft auf einen Mann ...
Ach! Ich würde mich auch gern unterhalten.
Pst, Matsuri! Komm mal mit auf die Toilette!
Hm?
AH!
Du wills es mir ins Ohr flüstern, und ich soll ...?
DAMEN
Dann sagst du es den anderen genau so weiter.
Aber dafür muss ich doch Englisch können.
Genau!
Das ist die einzige Möglichkeit!
Bitte!! Wir lernen dann zusammen!
WAAAAS?!
Dafür wirs du jetzt Englisch pauken!
Was?!

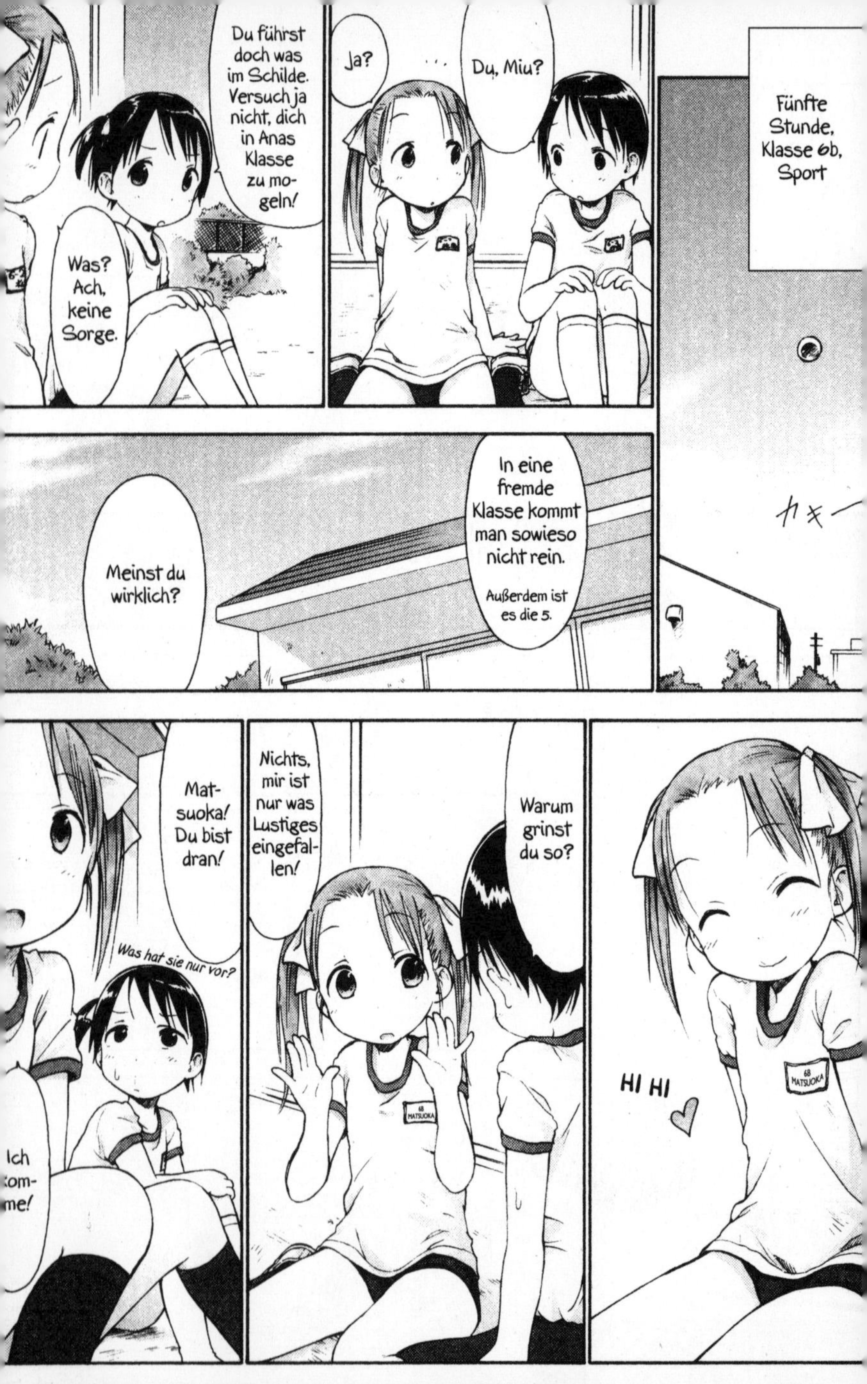

Fünfte Stunde, Klasse 6b, Sport

Du, Miu?

...

Ja?

Du führst doch was im Schilde. Versuch ja nicht, dich in Anas Klasse zu mogeln!

Was? Ach, keine Sorge.

カキー

In eine fremde Klasse kommt man sowieso nicht rein.

Außerdem ist es die 5.

Meinst du wirklich?

HI HI ♥

6B MATSUOKA

Warum grinst du so?

Nichts, mir ist nur was Lustiges eingefallen!

6B MATSUOKA

Mat-suoka! Du bist dran!

Was hat sie nur vor?

Ich kom-me!

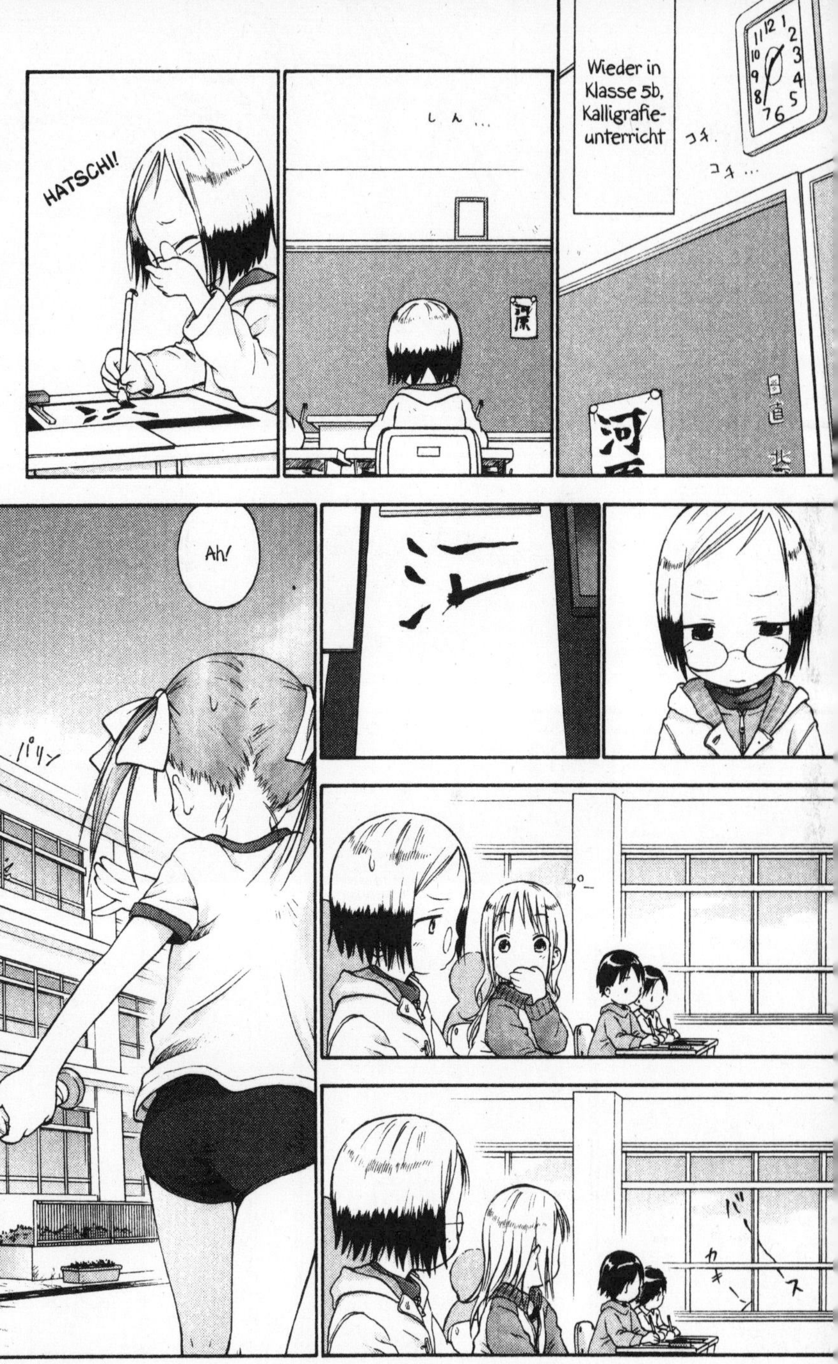
Wieder in Klasse 5b, Kalligrafie-unterricht
しん…
HATSCHI!
Ah!
パリン

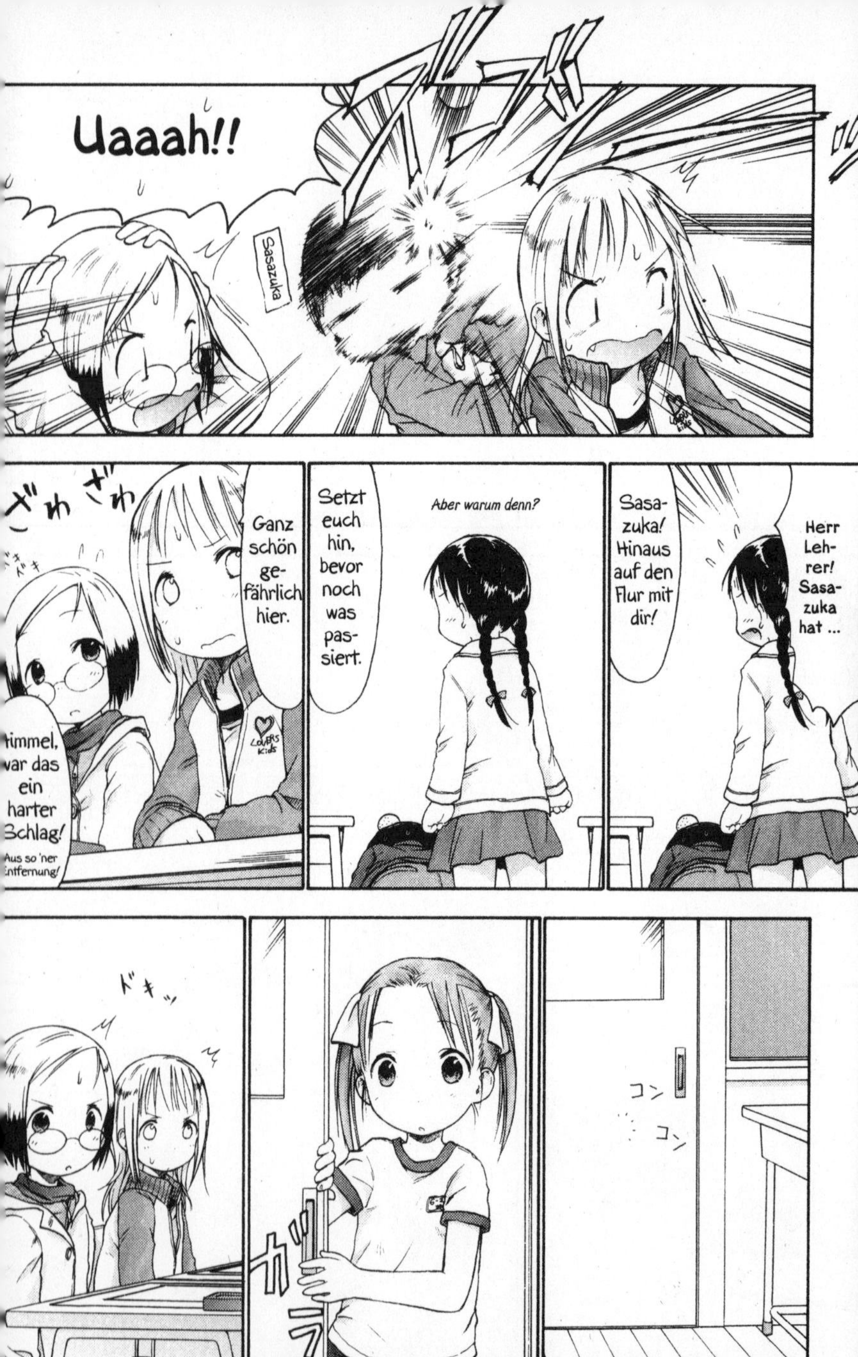
Uaaah!!
Sasazuka
Herr Lehrer! Sasazuka hat ...
Sasazuka! Hinaus auf den Flur mit dir!
Aber warum denn?
Setzt euch hin, bevor noch was passiert.
ざわざわ
Ganz schön gefährlich hier.
immel, war das ein harter Schlag!
Aus so 'ner Entfernung!
ドキッ
コン
コン

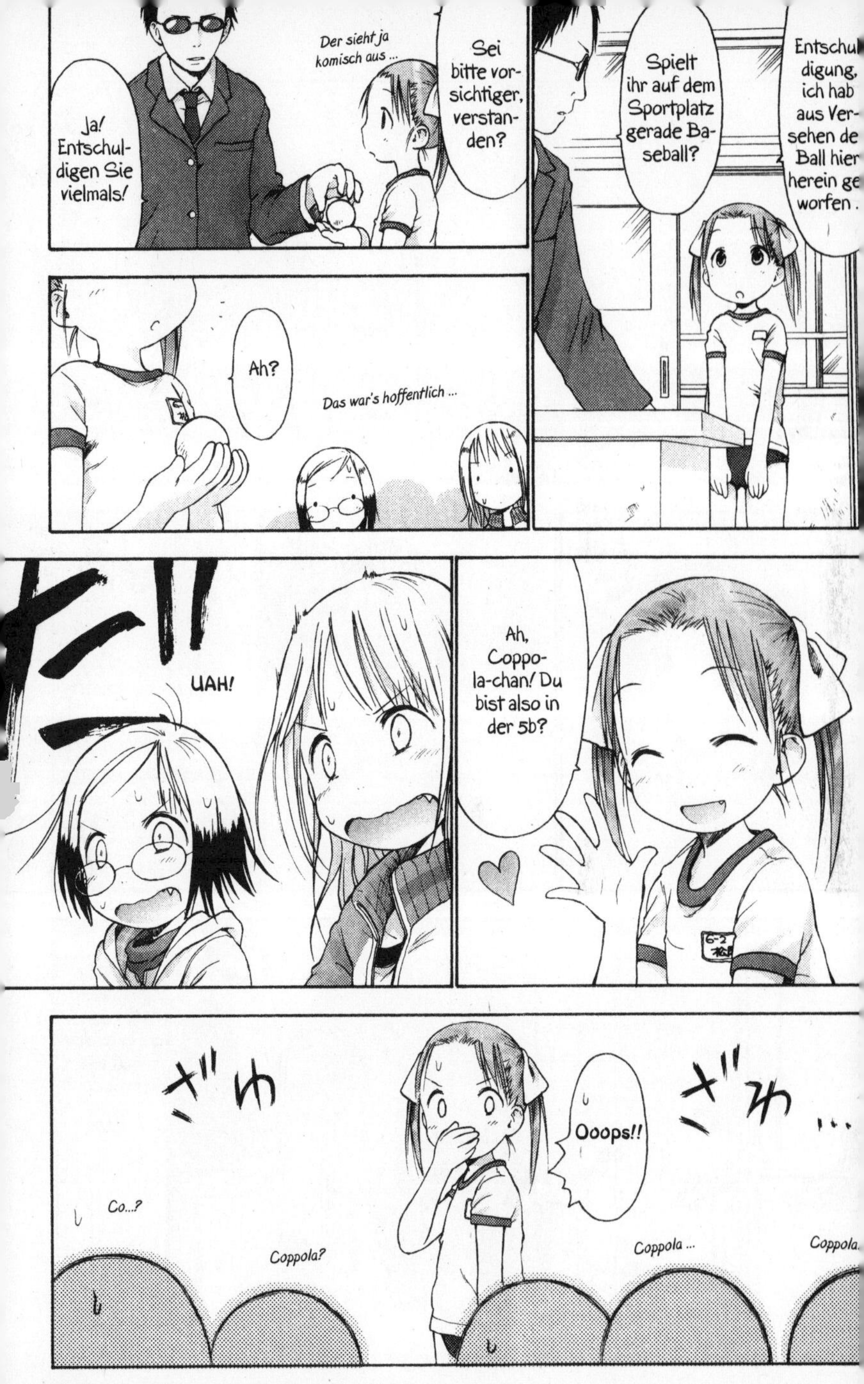

Entschul digung, ich hab aus Versehen de Ball hier herein ge worfen .
Spielt ihr auf dem Sportplatz gerade Baseball?
Sei bitte vorsichtiger, verstanden?
Der sieht ja komisch aus ...
Ja! Entschuldigen Sie vielmals!
Ah?
Das war's hoffentlich ...

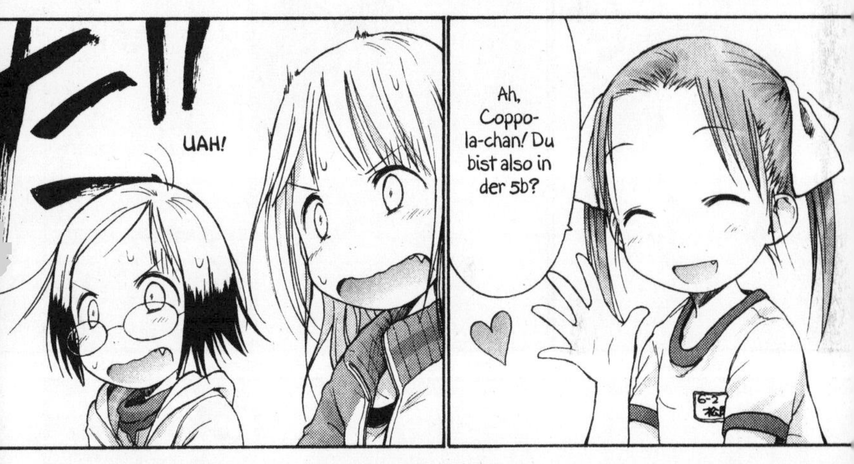

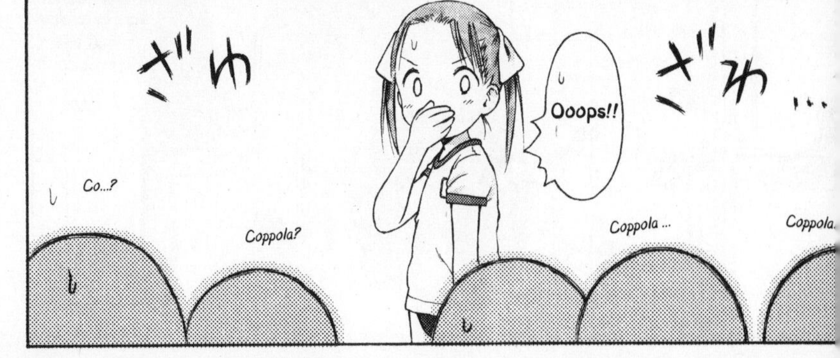

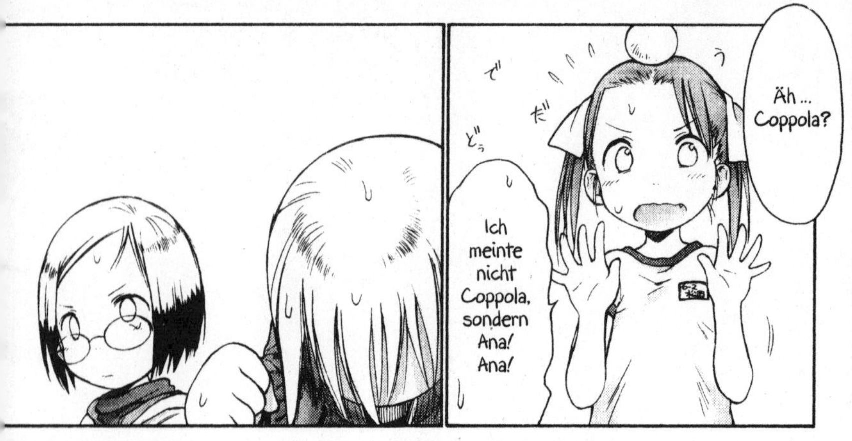
Äh ...
Coppola?
Ich meinte nicht Coppola, sondern Ana! Ana!

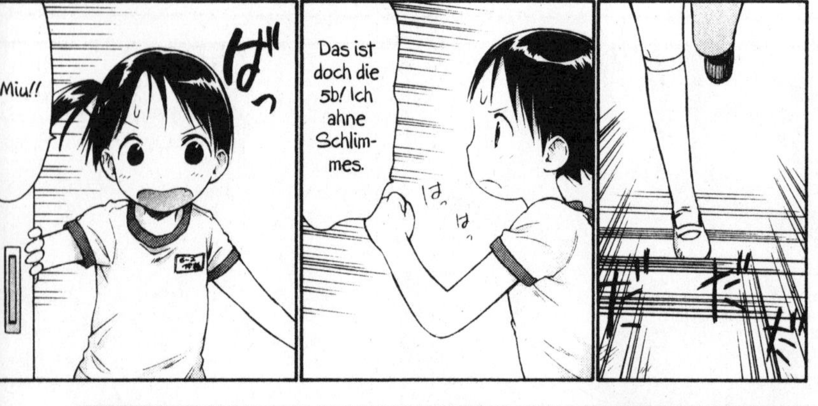
Das ist doch die 5b! Ich ahne Schlim-mes.
Miu!!
ばっ

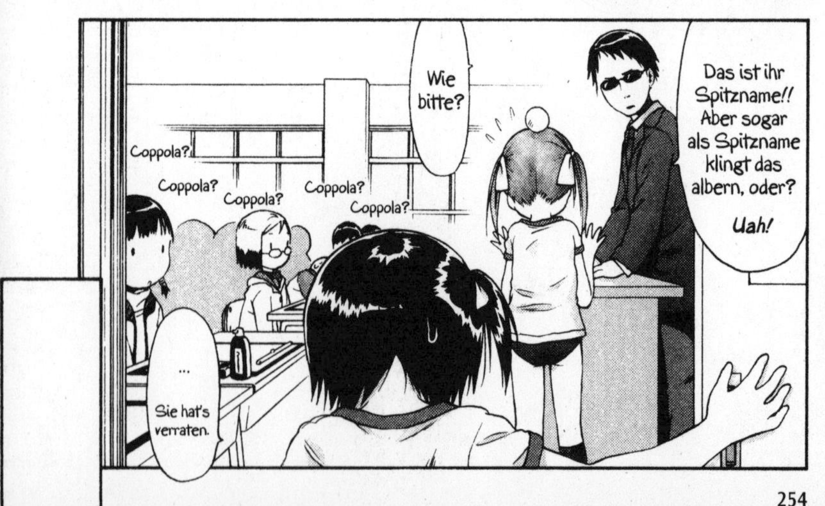
Das ist ihr Spitzname!! Aber sogar als Spitzname klingt das albern, oder?
Uah!
Wie bitte?
Coppola?
Coppola?
Coppola?
Coppola?
Coppola?
...
Sie hat's verraten.

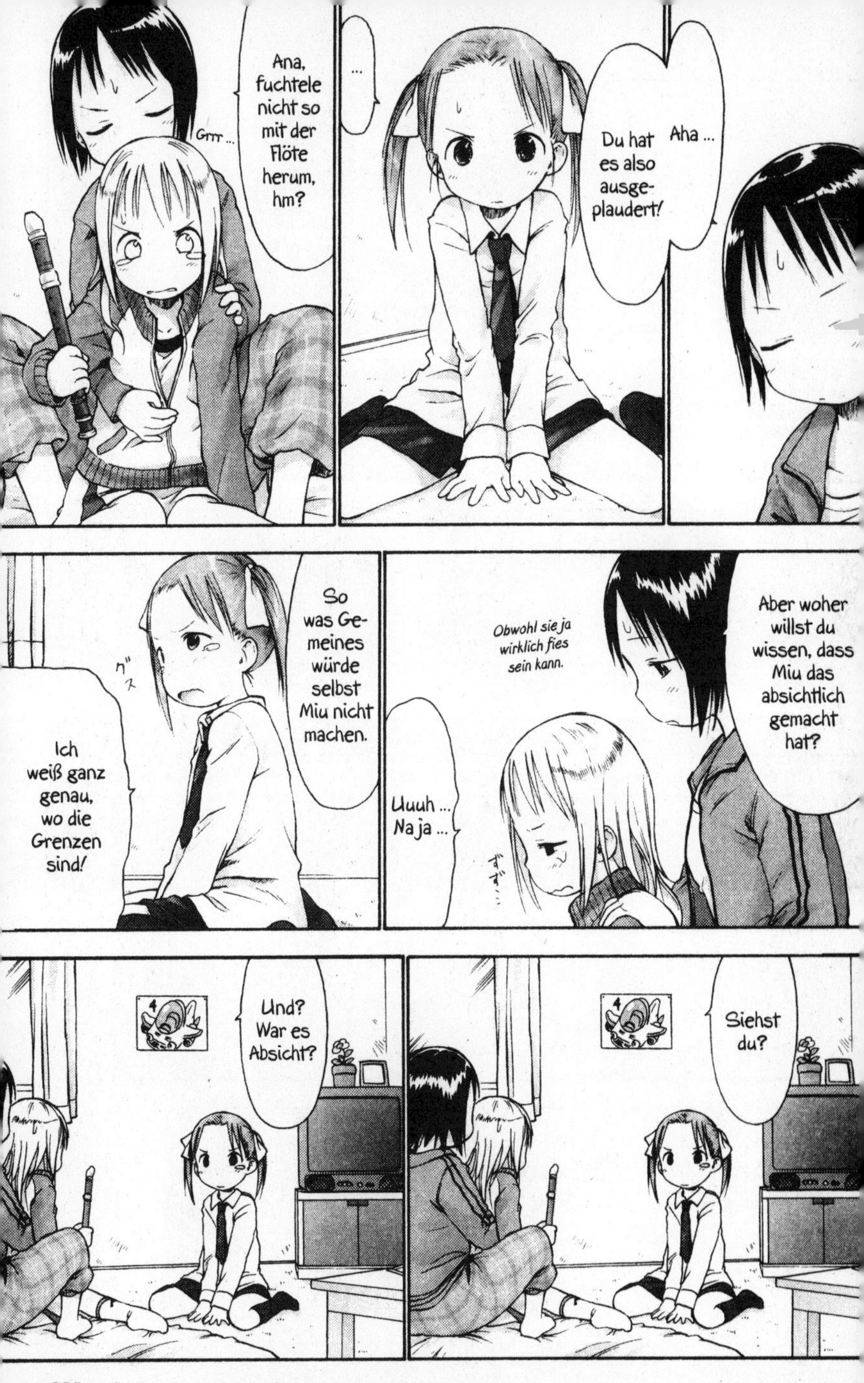

Aha ...
Du hat es also ausgeplaudert!
...
Ana, fuchtele nicht so mit der Flöte herum, hm?
Grrr ...

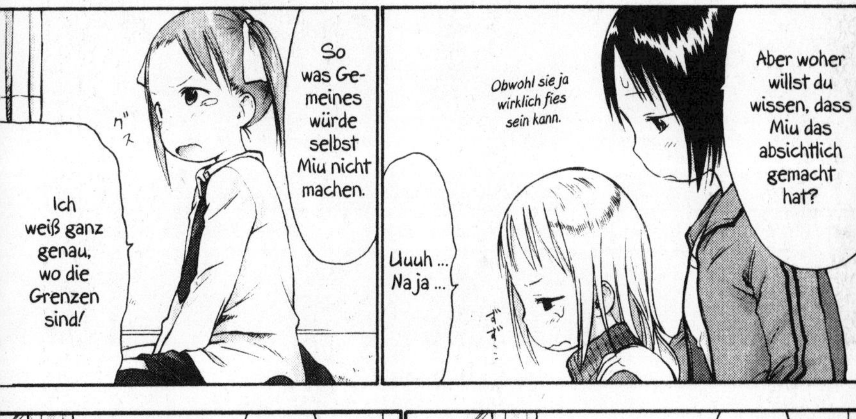

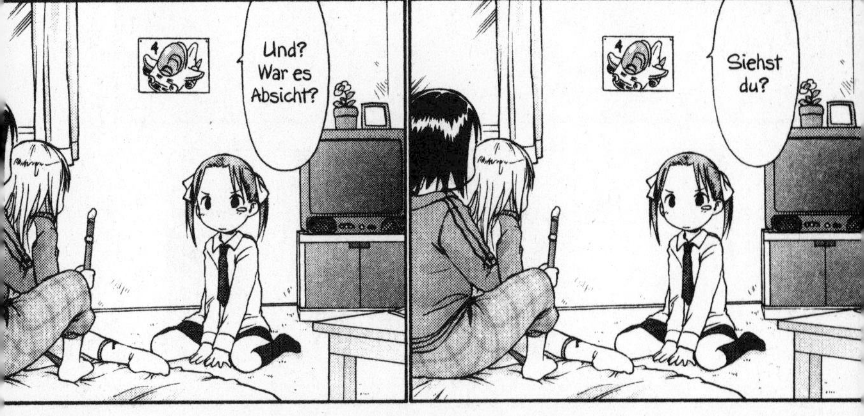

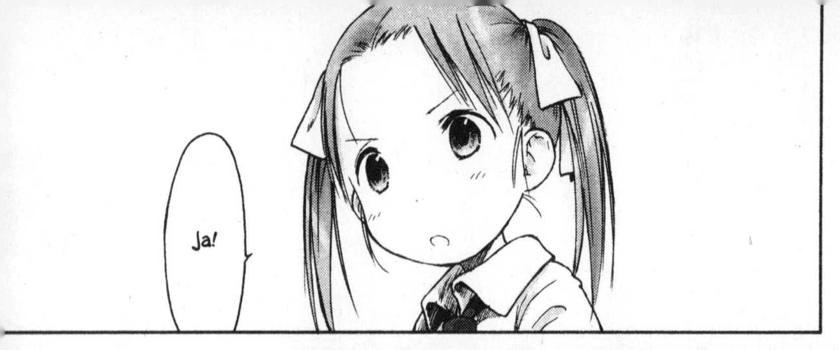
Ja!

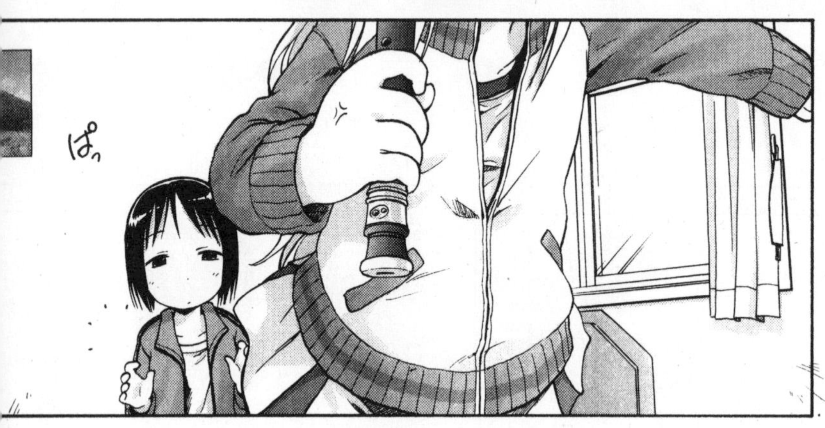
ぱっ

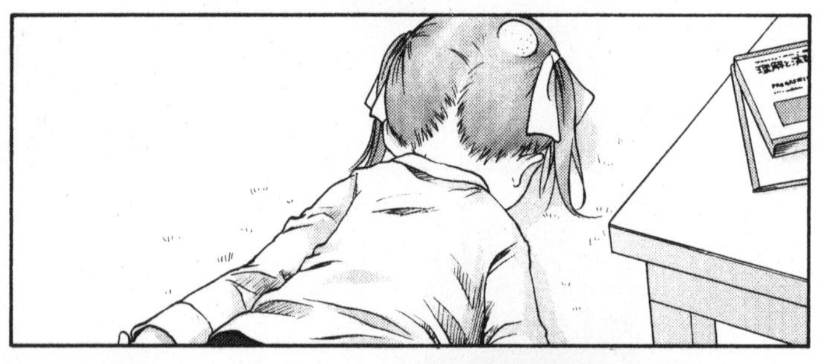

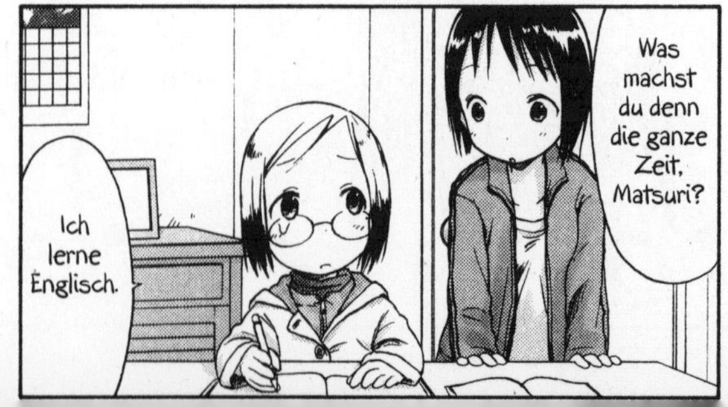
Was machst du denn die ganze Zeit, Matsuri?
Ich lerne Englisch.

HALLO JOB

matsuri

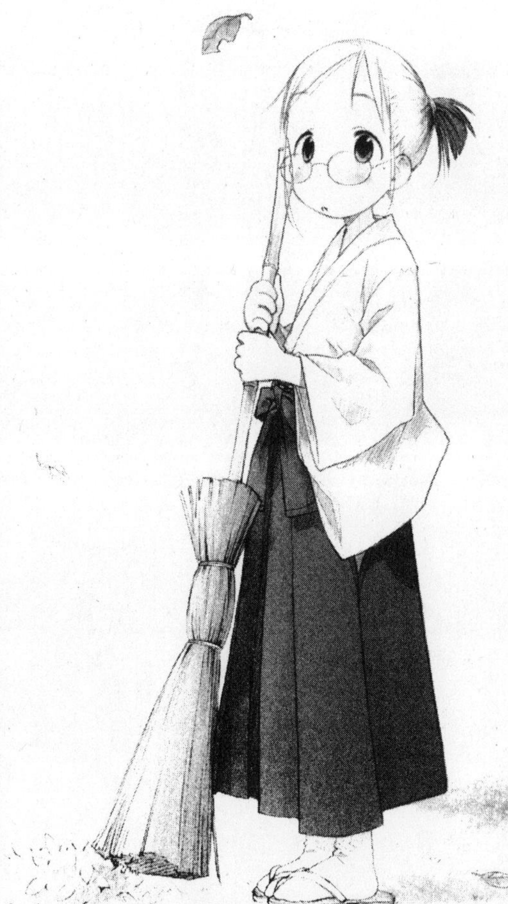

Tempelmädchen

HALLO JOB

miu

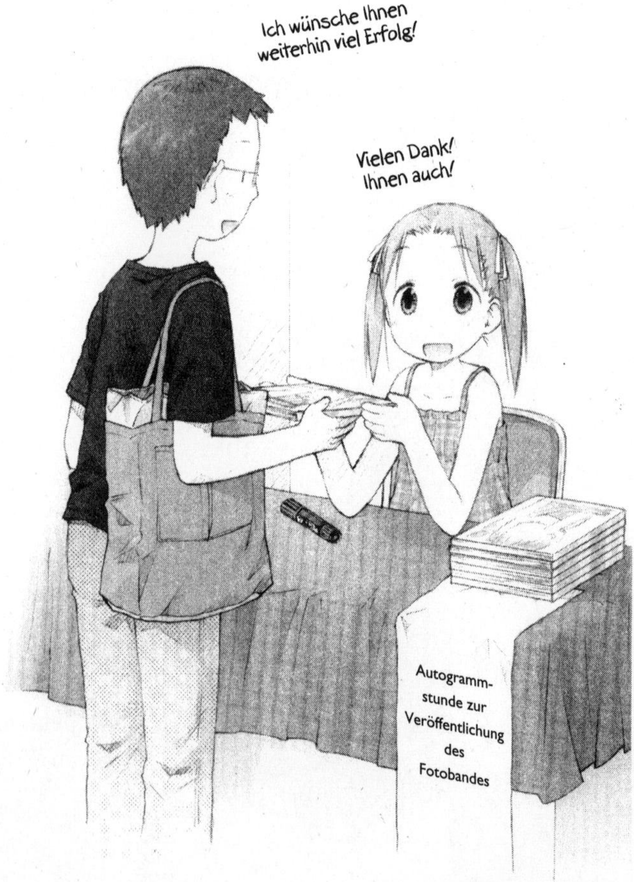

Medienstar

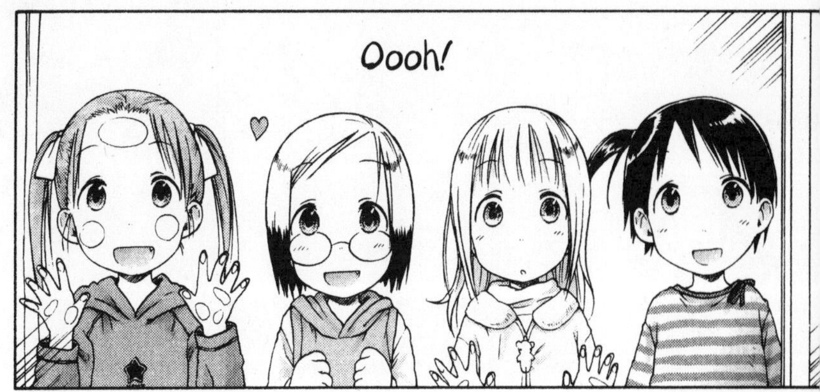
Oooh!

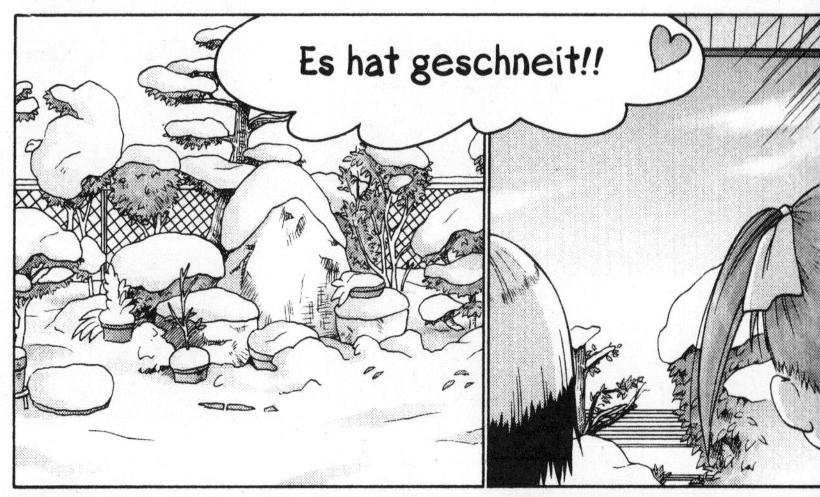
Es hat geschneit!!

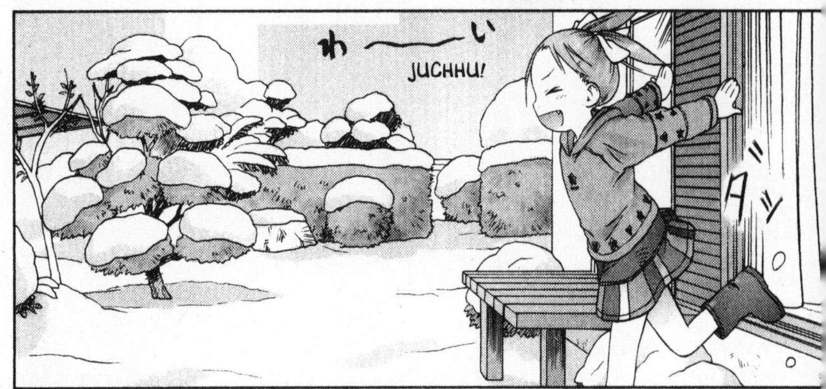
わ――い
JUCHHU!
ダッ

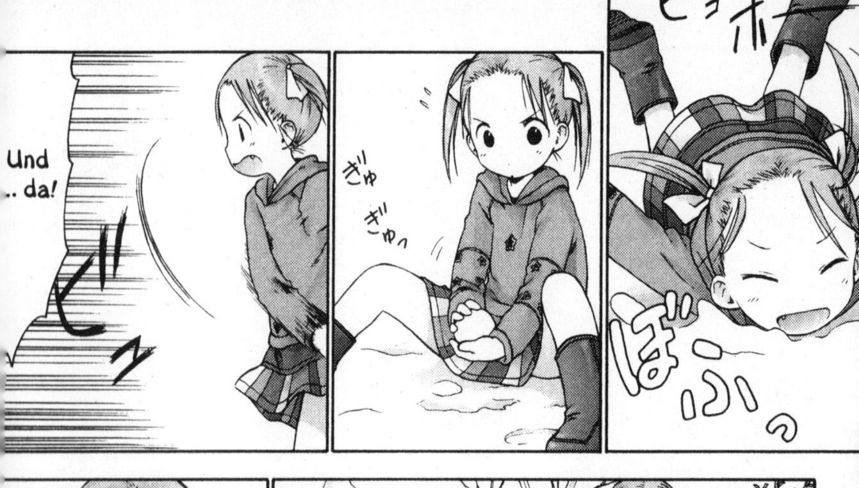
ヒョホー
ぼふっ
ぎゅ
ぎゅっ
Und .. da!

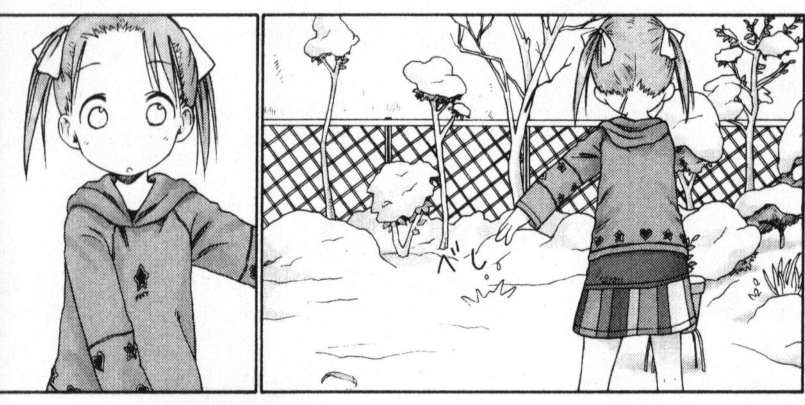
べしっ

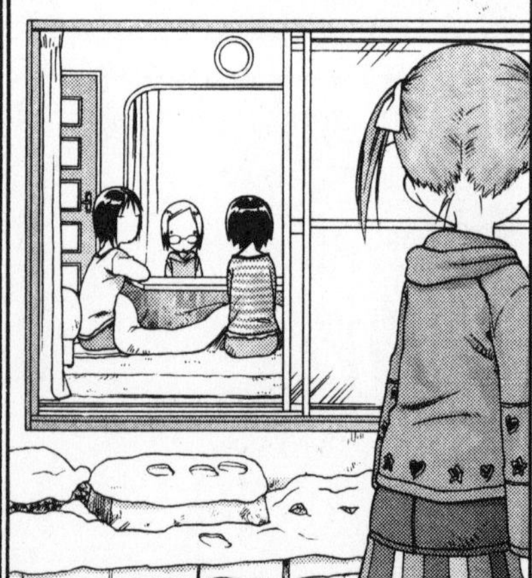

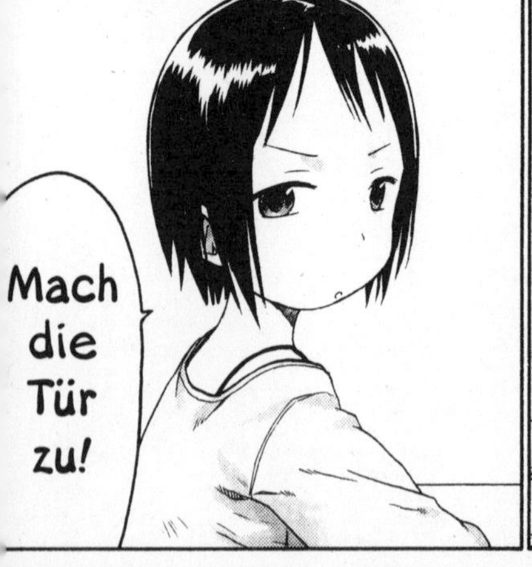
Mach die Tür zu!

KAPITEL 16
Weihnachten

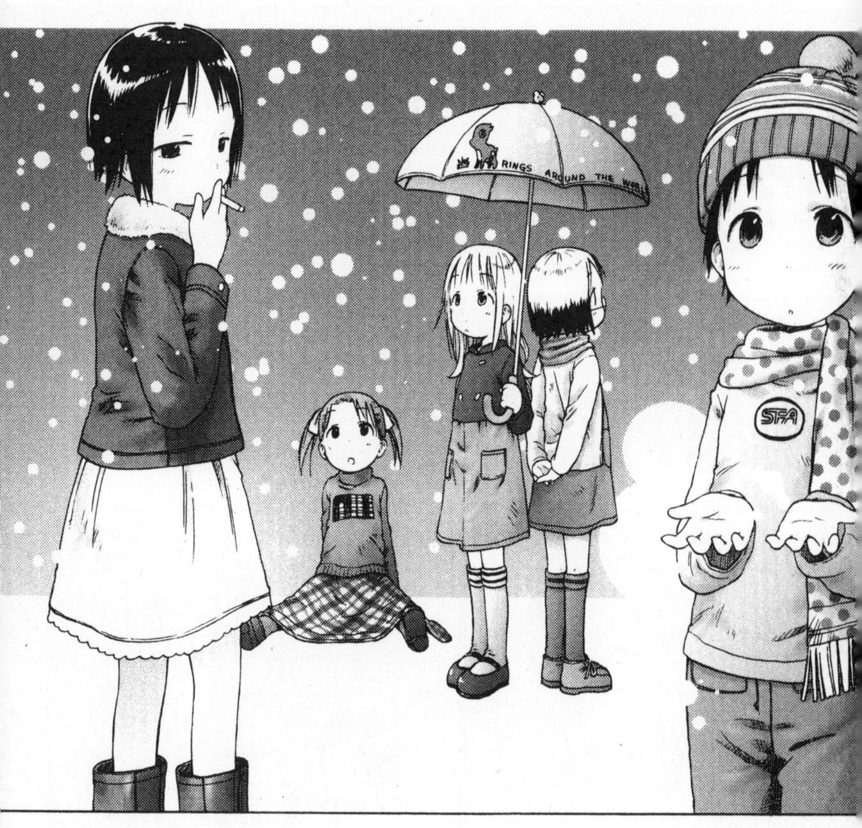

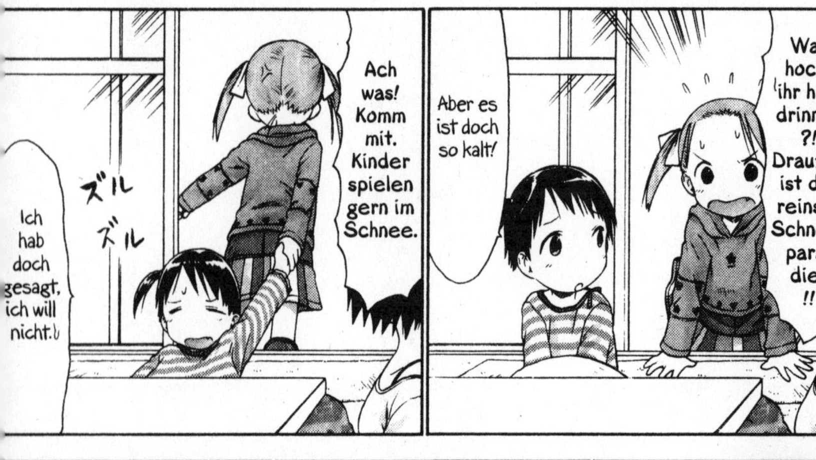
Was hockt ihr hier drinnen?! Draußen ist das reinste Schnee-paradies!!
Aber es ist doch so kalt!
Ach was! Komm mit. Kinder spielen gern im Schnee.
ズル ズル
Ich hab doch gesagt, ich will nicht.

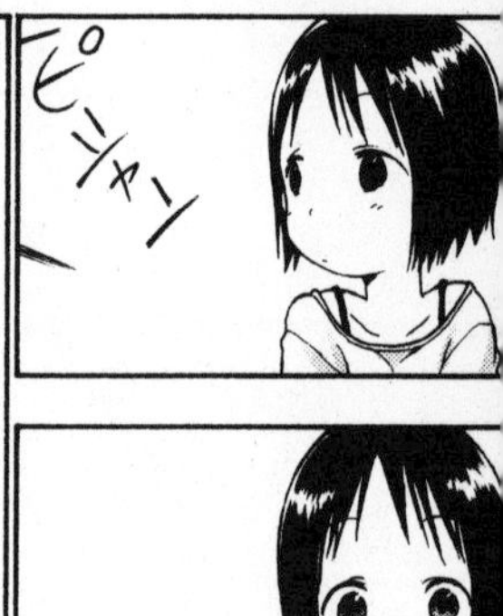
ピシャーン

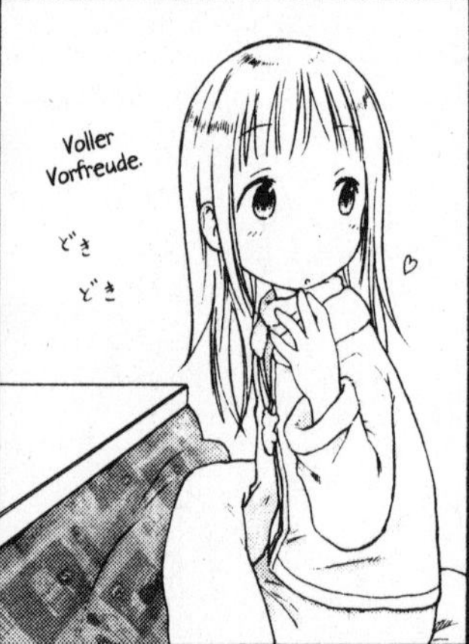
Voller Vorfreude.
どき どき

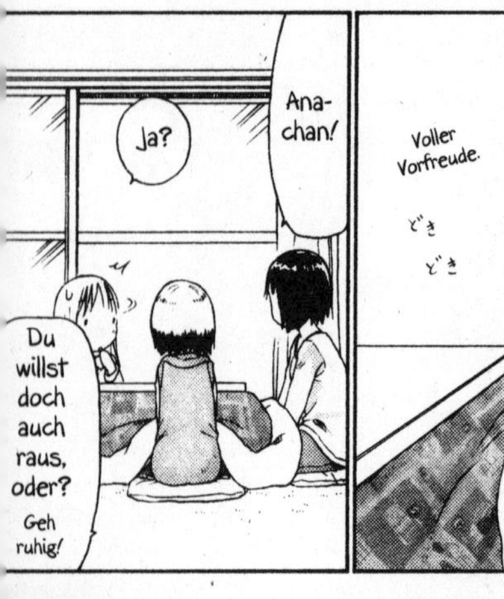
Ana-chan!
Ja?
Du willst doch auch raus, oder?
Geh ruhig!

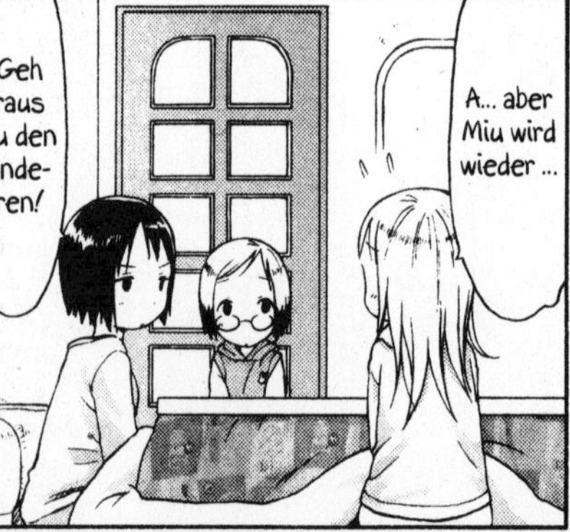
A... aber Miu wird wieder ...
Geh raus zu den ande-ren!

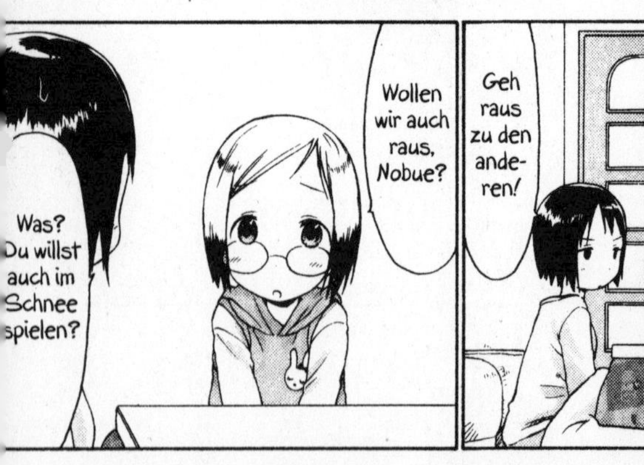
Wollen wir auch raus, Nobue?
Was? Du willst auch im Schnee spielen?

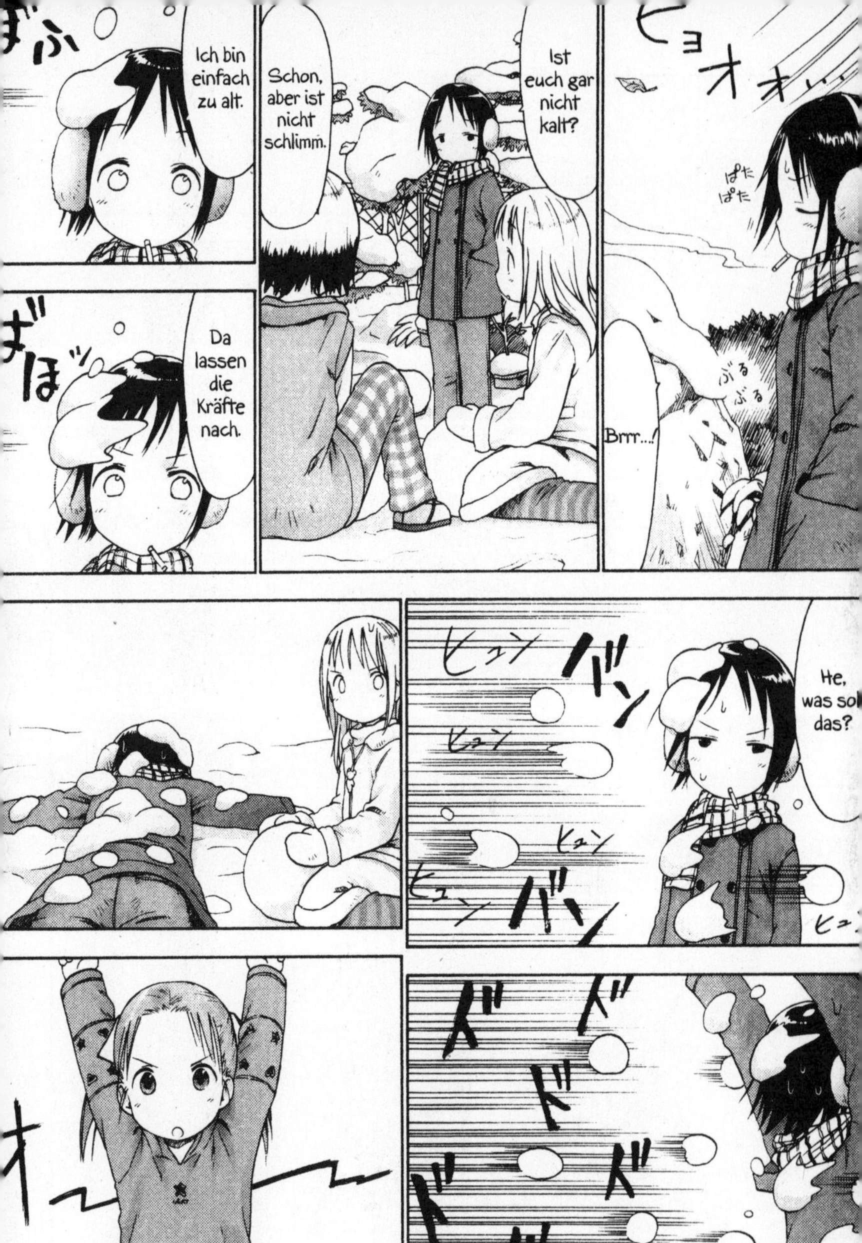
ヒョオオォ…
ぱたぱた
ぶるぶる
Brrr...!
Ist euch gar nicht kalt?
Schon, aber ist nicht schlimm.
Ich bin einfach zu alt.
ずふ
Da lassen die Kräfte nach.
ずぼッ
He, was sol das?
ヒュン
バン
バン
オー
ドドド

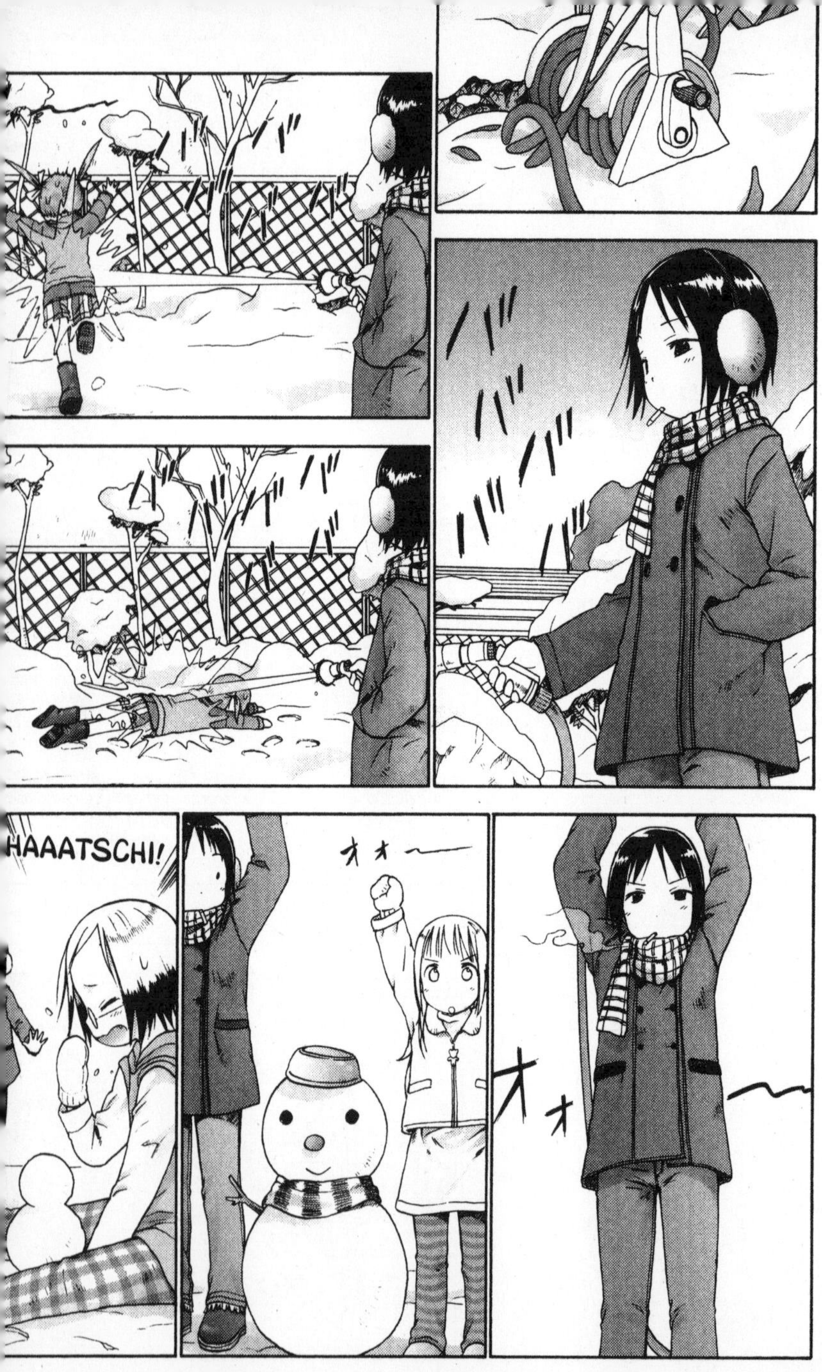

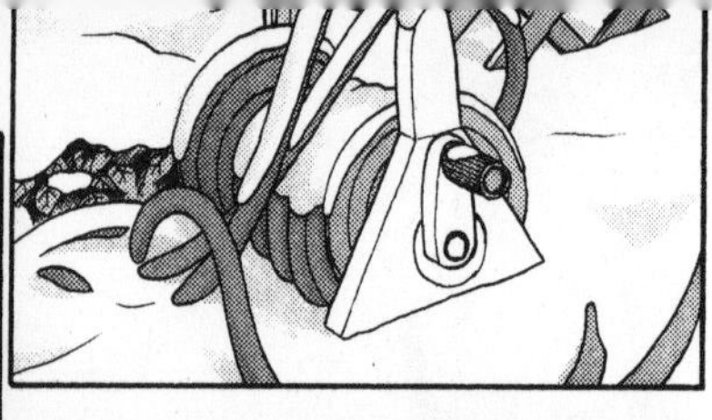

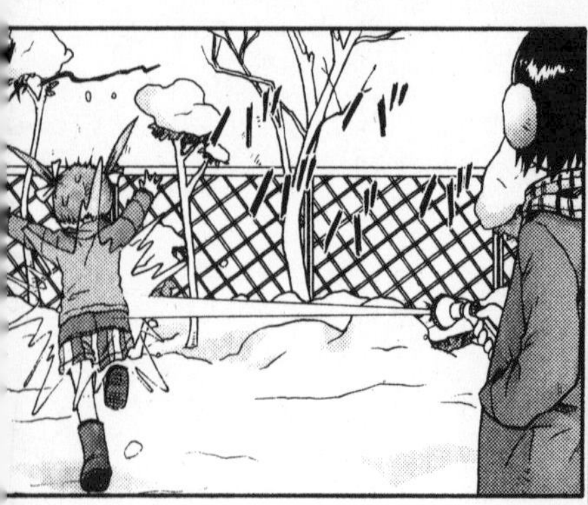

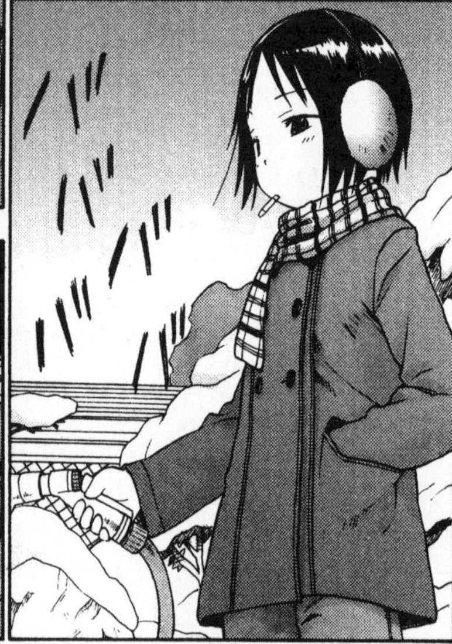

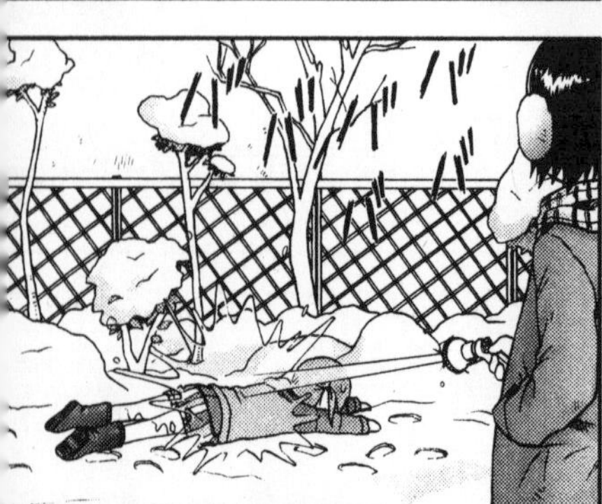

オオー

オオー

HAAATSCHI!

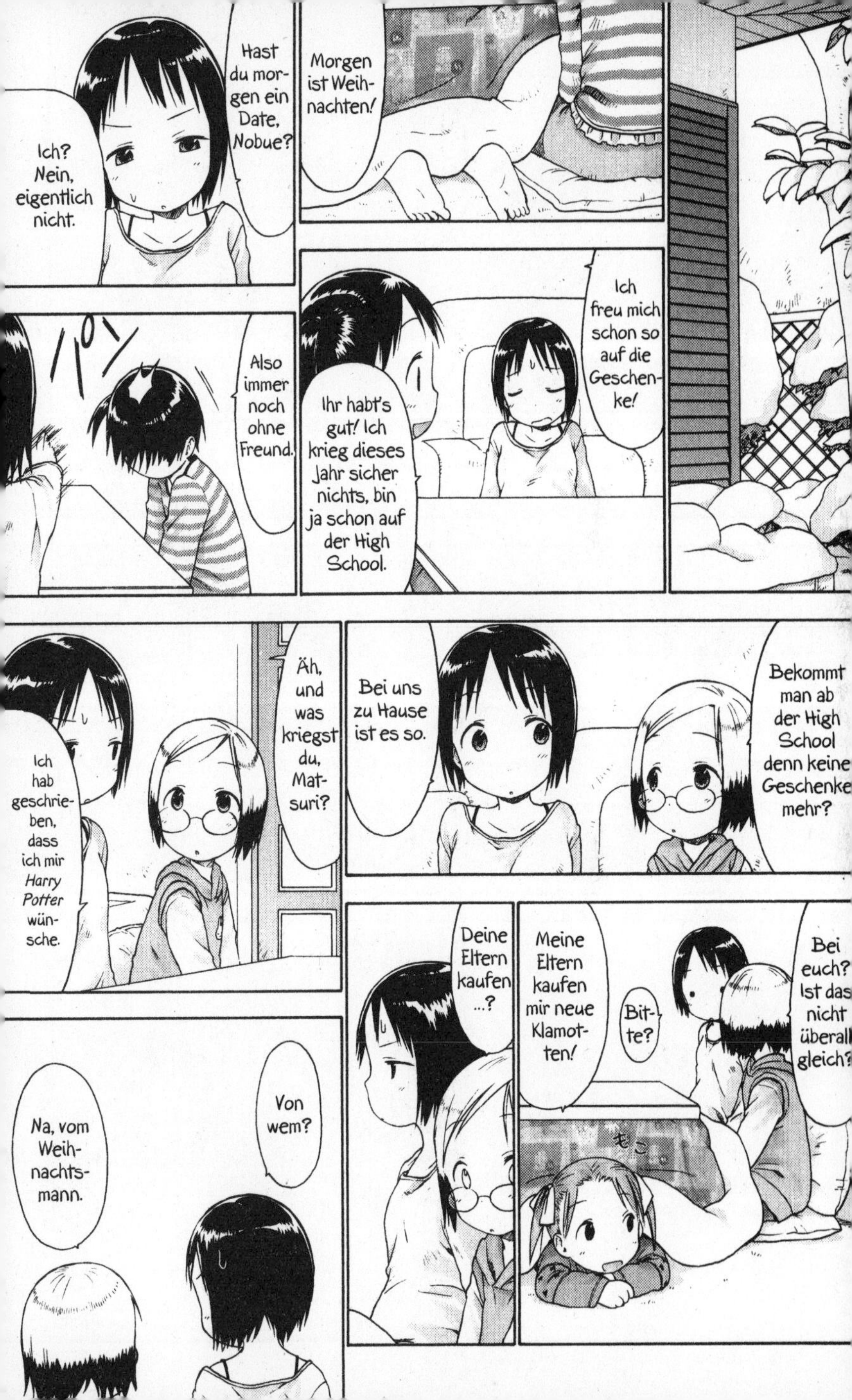
Morgen ist Weihnachten!
Hast du morgen ein Date, Nobue?
Ich? Nein, eigentlich nicht.
Ich freu mich schon so auf die Geschenke!
Ihr habt's gut! Ich krieg dieses Jahr sicher nichts, bin ja schon auf der High School.
Also immer noch ohne Freund.
Bekommt man ab der High School denn keine Geschenke mehr?
Bei uns zu Hause ist es so.
Äh, und was kriegst du, Matsuri?
Ich hab geschrieben, dass ich mir *Harry Potter* wünsche.
Bei euch? Ist das nicht überall gleich?
Bitte?
Meine Eltern kaufen mir neue Klamotten!
Deine Eltern kaufen ...?
Von wem?
Na, vom Weihnachtsmann.

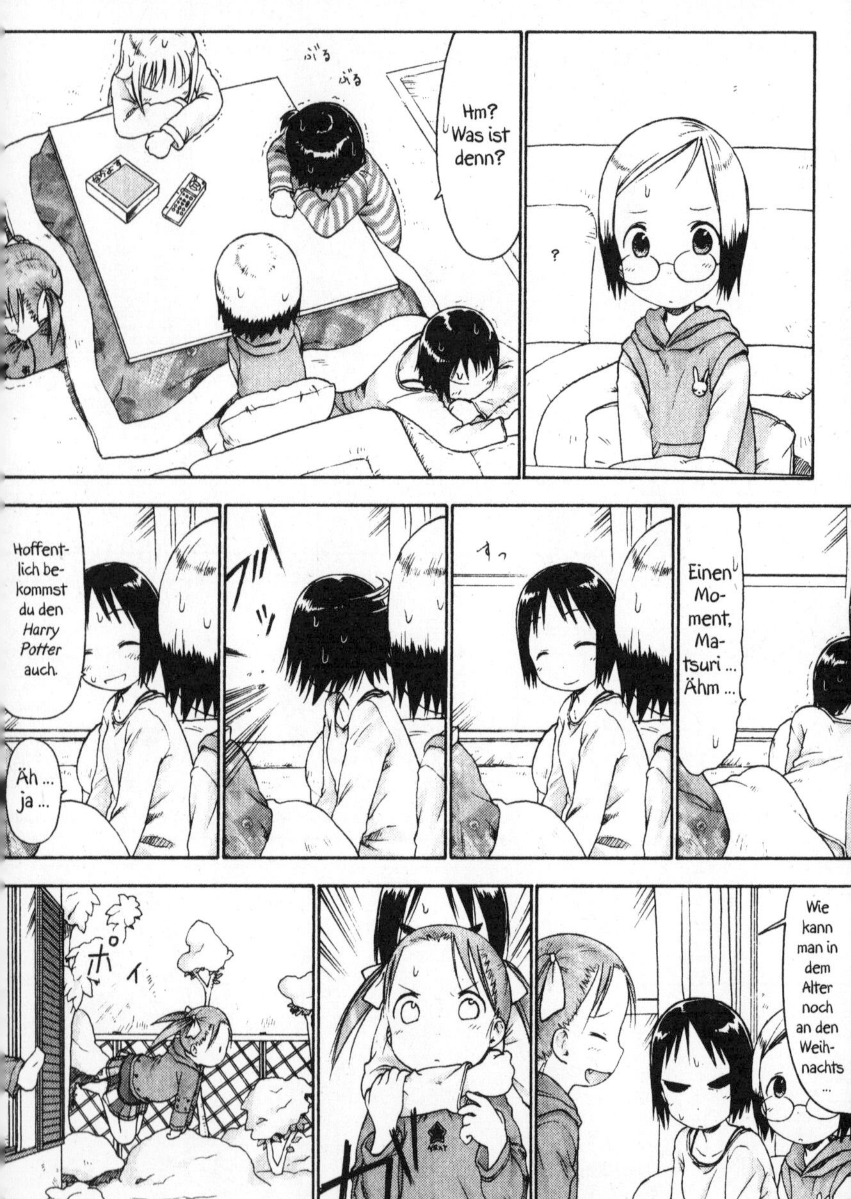
ぶる
ぶる
Hm? Was ist denn?
?
Einen Moment, Matsuri ... Ähm ...
すっ
Hoffentlich bekommst du den *Harry Potter* auch.
Äh ... ja ...
Wie kann man in dem Alter noch an den Weihnachts ...
ポイ

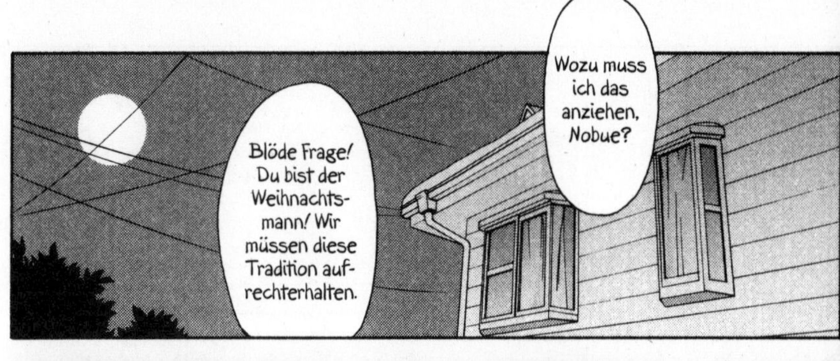
Wozu muss ich das anziehen, Nobue?
Blöde Frage! Du bist der Weihnachtsmann! Wir müssen diese Tradition aufrechterhalten.

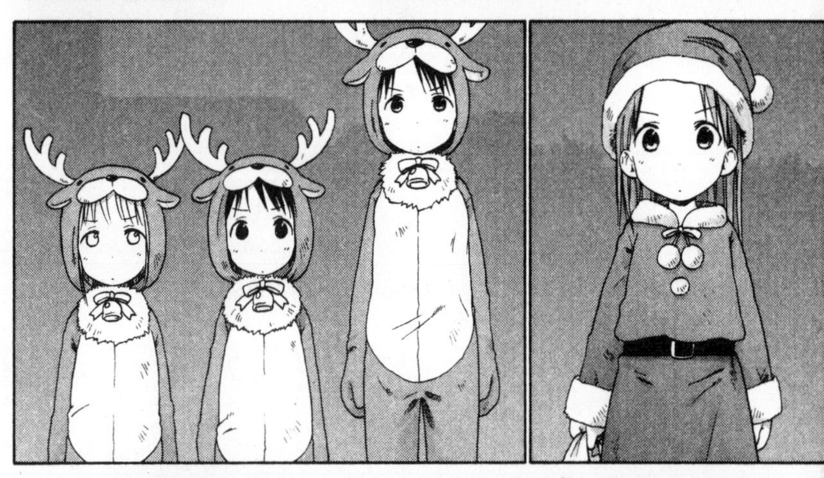

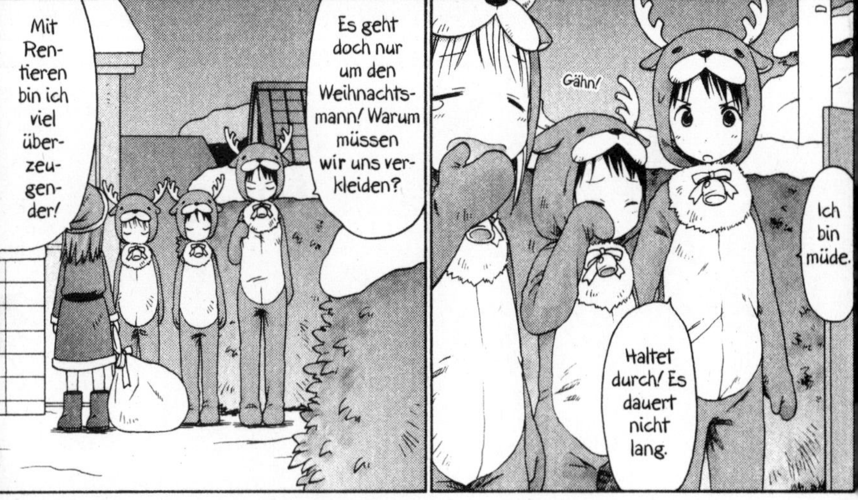
Gähn!
Ich bin müde.
Haltet durch! Es dauert nicht lang.
Es geht doch nur um den Weihnachtsmann! Warum müssen wir uns verkleiden?
Mit Rentieren bin ich viel überzeugender!

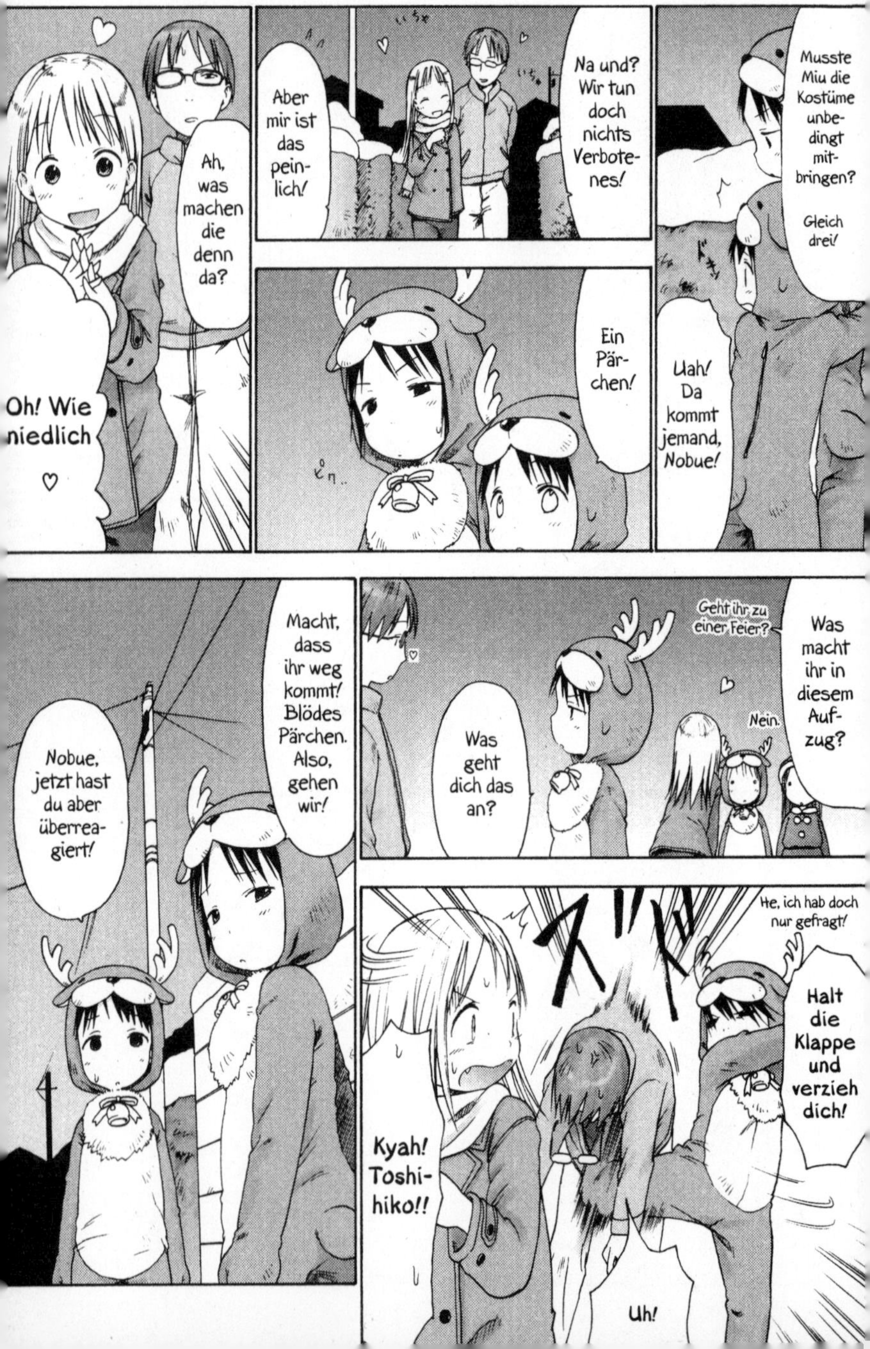

Musste Miu die Kostüme unbedingt mitbringen?
Gleich drei!
Uah! Da kommt jemand, Nobue!
Na und? Wir tun doch nichts Verbotenes!
Aber mir ist das peinlich!
Ein Pärchen!
Ah, was machen die denn da?
Oh! Wie niedlich ♡
Was macht ihr in diesem Aufzug?
Geht ihr zu einer Feier?
Nein.
Was geht dich das an?
He, ich hab doch nur gefragt!
Halt die Klappe und verzieh dich!
Kyah! Toshihiko!!
Uh!
Macht, dass ihr weg kommt! Blödes Pärchen. Also, gehen wir!
Nobue, jetzt hast du aber überreagiert!

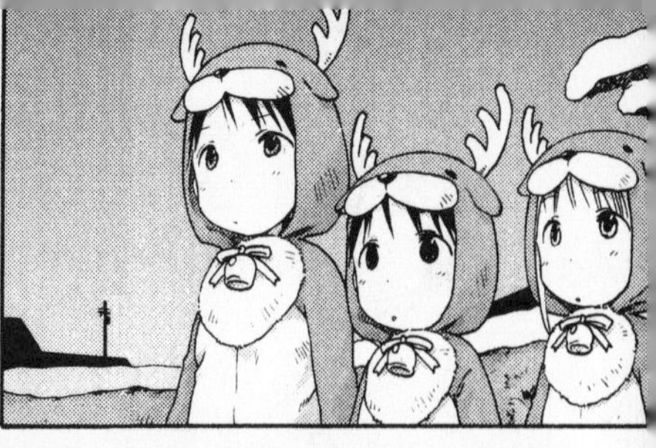
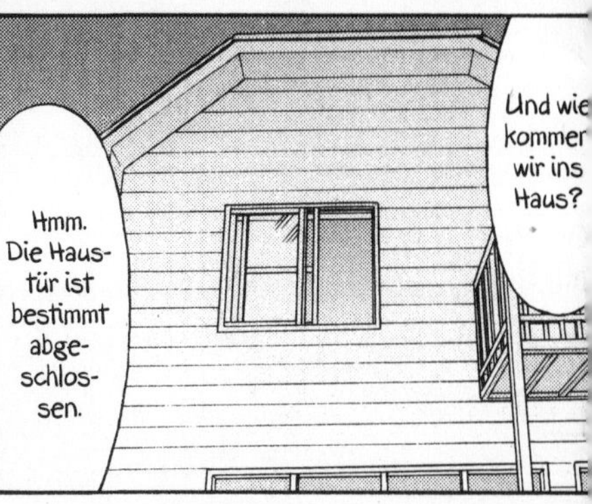
Und wie kommen wir ins Haus?
Hmm. Die Haustür ist bestimmt abgeschlossen.
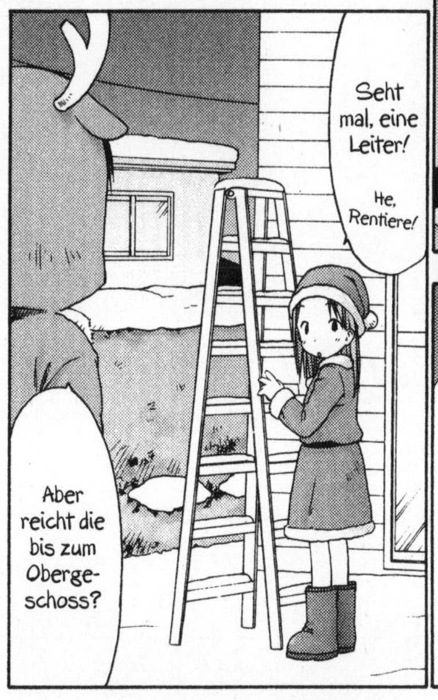
Seht mal, eine Leiter!
He, Rentiere!
Aber reicht die bis zum Obergeschoss?
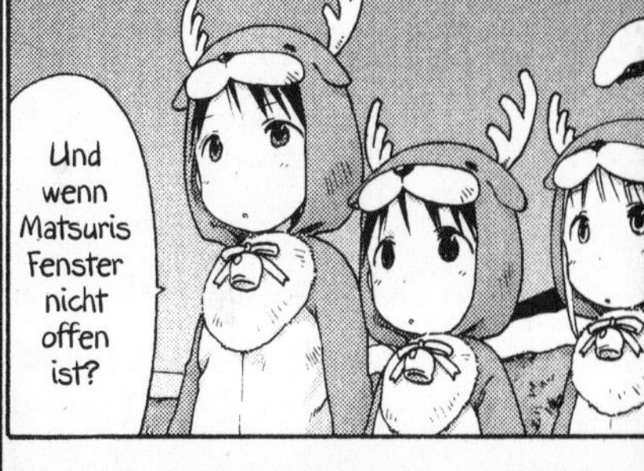
Und wenn Matsuris Fenster nicht offen ist?
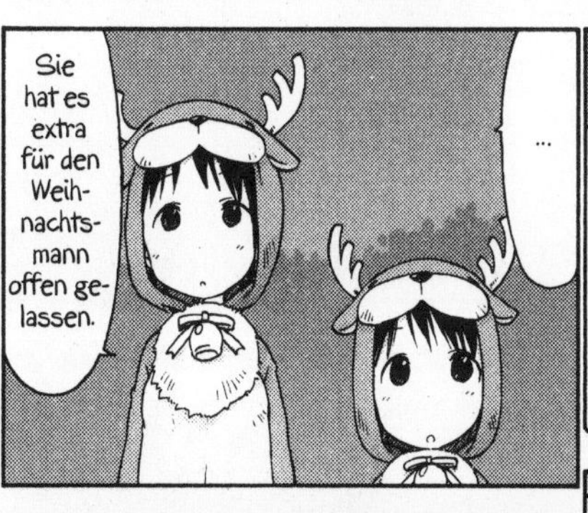
…
Sie hat es extra für den Weihnachtsmann offen gelassen.
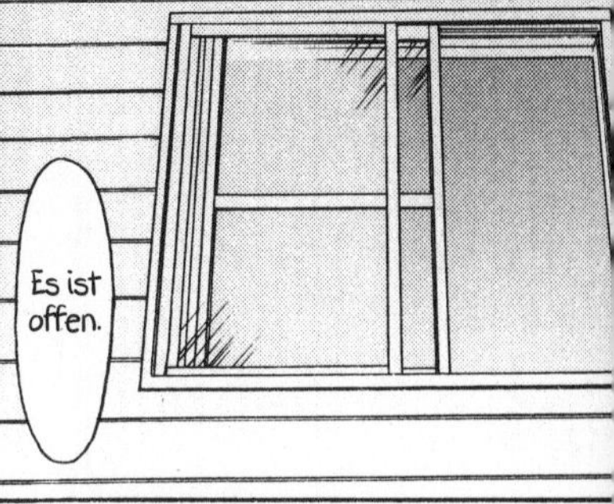
Es ist offen.
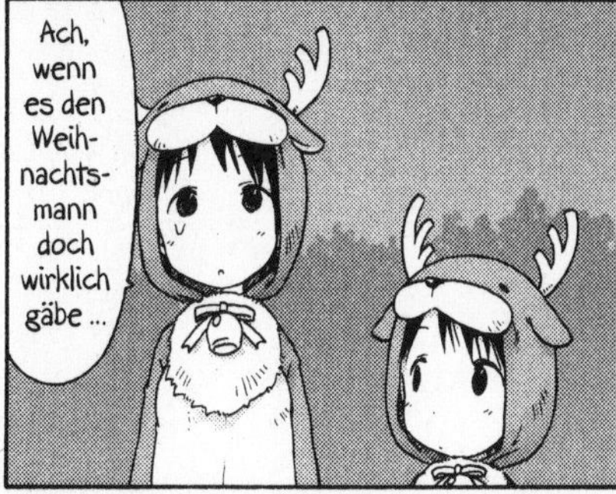
Ach, wenn es den Weihnachtsmann doch wirklich gäbe …

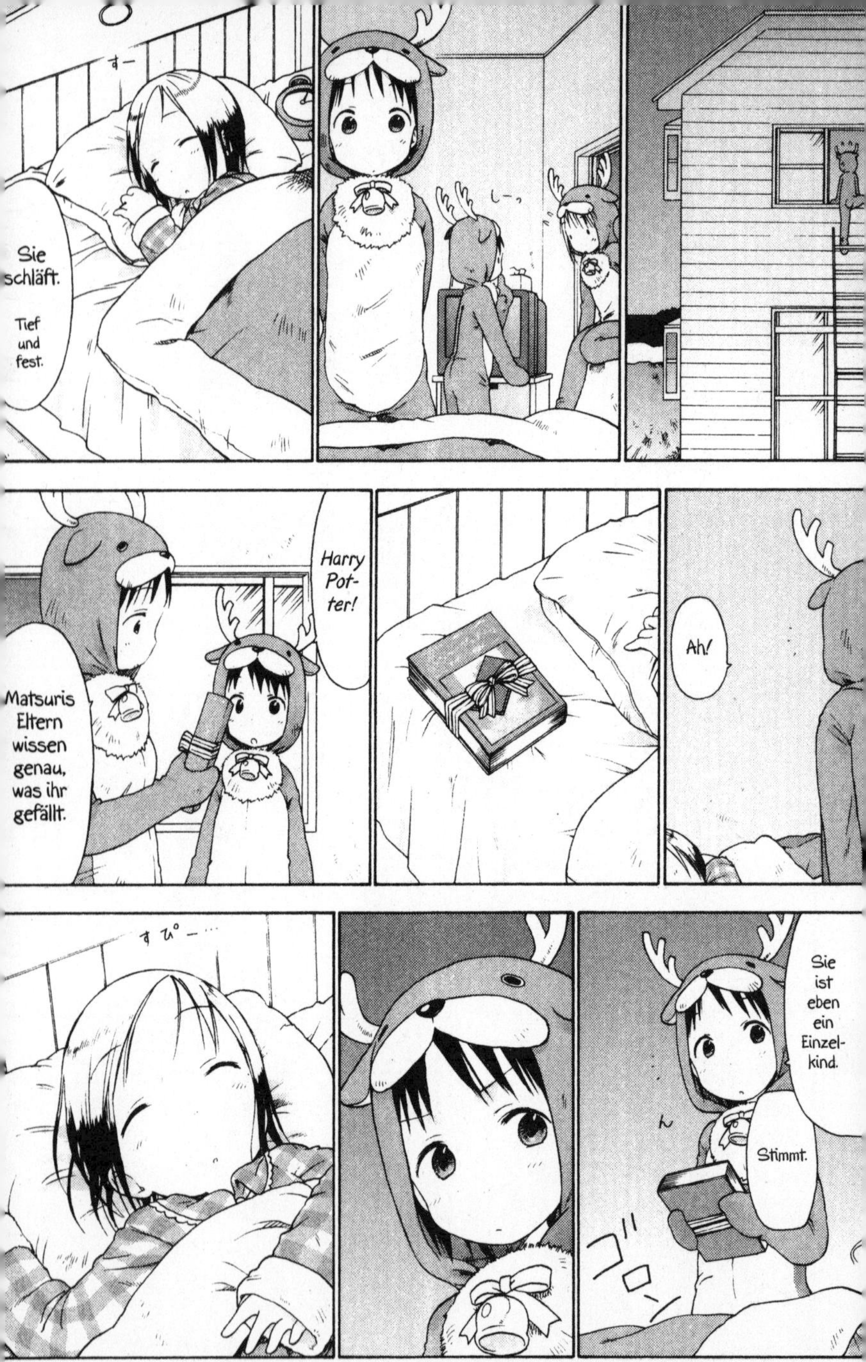
しーっ
すー
Sie schläft.
Tief und fest.
Ah!
Harry Potter!
Matsuris Eltern wissen genau, was ihr gefällt.
Sie ist eben ein Einzelkind.
ん
Stimmt.
すぴー…

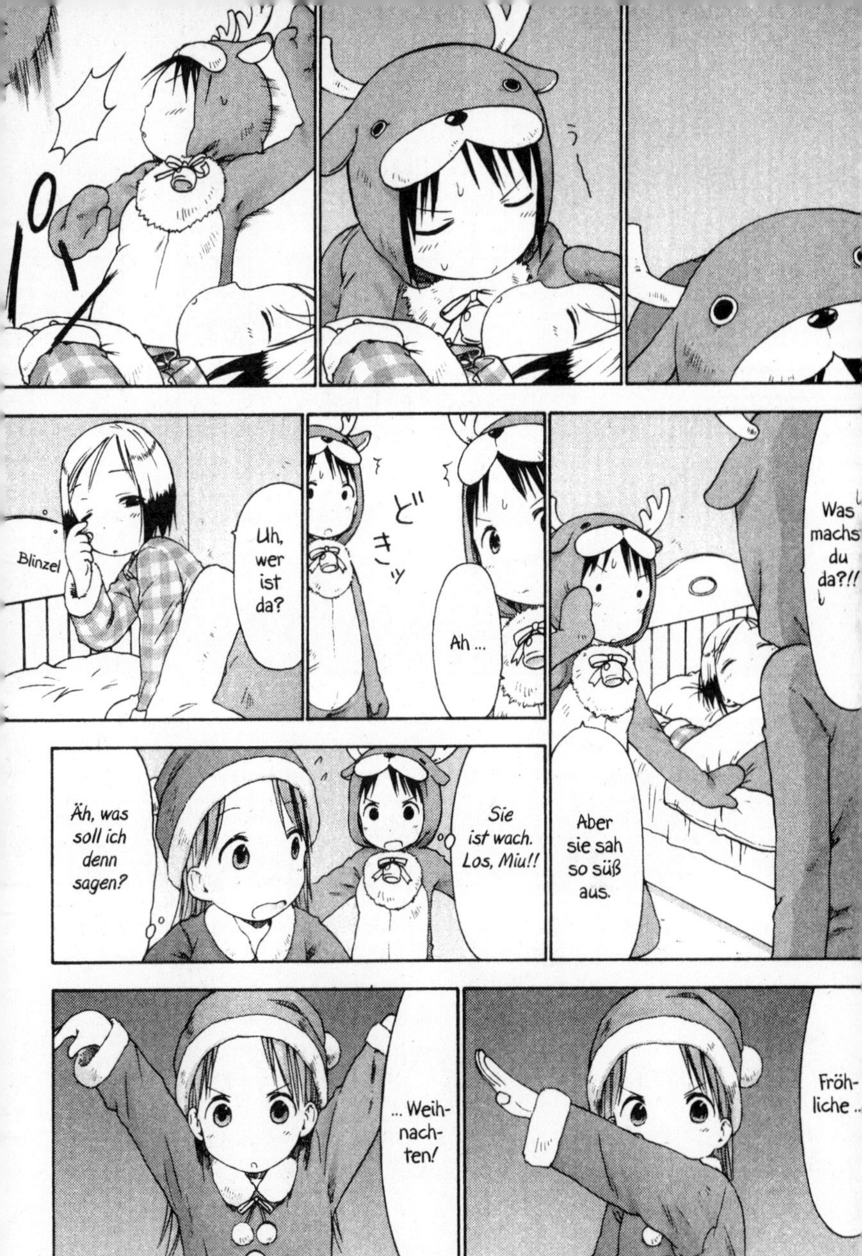

Was machst du da?!!
どきッ
Ah ...
Uh, wer ist da?
Blinzel
Aber sie sah so süß aus.
Sie ist wach. Los, Miu!!
Äh, was soll ich denn sagen?
Fröhliche ..
... Weihnachten!

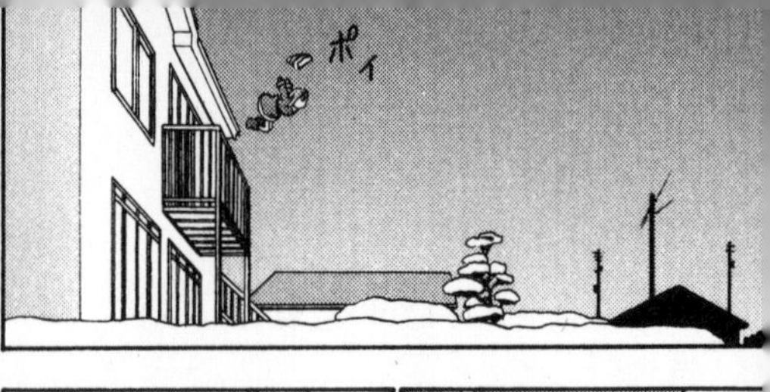
ポイ

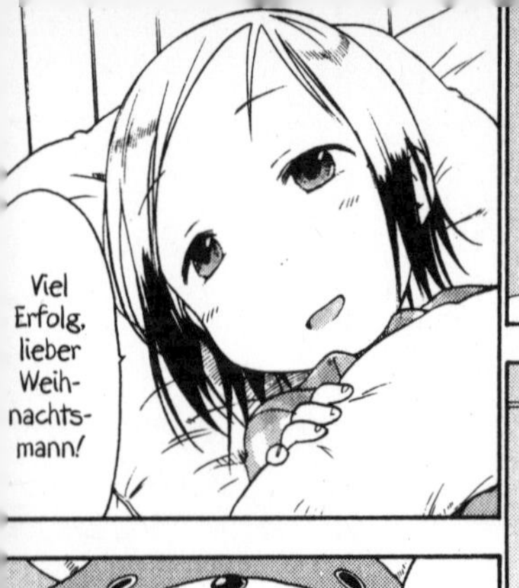
Viel Erfolg, lieber Weihnachtsmann!

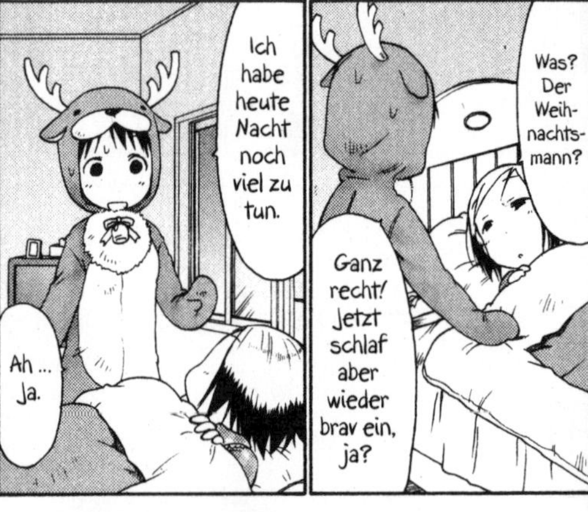
Was? Der Weihnachtsmann?
Ganz recht! Jetzt schlaf aber wieder brav ein, ja?
Ich habe heute Nacht noch viel zu tun.
Ah ... Ja.

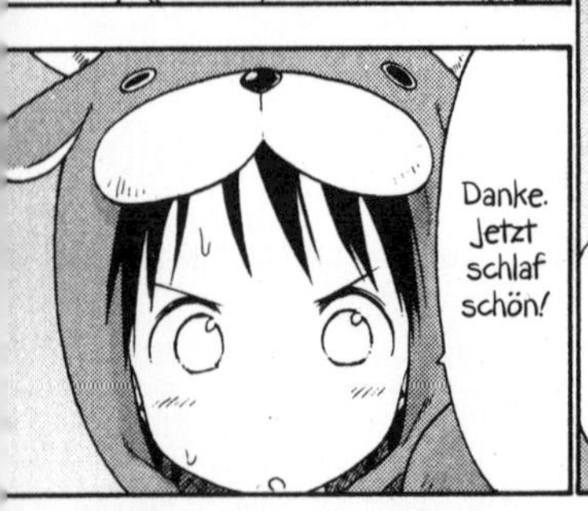
Danke. Jetzt schlaf schön!

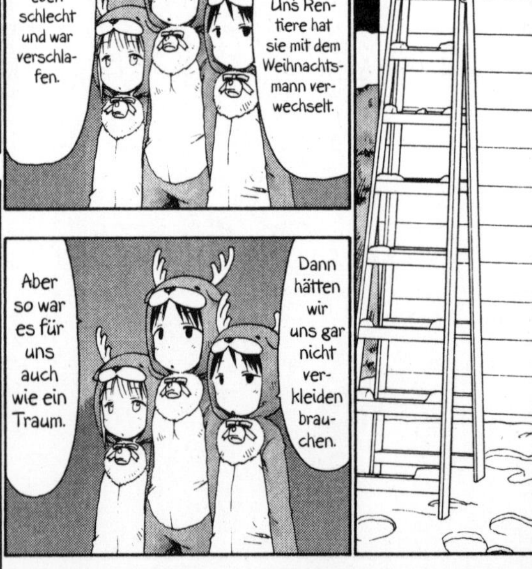
Matsuri hat nichts gemerkt. Uns Rentiere hat sie mit dem Weihnachtsmann verwechselt.
Sie sieht eben schlecht und war verschlafen.
Dann hätten wir uns gar nicht verkleiden brauchen.
Aber so war es für uns auch wie ein Traum.

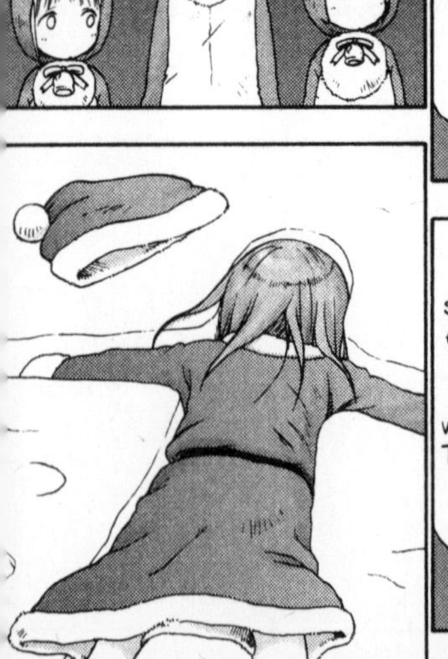

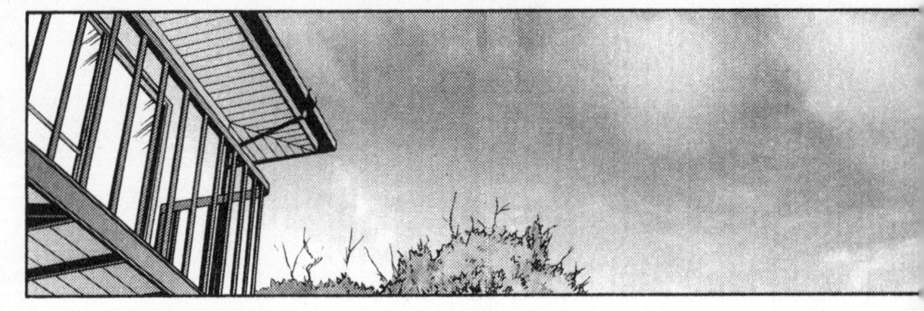

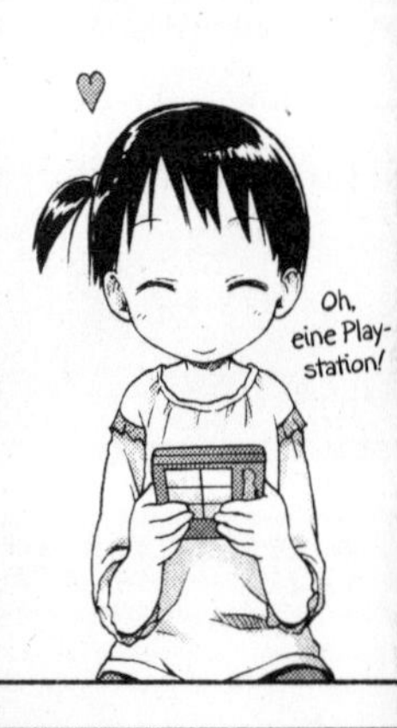
Oh, eine Play-station!

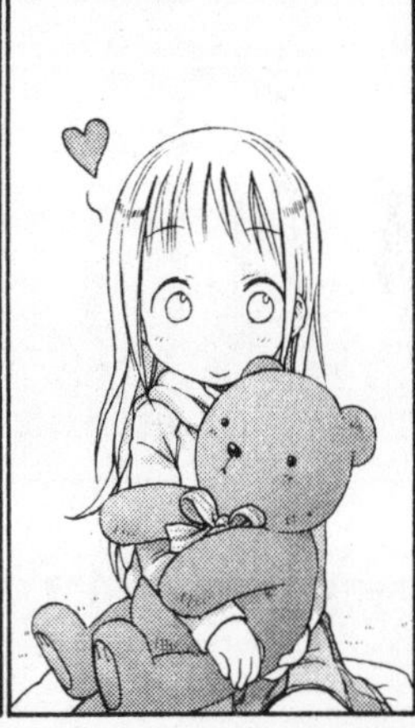

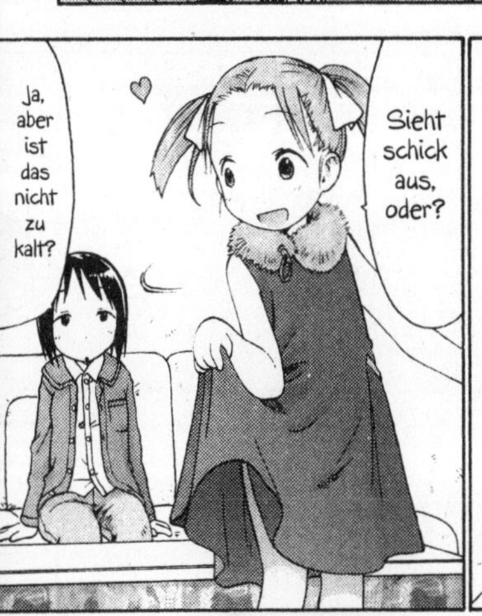
Sieht schick aus, oder?
Ja, aber ist das nicht zu kalt?

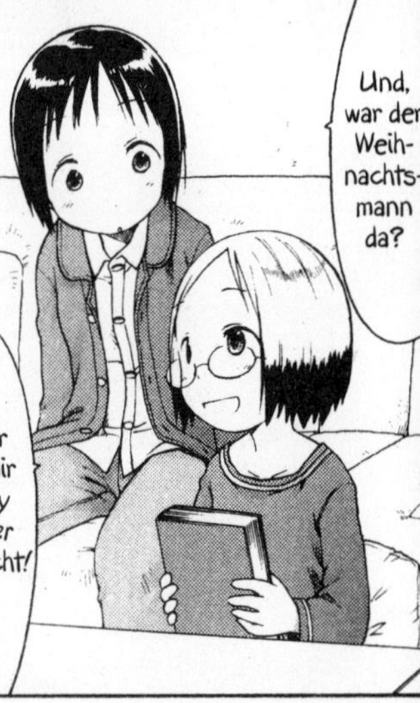
Und, war der Weih-nachts-mann da?
Ja! Er hat mir Harry Potter gebracht!

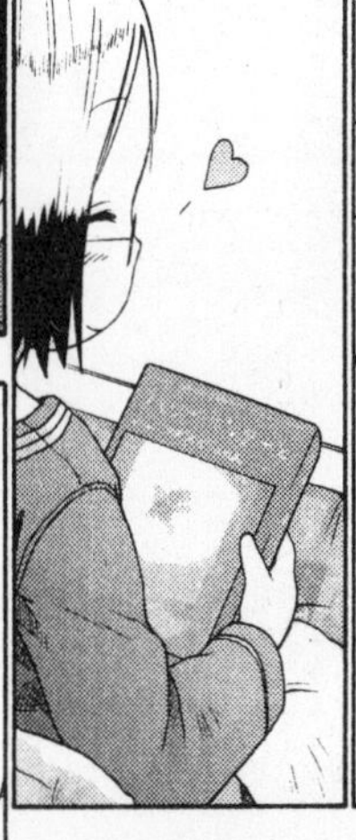

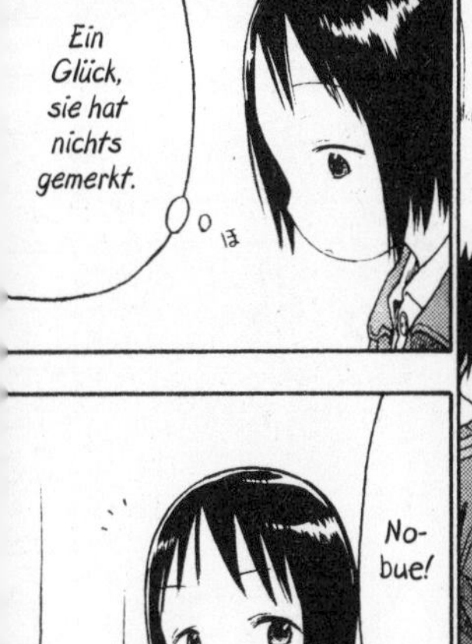
Ein Glück, sie hat nichts gemerkt.
ほ
No-bue!
Hm?

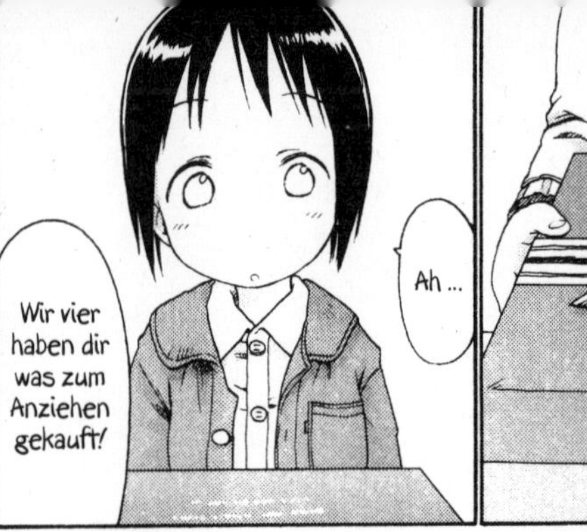
Bitte schön!
Ah ...
Wir vier haben dir was zum Anziehen gekauft!

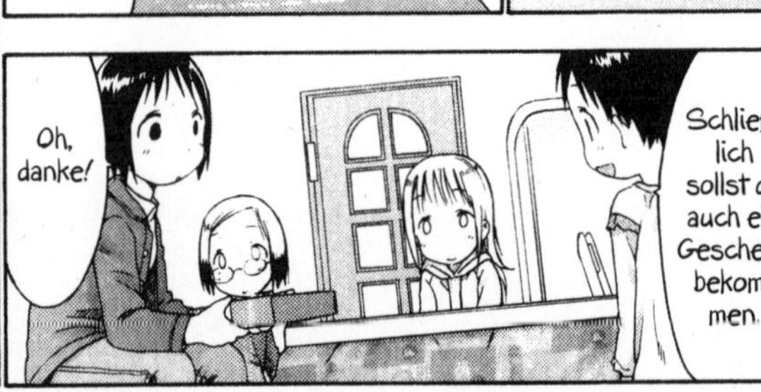
Schließlich sollst du auch ein Geschenk bekommen.
Oh, danke!

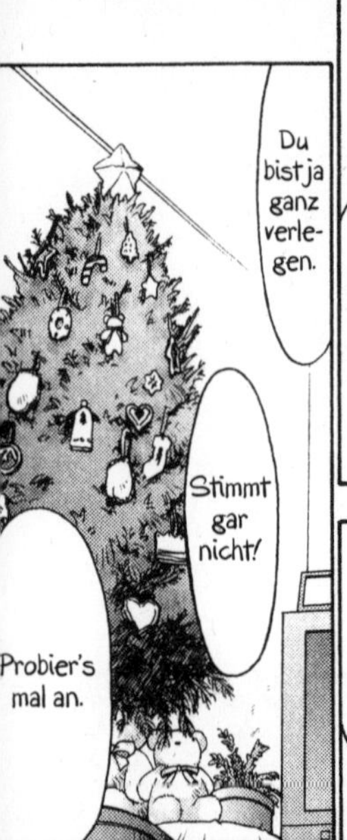
Du bist ja ganz verlegen.
Stimmt gar nicht!
Probier's mal an.

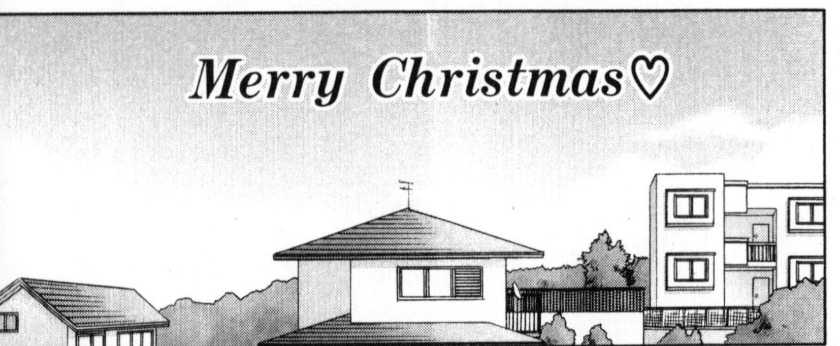
Merry Christmas♡

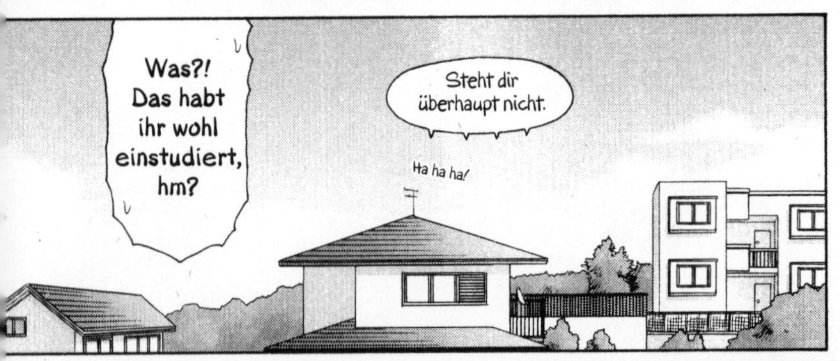
Steht dir überhaupt nicht.
Ha ha ha!
Was?! Das habt ihr wohl einstudiert, hm?

HALLO JOB

ana

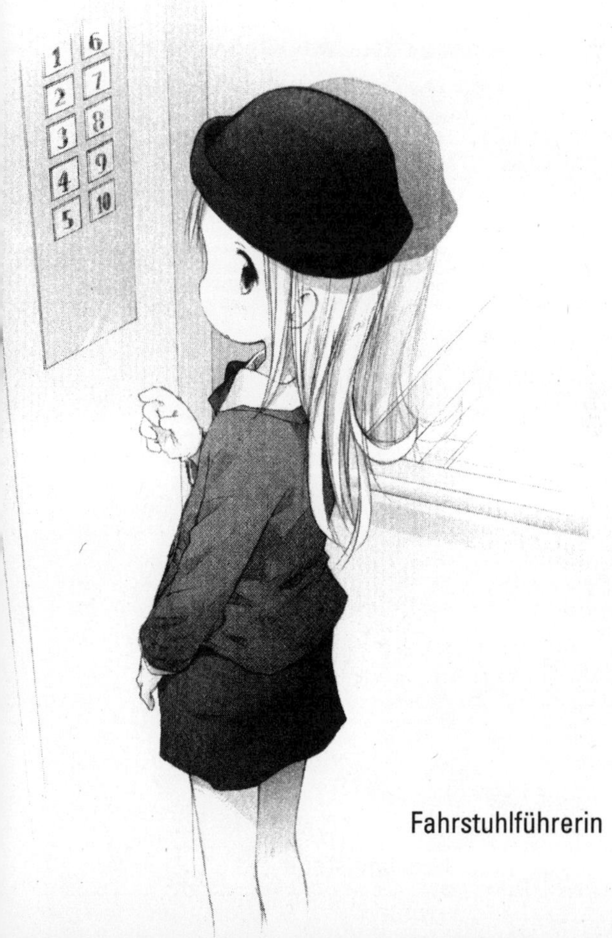

Fahrstuhlführerin

HALLO JOB

sasazuka

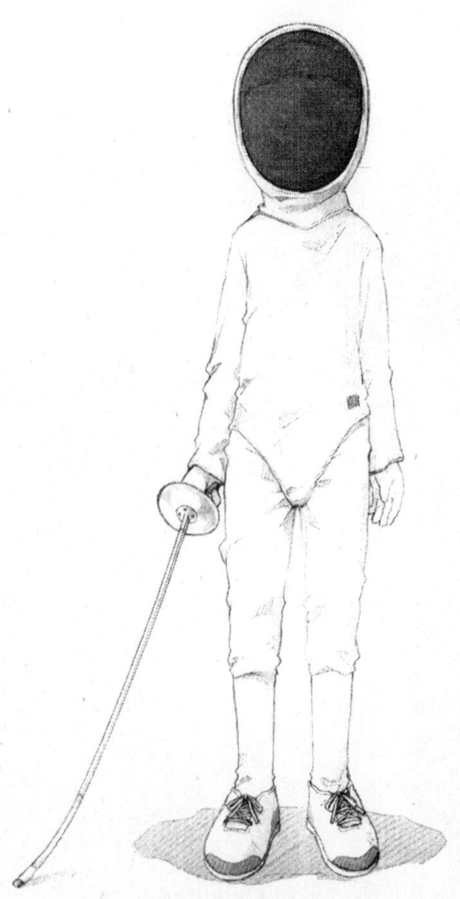

Fechtmeisterin

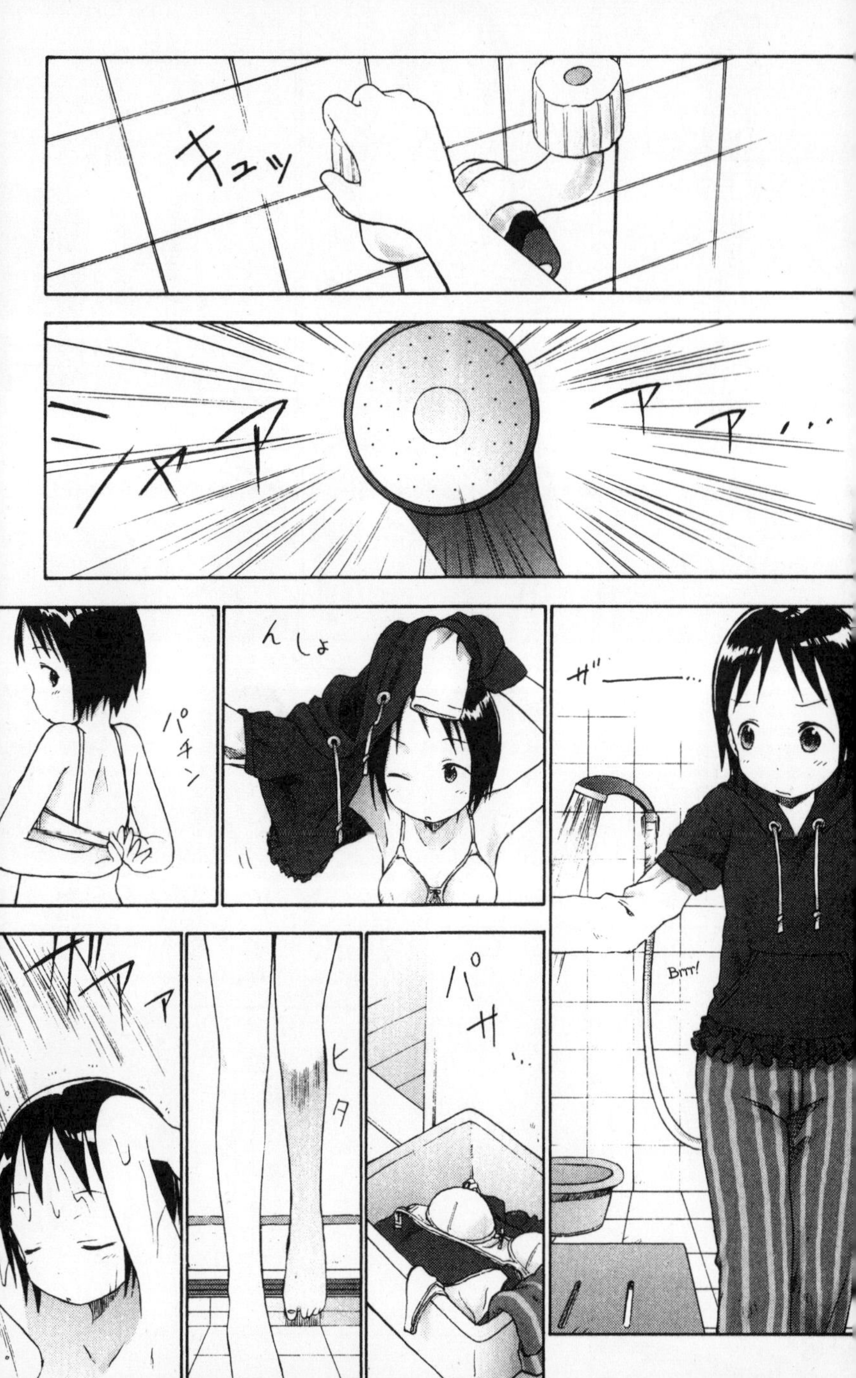
キュッ
シャア
アア…
ザーー…
Brrr!
んしょ
パチン
パサ…
ヒタ
ザア

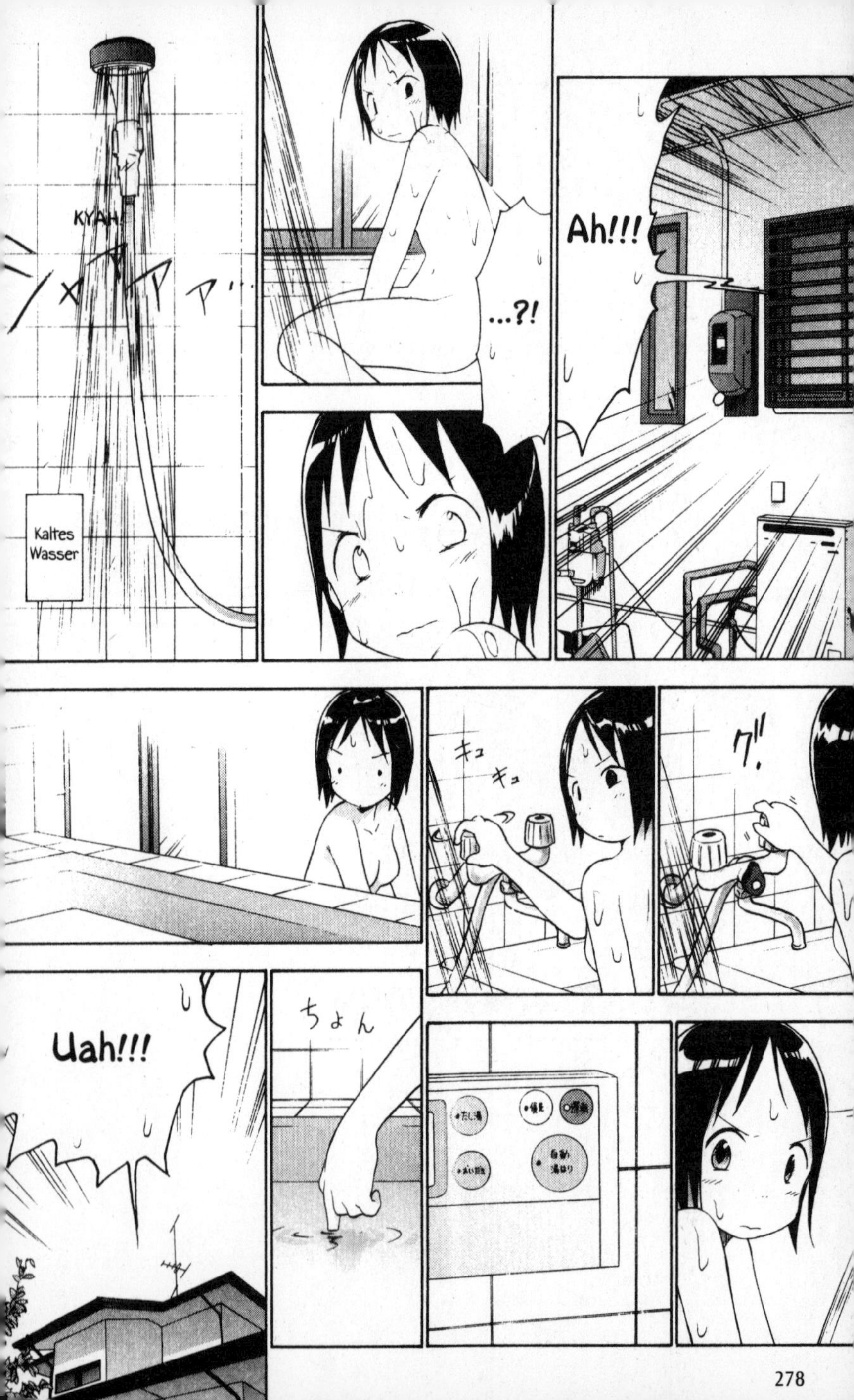

Ah!!!
...?!
KYAH!
シャアア…
Kaltes Wasser
グ
キュ キュ
ちょん
Uah!!!

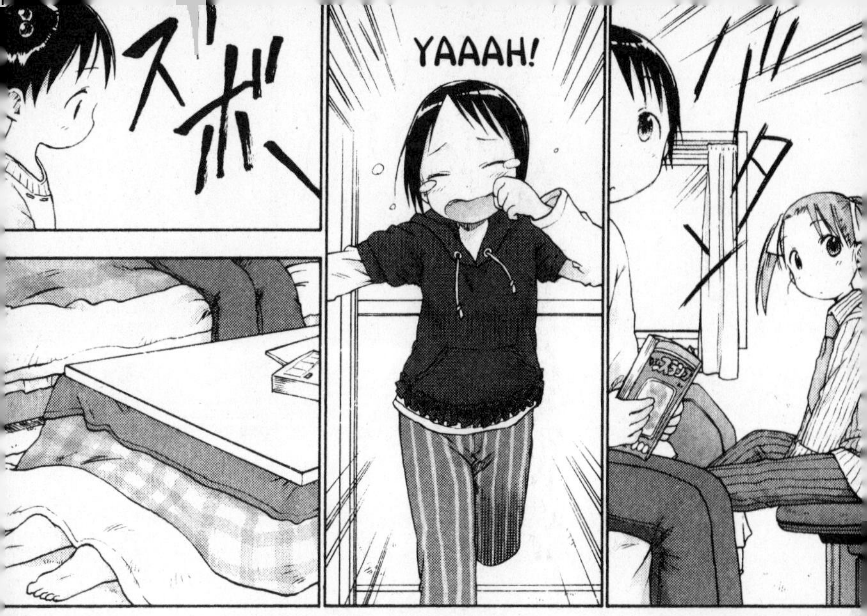

YAAAH!

KAPITEL 17
Besuch im Sento*

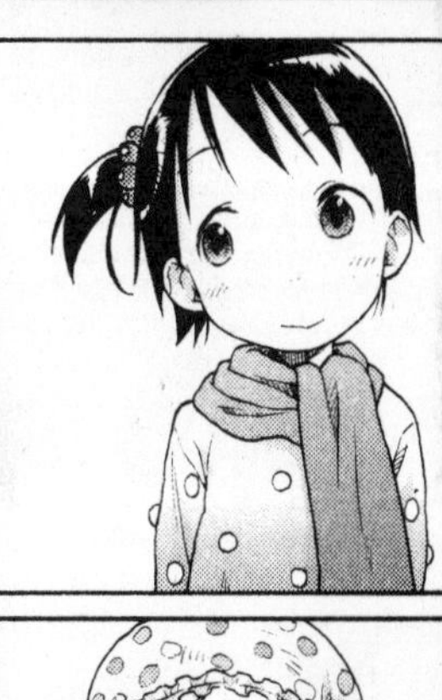

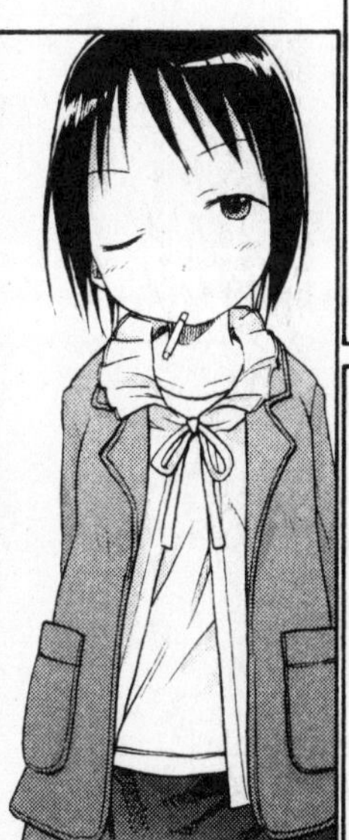

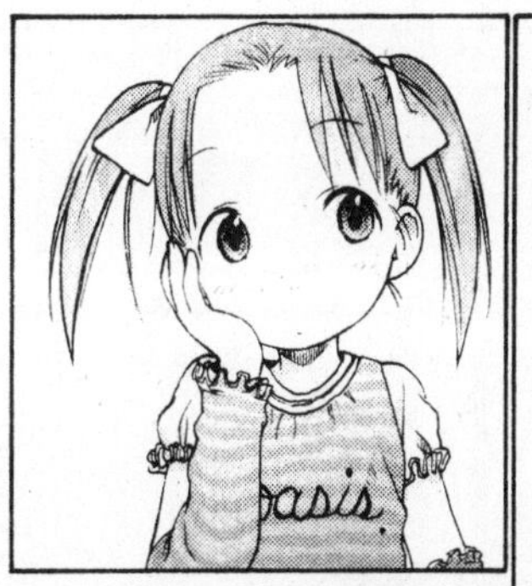

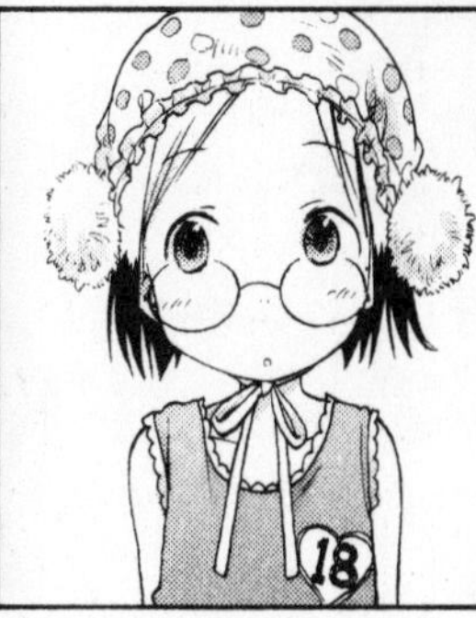

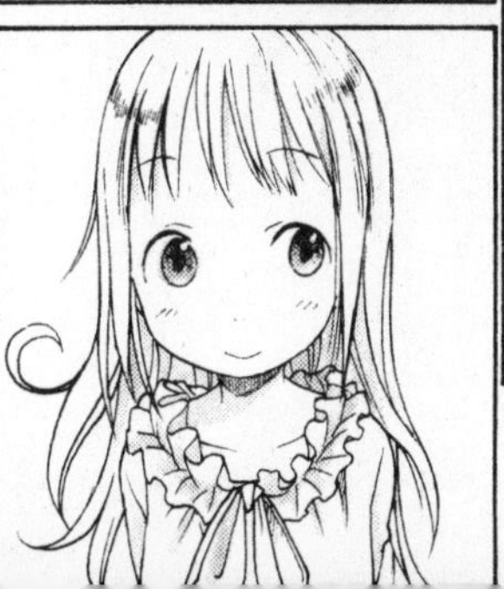

*Ein öffentliches Bad mit unterschiedlichen Becken mit kaltem, lauwarmem, heißem und manchmal auch mineralhaltigem Wasser oder Whirlpooleffekt.

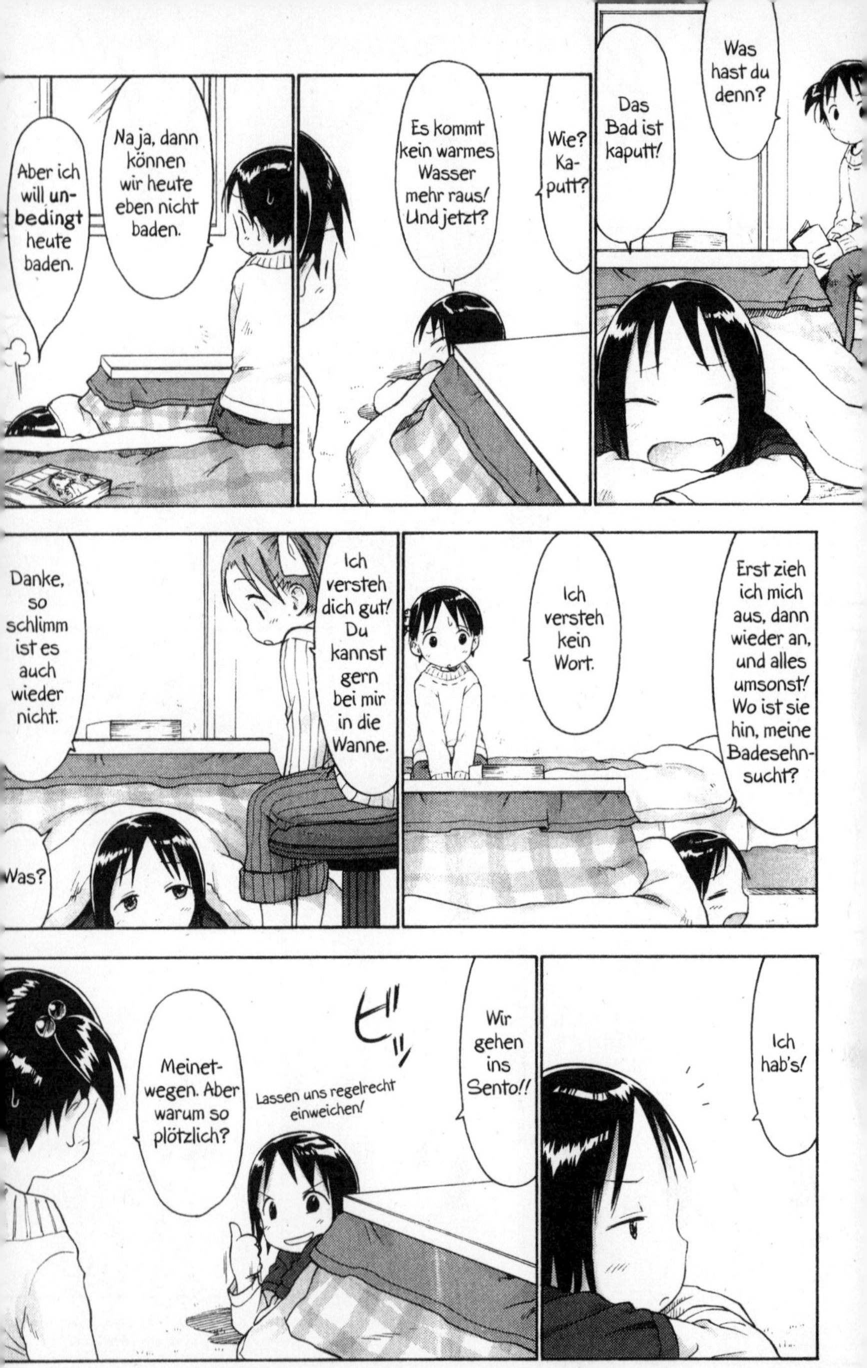

Was hast du denn?
Das Bad ist kaputt!
Wie? Kaputt?
Es kommt kein warmes Wasser mehr raus! Und jetzt?
Na ja, dann können wir heute eben nicht baden.
Aber ich will **unbedingt** heute baden.

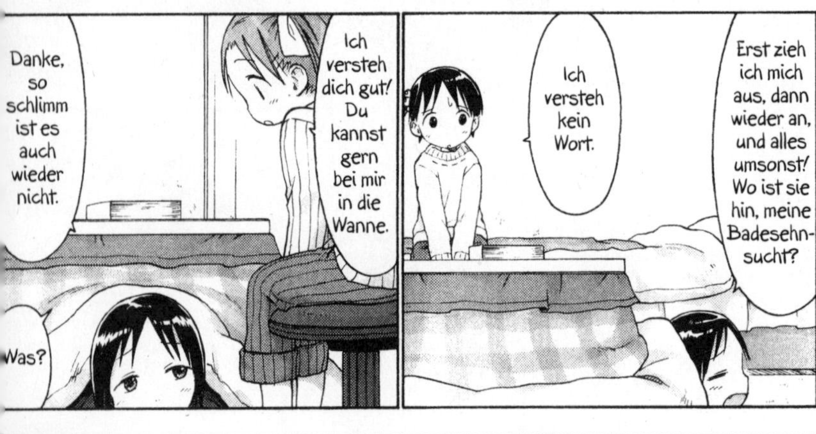

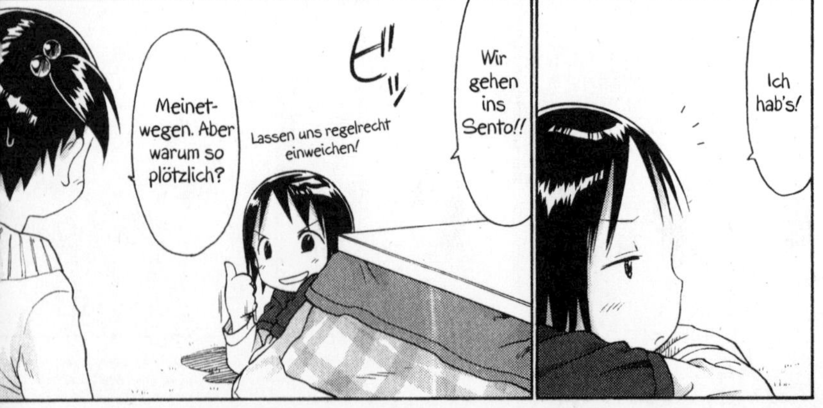

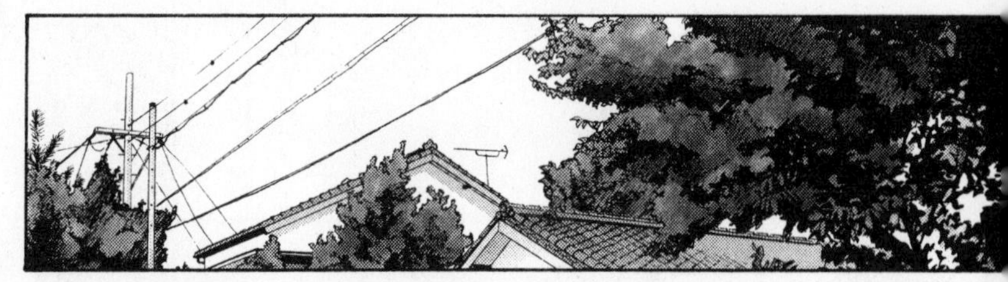

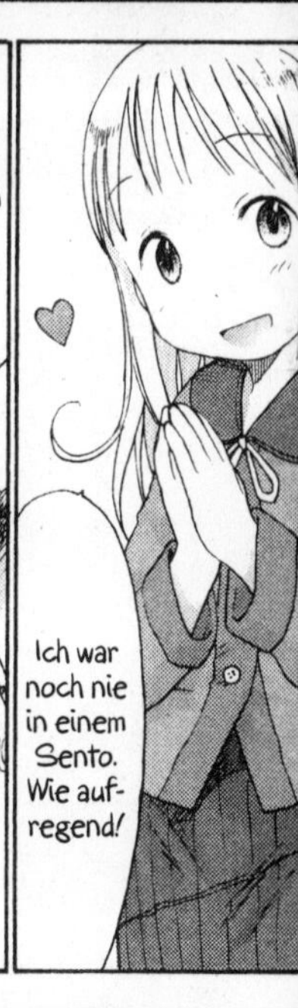
Ich war noch nie in einem Sento. Wie aufregend!

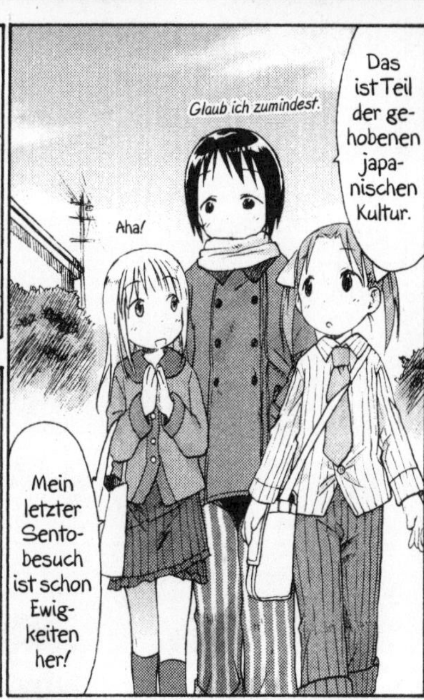
Das ist Teil der gehobenen japanischen Kultur.
Glaub ich zumindest.
Aha!
Mein letzter Sentobesuch ist schon Ewigkeiten her!

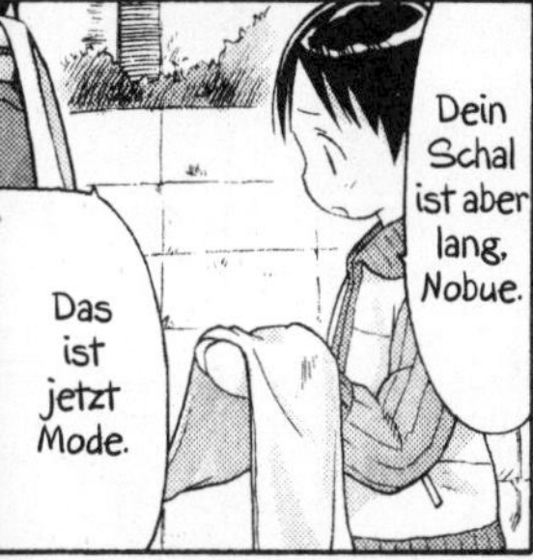
Dein Schal ist aber lang, Nobue.
Das ist jetzt Mode.

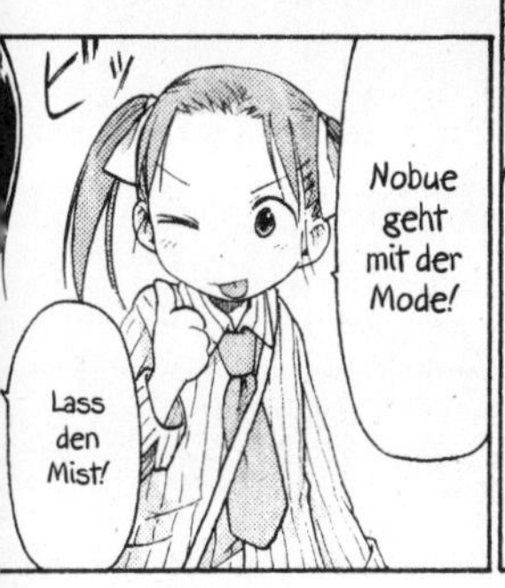
ビッ
Nobue geht mit der Mode!
Lass den Mist!

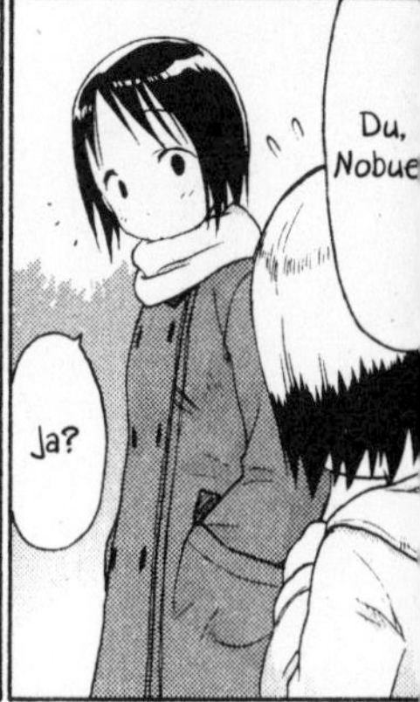
Du, Nobue
Ja?

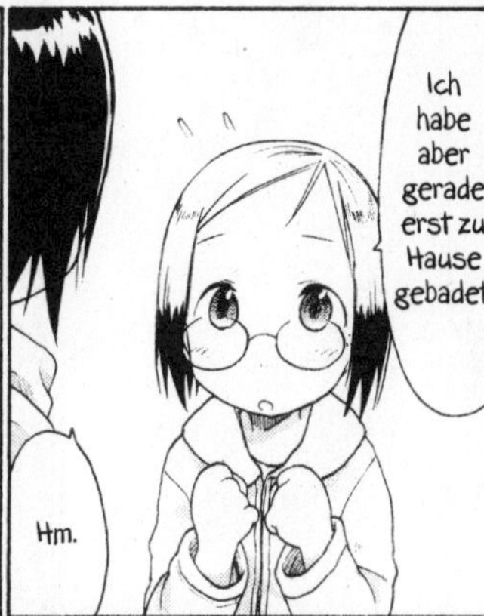
Ich habe aber gerade erst zu Hause gebadet.
Hm.

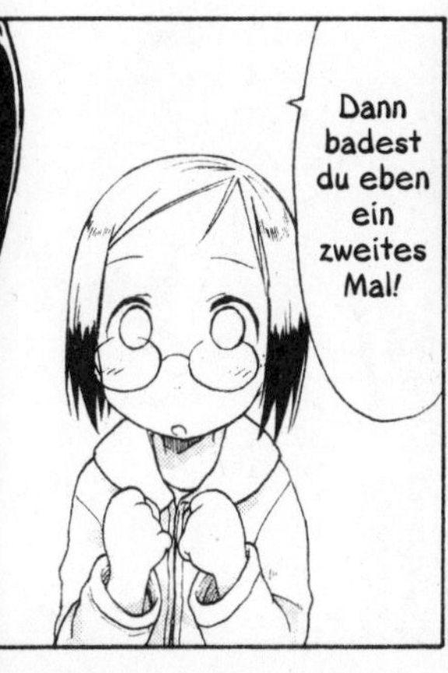
Dann badest du eben ein zweites Mal!

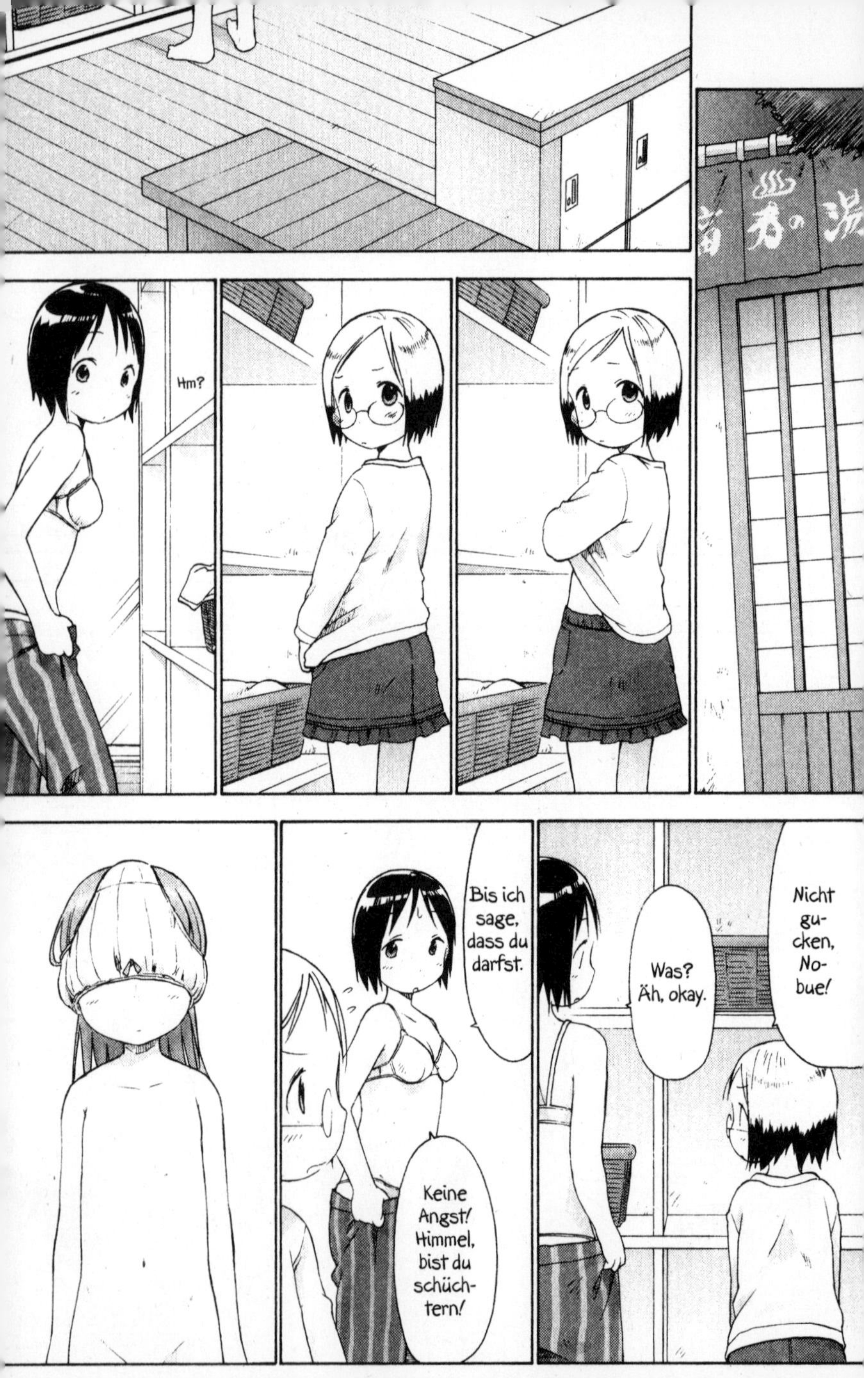
Hm?
Nicht gucken, Nobue!
Was? Äh, okay.
Bis ich sage, dass du darfst.
Keine Angst! Himmel, bist du schüchtern!

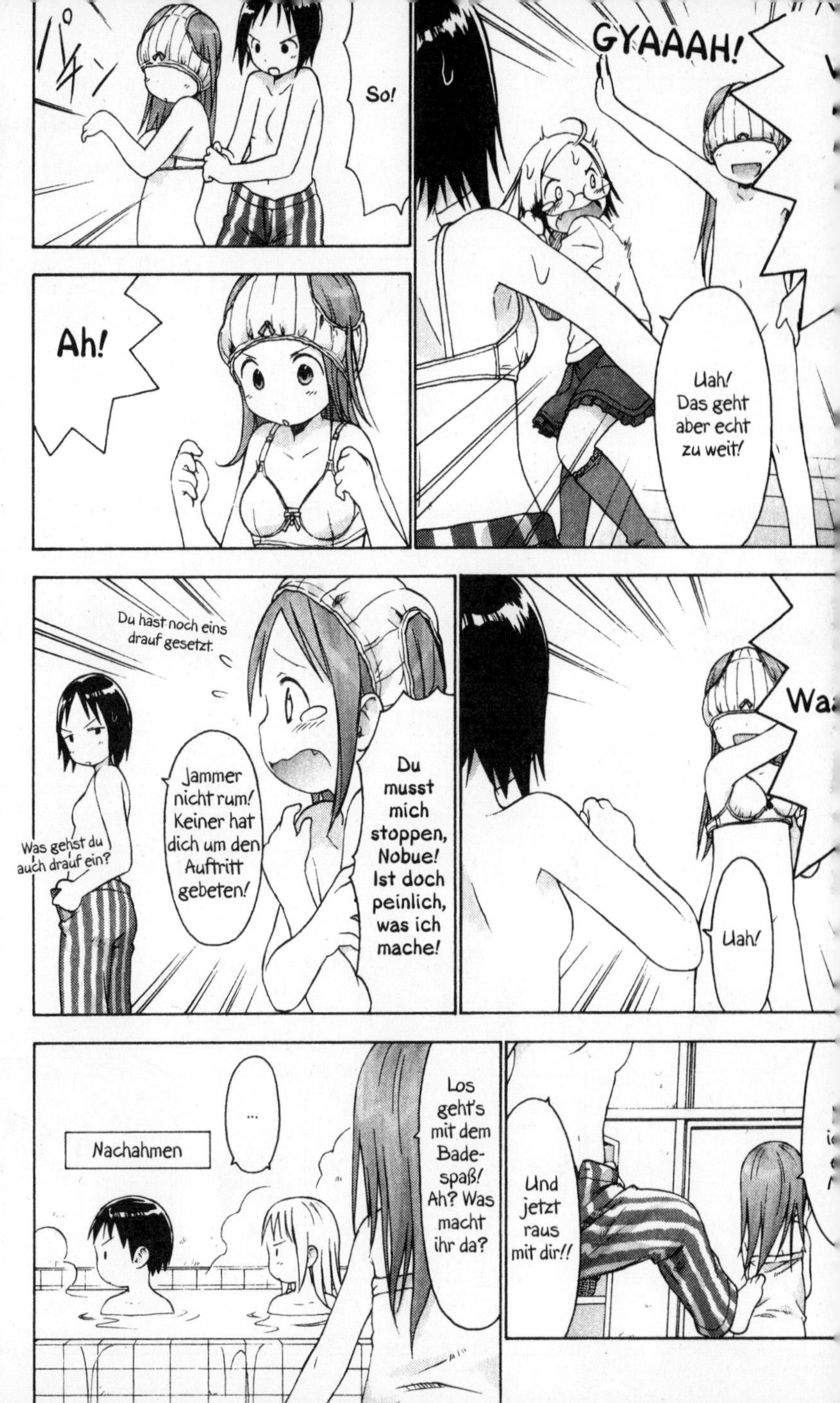
GYAAAH!
Uah! Das geht aber echt zu weit!
So!
パチン
Ah!
Uah!
Du musst mich stoppen, Nobue! Ist doch peinlich, was ich mache!
Jammer nicht rum! Keiner hat dich um den Auftritt gebeten!
Du hast noch eins drauf gesetzt.
Was gehst du auch drauf ein?
Und jetzt raus mit dir!!
Los geht's mit dem Bade-spaß! Ah? Was macht ihr da?
...
Nachahmen

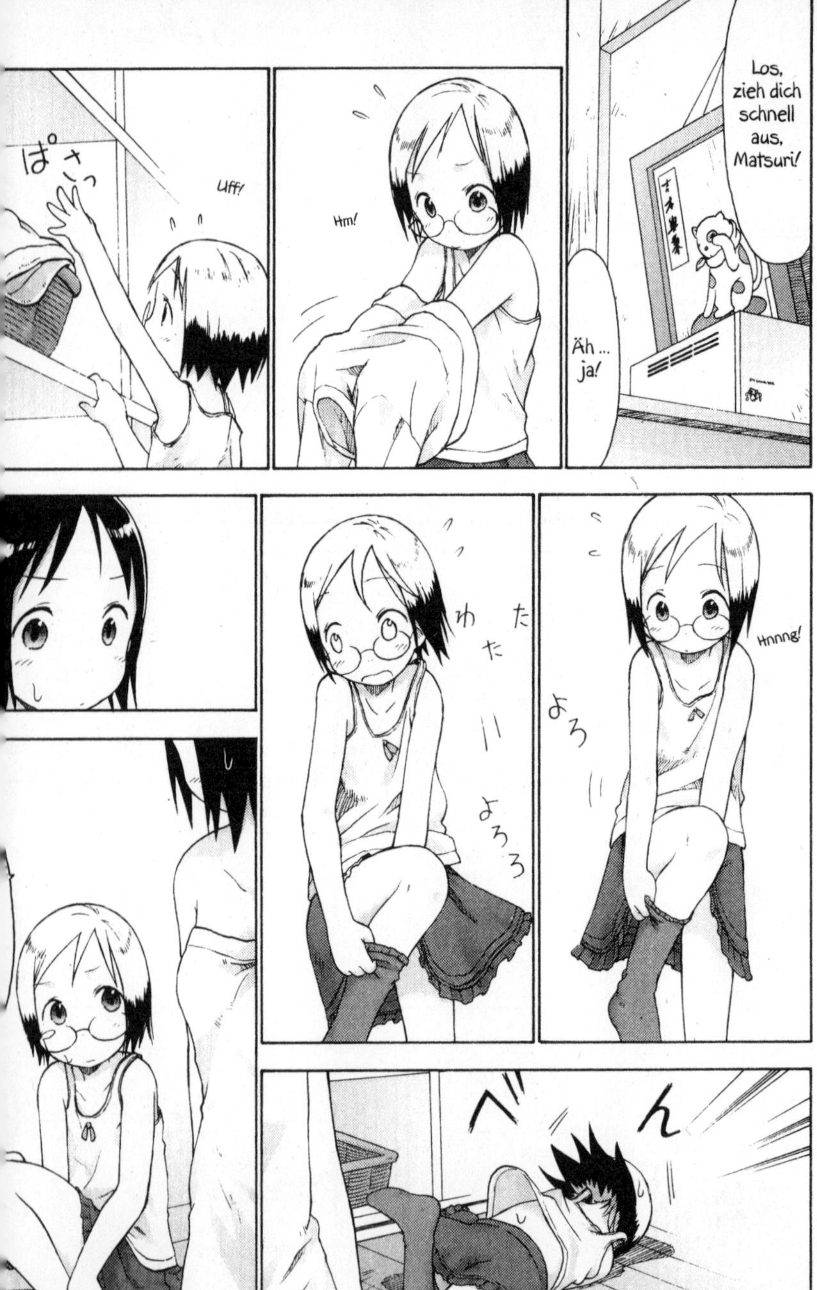
Los, zieh dich schnell aus, Matsuri!
Äh ... ja!
Hm!
Uff!
ぱさっ
Hnnng!
よろ
わたた
よろろ
べん

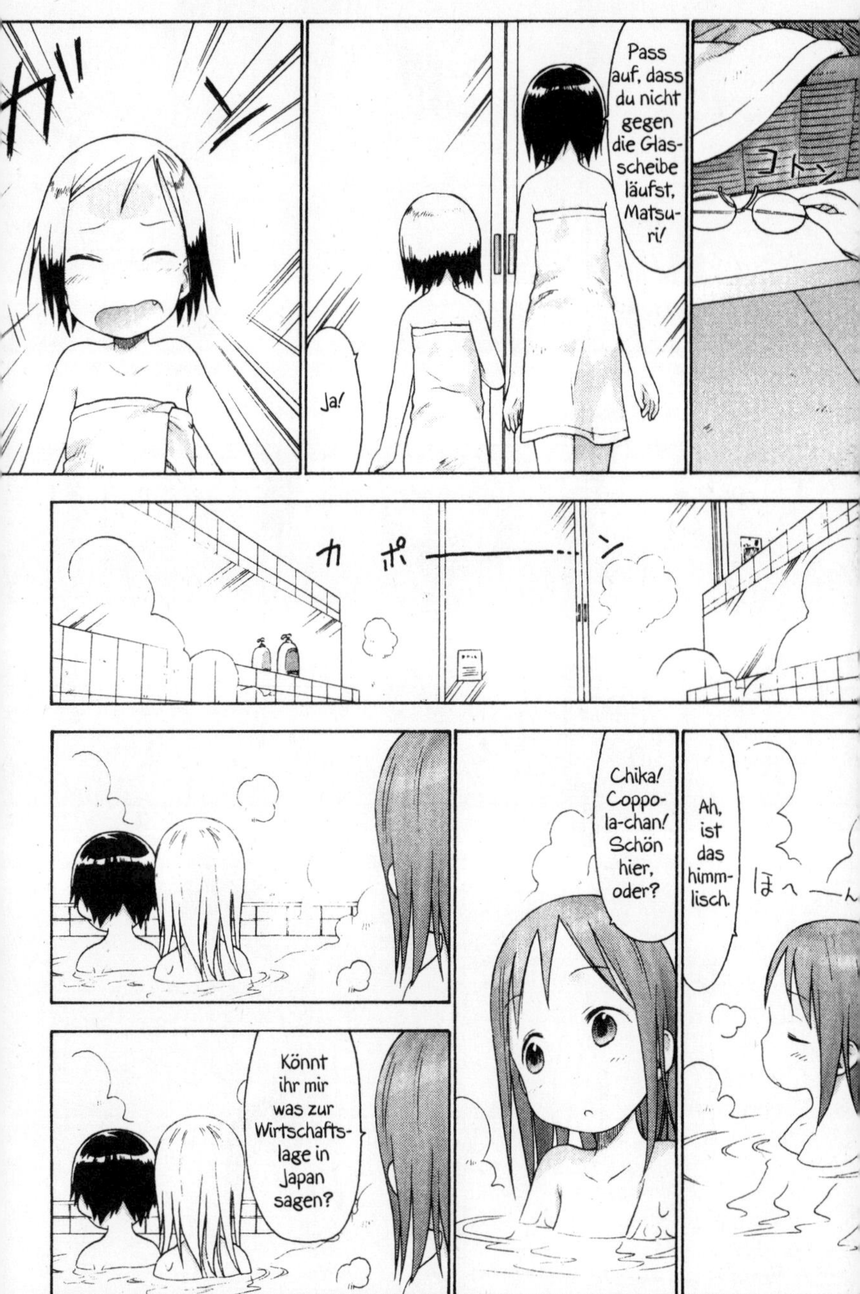
ガ
ン
Pass auf, dass du nicht gegen die Glasscheibe läufst, Matsuri!
Ja!
コトン
カポーン
Chika! Coppola-chan! Schön hier, oder?
Ah, ist das himmlisch.
ほへーん
Könnt ihr mir was zur Wirtschaftslage in Japan sagen?

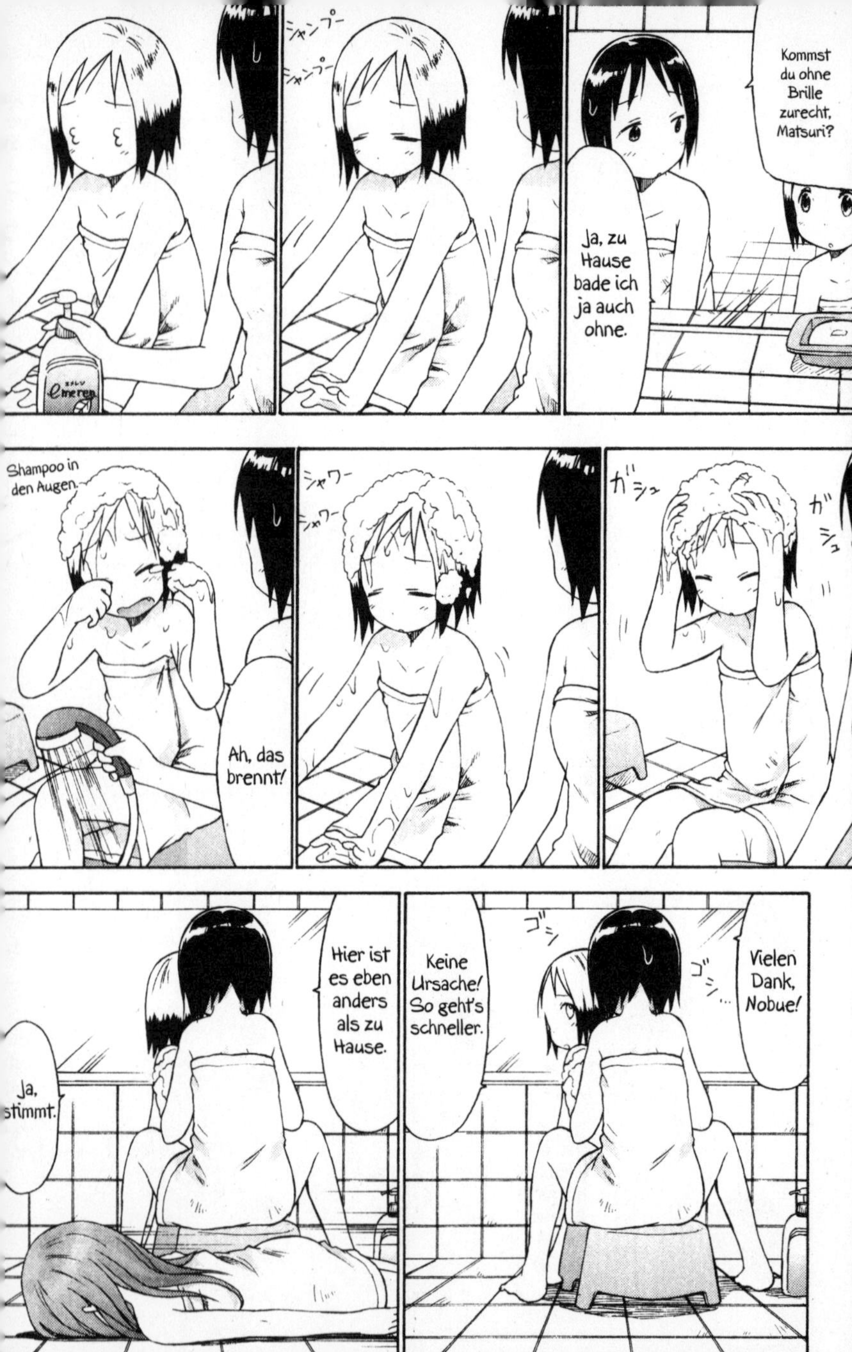
Kommst du ohne Brille zurecht, Matsuri?
Ja, zu Hause bade ich ja auch ohne.
シャンプー
シャンプー
ガシュ
ガシュ
シャワー
シャワー
Shampoo in den Augen.
Ah, das brennt!
Vielen Dank, Nobue!
ゴシ
ゴシ…
Keine Ursache! So geht's schneller.
Hier ist es eben anders als zu Hause.
Ja, stimmt.

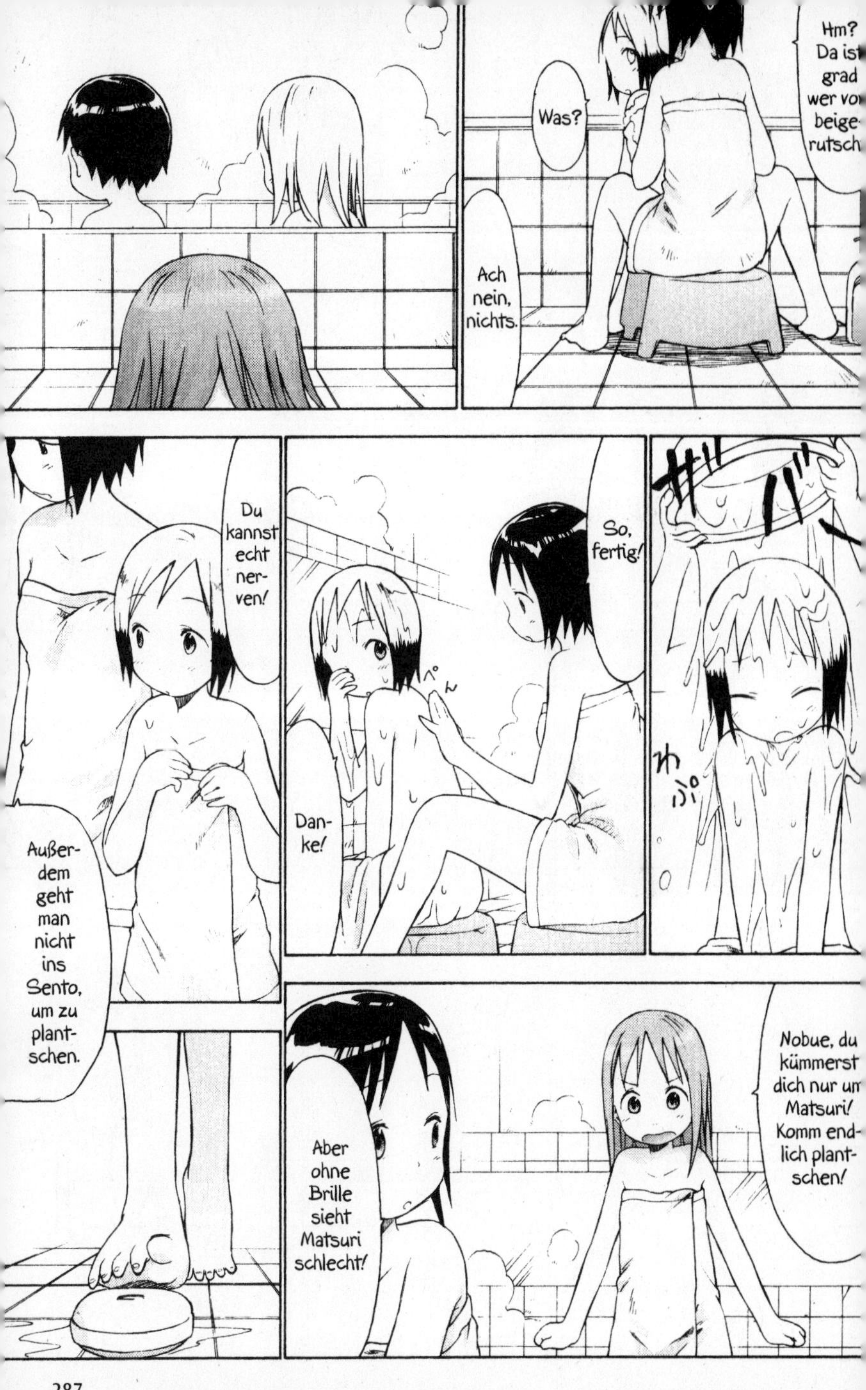
Hm? Da is grad wer vo beige- rutsch
Was?
Ach nein, nichts.
わぷ
So, fertig!
ぺん
Danke!
Nobue, du kümmerst dich nur um Matsuri! Komm endlich plantschen!
Aber ohne Brille sieht Matsuri schlecht!
Du kannst echt nerven!
Außerdem geht man nicht ins Sento, um zu plantschen.

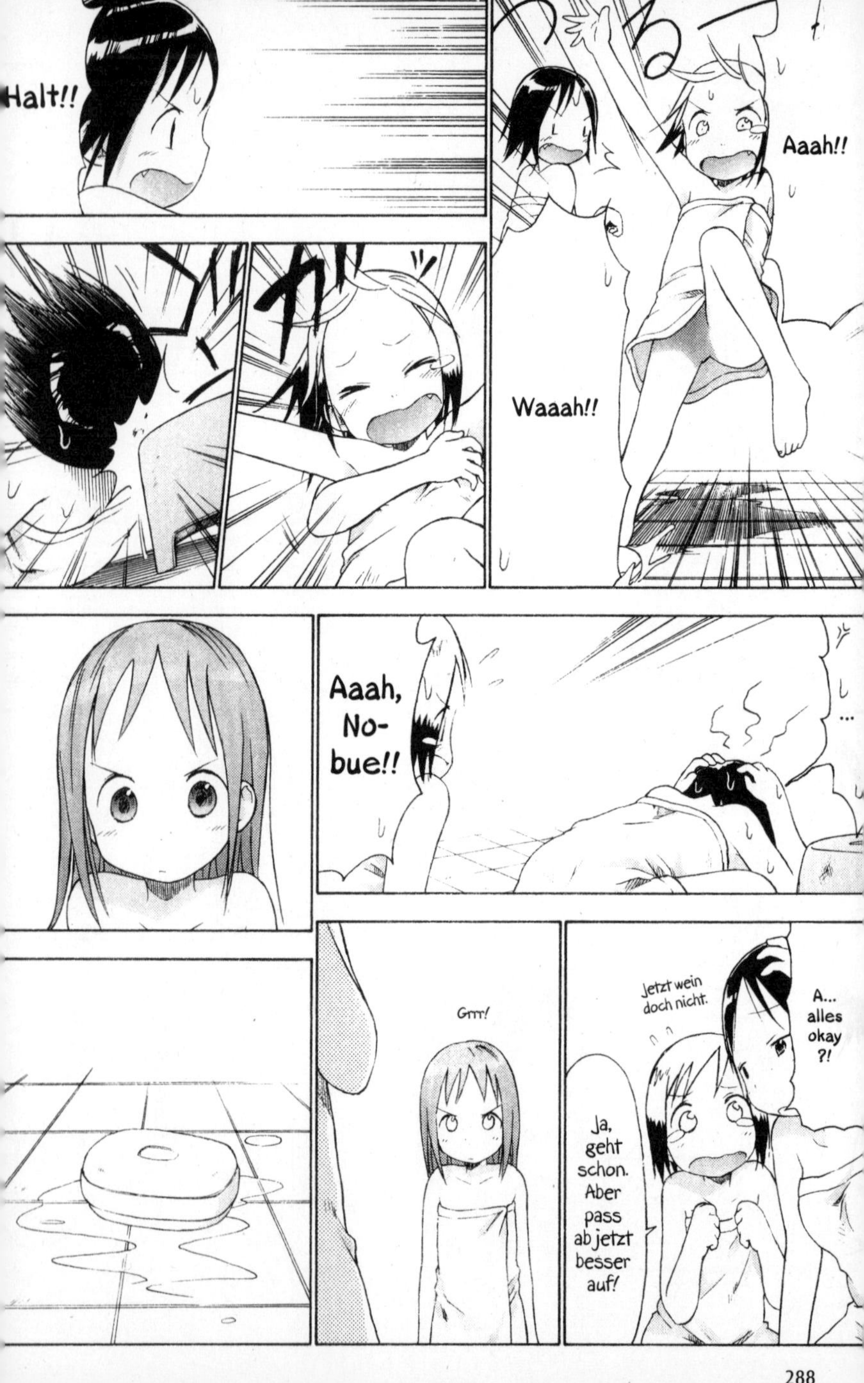
Aaah!!
Halt!!
Waaah!!
...
Aaah, No-bue!!
A... alles okay?!
Jetzt wein doch nicht.
Ja, geht schon. Aber pass ab jetzt besser auf!
Grrr!

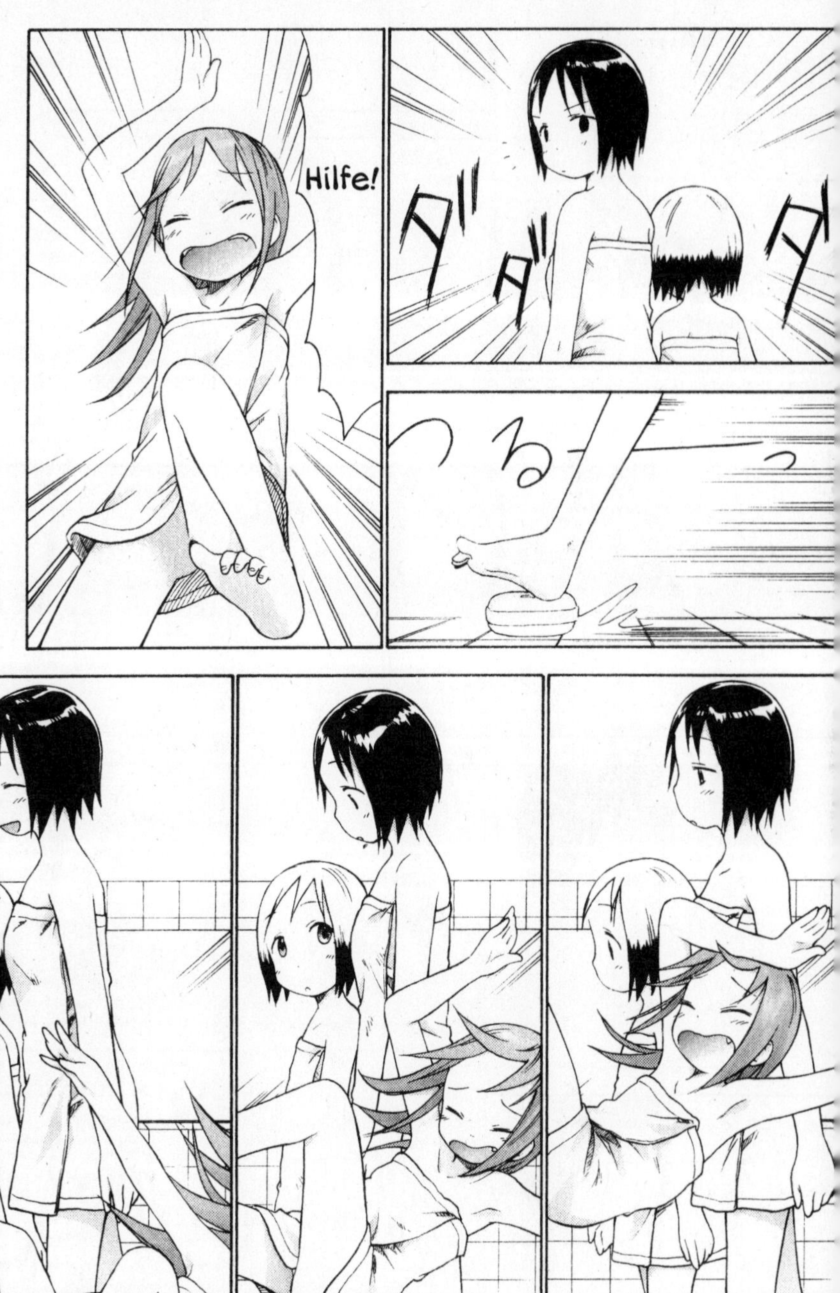
タ
ダ
ダ
つるーっ
Hilfe!

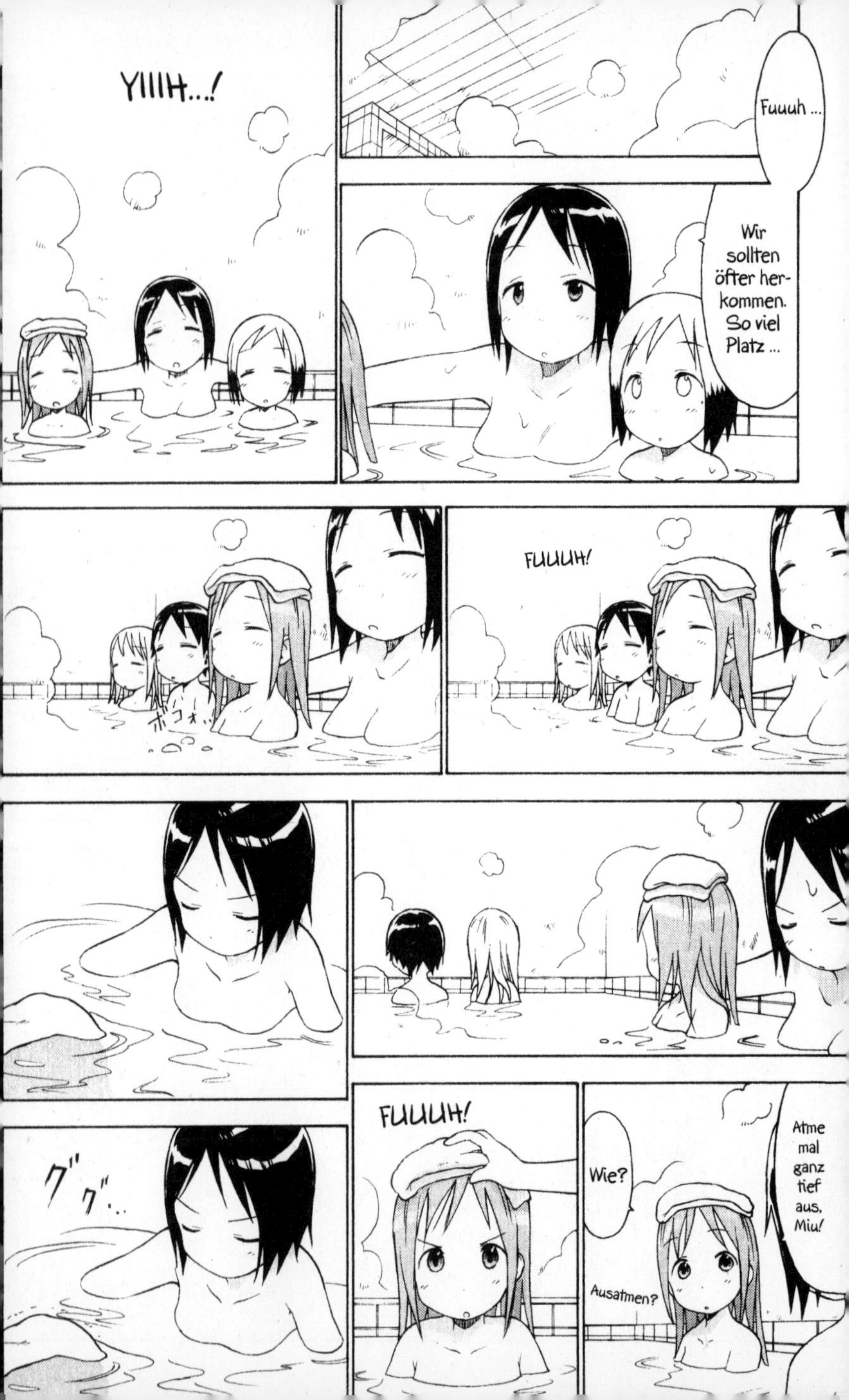

Fuuuh ...

Wir sollten öfter herkommen. So viel Platz ...

YIIIH...!

FUUUH!

ボコォ...

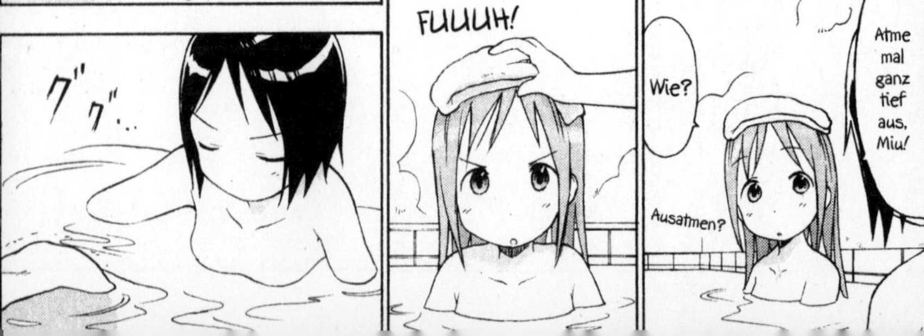

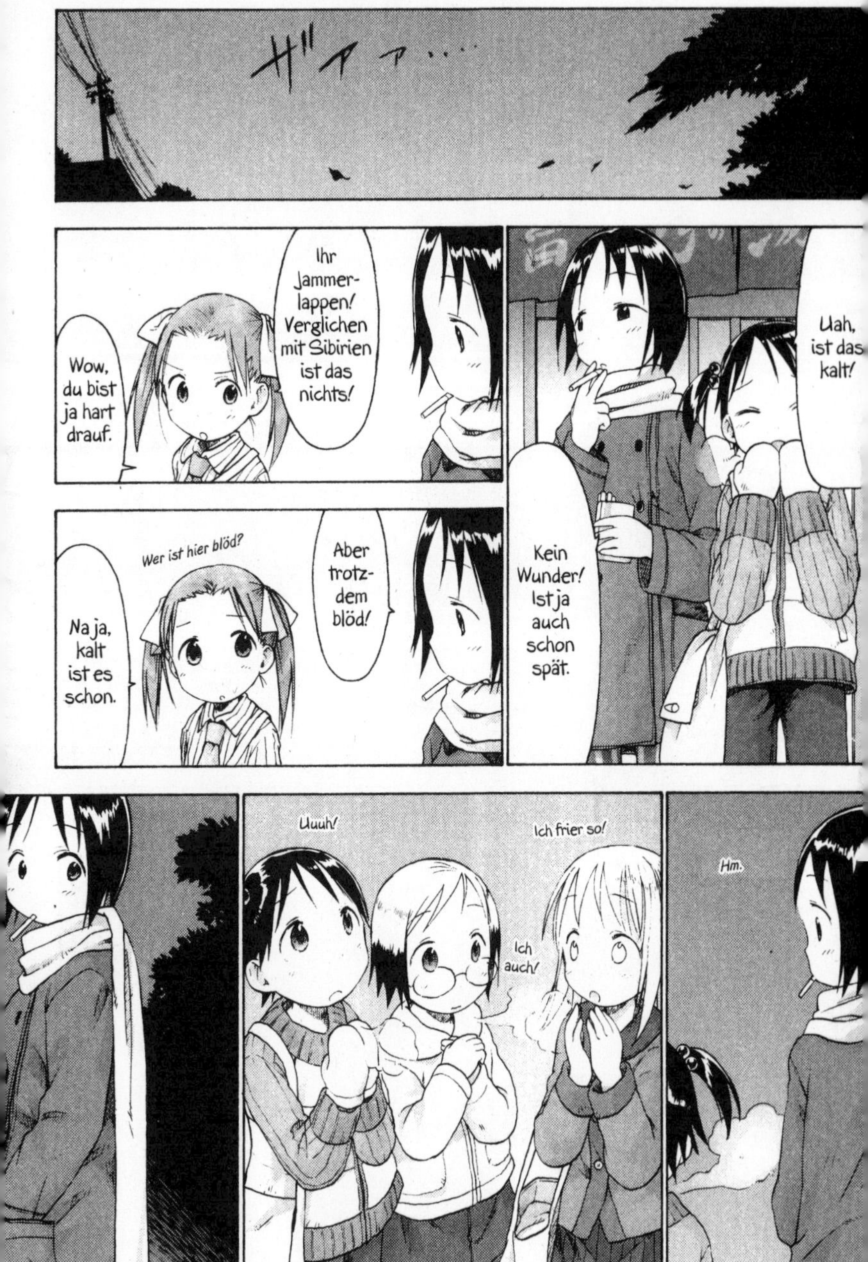

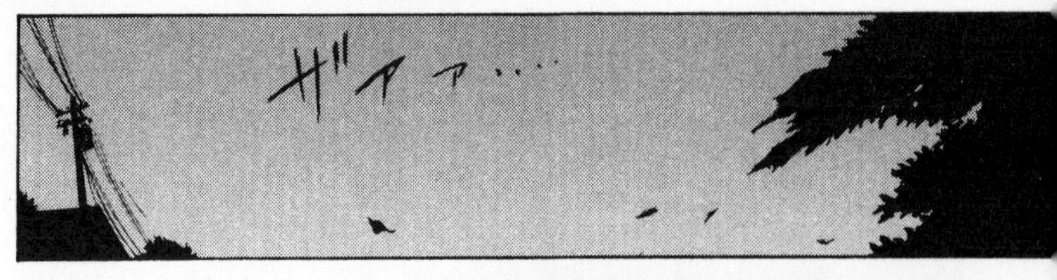
ザァァ…

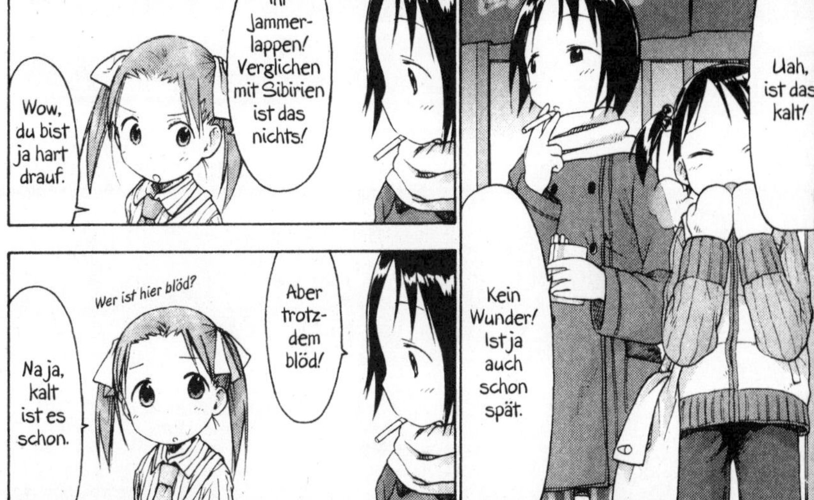
Uah, ist das kalt!
Kein Wunder! Ist ja auch schon spät.
Ihr Jammerlappen! Verglichen mit Sibirien ist das nichts!
Wow, du bist ja hart drauf.
Aber trotzdem blöd!
Wer ist hier blöd?
Na ja, kalt ist es schon.

Hm.
Ich frier so!
Ich auch!
Uuuh!

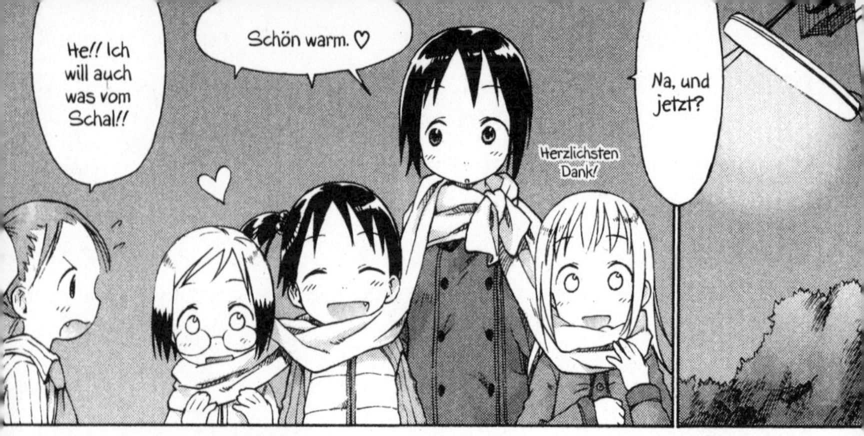
Na, und jetzt?
Herzlichsten Dank!
Schön warm. ♡
He!! Ich will auch was vom Schal!!

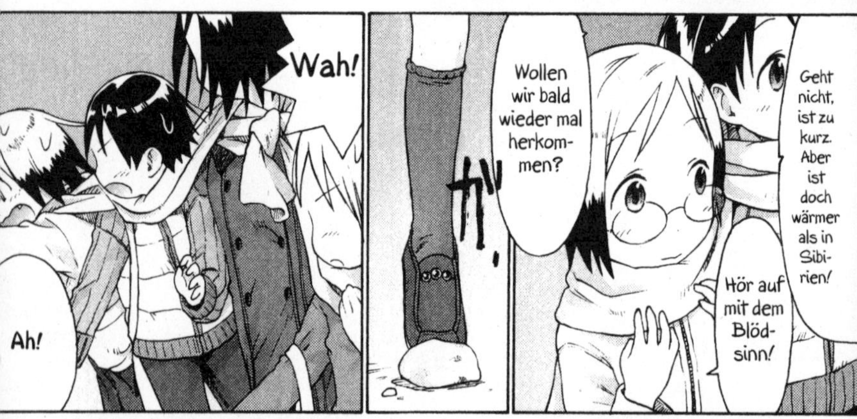
Geht nicht, ist zu kurz. Aber ist doch wärmer als in Sibirien!
Hör auf mit dem Blödsinn!
Wollen wir bald wieder mal herkommen?
Wah!
Ah!

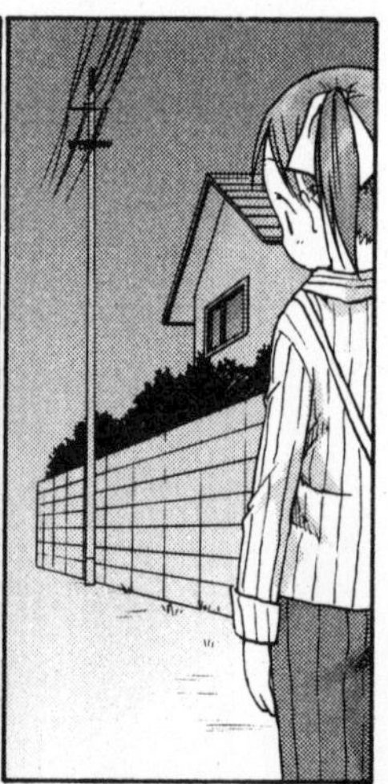

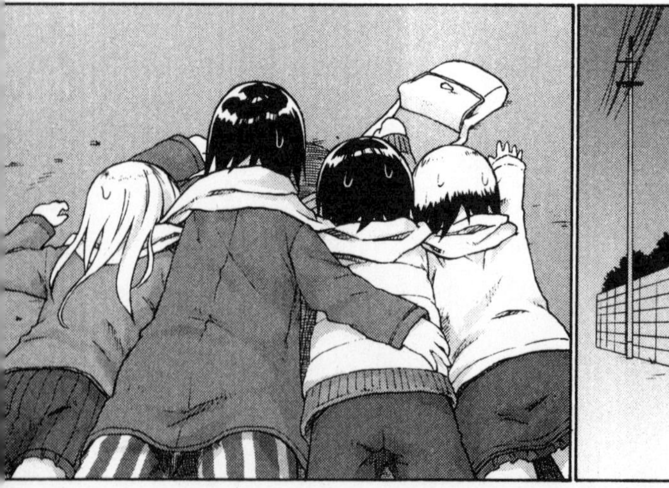

HALLO JOB

nobue

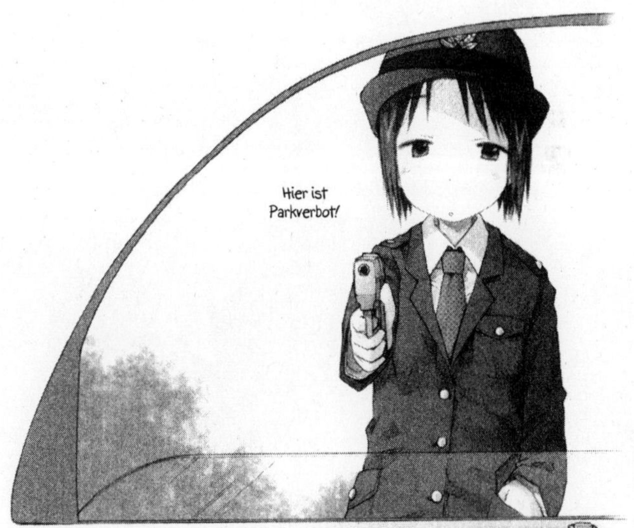

Polizistin

HALLO JOB

chika

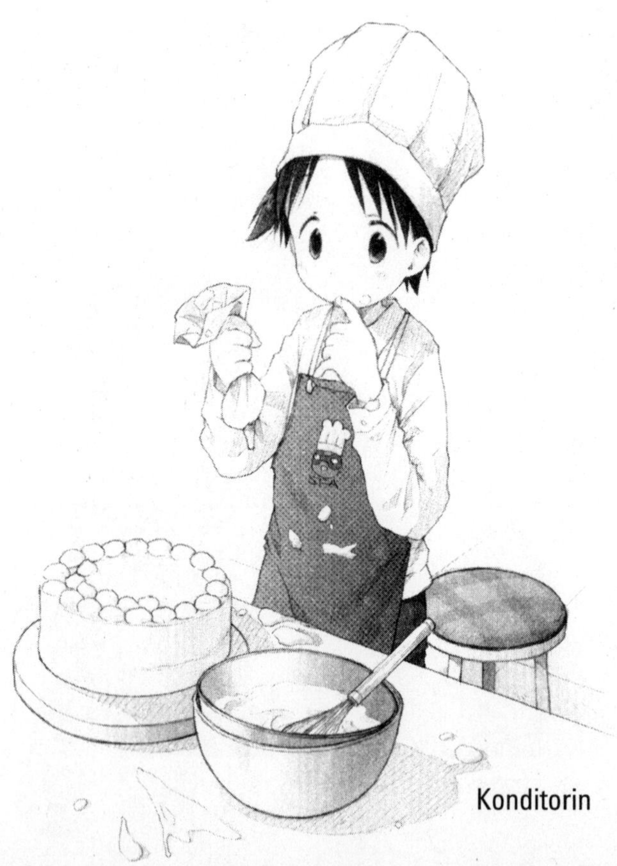

Konditorin

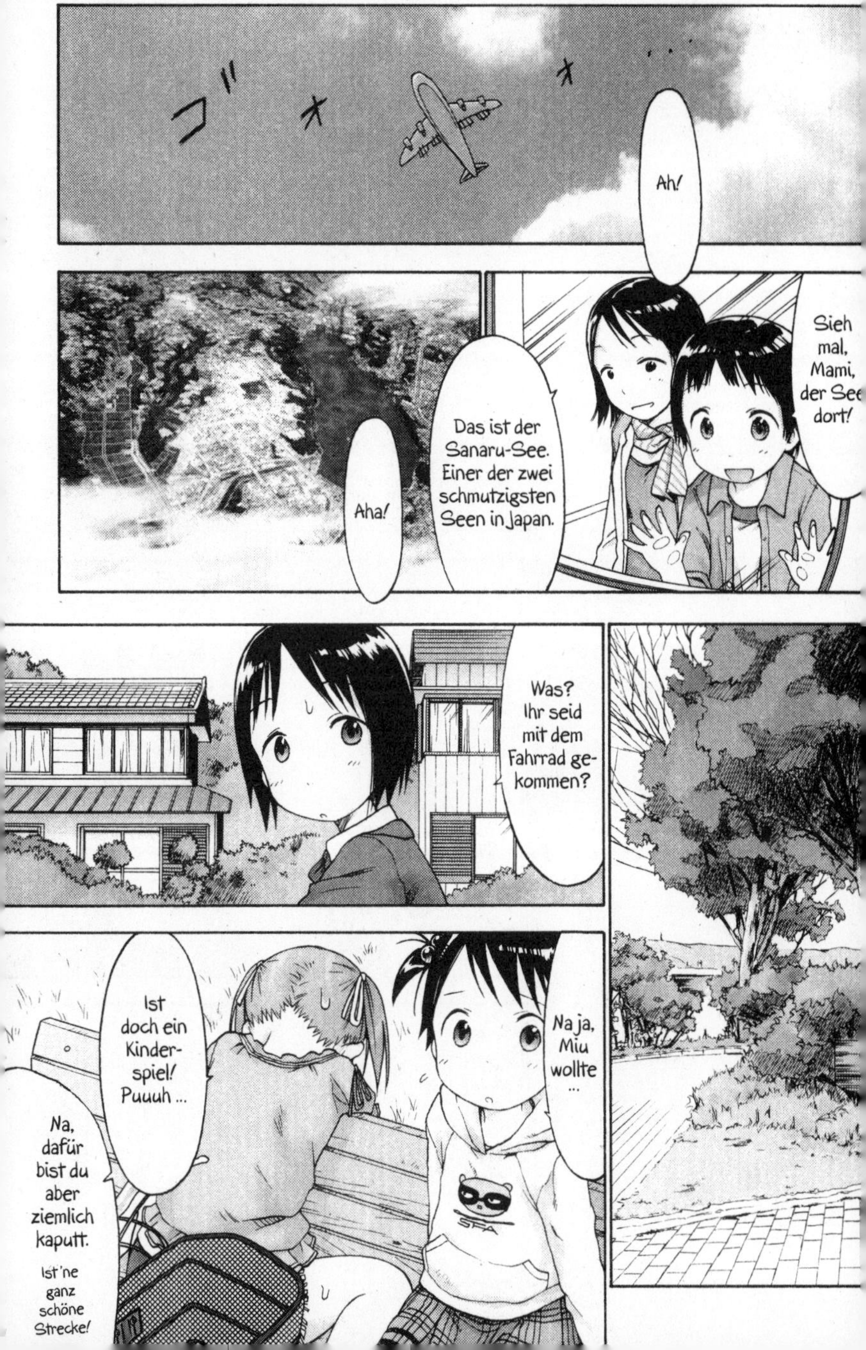

ゴオ オ…

Ah!

Sieh mal, Mami, der See dort!

Das ist der Sanaru-See. Einer der zwei schmutzigsten Seen in Japan.

Aha!

Was? Ihr seid mit dem Fahrrad gekommen?

Na ja, Miu wollte ...

Ist doch ein Kinderspiel! Puuuh ...

Na, dafür bist du aber ziemlich kaputt.

Ist'ne ganz schöne Strecke!

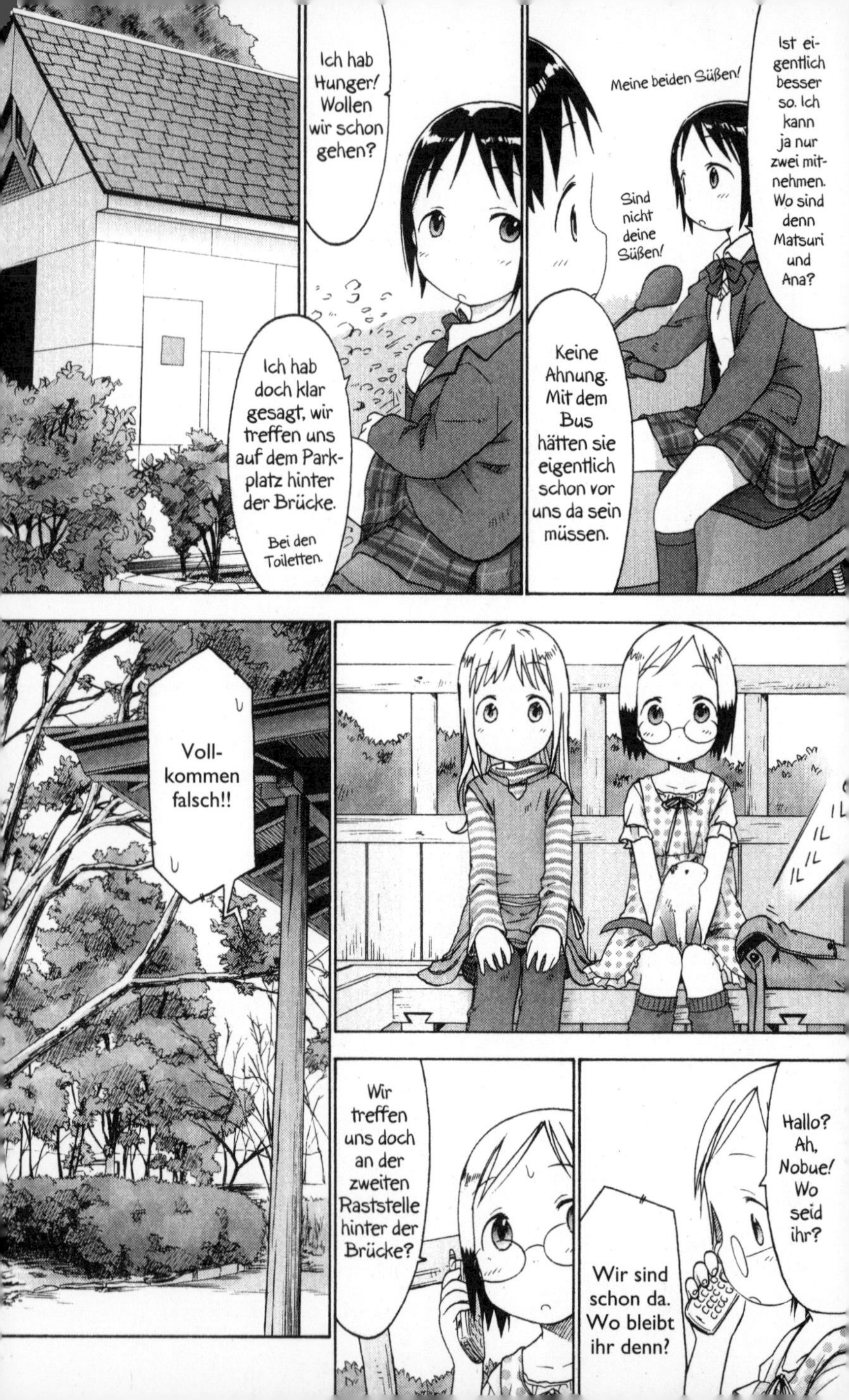

Ist eigentlich besser so. Ich kann ja nur zwei mitnehmen. Wo sind denn Matsuri und Ana?
Meine beiden Süßen!
Sind nicht deine Süßen!
Keine Ahnung. Mit dem Bus hätten sie eigentlich schon vor uns da sein müssen.
Ich hab Hunger! Wollen wir schon gehen?
Ich hab doch klar gesagt, wir treffen uns auf dem Parkplatz hinter der Brücke.
Bei den Toiletten.
IL IL IL IL
Hallo? Ah, Nobue! Wo seid ihr?
Wir sind schon da. Wo bleibt ihr denn?
Wir treffen uns doch an der zweiten Raststelle hinter der Brücke?
Vollkommen falsch!!

KAPITEL 18
Zur Anwendung linearer Gleichungen

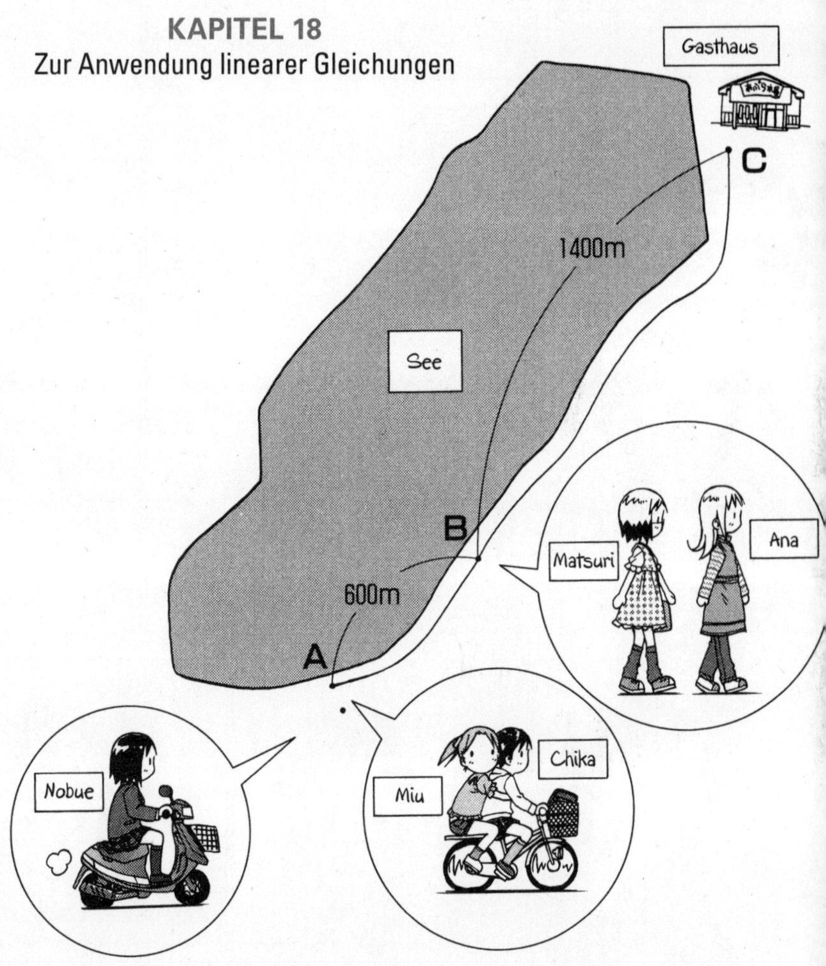

Bevor ihr folgende Fragen beantwortet, lest lieber die vorigen und die nächsten Seiten durch!

Miu, Chika und Nobue befinden sich 2 km, Matsuri und Ana 1,4 km vom Gasthaus entfernt. Um 13:10 Uhr fährt Nobue auf dem Motorroller mit einer Geschwindigkeit von 600m/min, Chika und Miu auf dem Fahrrad mit einer Geschwindigkeit von 150m/min von Punkt A zum Gasthaus (Punkt C). Matsuri und Ana gehen zu Fuß mit einer Geschwindigkeit von 70m/min von Punkt B zum Gasthaus (Punkt C).

Unterwegs trifft Nobue auf Matsuri und Ana und nimmt sie auf ihrem Motorroller mit. Wann kommen die drei mit dem Motorroller beim Gasthaus an? Wann kommen Chika und Miu mit dem Fahrrad an?

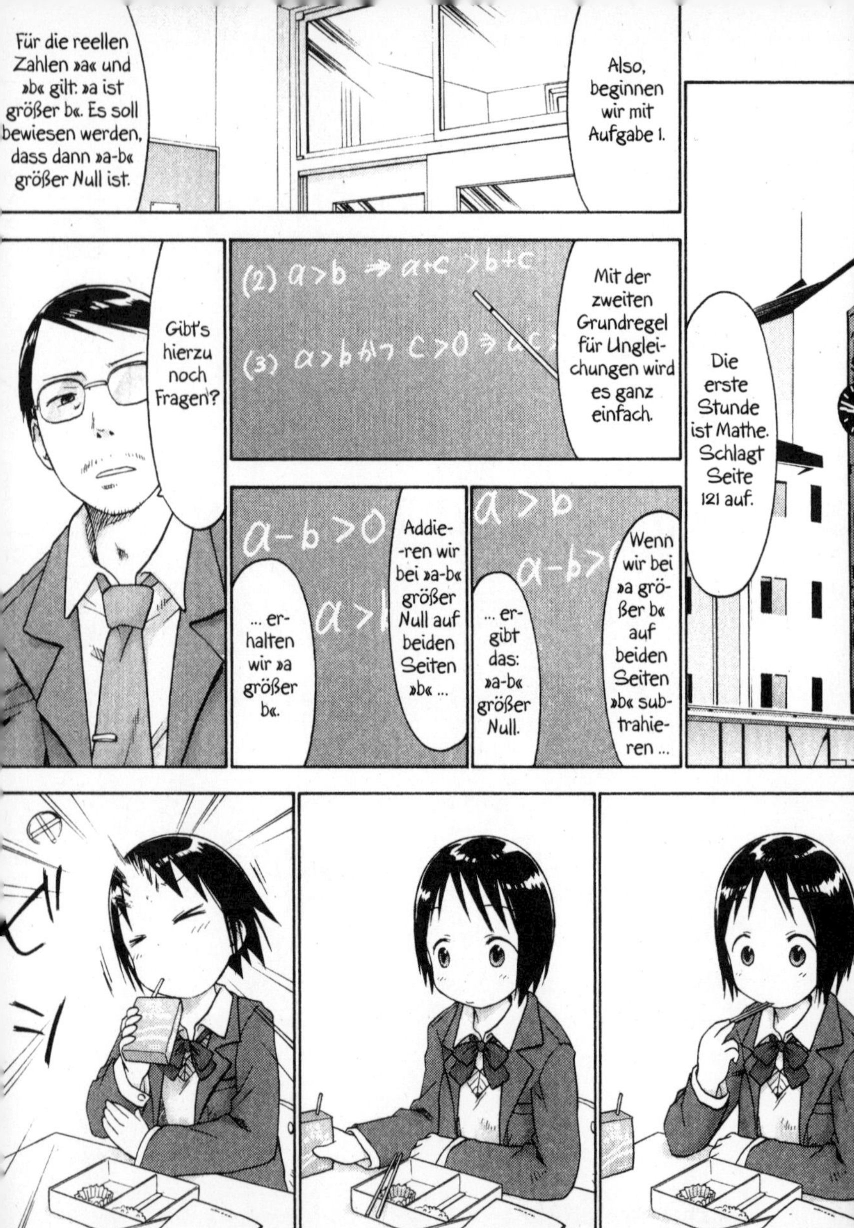
Die erste Stunde ist Mathe. Schlagt Seite 121 auf.
Also, beginnen wir mit Aufgabe 1.
Für die reellen Zahlen »a« und »b« gilt: »a ist größer b«. Es soll bewiesen werden, dass dann »a-b« größer Null ist.
Mit der zweiten Grundregel für Ungleichungen wird es ganz einfach.
(2) a > b ⇒ a+c > b+c
Wenn wir bei »a größer b« auf beiden Seiten »b« subtrahieren ...
... ergibt das: »a-b« größer Null.
Addieren wir bei »a-b« größer Null auf beiden Seiten »b« ...
... erhalten wir »a größer b«.
Gibt's hierzu noch Fragen?

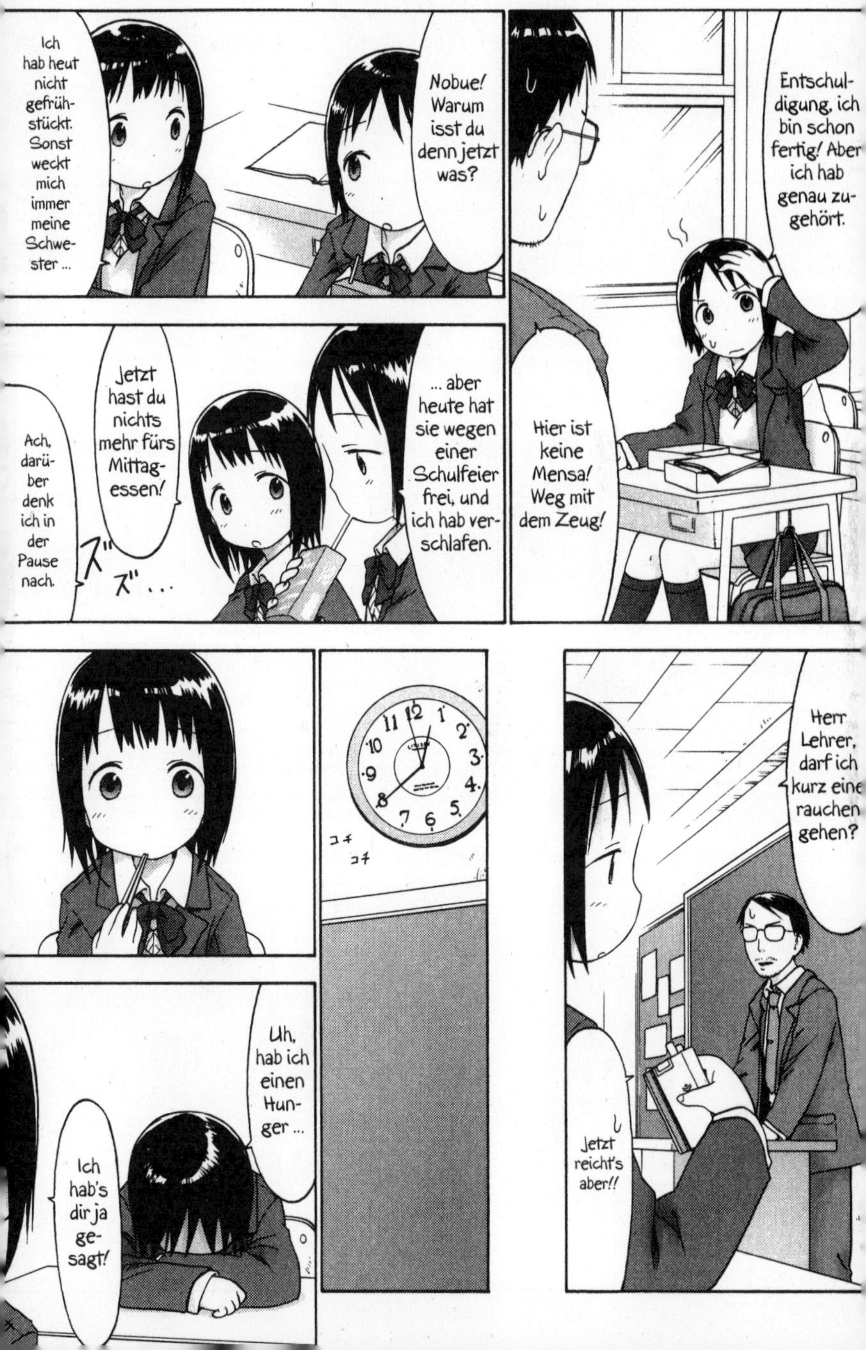

Entschuldigung, ich bin schon fertig! Aber ich hab genau zugehört.

Hier ist keine Mensa! Weg mit dem Zeug!

Nobue! Warum isst du denn jetzt was?

Ich hab heut nicht gefrühstückt. Sonst weckt mich immer meine Schwester ...

... aber heute hat sie wegen einer Schulfeier frei, und ich hab verschlafen.

Jetzt hast du nichts mehr fürs Mittagessen!

Ach, darüber denk ich in der Pause nach.

ズズ…

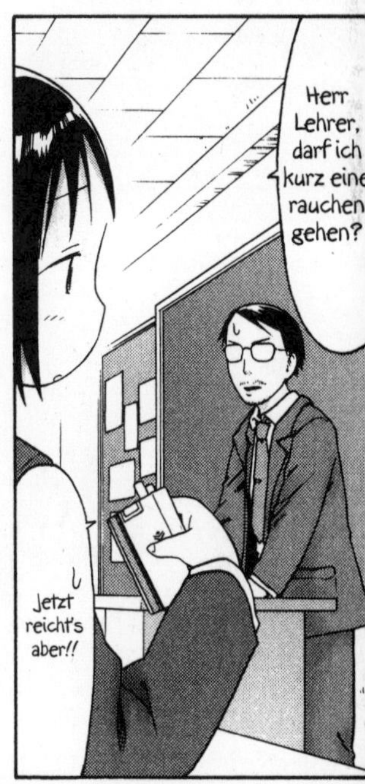

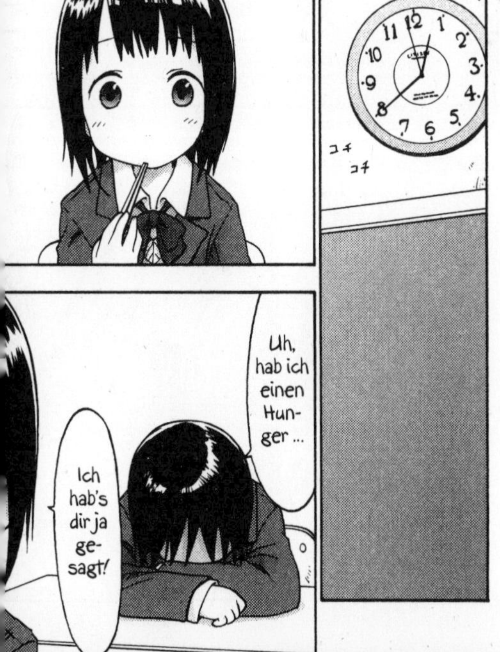

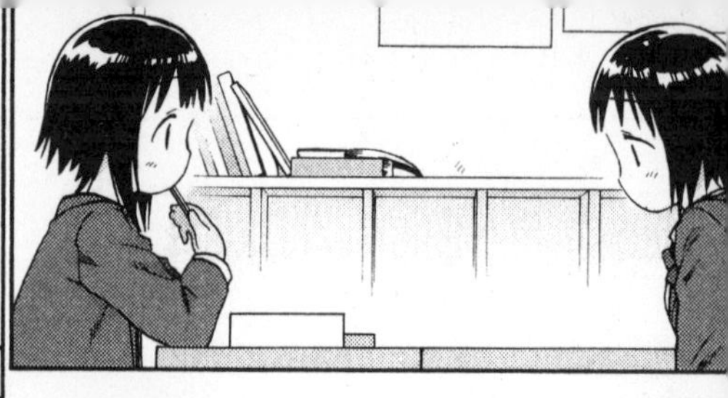

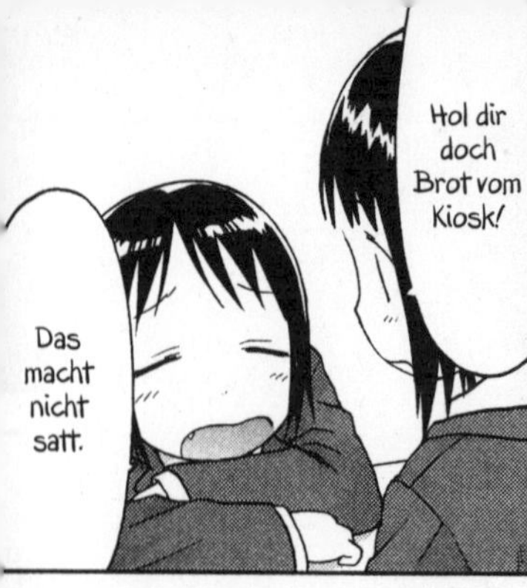
Hol dir doch Brot vom Kiosk!
Das macht nicht satt.

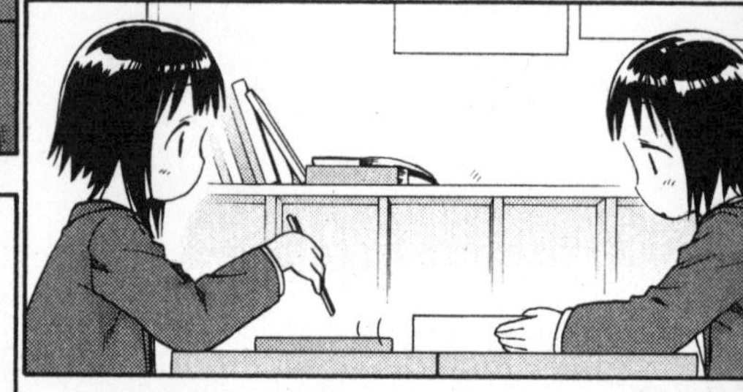

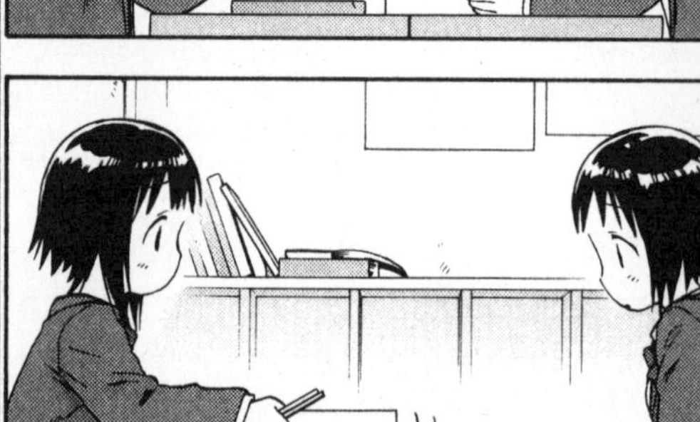

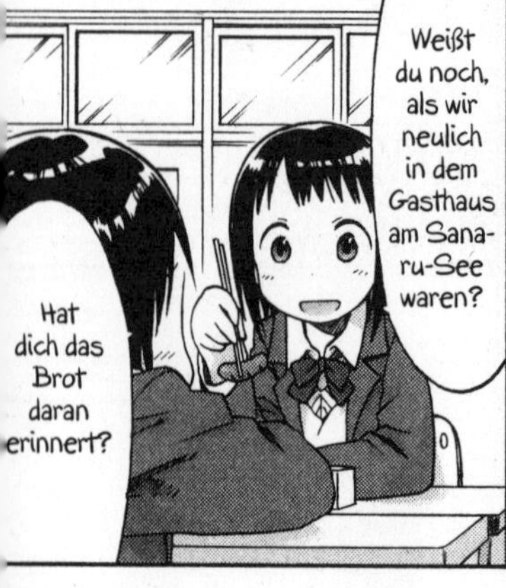
Weißt du noch, als wir neulich in dem Gasthaus am Sanaru-See waren?
Hat dich das Brot daran erinnert?

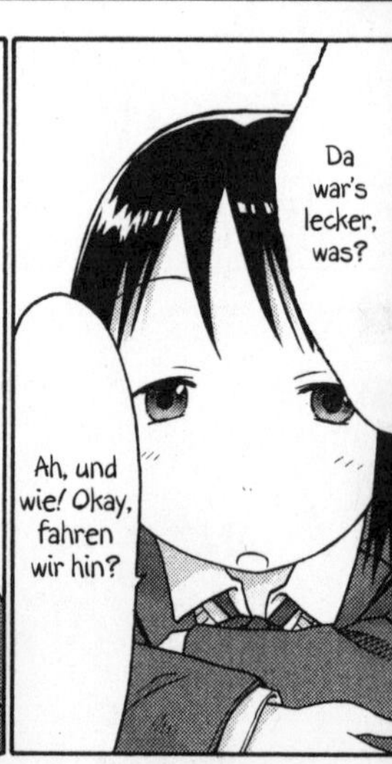
Da war's lecker, was?
Ah, und wie! Okay, fahren wir hin?

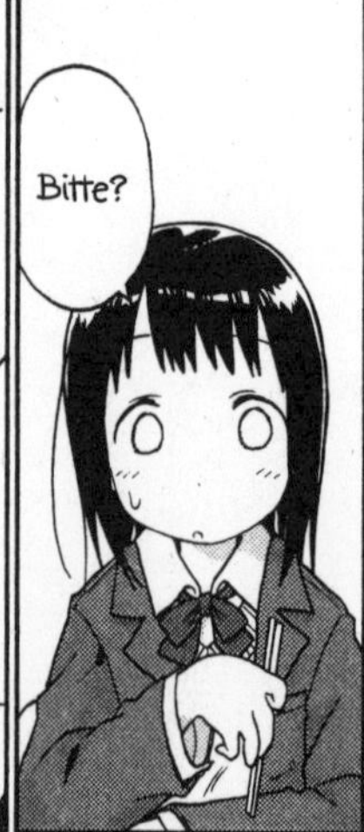
Bitte?

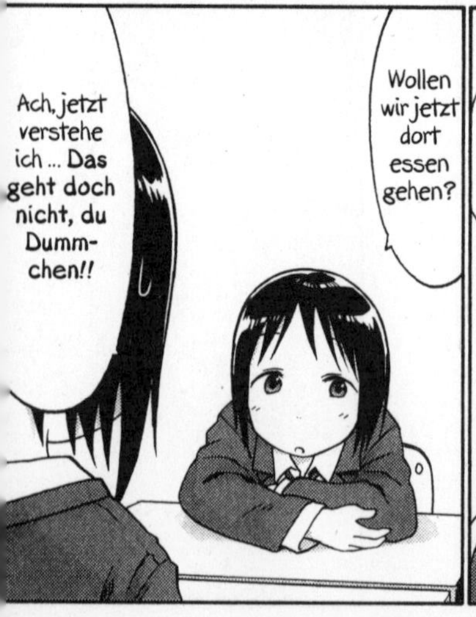
Wollen wir jetzt dort essen gehen?
Ach, jetzt verstehe ich ... Das geht doch nicht, du Dummchen!!

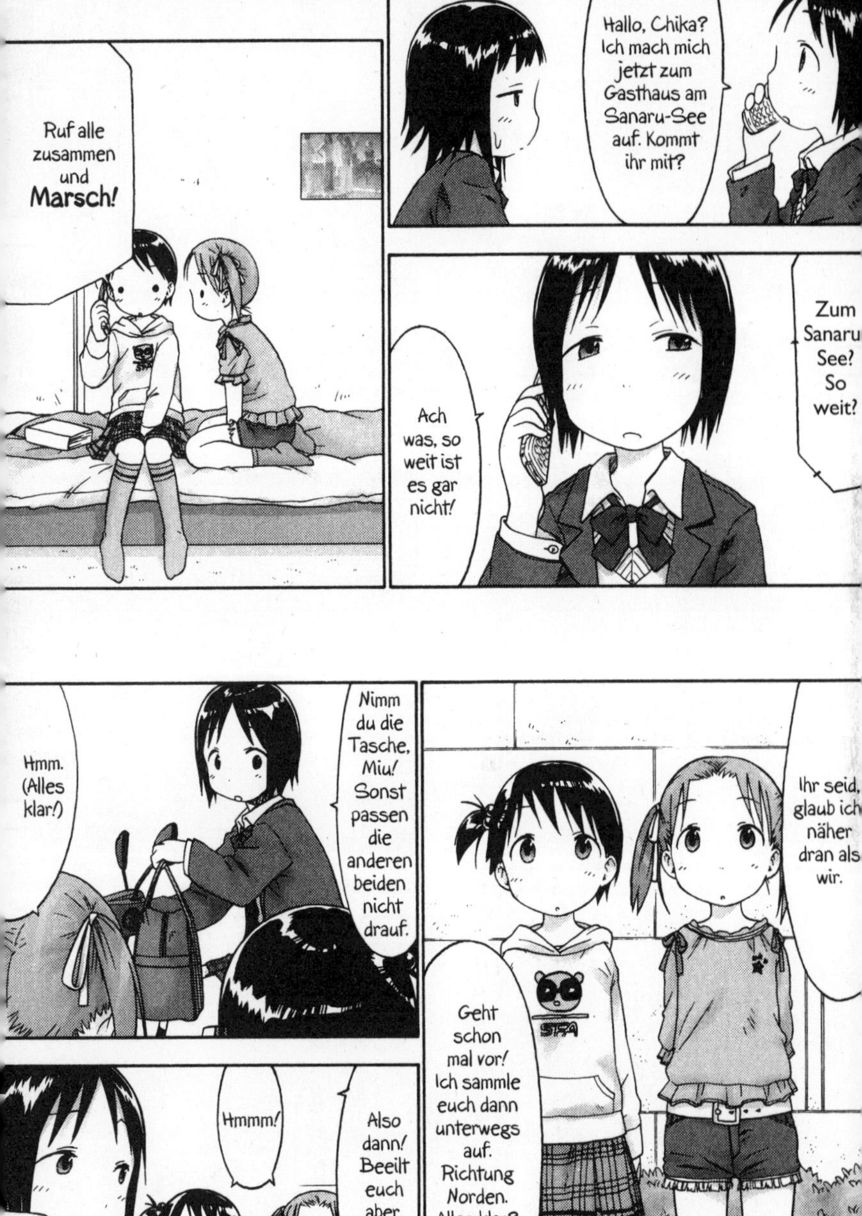
Hallo, Chika? Ich mach mich jetzt zum Gasthaus am Sanaru-See auf. Kommt ihr mit?
Zum Sanaru See? So weit?
Ach was, so weit ist es gar nicht!
Ruf alle zusammen und Marsch!
Ihr seid, glaub ich, näher dran als wir.
Geht schon mal vor! Ich sammle euch dann unterwegs auf. Richtung Norden. Alles klar? Bis dann!
Nimm du die Tasche, Miu! Sonst passen die anderen beiden nicht drauf.
Hmm. (Alles klar!)
Also dann! Beeilt euch aber, ja?
Hmmm!
Könnt ihr nicht ordentlich reden?

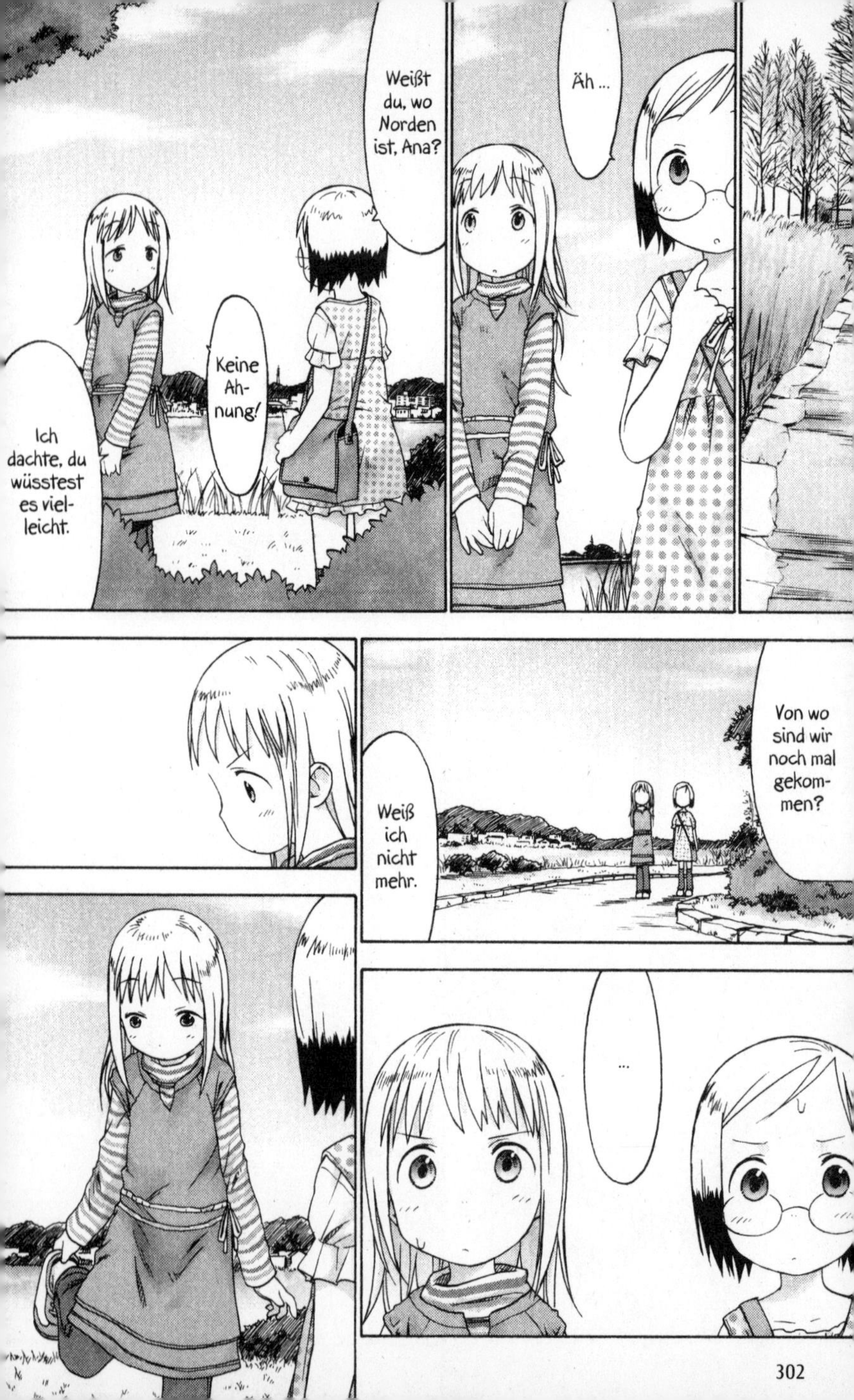
Weißt du, wo Norden ist, Ana?
Äh ...
Keine Ah-nung!
Ich dachte, du wüsstest es viel-leicht.
Von wo sind wir noch mal gekom-men?
Weiß ich nicht mehr.
...

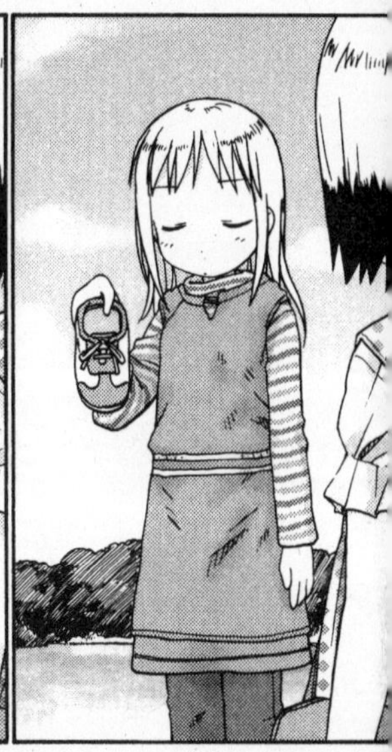

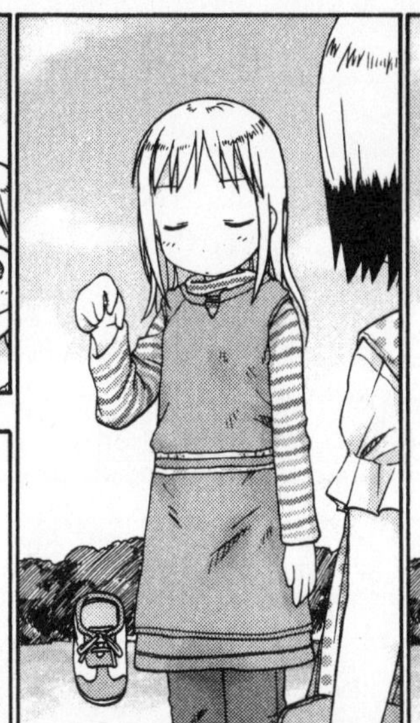

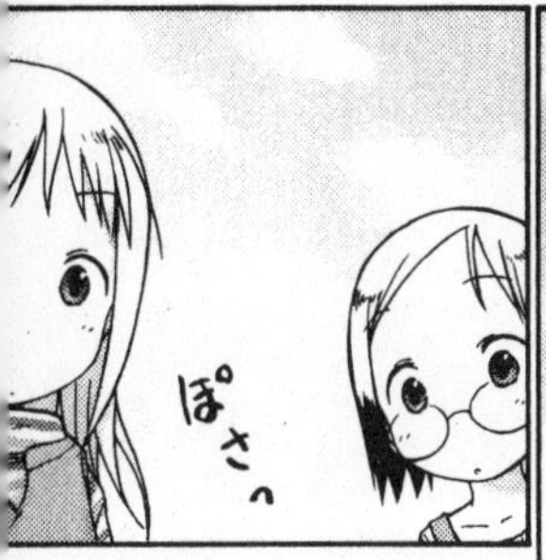
ぽさっ

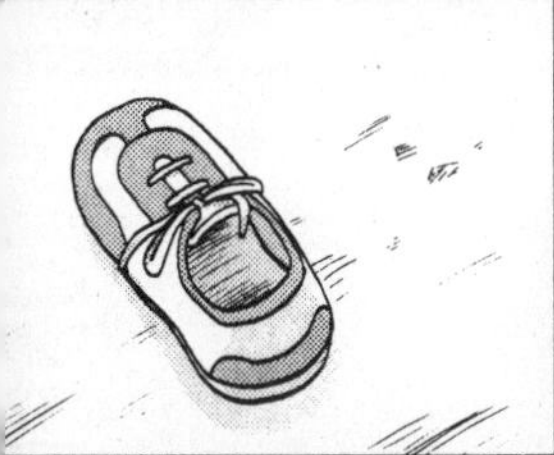

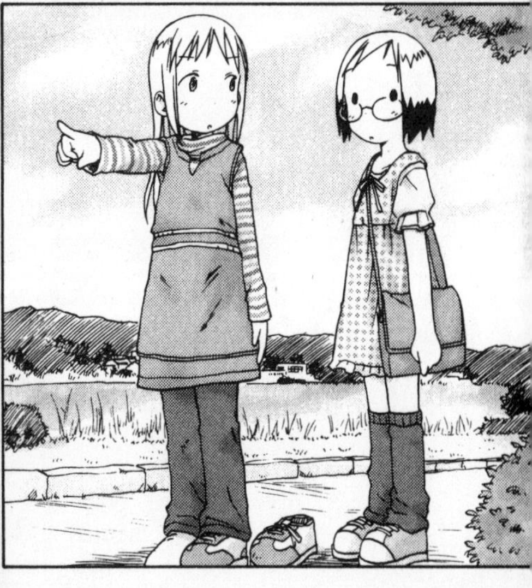

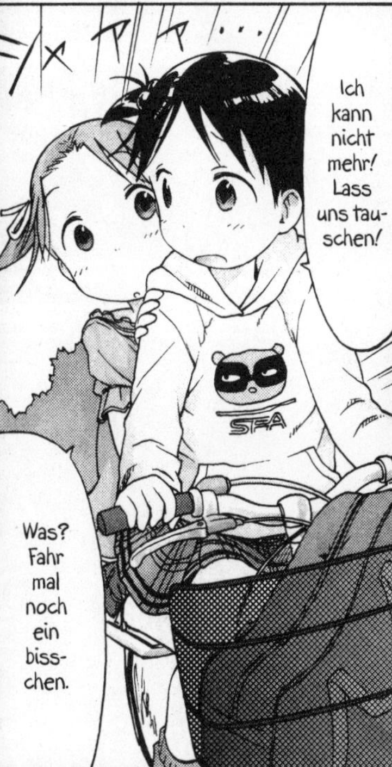
Ich kann nicht mehr! Lass uns tauschen!
Was? Fahr mal noch ein bisschen.

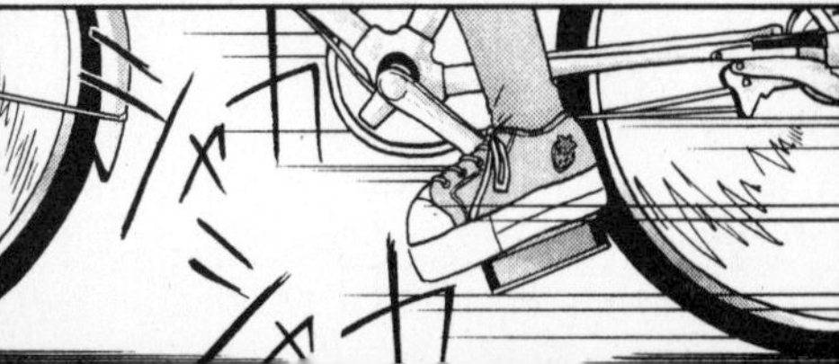

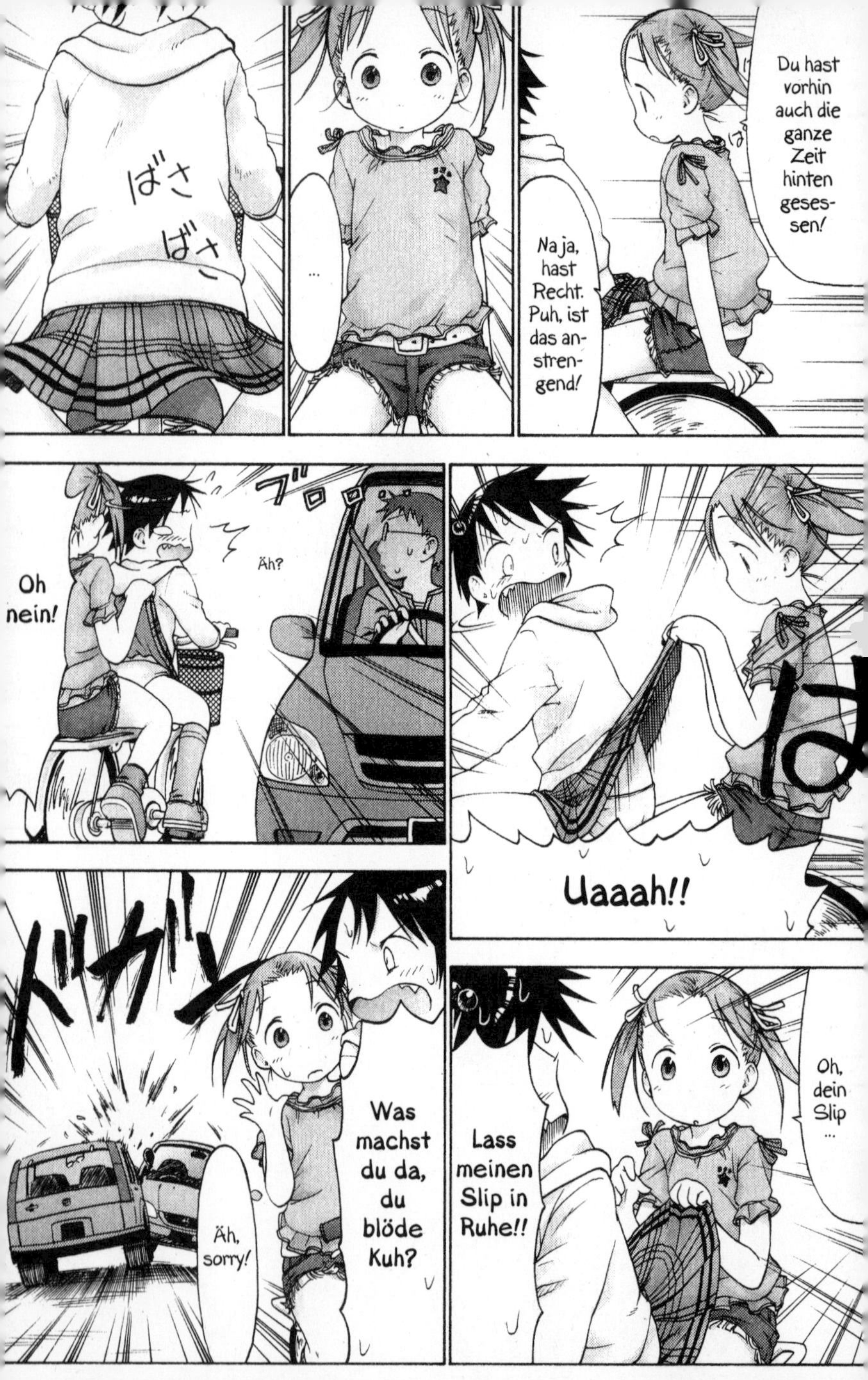

Du hast vorhin auch die ganze Zeit hinten geses-sen!

Na ja, hast Recht. Puh, ist das an-stren-gend!

...

ばさばさ

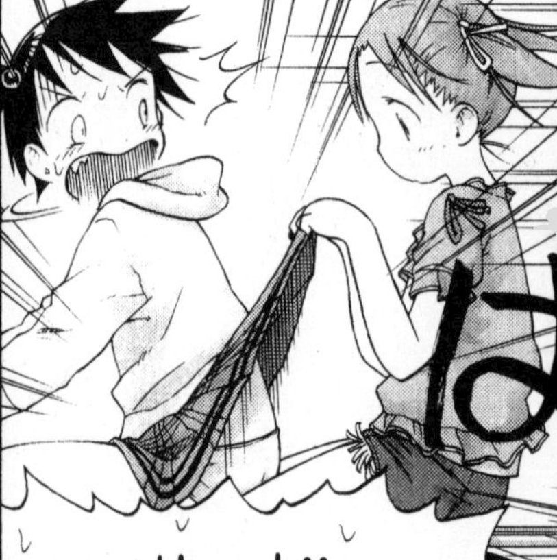

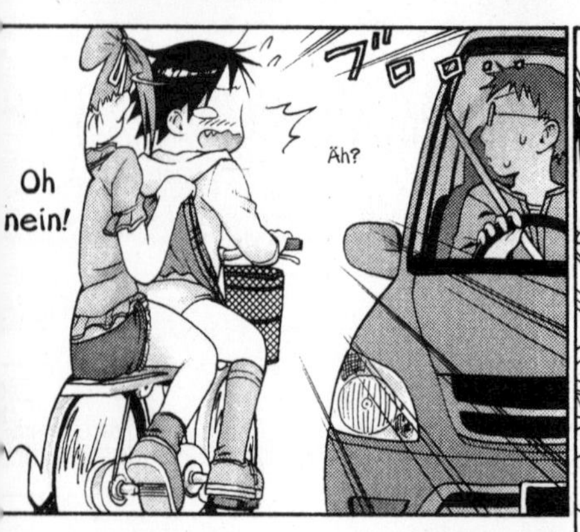

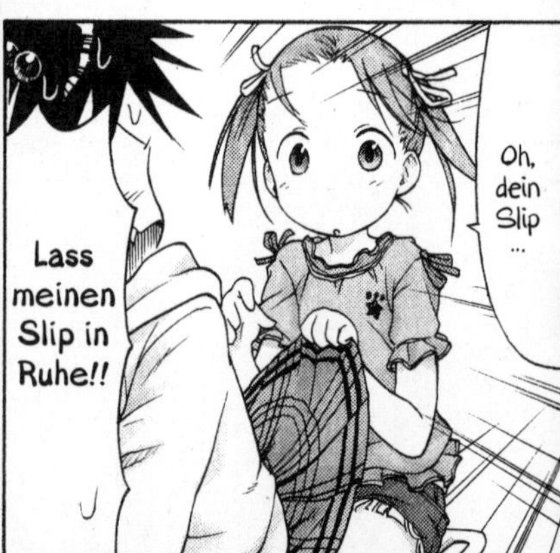

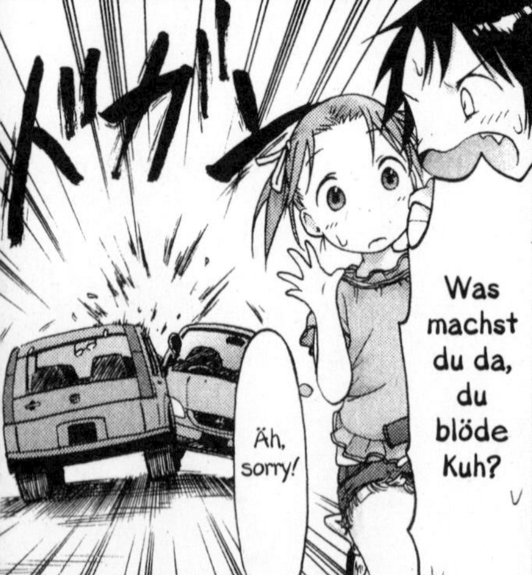

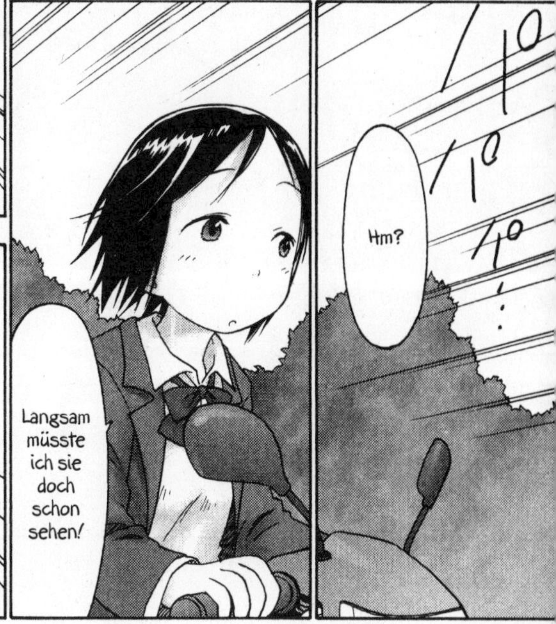
Hm?
Langsam müsste ich sie doch schon sehen!

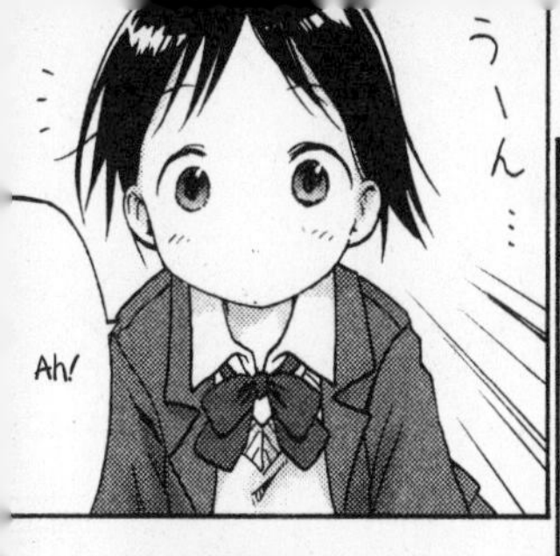
Ah!

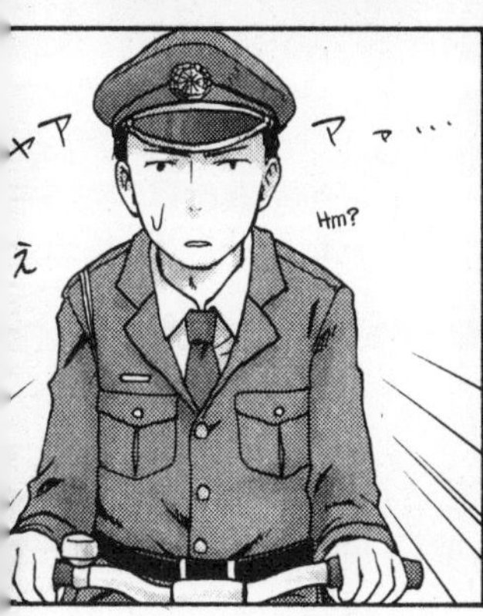
Hm?

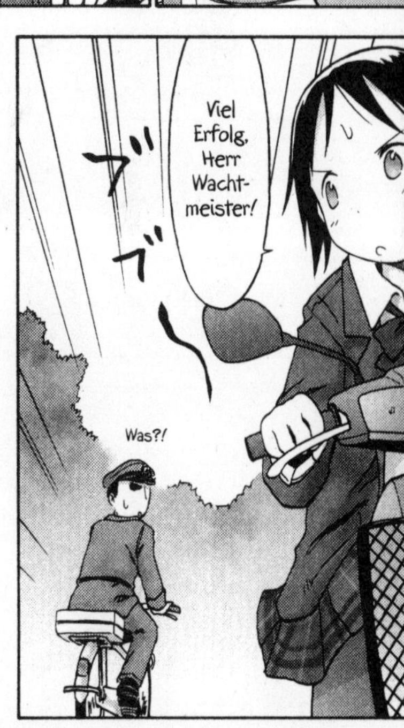
Viel Erfolg, Herr Wachtmeister!
Was?!

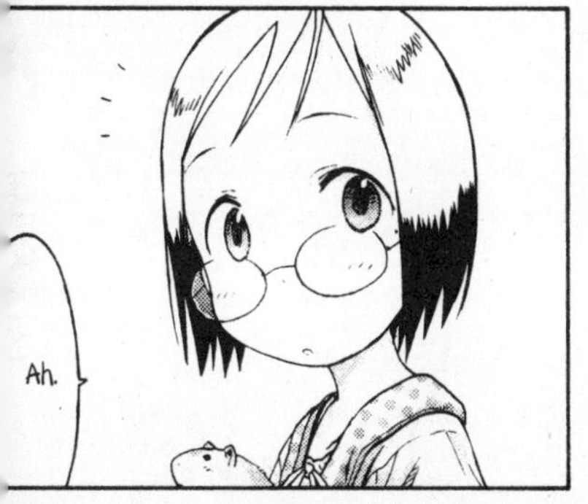
Ah.

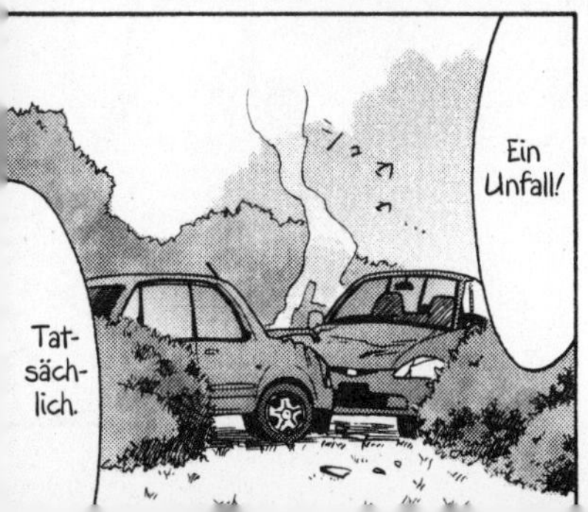
Ein Unfall!
Tatsächlich.

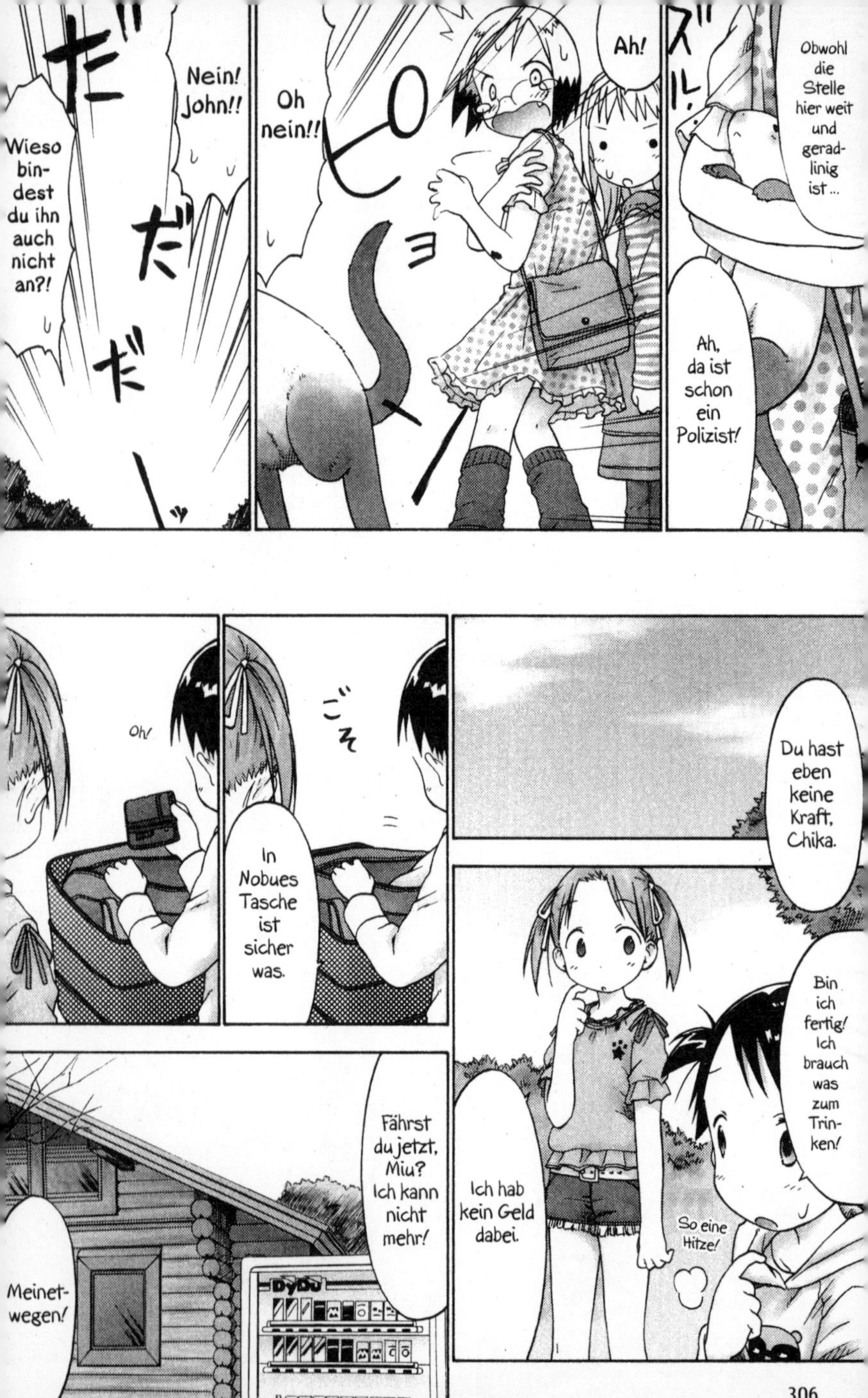
Obwohl die Stelle hier weit und geradlinig ist ...
Ah, da ist schon ein Polizist!
Ah!
Oh nein!!
Nein! John!!
Wieso bindest du ihn auch nicht an?!
Du hast eben keine Kraft, Chika.
Bin ich fertig! Ich brauch was zum Trinken!
So eine Hitze!
Ich hab kein Geld dabei.
In Nobues Tasche ist sicher was.
Oh!
Fährst du jetzt, Miu? Ich kann nicht mehr!
Meinetwegen!

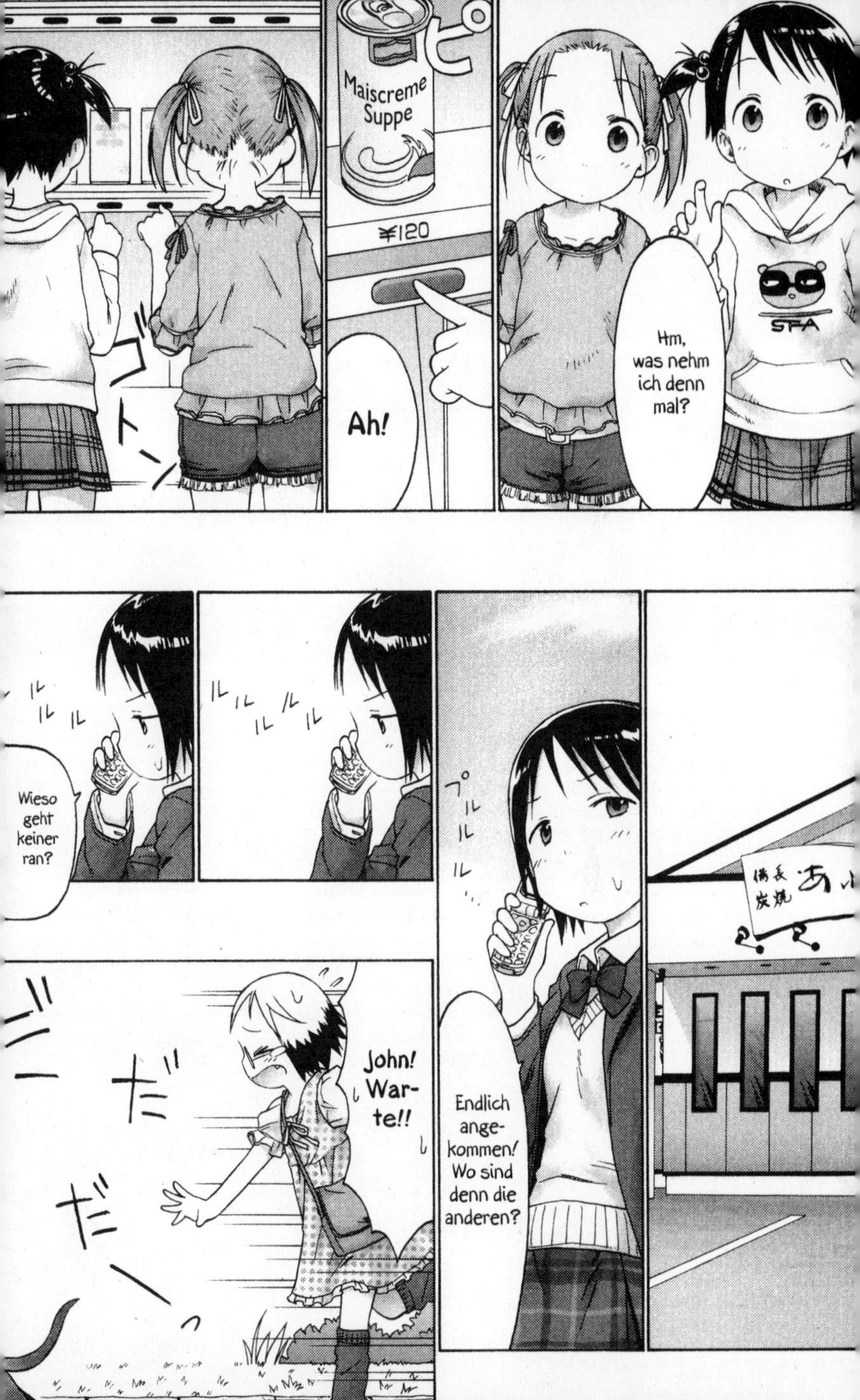
Hm, was nehm ich denn mal?
Maiscreme Suppe
¥120
Ah!
Endlich angekommen! Wo sind denn die anderen?
Wieso geht keiner ran?
John! Warte!!

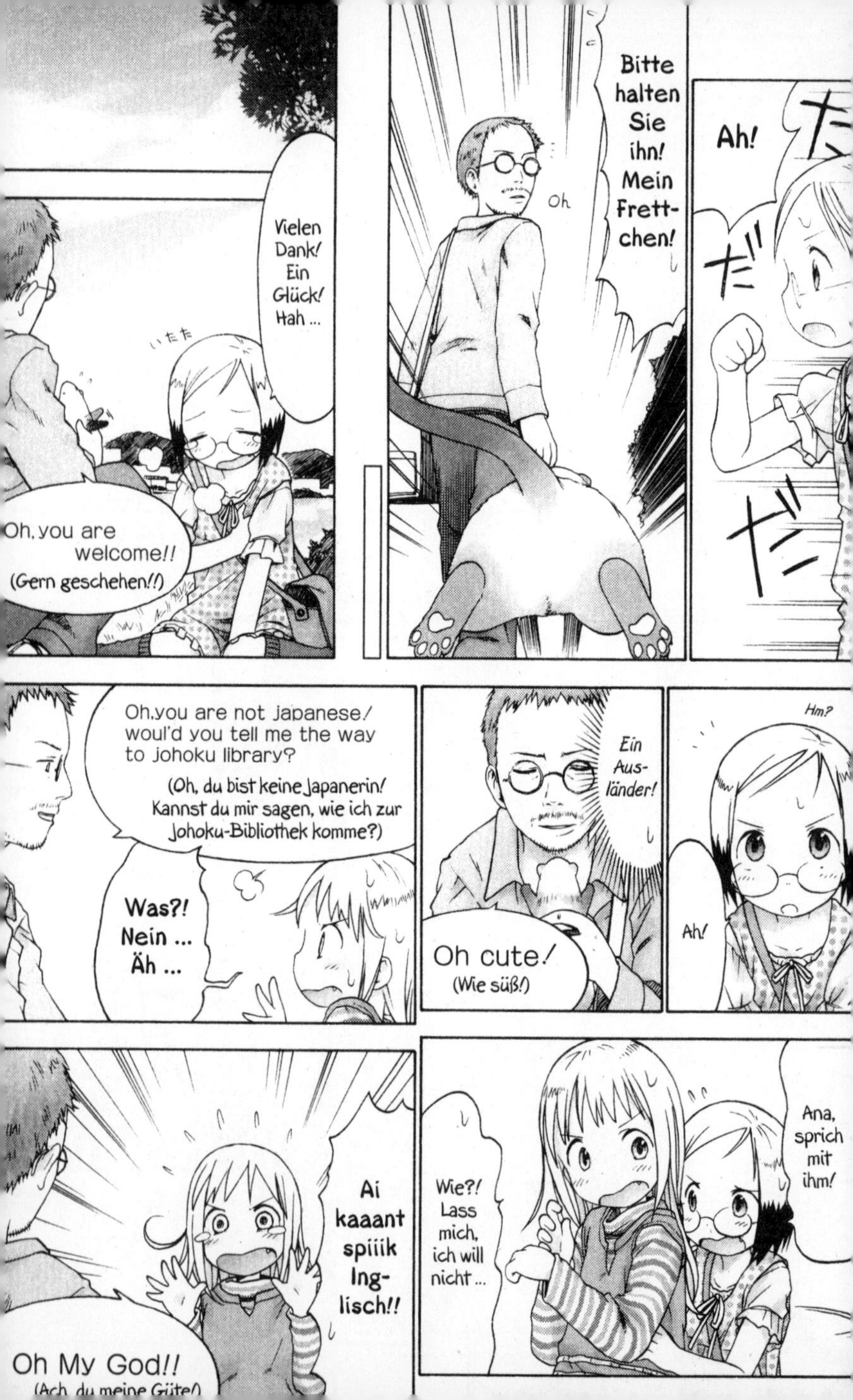
Ah!
Bitte halten Sie ihn! Mein Frettchen!
Oh
Vielen Dank! Ein Glück! Hah ...
いたた
Oh, you are welcome!!
(Gern geschehen!!)
Hm?
Ah!
Ein Aus-länder!
Oh cute!
(Wie süß!)
Oh, you are not japanese! woul'd you tell me the way to johoku library?
(Oh, du bist keine Japanerin! Kannst du mir sagen, wie ich zur Johoku-Bibliothek komme?)
Was?! Nein ... Äh ...
Ana, sprich mit ihm!
Wie?! Lass mich, ich will nicht ...
Ai kaaant spiiik Ing-lisch!!
Oh My God!!
(Ach, du meine Güte!)

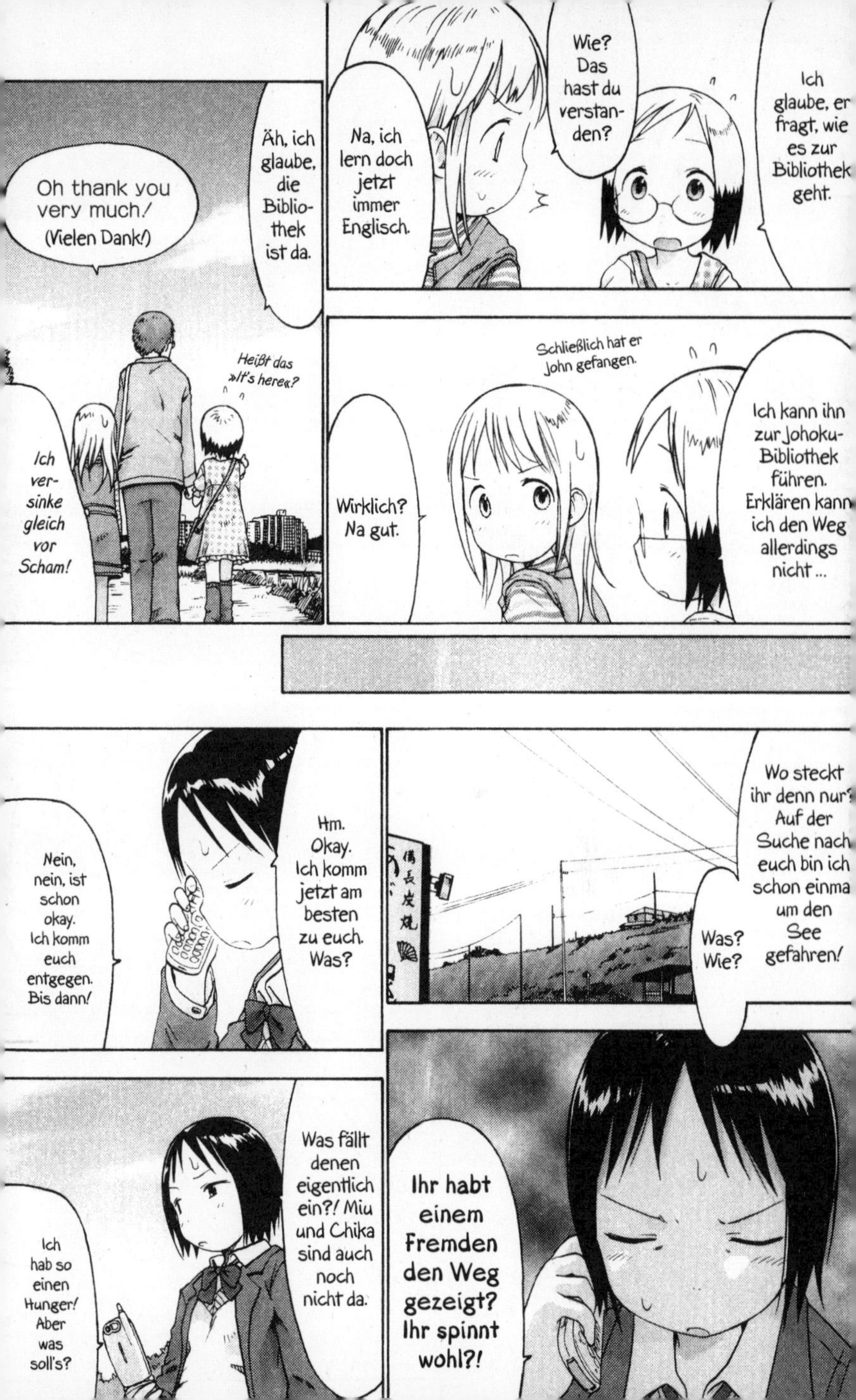
Ich glaube, er fragt, wie es zur Bibliothek geht.
Wie? Das hast du verstanden?
Na, ich lern doch jetzt immer Englisch.
Äh, ich glaube, die Bibliothek ist da.
Oh thank you very much! (Vielen Dank!)
Heißt das »It's here«?
Ich versinke gleich vor Scham!
Ich kann ihn zur Johoku-Bibliothek führen. Erklären kann ich den Weg allerdings nicht ...
Schließlich hat er John gefangen.
Wirklich? Na gut.
Wo steckt ihr denn nur? Auf der Suche nach euch bin ich schon einma um den See gefahren!
Was? Wie?
Hm. Okay. Ich komm jetzt am besten zu euch. Was?
Nein, nein, ist schon okay. Ich komm euch entgegen. Bis dann!
Ihr habt einem Fremden den Weg gezeigt? Ihr spinnt wohl?!
Was fällt denen eigentlich ein?! Miu und Chika sind auch noch nicht da.
Ich hab so einen Hunger! Aber was soll's?

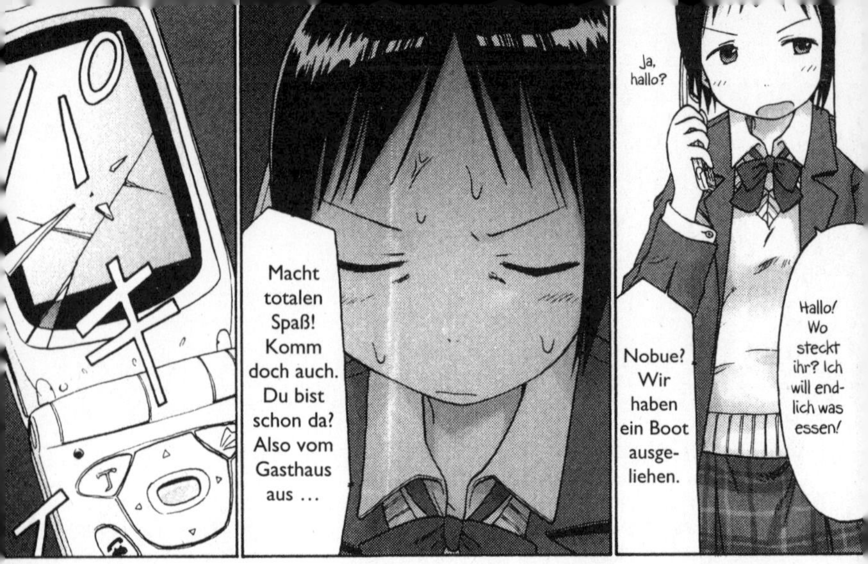

Ja, hallo?

Hallo! Wo steckt ihr? Ich will endlich was essen!

Nobue? Wir haben ein Boot ausgeliehen.

Macht totalen Spaß! Komm doch auch. Du bist schon da? Also vom Gasthaus aus …

ntworten

Nobue mit Matsuri und Ana: 16:52
Miu und Chika: 16:30
Die gestrichelte Linie steht für den Weg nach diesem Gespräch.)

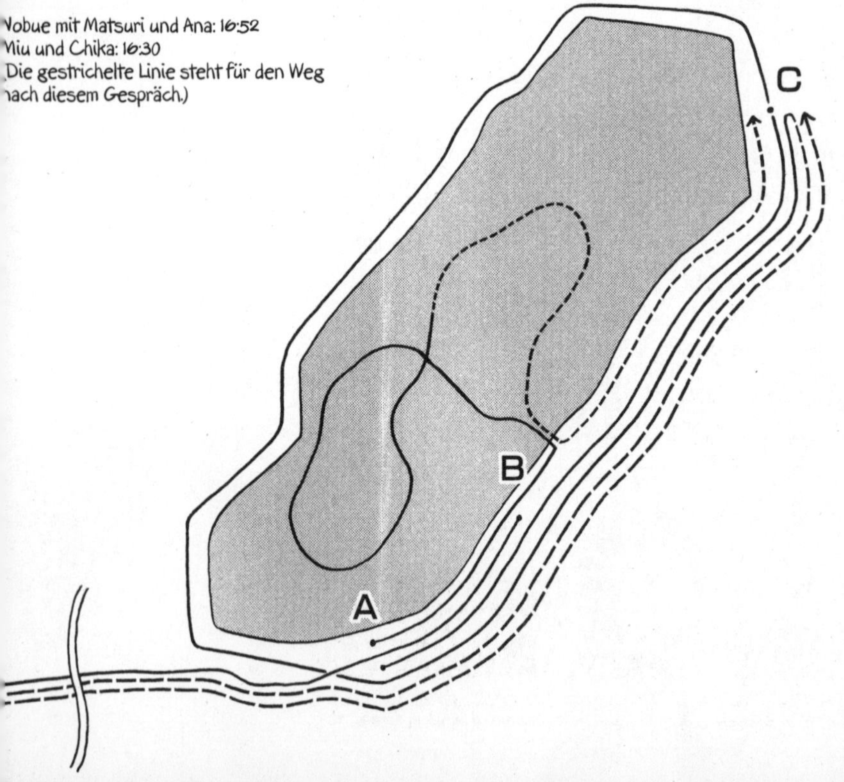

C

B

A

HALLO JOB

matsuri

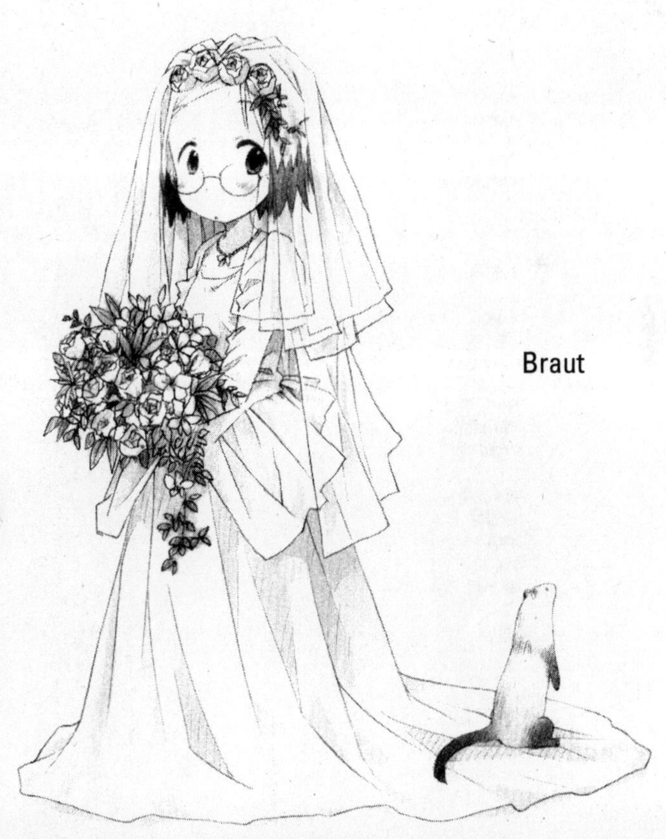

Braut

HALLO JOB

miu

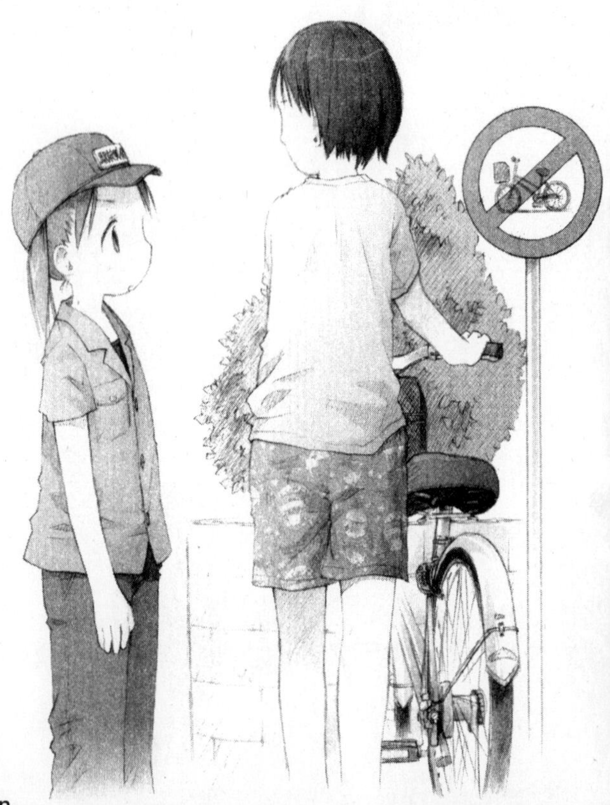

Fahrradkontrolleurin

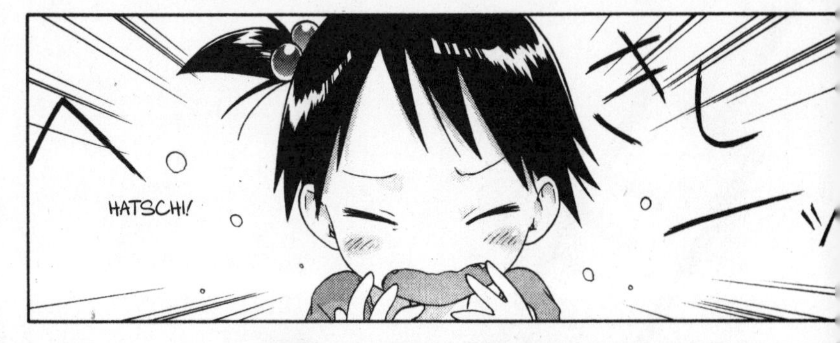
HATSCHI!

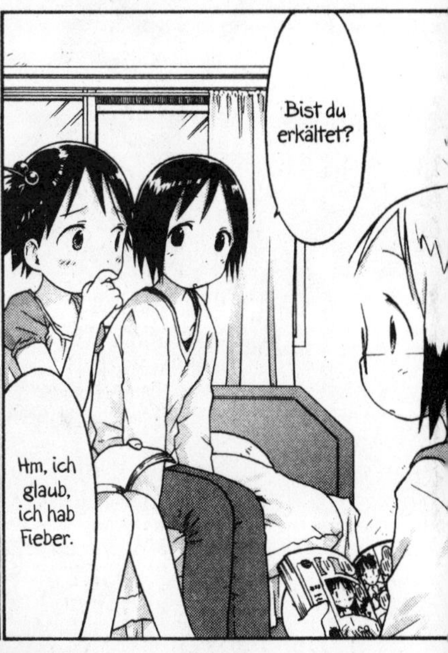
Bist du erkältet?
Hm, ich glaub, ich hab Fieber.

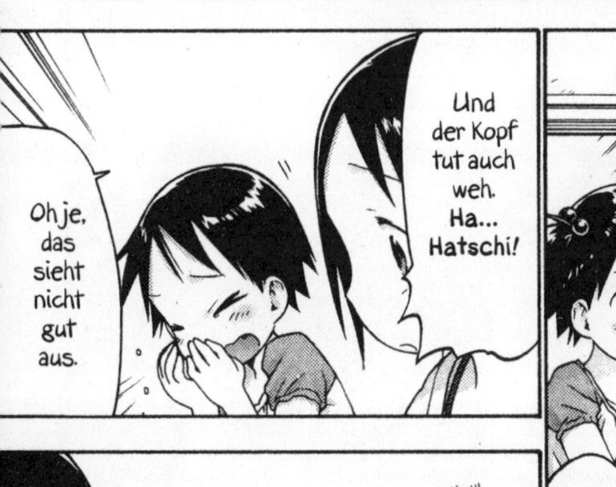
Und der Kopf tut auch weh. Ha... Hatschi!
Oh je, das sieht nicht gut aus.

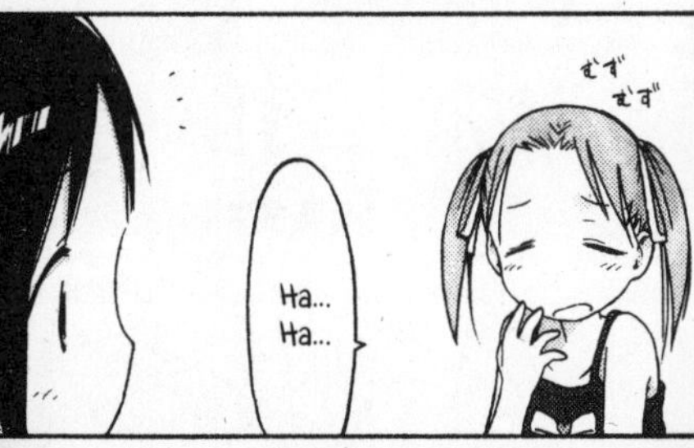
むず むず
Ha... Ha...

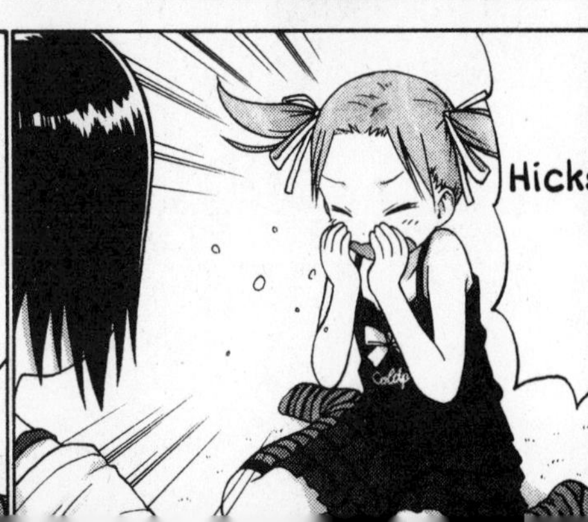
Hicks

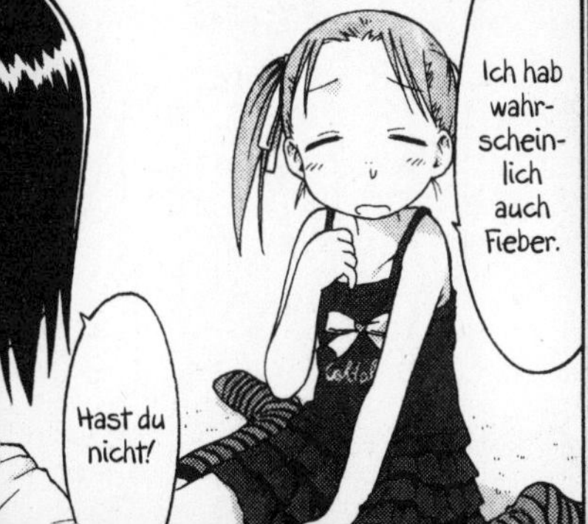
Ich hab wahrscheinlich auch Fieber.
Hast du nicht!

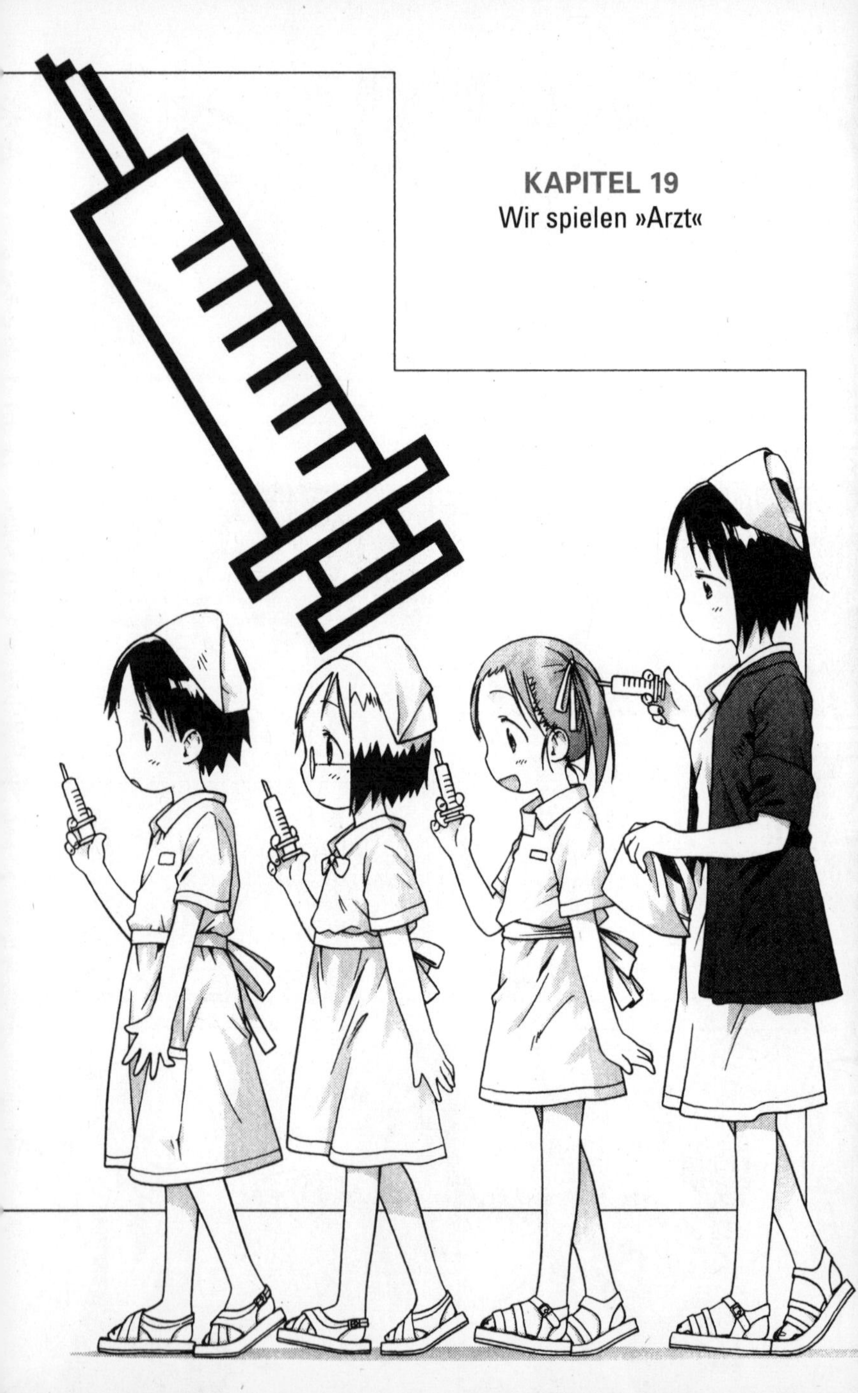
KAPITEL 19
Wir spielen »Arzt«

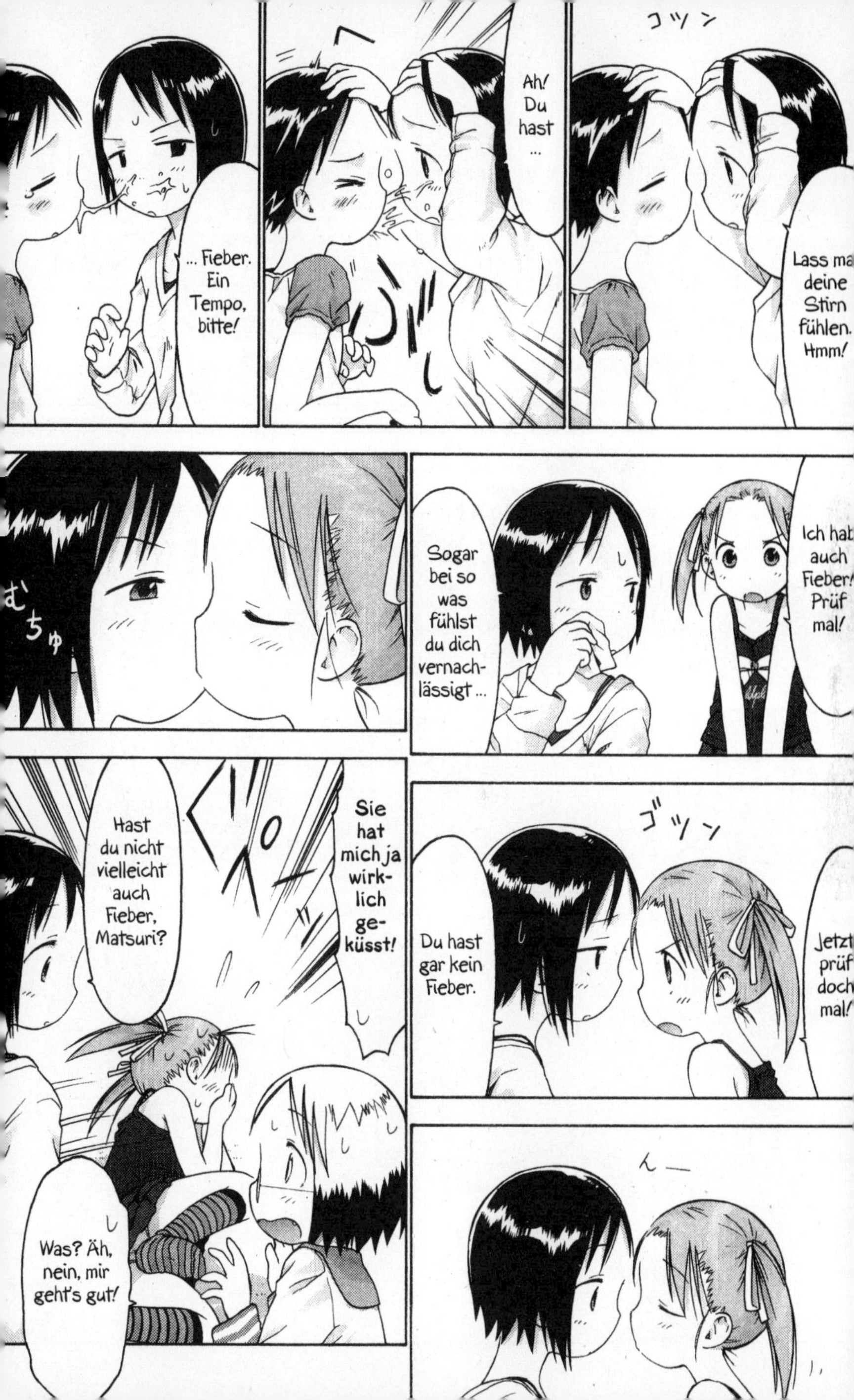
ゴツン
Lass ma deine Stirn fühlen. Hmm!
Ah! Du hast ...
... Fieber. Ein Tempo, bitte!
Ich hab auch Fieber! Prüf mal!
Sogar bei so was fühlst du dich vernachlässigt ...
むちゅ
ゴツン
Jetzt prüf doch mal!
Du hast gar kein Fieber.
んー
Sie hat mich ja wirklich geküsst!
Hast du nicht vielleicht auch Fieber, Matsuri?
Was? Äh, nein, mir geht's gut!

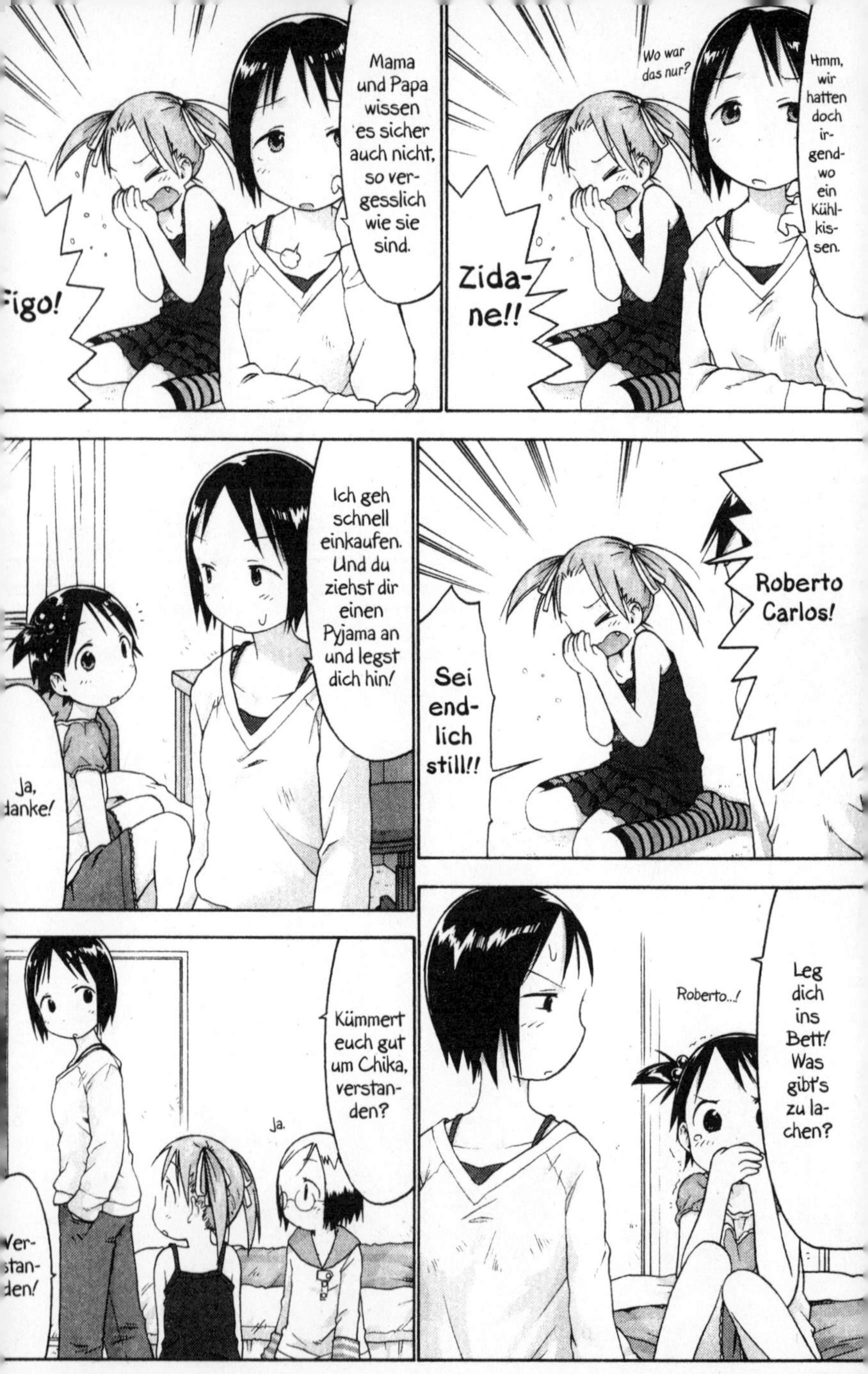

Hmm, wir hatten doch irgendwo ein Kühlkissen.
Wo war das nur?
Zidane!!
Mama und Papa wissen es sicher auch nicht, so vergesslich wie sie sind.
Figo!

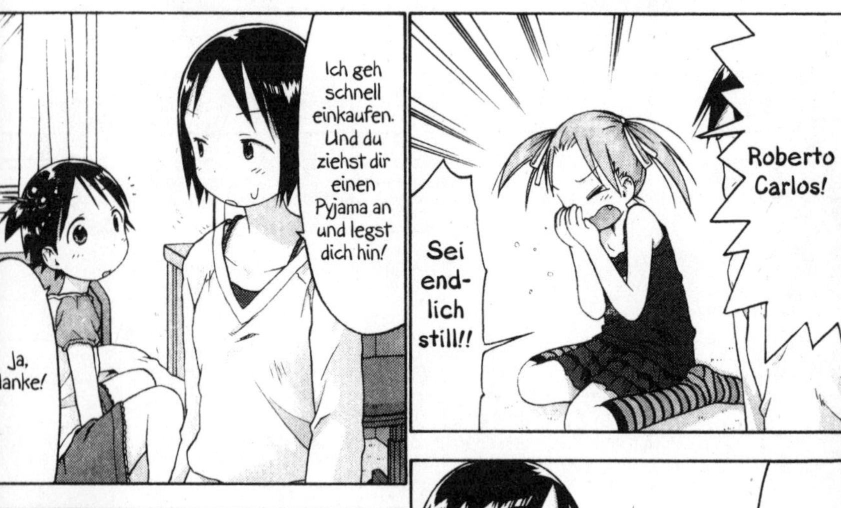

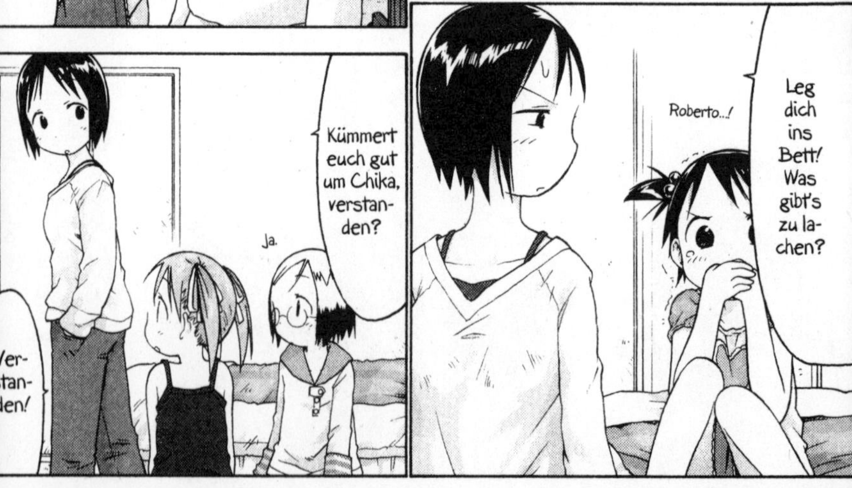

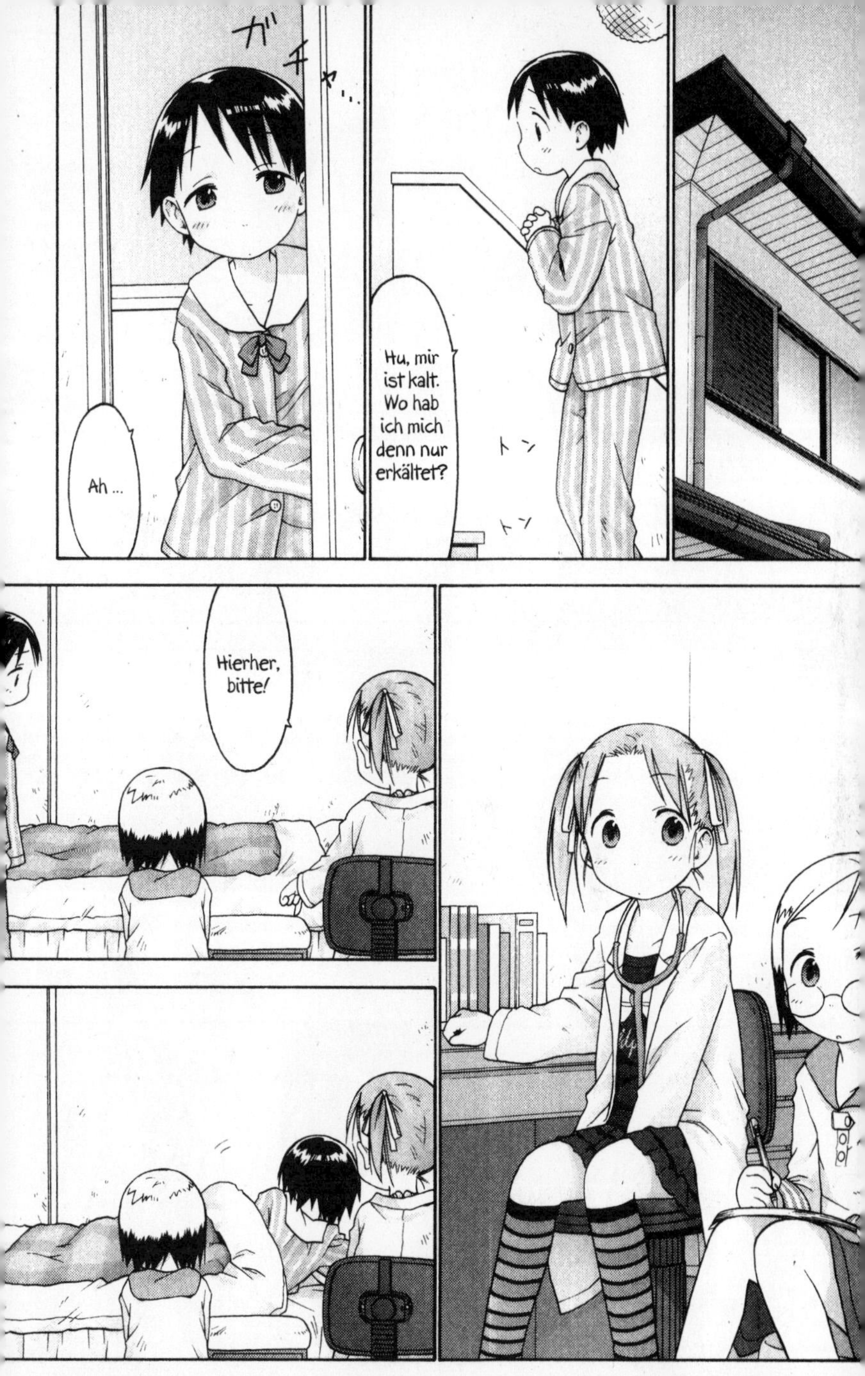

トン
トン
Hu, mir ist kalt. Wo hab ich mich denn nur erkältet?
ガチャ…
Ah …
Hierher, bitte!

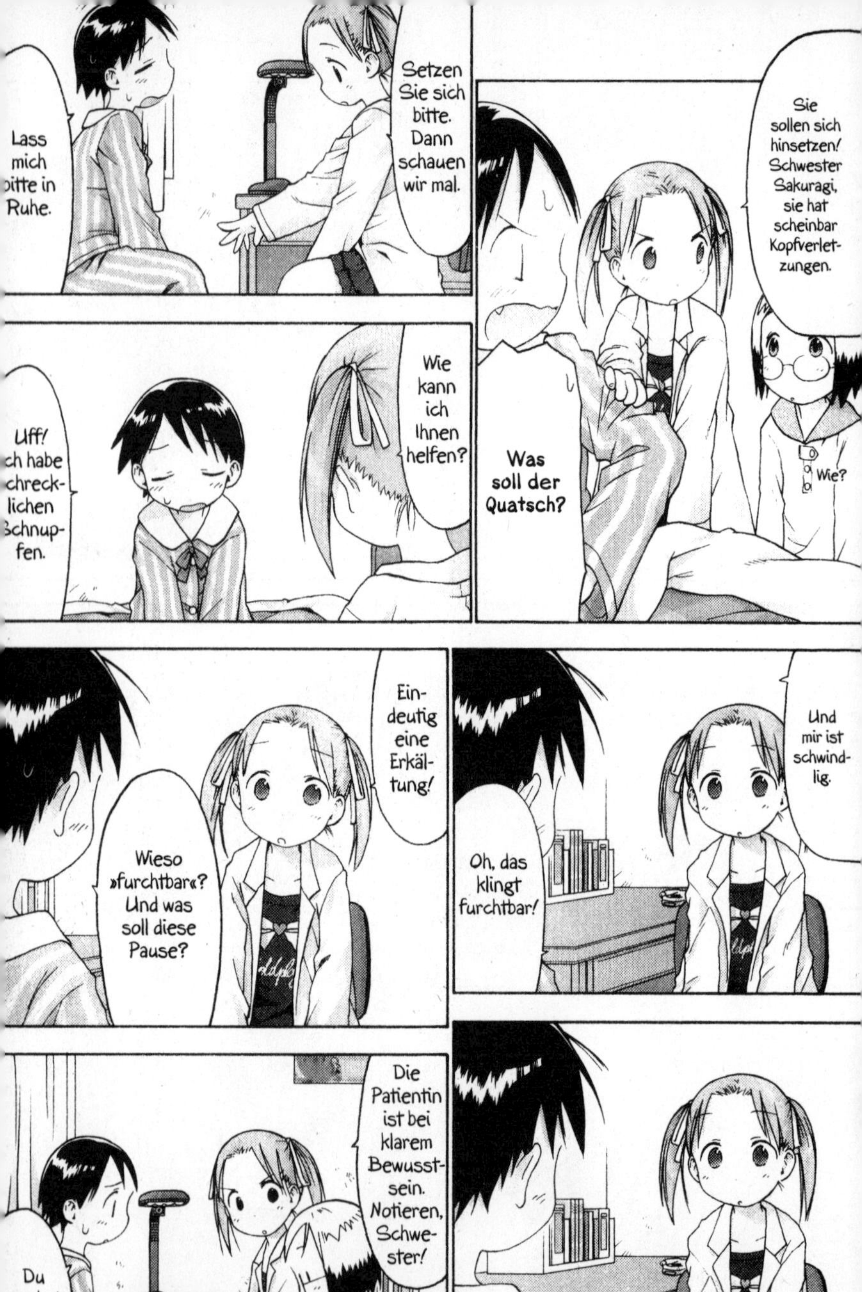

Setzen Sie sich bitte. Dann schauen wir mal.
Lass mich itte in Ruhe.
Sie sollen sich hinsetzen! Schwester Sakuragi, sie hat scheinbar Kopfverletzungen.
Wie?
Was soll der Quatsch?
Wie kann ich Ihnen helfen?
Uff! ch habe chreck-lichen Schnup-fen.
Und mir ist schwindlig.
Oh, das klingt furchtbar!
Eindeutig eine Erkältung!
Wieso »furchtbar«? Und was soll diese Pause?
Die Patientin ist bei klarem Bewusstsein. Notieren, Schwester!
Du machst da mit, atsuri?

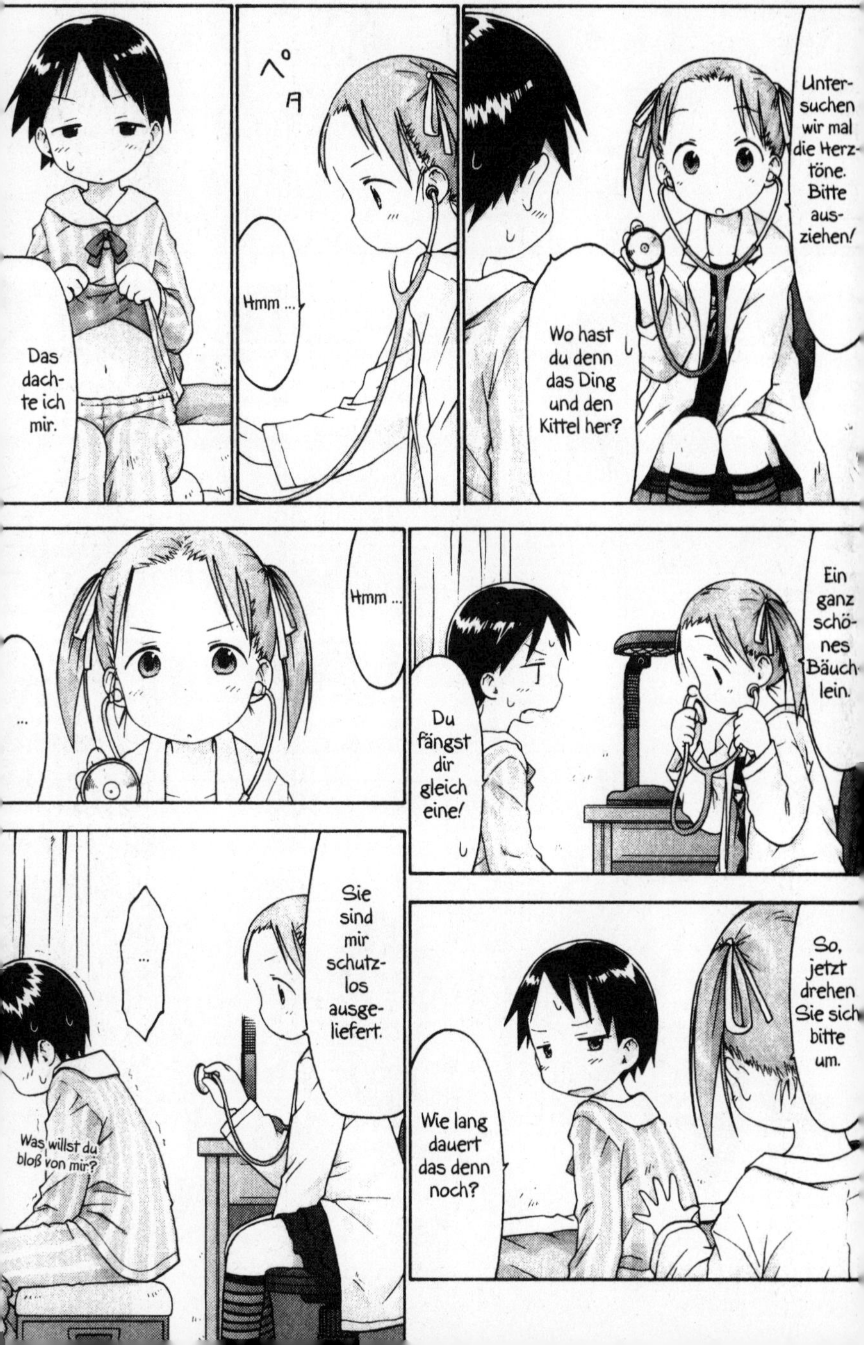

Untersuchen wir mal die Herztöne. Bitte ausziehen!
Wo hast du denn das Ding und den Kittel her?
ペタ
Hmm ...
Das dachte ich mir.

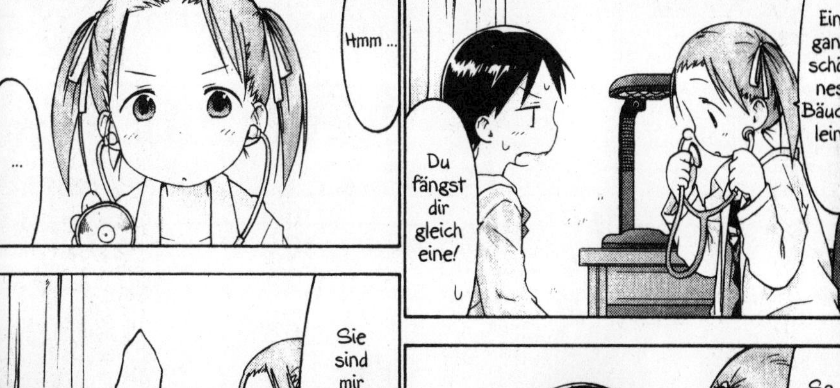

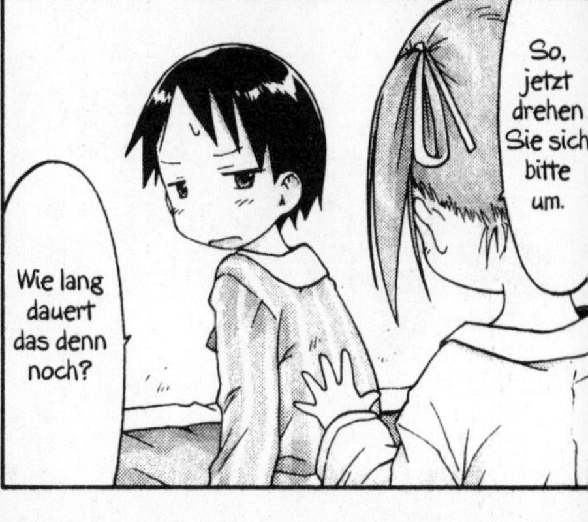

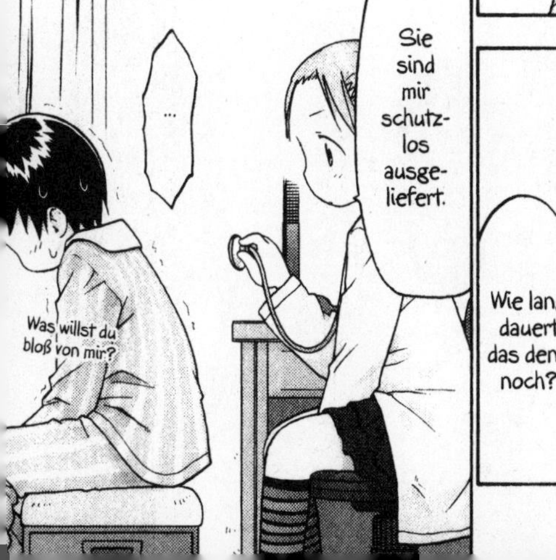

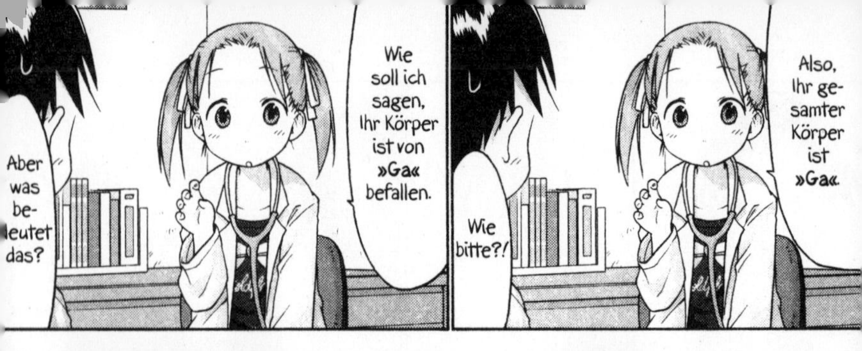

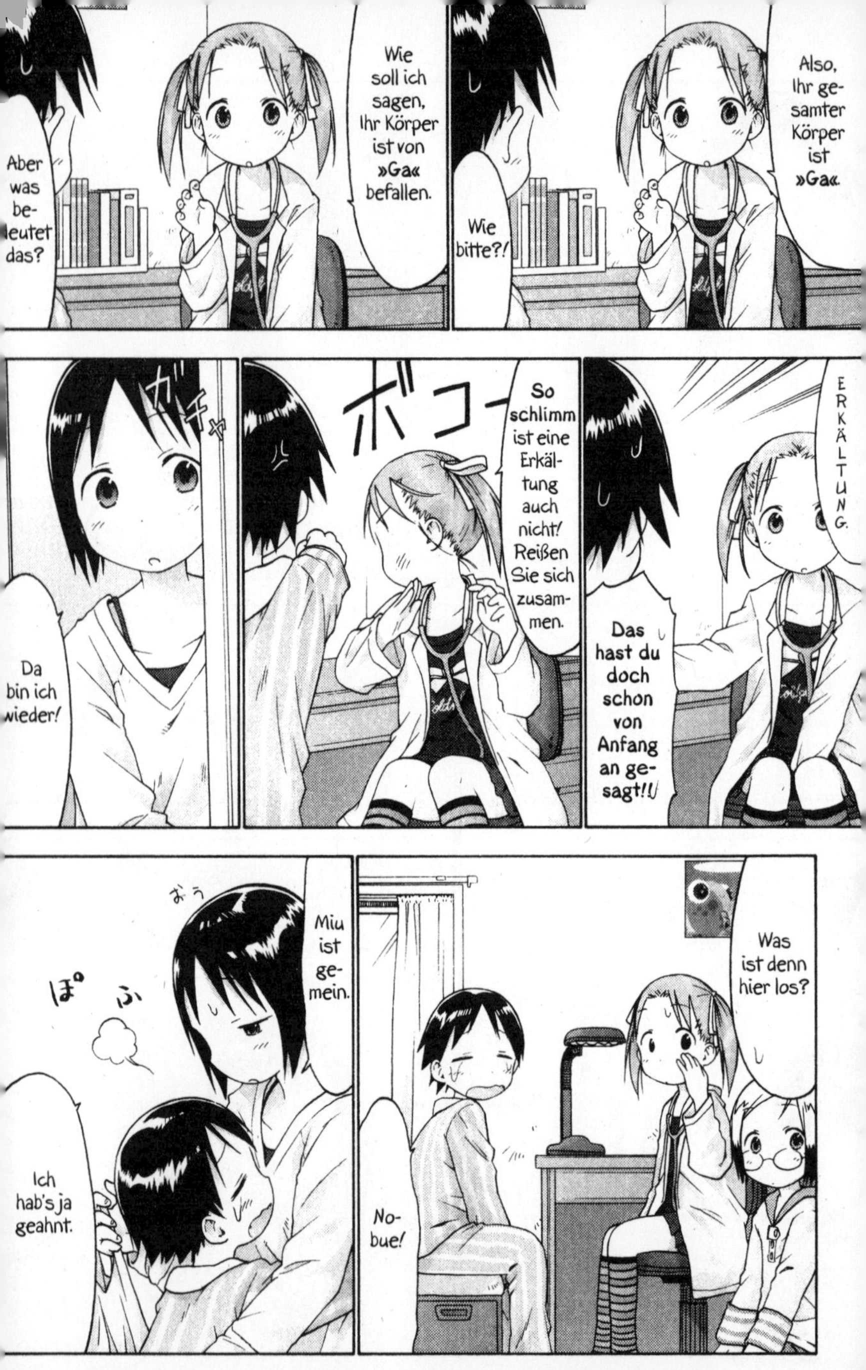

ERKÄLTUNG.
Das hast du doch schon von Anfang an gesagt!!
ボコー
So schlimm ist eine Erkältung auch nicht! Reißen Sie sich zusammen.
ガチャ
Da bin ich wieder!

Was ist denn hier los?
Nobue!
おう
Miu ist gemein.
ぽふ
Ich hab's ja geahnt.

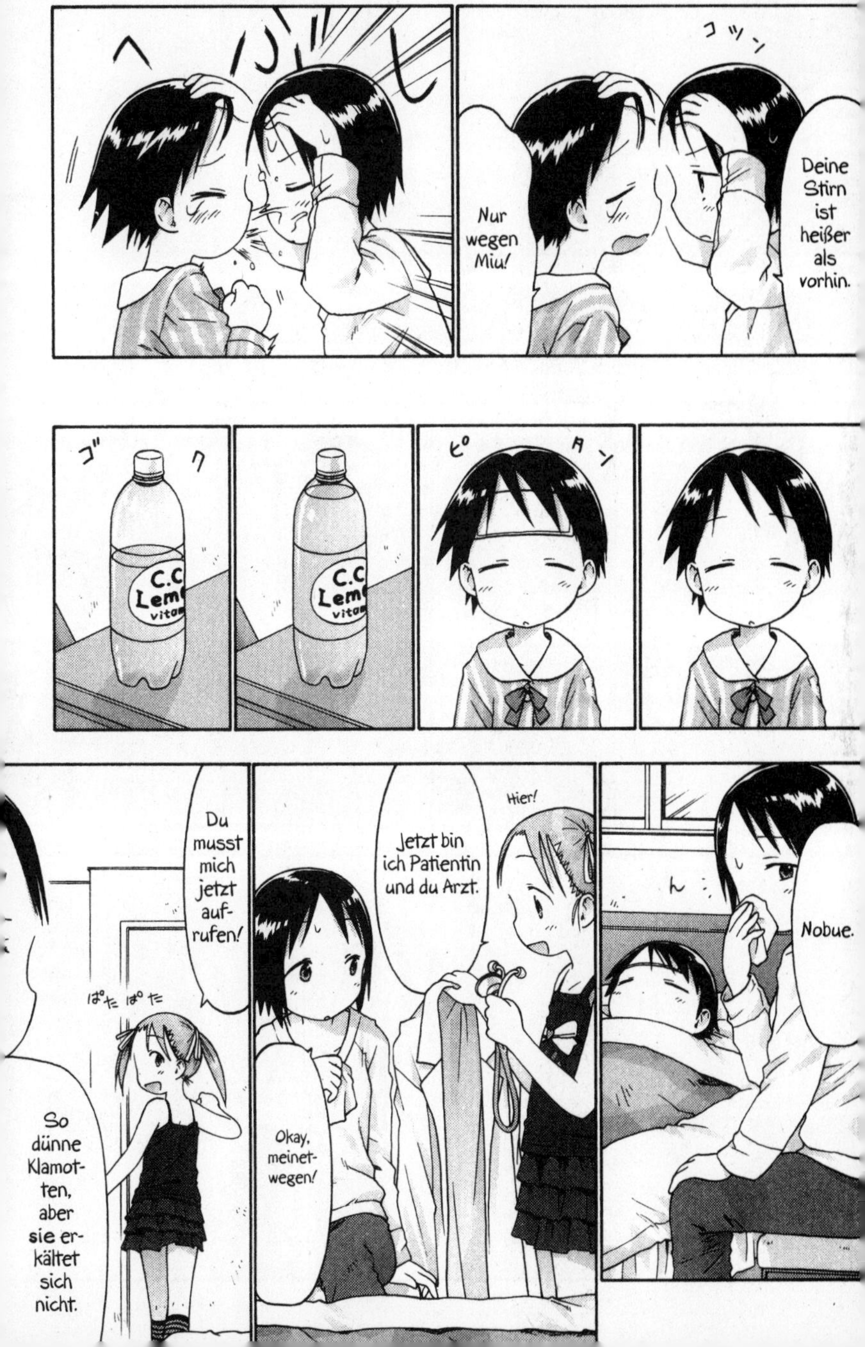

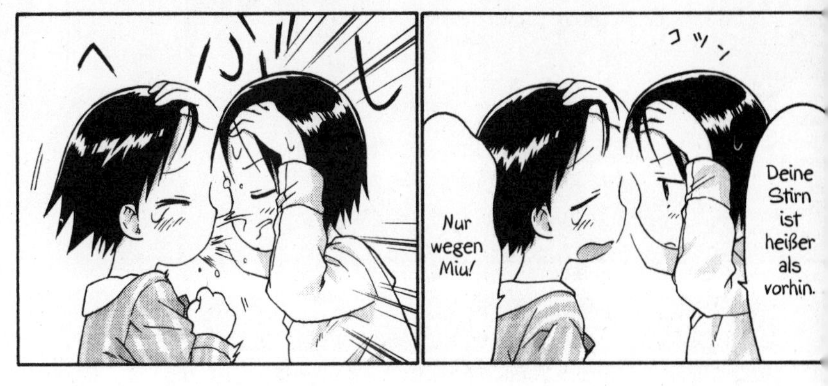

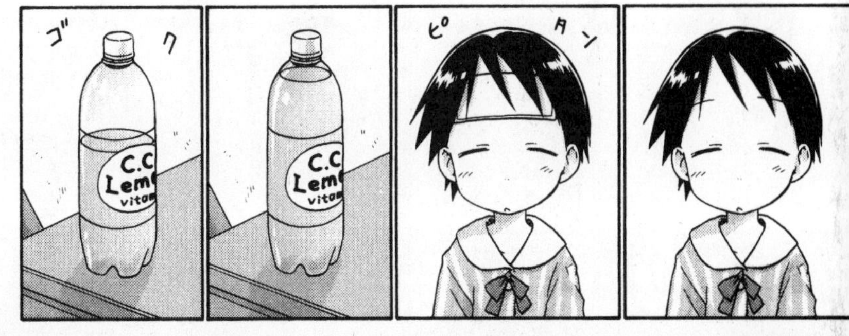

Nobue.

ん…

Hier!

Jetzt bin ich Patientin und du Arzt.

Okay, meinetwegen!

Du musst mich jetzt aufrufen!

ぱたぱた

So dünne Klamotten, aber sie erkältet sich nicht.

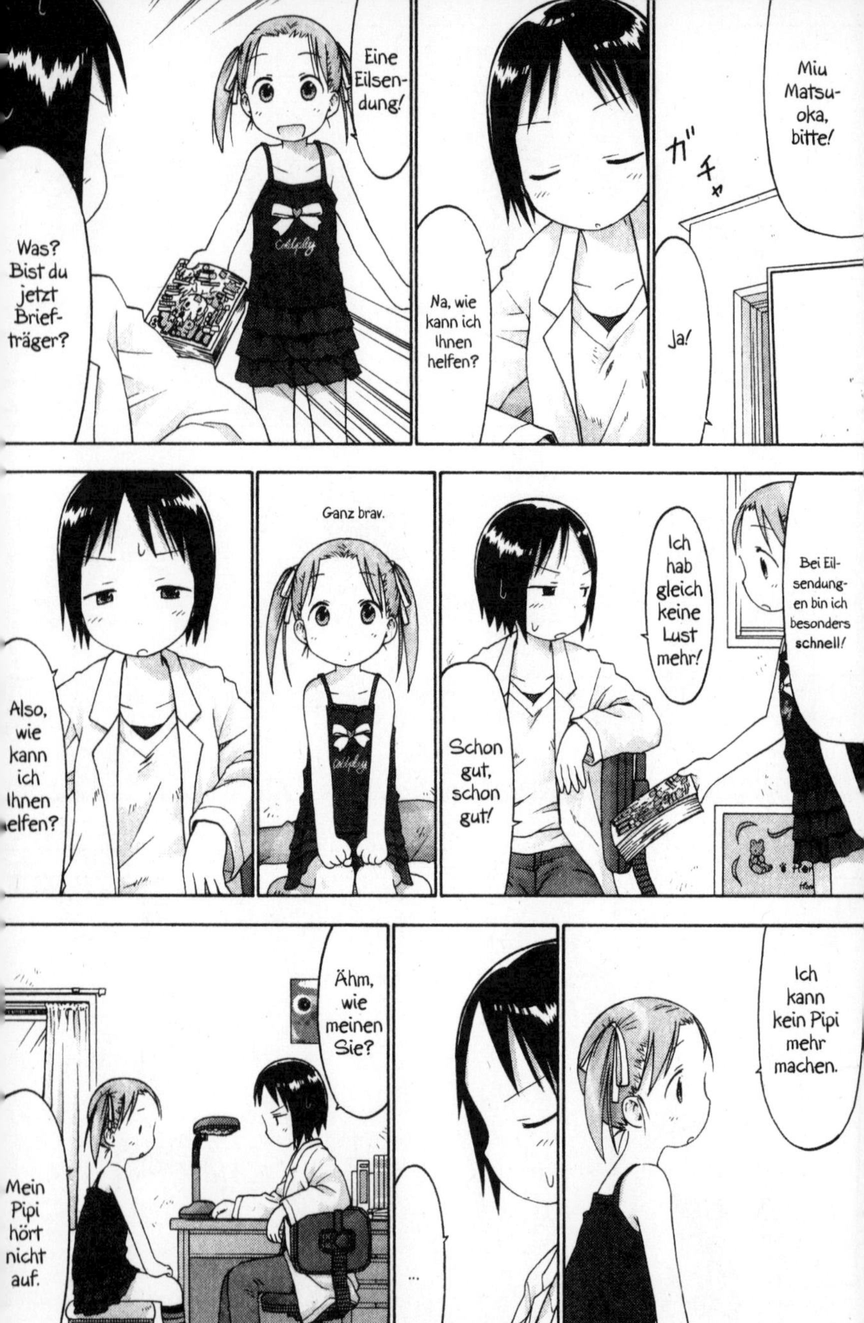
Miu Matsuoka, bitte!
ガチャ
Ja!
Na, wie kann ich Ihnen helfen?
Eine Eilsendung!
Was? Bist du jetzt Briefträger?
Bei Eilsendungen bin ich besonders schnell!
Ich hab gleich keine Lust mehr!
Schon gut, schon gut!
Ganz brav.
Also, wie kann ich Ihnen elfen?
Ich kann kein Pipi mehr machen.
...
Ähm, wie meinen Sie?
Mein Pipi hört nicht auf.

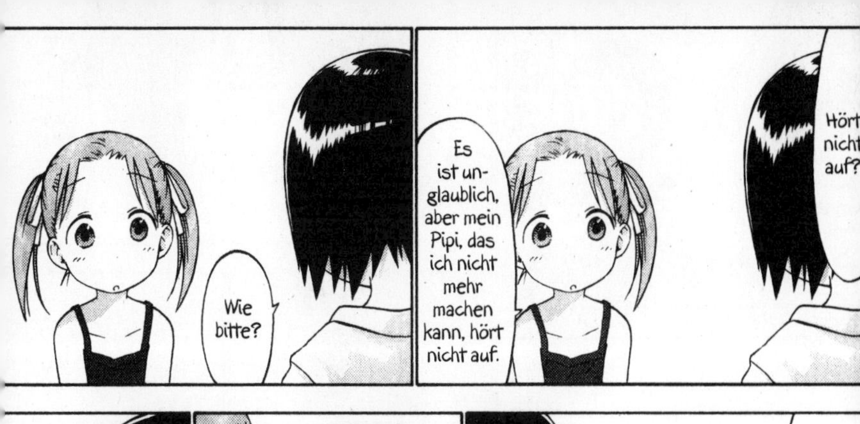
Hört nicht auf?
Es ist unglaublich, aber mein Pipi, das ich nicht mehr machen kann, hört nicht auf.
Wie bitte?

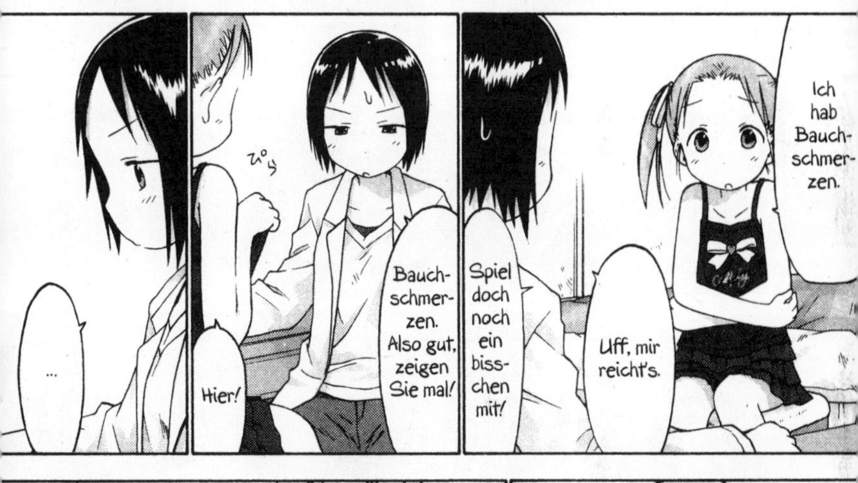
Ich hab Bauchschmerzen.
Uff, mir reicht's.
Spiel doch noch ein bisschen mit!
Bauchschmerzen. Also gut, zeigen Sie mal!
Hier!
...

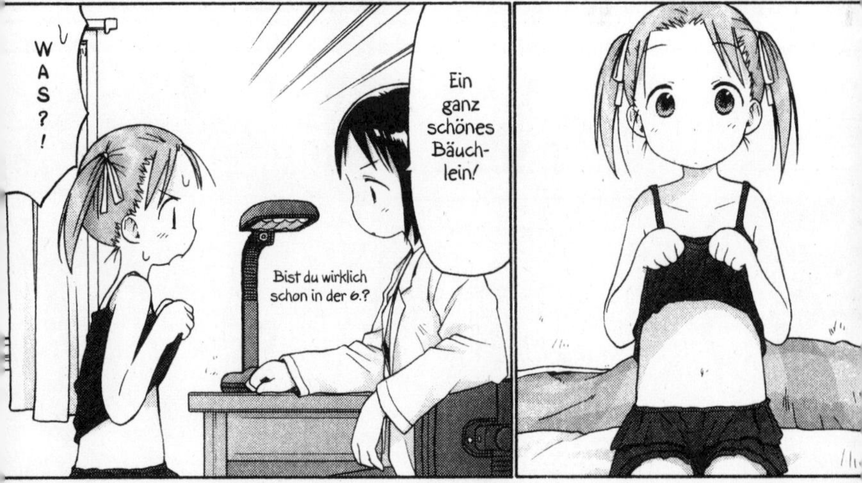
Ein ganz schönes Bäuchlein!
Bist du wirklich schon in der 6.?
WAS?!

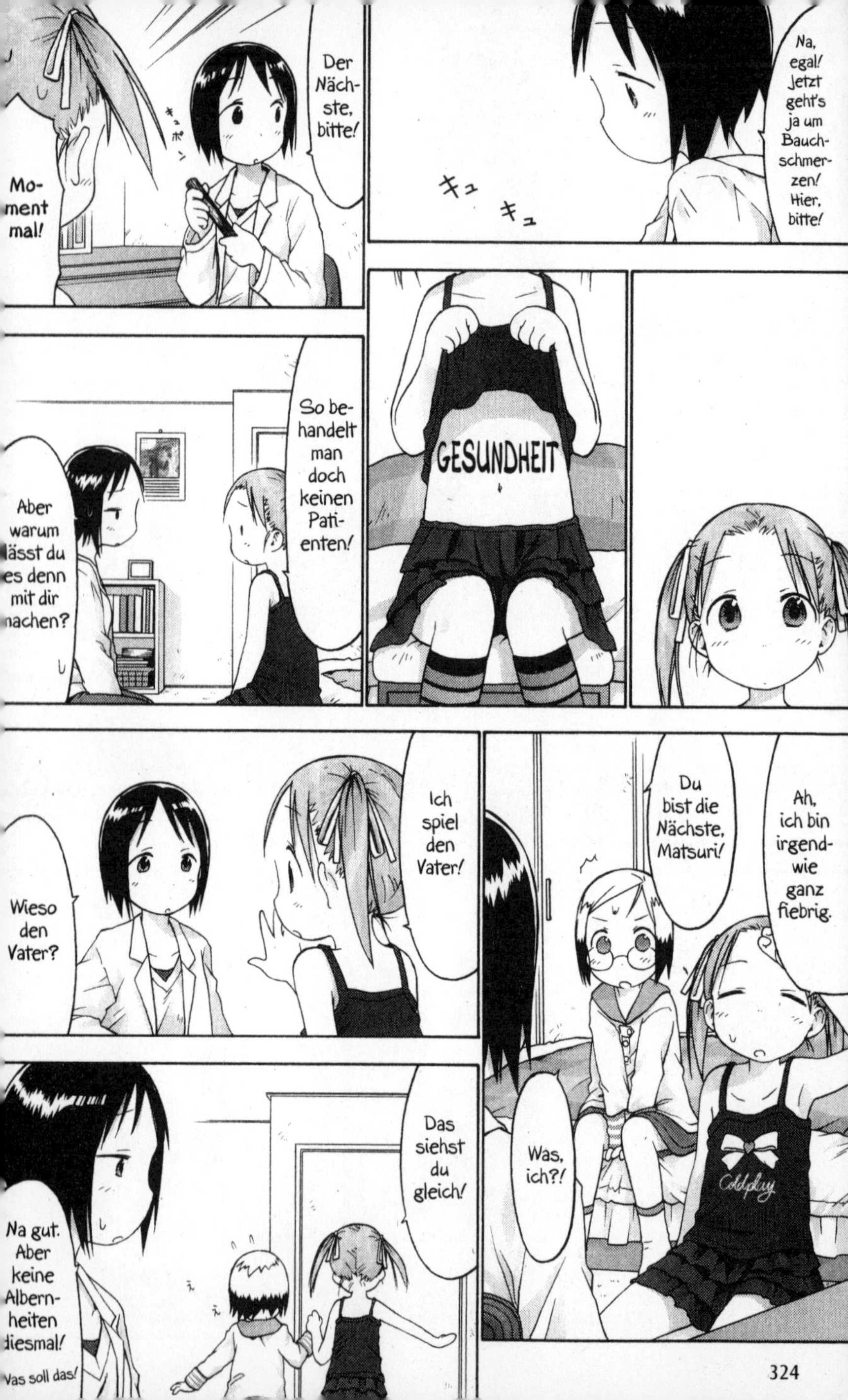
キュ キュ
Na, egal! Jetzt geht's ja um Bauchschmerzen! Hier, bitte!
キュポン
Der Nächste, bitte!
Moment mal!
GESUNDHEIT
So behandelt man doch keinen Patienten!
Aber warum ässt du es denn mit dir nachen?
Ah, ich bin irgendwie ganz fiebrig.
Du bist die Nächste, Matsuri!
Was, ich?!
Ich spiel den Vater!
Wieso den Vater?
Das siehst du gleich!
Na gut. Aber keine Albernheiten diesmal!
Vas soll das!

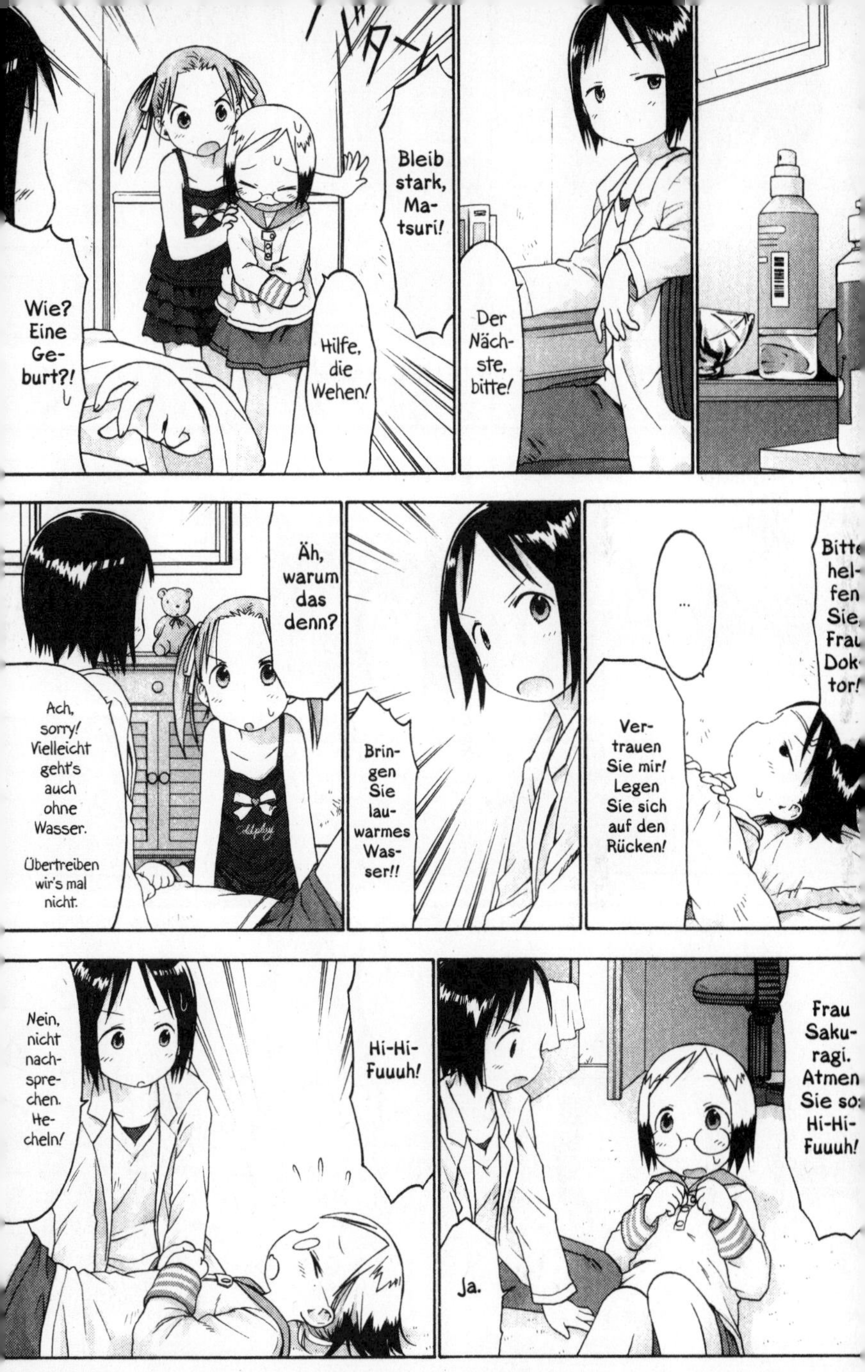

Der Nächste, bitte!

Bleib stark, Matsuri!

Hilfe, die Wehen!

Wie? Eine Geburt?!

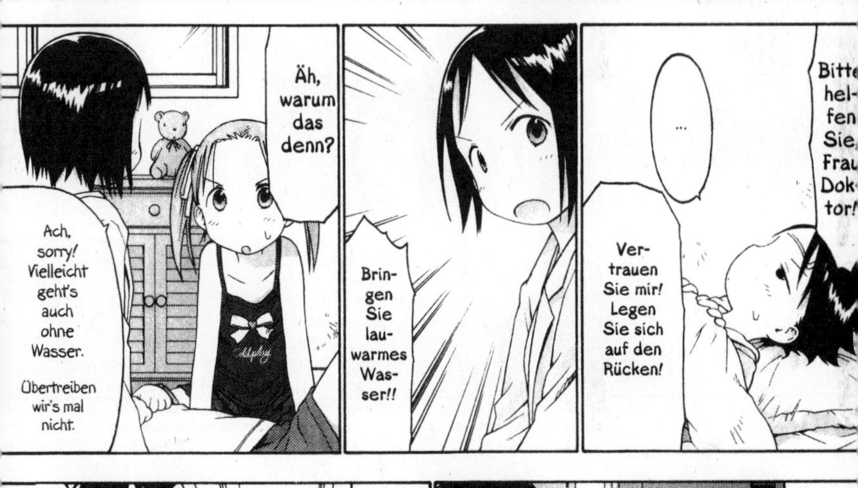

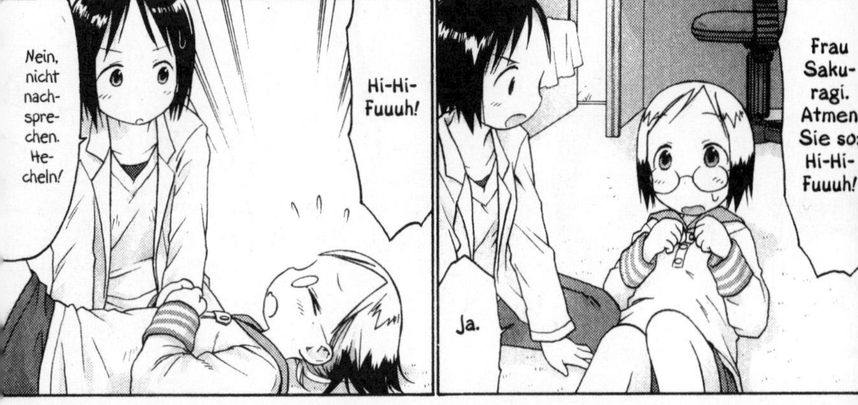

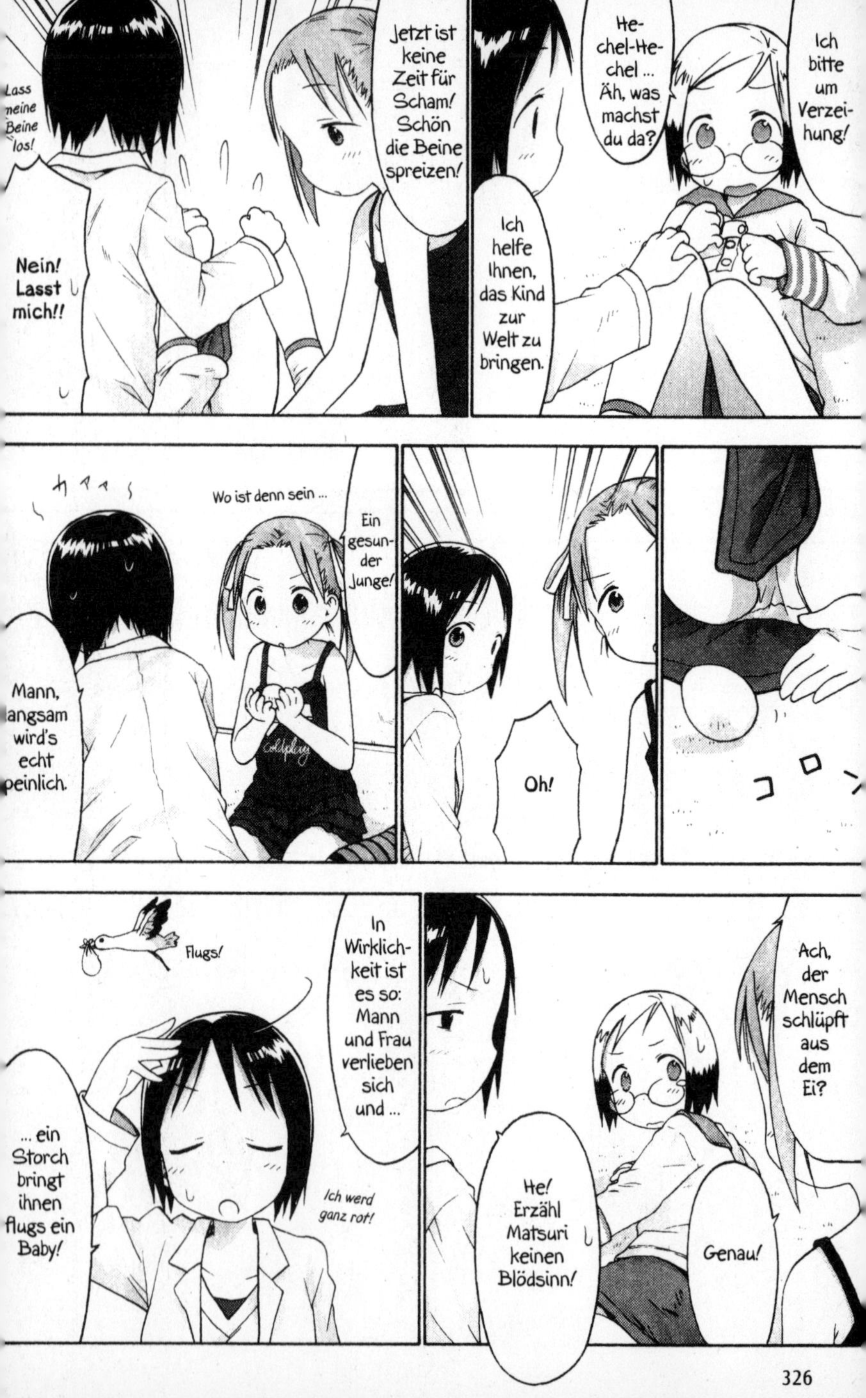
Ich bitte um Verzeihung!
Hechel-Hechel ... Äh, was machst du da?
Ich helfe Ihnen, das Kind zur Welt zu bringen.
Jetzt ist keine Zeit für Scham! Schön die Beine spreizen!
Lass meine Beine los!
Nein! Lasst mich!!
コロン
Oh!
Ein gesunder Junge!
Wo ist denn sein ...
Mann, langsam wird's echt peinlich.
Ach, der Mensch schlüpft aus dem Ei?
Genau!
He! Erzähl Matsuri keinen Blödsinn!
In Wirklichkeit ist es so: Mann und Frau verlieben sich und ...
Flugs!
... ein Storch bringt ihnen flugs ein Baby!
Ich werd ganz rot!

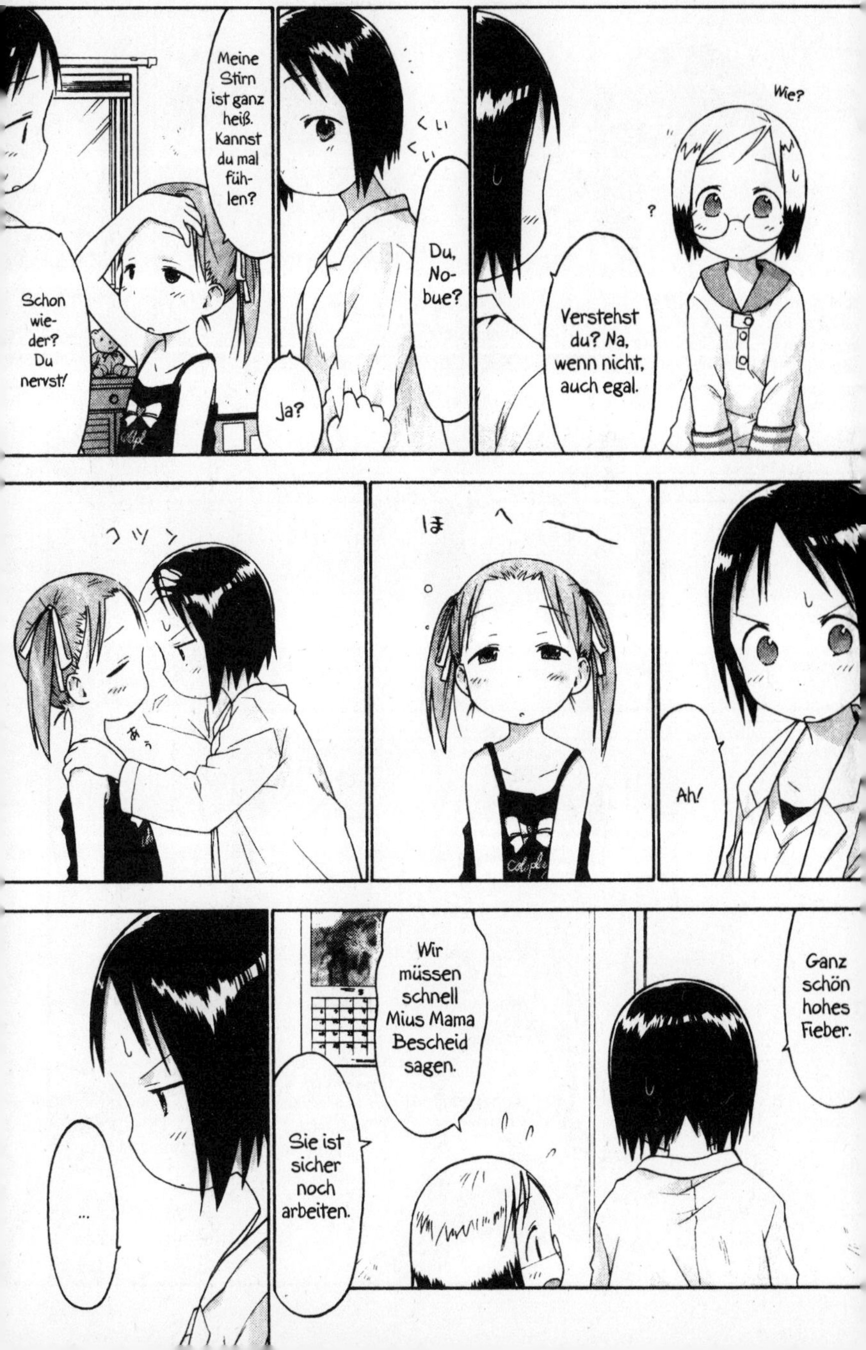

Wie?
Verstehst du? Na, wenn nicht, auch egal.
Du, Nobue?
Ja?
くいくい
Meine Stirn ist ganz heiß. Kannst du mal fühlen?
Schon wieder? Du nervst!

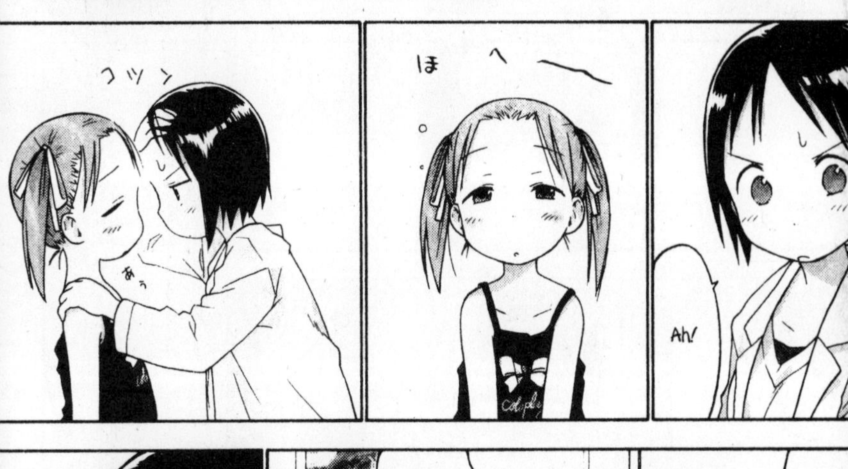

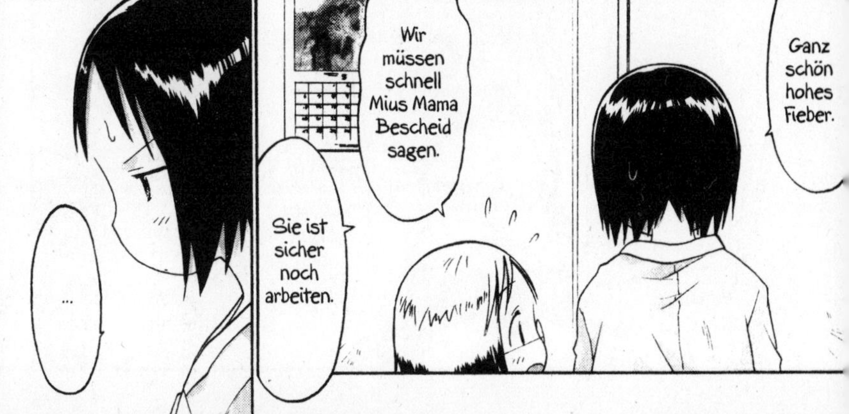

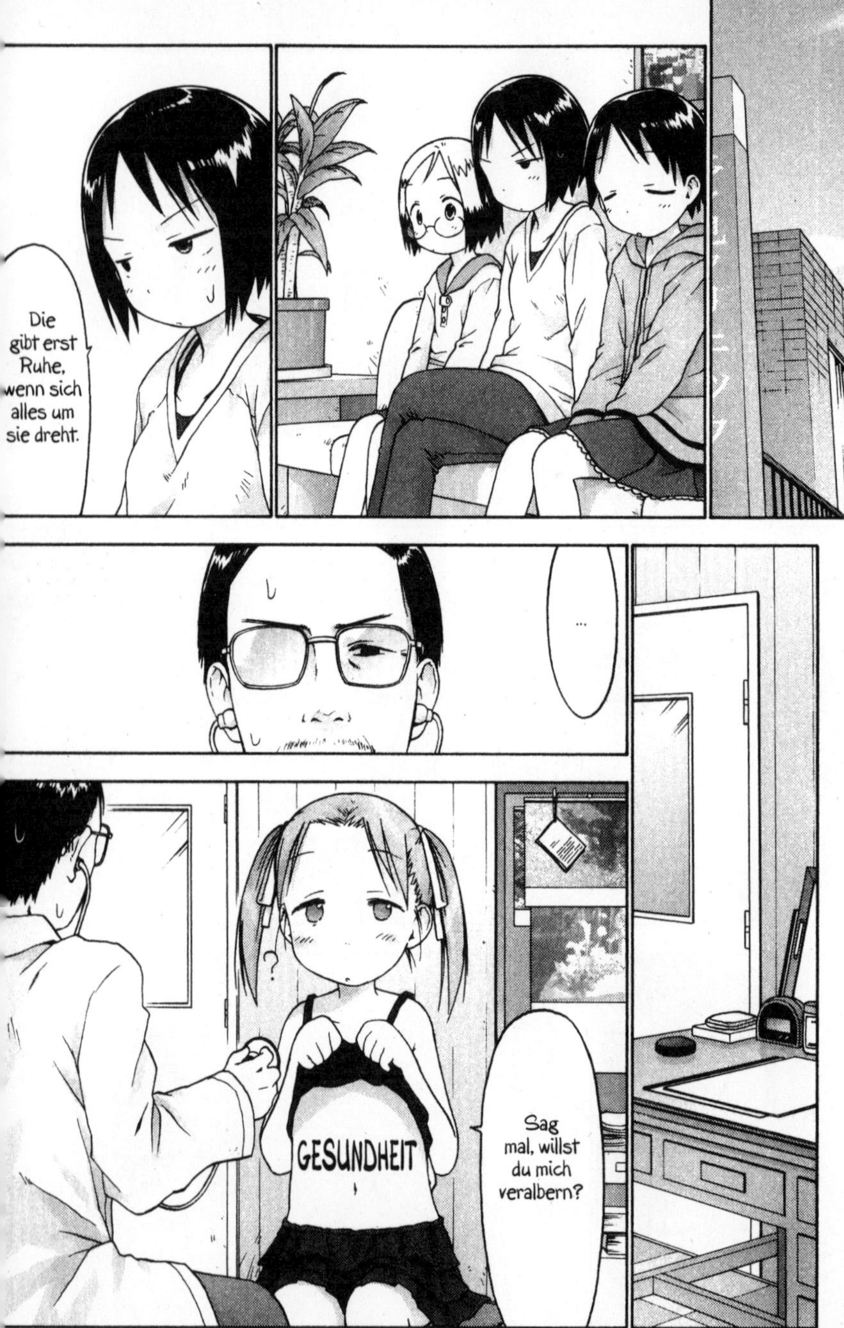
Die gibt erst Ruhe, wenn sich alles um sie dreht.
...
GESUNDHEIT
Sag mal, willst du mich veralbern?

HALLO JOB

ana

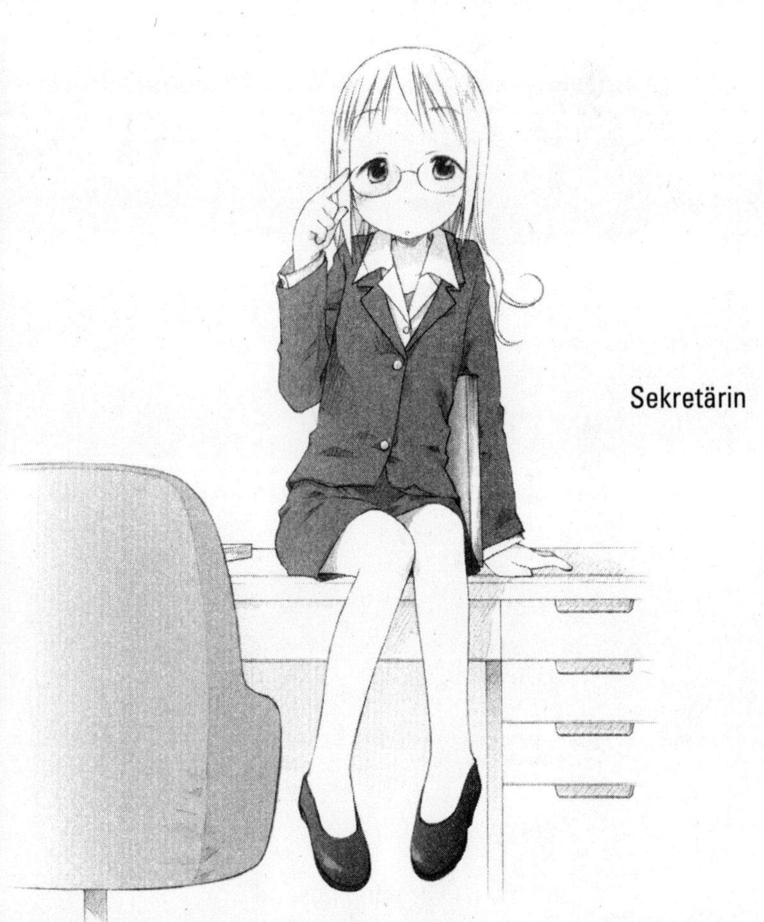

HALLO JOB

sasazuka

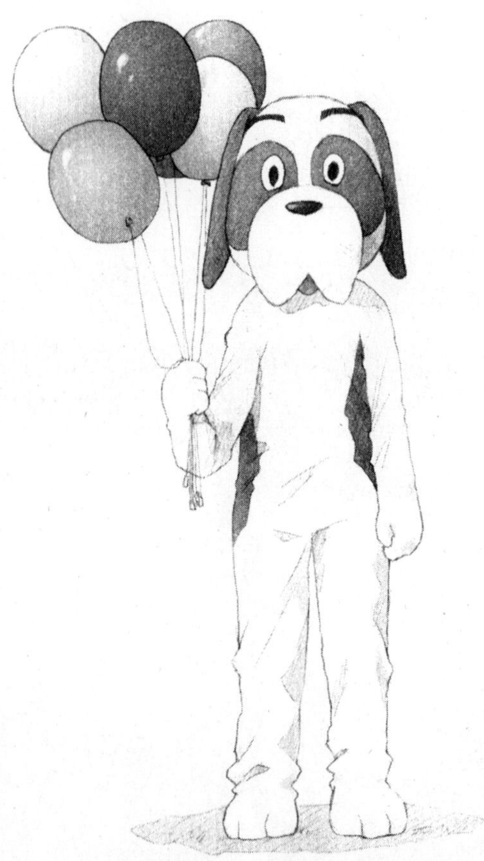

Eventfigur im Vergnügungspark

KAPITEL 20
Entführung

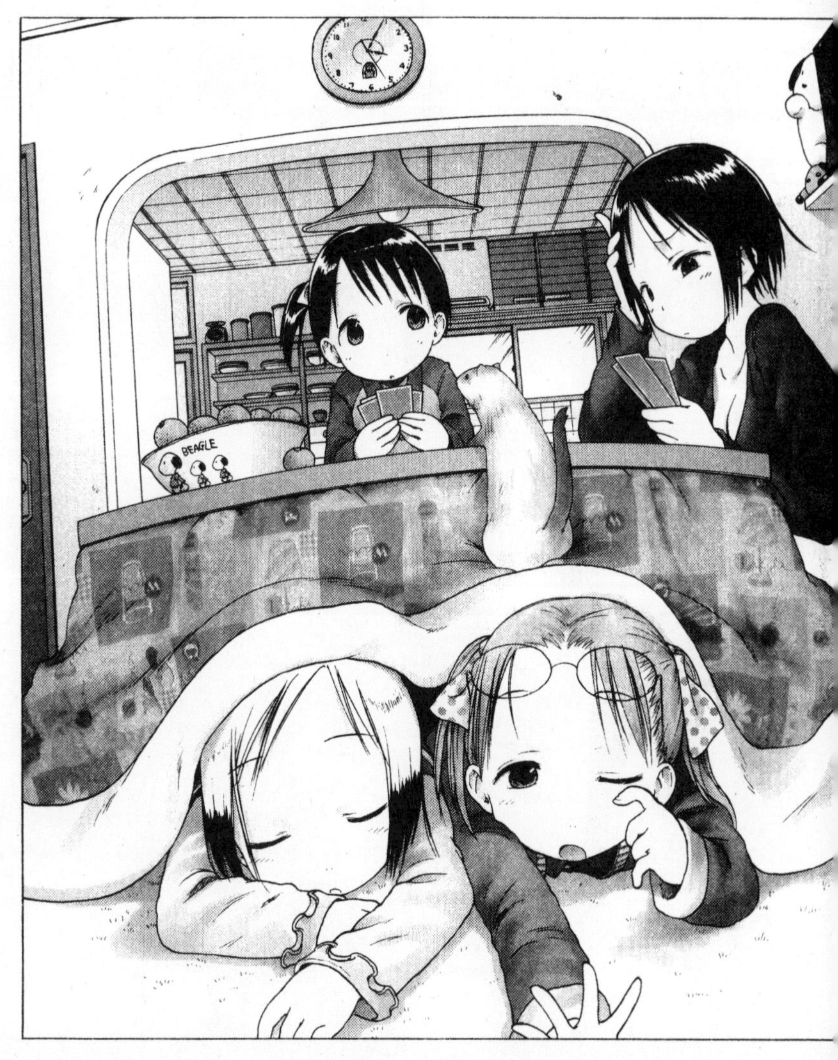

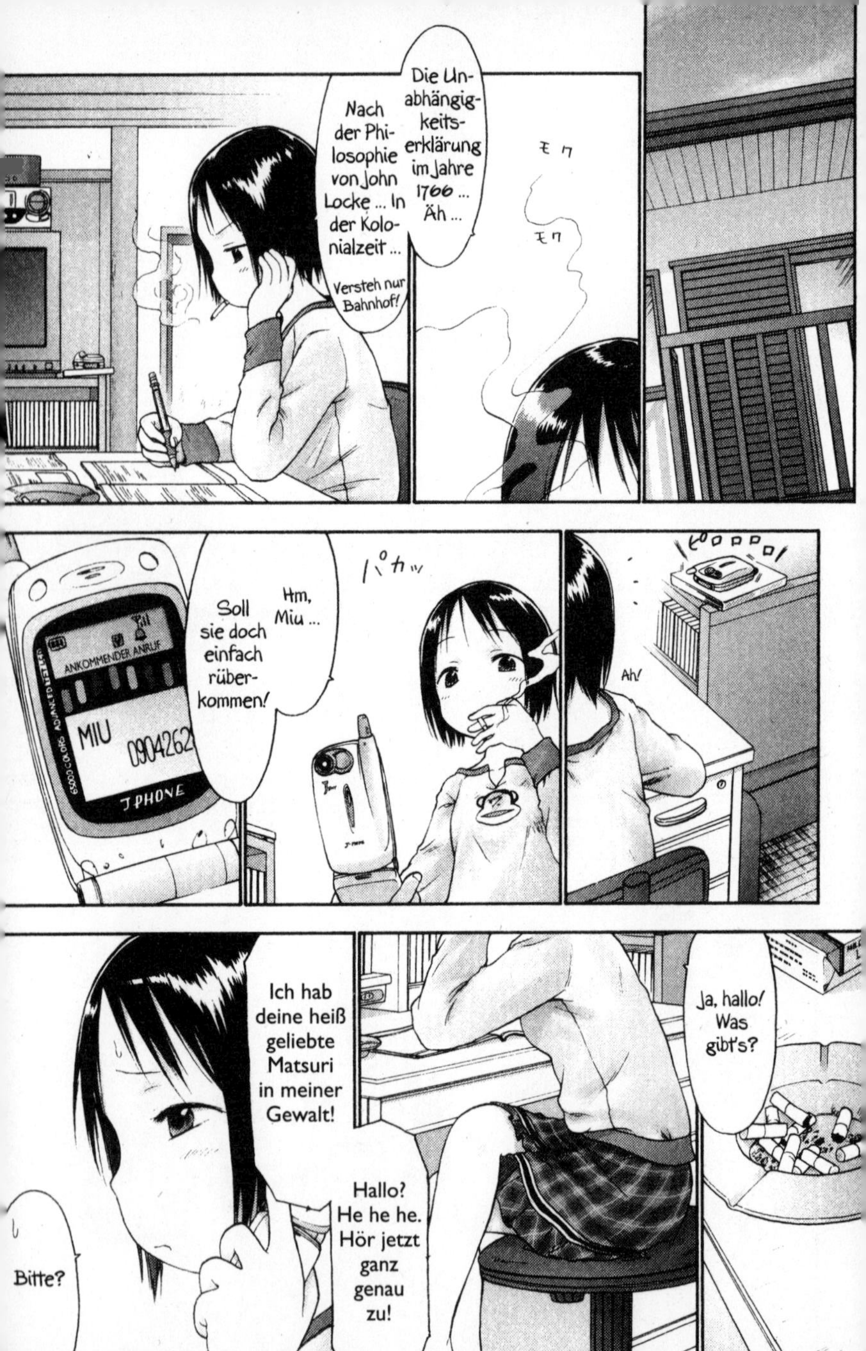

モク
モク
Die Unabhängigkeitserklärung im Jahre 1766 ... Äh ...
Nach der Philosophie von John Locke ... In der Kolonialzeit ...
Versteh nur Bahnhof!

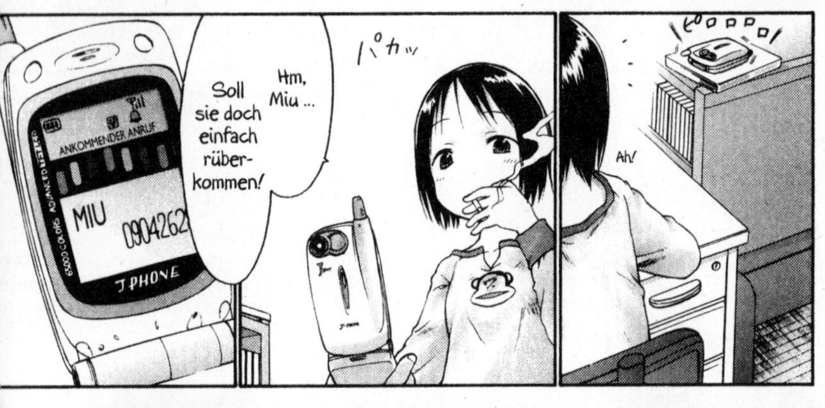

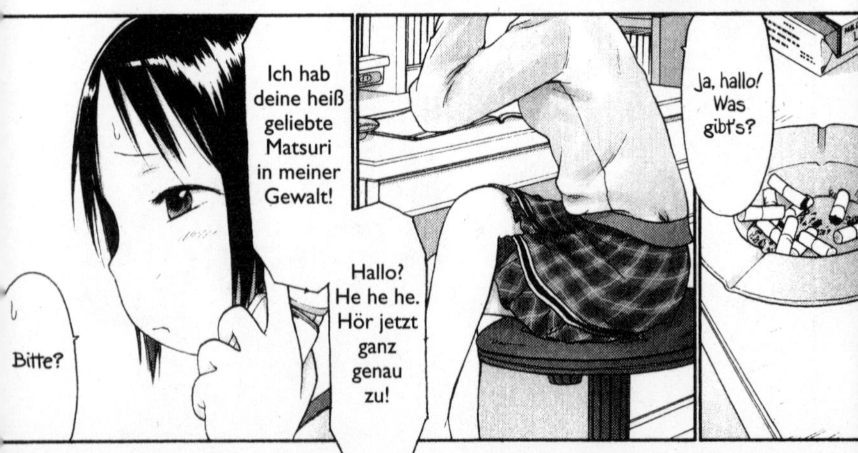

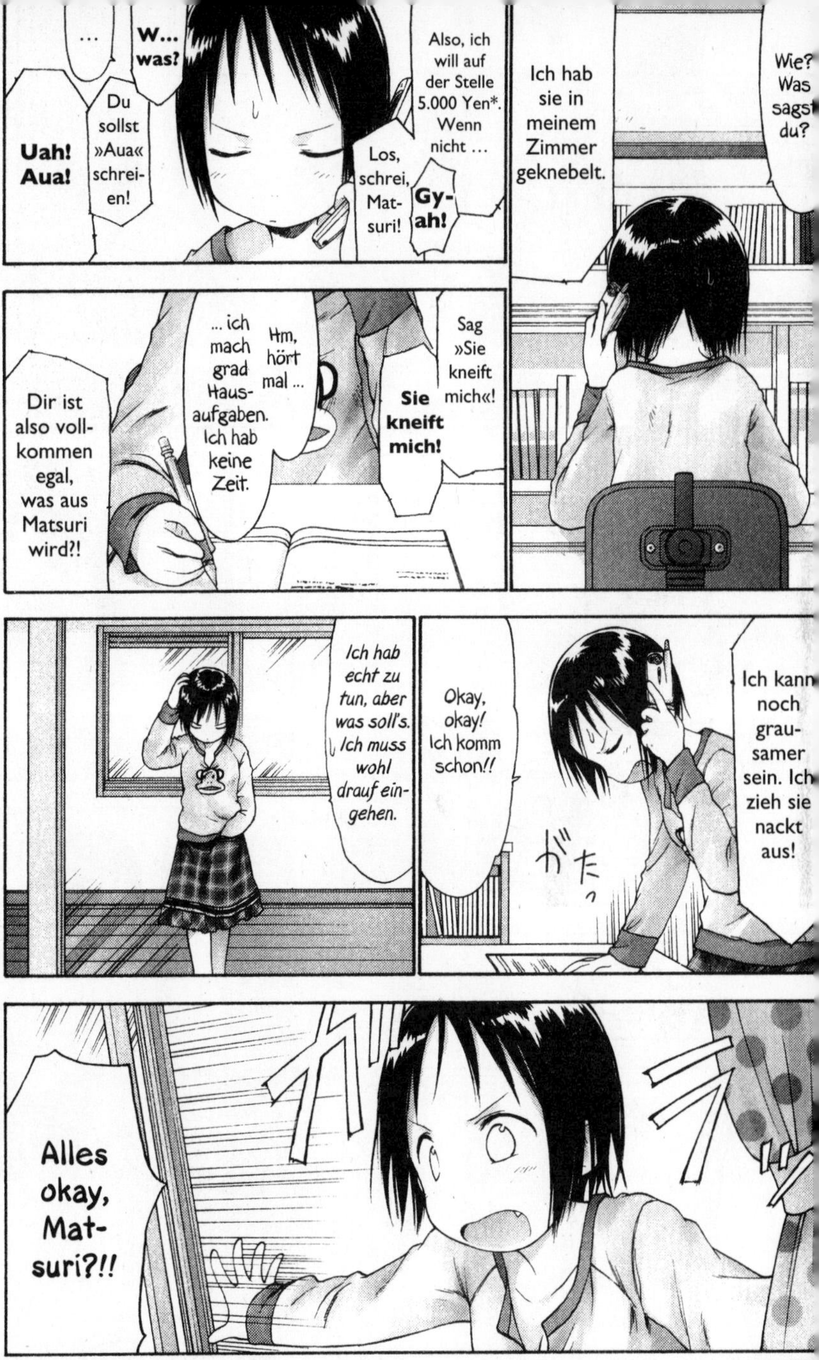

Wie? Was sagst du?
Ich hab sie in meinem Zimmer geknebelt.
Also, ich will auf der Stelle 5.000 Yen*. Wenn nicht …
Gy-ah!
Los, schrei, Matsuri!
W... was?
…
Du sollst »Aua« schreien!
Uah! Aua!

Sag »Sie kneift mich«!
Sie kneift mich!
Hm, hört mal …
… ich mach grad Hausaufgaben. Ich hab keine Zeit.
Dir ist also vollkommen egal, was aus Matsuri wird?!

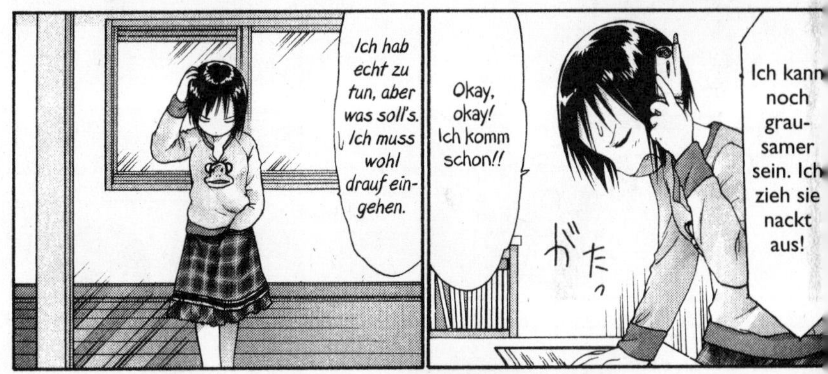

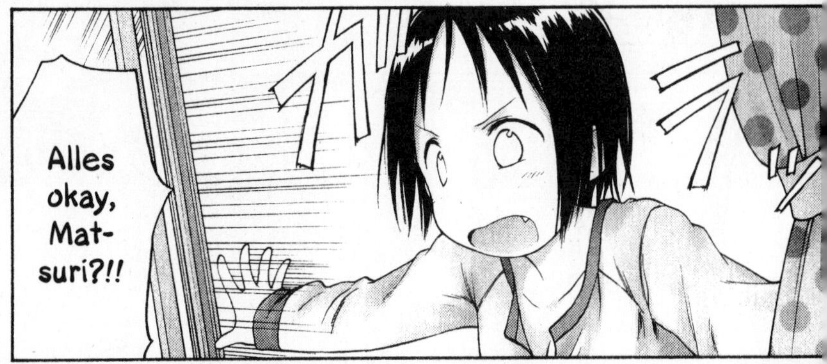

*ca. 35 Eur

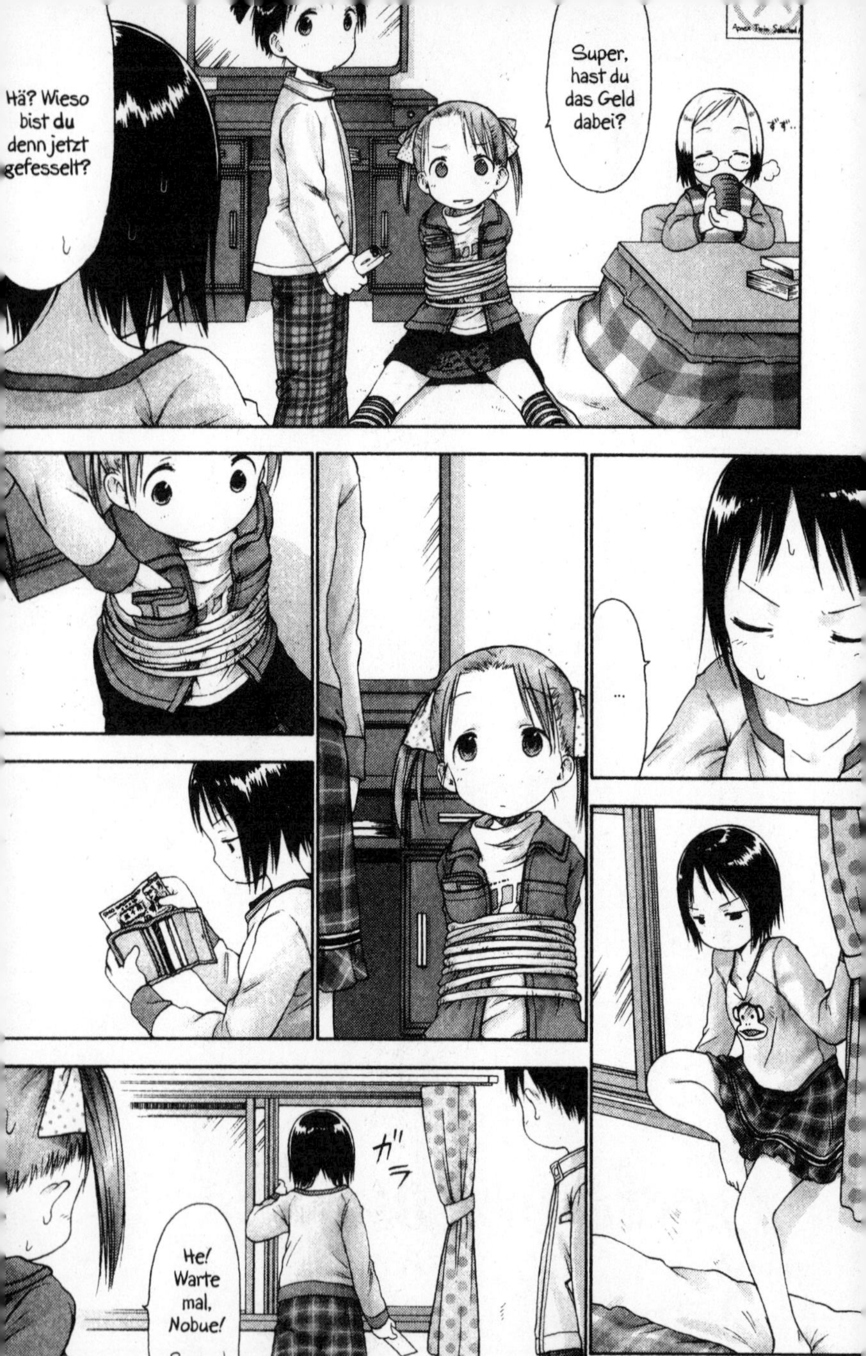

Super, hast du das Geld dabei?

ずず..

Hä? Wieso bist du denn jetzt gefesselt?

...

ガラ

He! Warte mal, Nobue!

So eine Gemeinheit!

Erdbeeren & Marshmallows 2in1
Band 1 – Ende

Erdbeeren & Marshmallows

Erdbeeren & Marshmallows

Meet the girls!

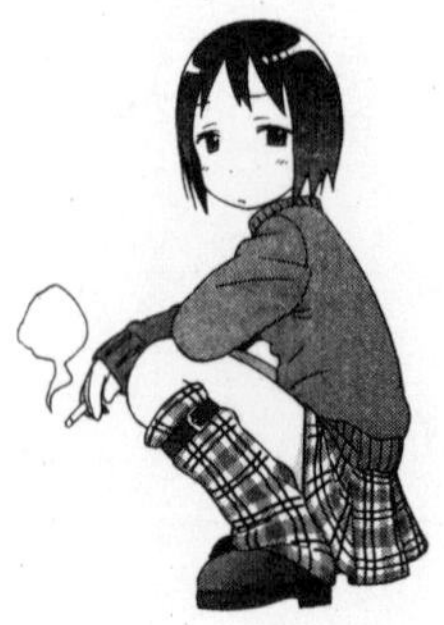

Nobue Itoh

Nobue ist 16 Jahre alt und besucht die Highschool. Sie ist selbstbewusst, hat eine coole Ausstrahlung und fährt Motorroller. Ihre Schwäche: Sie qualmt eine Zigarette nach der anderen ...

Chika Itoh

Chika ist Nobues kleine Schwester und 12 Jahre alt. Sie geht auf die Grundschule. Chika ist fleißig, kann aber auch ganz schön frech und vorlaut sein – besonders, wenn sie ihrer älteren Schwester etwas beweisen will.

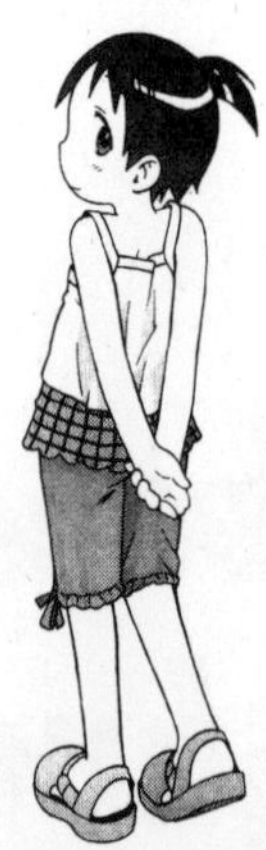

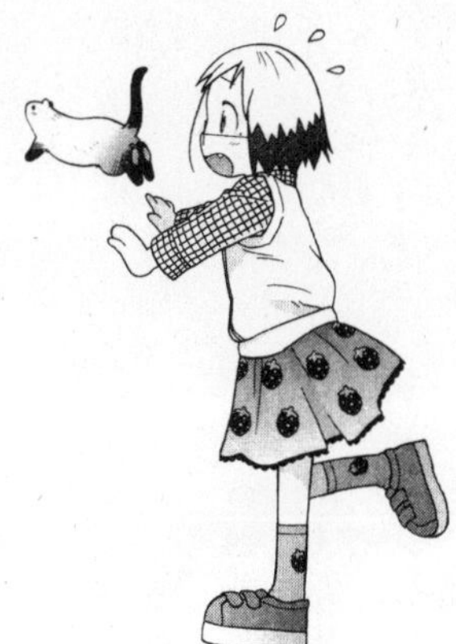

Matzuri Sakuragi

Matsuri ist elf Jahre alt. Sie ist ein kleiner Tollpatsch und fängt schnell an zu weinen. Deshalb wird sie auch oft von Miu geärgert, doch Nobue beschützt sie. Das Frettchen John ist Matsuris ständiger Begleiter.

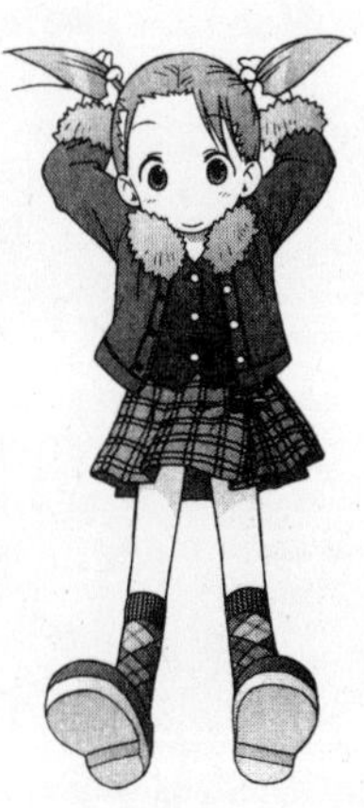

Miu Matzuoka

Sie wohnt neben den Itohs und ist Chikas beste Freundin. Die 12-Jährige ist ziemlich schräg drauf und meistens ziemlich aufgekratzt. Sie kann gemein sein, ist aber für jeden Spaß zu haben.

Ana Coppola

Sie ist ebenfalls elf Jahre alt. Sie kommt ursprünglich aus England, lebt aber schon seit fünf Jahren in Japan. Sie ist freundlich und zurückhaltend, doch mit ihren hellblonden Haaren fällt sie überall auf.

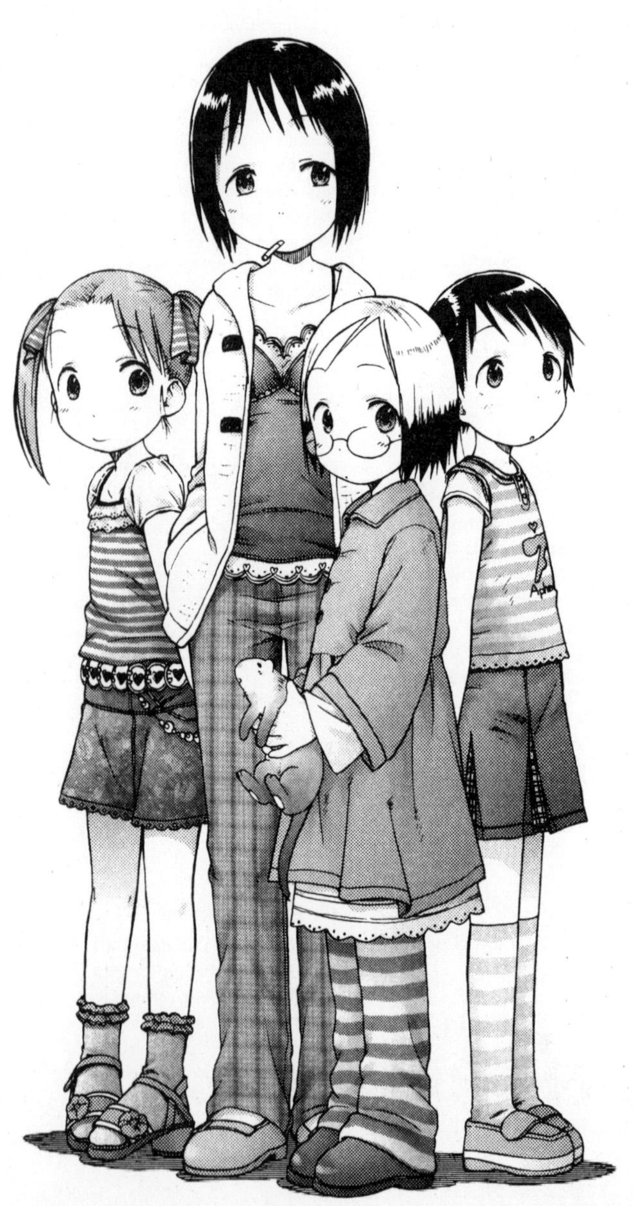

Erdbeeren & Marshmallows

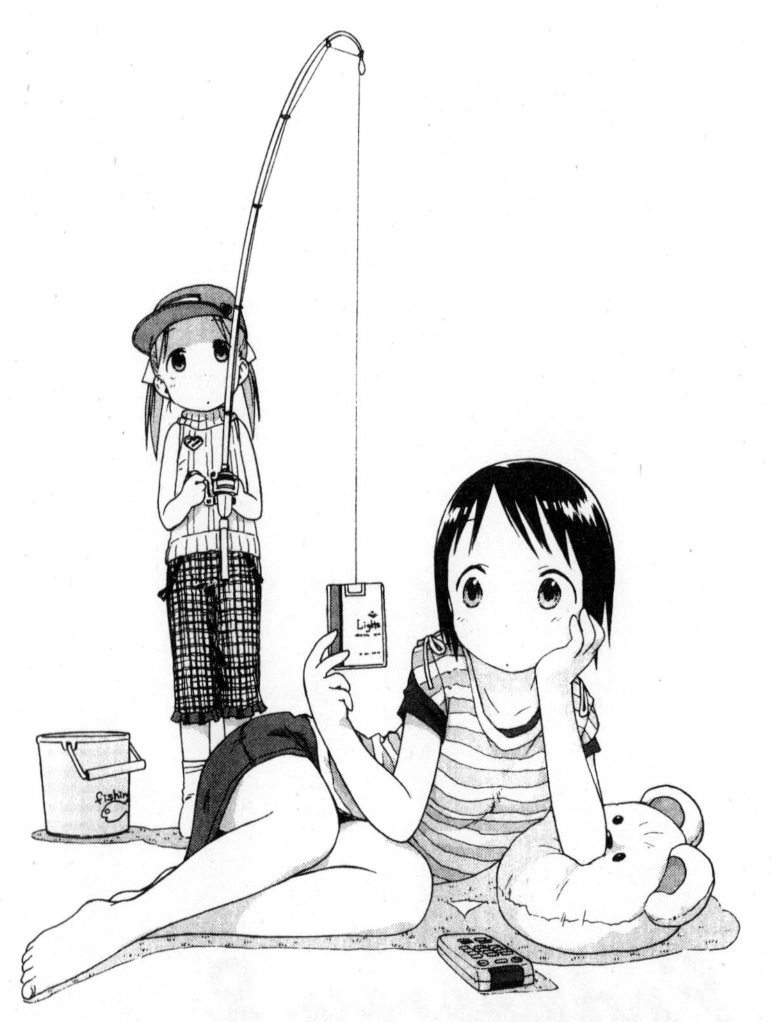
Lights

Erdbeeren & Marshmallows

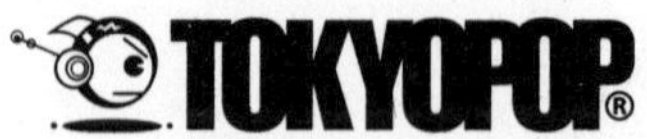

TOKYOPOP GmbH
Hamburg

TOKYOPOP
1. Auflage, 2020
Deutsche Ausgabe/German Edition

Aus dem Japanischen von Nadine Stutterheim

ICHIGOMASHIMARO 1, 2

First published in Japan in 2003 by
KADOKAWA CORPORATION, Tokyo.
German translation rights arranged with
KADOKAWA CORPORATION, Tokyo
through TUTTLE-MORI AGENCY, INC., Tokyo.

Redaktion: Steffi Schnürer, Lisa Duty
Lettering: Stefan Schulze
Herstellung: Max Hornäk, Stefan Haupt, Stefanie Lauck,
Alina Kronenberg
Druck und buchbinderische Verarbeitung:
CPI – Clausen & Bosse GmbH, Leck
Printed in Germany

Wir achten auf die Umwelt.
Dieses Produkt besteht aus FSC®-zertifizierten
und anderen kontrollierten Materialien.

ISBN 978-3-8420-5751-7

www.tokyopop.de

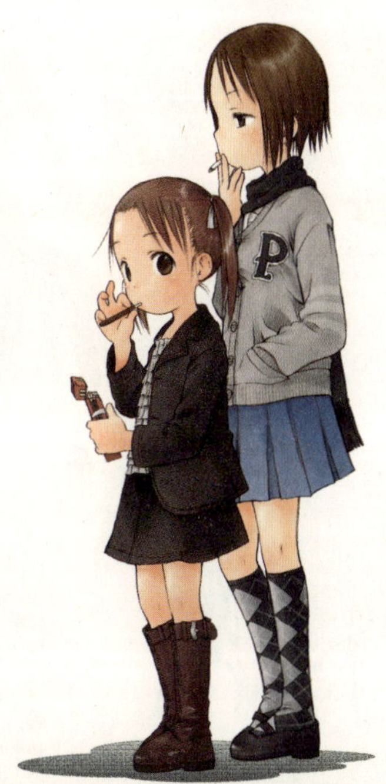

Rauchen fügt euch und den Menschen in eurer Umgebung erhebliche Schäden zu.

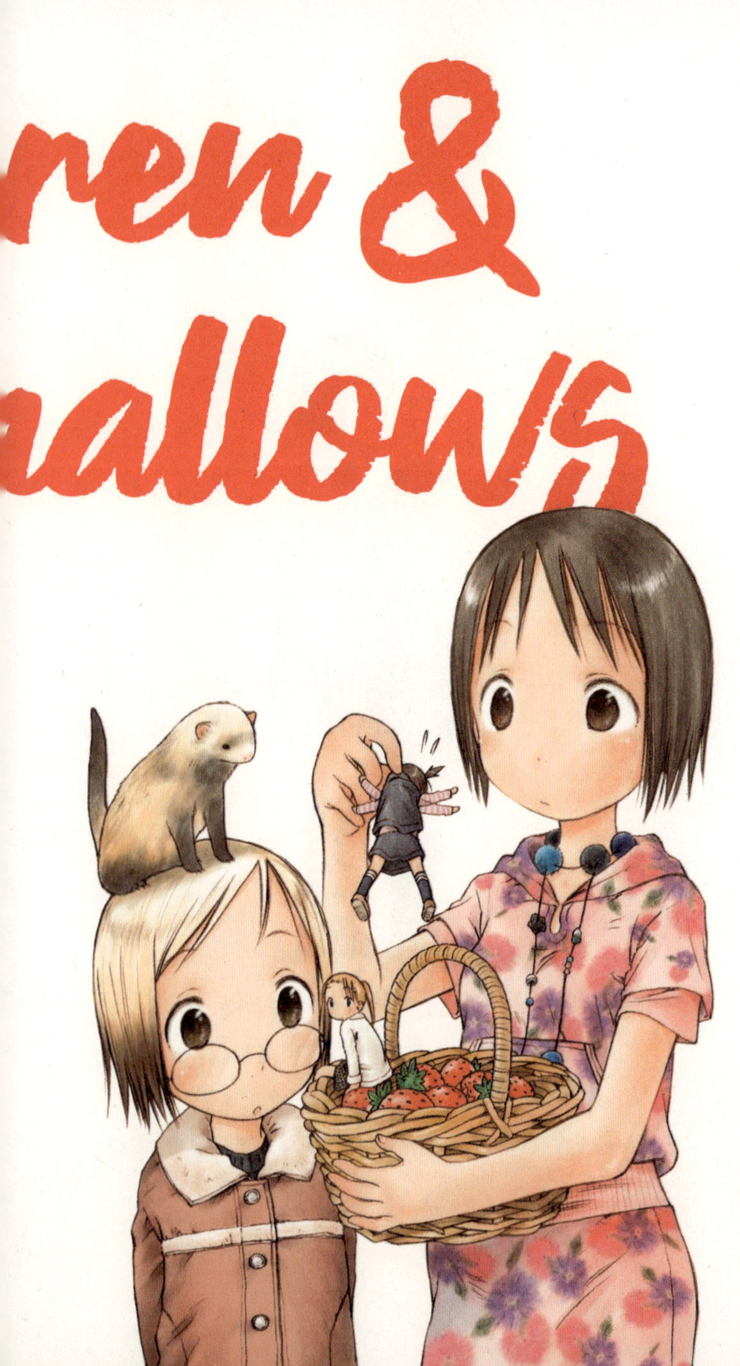
ren &
allows

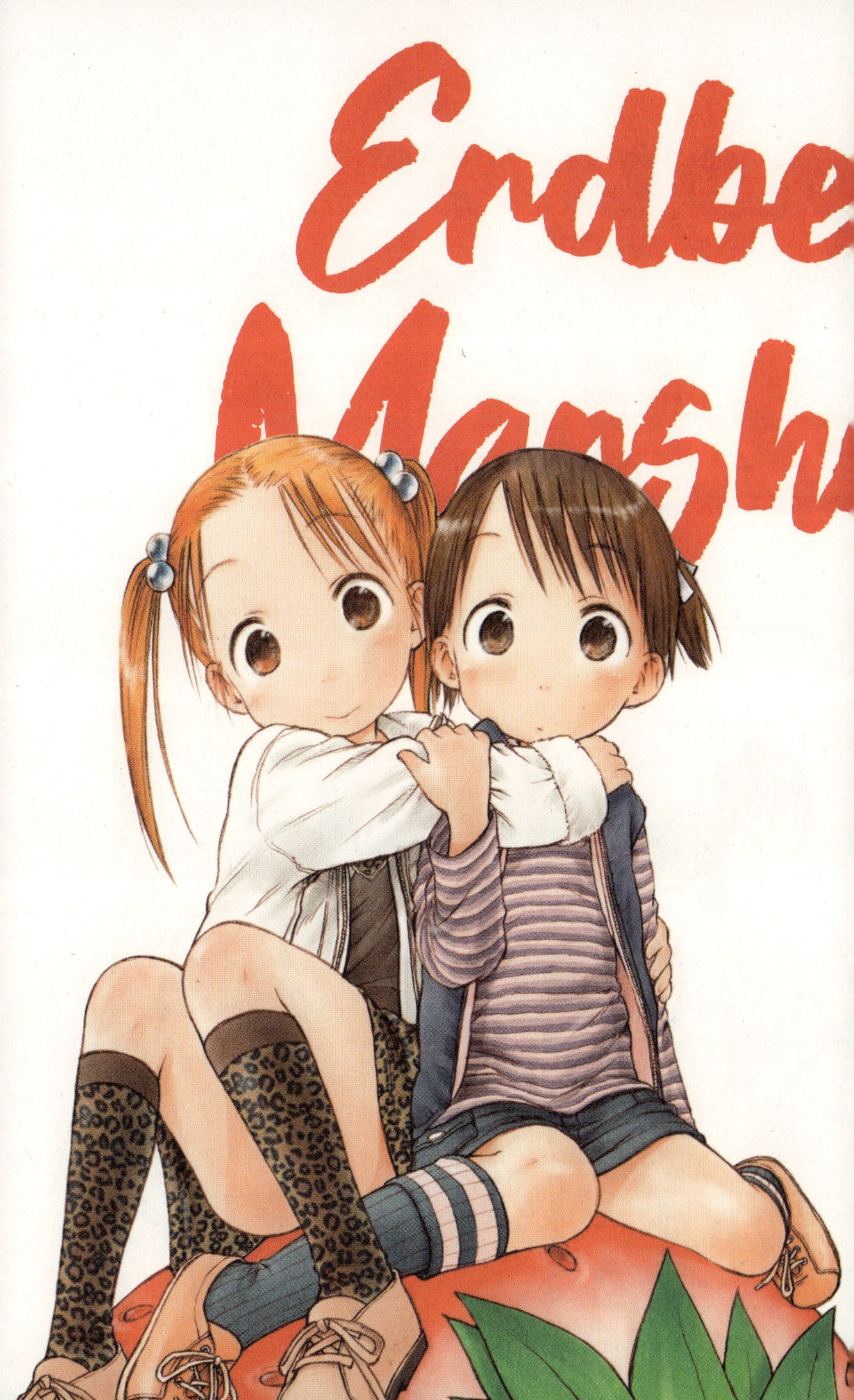
Erdbe

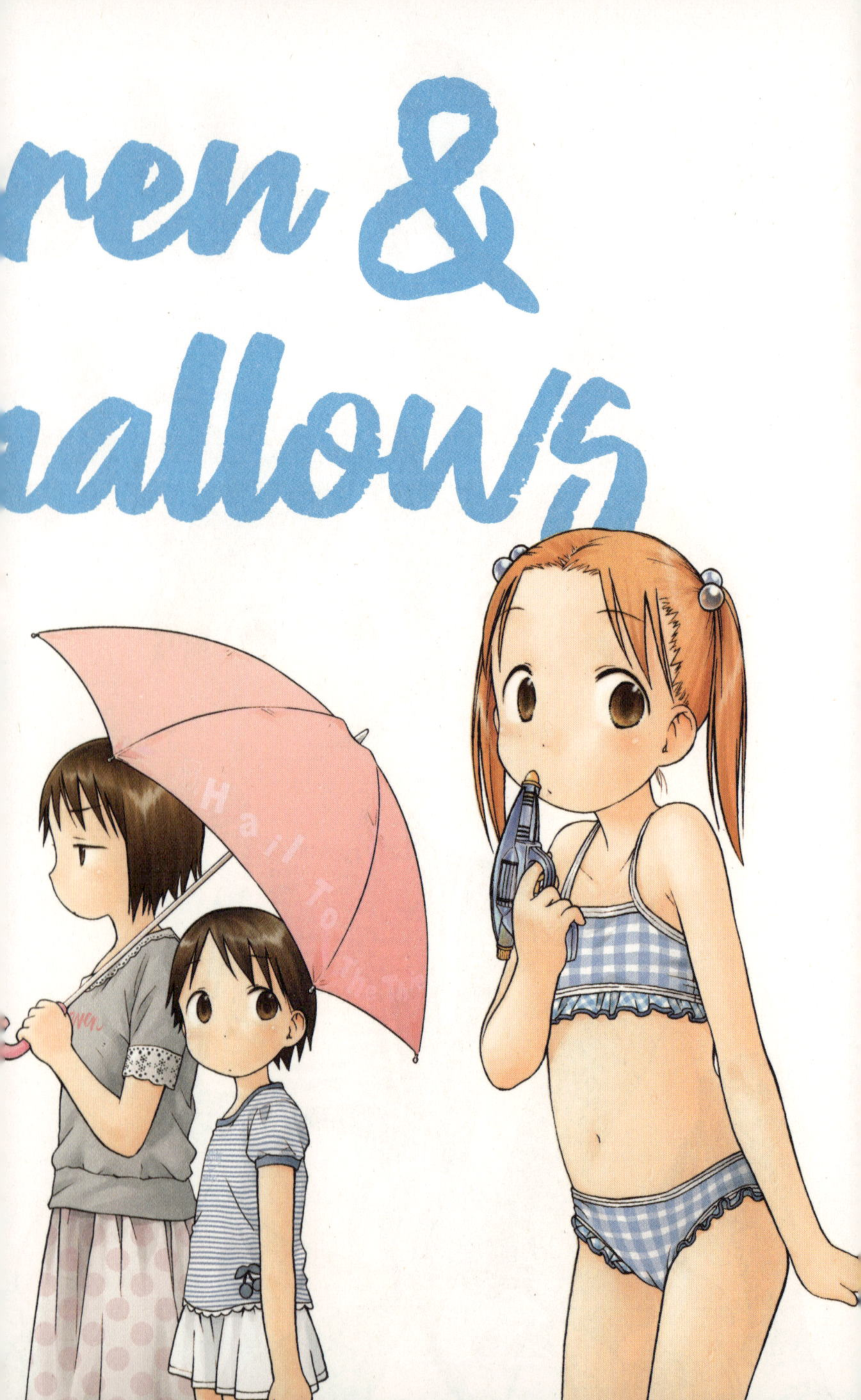
ren &
allows

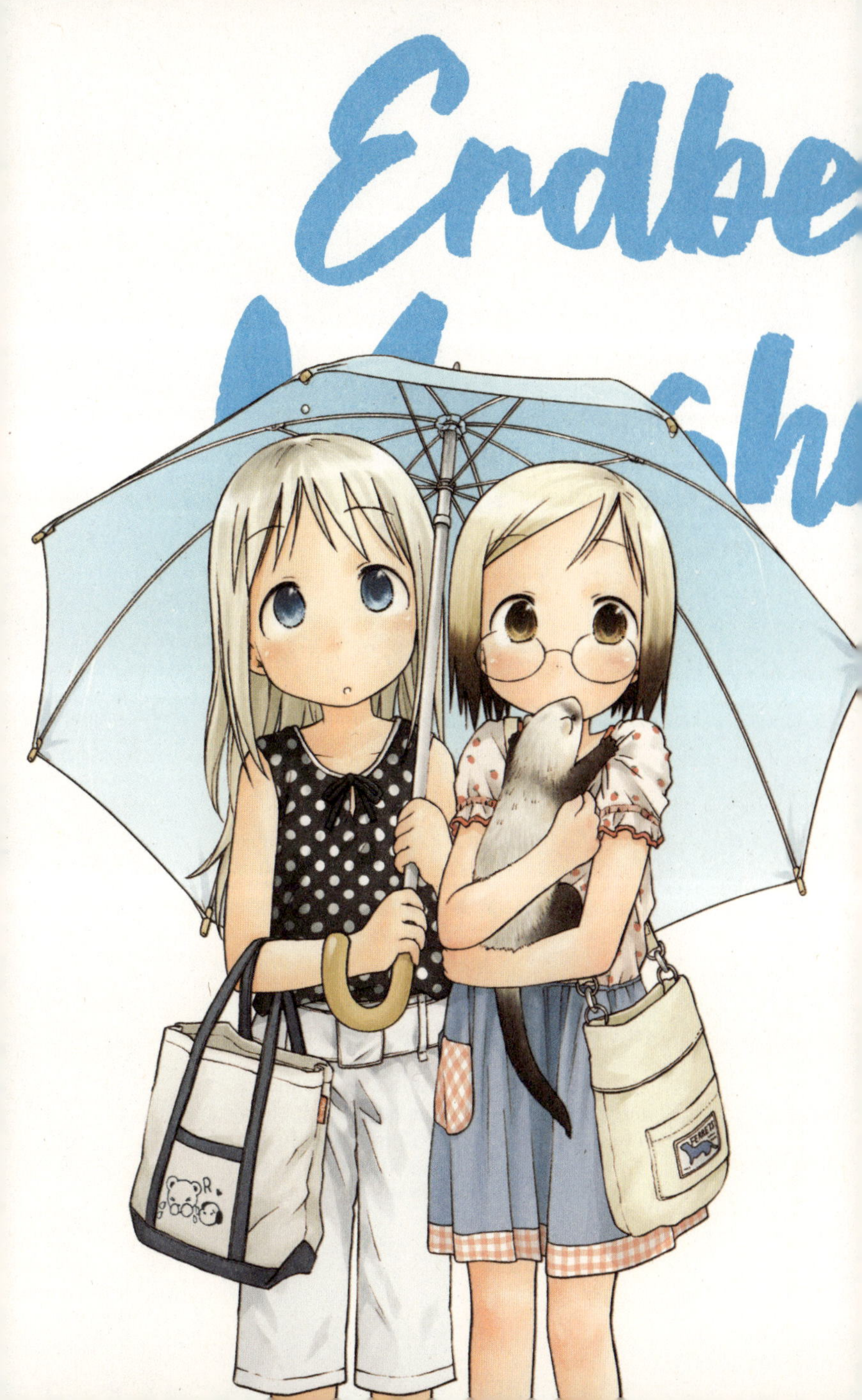
Erdbe

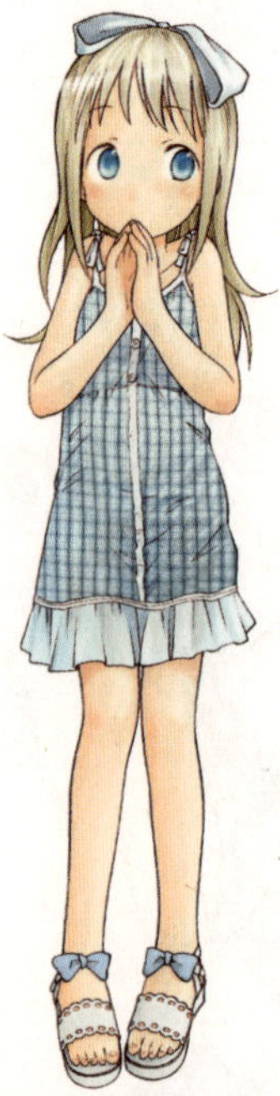

1. Halte das erste Essstäbchen zwischen Daumen und Zeigefinger. 2. Halte das zweite Essstäbchen so, als würdest du einen Stift halten. 3. Benutze Daumen und Zeigefinger um das obere Stäbchen zu bewegen und Dinge damit zu nehmen. Das untere Stäbchen sollte möglichst starr bleiben.